国家职业教育护理专业教学资源库配套教材

高等职业教育新形态一体化教材

健康评估

（第3版）

主编　王春桃　刘亚莉

中国教育出版传媒集团

高等教育出版社·北京

内容简介

　　本书为国家职业教育护理专业教学资源库配套教材。根据高等职业教育护理专业人才培养方案，教材编写突出"以人的健康为中心"的整体护理服务理念，以身体部位为主线，将身体各部位的症状评估及相应局部身体评估进行了整合，以更贴近临床真实岗位需求，帮助学生更好地理论联系实际。本书以健康评估的基本方法、症状评估及体格评估、辅助检查为三大模块，具体包括收集与整理健康资料、全身状态评估、头颈部护理评估、胸廓及肺部护理评估、心脏及血管护理评估、腹部护理评估、脊柱四肢与关节护理评估、神经系统护理评估、心理社会护理评估、实验室检查、心电图检查、影像学检查共十二个项目，每个项目下有若干工作任务。每一任务内容都由思维导图引领，直观清晰梳理教授内容，同时每项目后增加的课后小结及自测题，帮助学生回顾复习所学习的内容，深化理解重难点。

　　借助国家职业教育护理专业教学资源库，本书配套有丰富的数字资源，实现了以学生为中心的教学模式的转变。学习者可以登录"智慧职教"网站（www.icve.com.cn）浏览课程资源，详见"智慧职教服务指南"。教师可以发送邮件至编辑邮箱 gaojiaoshegaozhi@163.com 获取教学课件。

　　本书为高等职业教育护理、助产专业的教学用书，也可作为临床医护人员的参考用书。

图书在版编目（CIP）数据

　　健康评估 / 王春桃，刘亚莉主编. --3版. --北京：高等教育出版社，2023.4

　　ISBN 978-7-04-060036-0

　　Ⅰ.①健… Ⅱ.①王… ②刘… Ⅲ.①健康－评估Ⅳ.①R471

　　中国国家版本馆CIP数据核字（2023）第037032号

健康评估
JIANKANG PINGGU

| 策划编辑 | 夏　宇 | 责任编辑 | 夏　宇 | 封面设计 | 马天驰 | 版式设计 | 张　杰 |
| 责任绘图 | 于　博 | 责任校对 | 陈　杨 | 责任印制 | 赵　振 | | |

出版发行	高等教育出版社	网　　址	http://www.hep.edu.cn
社　　址	北京市西城区德外大街 4 号		http://www.hep.com.cn
邮政编码	100120	网上订购	http://www.hepmall.com.cn
印　　刷	唐山市润丰印务有限公司		http://www.hepmall.com
开　　本	787mm×1092mm　1/16		http://www.hepmall.cn
印　　张	29.75	版　　次	2014年 2 月第 1 版
字　　数	580千字		2023年 4 月第 3 版
购书热线	010-58581118	印　　次	2023年 4 月第 1 次印刷
咨询电话	400-810-0598	定　　价	74.00元

本书如有缺页、倒页、脱页等质量问题，请到所购图书销售部门联系调换

健康评估（第3版）编写人员

主　　审　周兰姝

主　　编　王春桃　刘亚莉

副 主 编　孙东明　刘春娜　龚晓艳

编　　者（按姓氏笔画为序）

丁　蓉　盐城市第一人民医院

王春桃　江苏医药职业学院

刘亚莉　辽宁医药职业学院

刘春娜　天津医学高等专科学校

刘静雯　聊城职业技术学院

孙东明　滨州职业学院

李丽丽　河南护理职业学院

张美霞　鄂尔多斯应用技术学院

邵小琳　山东医学高等专科学校

郜绍阳　临汾职业技术学院

秦　阳　江苏医药职业学院

袁春霞　荆州职业技术学院

袁锦波　湖南中医药高等专科学校

龚晓艳　永州职业技术学院

龚晓霞　无锡市人民医院

董　瑞　商丘医学高等专科学校

编写秘书　秦　阳　江苏医药职业学院

"智慧职教"服务指南

　　"智慧职教"（www.icve.com.cn）是由高等教育出版社建设和运营的职业教育数字教学资源共建共享平台和在线课程教学服务平台，与教材配套课程相关的部分包括资源库平台、职教云平台和 App 等。用户通过平台注册，登录即可使用该平台。

● **资源库平台**：为学习者提供本教材配套课程及资源的浏览服务。

　　登录"智慧职教"平台，在首页搜索框中搜索"健康评估"，找到护理专业教学资源库中的课程，加入课程参加学习，即可浏览课程资源。

● **职教云平台**：帮助任课教师对本教材配套课程进行引用、修改，再发布为个性化课程（**SPOC**）。

　　1. 登录职教云平台，在首页单击"新增课程"按钮，根据提示设置要构建的个性化课程的基本信息。

　　2. 进入课程编辑页面设置教学班级后，在"教学管理"的"教学设计"中"导入"教材配套课程，可根据教学需要进行修改，再发布为个性化课程。

● **App**：帮助任课教师和学生基于新构建的个性化课程开展线上线下混合式、智能化教与学。

　　1. 在应用市场搜索"智慧职教 icve"App，下载安装。

　　2. 登录 App，任课教师指导学生加入个性化课程，并利用 App 提供的各类功能，开展课前、课中、课后的教学互动，构建智慧课堂。

"智慧职教" 使用帮助及常见问题解答请访问 **help.icve.com.cn**。

第 3 版前言

习近平总书记在中国共产党全国第二十次代表大会报告中提出,推进健康中国建设,把保障人民健康放在优先发展的战略位置。《健康评估》作为护理、助产专业的职业化人才培养的核心教材之一,强调保障人民健康的重要性和必要性,为广大学生提供全面、系统的健康评估相关知识和技能,以适应现代社会和护理学的发展需要,满足人民对健康的需求。

本教材以习近平新时代中国特色社会主义思想和国家现代职业教育高质量发展规划为指导,秉承"人民至上、生命至上"的宗旨,结合新形态一体化教材的特点,以"学科整合、融合发展、个性化教育"为理念,注重学生的全面发展,通过强化健康评估知识与人文精神相结合,突出评估技能和临床思维的重要性,使学生掌握扎实的理论知识和实践能力,具备对患者的同情心、爱心、耐心、细心和责任心"五心"精神,成为不畏艰苦、甘于奉献、救死扶伤、大爱无疆的高素质护理专业人才。

本次修订在前两版优势的基础上,对内容结构框架进行了调整,以身体部位为主线,对身体各部位的症状评估及相应局部身体评估进行了整合,从症状等健康史的采集到身体评估一气呵成。这样的内容重组,更贴近临床真实岗位需求,帮助学生更好地理论联系实际。同时,对部分内容进行了调整,如:症状评估部分增加了骨骼肌肉系统常见症状评估,如关节疼痛和关节肿胀、关节僵硬和活动受限等;泌尿系统常见症状评估,如血尿、尿失禁、尿潴留等常见症状评估内容。此外,心理社会评估部分删减了不常用的评定量表。

本教材每一任务内容都由思维导图引领,直观清晰梳理教学内容。同时,每项目后增加的小结及自测题,帮助学生回顾复习所学习的内容,深化理解知识重难点。同时,本次修订借助国家职业教育护理专业教学资源库,保留了原来点击率高的资源,又新增了大量的数字资源,包括微课、3D 动画、课件及习题等,通过二维码扫描方式即可读取,实现了以学生为中心的教学模式的转变。

本教材由十多所护理院校和临床医院的护理专家共同编写。在编写时参考了大量国内外资料及教科书。在此,对全体编者的辛勤付出表示诚挚的感谢。

　　鉴于编写时间紧及编者知识水平有限,书中疏漏之处在所难免,恳请使用教材的广大师生和读者不吝赐教,惠予指正。

主　编

2023 年 1 月

II

第1版前言

根据高等职业教育护理专业人才培养方案,本教材"以人的健康为中心"的整体护理观为理念,以满足人的生理—心理—社会评估为主线,突出护理教材特色:一是以人为本,从生理、心理、社会三方面进行全面评估,二是与国家职业教育护理专业教学资源库建设项目紧密衔接,建立融课程标准、单元级素材、课程素材于一体的立体化教学资源包,三是与护士执业资格考试对接,与职业岗位标准对接,四是基于工作/学习过程,按照收集与整理健康资料、常见症状评估、身体评估、心理与社会评估、参阅辅助检查5个工作/学习项目、21个典型工作/学习任务,完成62学时校内理实一体化教学计划,五是紧跟医疗卫生体制改革方向,突出临床护理职业特点。

本教材同时以项目导向、任务引领设计工作/学习内容,每一个任务以临床案例为引导,通过链接资源库、问题探析展示相关知识内容,适时插入文本、视频、动画、图片、虚拟仿真、题库等,为学生自主学习提供了多功能资源平台。每个学习任务中穿插的知识链接、知识拓展,为主要学习内容外提供了外延知识。在编写时,还将现代护理的新理论、新技术、新成果,经过精选、优化,补充进教材中。

本教材由10所护理院校和临床医院护理专家共同编写。在编写时参考了大量国内外资料及教材。在此,对本教材所有编者和所示参考文献的作者表示诚挚的感谢和敬意。

鉴于编者的知识水平有限,编写时间仓促,书中难免存在错误与疏漏之处,敬请各位专家、使用教材的广大师生和读者谅解并予以指正。

主　编
2013 年 9 月

目　　录

III

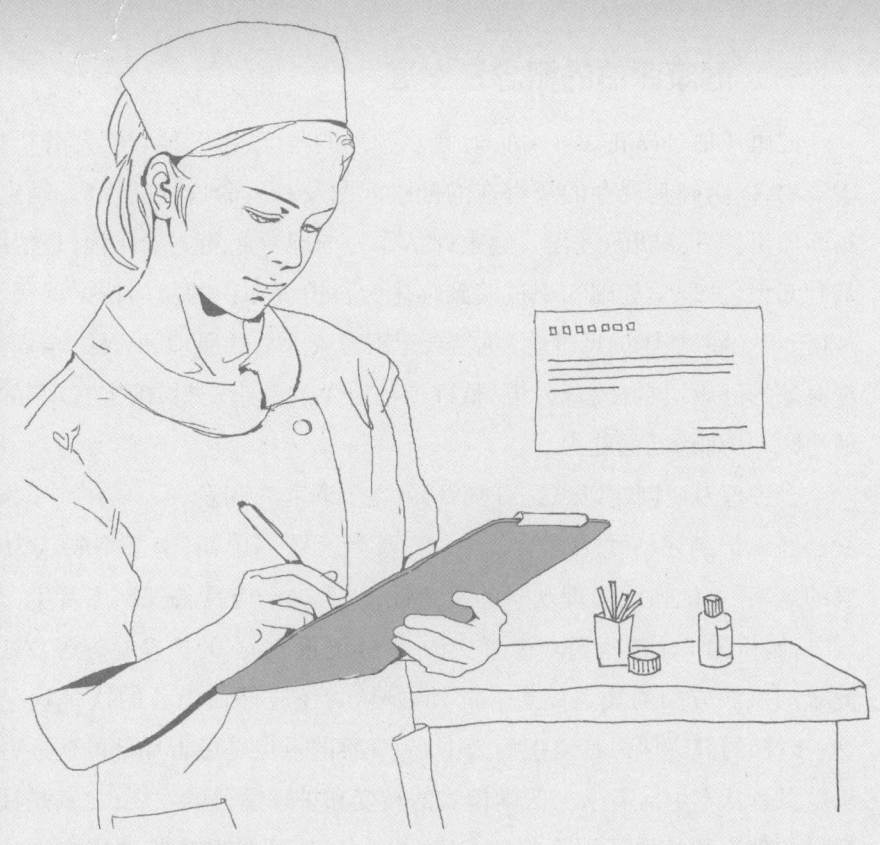

绪论

【学习目标】

1. 知识目标：描述健康评估的基本方法；复述评估的身体各系统。

2. 技能目标：在临床工作收集健康资料、综合分析资料、找出存在的健康问题过程中，能正确运用以病人为中心的健康评估思维方法。

3. 素质目标：具有实事求是、踏实做事、勇于创新的工匠精神，具有敬佑生命、救死扶伤、甘于奉献的医者精神，能践行新时代中国特色社会主义思想，拥有良好职业精神和社会责任感。

一、健康评估的概念及发展

健康评估(health assessment)是从护理的角度,系统地收集并分析护理对象的健康资料,以明确其现存的或潜在的健康问题及对生命过程的反应,确定其护理需求,从而做出护理诊断的过程。健康评估作为护理专业的主干课程,是帮助学生从医学基础知识、护理学基础知识过渡到临床专科护理知识的一门桥梁课程。其主要任务是培养学生以整体护理理念为指导,运用健康评估的原理和方法,全面系统地收集护理对象的健康资料,综合分析、整理评估对象的健康资料,确定其现存的或潜在的护理问题/护理诊断的能力。

自护理专业创建以来,护理学科就在不断变化和发展。早在南丁格尔时期,人们就已经认识到评估在护理实践中的重要性。弗洛伦斯·南丁格尔认为评估是"对疾病的观察"。她强调护理观察的重要性,认为护士应具备观察患者生命体征的能力。同时,她认为护士应通过与患者交谈、人体测量、基本的护理检查等方式,获取患者在健康与疾病方面的相关信息。此外,她认为还应评估患者的饮食状况与生活环境。这一时期的健康评估是以疾病为中心,观察的重点是患者局部的病症,护理的目标是满足患者基本生活需求。医学模式的转变和护理学科的发展,尤其是社会学科、人文学科的理论和学说运用于护理实践,如系统论、人的基本需要层次论、压力与适应理论等,为护理学的进一步发展奠定了理论基础。1948年世界卫生组织(World Health Organization, WHO)提出了健康的概念:健康,不仅是没有疾病和身体缺陷,还要有完整的生理、心理状态和良好的社会适应能力。这一定义揭示了人类健康的本质,提出了新的健康观,指出了人类健康所涉及的若干方面,为护理研究提供了广阔的领域。护理工作不再是简单地观察病情,被动地执行医嘱和进行护理技术操作,而是按科学的工作方法——护理程序(nursing process)对患者的身体、心理、社会等方面进行系统的护理评估,提出护理诊断,制订护理计划,实施全面的整体护理。

随着整体护理理念与实践的不断深入,护士健康评估的能力也被赋予了更高的要求,健康评估也成为现代护士必备的核心能力之一。美国护士协会和澳大利亚护理联合会分别在1980年和1983年宣布,护士必须具备整体护理评估的能力。1993年国际护士协会亦认为护士拥有护理评估技能是高质量护理的标准之一。在以人为本的现代护理服务理念指导下,护理评估对象由对患者评估扩大到对个体和群体评估;护理评估场所从医院扩展到社会和家庭;护理评估的目的由满足"患者的护理需要"扩展到满足个人、家庭、社会对健康的需求;护理工作的范畴涉及群体预防疾病、卫生保健和全民健康。护理的最终目标不仅是维护和促进个人高水平的健康,更重要的是面向家庭、面向社区,最终达到提高全人类健康水平的目标。

在临床护理实践中,如果护士不能通过系统的问诊来采集患者的健康资料,不能运用身体评估的方法了解和评估患者的身体健康状况,缺乏对收集到的健康资料进行综合、分析、解释和诊断性推理的能力,就不可能找出明确的护理问题或护理诊断,其护理干预的行为也就随之失去了科学的基础。因此,系统地学习和研究健康评估的基本理论、基本知识和基本技能,是护理实践的重要内容。护士应该将在护理实践中通过评估确认患者对健康问题的反应,以及在此基础上做出护理诊断的行为视为护理专业自主的、独特的、有别于医疗诊断的职责和临床护理工作的有机组成部分。护理专业的学生应该通过理论和实践教学的途径,努力掌握健康评估的知识与技能。

二、健康评估课程的内容

健康评估是系统、全面、连续地收集护理对象的主观和客观资料,并对其进行分析、判断的过程,是护理程序的首要环节。

1. **采集健康资料**　健康史是健康资料的主要内容,是最基本、最重要的信息。护士通过对被评估者或知情人等进行有目的、有计划的系统询问,从而获得被评估者健康史等相关资料。本部分主要介绍问诊的主要内容、原则与技巧等。

2. **常见症状评估**　症状(symptom)是被评估者对机体功能异常的主观感受或自身体验,如头痛、恶心、发热等。症状能够较早地提示疾病的存在,是疾病诊断的主要依据之一。很多患者往往因为出现了症状而求医。分析症状的发生、发展和演变及其变化规律对被评估者身心的影响,以及由此发生的被评估者的身心反应,对形成护理诊断和实施护理程序起着重要的作用。本部分内容涉及常见症状评估,从护理的角度评估常见症状的病因、发生机制、伴随症状和问诊要点,列出相关护理诊断,以培养学生良好的临床护理思维习惯和临床评判性思维能力。

3. **身体评估**　身体评估又称体格检查,是获取护理诊断依据最重要的手段之一,即评估者运用自己的感觉器官(如眼、耳、鼻、手)或借助简单的辅助工具(如听诊器、血压计、叩诊锤等),对被评估者的身体状况进行详细的观察和检查的评估方法。通过身体评估所发现的异常征象称为体征(sign),如脾大、干啰音等。身体评估不需要复杂的设备和程序,经济实惠,易于实施,但具有很强的技术性。能否进行细致而熟练的身体评估,直接关系到护理诊断的正确性。因此,在进行健康评估时,要达到全面细致、动作协调、娴熟精确的要求,必须要通过系统训练并反复实践才能真正掌握。本部分内容主要包括全身状态评估,头颈部护理评估,胸廓及肺部护理评估,心脏及血管护理评估,腹部护理评估,脊柱、四肢与关节护理评估,神经系统护理评估,心理社会评估等全身各系统疾病患者的护理评估。

4. **心理与社会评估**　包括患者的心理状态和社会经历的信息资料收集。心理状态是患者个人的、独特的、非生理的情况,如思维、感觉、动机、精神状态、个人的长处和短处。社会经历是指患者生活中被他人影响或依赖于他人的部分。心理、社会的因素常常交织在一起,就像是心理、社会层面往往与生理层面交织在一起一样。因此,心理与社会评估包括对内在和外在心理社会活动的评估,其目的是评价个体是如何实现整体功能平衡,如何与周围环境及他人发生联系的。心理社会的评估方法较多,有心理测量学技术、传统的生物医学检查方法,还有社会学和其他学科的检测方法。

5. 实验室检查　实验室检查是通过生物学、化学、物理学等实验方法,对被评估者的血液、体液、分泌物、排泄物及组织细胞等标本进行检查,以获得机体的病理或器官功能状态等资料,结合临床资料进行全面分析的诊断方法。实验室检查的结果是重要的客观资料之一,对指导护士观察、判断病情,做出护理诊断及实施健康教育等均有重大意义。同时,实验室检查的大部分标本的采集与保存都是护士完成的。因此,掌握正确的采集标本的方法,指导、协助被评估者完成各项检查前的准备,是临床护理工作的重要内容之一。

6. 心电图检查　用心电图机将心脏一个或几个心动周期中心肌细胞发生的生物电变化描记下来所获得的曲线,即为心电图(ECG)。心电图检查是临床诊断心血管疾病最常用的一种检查方法,同时还广泛应用于手术麻醉、用药观察、急危重症患者的抢救等。心电图检查结果是健康评估重要的客观资料之一,但需结合临床资料进行综合分析。

7. 影像学检查　影像学检查包括放射学检查、超声检查和核医学检查三个部分。影像学检查的结果可为提出护理诊断提供有价值的线索和依据,是重要的客观资料之一。相关检查前的准备、检查中的配合及检查后的观察与处理等是护士的工作内容之一。

8. 护理诊断　健康评估的最终目的,就是通过对评估对象进行全面而系统的评估,找出现存的或潜在的健康问题,并做出准确的护理诊断。这一过程包括整理资料、综合分析资料、提出假设、确定护理诊断和对护理诊断进行排序等步骤。护理诊断为护理人员制订护理计划提供了科学依据,是选择护理措施以实现护理目标的基础。

9. 护理文件记录　护理文件是护理人员对护理对象进行护理活动的系统记录,不仅是护理人员为护理对象提供连续性、综合性服务的重要依据,也是护理教学、科研的宝贵资料及处理医疗护理事故与纠纷的重要依据之一。每名护理人员都要以认真负责的职业精神、严谨求实的科学态度记录好护理文件。

三、健康评估课程的学习方法与要求

健康评估是一门实践性很强的学科,其理论知识丰富,教学形式、方法与基础课程有很大的不同,健康史采集、身体评估及辅助检查只是健康评估的第一步,还要对所收集的资料进行整理归纳、分析综合、推理判断等临床思维过程，才能确定正确的护理诊断。除了理论知识的学习，还需要在校内实训室进行评估技能规范化训练，以及医院床旁见习、实习，使理论与实践紧密结合。教学目的在于：掌握以患者为中心的健康评估思维方法，学会收集健康资料、综合分析资料、找出存在的健康问题并做出护理诊断。学生应注重将课堂所学的知识转化为从事临床护理实践的能力，学会以整体人的思维模式判断评估对象的健康问题和护理需求；重视自身素质的培养，学会与他人良好沟通，体现对评估对象的尊重和关爱。

通过本门课程的学习，学生应能够达到如下要求。

（1）树立以人为中心的护理评估理念，学会与评估对象进行沟通和交流。

（2）能独立进行系统而有针对性的健康史采集，理解主诉、现病史和常见症状的内在联系与临床意义。

（3）能独立进行全面而有序的身体评估，操作规范，技术熟练，结果准确，掌握异常体征的临床意义。

（4）熟悉临床常用实验检查项目的临床意义，能根据评估对象的健康状况正确选择检查项目，学会标本的采集，会分析判断实验检查结果。

（5）熟悉心电图机的操作，能识别正常心电图及常规异常心电图；了解 X 线和超声检查的适应证，熟悉其临床意义、检查前的准备、检查中及检查后的护理等。

（6）能将收集的主、客观资料进行整理分析，找出存在的健康问题，做出护理诊断，书写规范的护理病历。

（王春桃）

任务测试

模块一　基本方法

项目一　收集与整理健康资料

【学习目标】

1. 知识目标：掌握健康资料的来源与类型；熟悉健康资料的内容、分类、构成；理解身体评估的概念及方法、注意事项；叙述护理文件主要内容及书写基本原则。

2. 技能目标：能熟练运用健康资料采集方法和沟通技巧；学会对健康资料客观地分析与整理、归类；学会运用身体评估的基本方法对患者进行评估，为护理诊断提供翔实的客观资料；能正确进行护理记录书写。

3. 素质目标：关注患者主诉和身体语言，注意保护患者隐私，注重培养评判性临床思维能力，养成严谨务实、实事求是的工作作风。

健康评估(health assessment)是从临床护理的角度系统地收集和分析护理对象的健康资料,以明确其健康状况、所存在的健康问题及可能的原因,确定其护理需要,进而做出护理诊断的全过程。新的护理模式要求护士对护理服务对象的生理 – 心理 – 社会健康需要进行全面系统的护理评估(nursing assessment),做出正确的护理诊断(nursing diagnosis),制订相应的护理计划(nursing planning)和护理措施(nursing intervention),提供最佳身心护理。

任务一　采集健康资料

【思维导图】

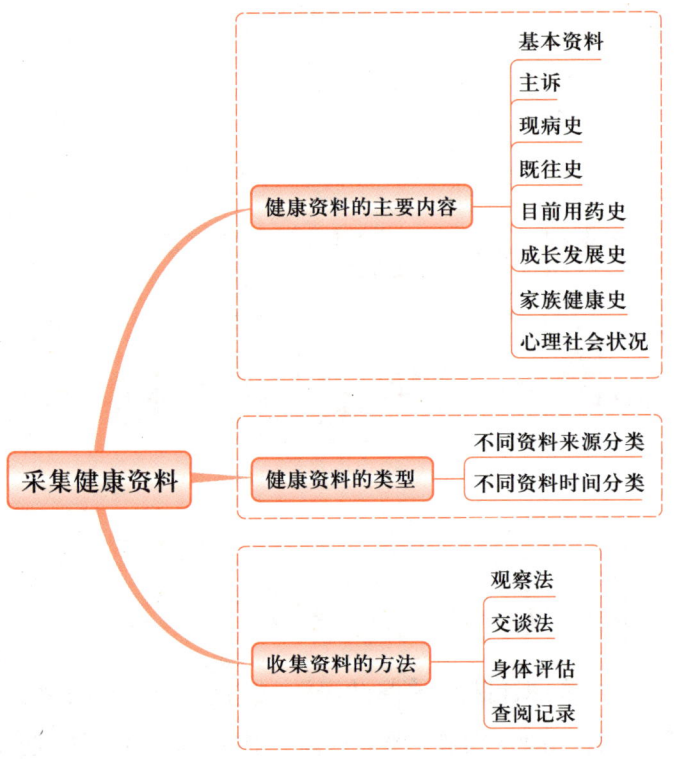

采集健康资料
- 健康资料的主要内容
  - 基本资料
  - 主诉
  - 现病史
  - 既往史
  - 目前用药史
  - 成长发展史
  - 家族健康史
  - 心理社会状况
- 健康资料的类型
  - 不同资料来源分类
  - 不同资料时间分类
- 收集资料的方法
  - 观察法
  - 交谈法
  - 身体评估
  - 查阅记录

【典型案例】

患者,女,70岁。血压升高20年,1周前感冒受凉后有低热,3天前因感胸闷、气促,休息时也有发作,活动后尤甚,夜间不能平卧而入院。

任务引领一:用哪些方法采集该患者的健康资料?

任务引领二:健康评估时交谈的主要内容有哪些?

任务引领三:评估者采集该患者健康资料时有哪些注意事项?

一、健康资料的类型

健康评估是护理程序的首要环节,全方位、正确地为护理服务对象进行健康评估是保证对其进行高质量护理的先决条件。健康评估首先要对收集的健康资料进行分类。

(一)根据资料来源不同分类

根据资料来源的不同,可将健康资料分为主观资料和客观资料。

1. 主观资料　主观资料是指评估者通过沟通获得的资料,包括被评估者的主诉、其他人员的代诉及经过提问而获得的有关被评估者健康状况的描述。主诉是指被评估者对自己目前或既往健康状况的主观感受的描述。

被评估者对机体功能异常和病理变化的主观感受叫作症状。症状作为评价被评估者健康状况的主观资料,是构成健康史的重要组成部分。被评估者本人是最清楚、最可靠、最能准确反映其自身健康状况的资料来源。凡内容无法测量、观察,无具体数据显示,只能依照患者描述的资料,均可归纳为主观资料。如"我的胸口像压了一块石头""我的心好像要跳出来一样"等,都可归纳为主观资料。

从主观资料中还可以分析、总结、了解被评估者的生活方式,如生活自理能力与个人生活习惯(吸烟、饮酒等)、饮食、睡眠、排泄、活动情况等;心理活动如兴趣、性格、气质类型;文化差异与宗教信仰,对健康的认知及社会因素方面的情况。但被评估者主观上的感受还需要借助身体评估、实验室或器械检查等所获得的客观资料的支持。

2. 客观资料　客观资料是指通过视、触、叩、听、嗅等体格检查或借助医疗仪器及实验室检查对被评估者进行细致的观察和全面系统的检查所获得的健康资料。通过体格检查所获得的有关被评估者的异常健康资料叫作体征。用医学术语记录,如淋巴结肿大、心界扩大、潮式呼吸、颈静脉怒张、水冲脉、毛细血管搏动征阳性等。

症状与体征都是护理诊断的重要依据。在大多数情况下,主观资料与客观资料是相辅相成的,例如某患者自诉头晕、头痛,足踩棉花感。护理体格检查时测得血压明显升高,辅助检查X线胸片示左心室肥大,尿蛋白阳性等,这些主、客观资料充分说明了患者确患有病情较为严重的高血压病。在此案例中,患者主诉头晕、头痛、足踩棉花感是主观资料,体格检查和辅助检查结果是客观资料,且主观资料得到了客观资料的证实,两者相互补充、相互配合。在某些情况下,可能存在主观资料与客观资料不一致,甚至出现主观和客观资料相互矛盾的现象。如某患者因为牙痛入院,但冠脉CT和心电图都提示患者的诊断是心肌梗死。因此,评估者需通过有效的沟通,与被评估者建立相互信赖的关系,全面细致的护理体格检查是获得真实、可靠健康资料的前提。

总之,主、客观资料都是分析和判断被评估者健康状况进而形成正确护理诊断的重要资料来源,通过收集健康资料,获得患者的主观感受,了解疾病的发生、发展、诊治和护理的过程,以及由此产生的生理、心理、社会等方面的反映,是明确患者的护理需求,确定护理诊断的重要依据之一。

(二)根据资料时间分类

根据资料时间不同分为现病史和既往史。

1. **现病史** 指现在发生的有关健康状况的资料。如现在的感觉、自觉症状、生命体征、实验室检测结果等。

2. **既往史** 指发生现在健康状况改变之前的资料,包括既往健康状况、治疗史、既往生活习惯等。在护理评估过程中,评估者必须将现病史和既往史不断地进行整合、比较和分析,才能对健康问题及其进展情况做出客观、准确的判断。

评估所收集资料的类型有主观的和客观的,有现在的和既往的,必须将各种不同类型的资料全面、细致地收集整合,并根据被评估者的身体、心理、社会系统健康状态,影响健康的有关因素及被评估者对自己健康状况的认识和反应进行系统回顾(systematic review),以免遗漏重要信息,为提出准确的护理诊断提供重要依据。

二、健康资料的主要内容

根据整体护理理念,健康资料的内容涉及与被评估者的健康状况有关的生理、心理、社会等各个层面。由于社会文化背景不同及临床实践场所不同,健康资料收集的内容及其组织形式所用理论框架也不同。目前临床主要应用生理–心理–社会和功能性健康型态两种模式。

(一)生理–心理–社会模式

1. **基本资料** 基本资料包括姓名、性别、年龄(以周岁为准)、民族、婚姻状况、文化程度、职业、宗教信仰、医疗费支付形式,以及家庭地址、电话、联系人等。许多健康问题的发生与性别、年龄、婚姻状况及职业等有关。民族的多样性,往往在饮食、生活习惯和宗教信仰等方面表现出不同。文化程度及职业等可帮助我们理解和预测被评估者对其健康状况变化的反应、选择适宜的健康教育方式等。不同的医疗费支付形式意味着被评估者医疗费用负担不同,在选择治疗及护理措施时应考虑其经济承受能力。家庭地址、电话、联系人等信息可以便于进一步联系患者,随时监测患者病情变化及后续的治疗进展情况。

除上述内容以外,基本资料还应包括入院时间、入院方式、入院类型、收集资料时间、病史叙述人及可靠程度、入院诊断、主管医生及责任护士等。

2. **主诉(chief complaint)** 是指被评估者感觉最主要、最明显的症状或体征及其性质和持续时间,也是本次就诊最主要的原因。确切的主诉可初步反映病情的轻重缓急。对主诉陈述时应注意以下方面。

(1)注明主诉从发生到就诊的时间,语句要高度概括、简明扼要、精炼准确,如

采集健康资料

"发热、头痛 4 h""乏力、纳差 5 天,尿黄 3 天"。

(2) 应尽可能使用被评估者自己的语言,而不是诊断用语或疾病名称,如不能用"慢性阻塞性肺疾病 20 余年",应记述为"慢性咳嗽、咳痰、喘息 20 余年,呼吸困难加重 3 天"。

(3) 若主诉在一个以上,应按发生的先后顺序排列。

(4) 遵循客观和实事求是的原则,不可模棱两可,随意揣测、编撰。

3. 现病史(history of present illness) 是指围绕主诉详细描述被评估者自患病以来健康问题的发生、发展、演变、应对、诊疗的全过程。现病史是病史的主体部分,其主要内容如下。

(1) 健康问题发生的情况:包括发生的时间、原因、诱因及其发生的急缓等情况。不同的疾病起病或发作时的临床特点不同,应详细记录,为疾病诊断、治疗、护理提供依据。

(2) 主要症状及其特点:包括主要症状出现的部位、性质、持续时间和发作频率、严重程度、有无使其加重或缓解的因素等。了解这些症状的特点有助于帮助评估者寻找被评估者的发病缘由,确定护理诊断,进而制定其护理措施。

(3) 伴随症状:指与主要症状同时或随后出现的其他症状。

(4) 健康问题的发展演变过程:包括有关症状的变化及有无新的症状出现。记录时按症状发生的先后顺序进行描述。

(5) 采取的处理措施及其效果:包括问题发生后,被评估者曾在何时何地就医,曾接受过哪些诊疗及护理,其效果如何,被评估者对疾病的态度和处理措施。

4. 既往史(past history) 主要是指被评估者过去所存在的健康问题、求医经过及其对自身健康的评价等,包括既往患病史(含传染病史)、住院史、手术史、外伤史。应注意询问患者或其家属所患疾病的时间、诊断、治疗护理经过及转归情况;有无住院经历,住院的原因及时间;有无手术史,手术的时间、原因及名称;有无外伤史,外伤的时间、原因、诊疗与转归等。此外,还应询问患者居住地或生活地区的主要传染病和地方病史。被评估者过去所患疾病可影响其目前健康状况及需求,应仔细询问。同时,通过收集资料,了解其对过去健康问题的反应,也可预测其对目前及将来健康问题的可能反应。因此,既往健康资料的收集是制定和选择今后治疗、护理方案的重要依据。

5. 目前用药史(medications) 包括药物名称、用药时间、使用方法与剂量及效果与不良反应等。了解被评估者的这些情况有助于对被评估者进行健康指导,以免用药过量,并可以预防毒性反应等。同时,也可以了解被评估者的健康用药知识和自我保健能力。

6. 成长发展史(personal history) 不同的年龄阶段有不同的成长发展任务,个体的成长发育状况亦是反映其健康状况的重要指标之一。运用相应的成长发育理论,根据被评估者所处的不同成长发育阶段,确定其是否存在成长发育障碍。

(1) 生长发育史:对于儿童来说,主要了解其出生时的情况(如有无先天畸形或产道伤、阿普加评分)及日后的生长发育情况。

(2) 月经史:对于青春期的女性,应询问其月经初潮年龄、月经周期和经期的天数、经血的量和色、经期伴随的症状、有无痛经和白带异常及末次月经日期。对于已绝经妇女,还应询问其绝经年龄。记录格式如下:

$$初潮年龄\ \frac{行经期(天)}{月经周期(天)}\ 末次月经时间(LMP)或绝经年龄$$

(3) 婚姻史:了解婚姻状况、结婚年龄、对方的健康状况、性生活情况、夫妻关系等。

(4) 生育史:女性应询问妊娠与生育次数及年龄,人工或自然流产次数,有无死产、手术产、产褥热,以及计划生育情况。男性应询问有无患过影响生育的疾病。

7. 家族健康史(family history) 主要是了解被评估者直系亲属及其配偶的健康状况及患病情况。特别应注意询问家族成员是否患有相同的疾病,了解家族遗传病、传染病、精神病史等,以明确遗传、家庭及环境等有关因素对其目前健康状况的影响。

8. 心理社会状况 健康问题对被评估者的影响包括被评估者对自己目前健康状况的评价,有关健康问题对其生理、心理及社会各方面所带来的影响等。如对日常生活能力的影响、心理情绪变化及给家庭带来的负担等。

(二)功能性健康型态模式

功能性健康型态(functional health pattern,FHP)模式体现整体护理理念,有助于确定护理诊断,是收集健康评估资料的主要理论框架。可根据需要采用不同的系统模式,如戈登(Gordon)的11种功能性健康型态模式、马斯洛(Maslow)需要层次论、身体 – 心理 – 社会模式等,现分别介绍如下。

1. 戈登功能性健康型态

(1) 健康感知与健康管理型态:自觉一般健康状况如何;为保持健康所做的最重要的事情有哪些及其对健康的影响;有无烟、酒、毒品嗜好,每日摄入量,有无药物成瘾或药物依赖、剂量及持续时间;是否经常做乳房的自我检查;平日能否听从医护人员的健康指导;是否知道所患疾病的原因、出现症状时采取的措施及其结果。

(2) 营养与代谢型态:食欲及日常食物和水分摄入种类、性质、量。有无饮食限制;有无咀嚼或吞咽困难及其程度、原因和进展情况;近期体重变化情况及原因;有无皮肤、黏膜的损害;有无牙齿问题。

(3) 排泄型态:每日排便与排尿的次数、量、颜色、性状,有无异常改变及其类型、诱发或影响因素,是否应用药物;是否出汗过多,有无气味。

(4) 活动与运动型态:人的活动可分为四种,包括日常生活活动(activity of daily living, ADL)、家务活动(household activities)、职业活动(occupational activities)和娱乐活动(recreational activities)。对于多数人来说,日常生活活动和家务活动是最基本、最重要的活动方式。了解被评估者进食、洗漱、沐浴、穿衣、如厕等日常活动的自理能力及功能水平;日常活动方式、活动量、活动能力及其活动耐力,有无医疗或疾病限制,是否借助轮椅或义肢等辅助用具。日常活动自理能力通常按被评估者能否独立完成的程度将其分为完全自理、部分自理和不完全自理三个等级。职业活动是有益于发展自身潜能的活动;娱乐活动则可以促进人的身心健康。

(5) 睡眠与休息型态:人类每日需要睡眠的时间,随着年龄、性格、个体的健康情况、劳动强度、营养条件、工作环境的不同而有所差异,并随着年龄的增长而逐渐减少。了解被评估者日常睡眠状况,睡眠后精力是否充沛,有无睡眠异常,如入睡困难、多梦、早醒、失眠,是否借助药物或其他方式入睡。正常睡眠的标准应以精神和体力的恢复为判断依据。

(6) 认知与感知型态:有无听觉、视觉、味觉、嗅觉、记忆力、思维过程改变,有无感觉异常,视觉、听觉是否借助辅助工具;有无疼痛及其部位、性质、程度、持续时间等;学习方式及学习中有何困难;是否由于药物的不良反应造成低血压、头晕等。

(7) 自我感知与自我概念型态:积极阳光的自我形象和健康向上的生活态度有益于增强抵抗疾病的免疫力。自我怀疑和对自我能力失去信心是常见的自尊紊乱的表现,如自尊心敏感、社会地位失落感、人生无价值感;或表现为行为缓慢、情绪低落、表情淡漠、言语阻滞、自罪行为抑郁情绪;疑病、神经质、感觉异常,预感不幸,常伴睡眠不良、噩梦与夜惊现象等焦虑情绪。

(8) 角色与关系型态:了解有无角色适应及角色紊乱问题,如角色否认、角色冲突、角色强化及缺乏角色适应的相关知识;独居或与家人同住;家庭问题方面的困难,家庭成员对患者患病或住院持何态度和看法;是否参加社会团体;与朋友关系是否密切,是否经常感到孤独;工作是否顺利;经济收入能否满足个人生活所需。

(9) 性与生殖型态:性伴侣、性生活满意程度,有无改变或障碍;女性月经量、经期、有无月经紊乱等,有无更年期综合征表现。

(10) 应对与应激耐受型态:了解人际关系的好坏,是否经常感到紧张,应对方式或解决方法(药物、酗酒或其他);近期生活有无重大改变或危机(如亲人去世、婚姻破裂等),面对生活中重大问题的处理措施等。

(11) 价值与信念型态:价值与信念包含个体所认同的生活目标及目标指导下的行为方式。了解被评估者对所患疾病的认知及求医态度(讳疾忌医或积极配合治疗);了解被评估者有无宗教活动及对宗教信仰的依赖程度;了解被评估者与健康有关的文化习俗、家庭习惯、民间疗法等。

2. **马斯洛需要层次论** 按照由低到高分为五个需要层次,即生理需要、安全需要、爱与归属的需要、尊重与自尊需要、自我实现的需要。马斯洛需要层次理论的内在规律说明:生理需要是基本的、最重要的;生理、心理、社会需要,各个层次逐次出现,但不排除几个层次需要同时出现;人类基本需要被满足的程度与健康成正比。在提出护理诊断(或合作性问题)时按照生理需要、安全需要、爱与归属的需要、尊重与自尊需要、自我实现的需要,依次列出首优、中优、次优的护理诊断。

三、收集健康资料的方法

收集健康资料的方法很多,包括观察、交谈、护理体检、查阅记录、相关辅助检查结果及既往健康资料等。其中最常用、最基本的方法是观察法和交谈法。

(一) 观察法

评估者与被评估者的初识即是观察的伊始,如被评估者的年龄、面容、步态、体位、营养、意识与精神状况、反应情况等。在临床护理过程中,评估者随时对患者进行动态观察,收集支持或否定护理问题的信息及执行护理计划后的信息反馈。正确评估被评估者的健康状况,为修订护理计划提供理论依据。如评估者通过观察被评估者的神情,便可知病情的轻重;触摸到被评估者的前额,便可以较准确地判断其体温是否异常;闻到被评估者呼吸的气味,就可以估计到其是患糖尿病还是尿毒症、肝性脑病等。因此,评估者在工作中要培养职业敏感性,要有敏锐的感知观察力、丰富的临床经验和扎实的理论知识,善于捕捉患者的每一个细微变化,有选择性地收集与患者健康问题有关的资料。

(二) 交谈法

交谈法是评估者通过与被评估者或其他相关人员之间有计划、有目的的语言交流获取有关健康信息的方法,是采集健康史最重要的手段。交谈的目的是在开始身体评估前获得完整的有关被评估者健康史的基本资料。同时交谈还可以促进良好的护患关系的建立,创造有利于患者诊疗及后续康复的医疗环境,并为进一步身体评估提供线索。如被评估者诉说头痛、流涕、咳嗽、咳痰,身体评估时就要重点检查鼻腔、咽及喉部,查看有无充血、水肿及感染的情况。

1. 交谈方式

(1) 按提问方式分类:① 直接提问式交谈:这是一种有目的、经过精心组织的并能提供专业知识的谈话方式。评估者明确谈话目的,采取封闭式直接提问,了解患者的健康情况,迅速获得第一手资料,为临床诊断、治疗、护理提供首要资料。如"您主要是哪里痛? 以前有过类似的发作吗? ""请告诉我,您心前区疼痛是闷痛、绞痛还是刺痛? "等等。但直接提问中应避免暗示性提问、套问或诱问,如"您的尿色发黄吗？""您是否有尿急、尿频、尿痛？"等，而应该用"您的小便是什么颜色？""您排尿的时候有什么感觉？"等。这种直接提问式交谈可以节约时间，但往往适合于双方关系已经融洽、谈话不断深入的后期。② 启发式交谈：评估者通过开放式提问鼓励患者参与谈话，患者可清楚地自主表达自己的想法和感受，如"您这次来看病最主要是哪里不舒服？""您今天感觉怎么样？"等。这种交谈适合于谈话的开始阶段，收集的信息较真实可靠，但占用时间长，被评估者的回答可能与评估目的无关，评估者要加以正确引导，以免远离话题。如离题，也不可断然中断话题，以免被评估者感到尴尬或出现恼怒的情绪，评估者可应用相应的技巧帮助被评估者回到原题，着重展开叙述。

(2) 按交谈形式分类：① 正式交谈，是指预先通知患者，有目的、有计划地交谈。例如入院后询问病史，就是按照预先确定的项目和内容收集资料。② 非正式交谈，是指评估者在日常的查房、治疗、护理过程中与患者之间的交谈，随时掌握患者情况的变化，同时患者感到很自然、轻松，以类似闲聊的方式收集到患者较为真实的资料。

2. 交谈时间和地点 交谈的环境应有良好的通风、照明设备，尽可能安静、舒适，保证交谈不受干扰。交谈一般在患者入院事项安排妥当后进行，以 20~30 min 为宜，不宜在患者就餐或其他不便时间内进行。交谈开始前，评估者应考虑患者的身体状况。病情轻者，一般可在办公室进行；病情严重者，则可在床旁进行；危重患者则需在病情稳定后进行。

3. 交谈距离 适宜的交谈距离为 1~1.2 m，这样双方都可看清对方的整个面部，用适中的音量交谈，也不会受到对方体味的干扰，更重要的是很容易彼此产生信任感。过远或过近的谈话距离，可能会使被评估者感到不被尊重或受侵犯而拒绝交谈。

4. 交谈技巧

(1) 语言沟通技巧：提问方式一般采用开放性提问，复述和附加语的使用有利于激发进一步交流。① 不同年龄的交谈：不同年龄阶段的被评估者，由于所处的生理心理发展阶段不同，参与交谈的能力也不同。如对儿童或婴儿来说，信息的主要提供者可能是其父母或家庭其他成员；而对于老年人，则可能存在听力、视力、记忆力等功能的减退或障碍。因此，与特殊年龄段被评估者交谈时应注意减慢语速、提高音量及采取面对面交流的方式，使被评估者能看清交谈者的表情及口型，交谈的问题也应限于确实需要解决的方面。② 不同文化背景间的交谈：不同的文化背景在人际交流的方式及疾病的反应方面存在着文化差异，这种差异是显而易见的。如：美国人在交谈的同时避免触摸；在中国则不同，若能同时恰当运用其他非语言沟通方式，对被评估者来说是具有鼓励及关注的意义。评估者必须理解尊重其他文化信仰和价值观，熟悉文化之间的差异，避免以自我文化为中心的交谈。

(2) 非语言沟通技巧：适当运用面部表情、身体姿态、目光接触、触摸、沉默等非语言沟通技巧。尤其眼睛是心灵的窗户,评估者应注重眼神交流,同时保持良好的心态,用心交流、注意倾听,尽量捕捉特殊信息这有助于协调护患关系,以获得更细致的信息。人是心身整体,评估时评估者不仅要注意身体症状,更要注意心理反应,学会沟通技巧,在工作中展示评估者的风度与魅力。

5. 交谈阶段 护理评估时,专业性交谈分为四个阶段:准备阶段、开始阶段、引导交谈阶段及结束阶段。

(1) 准备阶段:确定交谈目的,收集被评估者的一般资料,参阅相关必要资料,了解该病新进展;安排合适的交谈环境,注意保护对方的隐私,可让对方感到舒适、安全;安排好交谈时间,把握好交谈空间(个人位置空间、精神空间)。

(2) 开始阶段:为了创造融洽的气氛,开始交谈前应有礼貌地称呼对方,先向对方作自我介绍。接着可向被评估者介绍本病室其他有关医护人员的情况,与被评估者建立良好关系,取得信任,使之有亲切感和被尊重感;随后与其交谈医院的情况,可介绍病室的规章制度,对环境的看法(是否习惯、是否安静、温暖等),消除被评估者的陌生感,告知被评估者谈话的目的和相关内容,如谈话时间的长短、被评估者的期望和要求。

(3) 引导交谈阶段:提出问题、回应或复述。评估者与被评估者相互熟悉时,评估者可说明交谈目的,再通过开放式提问,从易于回答的一般性问题开始,如"您感觉哪儿不舒服?"将话题从开始阶段转向主体阶段。评估者应注意交流技巧,使交流顺利进行,以便达到交谈的目的。这一阶段是健康资料采集,当被评估者所述内容离题太远时,可及时提一些评估内容相关的问题,使话题转回。遇到不善陈述病情的患者,应耐心地启发、帮助其诉说,但应避免套问,更不应采用提示性诱问,导致得出错误的结论。例如,不应问:"您厌食油腻食物吗?"而应问:"您的吃东西习惯如何?"为确保资料的准确性,对含糊不清、存有疑问的内容要进行核实,其核实方法:澄清、复述、质疑、解析。

(4) 结束阶段:一次成功的交谈,一定要有圆满的结束,同时为下次交谈打好基础。当被评估者不愿意提供更多信息时,评估者结束谈话的技巧也很重要,会直接影响护患关系。结束谈话前,评估者可问:"您还有什么问题?"或者说:"我要问的问题就是这些"等,然后告知今天暂时谈到此,如有需要下次再联系,以结束交谈。同时注意再次向被评估者表明身份:"我是您的责任护士×××,有需要您可以来护士站找我,如果有任何不舒服请及时按铃,我们也会经常过来巡视。"最后结束交谈。

6. 交谈注意事项

(1) 除危重患者被评估时只做扼要的询问和重点检查后立即实施抢救外,对一般被评估者,应于入院后 24 h 内完成"入院评估记录"。

(2) 评估者高雅的气质、和蔼的态度、良好的工作作风是取得被评估者信任的首要条件。在交谈的整个过程中,评估者应对被评估者的回答呈现出感兴趣和向评估者表现出对其本人关心的态度,对被评估者的陈述表示理解、认可和同情。当患者感到平等和受到尊敬时,才能坦诚相告。

(3) 正确应用人际关系交往与沟通技巧,安静、耐心、专心倾听患者诉说,保持目光接触,不要随意打断被评估者的谈话,一次提问尽量只问一个问题,多个问题容易使患者困惑。且要注意非语言的沟通,如表情、手势、眼神、触摸等。语言要通俗易懂,问题要具体、简单、明了,避免使用医学术语,如心悸、发绀、黄疸等,应该使用便于评估者理解、熟悉的词汇进行询问和交流。

(4) 应尽量询问被评估者本人,对于重症、意识不清者则可由家属代替。

(5) 对心理、社会方面的评估资料,评估者应尽量摒弃偏见,坦诚接受被评估者的所有信息,并按原话记录。

(6) 尊重被评估者的隐私权,回避被评估者不愿提及的敏感性问题。对被评估者不愿讲的内容,不要追问。正确处理人际交往和运用沟通技巧是收集资料的基本功,而收集资料的关键是获取对方的信任。

(三)身体评估

身体评估又称体格检查,简称体检,是指评估者运用自己的感官或借助于简单的辅助工具(体温计、听诊器等)为被评估者进行身体评估,收集其体征和各个系统、器官病理变化的客观资料。其目的是了解被评估者的健康状况和病情变化,获取有价值的客观资料,为确立护理诊断和制定护理计划提供重要依据。身体评估以收集与护理有关的生理资料为主,有别于系统化的医疗体检。身体评估的主要方法有:视诊、触诊、叩诊、听诊、嗅诊(详见任务二 身体评估基本方法)。

(四)查阅记录

查阅的内容包括患者的病历、各种护理记录、实验室检查及辅助检查以及有关文献等。

小结

健康评估是护理程序的首要环节,全方位、正确地为护理服务对象进行健康评估是保证对其进行高质量护理的先决条件。生理–心理–社会模式下,健康资料主要内容包括基本资料、主诉、现病史、既往史、目前用药史、成长发展史、家族健康史、心理社会状况等。功能性健康型态两种模式下,健康资料内容可根据需要采用不同的系统模式,如戈登的11种功能性健康型态模式、马斯洛需要层次论等。收集健康资料的方法很多,包括观察、交谈、护理体检、查阅记录及相关辅助检查结果、既往健康资料等。其中最常用、最基本的方法是观察法和交谈法。

(龚晓霞)

任务测试

项目一 收集与整理健康资料

任务二 学习身体评估基本方法

【思维导图】

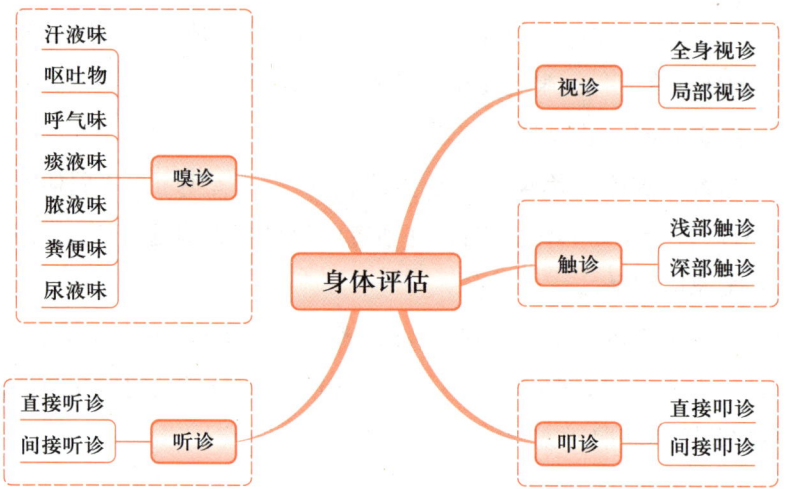

汗液味
呕吐物
呼气味
痰液味 —— 嗅诊
脓液味
粪便味
尿液味

视诊 —— 全身视诊
局部视诊

触诊 —— 浅部触诊
深部触诊

身体评估

直接听诊
间接听诊 —— 听诊

叩诊 —— 直接叩诊
间接叩诊

【典型案例】

患者,男,30岁。因"发热、咳嗽、咳痰3天",以"肺部感染"收治入院。评估者通过问诊已获得其健康资料,现需要对其进行身体评估。

任务引领一:什么是身体评估?身体评估可以提供哪些健康信息?

任务引领二:身体评估有哪些方法?评估中需要注意哪些问题?

一、身体评估概念

身体评估(physical examination)是指评估者运用自己的感官(眼、耳、鼻),或借助体温表、血压计、听诊器、电筒和叩诊锤等检查器具,客观地了解和评估被评估者身体状况的一组最基本的检查方法,一般于采集完健康史后开始。身体评估的目的是进一步验证问诊中所获得的有临床意义的症状,发现被评估者存在的体征。体征作为客观资料的重要组成部分,可为确认护理诊断提供客观依据。

二、身体评估的注意事项

1. 检查环境安静、舒适;具有私密性,必要时使用屏风等设施以保护患者隐私;室温、湿度适宜;光线适宜,以自然光线为宜。

2. 评估者衣着整洁,举止端庄,态度诚恳和蔼,关心、体贴患者,以被评估者为中心,具有高度的责任感、同情心和良好的医德风尚。

3. 检查前先礼貌地向患者说明自己的身份、检查的目的与要求，做好解释工作，消除患者的紧张情绪，以取得患者的配合，同时尽可能当着患者的面洗净双手或消毒液擦手，避免医源性交叉感染。

4. 检查时评估者立于被评估者右侧，协助被评估者取适宜体位并充分暴露受检部位，必要时有第三者在场。

5. 检查过程中动作轻柔、准确、熟练，操作规范，手脑并用，边检查边思考，检查内容完整而有重点。按一定的顺序进行检查，依照从上至下、从前到后、左右对比的原则，通常依照一般状况、头面部、颈部、胸部、腹部、脊柱、四肢、生殖器和肛门、神经系统的顺序，必要时应注意左右及相邻部位的对照检查，并且避免不必要的重复和遗漏，避免反复翻动被评估者。

6. 检查结束后应就检查结果向被评估者作必要的解释和说明，以及对被评估者的良好配合表示感谢。

7. 根据病情变化，随时复查以发现新的表现，不断补充和修正评估结果，调整和完善护理诊断与相应的护理措施。遇病情危急的被评估者，应重点检查并立即进行抢救，待病情好转后，再进行全面、系统的检查。

8. 始终保持对被评估者的尊重与关爱，建立良好的护患关系。

三、基本检查方法

身体评估的基本方法包括视诊、触诊、叩诊、听诊和嗅诊。要熟练掌握和运用这些方法，必须反复练习和实践，同时还要有丰富的医学基础知识与护理专业知识的指导。

视诊的方法

（一）视诊

视诊（inspection）是指评估者通过视觉来观察被评估者全身或局部状态有无异常的检查方法，包括全身和局部视诊，以及呕吐物或排泄物的观察。全身视诊如年龄、性别、发育、营养、意识、状态、面容、表情、体位、姿态和步态等，可了解被评估者的全身状况；局部视诊如皮肤与黏膜的颜色，头颅、胸廓、腹部、骨骼或关节的外形等，可了解被评估者身体各部分的改变。

视诊方法简单，适用范围广，需要耐心，常能提供重要的评估资料和线索，所以评估者必须有丰富的医学知识和临床经验，将全身和局部表现结合起来，通过深入细致的观察才能发现有重要意义的临床征象，否则会出现视而不见的情况。

视诊应在充足的自然光线下进行，避免光线不适宜影响某些重要体征的观察。对于搏动与轮廓的观察常需在侧面光照下进行。通常情况下，视诊可通过评估者的双眼直接进行，但某些特殊部位，如眼底、鼓膜等，则需要借助检眼镜、耳镜等器械的帮助。

（二）触诊

触诊（palpation）是指评估者通过手与被检查部位接触后的感觉，或观察被评估者的反应来判断身体某部有无异常的检查方法。触诊既可以进一步明确视诊发现的一些异常现象，还可以发现一些视诊所不能发现的体征，如体温、湿度、压痛、摩擦感等。手的不同部位对触觉的敏感度不同，其中以指腹对触觉较为敏感，掌指关节的掌面对震动较为敏感，手的背侧皮肤对温度较为敏感，触诊时多用这些部位。触诊的适用范围很广，可遍及全身各部，尤以腹部检查最常用。

1. 触诊方法 触诊时，由于目的不同而施加的压力也轻重不一，据此可分为浅部触诊法和深部触诊法。

（1）浅部触诊法：评估者以一手轻放于被评估部位，利用掌指关节和腕关节的协同动作以旋转或滑动的方式轻压触摸，可触及身体的深度为1~2 cm（图1-2-1），主要适用于体表病变，如关节、软组织、浅部血管、阴囊等检查。浅部触诊法也可用于检查腹部有无压痛、抵抗感、搏动感、包块或某些肿大的脏器等。

（2）深部触诊法：评估者以单手或两手重叠，由浅入深，逐步施加压力以达深部，可触及的深度多在2 cm以上，可达4~5 cm（图1-2-2），主要用以评估腹腔内的病变和脏器的情况。根据检查目的与手法的不同，又将深部触诊分为以下几种。

浅部触诊法

20

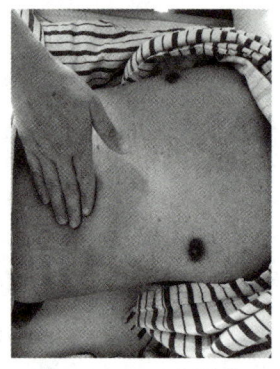

图1-2-1 浅部触诊

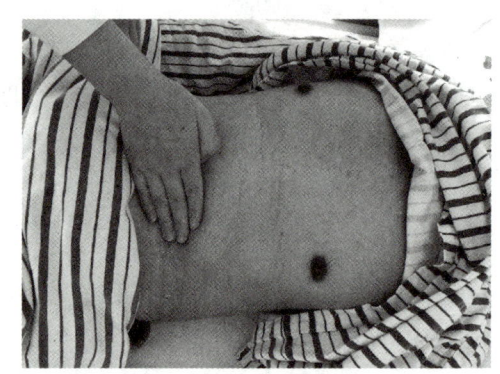

图1-2-2 深部触诊

1）深部滑行触诊法：检查时嘱被评估者张口呼吸，尽量放松腹肌，可以与被评估者谈话以转移其注意力，评估者以右手并拢的二、三、四指末端逐渐触向腹腔脏器或包块，并在其表面作上下左右滑动触摸。该法常用于腹腔深部包块和胃肠病变的检查。

2）双手触诊法：将右手并拢的中间三指平置于腹壁上，左手掌置于被检查脏器或包块的后部，向右手方向托起，这样既可起到固定脏器或包块的作用，又可使其更接近体表以配合右手触诊。该法主要用于肝、脾、肾及腹腔肿物的触诊。

3）深压触诊法：以右手并拢的两三个手指逐渐深压腹壁被检部位达4~5 cm，以探测腹腔深在病变的部位或确定腹部压痛点，如阑尾压痛点、胆囊压痛点等。检查反

深部滑行触诊法

双手触诊法

跳痛,则是在手指深压的基础上稍停 2~3 s,迅速将手抬起,同时询问被评估者有无疼痛加剧或观察其面部有无痛苦表情。

4)冲击触诊法:以右手 3 或 4 个手指并拢弯曲呈 70°~90° 角置于腹壁相应部位,做数次急速而有力的冲击动作,此时指端下可有腹腔脏器浮沉感,故又称浮沉触诊法。该法一般只用于大量腹水时肝、脾及腹腔包块难以触及者,因冲击使腹水暂时移向四周,脏器上浮与指尖接触,易于察觉增大的肝脾和包块。

深压触诊法

冲击触诊法

2. 触诊注意事项

(1)触诊前应向被评估者说明评估目的和配合的动作。评估者手要温暖,动作轻柔,由浅入深,由轻到重,由远及近,要尽量避免和减少评估对象的痛苦。

(2)评估者和被评估者均应采取舒适的体位。被评估者一般取仰卧位,双下肢稍屈,腹肌尽量放松。评估者应立于被评估者的右侧,面向被评估者以便随时观察被评估者的面部表情。

(3)行下腹部检查时,应嘱被评估者排尿,必要时排便,以免将充盈的膀胱和粪团误认为腹腔肿块。

(4)触诊时评估者要结合解剖学和病理学知识,手脑并用、边触边想、边想边触、反复推敲,才能明确病变性质和来自何种脏器。

(三)叩诊

叩诊(percussion)是指评估者用手指叩击或手掌拍击被评估者体表,使之震动产生音响,根据其震动和音响特点判断受检部位的脏器有无异常的检查方法。叩诊多用于分辨被检查部位组织或器官的位置、大小、形状及密度,如确定肺下界的位置、心界的大小与形状、胸腔积液和腹水的有无与多少、膀胱有无充盈等,在胸、腹部检查中尤为重要。

1. 叩诊方法

根据不同的叩诊手法和目的,可分为间接叩诊法和直接叩诊法。

(1)间接叩诊法:包括指指叩诊与捶叩诊。指指叩诊时,评估者以左手中指第二指节紧贴叩诊部位,其余手指稍抬起,勿与体表接触;右手自然弯曲,以中指指端叩击左手中指第二指关节处或第二节指骨的远端(图 1-2-3)。叩击方向与叩诊部位的体表垂直,叩诊时应以腕关节与掌指关节的活动为主,肘关节和肩关节不参与运动。叩击后右手中指立即抬起,以免影响叩诊音的辨别。叩击力量要均匀,叩击动作要灵活、短促和富有弹性。一个叩诊部位,每次连续叩击 2~3 下。叩诊过程中左手中指第二指节移动时应抬起并离开皮肤,不可连同皮肤一起移动

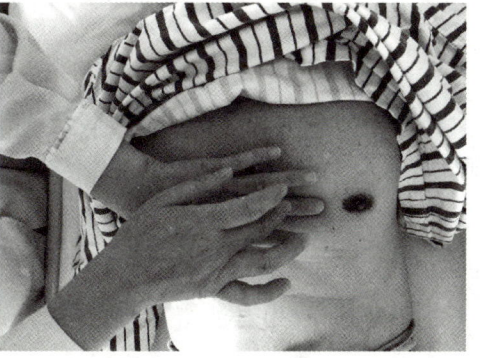

图 1-2-3 指指叩诊

（图1-2-4）。捶叩诊时，评估者将左手掌平置于受检部位，右手握拳后用其尺侧缘叩击左手背，观察并询问被评估者有无疼痛。捶叩诊主要用于检查肝区或肾区有无叩击痛。

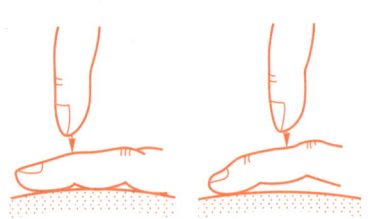
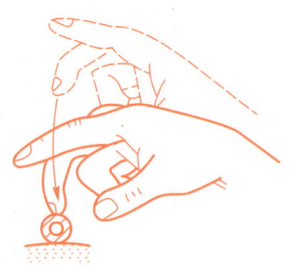
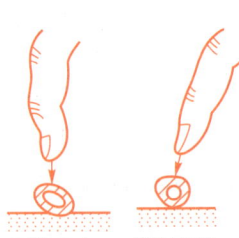

正确姿势　　错误姿势
叩诊时手指放置于体表的姿势　　间接叩诊法的姿势　　正确方向　错误方向
叩诊时手指的方向

图1-2-4　间接叩诊法正误对比

（2）直接叩诊法：评估者以右手中间三指掌面或指端直接拍击或叩击被检查部位，根据拍击的反响和指下的震动感判断病变情况。直接叩诊法主要适用于胸部和腹部面积广泛的病变，如大量胸腔积液、腹水或气胸等。

2. 叩诊音　叩诊时，被叩诊部位所产生的音响即称为叩诊音。由于被叩击部位的组织或脏器的致密度、弹性、含气量及与体表的距离不同，叩击时产生的音量高低（频率）、音响的强弱（振幅）及振动持续的时间也不同。据此临床上将叩诊音分为以下五种（表1-2-1）。

表1-2-1　五种叩诊音的特征、正常分布及常见临床意义

叩诊音	音调	音响	持续时间	正常分布区	常见临床意义
清音	较低	较强	较长	肺的区域	
浊音	较高	较弱	较短	心、肝被肺覆盖的部分	肺有浸润、炎症、肺不张、胸膜一般增厚时
鼓音	较低	较清音更强	较清音长	胃泡区、腹部	肺空洞、气胸、气腹
实音	较浊音更高	较浊音更弱	较浊音更短	肝、心等实质脏器	肺实变、胸腔大量积液，实质性肿块
过清音	较清音低	较清音强	介于清音与鼓音之间	生理情况不出现	肺气肿

（1）清音（resonance）：一种音调较低、音响较强、振动时间较长的叩诊音。为正常肺部的叩诊音，提示肺组织的弹性、含气量、致密度正常。

（2）浊音（dullness）：一种音调较高，强度较弱、振动持续时间较短的叩诊音。正常情况下，产生于叩击被少量含气组织覆盖的实质脏器，如心和肝被肺边缘所覆盖的部分（相对浊音区）。病理情况下可见于肺部炎症所致肺组织含气量减少时。

(3) 实音(flatness)：一种音调较浊音更高、强度更弱、振动持续时间更短的叩诊音。正常情况下见于叩击无肺组织覆盖区域的心和肝部分(绝对浊音区)。病理状况下，见于大量胸腔积液或肺实变等。

(4) 鼓音(tympany)：一种音响较清音更强，振动持续时间也较长的叩诊音，于叩击含有大量气体的空腔脏器时产生。正常情况下，见于左前下胸部的胃泡区及腹部。病理性情况下见于肺内空洞、气胸和气腹等。

(5) 过清音(hyperresonance)：一种介于鼓音与清音之间的异常叩诊音，音调较清音低，音响较清音强。临床上主要见于肺组织含气量增多、弹性减弱时，如肺气肿。正常儿童因胸壁薄可叩出相对过清音。

3. 叩诊注意事项

(1) 尽量保持周围环境安静，以免噪音干扰对叩诊音的辨别。

(2) 根据叩诊部位的不同，选择不同的体位。如叩诊胸部可取坐位或卧位，叩诊腹部则常取仰卧位。

(3) 充分暴露被检查部位，肌肉放松，并注意两侧对称部位的比较。

(四) 听诊

听诊(auscultation)是评估者用耳直接或借助听诊器听取发自被评估者身体各部的声音，判断其正常与否的检查方法。听诊是体格检查的重要手段，在心、肺部检查中尤为重要，常用以听取正常与异常呼吸音、心音、杂音及心律等。

1. 听诊方法

根据是否使用听诊器可将听诊方法分为直接听诊法和间接听诊法，临床常用间接听诊法。

(1) 直接听诊法：指评估者用耳直接贴于被评估者的体表进行听诊的方法。该法所能听到的体内声音微弱，仅用于某些特殊情况或紧急情况时。

(2) 间接听诊法：即评估者借助听诊器进行听诊的方法，应用方便，范围广泛。因听诊器对听诊部位的声音有放大作用，且能阻隔环境中的噪声，所以听诊效果好。间接听诊法除可用于心、肺及腹部听诊外，还可听取血管音、关节活动音和骨折面摩擦音等。听诊器由耳件、体件和软管三部分组成(图1-2-5)。体件常用的有钟型和膜型两种。钟型适于听取低调的声音，如二尖瓣狭窄的舒张期隆隆样杂音；膜型适于听取高调的声音，如呼吸音、心音、肠鸣音等。听诊时要求环境安静、室温适宜、避风，以避免噪声及排除因寒冷所致肌束震动产生的附加音的干扰。被评估者取舒适体位。听诊前应检查听诊器耳件弯曲方向是否正确，软、硬管腔是否通畅。钟型体件对低频声音敏感，使用时应轻置于受检部位，但应避免体件与皮肤摩擦产生的附加音；膜型体件对高频声音敏感，使用时应紧贴受检部位的皮肤。听诊时注意力要集中，必要时嘱咐被评估者控制呼吸配合听诊。

听诊的方法及注意事项

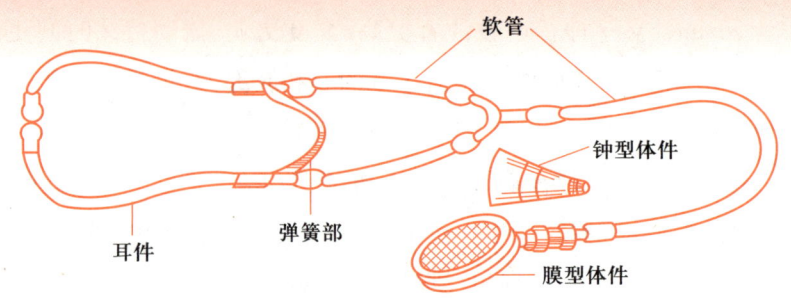

图 1-2-5　听诊器结构图

软管
钟型体件
耳件
弹簧部
膜型体件

2. 听诊注意事项

（1）环境须安静、温暖、避风，避免因寒冷而出现肌束颤动，产生附加音，影响听诊效果。

（2）听诊前应检查听诊器耳件方向是否正确，软、硬管腔是否通畅。

（3）根据病情采取适当体位。

（4）听诊器体件应紧触被检查部位体表，避免与皮肤摩擦而产生附加音。

（5）听诊时注意力要集中，听肺部时要摒除心音的干扰，听心脏时要摒除呼吸音的干扰。

（五）嗅诊

嗅诊的方法、异常气味及临床意义

嗅诊（smelling）　指评估者用嗅觉来辨别发自被评估者的各种气味，以判断其与疾病关系的评估方法。这些异常气味多来自皮肤、黏膜、呼吸道、胃肠道呕吐物或排泄物，以及脓液或血液等。嗅诊时，评估者用手将发自被评估者的气味扇向自己的鼻部，仔细判别气味的特点与性质。常见的异常气味及其临床意义如下。

1. 汗液味　酸性汗味常见于发热性疾病或长期口服解热镇痛药；狐臭味常见于腋臭；脚臭味见于足癣合并感染者。

2. 呕吐物　酸臭味提示食物在胃内滞留时间过长而发酵，常见于幽门梗阻或幽门失缓症；粪臭味，见于长期剧烈呕吐或肠梗阻。

3. 呼气味　浓烈的酒味见于酒后；刺激性大蒜味见于有机磷杀虫剂中毒；烂苹果味见于糖尿病酮症酸中毒；氨味见于尿毒症；肝腥味见于肝性脑病。

4. 痰液味　血腥味见于大量咯血；恶臭味提示可能为厌氧菌感染，多见于支气管扩张症或肺脓肿。

5. 脓液味　脓液恶臭提示有气性坏疽或厌氧菌感染的可能。

6. 粪便味　腐败性粪臭味多因消化不良或胰腺功能不良引起；腥臭味见于细菌性痢疾；肝腥味粪便见于阿米巴痢疾。

7. 尿液味　尿液出现浓烈的氨味见于膀胱炎、尿潴留，为尿液在膀胱内被细菌发酵所致。

小结

身体评估的基本方法包括视诊、触诊、叩诊、听诊和嗅诊。视诊是指评估者通过视觉来观察被评估者全身或局部状态有无异常的检查方法，包括全身视诊和局部视诊，以及呕吐物或排泄物的观察。触诊是指评估者通过手与被检查部位接触后的感觉，或观察被评估者的反应来判断身体某部有无异常的检查方法，分为浅部触诊法和深部触诊法。叩诊是指评估者用手指叩击或手掌拍击被评估者体表，使之震动产生音响，根据其震动和音响特点判断受检部位的脏器有无异常的检查方法，分为间接叩诊法和直接叩诊法，包括清音、浊音、鼓音、实音、过清音等五种叩诊音。听诊是评估者用耳直接或借助听诊器听取发自被评估者身体各部的声音，判断其正常与否的检查方法，分为直接听诊法和间接听诊法。

（龚晓霞）

任务三　整理健康资料

【思维导图】

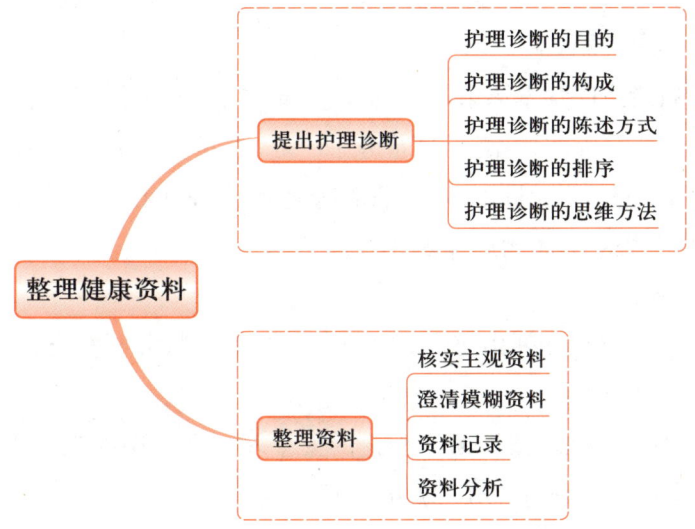

【典型案例】

患者，女，68岁。3天前感胸闷、气促，无明显咳嗽、咳痰，当时未重视诊治，次日觉胸闷、气促较前明显加重，伴呼吸困难，难以平卧而入院。既往有高血压、糖尿病史。

任务引领一：在采集该患者健康资料的基础上如何整理归类？

任务引领二：整理健康资料常用的理论依据有哪些？

任务引领三：上述病例主要现存的或潜在的健康问题有哪些？

任务引领四：该患者主要护理诊断及其相关因素有哪些？

一、整理资料

（一）核实主观资料

主观资料是被评估者对自己健康状况的感受或看法的描述核实。主观资料并不是评估者不相信被评估者，而是因为被评估者自认为的正常或异常与医学标准是不相同的，因而需要核实。如被评估者认为"我的饮食很正常"，而评估者观察发现其精神不振、消瘦无力、进食不足同龄正常人的一半。

（二）澄清模糊资料

如被评估者诉说"大便正常"，这项资料不够明确，评估者需进一步询问其大便的具体情况，如次数、性状、颜色、排便是否费力等。并非所有资料都要核实，如身高、体重、用精密仪器测量出来的实验室结果都可被认为是真实的。

（三）资料记录

资料记录必须准确、真实、完整。资料的记录格式可以根据资料的分类方法或各医院甚至同一医院中各病区的不同特点进行，可以由评估者自行设计。记录方式多种多样，有的采用文字描述，有的采用符号方式，有的采用打"√"方式，但不论如何，在记录中均应注意以下问题。

1. 主观资料要按患者主诉记录，尤其是心理、社会方面的资料，不要带评估者自己的主观判断，以便分析。

2. 客观资料要按医学术语书写，但应语言简洁，书写清楚，避免使用只有自己才能理解的词及模糊不清、无法衡量的词句，如"好、尚好、佳、尚可、差、较差"等；又如"被评估者有呕吐、量少"含糊不清，应确切地记录呕吐时间及量，写成"7 pm（下午7时）被评估者呕吐胃内容物一次，量约100 mL"等。

（四）资料分析

1. 整理资料　按顺序列出整理、组织所收集的资料，对资料进行分类并按顺序列出，其方法有以下几种。

（1）需要层次分类法：按马斯洛理论的五个基本需要层次来整理分类。例如，① 生理需要：体温38℃、脉搏96次/分、呼吸24次/分、稀便、尿少、腹痛等；② 安全需要：对医院环境不熟悉，夜间要开灯睡觉，手术前精神紧张，走路容易摔倒等；③ 爱与归属的需要：患者想家、想孩子（孩子也想妈妈），害怕孤独，喜欢有人来探望等；④ 尊重与被尊重的需要：觉得自己成绩不如别人而自卑，怕别人看不起，因外貌受损而不敢见人，如患者讨厌护士叫床号或直呼其名；⑤ 自我实现的需要：担心住院会影响学习工作，担心有病不能实现自己的理想等，如患者主诉"这一住院，我就不能参加考试就毕不了业了！"或"我的腿受伤会影响我成为体操运动员吗？"

（2）人类反应型态分类法：此法1986年北美护理诊断协会（NANDA）通过。

① 交换：包括相互的施与受；② 沟通：包括传送信息；③ 关系：包括建立联系；④ 价值：包括相关的价值赋予；⑤ 选择：包括各种可能性的选择；⑥ 移动：包括活动；⑦ 感知：包括接受信息；⑧ 认识：包括信息的理解；⑨ 感觉：包括信息认知后的反应。

（3）功能性健康型态分类法：按戈登提出的 11 种功能性健康型态分类，此法 1989 年被 NANDA 接受，包括：① 健康感知 – 健康管理型态；② 营养 – 代谢型态；③ 排泄型态；④ 活动 – 运动型态；⑤ 睡眠 – 休息型态；⑥ 认知 – 感知型态；⑦ 自我感知 – 自我概念型态；⑧ 角色 – 关系型态；⑨ 性 – 生殖型态；⑩ 应对 – 应激耐受型态；⑪ 价值 – 信念型态。

2. 找出相关诊断依据　分析资料时，首先应将资料与正常进行比较，以发现异常所在，获得阳性症状或体征，作为护理诊断的重要依据。能准确地做出比较，要求护士不仅要根据所学的医学基础知识、护理学知识、人文学科知识，熟练掌握各种正常值，还应考虑到人的个体差异性，根据不同年龄阶段、家庭、社会、文化等背景条件，全面地进行比较。

3. 找出相关因素和危险因素　通过与正常值的比较发现异常后，护士应进一步找出引起异常的相关因素，如患者主诉："最近我总是感到非常疲乏，但不知为什么"，护士从血常规检查结果发现患者血红蛋白只有 90 g/L，低于正常值，这样就找到了引起异常的原因。危险因素，是指患者目前虽处于正常范围内，但存在着促使其他异常转化的因素。找出相关因素和危险因素可以指导护士准确制定护理措施。

二、提出护理诊断

护理诊断（nursing diagnosis）是护士为达到预期结果选择护理措施的基础，换言之，护士之所以要收集健康资料、整理健康资料、分析健康资料，其目的在于提出护理诊断，为进一步确立护理目标，制定护理措施提供依据。

（一）护理诊断的目的

护理诊断是护士关于个人、家庭、社区对现存的或潜在的健康问题或生命过程的反应的一种临床判断，是属于护士职责范围内，通过护理手段能解决的问题。护理诊断不仅关注服务对象现有的问题，同时也关注尚未发生的潜在问题，反映了护理工作的前瞻性，其目的是：确定患者现存的或潜在的对健康问题的反应；确定引起上述反应的原因；明确护理的职责范围；制定护理计划。

（二）护理诊断的构成

每个护理诊断基本由名称、定义、诊断依据、相关因素四部分组成。

1. 名称　是对被评估者健康状态或疾病反应的概括性描述。根据 NANDA 护理诊断名称的叙述,可将所有护理诊断分为以下三种类型。

(1) 现存的护理诊断:是对个体、家庭或社区目前正出现的健康状况或生命过程反应的描述,如"便秘""气体交换障碍""恐惧"等。

(2) 有……危险的护理诊断:是指一些易感的个体、家庭或社区健康状况或生命过程可能出现的反应的描述。"潜在的"健康问题,就是指有危险因素存在,若不采取预防处理就一定会发生的问题。做出此类诊断,必须要有"危险因素"作为依据,这类护理诊断目前虽然没有发生问题,但如果不采取护理措施则很有可能出现问题。因此,"有……危险的"护理诊断要求护士具有预见性,当患者有导致易感性增加的危险因素存在时,要能够预测到可能会出现的健康问题。如长期卧床患者,存在"有皮肤完整性受损的危险";白血病患者血小板很低,存在"有出血的危险";由于免疫能力低下,存在"有感染的危险"。

(3) 健康的护理诊断:是对个体、家庭或社区具有加强更高健康水平潜能的描述。健康是生理、心理、社会各方面的完好状态,护理工作者的任务之一是帮助健康人促进健康。健康的护理诊断是护士在为人群提供护理时可以采用的护理诊断,如母乳喂养有效、潜在的婴儿行为调节增强、执行治疗方案有效等。

2. 定义　是对护理诊断的一种清晰而精确的描述,并以此与其他护理诊断相区别。每一个护理诊断都有自己特征性的定义,即使有些护理诊断的名称相似,但仍可从它们各自的定义上发现彼此的差别。例如,营养失调:低于(高于)机体需要量,"营养失调"是名称,依据评估对象的实际情况,如果营养不良则定义为"低于机体需要量",如果营养过剩、肥胖者则用"高于机体需要量"。同样"排便异常:便秘/腹泻",前者是名称,后者是定义。

3. 诊断依据　是做出护理诊断的临床标准,多来自经健康评估后所获得的有关被评估者健康状况相应的症状、体征、病史及危险因素。护士在做出某个护理诊断时,不能凭空臆想,一定要参照诊断依据。诊断依据有三种:第一种称为必要依据,即做出某一护理诊断时必须具备的依据,如"活动无耐力"的诊断必要依据是"自诉疲乏或软弱无力";再如,"语言沟通障碍"的诊断必要依据是"说话或发音困难"。第二种称为主要依据,即做出某一诊断时通常需要存在的依据。第三种称为次要依据,即对做出某一诊断有支持作用,但不一定每次做出该诊断时都存在的依据。三种依据的划分并非随意而为,须通过严谨的科研加以证实。

4. 相关因素　相关因素是指促成护理诊断成立和维持的原因或情境。例如:"营养失调:低于机体需要量　与慢性失血有关,表现为营养不良。""现存的"或"健康的"护理诊断有相关因素,而"有……危险的"护理诊断的相关因素常为危险因素,即导致患者对这种危险的易感性的因素,包括生理、心理、遗传、化学因素及不健康的环境因素等。

护理诊断的相关因素往往不只来自一个方面,可以涉及多个方面,如睡眠型态紊乱,可能由手术伤口疼痛引起,可以由焦虑引起,可以由连续 24 h 静脉输液引起,也可以由住院后环境改变或环境嘈杂引起,儿童还可以由独自睡觉恐惧黑暗引起。总之,一个护理诊断的确立受很多相关因素的影响,确定相关因素可以为护理措施的制定提供依据。

(三)护理诊断的陈述方式

根据收集到的护理服务对象的资料做出护理诊断后,可按诊断的不同类型选择以下三种方式中的一种对其进行陈述。

1. 三部分陈述 分 P、S、E 三部分,即 PSE 公式,其中,P(problem)代表健康问题,即护理诊断的名称;E(etiology)代表原因,即相关因素;S(signs and symptoms)代表症状和体征,也包括实验室检查及器械检查的结果。例如,"清理呼吸道无效:与痰液黏稠、咳嗽无力或意识障碍不能有效清除呼吸道分泌物有关,表现为发绀、呼吸困难,血气分析 PaO_2 为 60 mmHg(1 mmHg=0.133 kPa)。"其中"清理呼吸道无效"为 P;"发绀、呼吸困难,PaO_2 为 60 mmHg"为 S;"与痰液黏稠、咳嗽无力或意识障碍不能有效清除呼吸道分泌物有关"为 E。三部分陈述多用于"现存的"护理诊断。护士能够熟练进行护理诊断时,可以将临床表现部分即(S)省略。

2. 两部分陈述 两部分陈述即 PE 公式。例如,有体液不足的危险(P):与剧烈腹泻有关(E);有窒息的危险(P):与咯血或再咯血有关(E)。两部分陈述多用于"有……危险的"护理诊断。目前的趋势是将 PES 公式简化为 P+E 表示。

3. 一部分陈述 一部分陈述只含有 P,这种陈述方式用于"健康的"护理诊断。如:潜在的精神健康增强。

陈述护理诊断时须注意以下问题。

(1)护理诊断名称(P):应尽量使用 NANDA 认可的名称,不要随意创造,以免因名称不统一而带来混乱,进而妨碍评估者之间的交流和沟通。至于有些情况下现有的护理诊断无法涵盖护理实践中遇到的问题,如患者出现腹胀、瘙痒等情况时没有相应的护理诊断来表达,这时也允许护士以护理问题的形式将这些情况提出并予以解决,但应慎重,且须经过相关人员的讨论并达成共识。

(2)相关因素(E):陈述时应使用"与……有关"的方式。

(3)直接相关因素(S):为每一个护理诊断找出明确的相关因素非常重要,因为在护理计划中制定的很多护理措施是针对相关因素的,相关因素应是导致护理诊断出现的最直接原因。如"清理呼吸道无效:与体弱,咳嗽无力有关"就比"清理呼吸道无效:与肺气肿伴感染有关"更为直接,更具有针对性。另外,同一护理诊断可因相关因素的不同而具有不同的护理措施。例如,"清理呼吸道无效:与术后伤口疼痛有关"和"清理呼吸道无效:与痰液黏稠有关"这两个护理诊断虽然均为"清理呼吸道无效"的问题,但前者的护理措施是如何帮助患者在保护伤口,不加重疼痛的前提下将痰液咳出,后者是如何使痰液稀释易于咳出。由此可见,相关因素越是具体和直接,护理措施才能越有效。

(4) 特殊陈述方式:"知识缺乏"这个护理诊断在陈述上有其特殊之处,其陈述方式是"知识缺乏:缺乏……方面的知识"。如"知识缺乏:缺乏骨折后功能锻炼的知识";"知识缺乏:缺乏胰岛素自我注射方面的知识";"知识缺乏:缺乏喂养新生儿的知识"等。下面的陈述都是不合适的,如:"知识缺乏:缺乏冠心病的知识",我们不可能也没有必要让患者掌握所有的冠心病知识,如果这样写,护士无法明确具体哪一部分冠心病的知识需要着重教给患者。再如,"知识缺乏:与预防皮肤感染的知识不足有关",在这个诊断的陈述中使用"与……有关"不合逻辑。

4. 合作性问题陈述　合作性问题有固定的陈述方式,即"潜在并发症:×××"。例如,"潜在并发症:肺栓塞","潜在并发症:胎儿窘迫"。潜在并发症英文为 potential complication,缩写为 PC。例如,"PC:脑血管意外"等。一旦诊断了潜在并发症,就提醒护士:患者有发生这种并发症的危险或患者可能正在出现这种并发症,护士应注意病情监测,以及时发现并发症的发生,及早与医生配合处理。

(四) 护理诊断的排序

健康资料整理按照马斯洛的需要层次理论、戈登的 11 种功能性健康型态、NANDA 的 9 种人类反应型态、人的生理 - 心理 - 社会整体模式,将护理诊断按其重要性和紧迫性排出主次,一般将威胁最大的问题放在首位,其他依次排列。评估者可根据轻重缓急采取行动,做到有条不紊。

1. 首优问题　是指会威胁生命,需要立即解决的问题。马斯洛的需要层次的最低层次,如清理呼吸道异物、有暴力行为的危险、体液严重不足等。

2. 中优问题　指虽不直接威胁被评估者生命,但也能够导致身体不健康或情绪变化的问题。如活动无耐力、皮肤完整性受损、有感染的危险、焦虑等。

3. 次优问题　指那些人们在应对发展和生活中的变化时产生的问题。这些问题并非不重要,而是指在护理安排中可以放在后面考虑。与上述问题的不同之处,还在于被评估者只需较少的帮助就能解决这些问题。如营养失调:高于机体需要量。

(五) 护理诊断的思维方法

护理诊断的确定是一个严谨的诊断性思维过程,常用的思维方法包括:比较与类比、分析与综合、归纳与演绎、评判性思维等。每种思维方法均有其不同的特点和作用。在进行诊断性思维的过程中,应根据其不同的使用条件和适用范围,加以灵活应用。

1. 比较与类比　对被评估者的健康资料进行分类处理,如通过将被评估者的检验报告值与正常标准比较,推断被评估者的异常情况;在分析整理被评估者健康资料的过程中,通过比较思维找出不同资料之间的相似之处与不同之处,进而对健康资料进行分类。对被评估者健康资料进行类比,有助于解释和分析正常或异常表现的可能原因,有助于预测潜在健康问题及其反应,有助于核实健康资料的真实性或澄清资料。例如,根据以往经验,服用利福平可能会出现肝损害,因此推测出一位正在服用利福平的肺结核被评估者可能会出现肝损害,因此及时有效地采取预防措施,最大限度地避免了被评估者的损伤,减轻被评估者的痛苦。

2. **分析与综合**　分析是将事物详细地分开,从局部去看待事物;而综合则是从整体去看问题,将事物的各个局部联系到一起,彼此相互依存,互为前提,并相互转换。从而使我们对事物的认识不断深化。评估者在收集资料、整理资料、分析资料的过程中,需要将健康资料分解成不同的部分,然后再将各个部分加以综合分析,形成对被评估者健康的整体看法,从而全面地了解被评估者的健康资料,形成更为全面的护理诊断,对被评估者实施更为全面综合的护理。例如,通过对心脏的视诊、触诊、叩诊、听诊的各个项目的检查,才能了解心脏的基本状态,如果只是单纯的视诊,并不能对心脏有一个全面的了解,而仅仅做到视、触、叩、听,不结合其他实验室检查,我们对心脏疾病的判断也只是局部与局限的。

3. **归纳与演绎**　在护理过程中,评估者根据被评估者的症状、体征、实验室检查结果等提出护理诊断,这个过程就是归纳的过程,属于从个别性事件得出一般性结论的过程,这就是归纳思维的过程。然后评估者再根据相应护理诊断的诊断依据进一步评估和推理被评估者是否具有相应的特征表现,这一逆向思维过程就是演绎思维在护理工作中应用的过程。护理诊断中"有……危险的护理诊断""潜在的健康问题""有……危险的"等这一类的护理诊断的提出过程,就是归纳与演绎的思维的体现。有危险因素存在,目前虽然没有发生问题,但如果不采取护理措施则很有可能出现问题。因此,要求护士具有预见性,当患者有导致易感性增加的危险因素存在时,要能够预测到可能会出现的健康问题。如长期卧床患者,存在"有皮肤完整性受损的危险";白血病患者血小板很低,存在"有出血的危险";由于免疫能力低下,存在"有感染的危险"。

4. **评判性思维**　是一种基于充分的理性和客观事实而进行理论评估与客观评价的能力与意愿,它不为感性和无事实根据的事情所左右,而是以存疑的态度对相信什么或者该做什么做出合理决定的思维。这就要求护士应做到以下几点。

(1) 敢于怀疑,保持开放的头脑;

(2) 保持对证据的渴求,并能谨慎地从证据中得出结论;

(3) 注意对健康资料的选择性解释,不要过分简化,也不要过分泛化;

(4) 主动地将评判性思维应用于护理工作的各个方面;

(5) 护士在实施护理工作的过程中,在收集分析整理被评估者健康资料的过程中,要保持清醒的头脑,有充分的证据,合理地运用不同的思维方法对所获得的健康资料的真实性和正确性做出判断,从而确定护理诊断,制定合理的护理计划,实施有效的护理措施。

常用护理诊断

小结

提出护理诊断之前需完成健康资料的收集、整理和分析工作。每个护理诊断基本由名称、定义、诊断依据、相关因素四部分组成。根据收集到的护理服务对象的资料做出护理诊断后,可按诊断的不同类型对其进行陈述:① 三部分陈述:分 P、S、E 三部分;② 两部分陈述:两部分陈述即 PE 公式;③ 一部分陈述:一部分陈述只含有 P。在排序时,一般将威胁最大的问题放在首位,其他依次排列,包括首优问题、中优问题、次优问题。确定护理诊断常用的思维方法包括:比较与类比、分析与综合、归纳与演绎、评判性思维等。

(龚晓霞)

任务四　护理文件记录

【思维导图】

学习课件

入院患者护理评估
患者护理记录
出院患者护理评估　　护理文件书写
手术清点记录

护理文件记录

护理文件分类　　归档
非归档

及时
有效
公正　　护理文件质量评价
公平

护理文件记录要求　　护理文件记录的意义
护理文件书写基本原则
护理文件书写基本要求
电子病历书写基本要求

【典型案例】

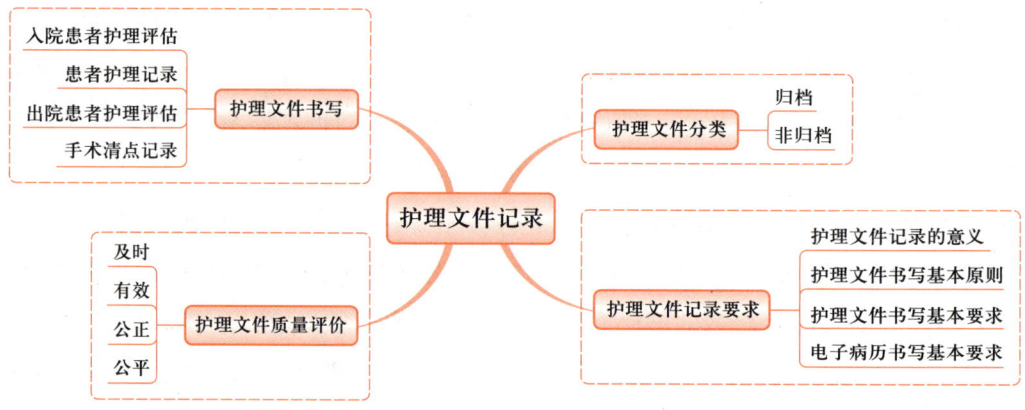

患者,男,56 岁。因"稍感胸闷、心悸随后出现晕厥"入院。入院查体:无明显诱因再发晕厥,随后出现意识丧失,持续时间约 10 min,无肢体活动不能、抽搐,无胸痛、放射痛。心电图提示室性期前收缩。头颅顶叶 CT:两侧基底节及额叶腔隙性脑梗死、缺血灶,心脏彩色超声检查示室间隔增厚。医疗诊断为晕厥待查、室性期前收缩、腔隙性脑梗死。

任务引领一:该患者护理记录单书写的主要内容包括哪些项目?

任务引领二:该患者住院期间必须记录的护理文件有哪些?

任务引领三:该患者的主要护理诊断及其相关因素有哪些?

一、护理文件分类

(一) 概述

护理文件是护理人员在医疗和护理活动过程中形成的文字、符号、图表等资料的总称,是对护理对象的健康资料进行分析、整理,提出护理诊断,制定预期目标、护理措施及其效果评价和健康教育等书面形式记录下来的文件,是医院重要的病案资料和法律文书,为患者护理提供动态依据,同时也是临床教学和科研的重要资料。

护理文件记录是护士日常工作的重要组成部分,不仅反映了护士的工作态度、业务能力、文字书写能力等综合素质,而且在一定程度上反映医院的护理工作水平。护理文件书写质量是考核临床护理工作质量的重要指标,是医院等级评审不可或缺的内容。为切实减轻临床护士书写护理文书的负担,使护士有更多时间和精力为患者提供更为直接、优质、高效的护理服务,促进护患关系的和谐发展,提高护理水平及质量,根据 2010 年卫生部关于印发《病历书写基本规范》的通知和《关于在医疗机构推行表格式护理文书的通知》,在医疗机构推行表格式护理文书,切实减轻临床护士护理文书的书写负担。目前,随着临床路径的开展和电子病历的建立,护理文件的记录也逐步迈向了路径化、模式化、规范化和电子化。

(二) 分类

护理文件分为归档护理文件和非归档护理文件两类。归档护理文件包括体温单、医嘱单(含长期医嘱单与临时医嘱单)、手术清点记录、护理记录等。各医疗机构可根据医院相关专科实际需要,设定单项监测记录单,用于对血糖、血压、出入量等医嘱要求的观察记录,单项监测记录属于护理记录,单项监测记录单纳入归档护理文件管理。护士每次执行长期医嘱的给药单、输液卡、各种治疗单(血液净化治疗记录单)等属于非归档护理文件,经执行护士签名后,由医疗机构保存管理。所有非归档护理文件的保存期限及保存形式由各医疗机构在充分考虑《中华人民共和国侵权责任法》《医疗事故处理条例》等法律法规的基础上,结合本单位实际决定。

二、护理文件记录要求

(一) 护理文件记录的意义

1. **医疗护理过程的依据**　护理文件是护理人员在临床工作中的原始记录文件,完整的护理文件记录是诊断、治疗、护理的重要依据。当患者出现危急情况,或再次入院治疗时,都需要根据既往的记录资料加以综合判断分析,以此为基础进一步做出正确的处理。

2. **医院管理考核的重要信息和参考**　护理文件的书写与记录可以反映医院的服务质量和技术水平,它既是医院管理质量的体现,也是考核医护人员的重要参考资料之一。

3. **医学统计的原始记录**　病案资料是医学统计的原始记录,在预防疾病、控制疾病和流行病学的调查方面有着举足轻重的作用。

4. **教学科研的重要资料**　完整的病案资料是护理教学的重要教材,也是开展护理科研工作的重要资料。护理文件及时、全面、准确地记录了被评估者在疾病的发生发展及转归过程中所经历的护理活动与效果,充分体现了理论在实践中的具体应用,是最为真实的教学素材。

5. **法律的证明文件**　完整的护理文件资料具有重要的法律效力。凡属伤残处理、医疗纠纷等一些相关部门的诉讼案件,其调查处理的过程都要将护理文件记录作为依据加以判断,是明确医院、医务人员等有关人员有无法律责任的客观依据。

(二) 护理文件书写基本原则

1. 符合《卫生部办公厅关于在医疗机构推行表格式护理文书的通知》《卫生部关于印发〈病历书写基本规范〉的通知》等文件精神。

2. 符合《医疗事故处理条例》《护士条例》等法律法规及其配套文件要求。

3. 符合《中华人民共和国侵权责任法》,有利于保护医患双方合法权益、减少或避免医疗纠纷。

4. 符合临床基本的诊疗护理常规和规范。

5. 有利于客观、真实、准确、及时、完整记录患者病情的动态变化。促进护理质量提高,为教学、科研、临床、管理提供可靠的客观资料。

6. 有利于保障护患双方合法权益,防止医疗护理纠纷。

7. 真正将科学性、规范性、创新性、实用性和可操作性融为一体,体现护理专业特点和学术发展水平。

(三) 护理文件书写基本要求

1. 护理文件书写要求客观、真实、准确、精炼、及时、完整,不可遗漏,记录者须签全名或盖章,以示负责。

2. 护理文件书写应当使用蓝黑墨水或碳素墨水笔书写,有特殊要求者除外,如需复写的护理文件可以使用蓝色或黑色油水的圆珠笔。

3. 每一种文件的每一页的眉栏要填写完整,底栏有页码,设于各表格底部中间。

4. 护理文件书写应当文字工整、字迹清晰、语句通顺,标点符号引用正确,不留空行,重点突出、层次分明。书写过程中出现错字或别字时,应当用双横线画在错别字上,在画线的错字上方用同色笔更正并注明修改时间和签全名,并应保持原记录清晰可辨。不得采用刮、涂、粘等方法掩盖或去除原来的字迹。"掩盖"和"除去"在法律上意味着隐瞒了真实的内容。

5. 护理文件书写应当使用中文和医学术语,通用的外文缩写和无正式中文译名的症状、体征、疾病名称等可以使用外文。

6. 护理文件书写应当按照规定的内容书写,并由相应护士注明日期并签全名。上级护士有审查修改下级护士书写记录的责任。实习护士、试用期护士、未取得护士资格证书或未经注册护士书写的内容,应当经过本科室合法执业资格的护士审阅、修改并签全名;进修护士由接受进修的医疗机构认定其工作能力后方可书写。

7. 因抢救危重患者,未能及时书写记录时,当班护士应在抢救结束后 6 h 内据实补记,记录时间应当具体到分钟,并注明抢救完成时间和补记时间。

8. 日期用公历年,通用北京时间,24 h 制记录,一律采用阿拉伯数字规范书写。文件中使用的计量单位一律采用中华人民共和国法定计量单位。

9. 为了保持医疗护理记录的一致性,负责护士与主管医师应保持双向沟通,加强交流。

10. 规范护理管理,明确职责,谁执行,谁签字,谁负责,预防护理差错事故及纠纷。

11. 护理文件中的所有资料均不得丢失,不得随意拆散、外借、损坏。

(四) 电子病历书写基本要求

电子病历是指医务人员在医疗活动过程中,使用医疗机构信息系统生成的文字、符号、图表、图形、数据、影像等数字化信息,并能实现存储、管理、传输和重现的医疗记录,是病历的一种记录形式,不同于纸质病历的电子化。医疗机构电子病历系统的建设应当满足临床工作需要,遵循医疗工作流程,保障医疗质量和医疗安全。根据 2017 年卫计委《电子病历应用管理规范(试行)》,电子病历书写基本要求如下。

1. 电子病历应遵循纸质病历的基本要求。

2. 电子病历系统应当为操作人员提供专有的身份标识和识别手段,并设置有相应权限;操作人员对本人身份标识的使用负责。医务人员采用身份标识登录电子病历系统完成各项记录等操作并予确认后,系统应当显示医务人员电子签名。

3. 电子病历系统应当设置医务人员审查、修改的权限和时限。实习医务人员、试用期医务人员记录的病历,应当经过在本医疗机构合法执业的医务人员审阅、修改并予电子签名确认。医务人员修改时,电子病历系统应当进行身份识别、保存历次修改痕迹、标记准确的修改时间和修改人信息。

4. 电子病历系统应当为患者建立个人信息数据库(包括姓名、性别、出生日期、民族、婚姻状况、职业、工作单位、住址、有效身份证件号码、社会保障号码或医疗保险号码、联系电话等),授予唯一标识号码并确保与患者的医疗记录相一致。

5. 电子病历系统应当具有严格的复制管理功能。同一患者的相同信息可以复制,复制内容必须校对,不同患者的信息不得复制。

6. 电子病历系统应当满足国家信息安全等级保护制度与标准。严禁篡改、伪造、隐匿、抢夺、窃取和毁坏电子病历。

7. 电子病历系统应当为病历质量监控、医疗卫生服务信息、数据统计分析和医疗保险费用审核提供技术支持,利用系统优势支持数据统计分析,建立医疗质量考核体系,提高工作效率,保证医疗质量,规范诊疗行为,提高医院管理水平。

三、护理文件书写

根据护理文件书写规范要求护士需要填写、书写的护理文件包括:体温单、医嘱单、手术清点记录、患者护理记录。患者护理记录包括入院患者护理评估、病重(病危)患者护理记录、出院患者护理评估。

(一)入院患者护理评估

入院患者护理评估是护理病历首页,指评估者对新入院患者首次进行的全面、系统的健康评估资料的记录,由评估者在被评估者入院后 24 h 内完成。适用于所有新入院的被评估者,包括一般资料的评估、健康状况评估、身体评估、辅助检查和初步护理诊断。以下为入院患者护理评估的书写要求。

1. 入院患者护理评估填写要求完整、真实、正确、无缺项、漏项,评估后应在所选项目前的方格内以打"√"表示,并请被评估者或家属签名,评估者签全名。

2. 有过敏史者,应详细填写过敏的药物或食物名称。

3. 有既往病史者,应写明过去所患疾病的医疗诊断。

4. 饮食异常者,应注明吞咽困难,咀嚼困难、管饲等。有特殊嗜好者应注明,如烟、酒、喜酸、喜辣等。

5. 睡眠使用药物辅助时,应详细写明药名、剂量。

6. 安置各种引流管者,应注明管道名称、置入时间、部位、引流量、引流物颜色及通畅情况。

7. 皮肤有破损或压疮时,应注明部位,详细情况记入护理记录。

8. 视力、听力有障碍应具体描述。

9. 表中未涉及但对患者护理有需要的评估内容,如专科护理情况、特殊需求等,应在备注栏内加以描述(附录 1-1,1-2 入、出院病人护理评估单)。

10. 入院患者护理评估应由评估者在本班内完成。遇急症手术、抢救等特殊情况不能及时评估时,须由下一班在患者入院后 24 h 内完成。但患者目前的生命体征、主诉、用药、皮肤、伤口、引流管等重要评估事宜需在患者入院时就评估到位,做好交接班。

(二)患者护理记录

1. 适用范围 病重、病危患者;病情发生变化、需要监护的一般患者。

2. 眉栏部分 眉栏项目包括：科别、病区、姓名、年龄、性别、床号、住院病历号、入院日期、诊断。底栏有页码，设置于各表格底部中央。

3. 填写内容

(1) 意识：根据患者实际意识状态选择填写清醒、嗜睡、意识模糊、昏睡、浅昏迷、深昏迷、谵妄状态。

(2) 体温：单位为℃，直接在"体温"栏内填入测得数值，不需填写数据单位。

(3) 脉搏：单位为次/分，直接在"脉搏"栏内填入测得数值，不需填写数据单位。

(4) 呼吸：单位为次/分，直接在"呼吸"栏内填入测得数值，不需填写数据单位。

(5) 血压：单位为毫米汞柱（mmHg），直接在"血压"栏内填入测得数值，不需填写数据单位。

(6) 血氧饱和度：根据实际填写数值。

(7) 吸氧：单位为升/分（L/min），可根据实际情况在相应栏内填入数值，不需填写数据单位，并记录吸氧方式，如鼻导管、面罩等。

(8) 出入量：① 入量，单位为毫升（mL），入量项目包括：使用静脉输注的各种药物、口服的各种食物和饮料及经鼻胃管或肠管输注的营养液等。② 出量，单位为毫升（mL），出量项目包括：尿液、粪便、呕吐物、引流物等，需要时，应注明其颜色与性状。

(9) 皮肤情况：根据患者皮肤出现的异常情况选择填写，如压疮、出血点、破损、水肿等，还应记录部位、范围、深度、局部处理效果。

(10) 管路护理：根据患者置管情况填写，如静脉置管、导尿管、引流管等。

(11) 病情观察及措施：简要记录护士观察患者病情的情况，以及根据医嘱或者患者病情变化采取的措施（附录1-3 护理记录单）。

（三）出院患者护理评估

出院评估由责任护士在患者出院前对其进行评估，以便制定下一步康复计划，做好出院指导。记录内容如下。

1. 患者一般情况 入院和出院日期、住院天数、手术日期和手术名称、出院医疗诊断（中医、西医）、疾病转归（痊愈、好转、稳定、恶化）。

2. 出院评估 对疾病认识程度、心理状态、自理能力、皮肤情况、健康宣教（宣教内容、宣教方式、对宣教理解程度）、并发症。

3. 出院指导 用药指导（按医嘱服药、特殊用药指导）；养生指导（生活起居、情志调节、饮食调节、日常活动、功能锻炼）；特殊指导：复诊时间和科室、应及时就诊情况（附录1-2 出院患者护理评估单）。

4. 护士签名 护士及护士长签全名，并写好日期。

（四）手术清点记录

手术护理记录是指手术室巡回护士对手术患者术中护理情况、所用器械敷料及

术毕离开手术室护理交班要点等的记录(附录1-4手术物品清点记录单),应当在手术结束后即时完成。

(1) 记录应逐项填写,不缺项、漏项。对于需要说明的内容应简单、清楚。

(2) 与麻醉记录重叠的内容均以麻醉记录为据,如麻醉方式、脉搏、呼吸、血压、尿量、出血量、输液量、输血量等,不在此记录中重复。但对于局部麻醉的患者应在备注栏内说明。

(3) 敷料、器械的清点应由巡回护士和器械护士在手术开始前,关闭腹腔、胸腔及深部切口前(关前)和切口皮肤缝合前(关后)进行3次仔细清点,术中追加敷料、器械及时记录在加数栏内。术前清点、术中加数,写明具体数量;关后清点与关前清点对数时,用打"√"形式即可,巡回护士和器械护士签名。

(4) 手术所用的无菌包灭菌效果监测指示卡及术中体内植入物(如人工关节、人工瓣膜、股骨头等)的标识,经查验后粘贴于手术护理记录单的粘贴栏内。

(5) 术毕静脉输液栏中如有静脉输液应记录穿刺部位、局部有无肿胀、输液是否通畅及特殊药物等。

(6) 手术结束后,巡回护士及时将手术护理记录归入患者住院病历中,与病室护士进行交接核对并签名。

(7) 无器械护士参加的手术,由巡回护士和主刀医师共同清点并签名(附录1-5手术护理记录单)。

四、护理文件质量评价

按照护理文件书写要求,及时、准确地书写各种护理文件,是每个护士的基本职责。医院质量管理部门应制定相应的质量检查评价标准。每个护理单元共查病历5份(100分)(原则上查重危、Ⅰ级护理病历),每份病历以20分为标准。Ⅰ级、Ⅱ级病历得满分20分,Ⅲ级病历扣10分,Ⅳ级病历20分全扣,Ⅴ级病历扣文书分100分。应严格遵守标准,以便能及时、有效、公平、公正地进行质量评价,不断提高医院的护理质量(附录1-6护理文件质量评定标准)。

小结

护理文件分为归档护理文件和非归档护理文件两类。非归档护理文件包括给药单、输液卡、各种治疗单(血液净化治疗记录单)等。归档护理文件包括体温单、医嘱单(含长期医嘱单与临时医嘱单)、手术清点记录、护理记录等。护理记录包括入院患者护理评估、病重(病危)患者护理记录、出院患者护理评估。

入院护理评估是对新入院患者首次进行的全面、系统的健康评估资料的记录,由评估者在被评估者入院后24 h内完成。适用于所有新入院的被评估者,包括一般资

护理文件质量评价

模块一 基本方法

料的评估、健康状况评估、身体评估、辅助检查和初步护理诊断。

患者护理记录适用范围：病重、病危患者；病情发生变化、需要监护的一般患者。

出院评估由责任护士在患者出院前对其进行评估，以便制定下一步康复计划，做好出院指导。

按照护理文件书写要求，及时、准确地书写各种护理文件是每个护士的基本职责。

（龚晓霞）

任务测试

模块二 症状评估及体格检查

项目二 全身状态评估

【学习目标】

1. 知识目标：掌握一般状态、皮肤及浅表淋巴结评估的主要内容和临床意义；叙述一般状态、皮肤及浅表淋巴结评估异常的临床意义。

2. 技能目标：能正确运用身体评估的方法进行一般状态、皮肤及浅表淋巴结评估，能对患者的评估结果进行分析，为进一步明确患者的护理诊断提供客观依据。

3. 素质目标：与患者进行有效沟通，建立良好的护患关系；培养关爱患者，服务患者的职业意识，具备精益求精、细心观察的职业素养。

任务一　一般状态评估

【思维导图】

学习课件

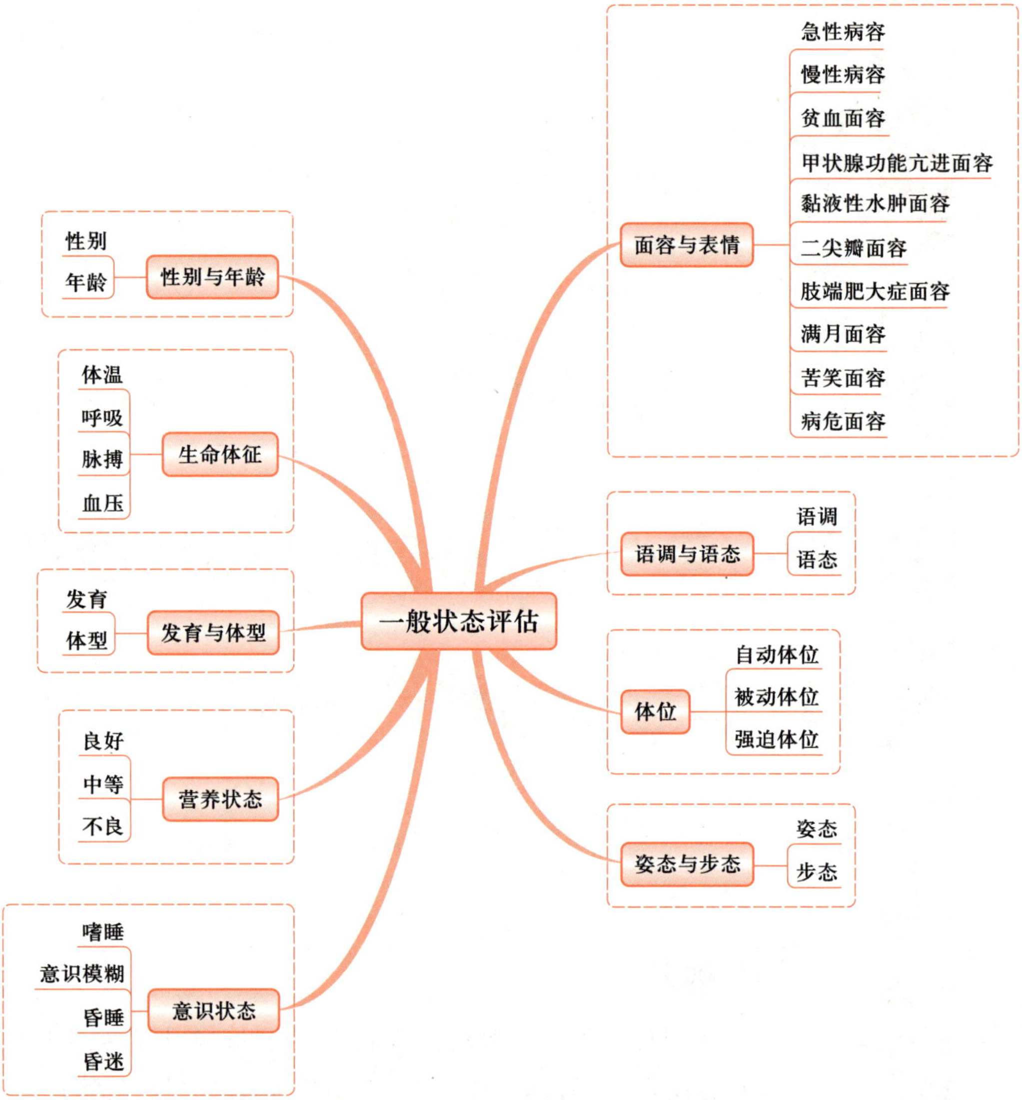

一般状态评估

- 性别与年龄
  - 性别
  - 年龄
- 生命体征
  - 体温
  - 呼吸
  - 脉搏
  - 血压
- 发育与体型
  - 发育
  - 体型
- 营养状态
  - 良好
  - 中等
  - 不良
- 意识状态
  - 嗜睡
  - 意识模糊
  - 昏睡
  - 昏迷
- 面容与表情
  - 急性病容
  - 慢性病容
  - 贫血面容
  - 甲状腺功能亢进面容
  - 黏液性水肿面容
  - 二尖瓣面容
  - 肢端肥大症面容
  - 满月面容
  - 苦笑面容
  - 病危面容
- 语调与语态
  - 语调
  - 语态
- 体位
  - 自动体位
  - 被动体位
  - 强迫体位
- 姿态与步态
  - 姿态
  - 步态

【典型案例】

　　患者,女,32岁。因月经增多,面色苍白,乏力1年就诊。患者近一年来月经增多,近2个月更加明显,面色苍白并且活动后心悸,乏力明显。

　　任务引领一:对该患者的一般状态评估应包括哪些内容?

　　任务引领二:该患者是什么面容?

　　一般状态评估是对被评估者全身一般情况的概括性观察,是评估者进行身体评估的重要部分。评估方法以视诊为主,配合使用触诊或借助体温计、血压计、听诊器等进行检查。一般状态评估的内容包括:性别与年龄、生命体征、发育与体型、营养状态、意识状态、面容与表情、语调与语态、体位、姿势与步态。

一、性别与年龄

(一)性别

性别(sex)通常以性征来判断。正常成人性征明显,不难判断,有些疾病的发生与性别有一定的关系,评估时应注意。

1. 疾病对性征的影响 肾上腺皮质肿瘤或长期使用肾上腺皮质激素,可导致女性男性化;而肾上腺皮质肿瘤及某些支气管肺癌可使男性乳房发育及出现其他第二性征。

2. 性别与某些疾病发生率的关系 如甲状腺疾病和系统性红斑狼疮女性多见,痛风、胃癌等男性多见,而甲型血友病仅见于男性。

3. 性染色体异常对性征的影响 如性染色体的数目和结构异常所致的两性畸形。

(二)年龄

年龄(age)大小一般可通过问诊获得,某些情况下,如意识障碍、濒死或故意隐瞒真实年龄者,则需通过观察来估计。判断年龄可以皮肤的弹性与光泽、肌肉的状态、毛发的颜色和分布、面与颈部皮肤的皱纹、牙齿的状态等为依据。年龄与疾病的发生及预后密切相关,如维生素 D 缺乏症、麻疹、白喉等多发生于幼儿及儿童;结核病、风湿热多发生于青少年;动脉粥样硬化性疾病、各种实体癌多发生于老年人。青年人患病后康复需要时间短,老年人则相对需要时间长且易转为慢性。

二、生命征

生命征(vital sign)是评价生命活动存在与否及其质量的指标,包括体温、脉搏、呼吸和血压,是身体评估的重要项目,测量之后应及时、准确地记录于病历和体温单上。测量方法详见《基本护理技术》,生命征测量的正常值和临床意义详见教材相关章节。

三、发育与体型

(一)发育

发育(development)正常与否通常以年龄、智力和体格成长状态(包括身高、体重及第二性征)之间的关系进行综合评价。发育正常者,年龄、智力与体格成长状态均衡一致。成年之前,体格随年龄增长,至青春期生长迅速,是正常发育状态。

成人发育正常的指标包括:① 头长为身高的 1/7~1/8。② 胸围为身高的 1/2。③ 两上肢展开后的左右指端距离约等于身高。④ 坐高等于下肢的长度。机体的发育与地区、种族遗传、内分泌、营养代谢、生活条件及体育锻炼等多种因素相关。

生命体征的测量

发育与体型

项目二 全身状态评估

(二) 体型

体型(habitus)是身体各部发育的外观表现,包括骨骼、肌肉的成长与脂肪分布的状态等。临床上将成年人的体型分为以下三种类型。

1. 瘦长型(无力型) 表现为体高肌瘦、颈细长、肩窄下垂、胸廓扁平、腹上角<90°。

2. 匀称型(正力型) 表现为身体各部分结构匀称适中,腹上角90°左右,一般成人多为此型。

3. 矮胖型(超力型) 表现为体格粗壮、颈粗短、面红、肩宽平、胸围大、腹上角>90°。

评估发现病态发育与内分泌疾病之间关系密切。① 腺垂体:在发育成熟前,如出现腺垂体功能亢进,可致体格异常高大,称巨人症(gigantism);如发生垂体功能减退,可致体格异常矮小,称垂体性侏儒症(pituitary dwarfism)。② 甲状腺:甲状腺激素对体格发育具有促进作用,发育成熟前,如患甲状腺功能亢进时,可因代谢增强、食欲亢进,导致体格发育超过正常;在新生儿期,如发生甲状腺功能减退时,可导致体格矮小伴有智力低下,称为呆小病(cretinism)。③ 性腺:性激素决定第二性征的发育。某些疾病如肿瘤、结核等导致性腺分泌受损,可导致第二性征的改变,男性患者出现阉割征,女性患者表现为男性化。

四、营养状态

营养状态(nutrition status)与食物的摄入、消化、吸收和代谢等因素密切相关并受到心理、社会、文化等因素的影响,它可作为评估健康和疾病程度的标准之一。

(一) 营养状态的评估方法

营养状态一般根据皮肤、毛发、皮下脂肪、肌肉的发育情况和精神状态进行综合判断。最简便而迅速的方法是观察皮下脂肪充实的程度,由于脂肪的分布存在个体差异,男女也各有不同,因此判断脂肪充实程度最方便、最适宜的部位是前臂的屈侧或上臂侧下 1/3。测量一定时间内体重变化也是观察营养状态的方法之一。

知识拓展

标准体重与体重指数

营养状态最直接、可靠的检测是测量体重。首先根据被评估者的身高计算出标准体重,再将实际体重与标准体重进行比较。实际体重在标准体重 ±10% 范围内属正常范围。

1. 成人标准体重的粗略计算公式

标准体重(kg)= 身高(cm)−105(男性)

标准体重(kg)= 身高(cm)−107.5(女性)

2. 体重指数(BMI)是反映蛋白质、热量、营养不良及肥胖的可靠指标。

体重指数（BMI）＝体重（kg）／身高（m）²。

世界卫生组织标准：BMI 18.5~24.9 为正常，25~29.9 为超重，≥30 为肥胖。我国标准：BMI 18.5~24 为正常，BMI＜18.5 为消瘦，24~27.9 为超重，≥28 为肥胖。以上标准应注意种族、地区、性别、年龄等差异，而不能用同一标准来衡量。

（二）营养状态分级

营养状态分级主要是根据皮肤、毛发、皮下脂肪、肌肉的发育情况进行综合判断。临床上习惯用良好、中等、不良三个等级对营养状态进行描述。

1. 良好　黏膜红润，皮肤光泽、弹性良好，皮下脂肪丰满，肌肉坚实，指甲、毛发润泽，肩胛区域和股部肌肉丰满，肋间隙及锁骨上窝深浅适中。

2. 不良　皮肤、黏膜干燥，弹性低，皮下脂肪薄，肌肉松弛无力，指甲粗糙无光泽，毛发稀疏，肋间隙、锁骨上窝凹陷，肩胛骨和髂骨嶙峋突出。

3. 中等　介于两者之间。

（三）常见异常营养状态

1. 营养不良（malnutrition）　当体重减轻或低于标准体重的 10% 时称为消瘦（emaciation），极度消瘦者称为恶病质（cachexia），多由于慢性消耗性疾病、长期摄食不足或消化功能障碍所致，如恶性肿瘤、长期活动性肺结核、代谢性疾病、糖尿病等。

2. 营养过度　体重超过标准体重的 20% 称为肥胖（obesity）。常见原因为摄入过多，超过消耗量，亦与内分泌、遗传、生活方式、运动和精神因素有关。按其病因可将肥胖分为原发性肥胖和继发性肥胖两种。① 原发性肥胖：主要是摄入热量过多所致，表现为全身脂肪分布均匀，身体各个部位无异常改变，常有一定的遗传倾向，也称为单纯性肥胖；② 继发性肥胖：多为某些内分泌疾病所致，脂肪分布具有特征性，如肾上腺皮质功能亢进（库欣综合征）者呈向心性肥胖，特征性表现为面部、肩背部、腰腹部肥胖最明显，而四肢不明显。

五、意识状态

意识（consciousness）是大脑功能活动的综合表现，即对环境的知觉状态。正常人意识清晰，定向力正常，反应敏锐、精确，思维和情感活动正常，语言流畅、准确，表达能力良好。凡能影响大脑功能活动的疾病均可引起不同程度的意识改变，称为意识障碍。临床上多通过与被评估者交谈，了解其思维、反应、情感活动、计算力及定向力等情况，进而判断其意识状态。必要时通过护理体检，如进行痛觉试验、瞳孔对光反射、腱反射等检查以确定意识障碍的程度。

临床上常见的意识障碍有嗜睡、意识模糊、昏睡及昏迷（详见项目八任务一神经系统常见症状评估）。

六、面容与表情

健康人表情自然,神态安怡。患病后因病痛困扰,常出现痛苦、疲惫等面容与表情,对疾病的诊断具有重要价值。临床上见的典型面容有以下几种。

1. **急性病容**(face of acute ill) 表现为面色潮红,兴奋不安,鼻翼扇动,口唇疱疹,表情痛苦。见于肺炎球菌肺炎、疟疾、流行性脑脊髓膜炎等急性感染性疾病。

2. **慢性病容**(chronic disease facies) 表现为面容憔悴,面色晦暗或苍白,目光暗淡。见于慢性消耗性疾病,如恶性肿瘤、肝硬化、严重结核病等。

3. **贫血面容**(anemic facies) 表现为面色苍白,唇舌色淡,表情疲意。见于各种原因所导致的贫血。

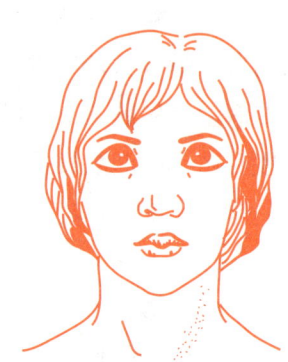

4. **甲状腺功能亢进面容**(thyrotoxic facies) 表现为面容惊愕,眼裂增宽,眼球凸出,目光炯炯,兴奋不安,烦躁易怒,见于甲状腺功能亢进(图2-1-1)。

5. **黏液性水肿面容**(myxedema facies) 表现为面色苍黄,颜面水肿,目光呆滞,睑厚面宽,反应迟钝,头发、眉毛稀疏,见于甲状腺功能减退患者。

图2-1-1 甲状腺功能亢进面容

6. **二尖瓣面容**(mitral facies) 表现为面色晦暗,双颊紫红,口唇轻度发绀,见于风湿性心瓣膜病二尖瓣狭窄(图2-1-2)。

7. **肢端肥大症面容**(acromegaly facies) 表现为头颅增大,面部拉长,下颌增大、突出,眉弓及两颧隆起,唇舌肥厚,耳鼻增大,见于肢端肥大症(图2-1-3)。

8. **满月面容**(moon facies) 表现为面圆如满月,皮肤发红,常伴痤疮和胡须,见于库欣综合征或长期应用糖皮质激素者(图2-1-4)。

图2-1-2 二尖瓣面容

图2-1-3 肢端肥大症面容

图2-1-4 满月面容

9. **苦笑面容** 表现为牙关紧闭,面肌痉挛,苦笑状,见于破伤风。

10. **病危面容**(critical facies) 表现为面容枯槁,面色苍白或呈铅灰色,表情淡漠,目光晦暗,眼眶凹陷,见于大出血、严重休克、脱水等。

七、语调与语态

语调(tone)指言语过程中的音调。语态(voice)指言语过程中的节奏。当某些病变累及语言中枢、神经或发音器官时,则可引起语调、语态的改变,如语言中枢病变可引起失声、失语和口吃;喉部病变可引起声音嘶哑;脑血管意外可引起发音困难;帕金森病可引起语言节奏紊乱、音节不清。

八、体位

体位(position)是指被评估者身体所处的状态。体位的改变对某些疾病的诊断具有一定意义。常见的体位如下。

1. **自动体位**(active position) 身体活动自如,可自由支配,不受限制。见于正常人、轻症和疾病早期患者。

2. **被动体位**(passive position) 自己不能调整或变换身体的位置。见于瘫痪、极度衰竭或意识丧失者。

3. **强迫体位**(compulsive position) 为减轻痛苦,被评估者被迫采取的某种特殊体位。临床上常见的强迫体位如下。

(1) 强迫仰卧位:被评估者仰卧,双腿屈曲以减轻腹部肌肉的紧张。见于急性腹膜炎。

(2) 强迫俯卧位:被评估者通过俯卧使脊背肌肉松弛。见于脊柱疾病。

(3) 强迫坐位(端坐呼吸):被评估者坐于床沿上,以两手置于膝盖或扶持床边,此体位有利于膈肌下降,增加肺容量并减少回心血量以减轻心脏负担。见于心、肺功能不全者。

(4) 强迫蹲位:被评估者在活动过程中,因呼吸困难和心悸而停止活动并采用蹲踞位或膝胸位以缓解症状。见于先天性发绀型心脏病。

(5) 强迫停立位:在步行时心前区疼痛突然发作,被评估者常被迫立刻站住,并以手按抚心前区,待疼痛缓解后,才能继续行走。常见于心绞痛。

(6) 辗转体位:因腹部疼痛,患者辗转反侧,坐卧不安,难以入眠。见于胆绞痛、肾绞痛、肠绞痛等。

(7) 角弓反张位:被评估者颈和脊背肌肉强直,出现头部后仰,胸腹前凸,背过伸,躯干呈弓形,见于破伤风及小儿脑膜炎(图 2-1-5)。

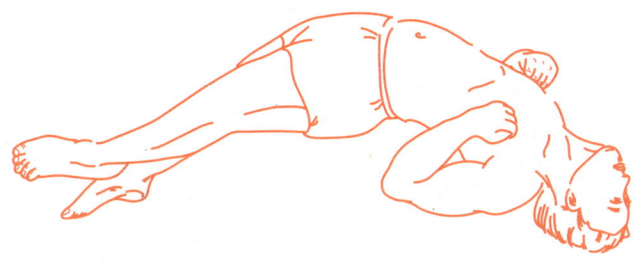

图 2-1-5 角弓反张位

九、姿势与步态

（一）姿势

姿势（posture）是指举止的状态，主要靠骨骼结构和各部肌肉的紧张度来保持，并受健康状况及精神状态的影响。健康成人躯干端正，肢体动作灵活适度。疲劳或情绪低落时可表现为垂肩、弯背、步态拖拉等。某些疾病时可出现特殊的姿势，如胃肠痉挛性疼痛者常捧腹而行，充血性心力衰竭被评估者多喜坐位，颈椎病者多呈颈部活动受限姿势等。

（二）步态

步态（gait）指走动时所表现的姿态。健康人的步态因年龄、机体状态等而有所不同。常见典型异常步态有以下几种。

1. **蹒跚步态（wadding gait）** 走路时身体左右摇摆如同鸭行。见于维生素D缺乏症、佝偻病、进行性肌营养不良或先天性双侧髋关节脱位等。

2. **醉酒步态（drunken gait）** 行走时躯干重心不稳，步态乱如醉酒状。见于小脑疾病、酒精中毒或巴比妥中毒。

3. **共济失调步态（ataxic gait）** 起步时一足高抬，骤然垂落，且双目向下注视，两脚间距加宽以防止身体倾斜，闭目时则不能保持平衡，暗处走路困难。见于脊髓疾病。

4. **偏瘫步态（hemiplegia gait）** 又称划圈步态。行走时患侧上肢屈曲、内收、前旋，下肢伸直、外旋、足跖屈，步行时下肢向下向内划弧圈，是由于瘫痪侧肢体肌张力增高所致。见于偏瘫患者。

5. **剪刀步态（scissors gait）** 移步时下肢内收过度，两腿交叉呈剪刀状。是双下肢肌张力增高所致，特别是伸肌和内收肌张力增高时明显。见于脑瘫、截瘫患者。

6. **跨阈步态（stoppage gait）** 踝部肌腱、肌肉松弛导致患足下垂，行走时须抬高下肢才能起步。见于腓总神经麻痹者。

7. **慌张步态（festination gait）** 起步后小步急速前行，身体前倾，出现难以止步之势。见于帕金森病患者。

知识拓展

帕金森病（Parkinson's disease，PD）又称"震颤麻痹"，主要表现为患者动作缓慢，手足或身体其他部分的震颤，身体失去柔软性，变得僵硬。大多数患者都有步态异常，表现为慌张步态，可对其进行步态锻炼。锻炼时要求患者双眼直视前方，身体直立，起步时足尖要尽量抬高，先足跟着地再足尖着地，跨步要尽量慢而大，两上肢尽量在行走时做前后摆动。其关键是要抬高脚和跨步要大。锻炼时最好有其他人在场，可以随时提醒和改正异常的姿势。患者在起步和行进中，常常会出现"僵冻现象"，

脚步迈不开,就像粘在地上了一样。此时可首先将足跟着地,全身直立站好。在获得平衡之后,再开始步行,切记行走时先以足跟着地,足趾背屈,然后足尖着地。在足的前方每一步的位置摆放一块高 10~15 cm 的障碍物,做足跨越障碍物的行走锻炼,也可借助"L"型拐杖。

小结

一般状态评估是对被评估者全身一般情况的概括性观察。评估方法以视诊为主,配合使用触诊。一般状态评估的内容包括:性别与年龄、生命体征、发育与体型、营养状态、意识状态、面容与表情、语调与语态、体位、姿势与步态。

（刘春娜）

任务测试

任务二　皮肤与浅表淋巴结评估

【思维导图】

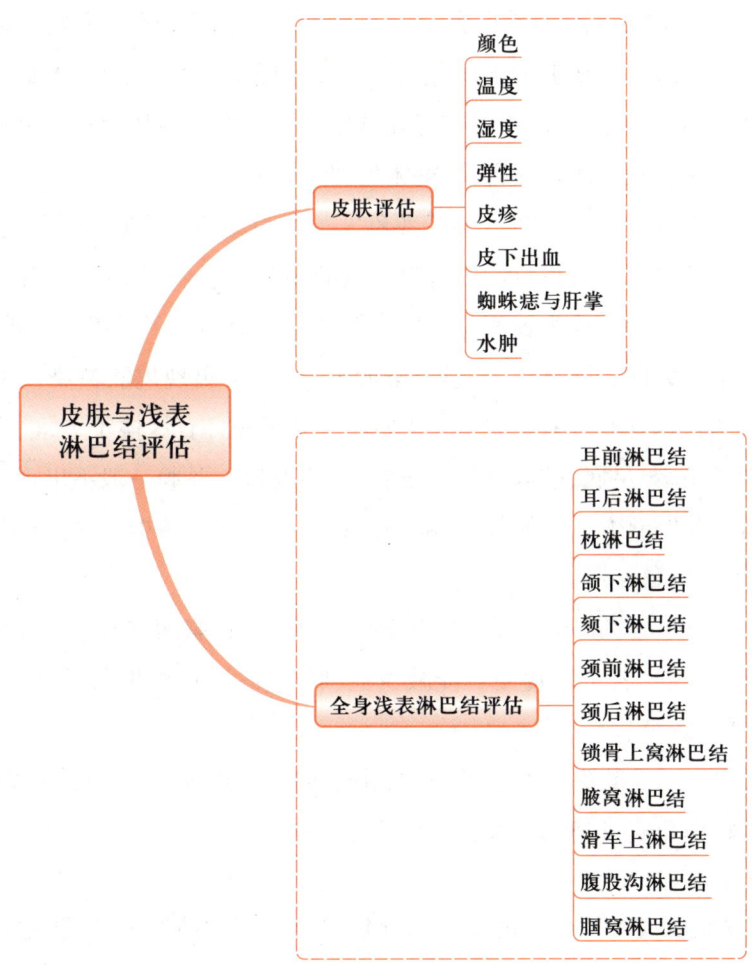

皮肤与浅表淋巴结评估

皮肤评估
- 颜色
- 温度
- 湿度
- 弹性
- 皮疹
- 皮下出血
- 蜘蛛痣与肝掌
- 水肿

全身浅表淋巴结评估
- 耳前淋巴结
- 耳后淋巴结
- 枕淋巴结
- 颌下淋巴结
- 颏下淋巴结
- 颈前淋巴结
- 颈后淋巴结
- 锁骨上窝淋巴结
- 腋窝淋巴结
- 滑车上淋巴结
- 腹股沟淋巴结
- 腘窝淋巴结

学习课件

患者,女,15岁。因皮肤出血点1个月就诊。患者近1个月来头晕乏力,皮肤起初为散在出血点,后来出血点逐渐增多,遂来医院就诊。

任务引领一:对该患者进行评估时,应包括哪些内容?

任务引领二:该患者主要的护理诊断是什么?

皮肤黏膜评估

50

一、皮肤评估

皮肤评估应在自然光线下进行,评估方法以视诊为主,配合触诊。

(一)颜色

皮肤颜色与毛细血管的分布、色素量的多少、血液充盈度及皮下脂肪的厚薄有关。异常表现如下。

1. 苍白(pallor) 由于血红蛋白下降、毛细血管痉挛或充盈不足所致。常见于各种贫血、休克、惊恐及寒冷等。

2. 发红(redness) 由于毛细血管扩张充血、血流量增加、红细胞数量增多所致。常见于情绪激动、运动、饮酒、发热性疾病、真性红细胞增多症、一氧化碳及阿托品中毒等。

3. 发绀(cyanosis) 皮肤黏膜呈青紫色,常出现于口唇、面颊、鼻尖及甲床等部位。由于血液中脱氧血红蛋白增多或存在异常血红蛋白衍生物所致。常见于严重的慢性呼吸系统疾病、先天性心脏病、严重休克、亚硝酸盐中毒等。

4. 黄染(stained yellow) 皮肤黏膜颜色发黄称为黄染。常见的原因包括黄疸、胡萝卜素增高、长期服用含有黄色素的药物。血液中胆红素浓度增高引起的皮肤黏膜、体液及其他组织黄染者,称为黄疸。早期或轻微的黄疸出现于巩膜及软腭黏膜,随着血液中胆红素浓度的不断增高,黏膜黄染明显时,才会出现皮肤黄染。见于胆道阻塞、肝细胞损害或溶血性疾病。此外,过多食用胡萝卜、南瓜、橘子等,也可导致皮肤黄染,多出现于手掌、足底、前额及鼻部皮肤,巩膜及口腔黏膜一般不出现黄染。长期服用含有黄色素的药物,如米帕林、呋喃等药物也可以引起黄染,首先出现于皮肤,严重者也可出现于巩膜。

5. 色素沉着(pigmentation) 由于表皮基底层的黑色素增多所致的部分或全身皮肤色泽加深。常见于肾上腺皮质功能减退症、肝硬化、肝癌晚期、长期使用砷剂等药物、妊娠斑、老年斑等。

6. 色素脱失 皮肤失去原有的色素,由于酪氨酸酶缺乏以致形成黑色素不足,常见于白癜风、白化病、口腔黏膜及女性外阴部白斑等。

(二)温度

以手背皮肤触摸被评估者的皮肤来评估温度。正常情况下,皮肤温暖。全身皮肤温度升高常见于发热性疾病、代谢增高性疾病等。全身皮肤发冷见于休克、甲状腺功能减退等。

（三）湿度

皮肤的湿度（moisture）与汗腺分泌功能有关。在气温高、湿度大的环境中出汗增多是生理性调节反应。病理情况下可有出汗过多、少汗或者无汗。出汗过多可见于甲状腺功能亢进、风湿热、结核病、休克及低血糖反应等。少汗及无汗见于维生素 A 缺乏症、尿毒症、甲状腺功能减退、硬皮病及脱水等。

（四）弹性

皮肤弹性（elasticity）与年龄、营养状态、皮下脂肪及组织间隙液体量有关。评估时用示指和拇指捏起手背或上臂内侧部位的皮肤，松手后如果皮肤皱褶迅速平复为弹性良好，如平复缓慢则为弹性减弱，常见于长期慢性消耗性疾病及严重脱水的患者。

（五）皮疹

皮疹（skin rash）为全身性疾病，种类很多，常见于传染病、皮肤病、药物过敏反应等。评估时应注意皮疹的分布部位、出疹顺序、形态、大小、颜色、压之有无褪色、有无瘙痒及脱屑等。临床上常见的皮疹有以下四种。

1. 斑疹（macula）　局部皮肤发红，不隆起于皮肤表面，见于斑疹伤寒、风湿性多形性红斑及丹毒等。

2. 丘疹（papules）　局部皮肤颜色有改变，凸出于皮肤表面，见于湿疹、麻疹及药物疹等。

3. 斑丘疹（maculopapule）　丘疹周围有皮肤发红的底盘，见于风疹、猩红热及药物疹等。

4. 荨麻疹（urticaria）　为稍隆起于皮肤表面的苍白或粉红色、大小不等的局限性水肿，常伴有瘙痒，见于食物、药物或异种蛋白过敏。

（六）皮下出血

皮下出血（subcutaneous hemorrhage）常见于血液系统疾病、重症感染、毒物或药物中毒及外伤等。根据其直径大小可分为四种。① 瘀点（petechia）：直径小于 2 mm；② 紫癜（purpura）：直径为 3~5 mm；③ 瘀斑（ecchymosis）：直径大于 5 mm；④ 血肿（hematoma）：片状出血并伴有皮肤显著隆起。

（七）蜘蛛痣与肝掌

蜘蛛痣（spider angioma）是皮肤小动脉末端分支性扩张所形成的血管痣，形似蜘蛛。多出现于上腔静脉分布的区域，如面、颈、手背、上臂、前胸及肩背部等处。用钝头竹签压迫血管中心处，可见其辐射状小血管网消失，压力去除后又复现。慢性肝病者手掌的大、小鱼际肌处常常发红，压之褪色称为肝掌（liver palm）。蜘蛛痣和肝掌的发生与肝对雌激素的灭活作用减弱有关,常见于慢性肝炎、肝硬化等。

(八)水肿

皮下组织间隙现过多的液体积聚使组织肿胀称为水肿(edema)。大多数水肿指压局部组织后出现凹陷,为凹陷性水肿;黏液性水肿及淋巴性水肿可见组织明显肿胀,但指压后局部组织并无凹陷,为非凹陷性水肿。水肿的程度可分为Ⅲ度。① 轻度水肿:仅见于眼睑、胫前及踝部等皮下组织,指压后轻度凹陷,平复较快;② 中度水肿:全身组织可见明显水肿,指压后出现较深凹陷,平复缓慢;③ 重度水肿:全身组织严重水肿,低垂部位皮肤张紧发亮,外阴部可有明显水肿,甚至有液体渗出,可有胸腔积液、腹水。

二、全身浅表淋巴结评估

(一)正常浅表淋巴结

正常浅表淋巴结较小,直径一般为 0.2~0.5 cm,质地柔软,表面光滑,无压痛,与邻近组织无粘连,不易触及。

(二)浅表淋巴结的分布

浅表淋巴结呈组群分布。一个组群的淋巴结收集一定区域的淋巴液,局部炎症或肿瘤常会引起相应区域淋巴结肿大。浅表淋巴结组群主要包括三部分。① 头颈部:耳前淋巴结、耳后淋巴结、枕淋巴结、颌下淋巴结、颏下淋巴结、颈前淋巴结、颈后淋巴结、锁骨上淋巴结;② 上肢:腋窝淋巴结、滑车上淋巴结;③ 下肢:腹股沟淋巴结、腘窝淋巴结。

(三)淋巴结的评估要点

淋巴结检查主要包括视诊和触诊,以浅部滑行触诊法为主。评估顺序常从上而下进行,依次为耳前、耳后、枕、颌下、颏下、颈前、颈后、锁骨上窝、腋窝、滑车上、腹股沟和腘窝淋巴结。评估时局部放松以利于触诊,如触诊颈部及锁骨上淋巴结时,被评估者头部应稍向前倾。淋巴结肿大时,应注意其部位、大小、数目、硬度、活动度、有无粘连、界限是否清楚,局部皮肤有无红肿、破溃、瘘管等。

(四)淋巴结肿大的临床意义

淋巴结肿大可分为局限性和全身性淋巴结肿大。

1. 局限性淋巴结肿大

(1)非特异性淋巴结炎:由引流区域的急慢性炎症引起。急性炎症初期肿大的淋巴结一般较柔软,有压痛,表面光滑,无粘连,如急性化脓性扁桃体炎等引起的颈部淋巴结肿大;慢性炎症时,淋巴结较硬,最终淋巴结缩小或消退。

(2)淋巴结结核:常发生于颈部,多发,大小不等,质地稍硬,可相互粘连或与周围组织粘连,晚期破溃后形成瘘管,愈合后可形成瘢痕。

（3）恶性肿瘤淋巴结转移：质地坚硬，表面可光滑或有突起，与周围组织粘连，一般无压痛。肺癌可向右侧锁骨上窝或腋窝淋巴结群转移。胃癌、食管癌多向左侧锁骨上淋巴结群转移，由于此处系胸导管注入颈静脉的入口，这种肿大的淋巴结称为Virchow 淋巴结。乳腺癌常转移至腋窝淋巴结。

2. 全身性淋巴结肿大　肿大的部位可遍及全身，大小不等，无粘连，常见于急慢性淋巴结炎、传染性单核细胞增多症、淋巴瘤、急慢性白血病等。

知识拓展

淋 巴 瘤

全身淋巴结肿大常见于淋巴瘤。淋巴瘤是起源于淋巴结或其他淋巴组织的恶性肿瘤，可分为霍奇金病（简称 HD）和非霍奇金淋巴瘤（简称 NHL）两大类。临床以无痛性淋巴结肿大最为典型，肝脾常增大，晚期有恶病质、发热及贫血。由于病变部位和范围不尽相同，临床表现很不一致，原发部位可在淋巴结，也可在淋巴结外的淋巴组织，例如扁桃体、鼻咽部、胃肠道、脾、骨骼或皮肤等。

小结

皮肤评估主要以视诊为主，配合触诊，主要评估皮肤的颜色、湿度、温度、弹性、皮疹、皮下出血、蜘蛛痣与肝掌、水肿。

全身浅表淋巴结评估以浅部滑行触诊法为主。评估顺序常从上而下进行，依次为耳前、耳后、枕部、颌下、颏下、颈前、颈后、锁骨上窝、腋窝、滑车上、腹股沟和腘窝淋巴结。局限性淋巴结肿大主要见于非特异性淋巴结炎、淋巴结结核、恶性肿瘤淋巴结转移等。全身性淋巴结肿大常见于急慢性淋巴结炎、传染性单核细胞增多症、淋巴瘤、急慢性白血病等。

（刘春娜）

任务测试

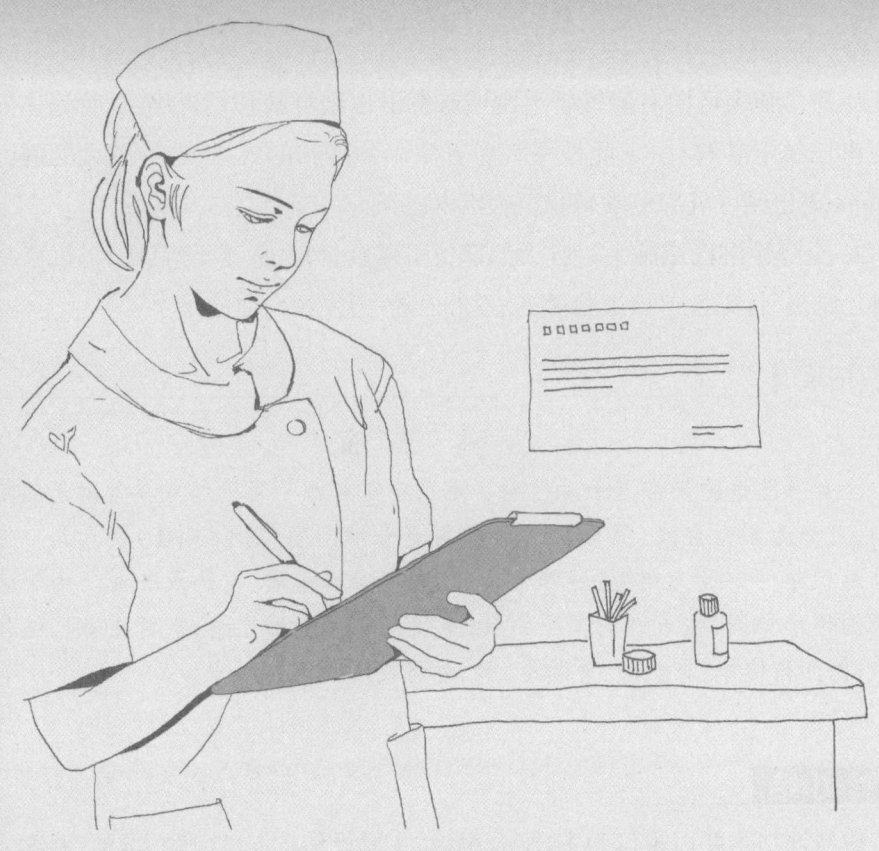

项目三　头颈部护理评估

【学习目标】

1. **知识目标**：能解释头颈部常见症状如头痛、耳痛及耳鸣等的基本概念、病因及发病机制。熟悉头部及颈部评估的方法；掌握头部及颈部体格检查的内容、异常表现及其临床意义。

2. **技能目标**：能对头颈部常见症状进行系统的护理评估，为作出相应的护理诊断提供依据；能熟练地对患者进行全面的头部及颈部体格检查，准确描述检查结果并判断结果的正常与异常；能解释头部及颈部常见异常体征的临床意义，为提出护理诊断提供客观依据。

3. **素质目标**：培养敏锐的观察力和关爱病人的意识，具备严谨、慎独的职业素养。

【思维导图】

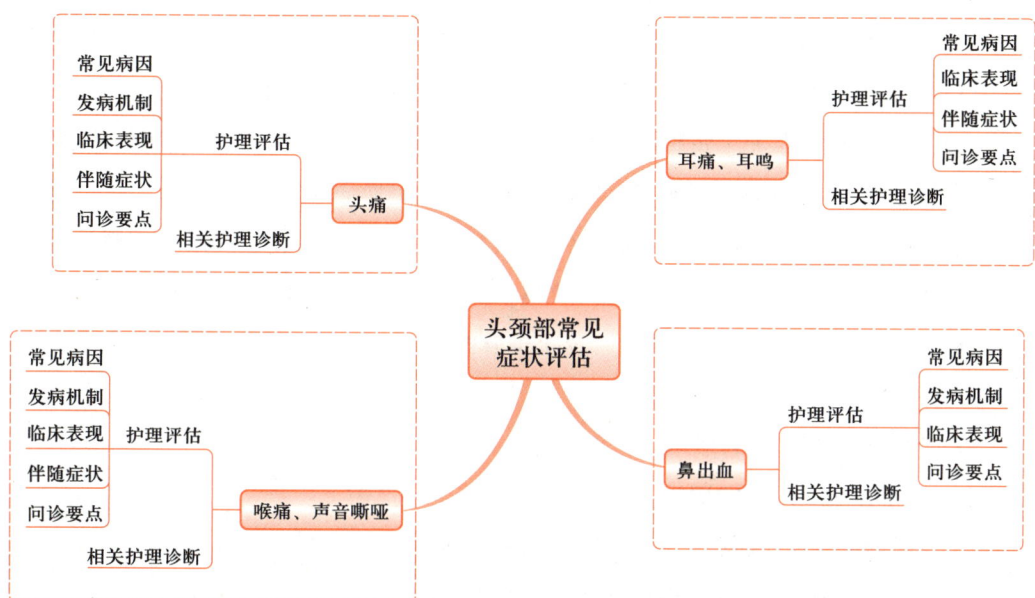

55

【典型案例】

患者,女,20 岁。1 年前患者无明显诱因出现头痛,头痛呈间断性并逐渐加重,尤以清晨明显,伴有鼻塞流黄色脓涕,嗅觉下降,口服抗生素可缓解。无发热、咳嗽、恶心、呕吐等现象。查体:发育正常,营养良好,神志清楚。皮肤黏膜无黄染、发绀,头颈部、心、肺、腹部查体未见异常。专科检查:鼻腔黏膜慢性充血,鼻中隔高位左偏,右下鼻甲肥大,双侧鼻道可见脓性分泌物。鼻窦区有明显压痛。CT 可见双侧全组鼻窦高密度影。

任务引领一:该患者主要的护理诊断是什么?

任务引领二:该患者的评估重点是什么?

一、头痛

头痛(headache)指眉弓、耳廓上部、枕外隆突连线以上部位的疼痛。头痛可见于多种疾病,大部分无临床意义。头痛如果反复或持续性发作,则考虑有器质性疾病存在。

国际头痛疾病分类将头痛分为三部分:① 原发性头痛;② 继发性头痛;③ 痛性脑神经病、其他面痛和头痛。

【护理评估】

通过健康史的采集,了解患者头痛发生、发展、诊治的过程,有无明显诱因、头痛

的部位、性质、程度、出现与持续的时间及伴随症状,以及患者的一般资料、既往病史和用药史、职业、个人史、家族史等。

(一)常见病因

原发性头痛病因尚不清楚,常与遗传、饮食、内分泌及精神因素有关。继发性头痛往往有明确的病因,并依据病因进行分类。

1. 颅脑病变

(1)感染:各种病因所致的脑膜炎、脑膜脑炎、脑炎、脑脓肿等。

(2)颅内血管性疾病:如蛛网膜下腔出血、脑供血不足、脑栓塞、高血压脑病、脑血栓形成、脑血管畸形、风湿性脑脉管炎和血栓闭塞性脑脉管炎等。

(3)占位性病变:如脑肿瘤、颅内转移瘤、寄生虫所致颅内囊虫病或棘球蚴病等。

(4)颅脑外伤:如脑震荡、脑挫伤、硬膜下血肿、颅内血肿、脑外伤后遗症等。

(5)其他:如偏头痛、腰椎穿刺后及腰椎麻醉后头痛、头痛型癫痫等。

2. 颅外病变

(1)颅骨疾病:如颅骨肿瘤、颅底凹陷症等。

(2)颈部疾病:如颈椎病等。

(3)神经痛:如带状疱疹等疾病导致的头痛等。

(4)其他:如鼻窦炎、青光眼等疾病所致的头痛。

3. 全身性疾病

(1)急性感染:如流行性感冒、肺炎等发热性疾病。

(2)循环系统疾病:如高血压、心力衰竭等。

(3)中毒:如酒精、一氧化碳、有机磷、药物等中毒。

(4)其他:如中暑、贫血、肝性脑病、月经期及绝经期头痛等。

4. 精神心理因素　如神经衰弱、抑郁、焦虑、过度紧张等所致的头痛。

(二)发病机制

1. 血管因素,引发颅内外血管收缩、扩张或致血管牵引或伸展的各种原因均可导致头痛。

2. 各种致脑膜受刺激或牵拉的颅内病变可引发头痛。

3. 刺激、挤压或牵拉具有痛觉传导功能的神经可引起头痛。

4. 眼、耳、鼻、鼻窦、牙、颈椎等的病变可引发头痛。

5. 头颈部肌肉的收缩可引发头痛。

6. 内分泌紊乱可引发头痛。

7. 神经精神因素,见于部分神经和精神疾病。

(三)临床表现

1. 起病快慢　感染性疾病往往起病急常伴有发热;颅内血管性疾病表现为持续

性剧烈头痛,一般不发热,伴有不同程度的意识障碍;偏头痛或心理精神因素引发的头痛为长期的反复发作性头痛或搏动性头痛;颅内占位性病变常为慢性进行性头痛同时伴有颅内压增高的症状(如喷射性呕吐、视神经乳头水肿等);肌肉收缩性头痛为慢性头痛,多发于青壮年,常伴有焦虑、情绪紧张等情况,无颅内压增高。

2. **头痛部位**　不同病因导致的头痛其疼痛部位往往不同,头痛的部位对病因的诊断具有重要的临床意义。单侧头痛多为偏头痛或丛集性头痛;全头部痛常提示全身性或颅内感染性疾病;高血压引发的头痛多在额部或整个头部;蛛网膜下腔出血或脑脊髓膜炎引发的头痛常伴有颈部疼痛;颅内病变引发的头痛常为深在性且较弥散,颅内深部病变的头痛部位不一定与病变部位相一致,但疼痛多向病灶侧放射;眼源性头痛为浅在性且局限于眼眶、前额或颞部;鼻源性或牙源性头痛多为浅表性头痛。

3. **头痛的程度与性质**　头痛的程度一般分轻、中、重三种,与病情的轻重并无平行关系。三叉神经痛、偏头痛及脑膜刺激引发的头痛最为剧烈;脑肿瘤引发的头痛多为中度或轻度;有时神经功能性头痛也颇剧烈。高血压性、血管性及发热性疾病的头痛,多呈搏动性;神经痛多呈持续数秒至数十秒的电击样痛或刺痛;肌肉收缩性头痛多表现为重压感、紧箍感或戴帽感等非搏动性疼痛。

4. **头痛出现的时间与持续时间**　头痛可发生在特定时间,如颅内占位性病变往往清晨加剧,鼻窦炎引发的头痛也常发生于清晨或上午,丛集性头痛常在晚间发生,女性偏头痛常与月经期有关。脑肿瘤所致的头痛多为持续性,可有长短不等的缓解期。

5. **头痛的影响因素**　咳嗽、打喷嚏、摇头、俯身可使部分头痛加剧,如高颅压性头痛、血管性头痛、颅内感染性头痛及脑肿瘤性头痛;丛集性头痛在直立时可缓解;低颅压性头痛可在坐位或立位时出现,卧位时减轻或缓解;颈肌急性炎症所致的头痛可因颈部运动而加剧;慢性或职业性的颈肌痉挛所致的头痛,可因活动、按摩颈肌而逐渐缓解。

(四) 伴随症状

1. **头痛伴剧烈呕吐**　颅内压增高呈喷射样呕吐,呕吐后头痛减轻者常见于偏头痛。
2. **头痛伴眩晕**　见于小脑肿瘤、椎 – 基底动脉供血不足等。
3. **头痛伴发热**　常见于颅内感染或全身性感染疾病。
4. **头痛伴意识障碍**　慢性头痛突然加剧并伴有意识障碍,提示可能发生脑疝。
5. **头痛伴视力障碍**　常见于青光眼、脑肿瘤等。
6. **头痛伴脑膜刺激征**　常见于脑膜炎、蛛网膜下腔出血等。
7. **头痛伴癫痫**　常见于脑血管畸形、脑内寄生虫病、脑肿瘤等。
8. **头痛伴精神症状**　慢性进行性头痛伴有精神症状,应注意颅内肿瘤。

(五) 问诊要点

1. **病因与诱因**　有无感染、颅脑外伤、高血压、肿瘤、颈椎病、癫痫病、精神病、神经症,以及眼、耳、鼻、齿等部位疾病。

2. **头痛的特点** 起病的时间、急缓、病程、部位、程度、性质、出现和持续的时间。

3. **头痛对患者的影响** 有无剧烈呕吐、眩晕、发热、意识或视力障碍、脑膜刺激征、精神症状、癫痫等伴随症状。

4. **诊疗与护理经过** 已接受的诊断性检查及结果；已采用的治疗或护理措施，包括服用过的镇痛药及其他药物，其名称、剂量及疗效等，观察头痛性质、强度的变化，是否伴有其他症状或体征，如出现呕吐、视力下降、肢体抽搐或瘫痪等。

【相关护理诊断】

1. **急性/慢性疼痛：头痛** 与各种伤害性刺激作用于头部引起的不适有关。

2. **睡眠型态紊乱** 与头痛有关。

3. **焦虑** 与头痛迁延不愈有关。

4. **恐惧** 与剧烈头痛有关。

5. **潜在并发症** 休克等。

二、耳痛、耳鸣

耳痛（otalgia）大部分是由耳部疾病引起的疼痛，少数属牵涉性痛，可分为耳源性耳痛、反射性耳痛及神经性耳痛三种。耳源性耳痛又称原发性耳痛，是耳部本身病变所引起的耳痛。反射性耳痛又称继发性耳痛，是由于支配耳部的神经同时又支配其他部位的感觉，所以其他部位病变引起的疼痛可通过该神经反射至耳部引起耳痛。神经性耳痛是由于耳部感觉神经本身的病变而引起的疼痛。耳痛的性质有钝痛、刺痛、抽痛等。

耳鸣（tinnitus）是在无外界施加声刺激或电刺激时，而主观上在耳内或颅内所产生的一种声音感觉。需排除幻听和脑鸣。一些耳部相邻组织病变或全身病变均可引起耳鸣。尚有一些耳鸣目前查不出实质性病变的依据，常与休息、情绪有关。

【护理评估】

通过健康史的采集，了解患者耳痛耳鸣发生、发展、诊治的过程，有无明显诱因或外伤史、耳痛耳鸣的性质、程度及伴随症状，以及患者的一般资料、既往病史、个人生活史、家族史等。

（一）常见病因

1. 耳痛

（1）炎症性：是耳痛的主要原因。耳周、耳廓、外耳道、鼓膜由细菌或病毒感染引起的急性或亚急性炎症均可有程度不同的耳痛。

（2）创伤性：耳部受钝器、利器、火器伤害，烧伤、冻伤、气压伤、冲击波伤、爆震伤等损害均有耳痛。

（3）恶病性：如坏死性外耳道炎、中耳癌等，均可引发耳痛。

（4）神经性：神经性炎症或疼痛，如 Hunt 综合征、耳颞神经痛、舌咽神经痛等，也可引发耳痛。

（5）牵涉性：牙、下颌关节、咽、喉、颈、呼吸道、消化道等各处的某些疾病，可通过三叉、迷走、舌咽、枕小、耳大、面神经等引起反射性耳痛。

2. 耳鸣

（1）主观性耳鸣：原因有多种。① 耳部疾病引起：如耵聍栓塞、非化脓及化脓性中耳炎、咽鼓管阻塞、耳硬化症、梅尼埃病、听神经瘤、噪声性聋、中毒性聋、老年性聋等，梅尼埃病的耳鸣在眩晕发作期加重。② 全身性疾病引起：如血压过高或过低、动脉硬化、贫血、白血病、肾病、糖尿病、毒血症、烟酒过度、中毒、更年期等。③ 心理因素引起：如工作压力、情绪等。④ 其他因素引起：如睡眠障碍等。目前由于心理因素、睡眠障碍等非耳源性因素引起的耳鸣明显增多。

（2）他觉性耳鸣：他觉性耳鸣相对少见，多由耳听诊检查方能发现，主要见于以下情况。① 血管性：如耳周围动、静脉瘘。② 肌源性：如颚肌痉挛、镫骨肌痉挛等，耳鸣为"咯咯"样的痉挛声。③ 气流性：如咽鼓管异常开放的呼吸气流声。④ 其他：如颞下颌关节囊松弛的关节噪声被误认为来自耳部。

（二）临床表现及伴随症状

1. 耳痛　临床上由于病因不同，耳痛耳鸣的临床表现不同。

（1）炎症性：由于病变部位不同，耳痛的性质和程度各不相同。外耳道的慢性炎症多为钝痛；中耳炎症一般为钝痛，但婴幼儿耳痛剧烈，常哭闹并扭动头部和搔耳。① 耳廓软骨膜炎症：由于耳廓皮下疏松组织少，炎症引起的局部压力高，疼痛剧烈。② 急性化脓性中耳炎：耳痛是急性化脓性中耳炎的主要症状之一，常为上呼吸道感染的并发症。起病突然，重者有难以忍受的刺痛、跳痛。待鼓膜穿孔中耳的分泌物流出后，疼痛减轻。因本病常伴有乳突骨膜的炎性反应，故常有乳突区的压痛和叩痛。若中耳出脓后疼痛仍不减轻，应考虑有急性乳突炎的可能。③ 慢性化脓性中耳炎急性发作：慢性骨疡型或胆脂瘤型中耳炎如脓液引流不畅、急性发作时，出现耳痛伴头痛、发热，则提示将要出现颅内外并发症。④ 急性弥漫性外耳道炎：是外耳道皮肤广泛性化脓性感染，有明显的自发性疼痛和耳廓牵拉痛或耳屏压痛。⑤ 外耳道炎：当耳内不适时，有人喜欢用指甲、发夹等在耳内掏挖，这容易将耳道皮肤戳破，引起感染发炎。此时不但有耳痛而且还可伴有出血。⑥ 外耳道疖肿：是外耳道皮肤毛囊或皮脂腺的急性化脓性炎症，当外耳道炎得不到及时治疗时，或年老体弱、患有糖尿病时，或耳道皮肤长时间受到水的浸渍，皮肤表面抵抗力减弱时发病，易发生在耳道的软骨部，局部红肿，有触痛，为自发性剧烈疼痛，尤其是在夜间或咀嚼时。⑦ 耳耵聍：俗称的"耳垢"，由耳道皮肤下的耵聍腺分泌产生。耵聍积聚时可堵塞耳道，听力会受到影响。一旦耳道内进水，耵聍会发生膨胀，紧紧压迫耳道产生耳痛。

（2）创伤性：有明显的外伤史和局部外伤表现。鼓膜外伤最常见的原因是外耳道的压力突然增高，如爆震、打耳光、跳水等；咽鼓管吹张过猛、取异物时器械过深，均可使鼓膜损伤。鼓膜破裂时有暂时撕裂痛并伴有听力减退、头晕、耳鸣。气压创伤性中耳炎在高空飞行急速升降或潜水等气压突变的情况下，可出现耳痛、耳鸣和听力减退的气压创伤性中耳炎。

（3）恶病性：中耳癌多在慢性化脓性中耳炎的基础上，最初仅有隐痛，晚期持续性钝痛，耳道有血性分泌物并有肉芽突出，质脆易出血；坏死性外耳道炎亦称恶性外耳道炎，糖尿病患者多见，致病细菌为铜绿假单胞菌，耳道坏死迅速向周围扩散，可并发乳突炎、颅底骨髓炎、脑膜炎、脓毒败血症等。

（4）神经性：主要为病毒性神经炎、风湿性神经炎等，累及膝状神经节、半月神经节、第二和第三颈神经、舌咽神经节及迷走神经等。Hunt综合征的一个重要症状是耳带状疱疹引起的耳痛，疼痛剧烈，部位局限，同时有耳甲腔充血和簇状疱疹；三叉神经的耳颞神经痛为外耳道抽痛，具有阵发和短暂的特点；舌咽神经痛为抽痛，在口咽部常常有触发点。耳的四周神经较多，在受到过强过久的噪音或不明原因的刺激时常常会出现阵阵耳痛，通常时隐时现。

（5）牵涉性：颞下颌关节紊乱的疼痛经常表现为耳道钝痛，颞下颌关节处有压痛，张口时下颌运动错位。由于舌咽神经有外耳道分支，故咽部炎症如扁桃体炎常伴有耳道牵涉痛。

2. 耳鸣　是患者在缺乏外部声源的情况下，耳内或颅内产生的"嗡嗡"不成形的异常声幻觉。耳鸣的临床表现呈多样性，可单侧或双侧，也可为头鸣，可持续性存在也可间歇性出现，声音各种各样，音调高低不等。传导性耳聋患者的耳鸣为低音调如机器轰鸣，感音神经性聋患者的耳鸣多为高音调如蝉鸣。

（1）对听力的影响：有些耳鸣患者伴有听力下降，有些听力正常，但是耳鸣不会引起或加重听力下降。

（2）心理因素的影响：长期耳鸣会引起患者产生烦躁、焦虑、紧张、害怕或者抑郁的情绪，而不良的情绪状态可加重耳鸣，造成耳鸣与不良情绪之间的恶性循环，心理因素在耳鸣发病的过程中起重要作用。

（三）问诊要点

1. 病因与诱因　有无耳、咽部、神经等部位疾病史，有无血压过高或过低、动脉硬化、糖尿病等疾病史。

2. 耳痛、耳鸣的特点　起病的时间、急缓、病程、程度、性质及有无影响因素。

3. 耳痛、耳鸣对患者的影响　有无因突然或长期耳痛、耳鸣而产生焦虑、恐惧等情绪反应，小儿有无哭闹并扭动头部和搔耳等异常表现；其社会交往活动是否受限，耳痛耳鸣是否影响其正常工作、学习和休息。

4. 诊疗与护理经过 已接受的诊断性检查及结果；已采用的治疗或护理措施，包括使用过的耳用制剂药及其他药物，其名称、剂量及疗效等，观察听力障碍语言交流能力的变化，是否伴有耳道流血、流液，有无外伤，有无扁桃体肿大、张口障碍、睡眠障碍等伴随症状。

【相关护理诊断】

1. 急性 / 慢性疼痛：耳痛 / 耳鸣 与耳的炎症、外伤、耳肿瘤等因素有关。

2. 知识缺乏 缺乏有关耳疾病预防、保健、治疗等方面的知识。

3. 焦虑 与担心疾病的治疗和预后结果，担心病症影响自己的工作、家庭生活等有关。

4. 社交孤立 与听力障碍、语言交流能力受损有关。

三、鼻出血

鼻出血（epistaxis）是五官科最常见的急症之一。鼻出血多首先从出血侧的前鼻孔流出，当出血量大或出血部位邻近鼻腔后部时，可向后流至后鼻孔，或再经对侧鼻腔流出或经鼻咽部流至口腔吐出或咽下。

【护理评估】

对于鼻出血患者，应仔细询问其首先出血侧、出血量及持续时间，有无影响因素，了解伴发症状、既往鼻病史、生活习惯及全身相关疾病等。

（一）常见病因

导致鼻腔出血的原因分为局部因素和全身因素。

1. 局部因素 包括创伤、手术、鼻腔鼻窦的炎症、鼻中隔病变、鼻部肿瘤、解剖变异及血管畸形。

（1）创伤：包括① 机械性创伤：如车祸、跌伤、拳击伤、抠鼻等，是引起鼻出血常见的原因。② 气压性损伤：在高空飞行或潜水时，如果鼻窦内外的气压差突然变化过大，会使鼻腔鼻窦内黏膜血管扩张破裂出血。③ 放疗性损伤：头颈部放疗期间或放疗后，鼻黏膜发生充血水肿，或上皮脱落，也可出现鼻出血。

（2）炎症：主要包括① 鼻部非特异性炎症：如急性鼻窦炎、干燥性鼻炎、萎缩性鼻炎等易引起鼻出血，出血量一般不大。② 鼻部特异性炎症：如结核、狼疮、梅毒、麻风或白喉等特异性感染，因黏膜糜烂、溃疡、鼻中隔穿孔等引起鼻出血。

（3）鼻中隔病变：包括① 鼻中隔偏曲：多发生在骨嵴或骨棘（矩状突）附近或鼻中隔偏曲的凸面，该处黏膜较薄，空气气流的流向在此处发生改变，故黏膜变得干燥，以致血管破裂出血。② 鼻中隔穿孔：由于穿孔边缘的黏膜干燥、糜烂及干痂脱落，可引起反复鼻出血。

（4）鼻部肿瘤：其中最易发生鼻出血者为鼻中隔血管瘤、鼻咽纤维血管瘤、出血性鼻息肉和鼻腔鼻窦恶性肿瘤。少量鼻出血或涕中带血是恶性肿瘤的早期主要症状之一。

2. 全身因素　包括凝血功能障碍（血液系统疾病、肝肾功能障碍、非甾体类抗炎药物的使用、酗酒）、心血管疾病、急性传染病、内分泌疾病、遗传性毛细血管扩张症。儿童鼻出血多见于鼻腔干燥、变态反应、鼻腔异物、血液系统疾病、肾疾病及偏食。

（1）出血性疾病及血液病：见于多种情况。① 血管壁结构和功能缺陷性疾病：如遗传性出血性毛细血管扩张症、维生素 C 缺乏症、过敏性紫癜、药物性血管性紫癜、感染性血管性紫癜、血管性假血友病等。② 血小板数量或功能障碍性疾病：如原发性血小板减少性紫癜、各种原因引起的继发性血小板减少等。③ 凝血因子障碍性疾病：如各型血友病、维生素 K 缺乏症等。④ 血液的自身抗凝作用过强：如抗凝剂使用不当、血循环中存在抗纤维蛋白原等抗凝物质，或纤维蛋白溶解过度或加快，如弥散性血管内凝血等。

（2）急性发热性传染病：如上呼吸道感染、流行性感冒、出血热、猩红热、疟疾、麻疹及伤寒等。多因高热、血管发生中毒性损害，鼻黏膜充血、肿胀及干燥，以致毛细血管破裂出血。一般情况下出血量较少，多发生于发热期，且出血部位多位于鼻腔前部。

（3）心血管系统疾病：主要见于两种情况。① 高血压和动脉硬化：高血压和动脉硬化是中老年人鼻出血的重要原因，血管硬化是其病理基础。血压增高，特别是在便秘、用力过猛或情绪激动时，可使鼻血管破裂，造成鼻出血。另外，打喷嚏、用力咳嗽、猛力地经鼻呼吸或鼻腔按摩，也是鼻出血反复和难以控制的因素。② 静脉压增高：肺气肿、肺源性心脏病、二尖瓣狭窄、颈部或纵隔占位性病变等疾病，可致上腔静脉高压，这些患者的鼻腔及鼻咽静脉常怒张淤血，当患者剧烈咳嗽或其他诱因，血管则可破裂出血，出血部位多位于后鼻孔处的鼻咽静脉丛分布区。

（4）其他全身性疾病：妊娠、绝经前期、绝经期均可引起鼻出血，可能与毛细血管脆性增加有关。严重肝病患者可因肝合成凝血因子障碍引起鼻出血。尿毒症也可引起鼻出血。鼻出血可以是风湿热的早期表现之一。

（二）发病机制

鼻腔内血管分布丰富，上述各种病因作用下均可导致鼻出血的发生。鼻腔的动脉主要来自颈内动脉的眼动脉和颈外动脉的上颌动脉，眼动脉在鼻腔的主要分支为筛前动脉和筛后动脉；上颌动脉在翼腭窝相继分出蝶腭动脉、眶下动脉和腭大动脉供应鼻腔。筛前动脉主要供应鼻腔外侧壁的前上部、鼻中隔前上部，筛后动脉供应鼻腔外侧壁的后上部、鼻中隔后上部，并与蝶腭动脉分支吻合。蝶腭动脉分支供应鼻中隔后部、下部及前下部。眶下动脉分支供应鼻腔外侧壁的前部。腭大动脉供应鼻中隔前下部分。另外颈外动脉的面动脉分支上唇动脉供应鼻前庭及鼻中隔前下部。蝶腭动脉的分支、筛前动脉、筛后动脉、上唇动脉的分支与腭大动脉在鼻中隔前下吻合形成网状动脉丛，称为 Little's 区，是鼻出血最常见的部位。

鼻腔静脉在鼻腔吻合形成网状静脉丛，位于鼻中隔前下方的克氏静脉丛和位下鼻道外侧壁后方临近鼻咽部的吴氏静脉丛均为鼻出血的好发部位。

（三）临床表现

1. **出血量** 鼻出血的程度视原发疾病而异，轻者表现为涕中间断性带血丝（如干燥性鼻炎、鼻咽癌早期等）及滴血；较重者则可为流血，出血凶猛者甚至血流如注，严重者为喷射性出血，导致失血性休克甚至危及生命（如累及海绵窦的颈内动脉破裂形成动脉瘤或颈内动脉海绵窦瘘，晚期鼻咽癌等）。

2. **出血部位** 多数鼻出血为单侧，亦可为双侧；可间歇反复出血，亦可呈持续性出血。

出血部位多数发生于鼻中隔前下部的易出血区（Little's 区），有时可见喷射性或搏动性小动脉出血，少年儿童、青年人鼻出血多发生于此区。中老年人的鼻出血，常与高血压和动脉硬化有关，出血部位多见于鼻腔后部，位于下鼻甲后端附近的吴氏静脉丛及鼻中隔后部的动脉。此部位出血一般较为凶猛，不易止血，出血常迅速流入咽部，从口中吐出。

局部疾患引起的鼻出血多发生于一侧鼻腔，而全身疾病引起者，可能两侧鼻腔交替或同时出血。

（四）问诊要点

1. **病因与诱因** 有无鼻疾病史，有无创伤、血液系统疾病、心血管系统疾病、感染性疾病等，有无服用抗凝药物。

2. **鼻出血的特点** 出血发生的时间、起病急缓、出血部位、出血量、出血持续时间等。

3. **鼻出血对患者的影响** 有无因突然鼻出血或长期鼻出血而产生焦虑、愤怒、恐惧等情绪反应；其社会交往活动是否受限，鼻出血是否影响其正常工作、学习和休息等。

4. **诊疗与护理经过** 已接受的诊断性检查及结果；已采用的治疗或护理措施，包括服用过的止血药及其他药物，其名称、剂量及疗效等；对疑有休克者，密切监测脉搏、血压等生命体征的变化；促进止血的护理措施如冰袋冷敷等疗效。

【相关护理诊断】

1. **有体液不足的危险** 与鼻出血有关。

2. **焦虑** 与担心鼻出血的治疗和预后有关。

3. **知识缺乏** 缺乏鼻出血预防、保健、治疗等方面的知识。

4. 潜在并发症失血性休克、窒息。

四、喉痛、声音嘶哑

喉痛（laryngalgia）是五官科最常见的病症之一，它多发于一年中的寒冷季节，感冒、扁桃体炎、鼻窦炎、百日咳、咽喉炎及病毒感染甚至心肌梗死均可引起喉痛。程度可轻可重。

声音嘶哑（hoarseness），简称声嘶，这是喉部疾病最常见的症状。出现声嘶症状往往提示病变已影响到声带。声嘶的程度可有很大的差异，轻者可仅表现为声音稍变粗或音调变低，重者明显声音嘶哑，严重者可以完全失声。

【护理评估】

对于喉痛、声嘶的患者，应仔细询问其起病情况、病程长短，了解喉痛和声嘶的程度，有无影响因素及伴随症状；同时应了解患者一般资料、个人生活史、既往疾病史、家族史等。

（一）常见病因

1. 喉痛　任何刺激咽喉及口腔黏膜的物质都可能引起喉痛。它们包括：病毒、细菌感染、过敏反应、灰尘、香烟、废气、热饮料或食物，牙齿或牙龈感染有时也会累及咽喉，慢性咳嗽、极干燥的环境、胃食管反流及说话声音过大同样会刺激咽喉，声嘶是常见的伴随症状。常见引起喉痛的疾病如下。

（1）喉的急性炎症：如急性会厌炎、急性喉炎、喉软骨膜炎（常继发于外伤及放疗之后）。

（2）喉的关节病变：如环杓关节炎。

（3）喉外伤或喉异物。

（4）喉部恶性肿瘤晚期。

（5）喉的特异性炎症：如喉结核等。

2. 声嘶

（1）支配声带运动的神经受损：常见于以下情况。① 喉返神经受损：为最常见病因。如颈部外伤、甲状腺手术、甲状腺恶性肿瘤、颈段食管恶性肿瘤、纵隔肿瘤等均可引起该神经损伤。② 迷走神经受损：喉返神经是迷走神经的分支，当迷走神经在发出喉返神经这一分支前受损，会同时损伤其内的喉返神经束。常见于颈部外伤、迷走神经鞘膜瘤、鼻咽癌扩展到咽旁间隙侵犯迷走神经等。③ 喉上神经受损：临床上相对少见。偶有外伤等原因引起该神经受损，使声带张力减弱，导致音调变低。

（2）喉部本身的病变：当喉部病变影响声带时可发生声嘶，常见的原因如下。① 喉先天性畸形：如先天性喉蹼、声带发育不良（声带沟）等。② 喉炎症性疾病（包括非特异性炎症和特异性炎症）：如急性喉炎、慢性喉炎、喉结核、喉白喉、喉梅毒等。③ 声带息肉、声带小结：多有过度发音，如长时间讲话、高声喊叫、长时间啼哭的病史或者有用声不当，就会出现持续性声嘶。④ 喉癌前病变：如喉白斑、喉角化症、喉厚皮病等。⑤ 喉肿瘤：喉良性肿瘤如乳头状瘤、纤维瘤、血管瘤等，喉恶性肿瘤如喉癌、喉肉瘤等。⑥ 外伤：如喉的软骨及软组织损伤、环杓关节脱位及喉部的物理化学损伤等。⑦ **喉代谢性疾病**：如喉淀粉样变。

（3）**其他**：由于激素水平的变化导致在变声期、女性月经期及老年阶段出现不同程度的声嘶。

（二）发病机制

人的喉头之所以能够发出正常的声音系由于喉内诸肌相互配合、自动调节肌肉的张力，声带边缘整齐、光滑、扁平并具有良好的弹性，双侧声带向中线紧密靠拢闭合。当患有声带息肉、声带小结、喉肿瘤、慢性咽喉炎或遭受外伤时，声带的形状、弹性、紧张度出现异常，声带振动既不对称，又不均匀，便产生声嘶。

（三）临床表现及伴随症状

因病因不同，其临床表现各有不同。

1. 急性喉炎 最为常见，声嘶为主要症状。小儿急性喉炎较成人重，除声嘶外，伴有发热、咳嗽等症状。喉镜检查，可见喉黏膜急性充血，声带水肿并附有脓性分泌物，声带运动有不同程度的受限。应与喉白喉和呼吸道异物鉴别。

2. 慢性喉炎 患者常感咽喉干燥不适，晨起频咳，有黏稠分泌物。声调低沉，声质粗糙到沙、嘶哑不等，与炎症的轻重不尽一致。喉镜检查有三种不同的类型。

（1）**单纯型**：喉黏膜呈弥漫性充血，光滑、湿润，有小静脉扩张，发声时声门闭合差。

（2）**肥厚型**：喉黏膜充血对称性肥厚，有局限性的息肉样或乳头状突起。

（3）**萎缩型**：黏膜干燥、萎缩、结痂。

3. 喉白喉 多继发于咽白喉。声嘶和干咳为喉白喉的首发症状，多见于儿童。起病初期发音粗糙，逐渐加重至完全失声。患者除有喉部症状外多有明显的中毒现象。喉镜检查，见黏膜红肿，表面盖有白色假膜。涂片及培养可确诊。

4. 喉结核 原发者少，多继发于开放性肺结核。早期患者感喉内干燥不适或微痛，用声易疲劳或轻度声嘶。检查可见喉黏膜苍白，也有一侧声带充血者。晚期声嘶显著，检查可见喉黏膜有溃疡，常位于一侧声带或杓间区。溃疡表浅，边缘不整齐，有伪膜覆盖。X线胸部透视、拍片和活组织检查可确诊。

5. 声带小结 慢性喉炎的一种类型，亦称结节性声带炎。本病多见于女高音演员、小学教师、噪声环境中的工作人员。发生部位主要在声带边缘的前、中 1/3 的交界处。早期结节较软，后期变硬。小结多对称，大小相等，但也有一侧较大，一侧较小，甚至仅一侧者。小结仅呈现小的局限性隆起，但不至于过度增大。病理表现为声带上皮局限性增厚和角化。

6. 声带息肉　多发生于用声过度或发声不当或始于一次强烈的发声之后，局部损伤是主要因素。早期的声带息肉局限于一侧声带前中 1/3 处上面或下面的任克（Reinke）间隙，呈水肿变性。后期可呈现小黏液囊肿、玻璃样变性或纤维增生等。息肉基底多有蒂，但也有广泛基底者。声带息肉一般仅引起声嘶，其程度与息肉的位置和大小有关。

7. 声带乳头状瘤　病因未明，多认为与病毒感染或与性激素有关。儿童乳头状瘤有多发性倾向，随着年龄的增长，肿瘤有自限趋势。成人乳头状瘤易发生癌变。乳头状瘤可发生在喉膜的任何部位，以声带前段为多。瘤体呈菜花样或鸡冠花样。

8. 喉癌　喉的恶性肿瘤，以鳞状细胞癌多见。按其发生的部位不同，临床上分为声门上、声门、声门下三型。声门型常位于声带的中段或前段，所以很早就有声嘶症状。喉镜检查，可见一侧声带充血，表面粗糙不平，呈颗粒状隆起或乳头样增生，活检可确诊，诊断比较容易。声门上及声门下型，其早期症状往往不是声嘶，诊断较为困难。

9. 神经受损

（1）喉返神经受损：① 单侧喉返神经受损：发音嘶哑，易疲劳，常呈现破裂声，说话、咳嗽有漏气感，后期出现代偿，健侧出现内收超过中线靠拢患侧，发声好转。② 双侧喉返神经受损：急性发病可引起急性喉阻塞。逐渐发病，患者可能适应而无呼吸困难，对发声的影响也不大。如内收、外展神经均受损，则发声嘶哑无力，说话费力且不能持久。双侧声带居旁中位，松弛，边缘尚规则。易发生误吸，咳嗽排痰困难。

（2）喉上神经受损：由于喉上神经支配喉部膜的感觉，并支配环甲肌运动。因此，一侧喉上神经受损时，声带缺乏张力，发声时声弱易疲劳，声质粗糙。检查时患侧声带呈波纹状，随呼吸气流上下扑动。

（四）问诊要点

1. 病因与诱因　有无食用辛辣刺激性食物、吸烟、呼吸道感染等。

2. 喉痛、声嘶的特点　喉痛和声嘶起病情况、病程长短、疼痛和嘶哑程度，有无伴随症状。

3. 喉痛、声嘶对患者的影响　有无因声嘶而产生焦虑、愤怒、恐惧等情绪反应；其社会交往活动是否受限，喉痛、声嘶是否影响其正常工作、学习和休息等。

4. 诊疗与护理经过　已接受的诊断性检查及结果；已采用的治疗或护理措施，包括雾化吸入治疗的药及其他药物，其名称、剂量及疗效等；教育患者戒烟限酒，少食辛辣刺激性的食物。

【相关护理诊断】

1. **急性 / 慢性疼痛**　与喉外伤、喉肿瘤等引起的喉部疼痛有关。
2. **语言沟通障碍**　与声嘶和失声有关。
3. **焦虑**　与声嘶和失声有关。
4. **知识缺乏**　缺乏喉部和声带保健的相关知识。

小结

　　本部分主要介绍了临床上比较常见的头颈部症状,包括头痛、耳痛、耳鸣、鼻出血、喉痛及声音嘶哑。首先通过对头颈部症状概念的描述,结合相关症状的病因、发病机制、临床表现及伴随症状等,系统全面理解和认识头颈部症状的内涵和外延,从而总结出头颈部症状的问诊要点,最后列出相关护理诊断。本部分主要的护理诊断有急性 / 慢性疼痛,语言沟通障碍等。

(孙东明)

任务测试

67

学习课件

任务二　头部评估

【思维导图】

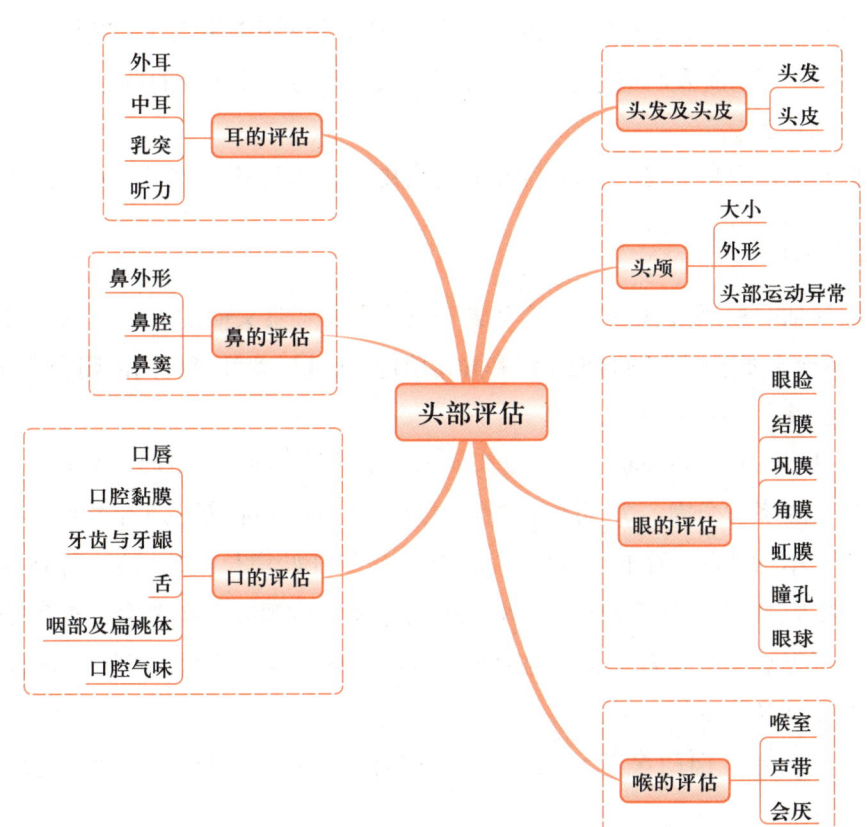

患者，男，55 岁。8 h 前无明显诱因出现右眼红并逐渐加重，感胀痛，视力剧降，伴头晕、恶心、呕吐。入院查体：体温 36.7℃，脉搏 75 次 / 分，呼吸 18 次 / 分，血压 125/85 mmHg。神志清，皮肤黏膜、头面颈部、心、肺、腹部查体未见异常。眼科检查：VOD 0.04，VOS 0.5 ；眼压：od42 mmHg。双眼睑无充血，右眼睫状充血（++），前房浅，瞳孔呈竖椭圆形，4 mm×5 mm，对光反射消失。

任务引领一：该患者主要的护理诊断是什么？

任务引领二：该患者的评估重点是什么？

一、头发及头皮

头发和头皮评估主要通过视诊完成。

（一）头发评估

注意观察头发的颜色、疏密度、光泽度、质地、有无脱发及脱发的特点等。头发的颜色、曲直和疏密度可因种族及遗传与年龄的不同而不同。一般情况下，儿童和青壮年头发为黑色，老年人头发逐渐变得花白。头发的疏密度、光泽和质地反映了机体的营养状态。头发浓密、光泽、有弹性，提示机体营养状态良好；头发稀疏、枯黄、干燥，提示机体的营养状态欠佳。脱发一方面可由某些疾病引起，如脂溢性皮炎、甲状腺功能减退、伤寒、斑秃等；另一方面也可由某些物理或化学因素引起，如放射治疗和抗癌药物治疗后。评估脱发时应注意其发生的部位、形状与头发改变的特点。

（二）头皮评估

应拨开头发观察头皮的颜色，注意有无头皮屑、头癣、感染、外伤、血肿及瘢痕等。

二、头颅

头颅评估一般通过视诊和触诊完成。视诊主要观察头颅的大小、外形和有无异常运动；触诊主要了解头颅有无压痛和异常隆起，小儿还要注意囟门的闭合情况。

（一）头颅大小和外形

头围（head circumference）是衡量头颅大小的主要指标，测量时用软尺自眉间向后经枕骨粗隆绕头一周。头围随着发育阶段的变化而不同：新生儿平均约 34 cm，出生后前半年增加 8 cm，后半年增加 3 cm，从第二年开始增长渐趋缓慢，到 18 岁可达 53 cm 或以上，以后几乎不再变化。小儿矢状缝和其他颅缝多在出生后 6 个月骨化，骨化过早可影响颅脑发育。头颅的大小异常或畸形是某些疾病的典型体征，常见的头颅异常有以下几种。

1. 小颅　小儿囟门多在 12~18 个月内闭合，如果过早闭合可引起小头畸形，常伴有智力障碍。

2. 方颅　头顶平坦呈方形,前额左右突出,见于小儿佝偻病或先天性梅毒。

3. 巨颅　额、顶、颞及枕部突出膨大呈圆形,颜面相比很小,可见头、颈部静脉充盈。由于颅内压增高,压迫眼球,形成双目下视、巩膜外露的特殊表情,称为落日现象,见于脑积水。

4. 尖颅　由于矢状缝和冠状缝过早闭合所致。表现为头顶部尖突高起,造成与颜面部比例异常,又称塔颅。见于先天性疾患尖颅并指(趾)畸形,即阿佩尔(Apert)综合征。

(二)头部运动异常

头部活动受限,见于颈椎疾病;头部不随意颤动,见于帕金森病;与颈动脉搏动一致地点头运动,称点头征(Musset 征),见于严重主动脉瓣关闭不全。

三、眼的评估

(一)眼睑

视诊应注意有无眼睑水肿、睑内翻、上睑下垂、眼睑闭合障碍等,触诊要注意有无包块、压痛、倒睫等。眼睑异常及临床意义如下。

1. 眼睑水肿(blepharoedema)　眼睑皮下组织疏松,因此轻度或初发水肿常在眼睑表现出来。依据发病原因不同分为生理性眼睑水肿和病理性眼睑水肿。

(1)生理性眼睑水肿:大多是由于夜间睡眠不好或睡时枕头太低,影响了面部血液回流。这种眼睑水肿多见于健康人,常能自然消退。

(2)病理性眼睑水肿:过敏性疾病、心脏病、甲状腺功能减退、肾炎、神经血管性眼睑水肿等,临床除有眼睑水肿表现外,还伴有原发病的症状;眼睑的急性炎症、外伤、眼周炎症等,除眼睑水肿外,还有局部的红、热、痛等炎性表现。

2. 睑内翻(entropion)　指眼睑特别是睑缘向眼球方向卷曲的位置异常。当睑内翻达一定程度时,睫毛也倒向眼球。因此睑内翻和倒睫常同时存在。根据病因不同,可分为以下三类。

(1)先天性睑内翻:多见于婴幼儿,女性多于男性,大多由于内眦赘皮、睑缘部轮匝肌过度发育或睑板发育不全所引起。

(2)痉挛性睑内翻:多发生于下睑,常见于老年人,又称老年性睑内翻。是由于下睑缩肌无力,眶隔和下睑皮肤松弛失去牵制睑轮匝肌的收缩作用,以及老年人眶脂肪减少,眼睑后面缺少足够的支撑所致。

(3)瘢痕性睑内翻:上下睑均可发生。由睑结膜及睑板瘢痕收缩所致,常伴倒睫。沙眼引起者常见。此外结膜烧伤、结膜天疱疮等病之后也可发生。

3. 上睑下垂(ptosis)　因病因不同,分为三类。

(1)先天性眼睑下垂:绝大多数是因提上睑肌发育不全或缺损、支配提上睑肌神

经缺损而引起,是先天发育畸形,多为双侧,有时为单侧,可为常染色体显性或隐性遗传。

(2) 后天性眼睑下垂:有外伤性、神经源性、肌源性及机械性等四种,其中肌源性者以重症肌无力引起者多见。

(3) 癔病性眼睑下垂:由癔病引起,双上睑突然下垂或伴有癔病性瞳孔散大,压迫眶上神经可使下垂突然消失。

(二) 结膜

结膜分为睑结膜、穹隆部结膜和球结膜三部分。评估上睑结膜时需翻转眼睑,其方法为:嘱被评估者双目下视,评估者用示指和拇指捏住上睑中部边缘,轻轻向前下方牵拉,同时示指向下压迫睑板上缘与拇指配合将睑缘向上捻转,即可使上睑翻转。评估下睑结膜时,嘱被评估者上视,以拇指或示指置于下睑中部边缘向下翻开,即可暴露下睑结膜。结膜常见改变:结膜充血见于结膜炎、角膜炎;结膜苍白见于贫血;结膜发黄见于黄疸;出血点见于亚急性细菌性心内膜炎、败血症;大片结膜下出血见于高血压动脉硬化;颗粒、滤泡及瘢痕见于沙眼;球结膜水肿见于重症水肿、肺性脑病等。

(三) 巩膜

巩膜正常状态下呈瓷白色,不透明。巩膜黄染为黄疸最先出现的部位。随着年龄的增长,特别是到中年以后,内眦部可出现不均匀黄色斑块,为脂肪沉着所致。

(四) 角膜

角膜位于眼球正前方,略呈横椭圆形,稍向前突出。正常角膜是透明的,无角化层、无血管,细胞无色素,保证外界光线的透入。评估角膜时应注意角膜的透明度,有无云翳、白斑、溃疡、软化、新生血管等。云翳与白斑发生在瞳孔部位时可不同程度地影响视力。维生素 A 缺乏可导致角膜软化。重症沙眼可致眼角膜周边血管增生。老年人可因脂质沉着在角膜边缘及周围出现灰白色混浊环,称为老年环,无临床意义。

(五) 虹膜

虹膜俗称"黑眼球",为眼球葡萄膜的最前部分,位于角膜和晶状体之间,透过角膜可以看到,光线经虹膜进入眼内。正常虹膜纹理近瞳孔部分呈放射状排列,周边呈环形排列。虹膜炎症、水肿或萎缩时,虹膜纹理模糊或消失;虹膜后粘连、外伤、先天性虹膜缺损时,虹膜形态发生异常或有裂孔。

(六) 瞳孔

瞳孔为虹膜中央的孔洞,是光线进入眼的通道。瞳孔的散大和缩小可调节进入瞳孔的光线。瞳孔大小随年龄、光线强弱、情绪变化等有不同。正常瞳孔呈圆形,直径 3~4 mm,双侧等大、等圆,对光反射和集合反射正常。评估时应注意瞳孔的形状、大小,双侧是否等大、等圆,对光反射和集合反射等。

1. **瞳孔大小改变**　生理情况下,婴幼儿和老年人瞳孔较小,青年人比中年人的瞳孔大；光线强时瞳孔缩小，光线暗时瞳孔放大；情绪紧张时瞳孔缩小，精神兴奋时瞳孔扩大。病理情况下，虹膜炎症、有机磷中毒或毛果芸香碱、吗啡、氯丙嗪等药物反应时瞳孔缩小；视神经萎缩、阿托品药物反应等情况下瞳孔扩大。双侧瞳孔大小不等见于颅内出血、脑肿瘤、脑疝等。

2. 瞳孔形状改变　青光眼或眼内肿瘤时瞳孔可呈椭圆形；虹膜粘连时形状可不规则。

3. 瞳孔对光反射（papillary light reflex）　分直接对光反射和间接对光反射（图 3-2-1）。评估时嘱被评估者注视正前方，用手电筒光照射一侧瞳孔，正常状态下被照瞳孔立即缩小，移开光源后瞳孔迅速复原，称直接对光反射。以手隔开双眼，光线照射一侧瞳孔时，正常状态下另一侧瞳孔也立即缩小，移开光线，双侧瞳孔复原，称间接对光反射。对光反射检查结果用迅速、迟钝和消失来描述。对光反射迟钝或消失见于昏迷患者；双侧瞳孔散大伴对光反射消失为濒死的表现。

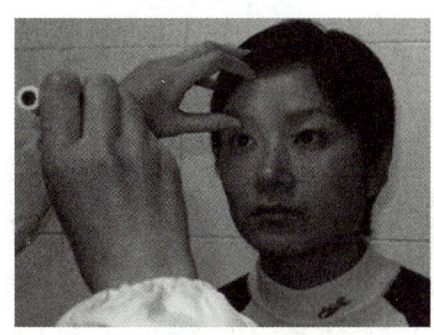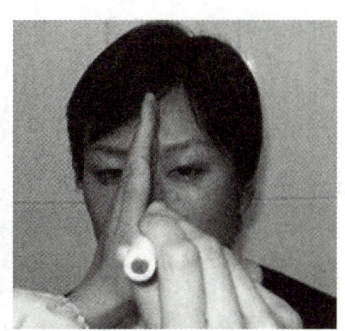

直接对光反射检查　　　　　间接对光反射检查

图 3-2-1　对光反射检查

4. 调节反射和集合反射　嘱被评估者注视 1 m 以外的目标（一般用评估者示指），然后将目标逐渐移近眼球 10~20 cm 处，正常人瞳孔逐渐缩小，称调节反射；同时双侧眼球向内聚合，称为集合反射。甲状腺功能亢进患者集合反射减弱；动眼神经功能麻痹时，调节反射和集合反射都消失。

（七）眼球

评估时注意眼球的外形与运动。

1. 眼球突出　双侧眼球突出见于甲状腺功能亢进（图 3-2-2）；单侧眼球突出多由局部炎症或眶内占位性病变所致。

2. 眼球内陷　双侧眼球内陷见于严重脱水或慢性消耗性疾病；单侧内陷见于 Horner 综合征或眼球萎缩等。

3. 眼球运动　眼球运动受动眼、滑车、外展三对脑神经支配。评估眼球运动时，将被评估者头部固定，评估者将示指置于评估对象眼前 30~40 cm 处，其眼球随评估者示指方向按向外→外上→外下→向内→内上→内下的顺序运动。每一方向代表双眼的一对配偶肌的功能。当动眼、滑车、外展神经麻痹时均会出现眼球运动障碍伴复视。由支配眼肌运动的神经麻痹产生的斜视称为麻痹性斜视，多见于脑血管病变、脑炎、脑肿瘤等。双侧眼球发生有规律的快速往返运动称眼球震颤，自发的眼球震颤见于耳源性眩晕、小脑疾患等。

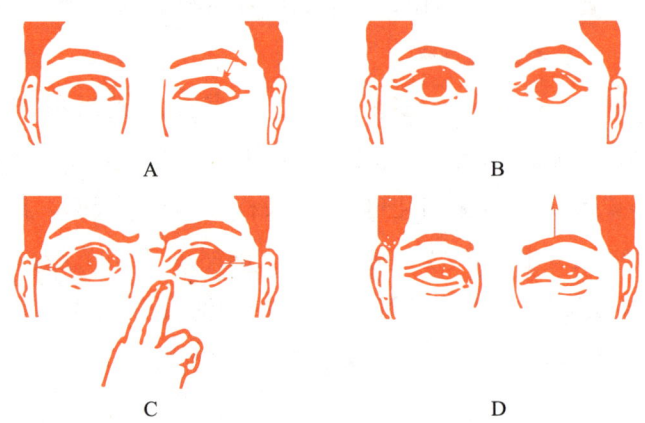

A. 眼睑迟落；B. 瞬目减少和凝视；C. 双眼向上看时，前额皮肤不皱起；D. 视近物时，眼球辐辏不良

图 3-2-2　甲状腺功能亢进的眼征

（八）眼的功能

眼的主要功能是视物和辨别色彩。

1. **视力**（visual acuity）　是指视网膜分辨影像的能力，分为远视力和近视力。常用国际标准视力表检查。检查视力时，应遮盖未检查眼。检查远视力用远距离视力表，距视力表 5 m 远处，单眼能看清"1.0"行视标者为正常视力；如在 1 m 处不能辨认视力表上最大一行视标，则改为辨认评估者所示的手指数或判断手动，如不能看到眼前手动者，检测其光感是否存在，如光感消失，即为失明。检查近视力用近距离视力表，距视力表 33 cm 处，单眼能看清"1.0"行视标者为正常视力。

2. **色觉**（color vision）　色觉是人类视网膜锥细胞的特殊感觉功能，是视觉功能的重要组成部分。正常人视觉器官能够辨识波长 380~760 nm 的可见光，由红、橙、黄、绿、青、蓝、紫七色组成。如缺乏色觉或色觉不正常，就是色盲或色弱。色盲是对某种颜色的识别能力丧失，较为多见的是红绿色盲，其不能辨识红、绿、青、紫，仅能辨识黄、蓝两色；全色盲较少见，其视物只有明暗之别。色弱是对某种颜色的识别能力减低。色觉评估时，让评估对象辨识色盲表上的数字或图像，不能读出表上的彩色数字或图像，可按色盲表的说明判断为某种色盲或色弱。

四、耳的评估

（一）外耳

1. **耳郭**　耳郭大部分由弹性软骨外覆皮肤构成。视诊应注意耳郭的外形、大小、位置和对称性、有无畸形、外伤瘢痕、红肿等,触诊时应注意有无结节、压痛等。耳郭畸形分先天性和后天性的。先天性原因导致的畸形往往不单纯是耳郭的畸形,还伴有外耳道、中耳及其他结构的异常;后天因素如耳郭外伤、感染等也可造成严重耳郭畸形,有的可以并发外耳道狭窄或闭锁,但一般不伴有中耳畸形。耳郭感染患者耳郭红肿并有局部发热和疼痛。

2. **外耳道** 外耳道是自耳甲腔深处的外耳门向内侧延伸到鼓膜的弯曲管道,可把耳郭收集的声波传导至鼓膜:成人长 2.5~3.5 cm。外耳道的外侧 1/3 以外耳道软骨为基础,为软骨性外耳道,内侧 2/3 以骨为基础,为骨性外耳道。软骨性外耳道的皮肤富有毛囊、皮脂腺及耵聍腺,是疖肿的易发部位之一。视诊应注意皮肤是否正常,有无分泌物。外伤后有血液或脑脊液流出提示颅底骨折;外耳道局部红肿疼痛,有耳郭牵拉痛为疖肿;如有黄色液体流出伴痒痛者为外耳道炎;化脓性中耳炎外耳道有脓液流出并伴有全身症状。

(二)中耳

主要是观察鼓膜有无穿孔、穿孔的部位、有无溢液等。鼓膜是一椭圆形半透明状薄膜,由上皮层、纤维层和黏膜层构成,位于中耳鼓室与外耳道交界处,将外耳道和中耳腔进行分隔;正常鼓膜平坦,颜色灰白呈圆形。鼓膜穿孔多由炎症和外伤引起;急性中耳炎导致的鼓膜穿孔,临床表现先有耳部疼痛,鼓膜穿孔后疼痛可减轻,耳内可有液体流出;如有鼓膜穿孔,溢脓并有恶臭,可能为胆脂瘤;如有外伤史,伴有突发性耳痛、耳鸣和听力减退,伴外耳道少量出血提示鼓膜破裂。

(三)乳突

乳突是从颞骨乳突部的底面突出的圆锥形突出,体表可以触及,位于外耳道的后面和茎突的外面。外壳由骨密质组成,内腔为大小不等的骨松质小房。化脓性中耳炎引流不畅时可蔓延为乳突炎,评估时可发现乳突部有明显压痛,严重时可继发耳源性脑脓肿或脑膜炎。

(四)听力

听力测试主要检查听力损失程度,是一个主观数值,可以判断耳聋的性质。通过被评估者对声刺激产生的反应来了解其听功能状态和听觉系统疾病的一种诊断方法,目的是了解听力损失的程度、性质和病变部位。分粗测法和精测法两种。检查时常先采用粗测法:在静室内,嘱被评估者闭目坐于椅子上并用手指堵塞一侧耳道,评估者持机械表或拇指与示指相互摩擦,自 1 m 以外逐渐移近被测耳部直到听到声音为止,测量距离。如在 1 m 处左右听到机械表声或捻指声,提示听力正常。精测法是使用规定频率的音叉或电测听设备,进行一系列较为精确的测听方法。听力减退见于外伤、外耳道有耵聍、听神经损害、中耳炎等。

五、鼻的评估

评估时注意鼻部颜色、外形,有无鼻翼扇动、阻塞、分泌物、出血等。

(一)鼻外形

鼻梁部出现红色水肿性斑块,并向两面颊部延伸呈蝴蝶状,见于系统性红斑狼疮。鼻尖和鼻翼皮肤发红,并有毛细血管扩张和组织肥厚称酒渣鼻。鼻腔堵塞,外鼻饱满,鼻梁宽平称蛙状鼻,见于鼻息肉。鼻骨破坏,鼻梁向内塌陷呈马鞍状称鞍鼻,见于鼻骨骨折等。吸气时鼻孔开大,呼气时鼻孔回缩称鼻翼扇动,表示重度呼吸困难,见于小儿肺炎、支气管哮喘、心源性哮喘发作等,还可见于伴有呼吸困难的发热性疾病,如大叶性肺炎。

(二)鼻腔

鼻腔通气检查时压住一侧鼻孔,嘱被评估者用另一鼻孔呼吸,正常人气体通畅;通气不畅见于鼻炎、鼻息肉、鼻中隔重度偏曲及肿瘤。鼻腔黏膜受刺激时可产生过多分泌物,清水样分泌物多为卡他性炎症,黏稠发黄的分泌物多为鼻或鼻窦的化脓性炎症。鼻出血可见于外伤、鼻腔感染、鼻咽癌、出血性疾病、局部血管损伤、鼻中隔偏曲、血液系统疾病等。妇女如发生周期性鼻出血,应考虑子宫内膜异位症。急性鼻炎可见鼻黏膜充血肿胀,伴有鼻塞、流涕等症状;慢性鼻炎可见鼻黏膜组织肥厚;慢性萎缩性鼻炎则表现为鼻黏膜萎缩、鼻腔分泌物减少、鼻甲缩小、鼻腔宽大、嗅觉减退或丧失。

(三)鼻窦

鼻窦为鼻腔周围含气的骨质空腔,共四对,均与鼻腔相通,当鼻窦引流不畅时易发生鼻窦炎,表现为鼻塞、流涕、头痛和鼻窦压痛(图3-2-3)。各鼻窦压痛的评估方法如下。

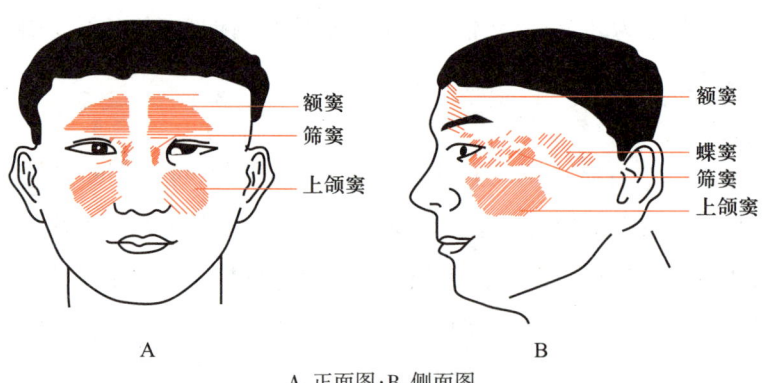

A.正面图;B.侧面图
图3-2-3　各鼻窦体表位置

1. **额窦**　双手拇指分置于眼眶上缘内侧向后、上按压,其余四指固定在两侧颈部。

2. **筛窦**　双手拇指分置于鼻根部与内眦之间向后、内按压,其余四指在两侧固

鼻窦评估

定头部。

3. **上颌窦** 双手拇指分置于左右颧部向后按压,其余四指固定在两侧耳后。

4. **蝶窦** 因解剖位置较深,不能进行体表检查。

六、口的评估

口的评估包括口唇、口腔黏膜、牙齿及牙龈、舌、咽部及扁桃体、口腔气味等。

(一)口唇

注意口唇颜色,有无疱疹、口角糜烂或歪斜。健康人口唇红润光泽。口唇苍白见于贫血、虚脱等;口唇发绀提示血氧不足,见于心肺功能不全等;口唇颜色深红见于急性发热性疾病;口唇呈樱桃红色见于一氧化碳中毒。急性发热性疾病(如大叶性肺炎、流行性脑脊髓膜炎)常有口唇疱疹,唇缘部位出现成簇小水泡,是单纯疱疹病毒感染所致;口唇干燥并有皲裂见于严重脱水患者。口角糜烂见于维生素 B_2 缺乏症;口角歪斜见于面神经麻痹。

(二)口腔黏膜

正常口腔黏膜光泽呈粉红色。出现蓝黑色色素沉着斑片见于肾上腺皮质功能减退症。黏膜下出现大小不等的出血点或瘀斑多见于各种出血性疾病或维生素 C 缺乏症。在相当于第二磨牙的颊黏膜处出现针头大小的白色斑点,周围有红晕,称为麻疹黏膜斑,为麻疹早期特征。口腔黏膜溃疡见于慢性复发性口疮等。黏膜上有白色凝乳块状物,为鹅口疮,见于重病衰弱者或长期使用广谱抗生素和抗肿瘤药物者。

(三)牙齿与牙龈

1. **牙齿** 注意有无龋齿、残根、缺牙、义齿及牙齿颜色改变等。正常牙齿为瓷白色。牙齿呈黄褐色称斑釉牙,是长期饮用含氟量较高的饮品所致;儿童长期服用四环素也可使牙齿变黄,称四环素牙。发现牙病应按下列格式准确标明部位:

上

$$\frac{8\,7\,6\,5\,4\,3\,2\,1\ \mid\ 1\,2\,3\,4\,5\,6\,7\,8}{8\,7\,6\,5\,4\,3\,2\,1\ \mid\ 1\,2\,3\,4\,5\,6\,7\,8}$$

右 ———— 左

下

1. 中切牙　2. 侧切牙　3. 尖牙　4. 第一前磨牙
5. 第二前磨牙　6. 第一磨牙　7. 第二磨牙　8. 第三磨牙

例如:右上第 6 与左下第 4 为龋齿,则记录 $\frac{6}{4}$ 龋齿。

2. **牙龈** 正常牙龈为粉红色,紧贴于牙颈部。评估时应注意牙龈颜色,有无萎缩、肿胀、溢脓、出血、溃疡等。牙龈肿胀、溢脓见于慢性牙周病;牙龈出血见于牙石、血液性疾病、维生素C缺乏症等；牙龈的游离缘出现灰蓝色点线，称铅线，见于慢性铅中毒；炎症性的牙龈萎缩，主要表现为牙龈红肿胀痛，刷牙时常见出血；而老年牙龈萎缩常使裸露了的牙根对冷热的温度变化及酸性食物等异常敏感，妨碍进食，降低生活质量，应注意防治。

(四) 舌

舌评估时应注意观察舌质、舌苔及舌的活动状态。正常人舌质淡红，舌面湿润覆薄白苔，伸舌居中，活动自如无震颤。若舌乳头萎缩、舌面光滑无苔，称镜面舌，见于缺铁性贫血、慢性萎缩性胃炎等；舌乳头肿胀突出、色鲜红，称草莓舌，见于猩红热；舌面敷有黑色或黑褐色毛状物，称毛舌，见于久病衰弱或长期使用广谱抗生素的患者；伸舌有细微震颤，见于甲状腺功能亢进；舌下神经麻痹，舌伸出时可见偏向患侧。

(五) 咽部及扁桃体

检查方法：被评估者取坐位，头稍后仰，嘱张口发"啊"音时，评估者用压舌板迅速下压舌前2/3及后1/3交界处，在照明的配合下，即可见软腭、悬雍垂、咽腭弓、扁桃体及咽后壁。

急性咽炎时，咽部黏膜充血红肿，黏液腺分泌增多；慢性咽炎时，咽部发红，表面粗糙，咽后壁淋巴滤泡增生呈颗粒状；急性扁桃体炎时，扁桃体充血肿大，隐窝内有黄白色分泌物或渗出物形成的苔片状假膜，易于剥离且不留创面，此点与咽白喉在扁桃体上所形成的假膜不同，为二者鉴别的重要特征。扁桃体肿大分为三度：未超过咽腭弓者为Ⅰ度；超过咽腭弓未达咽后壁中线者为Ⅱ度；达到或超过咽后壁中线者为Ⅲ度（图3-2-4）。

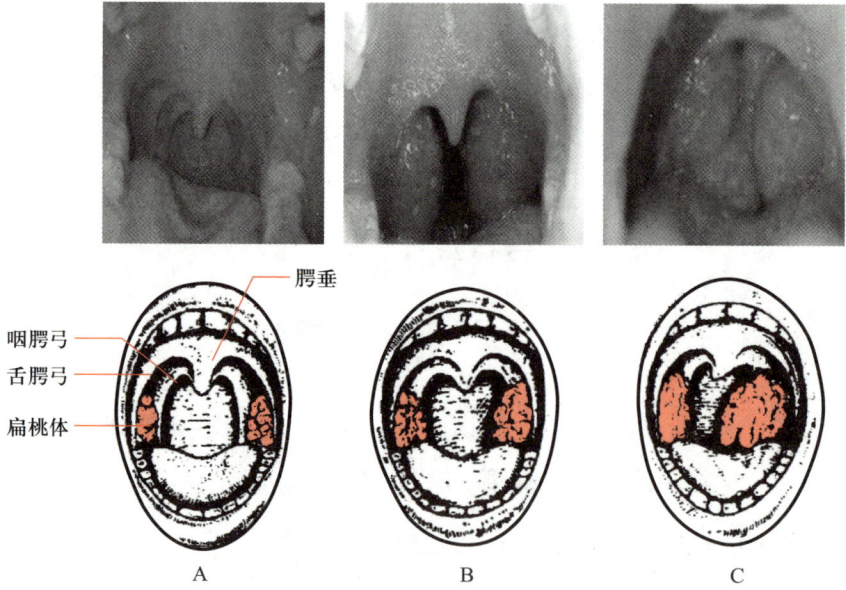

A. Ⅰ度扁桃体肿大；B. Ⅱ度扁桃体肿大；C. Ⅲ度扁桃体肿大

图3-2-4　扁桃体肿大分度

扁桃体评估

模块二　症状评估及体格检查

(六) 口腔气味

口腔特殊气味可由口腔局部或全身性疾病引起。牙龈炎、牙周炎、龋齿可产生臭味；烂苹果味见于糖尿病酮症酸中毒；肝臭味见于肝性昏迷；氨味见于尿毒症；大蒜味见于有机磷农药中毒。

七、喉的评估

喉是重要的发音器官，也是呼吸的重要通道。成人喉的位置相当于第3~5颈椎平面，女性及儿童喉的位置较男性稍高。评估时应注意喉室、声带、会厌部，注意有无充血、水肿、化脓、梗阻，以及喉部肿瘤的部位、形态、范围等。

常用检查方法为间接喉镜检查和直接喉镜检查，其中间接喉镜检查是最常用而简便的喉部检查法：被评估者端坐，头微前倾，张口、伸舌、用口呼吸，评估者用消毒纱布包住被评估者舌前端，用拇指与中指将舌轻轻固定于切牙外，示指抵于上列牙齿，此时不可过度用力牵拉，以免损伤舌系带。右手持加温后的间接喉镜沿舌背进入，当镜背抵达腭垂时，转镜面成45°，轻轻以镜背向后上推压腭垂根部，首先看到的是舌根、舌扁桃体、会厌谷、喉咽后壁及侧壁、会厌舌面游离缘，前后轻微移动镜面即可见杓状软骨及两侧梨状窝等处。然后嘱被评估者发较长"yi"声，使会厌上举，此时可看到会厌喉面、杓会厌襞、杓间区、室带和声带及其闭合情况。正常情况下，发"yi"声时，声带内收向中线靠拢，深吸气时，声带分别向两侧外展，此时可通过声门窥见声门下区或部分气管环。应注意此镜面之影像为倒像，但左右侧不变。经间接喉镜检查不成功，但根据病史及症状又必须做喉内镜检查时，可用直接喉镜检查。

(一) 喉室

喉室是位于室带和声带间开口为椭圆形的腔隙，其前端向上向外延展成一小憩室，名喉室小囊或喉室附属部，此处有黏液腺分泌黏液，润滑声带。急性喉炎时，喉镜检查可见两侧声带和喉黏膜呈弥漫性充血、肿胀，声带呈红色，边缘肿胀变厚，发声时不能闭合；喉阻塞时喉部通道狭窄或阻塞，临床出现以呼吸困难为主要症状的症候群。

(二) 声带

声带是人类发声的主要结构，从极轻微的声嘶到完全失声，多为声带病变或其他病因使声带的正常运动发生障碍所致。声带张开时，出现一个等腰三角形的裂隙，称为声门裂，空气由此进出，此处亦为喉部最窄处。中国成年男性的声带一般长18~24 mm，平均长度为20 mm；成年女性一般长14~18 mm，平均为15 mm。声带的长短、松紧和声门裂的大小，均能影响声调高低。成年男子声带长而宽，女子声带短而狭，所以女子比男子声调高。青少年14岁开始变音，一般要持续半年左右。

(三) 会厌

会厌为会厌软骨被覆黏膜而成，为喉部的活瓣。吞咽时喉随咽上提且稍向前移，舌根向后下方压迫会厌向下封闭喉口，防止食物侵入气管。儿童的会厌如卷叶状，老年人其游离缘的弹性减退,因而向内呈翻转状。急性会厌炎除有喉痛剧烈、吞咽困难等临床表现外,间接喉镜检查可见会厌黏膜充血肿胀,重者呈球状。

【相关护理诊断】

1. **有跌倒的危险**　与白内障所致视力受损有关。
2. **急性意识障碍**　与脑血管疾病有关。
3. **语言沟通障碍**　与听神经损害有关。
4. **口腔黏膜完整性受损**　与口腔炎症等有关。
5. **牙齿受损**　与不良的生活习惯有关。

小结

头部评估一般通过视诊和触诊完成,主要是对头发、头皮、头颅、眼、耳、鼻、口腔及喉等主要器官进行评估,并结合所学知识对评估结果做出正确判断,形成护理诊断。

(孙东明)

任务三　颈部评估

【思维导图】

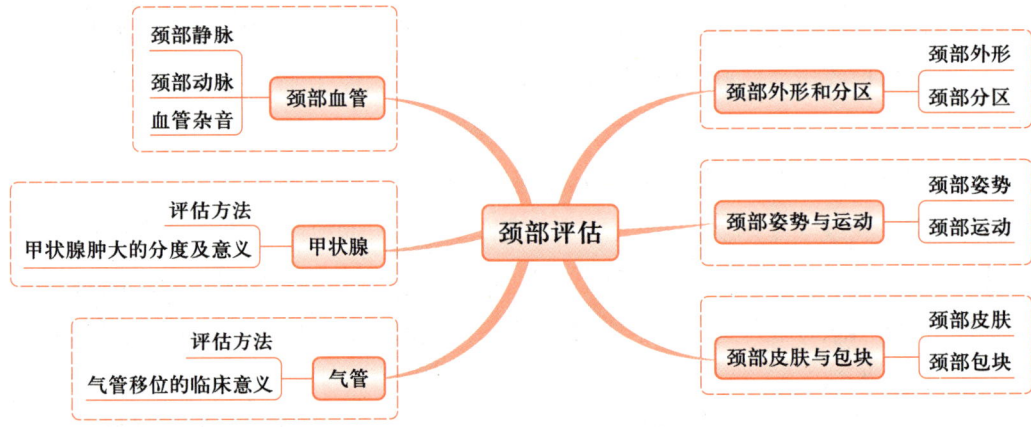

【典型案例】

　　患者,女,41岁,教师,已婚,育有一女一子。半年前开始出现多食善饥、乏力、畏热多汗,性情急躁,时有心悸、气促、失眠。自己照镜子发现颈部增粗,很担心,遂来医院检查。

　　任务引领一:如何对该患者进行颈部评估?

　　任务引领二:该患者颈部增粗的原因是什么?该患者检查结果中还可能出现的阳性体征有哪些?

　　任务引领三:该患者主要的护理诊断是什么?

颈部的上界为两侧下颌骨下缘、下颌支后缘、乳突和枕外隆突的连线,下界为胸骨上缘、两侧锁骨、肩峰和第七颈椎棘突间的连线。在自然、平静的状态下进行颈部检查,嘱被评估者充分暴露颈部和肩部,采取舒适恰当的体位。评估者手法应轻柔,疑有颈部损伤时应尤为注意。

一、颈部外形与分区

正常人颈部两侧对称。男性甲状软骨比较突出,俗称"喉结",女性则不明显。转头时可见对侧胸锁乳突肌凸起。为便于描述和记录颈部病变部位和范围,按解剖学结构,将颈部左右两侧分别分为颈前三角和颈后三角(图 3-3-1)。颈前三角为胸锁乳突肌内缘、下颌骨下缘与前正中线之间的区域。颈后三角为胸锁乳突肌后缘、下颌骨下缘与斜方肌前缘之间的区域。

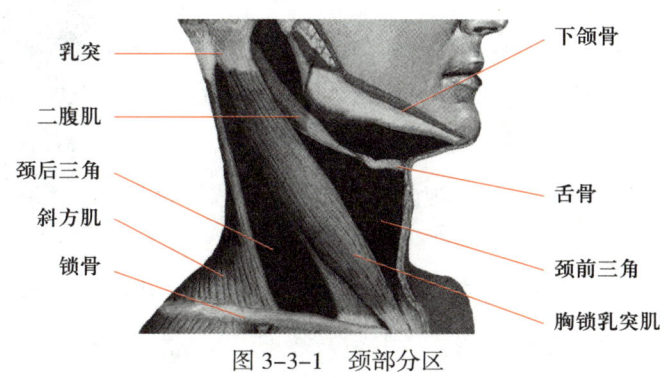

图 3-3-1 颈部分区

检查颈部外形时嘱被评估者头稍后仰,观察颈部是否直立、有无包块、瘢痕、两侧对称性及颈部血管情况等。

二、颈部姿势与运动

正常人颈部直立,伸屈、转动自如。评估者注意观察颈部姿势。如头不能抬起,见于严重消耗性疾病的晚期、重症肌无力、脊髓前角细胞炎、进行性肌萎缩等。如见头部向一侧偏斜称为斜颈,见于颈肌外伤、瘢痕收缩、先天性颈肌痉挛等。注意先天性斜颈者的胸锁乳突肌短粗,当两侧胸锁乳突肌差别不明显时,可嘱患者把头位复正,此时患侧胸锁乳突肌的胸骨端会立即隆起,此为诊断本病的特征性表现。评估者也要注意观察颈部运动情况如颈部运动受限伴疼痛,可见于颈肌扭伤、软组织炎症等。颈项强直为脑膜受刺激所致,见于各种脑膜炎、蛛网膜下腔出血等。

三、颈部皮肤与包块

1. **颈部皮肤** 注意有无蜘蛛痣、感染及其他病变,如瘢痕、瘘管、神经性皮炎、银屑病等。

2. 颈部包块　正常颈部光滑无包块。如有,应注意其部位、数目、大小、质地、活动度、有无压痛、与邻近组织器官的关系等特点。也可能系肿大的淋巴结、囊肿及甲状腺肿等原因,注意鉴别。

四、颈部血管

(一)颈部静脉

正常人取立位或坐位时颈外静脉常不显露,去枕平卧时稍充盈,充盈水平仅限于锁骨上缘到下颌角距离的下 2/3 以内,且一般无搏动性。

1. 颈静脉怒张(jugular vein engorgement)　如保持在 30°~45° 的半卧位时颈静脉充盈度超过正常水平或立位坐位时可见颈静脉充盈,称颈静脉怒张(图 3-3-2),提示颈静脉压升高,见于右心衰竭、缩窄性心包炎、心包积液、上腔静脉阻塞综合征等。如平卧位时看不到颈静脉充盈则提示低血容量。

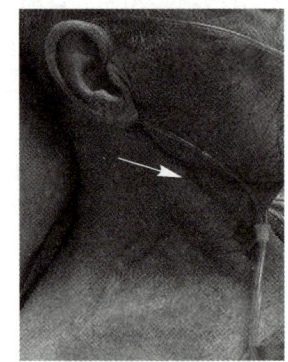

图 3-3-2　颈静脉怒张

2. 肝颈静脉回流征　如按压右心衰竭患者肿大的肝时,其颈静脉充盈更为明显,称肝颈静脉回流征阳性,是右心衰竭的特征性体征。

3. 颈静脉搏动　可见于三尖瓣关闭不全等。右侧观察更为明显,静脉搏动柔和,范围弥散,且触诊时无搏动感。

(二)颈部动脉

正常人颈动脉搏动仅见于剧烈活动后心输出量增加时,且很微弱。若静息状态下可见颈动脉明显搏动,见于主动脉瓣关闭不全、高血压、甲状腺功能亢进及严重贫血患者等。动脉搏动强劲,且搏动感明显,注意与颈静脉搏动鉴别。

(三)血管杂音

听诊颈部血管时嘱被评估者取坐位,选用钟型听诊器,如闻及杂音,注意其部位、强度、性质、音调、传播方向和出现时间,以及体位改变和呼吸对其的影响。如在颈部大血管区闻及杂音,应考虑为颈动脉或椎动脉狭窄。颈动脉狭窄的典型杂音发自颈动脉分叉部,出现于收缩中期,向下颌部放射,性质呈高调吹风样,一侧颈动脉病变致另一侧代偿时亦可闻及。颈静脉杂音最常出现于右侧颈下部,其性质随体位改变、转颈、呼吸等改变,如在锁骨上窝闻及低调、柔和、连续性杂音,

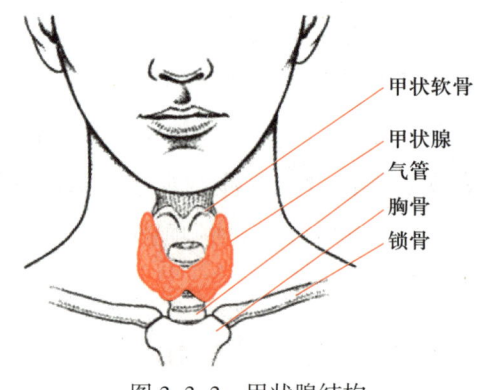

甲状软骨
甲状腺
气管
胸骨
锁骨

图 3-3-3　甲状腺结构

用手指压迫静脉后即消失的静脉性杂音为生理性的,可能系颈静脉血流快速流入上腔静脉口径较宽的球部所致。

五、甲状腺

甲状腺在甲状软骨下方及环状软骨两侧,正常质量为15~25 g,表面光滑、柔软,看不到且不易触及,做吞咽动作时可随吞咽上下移动(图3-3-3)。

(一)评估方法

甲状腺的评估一般按照视诊、触诊和听诊的方法综合评估。

1. **视诊** 检查时嘱被评估者头稍后仰,嘱其做吞咽动作,观察甲状腺的大小和对称性。

2. **触诊** 是甲状腺检查的主要方法。检查时应注意其大小、硬度、表面是否光滑,有无结节、压痛、震颤等。

(1)甲状腺峡部:位于环状软骨下方第2~4气管环前面。评估者立于被评估者前面,用拇指从胸骨上切迹向上触摸气管前软组织,判断有无增厚;嘱被评估者吞咽,根据此组织随吞咽动作上下滑动以判断有无肿大或肿块。也可从后面用示指进行检查。

(2)甲状腺侧叶

1)前面触诊:评估者立于被评估者前面,一手拇指施压于一侧甲状软骨,将气管推向对侧,另一手示指、中指在对侧胸锁乳突肌后缘向前推挤甲状腺侧叶,拇指在胸锁乳突肌前缘触诊,嘱被评估者做吞咽动作,重复检查,可触及被推挤的甲状腺。同法检查另一侧(图3-3-4)。

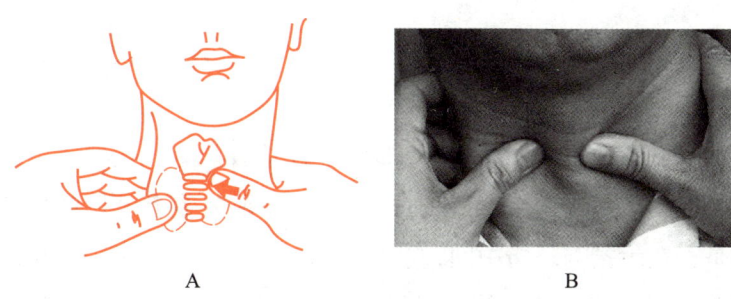

A   B

图3-3-4　甲状腺前面触诊

2)后面触诊:评估者立于被评估者后面,一手示、中指施压于一侧甲状软骨,将气管推向对侧,另一手拇指在对侧胸锁乳突肌后缘向前推挤甲状腺,示、中指在其前缘触诊甲状腺。配合吞咽动作,重复检查。同法检查另一侧(图3-3-5)。

3. **听诊** 当触及甲状腺肿大时,用钟型听诊器直接放在肿大的甲状腺上进行听诊。如闻及低调的连续性静脉"嗡鸣音",可考虑甲状腺功能亢进。

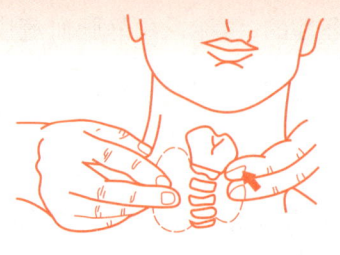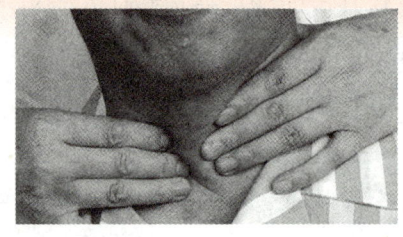

A   B

图 3-3-5　甲状腺后面触诊

（二）甲状腺肿大的分度及临床意义

1. 分度　甲状腺肿大分三度：看不到肿大但能触及者为Ⅰ度；能看到肿大且能触及，但在胸锁乳突肌以内者为Ⅱ度；超过胸锁乳突肌外缘者为Ⅲ度。

2. 临床意义　临床上如下疾病可引起甲状腺肿大。

（1）甲状腺功能亢进：其质地柔软、表面光滑、无压痛，多为程度不等的弥漫性、对称性甲状腺肿大，可有震颤，常闻及"嗡鸣样"血管杂音。

（2）单纯性甲状腺肿：腺体肿大突出，呈弥漫性或结节性，不伴有甲状腺功能亢进体征。

（3）甲状腺癌：多呈单发的结节，不规则、质硬。

知识拓展

慢性淋巴细胞性甲状腺炎

慢性淋巴细胞性甲状腺炎又称桥本甲状腺炎。甲状腺呈弥漫性或结节性肿大，易与甲状腺癌相混淆，但肿大的炎性腺体可将颈总动脉向后方推移，可在腺体后缘触及颈总动脉搏动，而发生甲状腺癌时，可将颈总动脉包绕在癌组织内，可以此将两者作鉴别。

六、气管

正常人气管居于颈前正中部。检查时嘱被评估者取坐位或仰卧位，使颈部呈自然直立状态，评估者将示指与环指分别置于两侧胸锁关节上，再将中指置于气管之上，观察中指是否在示指与环指中间，或以中指置于气管与两侧胸锁乳突肌之间的间隙，据两侧间隙是否等宽判断气管有无偏移。根据气管偏移方向判断疾病。如单侧甲状腺肿大、大量胸腔积液、积气、纵隔肿瘤可将气管推向健侧；肺不张、胸膜粘连等可将气管拉向患侧。

【相关护理诊断】

1. 体像紊乱　与颈部肌肉受损有关。

2. 体液不足　与低血容量有关。

颈部检查的内容包括颈部外形与分区、颈部姿势与运动、颈部血管、甲状腺及气管等。颈部姿势与运动评估的重点是视诊患者是否有斜颈及存在颈部活动异常；颈部血管评估的重点是视诊患者有无颈静脉怒张与肝颈静脉回流征阳性；甲状腺评估的重点是通过视诊和触诊结合，必要时可辅以听诊，评估患者有无甲状腺肿大及判断其分度；气管评估的重点是触诊其位置是否移位。根据评估结果结合临床资料和其他检测，综合分析，作出客观结论。

任务测试

（张美霞）

83

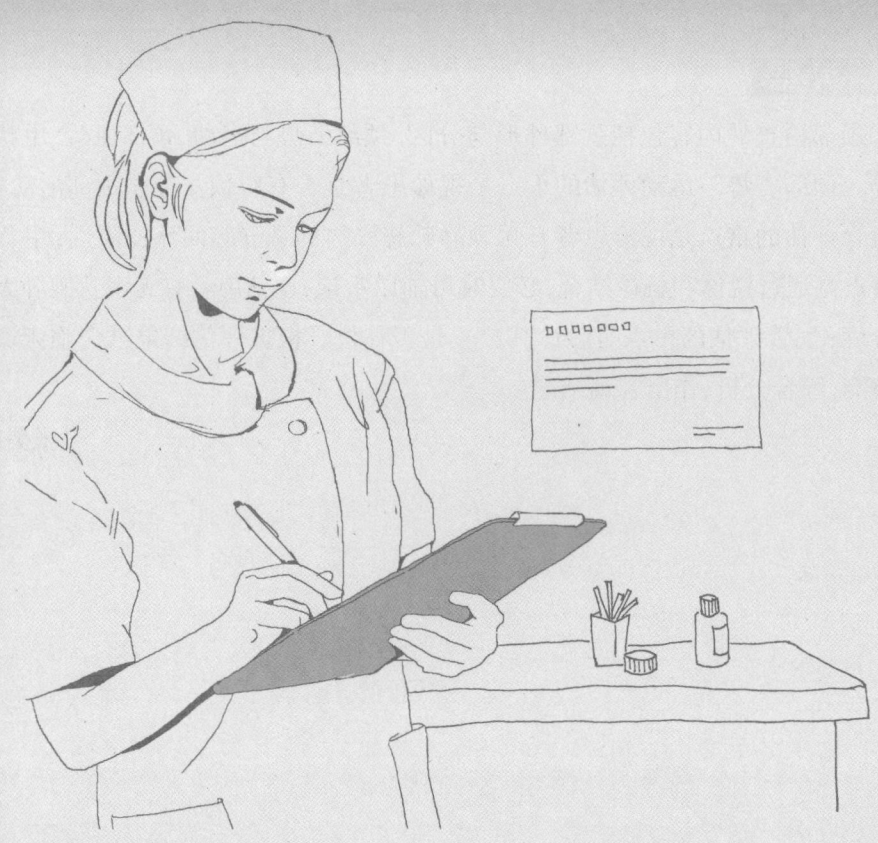

项目四　胸廓及肺部护理评估

【学习目标】

1. 知识目标：解释发热、咳嗽与咳痰、咯血、呼吸困难及发绀的基本概念；描述胸部体表标志的临床意义；描述胸廓及肺部的项目内容及应用范围，常见异常表现的主要特点及临床意义。

2. 技能目标：能对呼吸系统常见症状进行系统的护理评估，为作出相应的护理诊断提供依据；能熟练地对患者进行全面的肺部体格检查，准确描述检查结果并判断结果的正常与异常；能解释肺部常见异常体征的临床意义，为提出护理诊断提供客观依据。

3. 素质目标：建立良好的护患关系，培养敏锐的观察力，具备严谨、慎独的职业素养。

任务一　呼吸系统常见症状评估

【思维导图】

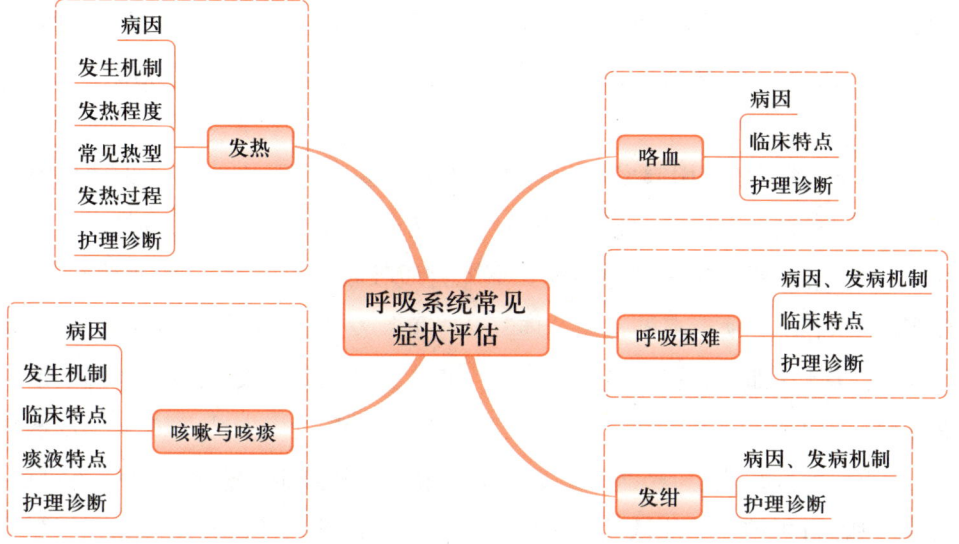

【典型案例】

　　患者,男性,35岁。2天前因受凉突发寒战、高热、咳痰伴右侧胸痛1天,自服退热药后,体温恢复正常,随后出现恶心、呕吐、意识模糊。体检:体温37℃,脉搏130次/分,呼吸28次/分,血压80/50 mmHg,患者面色苍白,呼吸急促,口唇发绀,右下肺叩诊音稍浊,闻及少量湿啰音。

　　任务引领一:责任护士对该患者主要的评估项目有哪些?

　　任务引领二:该患者主要的护理诊断是什么?

一、发热

　　体温泛指机体温度,包括体表温度和体核温度。没有特殊说明,体温是指体表温度。在正常情况下机体体温是相对恒定的,它不因外界气温和机体的活动情况而显著变化。体温的相对恒定是维持机体新陈代谢和生命功能的重要条件。

　　因各种原因导致体温升高超过正常范围称之为发热(fever)。即腋温超过37℃,口温超过37.2℃,肛温超过37.7℃。

　　人的体温在大脑皮质和下丘脑体温调节中枢的调控下,通过神经、体液因素调节产热和散热过程经常保持动态平衡。任何导致产热增加、而散热不能相应地随之增加或散热减少的因素都可引起发热。

在护理工作中,通常以测量腋窝、口腔、直肠三个部位的温度来代表体温。正常人体温口测法一般为 36.3 ℃ ~37.2 ℃,腋测法为 36.0 ℃ ~37.0 ℃,直肠测法为 36.5 ℃ ~37.7 ℃。体温因个体差异及体内外因素影响稍有波动。

【护理评估】

1. 常见病因 引起发热的病因很多,临床可分为感染性发热和非感染性发热。

(1)感染性发热:感染性发热为发热的最主要原因。各种病原体如细菌、病毒、真菌、支原体、立克次体、螺旋体、寄生虫等都可引起急性或慢性、局部性或全身性感染性发热。

(2)非感染性发热:引起发热的非感染因素主要有以下几种。① 无菌坏死物质吸收:理化因素致组织损伤,如大面积烧伤、创伤或手术,心、脑等梗死或肢体坏死,恶性肿瘤、急性溶血所致组织细胞坏死。坏死物质吸收可引起发热,称吸收热。② 免疫性疾病:变态反应所形成的抗原抗体复合物可致发热,如风湿病、血清病等。③ 内分泌代谢性疾病:如甲状腺功能亢进导致产热增多而引起的发热。④ 体温调节中枢功能障碍:如中暑、安眠药中毒、脑出血、脑外伤等,又称为中枢性发热。⑤ 皮肤散热障碍:见于广泛性皮炎、鱼鳞病等。大量失血和严重脱水时散热也减少。⑥ 自主神经功能紊乱:自主神经功能紊乱常影响正常的体温调节,一般表现为低热,如夏季低热、生理性低热、感染后低热等。

2. 发生机制

(1)致热原性发热:大多数发热是由于致热原(pyrogen)的作用,分为外源性与内源性致热原两大类。外源性致热原(exogenous pyrogen)包括各种病原体及其代谢产物、炎性渗出物、无菌性坏死组织及抗原抗体复合物等,其分子量大,不能通过血脑屏障直接作用于体温调节中枢,需要通过激活血液中的中性粒细胞、单核细胞、嗜酸性粒细胞等,使之形成并释放内源性致热原。内源性致热原(endogenous pyrogen)分子量小,可通过血脑屏障,直接作用于体温调节中枢,使体温阈值发生变化,体温调定点上移。其作用为:① 通过交感神经作用,使皮肤血管收缩,血流量减少,排汗停止,散热减少。② 通过垂体内分泌因素使代谢增加,或经运动神经使骨骼肌阵挛,产热增多。最终产热大于散热而发热。

(2)非致热原性发热:由于自主神经功能紊乱,影响正常体温调节过程所致,如环境高温引起的散热障碍,甲状腺功能亢进引起的产热异常增多等。

3. 临床表现

(1)发热程度:以口测温度为标准,按发热高低可分为:① 低热:37.3 ℃ ~38 ℃;② 中度发热:38.1 ℃ ~39 ℃;③ 高热:39.1 ℃ ~41 ℃;④ 超高热:41 ℃以上。

(2)常见热型:测量患者体温,绘记在体温单上,所形成的体温曲线称为热型。常见热型如下。

1) 稽留热(continued fever)：持续高热，体温维持在39℃以上，24 h内体温波动不超过1℃，历时数天或数周，见于伤寒、大叶性肺炎等高热期(图4-1-1)。

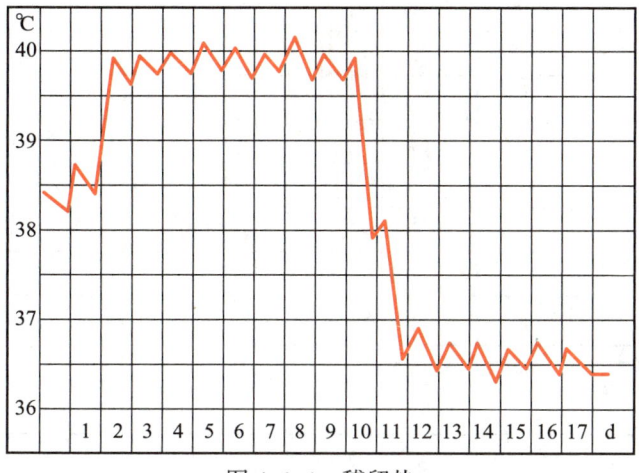

图4-1-1　稽留热

2) 弛张热(remittent fever)：或称败血热、消耗热，体温39℃以上，24 h波动范围>2℃，体温最低时也高于正常，见于败血症、脓毒血症、风湿热、重症肺结核等(图4-1-2)。

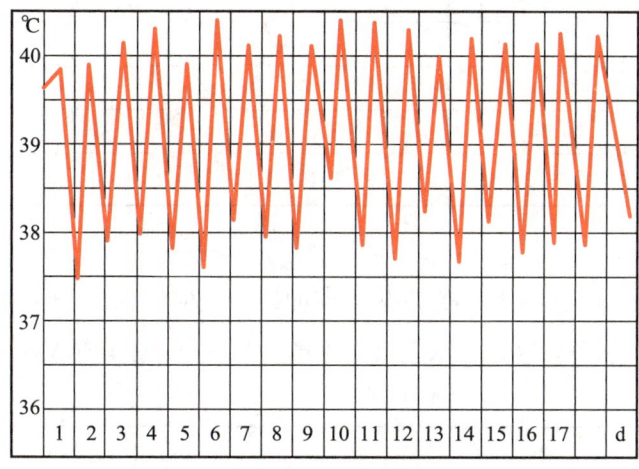

图4-1-2　弛张热

3) 间歇热(intermittent fever)：体温骤升至高温后持续数小时或数天，又迅速降至正常水平，无热期可持续1天，高热与正常体温反复交替出现，见于疟疾、急性肾盂肾炎等(图4-1-3)。

4) 波状热(undulant fever)：体温数小时逐渐上升达39℃或以上，经过数天逐渐降至正常，持续数天后又逐渐升高，如此反复多次，常见于布鲁菌病(图4-1-4)。

5) 回归热(relapsing fever)：体温骤升至39℃或以上，持续数天后又骤然降至正常，高热期和无热期各持续若干天后，呈规律性交替出现，见于回归热、霍奇金(Hodgkin)病等。

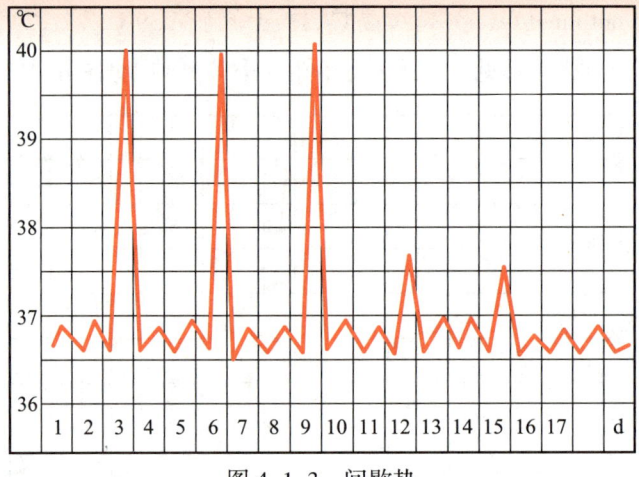

图 4-1-3　间歇热

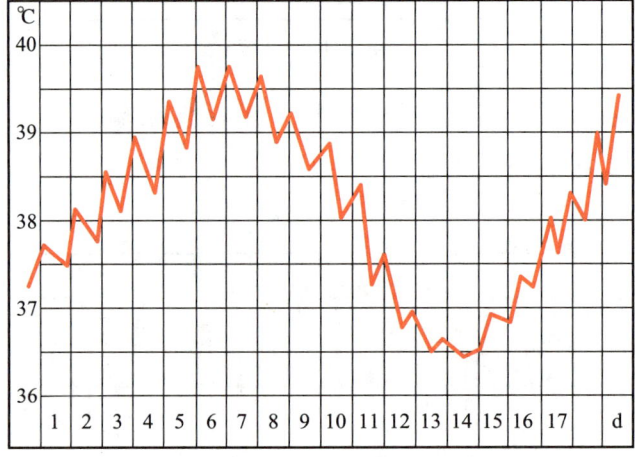

图 4-1-4　波状热

6）不规则热（irregular fever）：发热体温曲线无任何规则，见于结核病、风湿热、支气管肺炎、癌性发热等。这是临床上最常见的一种热型（图 4-1-5）。

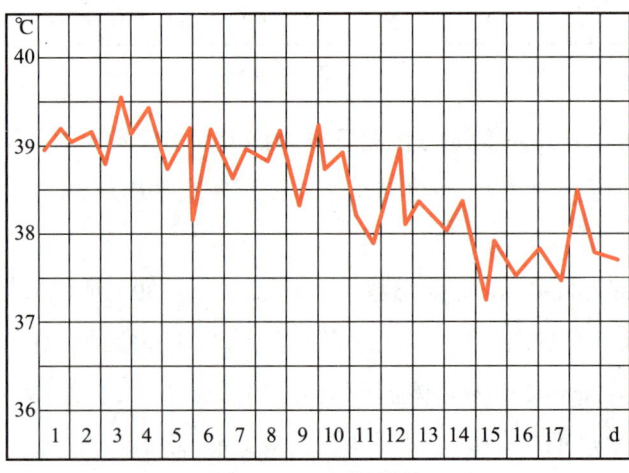

图 4-1-5　不规则热

(3) 发热过程：一般发热过程分为三期,各期的临床特征(表4-1-1)如下。

表 4-1-1　发热过程的临床评估

分期	热代谢特点	临床特点
体温上升期	产热大于散热,体温升高	皮肤苍白、无汗、疲乏,有时伴有寒战。体温上升方式:① 骤升:是指体温在数小时内升至高峰;② 渐升:是指体温在数小时内逐渐上升,数日内达高峰
高热持续期	产热与散热在较高水平上动态平衡,持续高热	面色潮红、皮肤灼热、呼吸脉搏加快、口唇干燥、尿量减少、头痛、头晕甚至惊厥、谵妄、昏迷,同时伴有食欲缺乏、恶心、呕吐、腹胀、便秘
体温下降期	产热正常,散热增多,体温降低	大量出汗、皮肤潮湿、皮肤温度降低,有时可出现脱水现象。体温下降的方式:① 骤降:是指体温在数小时或一昼夜内很快降至正常;② 渐降:是指体温在数天内降至正常

4. 伴随症状

(1) 发热伴寒战：见于大叶性肺炎、败血症、流行性脑脊髓膜炎、急性胆囊炎、肾盂肾炎、疟疾、钩端螺旋体病、急性溶血或输血反应等。

(2) 发热伴结膜充血：见于麻疹、流行性出血热、斑疹伤寒、钩端螺旋体病等。

(3) 发热伴单纯疱疹：口唇单纯疱疹多见于急性发热性疾病,见于大叶性肺炎、流行性脑脊髓膜炎、间日疟、流行性感冒等。

(4) 发热伴淋巴结肿大：见于传染性单核细胞增多症、风疹、淋巴结结核、白血病、转移癌等。

(5) 发热伴肝脾大：见于传染性单核细胞增多症、病毒性肝炎、肝及胆道疾病、疟疾、白血病等。

(6) 发热伴昏迷：常为中枢神经系统的感染。

5. 问诊要点

(1) 病因与诱因：有无感染等相关疾病的病史。

(2) 发热的特点：发热持续时间、次数、发热程度,是偶发还是持续,有无发热的规律等。

(3) 发热对患者的影响：有无因突然发热或长期慢性发热而产生焦虑、愤怒、恐惧等情绪反应;其社会交往活动是否受限,发热是否影响其正常工作、学习和休息等。

(4) 诊疗与护理经过：已接受的诊断性检查及结果;已采用的治疗或护理措施,包括服用过的退热药及其他药物,其名称、剂量及疗效等,促进退热的护理措施如温水擦浴等。

【相关护理诊断】

1. 体温过高　与病原体感染有关;与体温调节中枢功能障碍及自主神经功能紊

乱有关。

2. **营养失调：低于机体需要量**　与发热所致高消耗及营养物质摄入不足有关。

3. **体液不足**　与发热患者体温下降时出汗过多和／或摄入液体量不足有关。

4. **口腔黏膜完整性受损**　与发热所致口腔黏膜干燥有关。

5. **潜在并发症：意识障碍、惊厥。**

二、咳嗽与咳痰

咳嗽（cough）与咳痰（expectoration）是呼吸系统疾病最常见的临床症状。咳嗽是人体的一种反射性防御动作，通过咳嗽可以清除呼吸道内分泌物及进入呼吸道内的异物。但长期、频繁咳嗽，影响休息与工作，则属病理现象。另外，咳嗽也可使呼吸道内感染扩散，剧烈咳嗽严重时可引起呼吸道内出血，诱发自发性气胸。

痰由气管、支气管的分泌物或肺部的渗出液组成，借助咳嗽动作将痰排出体外称为咳痰。咳嗽无痰或痰量很少，称为干性咳嗽，咳嗽伴有痰液排出称为湿性咳嗽。

【护理评估】

1. 常见病因

（1）呼吸道疾病：呼吸道黏膜任何部位受到刺激时，均可引起咳嗽，如吸入刺激性气体及异物、炎症、肿瘤、出血等均可引起咳嗽。其中呼吸道感染是引起咳嗽、咳痰最常见的原因。

（2）胸膜疾病：胸膜炎、胸膜间皮瘤或胸膜受刺激（如自发性气胸、胸腔穿刺）时可引起咳嗽。

（3）循环系统疾病：各种原因所致左心衰竭引起肺淤血、肺水肿，或由于右心及体循环静脉栓子脱落引起肺栓塞时，肺泡及支气管内漏出物或渗出物刺激肺泡壁及支气管黏膜引起咳嗽。

（4）神经、精神因素：① 中枢神经系统病变：如脑炎、脑膜炎等可影响大脑皮质或延髓咳嗽中枢引起咳嗽。② 神经症：如习惯性咳嗽、癔症等。

（5）其他：全身感染（如麻疹、百日咳、流行性出血热等）、食管裂孔疝、恶性肿瘤浸润肺或胸膜等。少数患者服用血管紧张素转换酶抑制剂也可出现咳嗽。

2. 发病机制　咳嗽是由于延髓咳嗽中枢受刺激引起的。刺激主要来自呼吸道黏膜、肺泡及胸膜等，经迷走神经、舌咽神经和三叉神经的感觉纤维传递到延髓咳嗽中枢，然后由传出纤维通过喉下神经、膈神经与脊髓神经分别传至咽肌、声门、膈肌与其他呼吸肌，引起咳嗽动作。正常支气管黏液腺和杯状细胞仅分泌少量黏液，使呼吸道黏膜保持湿润。当呼吸道发生感染时，黏膜充血、水肿，黏液分泌增加，浆液渗出，渗出物与黏液、吸入的尘埃和组织坏死物混合而成痰液，借助咳嗽动作将其排出。

咳嗽与咳痰
病人的评估

3. 临床表现

（1）咳嗽

1）咳嗽的时间：突然发作的咳嗽多见于刺激性气体吸入、气管及支气管异物；长期反复发作的慢性咳嗽多见于慢性支气管炎、肺脓肿、支气管扩张症、慢性纤维空洞型肺结核等；慢性支气管炎、慢性肺脓肿、支气管扩张症患者的咳嗽于清晨起床或夜间睡眠时加剧，与体位改变有关。左心衰竭患者夜间咳嗽明显，与夜间迷走神经兴奋性增高及肺淤血加重有关。慢性支气管炎患者的咳嗽常见于寒冷季节。

2）咳嗽的性质：咳嗽可分为干性咳嗽与湿性咳嗽。干性咳嗽常见于急性咽喉炎、急性支气管炎初期、气管异物、支气管肿瘤、纵隔疾病、胸膜炎等。干咳伴刺激性咳嗽见于急慢性咽喉炎、喉癌、气管受压、支气管肿瘤或二尖瓣狭窄等。刺激性呛咳是肺癌的早期表现之一。湿性咳嗽常见于慢性支气管炎、支气管扩张症、肺炎、肺脓肿及慢性纤维空洞型肺结核等。

3）咳嗽的音色：咳嗽时声音嘶哑见于声带炎、喉炎、喉癌及喉返神经麻痹等；金属音调咳嗽见于纵隔肿瘤、原发性支气管肺癌、主动脉瘤等；伴鸡鸣音见于百日咳；犬吠样咳嗽见于白喉。

（2）咳痰：不同疾病患者咳出痰的性质、量、气味也不同。粉红色泡沫痰见于急性肺水肿；巧克力色痰见于阿米巴肺脓肿；铁锈色痰见于肺炎球菌肺炎；黄脓痰见于呼吸道化脓性感染；血性痰多见于肺结核、支气管扩张症、支气管肺癌。痰量少时仅数毫升，多见于急性呼吸道感染；多时达数百毫升，如肺脓肿、支气管扩张症。痰量多且静置后可出现分层现象：上层为泡沫，中层为黏液，下层为脓块及坏死组织。脓痰有恶臭味提示合并厌氧菌感染，多见于肺脓肿、支气管扩张症等。

剧烈而频繁的咳嗽可致呼吸肌疲劳和酸痛，使患者不敢或不能进行有效咳嗽，并可致失眠、头痛、精神烦躁等。也可致年老体弱者尿失禁、脱肛，手术后患者伤口裂开。严重时可致胸膜破裂而发生自发性气胸或咯血等。

4. 伴随症状

（1）咳嗽与咳痰伴发热：常提示呼吸道感染。

（2）咳嗽与咳痰伴胸痛：多见于大叶性肺炎、胸膜炎、自发性气胸、支气管肺癌等。

（3）咳嗽与咳痰伴呼吸困难：常见于支气管哮喘、心源性哮喘及慢性阻塞性肺疾病等。

（4）咳嗽与咳痰伴咯血：多见于肺结核、支气管扩张症、支气管肺癌等。

5. 问诊要点

（1）病因与诱因：有无呼吸系统、心血管系统、中枢神经系统等相关疾病的病史，有无可致咳嗽的用药史，有无粉尘接触史及吸烟史等。

（2）咳嗽与咳痰的特点：发生的时间、起病急缓、是否规律，能否有效咳嗽与咳痰，咳嗽的持续时间、性质、音色及其与体位、睡眠、气候变化的关系，痰液的性质、痰量、气味及其与体位的关系，伴随症状及其表现等。

（3）咳嗽与咳痰对患者的影响：慢性咳嗽或剧烈咳嗽是否使患者呼吸肌疲劳、睡眠不佳、食欲减退、焦虑、抑郁等，近期胸、腹部手术者手术缝合口的情况，剧烈咳嗽者有无自发性气胸或咯血等并发症的表现。

（4）诊疗与护理经过：已接受的诊断性检查及结果；已采用的治疗或护理措施，包括服用过的镇咳化痰药及其他药物，其名称、剂量及疗效等，促进排痰的护理措施如体位引流等疗效。

【相关护理诊断】

1. **清理呼吸道无效**　与痰液黏稠、无效咳嗽有关。
2. **有窒息的危险**　与呼吸道分泌物过多、无力排痰、意识障碍等有关。
3. **知识缺乏**　缺乏吸烟对健康危害方面的知识。
4. **睡眠型态紊乱**　与夜间频繁咳嗽有关。
5. **潜在并发症**　自发性气胸、窒息。

三、咯血

咯血（hemoptysis）是指喉及喉部以下呼吸道和肺组织出血，经口咯出，包括痰中带血、血痰、大量出血，咯血量与疾病严重程度不一定成正比。

【护理评估】

1. 病因与发生机制

（1）支气管疾病：常见疾病有支气管扩张症、慢性支气管炎、支气管内膜结核和支气管肺癌等，其发生主要是由于炎症、肿瘤等损伤支气管黏膜或病灶处毛细血管，使毛细血管通透性增加或黏膜下血管破裂所致。

（2）肺部疾病：常见疾病有肺结核、肺炎、肺脓肿等。在我国，咯血最常见的病因是肺结核。其发生机制为病变使毛细血管通透性增加，血液渗出，表现为痰中带血丝或小血块；若小血管因病变侵蚀破裂，则造成中等量咯血；若空洞壁小动脉瘤破裂，或继发形成的动静脉瘘破裂，则可引起大量咯血而危及生命。

（3）心血管疾病：较常见的疾病是二尖瓣狭窄，其次为原发性肺动脉高压和肺梗死等。小量咯血或血丝痰系肺淤血致肺泡壁或支气管内膜毛细血管破裂引起，大量咯血见于支气管黏膜下层支气管静脉曲张破裂，当出现急性肺水肿时，咯粉红色泡沫样血痰。其他先天性心脏病（如动脉导管未闭、房间隔缺损等）亦可引起咯血。

（4）其他：血液病（如特发性血小板减少性紫癜、再生障碍性贫血、白血病等）、

某些急性传染病(如流行性出血热、肺出血型钩端螺旋体病等)、风湿性疾病(如系统性红斑狼疮、结节性多动脉炎等)、气管或支气管子宫内膜异位症、外伤等均可引起咯血。

2. 临床表现

(1) 年龄:青壮年咯血常见于肺结核、支气管扩张症、二尖瓣狭窄等。40岁以上有长期吸烟史(卷烟20支/天×20年)者,应高度警惕支气管肺癌的可能性。儿童慢性咳嗽伴少量咯血与低色素贫血,应注意特发性铁血黄素沉着症的可能性。

(2) 咯血量:咯血量差异很大,可仅为痰中带血丝,也可表现为大量血液自口鼻涌出。少量间断咯血,短期不会造成严重后果,但可能是肿瘤的早期信号,大量咯血可导致休克或窒息。根据被评估者的临床表现、红细胞计数及血红蛋白测定等可间接评估出血程度。一般认为每日咯血量在100 mL以内或痰中带血为少量咯血,多无全身症状;100~500 mL为中等量咯血,咯血前可有喉痒、胸闷、咳嗽等先兆症状;超过500 mL或一次咯血量在300 mL以上为大咯血,表现为短时内咯血不止,常伴呛咳、出冷汗、脉速、呼吸急促浅表、面色苍白、紧张不安和恐惧感。

(3) 咯血的颜色:咯鲜红色血见于肺结核、支气管结核、支气管扩张症、肺脓肿、出血性疾病等;铁锈色痰见于肺炎球菌肺炎、肺泡出血等;砖红色胶冻样痰见于肺炎克雷伯菌肺炎;暗红色痰见于二尖瓣狭窄、肺淤血;浆液性粉红色泡沫痰见于急性肺水肿。

(4) 咯血与呕血的鉴别:见表4-1-2。

表4-1-2　咯血与呕血的临床特点比较

评估要点	咯血	呕血
病因	支气管扩张症、原发性支气管肺癌、肺结核、肺炎、风湿性心脏病等	消化性溃疡、急性胃黏膜受损、肝硬化、胃癌等
出血前驱症状	喉部痒感、胸闷、咳嗽等	上腹部不适、恶心呕吐
出血方式	咯出	呕出
血中混有物	痰、泡沫	食物残渣、胃液
血液颜色	鲜红	棕黑、暗红、有时鲜红
酸碱反应	碱性	酸性
黑粪	无,如咽下可有	有,可为柏油样便,呕血停止后可持续数日
出血后痰液性状	常有血痰数日	无血痰

3. 伴随症状

(1) 咯血伴发热:多见于肺结核、肺炎、肺脓肿、流行性出血热等。

(2) 咯血伴胸痛:多见于肺结核、肺炎、支气管肺癌、肺梗死等。

（3）咯血伴皮肤黏膜出血：多见于血液病、结缔组织病、急性传染病等。

（4）咯血伴呛咳：多见于支气管肺癌、支气管肺炎等。

（5）咯血伴脓痰：多见于支气管扩张症、肺脓肿等。

4. 问诊要点

（1）病因与诱因：详细询问患者既往有无肺结核、支气管扩张症、二尖瓣狭窄等疾病史，近期有无急性呼吸道感染，有无剧烈咳嗽、过度用力等诱因。

（2）咯血的特点：咯血前有无胸闷、咽痒等先兆；咯血的时间、次数、量、性状；是否伴有发热、胸痛、脓痰、杵状指、皮肤黏膜出血等。

（3）咯血对患者的影响：有无焦虑、紧张、恐惧等心理反应及其程度。咯血患者常因精神紧张、恐惧而坐卧不安，而情绪不稳又可能加重咯血，尤其是初次咯血者。大咯血者若因恐惧而不敢用力咯血或屏气，易导致窒息。

（4）诊疗与护理经过：已接受的诊断性检查及结果；已采用的治疗或护理措施，包括服用过药物的名称、剂量及疗效等。

【护理诊断】

1. **有窒息的危险**　与大咯血、意识障碍或无力咳嗽所致呼吸道血液滞留有关。

2. **有感染的危险**　与血液潴留在支气管内有关。

3. **焦虑**　与咯血有关。

4. **恐惧**　与大量咯血、对检查结果感到不安有关。

5. **体液不足**　与大量咯血所致循环血量不足有关。

6. **潜在并发症**　休克。

四、呼吸困难

呼吸困难（dyspnea）是指患者主观上感觉空气不足、呼吸费力，客观上表现为呼吸频率、节律和幅度的异常，严重者出现张口呼吸、口唇发绀、鼻翼扇动、端坐呼吸、辅助呼吸肌参与呼吸运动、三凹征（three depression sign）等。

【护理评估】

1. 常见病因

（1）呼吸系统疾病。① 气道阻塞：如慢性阻塞性肺疾病、支气管哮喘，以及喉、气管、支气管的炎症、水肿、肿瘤或异物所致的狭窄或阻塞等。② 肺部疾病：如肺炎、肺脓肿、肺结核、肺不张、肺水肿、细支气管肺泡癌、急性呼吸窘迫综合征等。③ 胸廓、胸壁、胸膜腔疾病：如严重胸廓畸形、胸壁炎症、肋骨骨折、胸腔大量积液、自发性气胸、胸膜广泛粘连等。④ 神经肌肉疾病：如格林－巴利综合征、重症肌无力累及呼吸肌，药物导致的呼吸肌麻痹等。⑤ 膈运动障碍：如膈麻痹、大量腹水、腹腔巨大肿瘤、妊娠末期等。

呼吸困难
病人的评估

（2）循环系统疾病：各种心脏病导致的左心和/或右心功能不全、大量心包积液、肺栓塞和原发性肺动脉高压等。

（3）中毒：如糖尿病酮症酸中毒、氰化物中毒、有机磷农药中毒、一氧化碳中毒、尿毒症、代谢性酸中毒、吗啡及巴比妥类药物中毒等。

（4）血液病：常见于重度贫血、高铁血红蛋白血症及硫化血红蛋白血症等。

（5）神经精神性疾病：如脑出血、颅脑外伤、脑肿瘤、脑炎及脑膜炎等引起的呼吸中枢功能障碍；精神因素如癔症所致的功能性呼吸困难等。

2. 发生机制　根据发病机制及临床表现特点，将呼吸困难分为以下五种类型。

（1）肺源性呼吸困难：主要由于呼吸系统疾病引起的通气、换气功能障碍导致缺氧和/或二氧化碳潴留。

（2）心源性呼吸困难：主要由于左心衰竭所致肺淤血、肺泡弹性降低和肺循环压力增高引起。

（3）中毒性呼吸困难：主要由于血液中代谢产物增高刺激颈动脉窦、主动脉体感受器或直接兴奋呼吸中枢引起，或由于中枢抑制药物等直接抑制呼吸中枢引起。

（4）血源性呼吸困难：红细胞数量减少或红细胞携氧能力下降，血氧含量降低会导致呼吸困难。

（5）神经精神性呼吸困难：精神性呼吸困难多由于癔症患者过度通气而发生呼吸性碱中毒所致；呼吸中枢受颅内压增高和供血减少的刺激可发生神经性呼吸困难。

3. 临床表现

（1）肺源性呼吸困难：肺源性呼吸困难由呼吸系统疾病导致肺通气障碍和/或换气功能障碍所致。临床常见有吸气性呼吸困难、呼气性呼吸困难、混合性呼吸困难。三种肺源性呼吸困难临床评估要点见表4-1-3。

表 4-1-3　肺源性呼吸困难临床特点比较

类型	病变原因	特征性表现	常见疾病
吸气性呼吸困难	喉、气管及大支气管的狭窄或梗阻	吸气显著困难，时间明显延长，出现"三凹征"	喉炎、喉癌、喉水肿、气管内异物、支气管肿瘤和气管受压等
呼气性呼吸困难	肺组织弹性减弱，小气管痉挛	呼气费力，呼气时间延长，伴有哮鸣音	慢性阻塞性肺气肿、支气管哮喘、喘息型慢性支气管炎
混合性呼吸困难	广泛肺部病变或受压，有效呼吸面积减少	吸气和呼气都费力，呼吸浅而快	重症肺炎、肺结核、肺梗死、肺不张、胸腔积液或气胸

（2）心源性呼吸困难。① 劳力性呼吸困难：是最早出现的症状，其特点是在体力活动时发生或加重，休息时缓解或消失。② 夜间阵发性呼吸困难：指患者入睡后

突然因憋气而惊醒,并被迫采取坐位,呼吸深快,重者可伴有咳嗽、气喘,肺部出现哮鸣音,称之为"心源性哮喘"(cardiac asthma),大多于端坐位休息后症状自行缓解。③ 端坐呼吸(orthopnea):患者不能平卧,因平卧位时呼吸困难更为严重,常需高枕卧位、半卧位甚至端坐位时方可使憋气好转。④ 急性肺水肿:是左心衰竭导致呼吸困难最严重的形式,患者咯大量粉红色泡沫样痰,两肺满布湿啰音和哮鸣音,如不及时抢救,可导致心源性休克而死亡。

(3)中毒性呼吸困难:吗啡、镇静剂及有机磷农药中毒时表现为呼吸浅慢,伴有呼吸节律异常,如潮式呼吸或间停呼吸;感染与发热常表现为呼吸增快;代谢性酸中毒时常出现深长而规则的呼吸,常伴有鼾声,称为酸中毒大呼吸,见于尿毒症、糖尿病酮症酸中毒。

(4)神经精神性呼吸困难:神经性呼吸困难表现为慢而深的呼吸,并常伴有呼吸节律改变,可出现抽泣样呼吸或吸气突然停止;精神性呼吸困难主要表现为呼吸频率快而表浅,伴有叹息样呼吸或出现手足搐搦。往往造成过度换气而发生呼吸性碱中毒,严重时也可出现意识障碍。

(5)血源性呼吸困难:表现为呼吸急促、表浅,心率增快。

4. 伴随症状

(1)发作性呼吸困难伴哮鸣音:常见于支气管哮喘、心源性哮喘。

(2)呼吸困难伴发热:常见于肺炎、肺脓肿、肺结核、胸膜炎、急性心包炎等。

(3)呼吸困难伴一侧胸痛:常见于自发性气胸、大叶性肺炎、急性心肌梗死等。

(4)呼吸困难伴咳嗽咳痰:见于慢性阻塞性肺疾病、肺部感染、支气管扩张症等。伴大量泡沫痰可见于有机磷农药中毒;伴粉红色泡沫样痰见于急性左心衰竭。

(5)呼吸困难伴严重发绀、皮肤湿冷、脉搏细速及血压下降等:提示病情严重。

(6)呼吸困难伴意识障碍:常见于中枢神经严重损害、严重代谢性疾病等。

5. 问诊要点

(1)病因与诱因:有无诱因、时间,与环境及活动的关系。

(2)呼吸困难的特点:发病年龄、起病缓急,呼吸困难发作时的主观感受,有无发热、咳嗽、咳痰、胸痛、胸闷、意识障碍等伴随症状。

(3)呼吸困难对患者的影响:是否因呼吸困难而有睡眠障碍、疲乏、注意力不集中等;是否因严重呼吸困难患者有精神高度紧张、忧虑、恐惧、濒死感;是否因长期反复发作的呼吸困难带来沉重的经济和精神负担而使患者出现悲观、沮丧、焦虑等心理反应等。

(4)诊疗与护理经过:已接受的诊断性检查及结果;已采用的治疗或护理措施的疗效。

【相关护理诊断】

1. 气体交换障碍 与肺通气减少、有效呼吸面积减少、换气功能障碍有关。

2. 低效性呼吸型态 与呼吸道狭窄及心肺功能不良有关。

3. **活动无耐力**　与呼吸困难有关。

4. **语言沟通障碍**　与严重喘息及辅助呼吸有关。

五、发绀

发绀（cyanosis）亦称紫绀，是指血液中还原血红蛋白增多或血中含有异常血红蛋白衍化物增多使皮肤和黏膜呈青紫色的现象。这种现象常发生在皮肤较薄、色素较少和毛细血管丰富的部位，如口唇、指（趾）、耳垂、甲床等。

【护理评估】

1. **发生机制**　见图4-1-6。

2. **病因与分类**　根据引起发绀的原因将其分为如下类型。

（1）血液中还原血红蛋白增多（真性发绀）

1）中心性发绀：主要由于心、肺疾病所致。① 肺性发绀：常见于各种严重呼吸系统疾病，如呼吸道阻塞、肺炎、肺气肿、肺淤血、肺水肿、胸膜病变等，因肺通气、换气功能障碍而致血液在肺内氧合不全，血中还原血红蛋白增多。② 心性发绀：常见于发绀型先天性心脏病如法洛四联症（Fallot tetrad）等，由于心脏与大血管之间有异常通道，部分静脉血未经肺内氧合即经异常通道直接分流入体循环。

2）周围性发绀：主要是由于周围循环血流障碍所致。① 淤血性发绀：常见于右心衰竭、缩窄性心包炎、大量心包积液、真性红细胞增多症等，由于体循环淤血，周围血流减慢，氧在组织中被过多摄取所致。② 缺血性发绀：常见于严重休克、雷诺病、闭塞性脉管炎等，由于周围血管收缩，周围组织缺血、缺氧所致。

3）混合性发绀：常见于心力衰竭，中心性发绀与周围性发绀并存，由于肺淤血致肺内氧合不足及周围循环血流减慢，血液在周围毛细血管中耗氧过多所致。

（2）血液中存在异常血红蛋白衍化物

1）高铁血红蛋白血症：由于药物或化学物质中毒所致，如伯氨喹、亚硝酸盐、非那西丁、硝基苯、苯胺中毒或食用大量含亚硝酸盐的变质蔬菜等。

2）硫化血红蛋白血症：有致高铁血红蛋白血症的药物或化学物质存在，如同时存在便秘或服用硫化物，可生成硫化血红蛋白血症。

3. **临床特点**

（1）中心性发绀：特点为全身性发绀，除面颊与四肢外，亦可见于口腔黏膜及舌与躯干皮肤，皮肤温暖，按摩或加温后发绀不消退，常伴有杵状指，动脉血氧饱和度降低。

（2）周围性发绀：特点为肢体下垂部分及周围部分，如肢端、颜面、耳垂等，皮肤冰冷，按摩或加温后发绀消退。

（3）高铁血红蛋白血症：特点为发病急骤、病情严重，氧疗后青紫不消失，静脉血呈深棕色，静脉注射亚甲蓝、维生素C可使青紫消退。

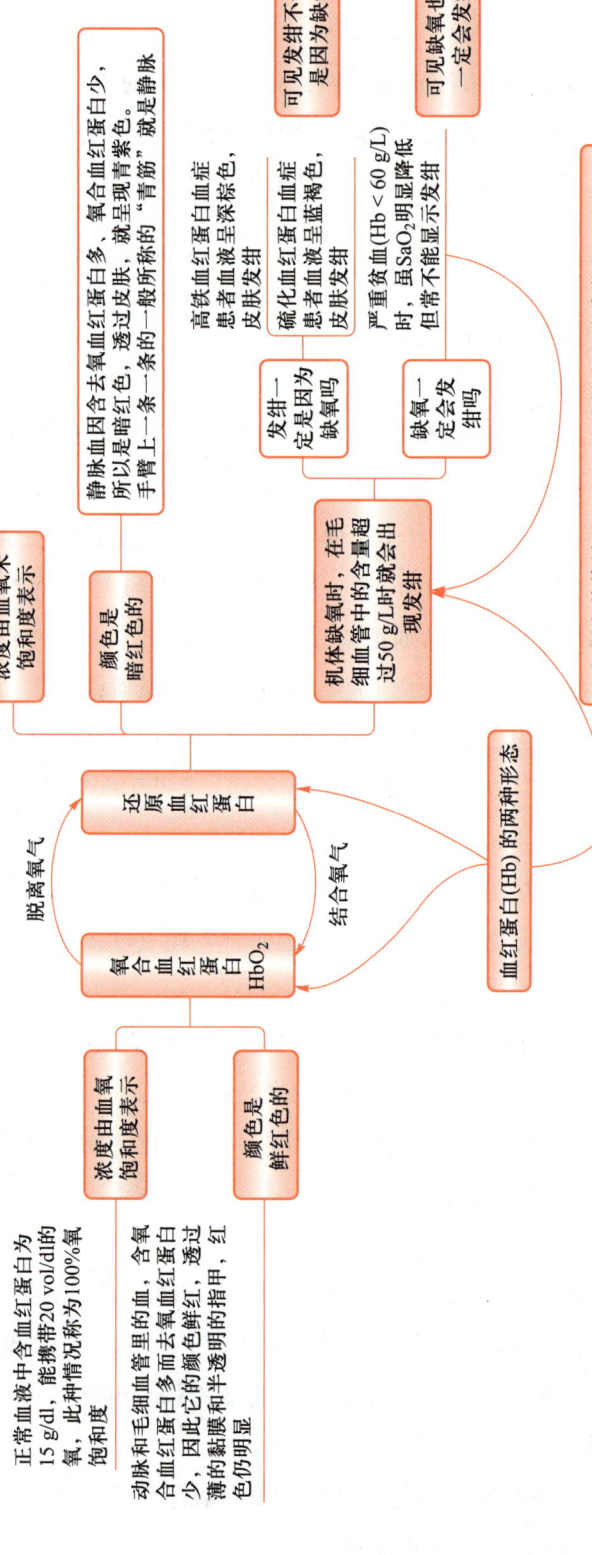

图 4-1-6　发绀发生机制

（4）硫化血红蛋白血症：特点为发绀持续时间长，静脉血液呈蓝褐色。

4. 伴随症状

（1）发绀伴呼吸困难：常见于严重的心、肺疾病，发绀明显而不伴呼吸困难常提示异常血红蛋白血症。

（2）发绀伴杵状指：常见于某些慢性肺部疾病和发绀型先天性心脏病。

（3）发绀伴意识障碍：常见于急性中毒、休克、呼吸衰竭等。

5. 问诊要点

（1）病因与诱因：有无心肺疾患及其他与发绀有关的疾病病史；有无相关药物、化学物品、变质蔬菜摄入史，有无在持久便秘情况下进食蛋类或硫化物病史等。

（2）发绀的特点：发生的年龄、起病时间、可能诱因、出现的急缓。注意发绀的部位与范围、青紫的程度，是全身性还是局部性；发绀部位皮肤的温度，经按摩或加温后发绀能否消退；发绀是否伴有呼吸困难、杵状指、意识障碍等伴随症状。

（3）发绀对患者的影响：有无因喘息、胸闷而产生焦虑、紧张甚至忧郁等情绪反应；有无因精神紧张、注意力不集中、记忆力下降、定向力差而影响其正常工作、学习和休息等。

（4）诊疗与护理经过：已接受检查、治疗和护理经过，有无采取氧疗及给氧的方式、浓度、流量、时间及效果。

【相关护理诊断】

1. 低效性呼吸型态　与呼吸系统疾病导致的通气换气功能障碍有关。

2. 活动无耐力　与心肺功能不全导致机体缺氧有关。

3. 气体交换障碍　与肺通气减少、换气功能障碍有关。

小结

本部分主要介绍呼吸系统常见症状评估，包括发热、咳嗽与咳痰、咯血、呼吸困难及发绀。首先通过对呼吸系统症状概念的描述，结合相关症状的病因、发病机制、临床表现及伴随症状等，系统全面理解和认识呼吸系统常见症状的内涵和外延，从而总结出呼吸系统常见症状的问诊要点，如发热的问诊要点是测量体温、分辨热型、观察过程，评估咳嗽、咳痰时要问咳嗽发作的时间，听咳嗽的性质与音色，看痰液的性状和颜色；评估咯血要问咯血的诱因，估咯血的血量，看血液的颜色和性状；评估呼吸困难时要问呼吸困难发作的时间与诱因、主观感受是吸气还是呼气或者吸呼气都困难，听是否伴随哮鸣音，视客观表现；评估发绀时要注意发绀的部位与范围、青紫的程度，发绀部位皮肤的温度，经按摩或加温后能否消退，是否伴有呼吸困难等。最后列出相关护理诊断，本部分主要的护理诊断有体温过高、清理呼吸道无效、有窒息的危险、气体交换障碍及低效性呼吸型态等。

（龚晓艳 董 瑞）

任务测试

【思维导图】

学习课件

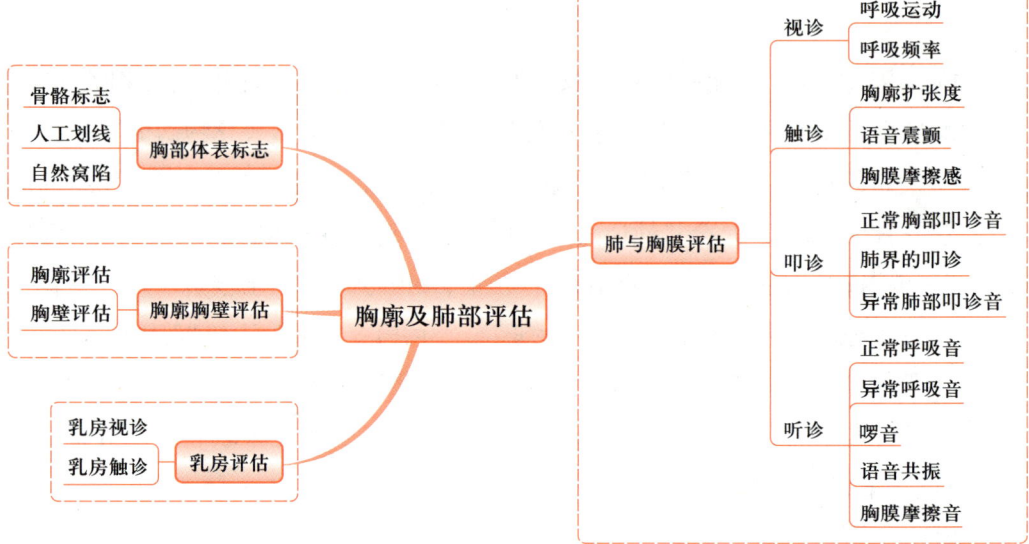

【典型案例】

　　患者，男性，28岁。5天前于出差返回途中受凉，即感不适，全身乏力，2天前突起寒战、高热，体温达39.5℃，伴咳嗽、右侧胸痛，咳少许白痰，深呼吸和咳嗽时胸痛加重，自服板蓝根冲剂及去痛片治疗，无好转。今口角出现疱疹，且咳出铁锈色痰来医院就诊。医生结合查体及相关检查初步诊断该患者为"肺炎链球菌肺炎"。

　　任务引领一：责任护士如何对该患者进行身体评估？

　　任务引领二：目前该患者主要的护理诊断有哪些？

一、胸部的体表标志

　　胸部体表标志包括骨骼标志、自然陷窝和人工划线或分区等（图4-2-1，图4-2-2，图4-2-3），可用来标记胸部脏器的位置和轮廓，也可用于描述体征的位置和范围，还可用于指示穿刺或手术的部位。

（一）骨骼标志

　　胸骨上切迹：位于胸骨柄的上方。正常情况下气管位于切迹正中。

　　胸骨柄：为胸骨上端略呈六角形的骨块。其上部两侧与左右锁骨的胸骨端相连接，下方与胸骨体连接。

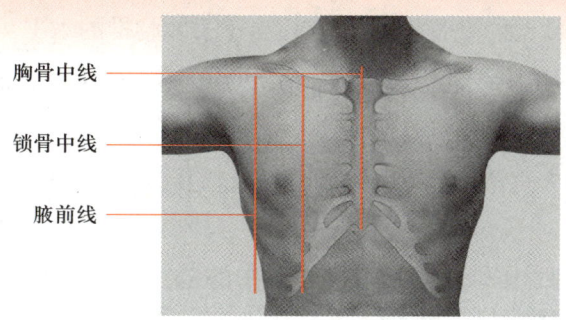

图 4-2-1　前胸壁人工划线

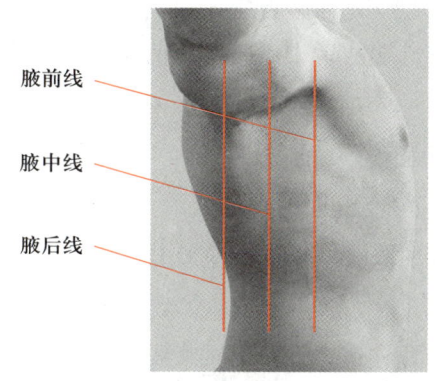

图 4-2-2　侧胸壁人工划线

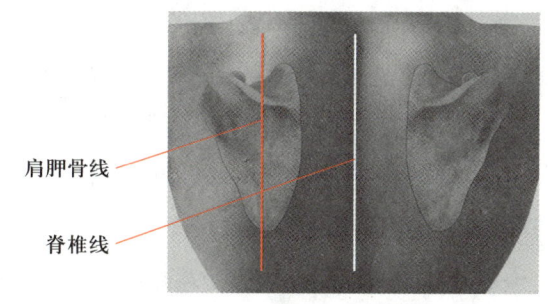

图 4-2-3　后胸壁人工划线

胸骨角：又称 Louis 角。为胸骨柄与胸骨体的连接处向前突起而成。其两侧分别与左右第 2 肋软骨相连接，胸骨角还标志气管分叉、心房上缘和上下纵隔交界及相当于第 4 胸椎的水平。

剑突：位于胸骨体下端，呈三角形，其底部与胸骨体相连，正常人剑突的长短差异很大。

腹上角：为左右肋弓（由两侧的第 7~10 肋软骨相互连接而成）在胸骨下端会合处所形成的夹角，又称胸骨下角。正常为 70°~110°，体型瘦长者较小，矮胖者较大。深呼气时可稍增宽。其后为肝左叶、胃及胰所在区域。

肋骨：共 12 对。肋骨除被锁骨和肩胛骨掩盖部分外，大多能在胸壁触及。在背部与相应的胸椎相连，由后上方向前下方倾斜。其倾斜度上方略小，下方稍大。第 1~7 肋骨在前胸部通过各自的肋软骨与胸骨相连。而第 8、9、10 肋骨与 3 个连合一起的肋软骨连接后，再与胸骨相连。第 11 和 12 肋骨不与胸骨相连，称为浮肋（free ribs）。

肋间隙：为两个肋骨之间的空隙，第 1 肋骨下面的间隙为第 1 肋间隙、第 2 肋骨下面的间隙为第 2 肋间隙，其余以此类推。

肩胛骨：位于后胸壁第 2~8 肋骨之间。肩胛冈及其肩峰端均易触及。肩胛骨呈三角形，其下部尖端称肩胛下角。被评估者取坐位或直立位两上肢自然下垂时，肩胛下角可作为第 7 或第 8 肋骨水平标志,或相当于第 8 胸椎的水平。

脊柱棘突:是后正中线的标志。位于颈根部的第 7 颈椎棘突最为突出,其下为第 1 胸椎,常以此作为计数胸椎的标志。

肋脊角:为第 12 肋骨与脊柱所构成的夹角。其前为肾和输尿管所在区域。

(二) 人工划线

前正中线:即胸骨中线。为通过胸骨正中的垂直线。即上端位于胸骨柄上缘的中点,向下通过剑突中央的垂直线。

胸骨线(左、右):为沿胸骨边缘与前正中线平行的垂直线。

胸骨旁线(左、右):为通过胸骨线和锁骨中线中间的垂直线。

锁骨中线(左、右):为通过锁骨的肩峰端与胸骨端两者中点所作与前正中线平行的垂直线,即通过锁骨中点向下的垂直线。

腋前线(左、右):为通过腋窝前皱襞沿前侧胸壁向下的垂直线。

腋后线(左、右):为通过腋窝后皱襞沿后侧胸壁向下的垂直线。

腋中线(左、右):为自腋窝顶点于腋前线和腋后线之间向下的垂直线。它与腋前线和腋后线距离相等。

后正中线:即脊柱中线,为通过椎骨棘突或沿脊柱正中下行的垂直线。

肩胛线(左、右):为双臂下垂时通过肩胛下角所作与后正中线平行的垂直线,故亦称肩胛下角线。

(三) 自然陷窝和解剖区域

腋窝(左、右):为上肢内侧与胸壁相连的凹陷部。

胸骨上窝:为胸骨柄上方的凹陷部,正常气管位于其后。

锁骨上窝(左、右):为锁骨上方的凹陷部,相当于两肺尖的上部。

锁骨下窝(左、右):为锁骨下方的凹陷部,下界为第 3 肋骨下缘,相当于两肺上叶肺尖的下部。

肩胛上区(左、右):为肩胛冈以上的区域,其外上界为斜方肌的上缘。相当于上叶肺尖的下部。

肩胛下区(左、右):为两肩胛下角的连线与第 12 胸椎水平线之间的区域。后正中线将此区分为左右两部分。

肩胛区(左、右):为肩胛冈以下、肩胛下角水平以上、肩胛骨内缘以外的区域,后正中线将此区分为左右两部分。

肩胛间区(左、右):两肩胛骨内缘之间的区域。后正中线将此区分为左右两部分。

二、胸廓与胸壁评估

（一）胸廓评估

正常成人胸廓两侧大致对称，呈椭圆形，成人胸廓前后径与左右径的比例为
1∶1.5，小儿和老年人胸廓的前后径略小于左右径或几乎相等，呈圆柱形。常见的胸
廓外形改变（图4-2-4）如下。

胸廓评估

1. **扁平胸（flat chest）**　胸廓呈扁平状，前后径小于左右径的一半，可见于瘦长体
型者，亦可见于慢性消耗性疾病的患者，如肺结核等。

2. **桶状胸（barrel chest）**　胸廓前后径增大，与左右径几乎相等，呈圆桶状，肋骨斜
度变小，其与脊柱的夹角常大于45°，肋间隙增宽且饱满，腹上角增大，且呼吸时改变
不明显，常见于严重肺气肿，亦可发生于老年或矮胖体型者。

3. **佝偻病胸（rachitic chest）**　为佝偻病所致的胸廓改变，多见于儿童。沿胸骨两
侧各肋软骨与肋骨交界处常隆起，形成串珠状，称之为佝偻病串珠（rachitic rosary）。
下胸部前面的肋骨常外翻，沿膈附着的部位其胸壁向内凹陷形成的沟状带，称之为
肋膈沟（Harrison's groove）。如胸骨剑突处明显内陷，形似漏斗，称之为漏斗胸（funnel
chest）。胸廓的前后径略长于左右径，上下距离较短，胸骨下端常前突，胸廓前侧壁肋
骨凹陷，称之为鸡胸（pigeon chest）。

4. **胸廓一侧变形**　胸廓一侧膨隆多见于大量胸腔积液、气胸等。胸廓一侧平坦
或下陷常见于肺不张、肺纤维化、广泛性胸膜增厚和粘连等。

5. **胸廓局部隆起**　见于心脏增大、心包积液、胸壁肿瘤或主动脉瘤等。

6. **脊柱畸形引起的胸廓改变**　由于脊柱前凸、后凸或侧凸，导致胸廓两侧不对
称，肋间隙增宽或变窄，见于先天性畸形，脊柱结核等。

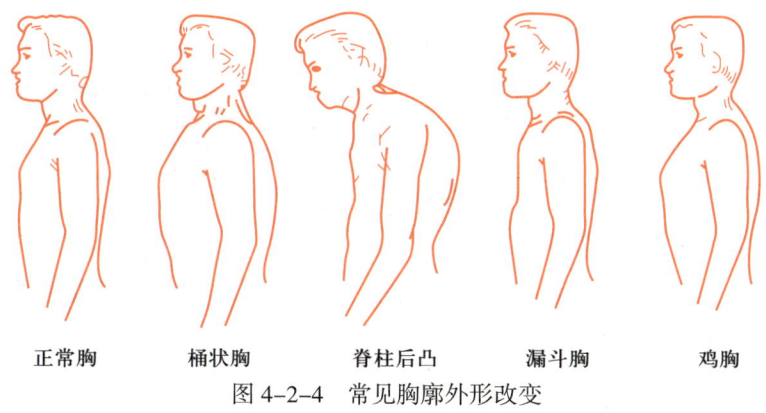

| 正常胸 | 桶状胸 | 脊柱后凸 | 漏斗胸 | 鸡胸 |

图4-2-4　常见胸廓外形改变

（二）胸壁

胸壁（chest wall）评估除应注意营养状态、皮肤、淋巴结及骨骼肌发育的情况外，
还应着重评估以下各项。

1. **静脉**　正常胸壁无明显静脉可见。当上腔静脉或下腔静脉血流受阻建立侧支循环时,胸壁静脉充盈或曲张。上腔静脉阻塞时,静脉血流方向自上而下;下腔静脉阻塞时,静脉血流方向则自下而上。

2. **皮下气肿**　胸部皮下组织有气体积存时称为皮下气肿,由于肺、气管或胸膜受损后,气体自病变部位逸出至皮下所致。视诊可见胸壁外观肿胀,触诊能感觉到气体在组织内移动,呈捻发感或握雪感。皮下气肿多由自发性气胸、胸部外伤、肋骨骨折等引起。

3. **胸壁压痛**　胸壁局部压痛见于肋骨骨折、肋软骨炎、胸壁软组织炎、肋间神经炎等。胸骨下端压痛和叩击痛见于白血病。

4. **肋间隙**　评估时注意肋间隙有无回缩和膨隆。吸气时肋间隙回缩,提示呼吸道阻塞使吸气时气体不能自由地进入肺内。肋间隙膨隆见于大量胸腔积液、张力性气胸等。

三、乳房评估

被评估者取坐位或仰卧位,充分暴露胸部。评估者先做视诊,再做触诊。按照正确的顺序评估,除评估乳房(breast)外,还应评估引流乳房部位的淋巴结。

(一)视诊

1. **对称性**　正常女性坐位时两侧乳房基本对称。一侧乳房明显增大可见于先天性畸形、炎症、囊肿及肿瘤等;一侧乳房明显缩小多因发育不全所致。

2. **皮肤改变**　皮肤发红常提示局部炎症,患者可伴有热、肿、痛。癌性淋巴管炎患者皮肤呈深红色,无热、痛。癌细胞侵犯致乳房淋巴管阻塞引起淋巴水肿时,局部皮肤外观呈"橘皮样"。局部皮肤回缩可由于外伤或炎症使局部脂肪坏死、成纤维细胞增生,造成受累区域乳房表层和深层之间悬韧带缩短,亦可见于恶性肿瘤。嘱被评估者做双手上举过头、双手推压两侧髋部动作时,有助于早期发现乳房皮肤回缩。

3. **乳头(nipple)**　评估乳头的位置、大小、对称性、有无回缩及分泌物。自幼发生乳头回缩多为发育异常,近期发生可能为乳腺癌。乳头出现分泌物,常提示乳腺导管有病变。血性分泌物最常见于导管内良性乳头状瘤,亦可见于乳腺癌患者。浆液性分泌物常见于慢性囊性乳腺炎。

4. **腋窝和锁骨上窝**　此为乳房淋巴引流最重要的区域。要详细观察有无红肿、包块、溃疡、瘘管及瘢痕等。

(二)触诊

被评估者取坐位时,先双臂下垂,然后高举过头或双手叉腰再行评估。仰卧位时,可垫一小枕头抬高肩部,使乳房能较对称地位于胸壁上,以便详细评估。先评估健侧,后评估患侧。评估者的手指和手掌平置于乳房上,以指腹轻施压力,通过旋转或来回滑动进行触诊。通常以乳头为中心作一垂直线和水平线，将乳房分成4个象限（图4-2-5）。检查时，依次按外上、外下、内下、内上四个象限的顺序由浅入深触诊，最后触诊乳头（图4-2-6）。

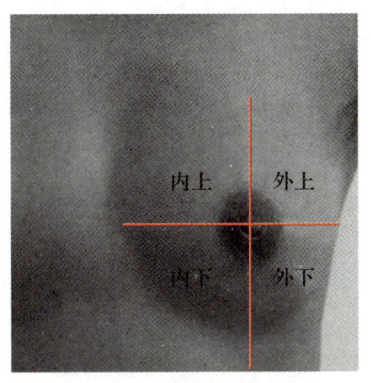

图 4-2-5　乳房的分区

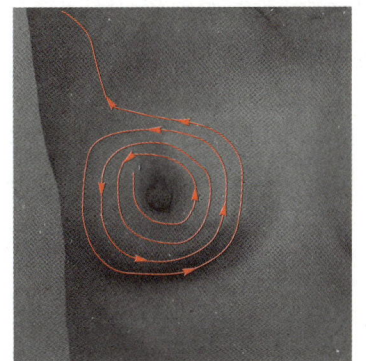

图 4-2-6　乳房触诊顺序

正常乳房触诊呈模糊的颗粒感和柔韧感。青年人乳房柔软，质地均匀一致；老年人多呈纤维感和结节感；月经期乳房小叶充血，触诊有紧张感；妊娠期乳房增大并有柔韧感；哺乳期呈结节感。触诊乳房时必须注意以下物理征象：

1. **硬度和弹性**　硬度增加和弹性消失提示皮下组织被炎症或新生物所浸润。

2. **压痛（tenderness）**　乳房局部压痛常提示有炎症，如急性乳腺炎。月经期乳房亦较敏感，恶性病变时较少出现压痛。

3. **包块（masses）**　触及包块时应注意其部位、大小、硬度、活动度、有无压痛，边缘是否清楚，外形是否规则，与周围组织有无粘连等，可见于乳腺肿瘤、急性乳腺炎等。

乳房触诊后，还应仔细触诊腋窝、锁骨上窝及颈部的淋巴结有无肿大。因此处常为乳房炎症扩展或恶性肿瘤转移的区域。

四、肺与胸膜评估

肺与胸膜评估是呼吸系统评估的重点部分。被评估者一般取坐位或仰卧位，充分暴露胸部，室内环境要舒适、温暖、安静、光线充足。评估一般按照视诊、触诊、叩诊、听诊的顺序进行。

（一）视诊

1. **呼吸运动（breathing movement）**　呼吸运动是通过膈和肋间肌的收缩和松弛来完成的，胸廓随呼吸运动的扩大和缩小来带动肺的扩张和收缩。正常情况下吸气为主动运动，吸气时胸廓增大，胸膜腔内负压增高，肺扩张，空气经呼吸道进入肺内。呼气为被动运动，呼气时肺弹力回缩，胸廓缩小，胸膜腔内负压降低，肺内气体随之呼出。正常男性和儿童的呼吸以膈肌运动为主，形成腹式呼吸，表现为胸廓下部及上腹

部的动度较大；女性的呼吸以肋间肌运动为主，胸廓运动较大而形成胸式呼吸。两种呼吸方式共同存在而程度不同。

某些疾病可使呼吸运动发生改变，如肺炎、胸膜炎、肋骨骨折、肋间神经痛等，可使胸式呼吸减弱，腹式呼吸增强；大量腹水、腹膜炎、腹腔内巨大肿瘤、妊娠晚期等可使腹式呼吸减弱，胸式呼吸增强。

2. 呼吸频率　正常成人静息状态下，呼吸频率为 16~18 次 / 分，呼吸与脉搏比例为 1 : 4。新生儿呼吸约 44 次 / 分。常见的呼吸频率和深度的改变（图 4-2-7）如下。

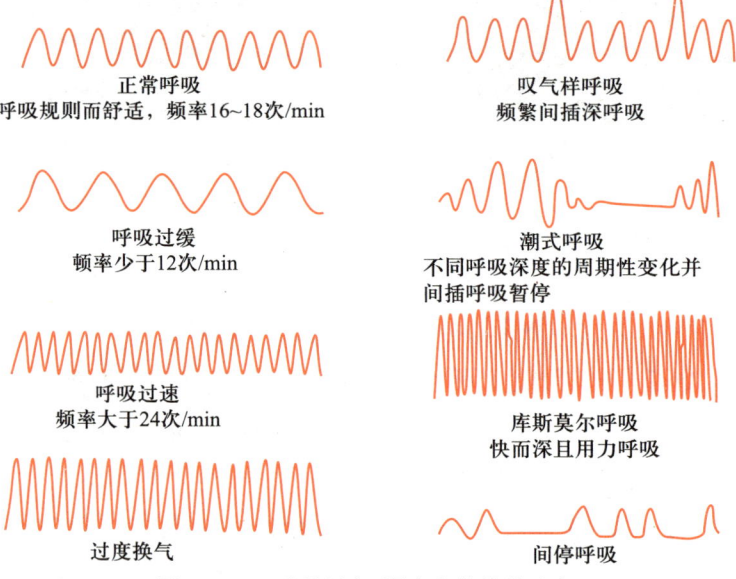

正常呼吸
呼吸规则而舒适，频率16~18次/min

叹气样呼吸
频繁间插深呼吸

呼吸过缓
频率少于12次/min

潮式呼吸
不同呼吸深度的周期性变化并间插呼吸暂停

呼吸过速
频率大于24次/min

库斯莫尔呼吸
快而深且用力呼吸

过度换气

间停呼吸

图 4-2-7　呼吸频率、深度和节律的改变

（1）呼吸过速（tachypnea）：呼吸频率超过 24 次 / 分，见于发热、疼痛、甲状腺功能亢进、贫血及心力衰竭等。一般体温每升高 1℃，呼吸约增加 4 次 / 分。

（2）呼吸过缓（bradypnea）：呼吸频率低于 12 次 / 分。呼吸浅慢见于颅内压增高、麻醉剂或镇静剂使用过量等。

（3）呼吸频率伴呼吸深度的变化：呼吸浅快见于呼吸肌麻痹、腹水、肺炎、胸膜炎、胸腔积液和气胸等。呼吸深快见于剧烈运动、情绪激动或过度紧张时。当严重代谢性酸中毒时，出现呼吸加深加快，见于糖尿病酮症酸中毒和尿毒症酸中毒等，此种酸中毒大呼吸又称为库斯莫尔（Kussmaul）呼吸。

3. 呼吸节律　正常人静息状态下，呼吸的节律基本是均匀而整齐的。病理状态下，往往会出现各种呼吸节律的变化（图 4-2-7）。

（1）潮式呼吸：又称陈 - 施式（Cheyne-Stokes）呼吸，是一种由浅慢逐渐变为深快，然后再由深快变为浅慢，随之出现一段呼吸暂停后，又开始如上变化的周期性呼吸。潮式呼吸周期可长达 30 s~2 min，暂停期可持续 5~30 s，所以较长时间仔细观察才能了解周期性节律变化的全过程。潮式呼吸见于脑炎、脑膜炎、尿毒症、糖尿病酮症酸中毒等。

（2）间停呼吸：又称比奥（Biots）呼吸，其特点表现为有规律呼吸几次后，突然停止一段时间，又开始呼吸，即周而复始的间停呼吸。间停呼吸见于颅内压增高、药物引起的呼吸抑制、脑损伤等，较潮式呼吸更为严重，预后多不良，常在临终前发生。

（3）抑制性呼吸：为胸部发生剧烈疼痛所致的呼气相突然中断，呼吸运动短暂地突然受到抑制，患者表情痛苦，呼吸较正常浅而快，见于急性胸膜炎、肋骨骨折、胸膜恶性肿瘤等。

（4）叹气样呼吸：表现在一段正常的呼吸节律中插入一次深大呼吸，并常伴有叹气声。此多为功能性改变，常见于神经衰弱、精神紧张或抑郁症。

（二）触诊

1. **胸廓扩张度**（thoracic expansion）　指呼吸时的胸廓动度，于胸廓前下部检查较易获得，因此处胸廓呼吸时动度较大。

（1）评估方法：一般在胸廓前下部和背部评估。触诊前胸时，双手置于胸廓前下部对称部位，左右拇指分别沿两侧肋缘指向剑突，拇指尖在前正中线两侧对称部位，手掌和伸展的手指置于前侧胸壁。当触诊背部时，双拇指在第10肋骨水平，对称地放置于后正中线两侧数厘米处，双拇指间留一块松弛的皮褶，其余手指对称地放置于胸廓两侧。嘱被评估者做深呼吸运动，观察比较双手的动度是否一致（图4-2-8）。

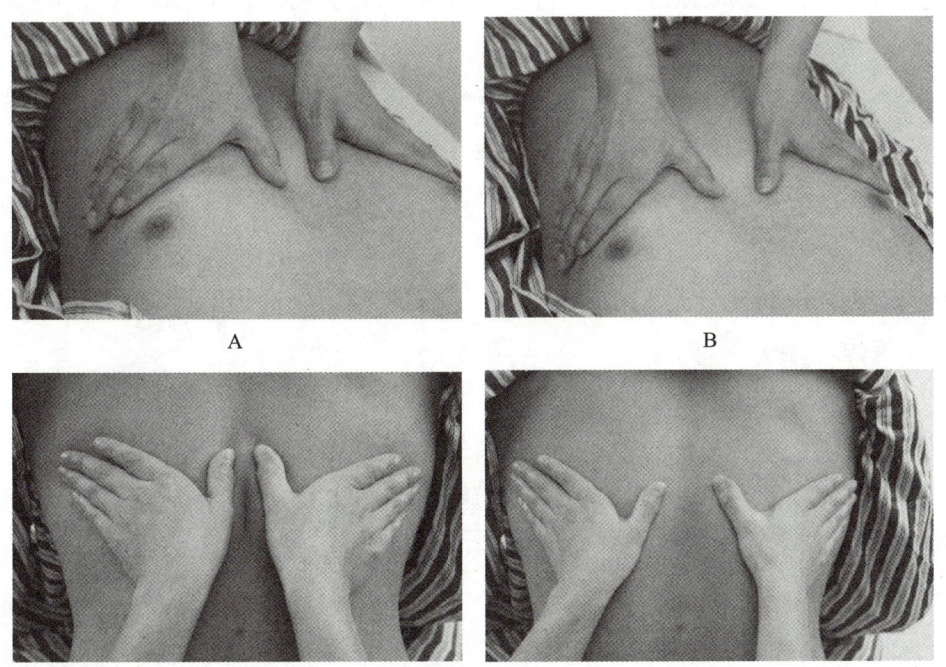

A 前胸部呼气相；B. 前胸部吸气相；C. 后胸部呼气相；D. 后胸部吸气相

图4-2-8　胸廓扩张度的评估方法

（2）临床意义：若一侧胸廓扩张度降低，见于大量胸腔积液、气胸、胸膜增厚和肺不张等。双侧胸廓扩张度均降低，见于肺气肿、双侧胸膜增厚及双侧胸膜炎等。双侧胸廓扩张度均增强可见于发热、代谢性酸中毒、大量腹水等。

2. 语音震颤（vocal fremitus） 为被评估者发出语音时，声波起源于喉部，沿气管、支气管及肺泡，传到胸壁所引起的共鸣，可由评估者的手触及，又称触觉震颤。

（1）评估方法：评估者将左右手掌的尺侧缘轻放于两侧胸壁的对称部位，然后嘱被评估者用同等的强度重复发"yi"长音，自上往下，从内到外，双手交叉对比两侧相应部位语音震颤的异同，注意有无增强或减弱（图4-2-9）。

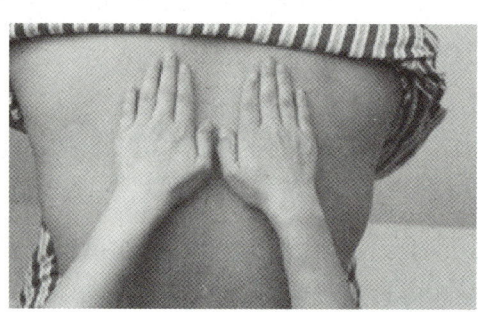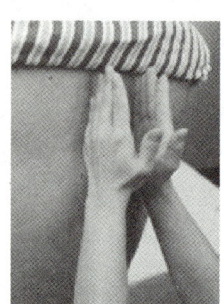

图 4-2-9 语音震颤的评估方法

（2）临床意义：语音震颤的强弱主要取决于气管、支气管是否通畅，胸壁传导是否良好。根据其振动的增强或减弱，可判断胸内病变的性质。一般肩胛间区及两侧胸骨旁第1、2肋间隙最强，肺底最弱；正常成人、男性和消瘦者较儿童、女性和肥胖者强，前胸上部与右胸上部较前胸下部与左胸上部为强。

语音震颤减弱或消失可见于肺泡内含气量过多（如肺气肿）、支气管阻塞（如阻塞性肺不张）、大量胸腔积液或气胸、胸膜高度增厚粘连、胸壁皮下气肿。

语音震颤增强见于肺泡内有炎症浸润，肺组织实变使语颤传导良好（如大叶性肺炎实变期、肺梗死）；接近胸膜的肺内巨大空腔，声波在空洞内产生共鸣，尤其是当空洞周围有炎症浸润并与胸壁粘连时，则更有利于声波传导，使语音震颤增强（如空洞型肺结核、肺脓肿）。

3. 胸膜摩擦感 正常时胸膜脏层和壁层之间滑润，呼吸运动时不产生摩擦感。当各种原因引起胸膜炎症时，因纤维蛋白沉着于两层胸膜，使其表面变得粗糙，呼吸时脏层和壁层相互摩擦，可由评估者的手感觉到，似皮革相互摩擦的感觉，称为胸膜摩擦感（pleural friction fremitus）。该征象于胸廓的下前侧部最易触及。通常于呼吸两相均可触及，若屏住呼吸，则此感觉消失。评估时，被评估者取仰卧位，嘱其反复做深慢呼吸运动，评估者用手掌轻贴于被评估者胸壁，并感觉有无两层胸膜相互摩擦的感觉。

(三) 叩诊

1. 叩诊的方法与顺序 胸部叩诊有间接和直接两种叩诊法。叩诊时被评估者宜采取坐位或仰卧位,肌肉放松,呼吸均匀。检查前胸时,胸部前挺;检查背部时,被评估者头向前略垂,躯干稍向前弯,两肩自然下垂,两手置于膝上,必要时两手抱对侧肩部或肘部,以使背部平坦。

叩诊顺序应从前胸到侧胸,最后为背部,自上而下,左右对比,逐个肋间进行,注意辨别轻微叩诊音的变化。叩诊前胸及两侧时,板指应与肋间平行。叩诊肩胛区板指可与脊柱平行,叩诊肩胛下角水平以下的部位时,板指仍保持与肋间隙平行。叩诊力量要均匀一致,叩诊的轻重应视被检查部位胸壁的厚薄、肌肉的状态而定。

2. 正常的肺部叩诊音 正常肺部叩诊音为清音,肺组织覆盖心、肝实质脏器部位的叩诊音为浊音。左下胸部,因正常的肺组织与含气的胃泡相重叠,所以叩诊时有一鼓音区。正常肺部叩诊音的音响强弱及音调高低与肺含气量、胸壁的厚薄等因素有关。前胸上部较下部叩诊音稍浊。因右肺上叶体积较小,含气量较少,且该部肌肉较多,右肺上部叩诊音比左肺上部稍浊;背后叩诊音较胸前稍浊,因背后肌肉较多。但上述这些正常差异一般不明显。

3. 肺界的叩诊

(1) 肺上界:肺上界即肺尖的上界。叩诊方法:自斜方肌前缘中央部开始叩诊为清音,移向外侧,当清音变为浊音时,即为肺上界外侧终点,再由上述中央部叩向内侧,至清音变为浊音,即为肺上界内侧终点。此清音带的宽度即为肺尖的宽度,正常约为 5 cm,又称为 Kronig 峡。右侧较为稍窄,因右肺尖的位置较低,且右侧肩胛带的肌肉常较发达。肺上界缩小,见于肺尖部结核、肺纤维性变或萎缩;肺气肿时双侧肺上界增宽并呈过清音。

(2) 肺前界:正常肺前界相当于心脏绝对浊音界,右肺前界相当于胸骨线的位置,左肺前界相当于胸骨旁线第 4~6 肋间隙的位置,当出现心包积液、心脏扩大、肺门淋巴结明显肿大时,两侧肺前界间的浊音区扩大,肺气肿时可使其缩小。

(3) 肺下界:叩诊肺下界时,一般先叩右侧、后叩左侧,在平静呼吸时,自上而下沿锁骨中线、腋中线、肩胛线等各垂直线进行叩诊。除在右锁骨中线上叩诊音由清音先变为浊音(称肺肝界,即肝上界),后由浊音变为实音处为肺下界,在其他垂直线上由清音变为浊音处,即为该垂直线上的肺下界。正常人平静呼吸时两侧肺下界的位置基本一致,于锁骨中线、腋中线、肩胛线上分别为第 6、8 和 10 肋间隙上。在生理情况下瘦长体型者其肺下界可下降一肋间隙;矮胖者可升高一肋间隙。病理情况下,两侧肺下界下降常见于肺气肿;两侧肺下界上升常见于腹内压升高,如大量腹水及巨大腹腔肿瘤等;一侧肺下界上升,见于同侧肺不张、胸腔积液、肝脾大、膈下脓肿等。

(4) 肺下界移动范围:评估时先让被评估者平静呼吸,一般在肩胛线上自上而下叩诊,先定出肺下界,嘱被评估者深吸一口气后暂时屏住,沿该线继续向下叩诊,当由清音变为浊音时,即为肩胛线上肺下界的最低点。当被评估者恢复平静呼吸时,再嘱其作深呼气并屏住呼吸,然后由上向下叩诊,直至清音变为浊音,即为肩胛线上肺下界的最高点。上述最高点至最低点之间的距离即为肺下界的移动范围。正常人肺下界移动范围为6~8 cm。当肺有炎症或水肿,肺组织弹性减低(如肺气肿)、肺组织萎缩(如肺不张)时,肺下界移动范围减小;当胸腔大量积液或气胸、广泛胸膜增厚粘连及膈神经麻痹时,肺下界移动范围可消失。

4. 肺部异常叩诊音　正常的肺,除掩盖心、肝部分外,叩诊时均为清音,如出现浊音、实音、鼓音或过清音则为异常叩诊音,提示肺及胸膜、胸壁的病理改变。异常叩诊音的类型取决于病变的大小、部位及性质。深部的病灶(离胸壁表面5 cm以上)、小范围病灶(直径小于3 cm)或少量胸腔积液(250 mL以下),常不能发现叩诊音变化。胸部异常叩诊音及其临床意义如下。

(1) 浊音或实音:见于肺组织含气量减少或消失,如肺炎、肺结核、肺脓肿、肺不张、肺水肿及广泛的肺纤维化、胸腔积液、胸膜增厚、胸壁肿瘤等。

(2) 过清音:其音调较清音高而强,较鼓音低,为介于清音、鼓音之间的叩诊音,见于肺气肿。

(3) 鼓音:见于肺内空腔性病变,如肺结核、肺脓肿形成的空洞,肺内肿瘤或囊肿破溃后所形成的空腔。但空洞一般直径大于3~4 cm,并且靠近胸壁。气胸时叩诊亦呈鼓音(图4-2-10)。

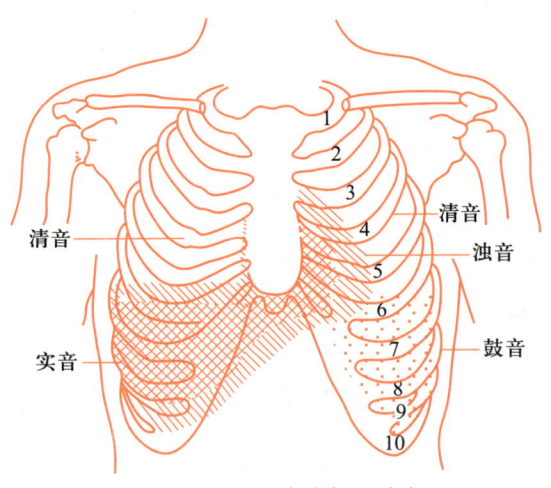

图4-2-10　正常胸部叩诊音

(四) 听诊

肺部听诊音是由于呼吸时,气流进出呼吸道及肺泡产生湍流而引起振荡,发出音响,通过肺组织和胸壁传到体表,在体表所能听到的声音(图4-2-11)。肺部听诊自上而下由前胸部到侧胸部再到背部,注意左右对比。被评估者采取坐位或卧位。让其做均匀的深呼吸动作,必要时咳嗽数声后立即听诊,这样宜察觉呼吸音及附加音的改变。注意区别外来杂音的干扰,如衣服、听诊器与皮肤的摩擦音,寒冷引起的肌肉震颤声,胃肠蠕动音等。

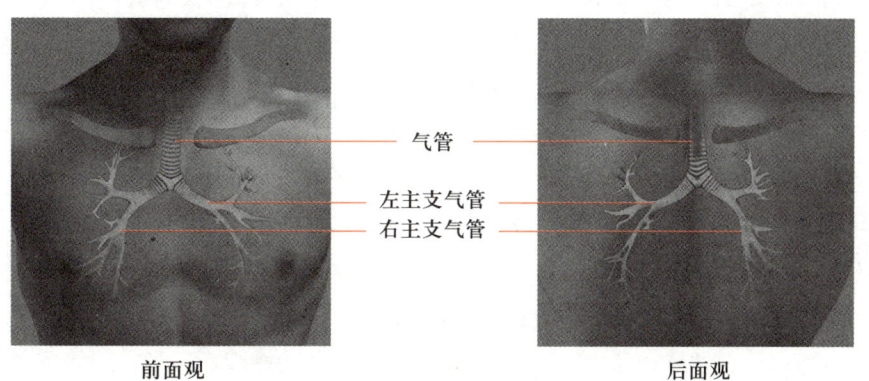

肺部听诊

前面观　　　　　　　　　　　　后面观

图 4-2-11　呼吸道直观示意图

1. 正常呼吸音

(1) 气管呼吸音:为空气进出气管所发生的声音,粗糙、响亮且高调,吸气相与呼气相几乎相等,听诊部位为胸外气管。

(2) 支气管呼吸音:是由于吸入或呼出的气流,在声门及气管或主支气管形成的湍流所产生的声音。似将舌抬起经口呼气所发出的"ha"音。音调高且音响强。呼气较吸气音响强且音调高,音时也长。此种呼吸音在正常人的喉部、胸骨上窝、背部第6、7颈椎及第1、2胸椎附近均可听到(图 4-2-12)。

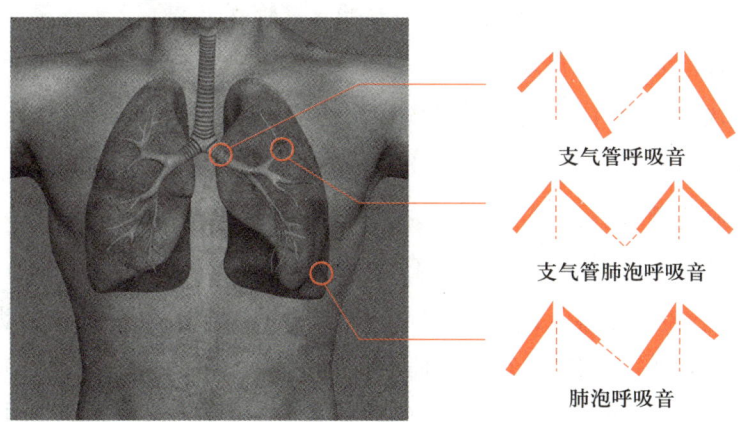

支气管呼吸音

支气管肺泡呼吸音

肺泡呼吸音

图 4-2-12　不同呼吸音的对比

(3) 肺泡呼吸音:一般认为,吸气时气流由气管经支气管进入肺泡,冲击肺泡壁,使肺泡壁由弛缓转为紧张,呼气时肺泡由紧张转为弛缓,由于肺泡的弹性变化及肺泡壁震动的声音即产生肺泡呼吸音。肺泡呼吸音类似以上齿咬下唇吸气时发的"fu"音,声音柔和,似吹风样,故形容成微风声。其音响较弱,音调较低,吸气音较呼气音音响强、音调高且时相长。正常人除支气管呼吸音及支气管肺泡呼吸音分布的部位外,其余部位均可闻及肺泡呼吸音。

(4) 支气管肺泡呼吸音:是兼有肺泡呼吸音与支气管呼吸音特点的混合性呼吸音。吸气音性质与肺泡呼吸音的性质相似,但音响较强,音调较高。呼气音的性质与支气管呼吸音的性质相似。但音响较弱,音调稍低。呼气与吸气的时相大致相等。正常人在胸骨角、肩胛间区第3、4胸椎水平及肺尖前后部可以闻及(表4-2-1)。

表4-2-1　四种正常呼吸音的特征

特征	气管呼吸音	支气管呼吸音	肺泡呼吸音	支气管肺泡呼吸音
强度	极响亮	响亮	柔和	中等
音调	极高	高	低	中等
吸气相/呼气相	1:1	1:3	3:1	1:1
性质	粗糙	管样	轻柔沙沙声	管样沙沙声
正常听诊区域	胸外气管	胸骨柄	大部分肺野	主支气管

2. 异常呼吸音

(1) 异常支气管呼吸音:在正常肺泡呼吸音听诊区域内闻及支气管呼吸音则属病理现象,即为异常支气管呼吸音。

1) 肺组织实变:当肺实变范围较大,位置较表浅时,支气管呼吸音易通过较致密的肺实变组织传导至体表而被闻及,如大叶肺炎实变期、肺癌等。

2) 压迫性肺不张:如一定量的胸腔积液或肿瘤,使肺组织受压而致密有利于支气管呼吸音的传导,可在积液上方闻及较弱的支气管呼吸音。

3) 肺内有较大空洞:当空洞与支气管相通时,支气管性呼吸音在空洞内获得共鸣而增强,且周围组织有实变,利于音响传导,因此可听到支气管性呼吸音,常见于肺脓肿、肺结核所形成的空洞。

(2) 异常肺泡呼吸音:

1) 肺泡呼吸音减弱或消失:是由于进出肺泡的空气量减少或进出肺泡的空气流速减慢及呼吸音传导障碍所致,可在局部、单侧或双侧出现,见于胸廓活动受限(如胸痛、肋骨骨折等)、呼吸肌疾病(如重症肌无力、膈肌麻痹等)、支气管阻塞(如肺气肿、慢性支气管炎等)、压迫性肺膨胀不全(如胸腔积液、气胸等)、腹部疾病(如大量腹水、腹部巨大肿瘤等)。

2) 肺泡呼吸音增强:双侧增强与呼吸运动及通气功能增强,使进入肺泡的空气流量增多或进入肺内的空气流速加快有关,见于剧烈运动、发热、贫血等。一侧肺泡呼吸音增强见于肺炎、肺结核、肺肿瘤、气胸、胸腔积液等一侧肺或胸膜病变,健侧代偿性通气增强时。

3) 呼吸音延长：由于下呼吸道部分阻塞或狭窄，如炎症、痉挛等，使呼出的气流阻力增强或由于肺组织弹性减弱，失去应有的紧张度所致，见于支气管哮喘及慢性阻塞性肺气肿等。

4) 呼吸音粗糙：由于支气管黏膜水肿或者炎症，使内壁不光滑或狭窄，气流通过不畅所致，多见于支气管炎、肺炎早期。

(3) 异常支气管肺泡呼吸音：正常情况下为肺泡呼吸音的区域，如出现支气管肺泡呼吸音则为病理现象。其产生机制为肺部实变区域较小且与正常肺组织相掺杂存在，或肺实变部位较深并被正常肺组织所覆盖。常见于支气管肺炎、大叶肺炎早期、浸润肺结核的早期等。

3. **啰音（rale）** 是伴随呼吸音的一种附加音，正常情况下并不存在，按其性质及发生原理可分为干啰音和湿啰音两种。

(1) 干啰音：

1) 发生机制：由于气管、支气管或细支气管狭窄或部分阻塞，气流吸入或呼出时发生湍流而产生的音响。当支气管壁黏膜肿胀充血、管腔内黏膜分泌物增多、小支气管痉挛及管腔内有异物或管壁被肿瘤压迫致使管腔狭窄时，均可产生干啰音。

2) 特点及分类：干啰音为一种带有乐性的呼吸附加音，音调高，持续时间较长，吸气及呼气均可听及，以呼气时较多而明显，强度、性质和部位易改变，在瞬间内数量可明显增减。干啰音有时不用听诊器亦可闻及，但由肿瘤、异物及淋巴结肿大引起的管腔阻塞或狭窄所致的干啰音，其强度、性质、部位及数量不易变。干啰音按其性质可分为两种。① 低调干啰音，又称鼾音，是一种音调低、音响强的干啰音，很像鼾睡时打呼噜的声音，多发生于气管或主支气管；② 高调干啰音：又称哨笛音、哮鸣音，是一种音调高的干啰音，用力呼气时其音质常呈上升性，多发生于较小的支气管或细支气管。

3) 临床意义：局限性干啰音是由于局部支气管狭窄所致，常见于支气管内膜结核或肿瘤等，双侧肺部干啰音常见于支气管哮喘、慢性支气管炎及心源性哮喘等。

(2) 湿啰音：

1) 发生机制：由于气流通过含有稀薄分泌物（渗出液、黏液、脓液、血液）的呼吸道时，液体形成水泡后立即破裂所发生的音响，故又称为水泡音；小支气管壁因分泌物黏着而陷闭，当吸气时突然张开重新充气所产生的爆裂音。

2) 特点及分类：湿啰音是呼吸音以外的附加音，断续而短暂，一次常连续多个出现，在吸气时或吸气终末较为明显，有时亦出现于呼气早期。部位较恒定，性质不易变，中、细湿啰音可同时存在。咳嗽后可减轻或消失。按呼吸道腔径大小和腔内渗出物的多少，湿啰音可分为粗、中、细湿啰音和捻发音。① 粗湿啰音：又称为大水泡音，发生于气管、主支气管或空洞部位，多出现于吸气早期；② 中湿啰音：又称为中水泡音,发生于中等口径的支气管内,多出现于吸气中期;③ 细湿啰音:又称为小水泡音,形成于小支气管,多于吸气后期出现,肺间质纤维化时出现的音调高、近耳,似撕开尼龙扣带时发出的声音称为 Velcro 啰音;④ 捻发音:是一种极细而均匀一致的湿啰音,似用手指在耳边捻转一束头发时所发出的声音,于吸气末期出现,老年人或长期卧床患者,可在肺底听到捻发音,在数次深呼吸或咳嗽后可消失,一般无临床意义。

3) 临床意义:局限于某一部位的湿啰音,提示有局限性病灶,如肺炎、肺结核、支气管扩张症等;局限于两侧肺底的湿啰音,常见于心力衰竭时肺淤血、支气管肺炎等;布满两肺的湿啰音,提示病变广泛,如严重支气管肺炎、急性肺水肿。

4. 语音共振　语音共振的发生机制、临床意义与语音震颤基本相同。嘱被评估者按平时说话的声音发"yi"长音,喉部发音产生的振动经气管、支气管、肺泡传导至胸壁,由听诊器可闻及柔和而不清楚的弱音。评估时要在胸部两侧对称部位比较其强弱和性质。语音共振减弱可见于支气管阻塞、胸腔积液、胸壁水肿、胸膜增厚、肥胖及肺气肿等疾病。语音共振增强可见于肺实变、肺空洞及胸腔积液上方压迫性肺不张的区域。

5. 胸膜摩擦音　正常胸膜表面光滑湿润,呼吸运动时不产生音响。当胸膜发生炎症时,纤维素渗出使胸膜表面变得粗糙不平,致呼吸时两层胸膜互相摩擦可出现摩擦音,颇似用一手之掌心贴在耳孔,而用另一手指摩擦其手背时所发出的声音。

听诊特点:吸气、呼气均可听到,一般在吸气末或呼气开始时较为明显;屏气时消失;近在耳边;深呼吸及听诊器体件用力加压可使其加强;可发生于胸膜的任何部位,但最常见于肺移动范围较大的部位,如前下侧胸壁;胸膜摩擦音有时在短时间内可出现、消失或再出现,亦可持续存在数日或更久。

临床意义:胸膜摩擦音常见于急性纤维素性胸膜炎、胸膜肿瘤、尿毒症等。

五、呼吸系统综合病征

呼吸系统常见疾病综合病征见表4-2-2。

表4-2-2　呼吸系统综合病征

常见疾病		主要体征
大叶性肺炎	视诊	急性病容,颜面潮红,鼻翼扇动,呼吸急促,口唇疱疹,双侧胸廓对称,患侧呼吸运动减弱
	触诊	气管居中,患侧语颤增强
	叩诊	患侧呈浊音或实音
	听诊	病变部位可闻及湿啰音、异常支气管呼吸音,语音共振增强

常见疾病		主要体征
支气管哮喘	视诊	呼吸困难,胸廓饱满,呼吸运动减弱
	触诊	气管居中,双侧胸廓扩张度减弱,语颤减弱
	叩诊	呈过清音,肺下界下移,肺下界移动度减弱
	听诊	两肺广泛哮鸣音,呼气时间延长
慢性阻塞性肺疾病	视诊	桶状胸,肋间隙增宽,呼吸运动减弱
	触诊	气管居中,双侧胸廓扩张度减弱,语颤减弱
	叩诊	呈过清音,肺下界下移,肺下界移动度减弱
	听诊	肺泡呼吸音减弱或消失,呼气延长,肺底可闻及湿啰音,语音共振减弱或消失
气胸	视诊	患侧胸廓饱满,呼吸运动减弱或消失
	触诊	气管移向健侧,患侧语颤减弱或消失
	叩诊	呈鼓音,左侧气胸时,左心界叩不出;右侧气胸时,肝浊音界下移
	听诊	患侧呼吸音减弱或消失,语音共振减弱或消失
胸腔积液	视诊	患侧胸廓饱满,患侧呼吸运动减弱或消失
	触诊	气管移向健侧,患侧语颤减弱或消失
	叩诊	患侧呈浊音或实音
	听诊	积液区呼吸音减弱或消失,语音共振减弱或消失,可闻及支气管呼吸音或胸膜摩擦音

115

【相关护理诊断】

1. **低效性呼吸型态**　与阻塞性肺气肿所致的通气功能障碍有关。
2. **焦虑**　与乳房疾患困扰所致。
3. **自我认同紊乱**　与乳房疾病所致的第二性征外形改变有关。
4. **气体交换障碍**　与左心功能不全所致的肺部淤血有关。
5. **自主呼吸障碍**　与脑血管意外导致的中枢性呼吸衰竭有关。
6. **清理呼吸道无效**　与咳痰无力、痰液多而黏稠有关。

小结

　　胸廓和肺部评估是胸部评估的重点内容,为准确描述脏器的位置和轮廓,以及异常体征的位置和范围,必须熟悉胸部的体表标志,包括骨骼标志、自然陷窝和解剖区域、人工划线等。

　　胸廓和胸壁评估时按视诊、触诊、叩诊及听诊的顺序,依次评估前胸、侧胸、背部,注意左右、上下对称部位的比较。

项目四　胸廓及肺部护理评估

乳房视诊的重点为观察两乳房大小、外形及对称性、皮肤有无红肿、下陷与溃疡；乳头有无分泌物；腋窝和锁骨上窝有无红肿、溃疡和肿块等。乳房触诊重点评估乳房的硬度和弹性、有无压痛和包块。

肺与胸膜评估时按视诊、触诊、叩诊及听诊的顺序，视诊时重点评估呼吸运动、呼吸频率与深度和呼吸节律，要能区分正常与异常表现，并能解释异常体征的临床意义。触诊的内容包括胸廓扩张度、胸壁压痛、语音震颤和胸膜摩擦感，其中以语音震颤的产生机制、评估方法及异常改变的临床意义最为重要。叩诊的内容包括肺部叩诊音及肺界的叩诊。听诊时重点掌握三种正常呼吸音的形成机制、听诊部位与听诊特点及异常呼吸音的临床意义。

（龚晓艳）

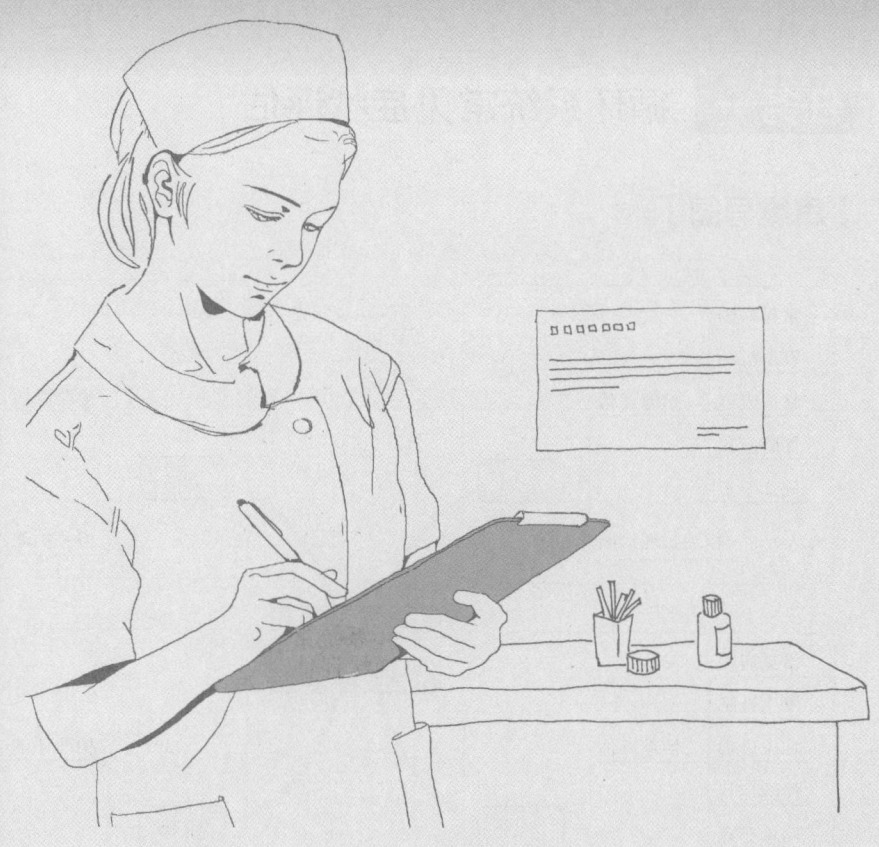

项目五 心脏及血管护理评估

【学习目标】

1. **知识目标**: 叙述心悸、水肿、胸痛、晕厥的概念。描述心脏评估、血管评估的项目内容及应用范围, 叙述循环系统综合病征的特点, 叙述心脏瓣膜听诊区的部位及顺序。

2. **技能目标**: 能够运用所学知识, 结合其临床表现对水肿进行分度, 能对水肿等常见症状的健康史、身体评估、心理 – 社会评估、辅助检查等进行系统的护理评估, 能对常见症状提出相应的护理诊断。学会心脏视、触、叩、听诊的方法及内容, 能够运用身体评估的技巧进行心脏。周围血管征评估。

3. **素质目标**: 建立良好的护患关系, 培养敏锐的观察力, 具备严谨、慎独的职业素养。

任务一　循环系统常见症状评估

【思维导图】

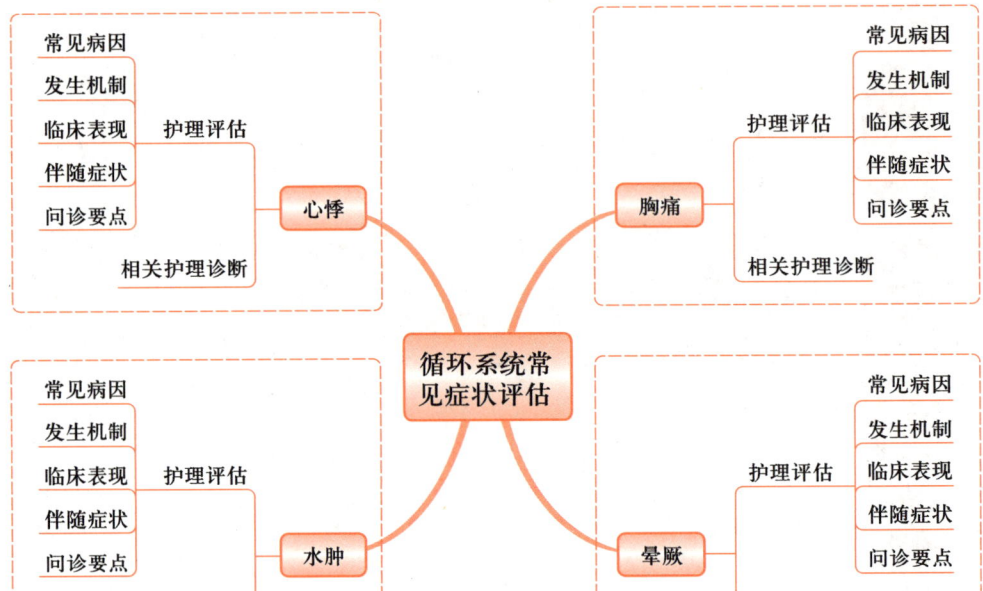

【典型案例】

> 患者,男性,45岁。有心脏病史10余年,近来全身组织严重水肿,身体下垂部位皮肤张紧发亮,甚至有水泡形成。尿量减少,500~600 mL/d。最近工作负荷较重,情绪不佳,午餐后突然感觉心慌、难以忍受,伴有心前区不适、胸闷、气急和头晕等现象,自测脉搏微弱,约110次/分。
>
> 任务引领一:责任护士对该患者主要的评估项目有哪些?
>
> 任务引领二:该患者主要的护理诊断是什么?

一、心悸

心悸(palpitation)是指患者自觉心脏跳动的不适感或心慌感。心悸时,心率可以加快、减慢,可伴有心律失常,心率和心律正常者也可有心悸。心悸多由心脏疾病所引起,但某些器质性心脏病患者可无明显心悸。因此心悸不能与心脏疾病完全等同。

【护理评估】

询问患者心悸的起病情况,注意发作的时间、频率、性质、诱因及程度,伴随症状;

询问患者目前及既往检查、诊疗经过；了解患者有无器质性心脏病、内分泌疾病、贫血等病史。

1. 常见病因

（1）心脏搏动增强：心脏搏动增强所致心悸可为生理性或病理性。① 生理性搏动增强：见于剧烈活动、受惊吓、精神紧张或情绪激动；大量吸烟、饮酒、饮浓茶或咖啡后；应用某些药物，如阿托品、肾上腺素、甲状腺素片等。② 病理性心搏增强：见于左心室肥大的器质性心脏病，如高血压心脏病、风湿性心脏病、冠状动脉粥样硬化性心脏病、先天性心脏病等；其他引起心输出量增加的疾病，如贫血、高热、甲状腺功能亢进等。

（2）心律失常：任何原因的心律失常均可引起心悸。常见类型有：窦性心律失常、期前收缩、异位性心动过速、心房颤动和扑动、房室传导阻滞等。

（3）心脏神经症：由自主神经功能紊乱所引起，心脏本身无器质性病变，心悸发作多与精神因素有关，以青壮年女性比较多见。

2. 发生机制
心悸的发生机制目前仍未十分明了，一般认为与下列因素有关。

（1）与心脏活动过度、心率及心输出量改变、心律失常有关。一般认为心脏活动过度是心悸发生的基础。心动过速、心脏收缩力加强、心输出量增加常引起心悸。

（2）与精神因素、注意力集中、心律失常存在的时间长短有关。神经过敏者或注意力高度集中时，心悸明显；心率突然增快或偶发的期前收缩常可感到心悸。慢性心律失常的患者，由于逐渐适应而不感到明显的心悸；重度心功能不全的患者，由于较突出的症状是呼吸困难，以致注意力分散常不感到心悸。

3. 临床表现

（1）心悸的症状：患者自感心脏搏动或心慌，常有冷汗、手足冰冷或麻木、恐惧等症状。心率缓慢时感到心脏搏动有力，心率加快时可感到心脏跳动不已，心律失常时可感到心慌、心搏不定位或停搏感。

（2）体征：心率加快、减慢或心律不齐；部分患者可无体征；部分表现为原发病的体征。

4. 伴随症状

（1）心悸伴呼吸困难：见于急性心肌梗死、心力衰竭、重症贫血等。

（2）心悸伴晕厥或抽搐：见于高度房室传导阻滞、心室颤动等。

（3）心悸伴心前区疼痛：见于心绞痛、心肌梗死、心肌炎、心包炎、心脏神经症等。

（4）心悸伴消瘦、出汗：见于甲状腺功能亢进。

（5）心悸伴发热：见于急性传染病、风湿热、心肌炎、心包炎和感染性心内膜炎等。

5. 问诊要点

（1）病因与诱因：询问发作诱因、时间、病程；有无与心悸发作相关的疾病病史;有无嗜好浓茶、咖啡、烟酒及精神刺激史;环境、工作、学习及家庭对患者的影响等。

(2) 心悸的特点:心悸发作频率、持续时间与间隔时间、心悸发作时的主观感受。

(3) 心悸对患者的影响:有无焦虑、恐惧等压力与应对型态的改变;有无影响工作和社交等角色与关系型态的改变;有无失眠、疲乏等睡眠与休息型态的改变;有无日常生活受影响等活动与运动型态的改变。

(4) 诊疗与护理经过:已接受的诊断性检查及结果;已采用的治疗或护理措施,包括服用过的抗心律失常及其他药物,其名称、剂量及疗效等,是否进行过电复律、人工起搏治疗,效果如何等。

【相关护理诊断】

1. **焦虑/恐惧**　与心悸发作对心脏功能的影响有关。
2. **活动无耐力**　与心悸发作所致不适有关。
3. **潜在并发症**　心力衰竭。

水肿病人的评估

二、水肿

水肿(edema)是指人体组织间隙有过多液体积聚而致组织肿胀。水肿可分为全身性水肿和局限性水肿。可全身分布,也可在身体某一部位出现。全身性水肿为液体在组织间隙内弥漫性分布;局部性水肿为液体积聚在局部组织间隙内;积液指过多液体积聚在体腔,如胸腔积液、腹水、心包积液等。水肿还可分为显性水肿和隐性水肿。组织间液积聚较多,体重增加在10%以上,指压凹陷明显者,称为显性水肿;组织间液积聚较少,体重增加在10%以下,外观和指压凹陷不明显,称为隐性水肿。通常意义的水肿不包括脑水肿、肺水肿等内脏器官的局部水肿。

【护理评估】

询问患者水肿的起病情况,水肿部位、程度、出现时间、起病急缓,有无伴随症状;询问患者目前及既往检查、诊断、治疗经过;了解患者有无心、肝、肾、内分泌代谢性疾病病史等。

1. 常见病因

(1) 全身性水肿

1) 心源性水肿:主要见于右心衰竭。由于有效循环血量不足,导致肾血流量减少,肾小球滤过率降低而肾小管对水钠的重吸收增加,继发性醛固酮增多引起水钠潴留及静脉淤血,致毛细血管压增高,组织液回吸收减少所致。

2) 肾源性水肿:见于各型肾炎和肾病,主要是多种原因引起水钠潴留及细胞外液增多致毛细血管静水压升高,引起水肿。水钠潴留的原因是:① 肾小球滤过率下降而肾小管回吸收钠增加(球－管失衡)。② 大量蛋白尿引起低蛋白血症,致血浆胶体渗透压降低。③ 肾血流量减少,肾素 – 血管紧张素 – 醛固酮活性增加,继发性醛固酮增多引起水钠潴留等。

3)肝源性水肿:多见于肝硬化失代偿期,因肝功能减退和门静脉高压而导致水肿和腹水。门静脉高压、低蛋白血症、肝淋巴液回流障碍、继发性醛固酮增多是其发生水肿的主要机制。

4)营养不良性水肿:见于长期慢性消耗性疾病营养缺乏、蛋白丢失性胃肠病和重度烧伤等,主要是低蛋白血症或维生素 B_1 缺乏产生水肿。皮下脂肪减少,加重液体的潴留。

5)其他:① 黏液性水肿:见于甲状腺功能减退者,由于组织液中黏液蛋白较高而产生非凹陷性水肿。② 经前期紧张综合征:水肿与雌激素增多所致的水钠潴留有关。③ 特发性水肿:原因不明,可能与内分泌失调及直立体位的反应异常有关。④ 药物性水肿:见于糖皮质激素、雄激素、雌激素、钙拮抗剂等应用过程中,一般与水钠潴留有关。⑤ 其他:妊娠中毒症、硬皮病、皮肌炎、大量输液等。

(2)局部性水肿。① 局部炎症:为最常见的局部水肿,主要见于局部的化脓性感染、外伤等。发生的主要机制是微血管壁的通透性增加。② 局部静脉回流受阻:见于上、下静脉阻塞综合征,妊娠后期子宫压迫髂静脉,久病卧床引起的下肢静脉血栓形成、血栓性静脉炎等,因静脉壁受压或腔内阻塞使局部静脉压升高引起的水肿。③ 局部淋巴回流受阻:常见于丝虫病、恶性肿瘤压迫、乳腺癌根治术后等,因淋巴回流受阻致远端组织间隙中含蛋白质的淋巴液积聚引起水肿。

2. 发生机制 正常人体组织液总量保持相对恒定,主要依赖于两大调节系统,即血管内外液体交换平衡和机体内外液体交换平衡。当平衡遭到破坏造成组织间液生成多于回流或水钠潴留时,均可引起水肿。

(1)血管内外液体交换失衡:正常人血管内液体不断地从毛细血管小动脉端滤出至组织间隙成为组织液,同时组织液又不断地从毛细血管小静脉端吸收入血管中,两者保持动态平衡。产生水肿的主要因素有:① 水钠潴留,如继发性醛固酮增多症等。② 毛细血管通透性增高,如急性肾炎等。③ 毛细血管滤过压增高,如右心衰竭等。④ 血浆胶体渗透压降低,如营养不良等导致的低蛋白血症。⑤ 淋巴液或静脉回流受阻,如丝虫病或血栓性静脉炎等。

(2)体内外液体交换失衡:正常人体水和钠的摄入与排出保持动态平衡,主要是在神经 – 体液的调节下通过肾小球的滤过和肾小管的重吸收功能来调节的。当某些因素引起球 – 管平衡失调时,导致水钠潴留,出现水肿,包括肾小球滤过率下降和肾小管重吸收增强。

3. 临床表现

（1）全身性水肿

1）心源性水肿：水肿首先出现在身体下垂部位，卧床者以骶部最明显，非卧床者首先出现于双下肢，尤以胫前区和踝部比较明显。水肿呈对称性、凹陷性，随病情发展逐渐向上蔓延，遍及全身，严重者可出现胸腔积液、腹水。常伴有颈静脉怒张、肝大、静脉压升高等体循环淤血表现。

2）肾源性水肿：水肿特点为早期于晨起时眼睑与颜面水肿，指压无凹陷，以后可发展为全身性水肿。肾病综合征患者水肿显著，常伴胸腔积液和腹水，指压凹陷明显。

心源性水肿与肾源性水肿的主要鉴别要点见表 5-1-1。

表 5-1-1　心源性水肿与肾源性水肿的鉴别

鉴别点	心源性水肿	肾源性水肿
开始部位	从足部开始，向上延及全身和眼睑	从眼睑、颜面开始延及全身
发展快慢	发展较慢	发展迅速
水肿性质	比较坚实，移动性较少	软而移动性大
伴随症状	伴有心功能不全症状，如心脏增大、心脏杂音、肝大、静脉压升高等	伴有其他肾病表现，如高血压、蛋白尿、血尿、管型尿、眼底改变等

3）肝源性水肿：特点为以腹水为突出表现，也可首先出现于踝部，以后逐渐向上发展，但头面部及上肢常无水肿。

4）营养不良性水肿：其特点为水肿多从组织疏松处开始，以低垂部位显著，然后扩展至全身。水肿发生前多有消瘦、体重减轻等表现。

5）其他：① 黏液性水肿：其特点为非凹陷性水肿，以眼睑、口唇、下肢胫前较明显，见于甲状腺功能减退。② 经前期紧张综合征：多见于女性，其特点为多于经前7~14 天出现眼睑、踝部、手部轻度水肿，行经后水肿逐渐消退。③ 药物性水肿：一般水肿程度较轻，停药后可消退。④ 特发性水肿：其特点为水肿与体位有明显关系，主要在身体下垂部位，于直立或劳累后出现，休息后减轻或消失。

（2）局部性水肿：① 炎症性水肿，表现为炎症局部红、肿、热、痛。② 局部静脉回流受阻，表现为某一肢体水肿，皮肤颜色暗红或青紫，伴静脉曲张。③ 淋巴回流受阻，皮肤呈橘皮样改变，如反复发作，可致局部皮肤及皮下组织增厚、硬化，皮肤高度角化，形似象皮，称象皮肿。

身体评估可见凹陷性水肿者水肿部位皮肤张紧发亮，指压后可见组织凹陷。非凹陷性水肿可见水肿部位明显水肿，但指压后无明显凹陷。

4. 伴随症状

（1）水肿伴发绀、肝大、颈静脉怒张、肝颈静脉回流征阳性：见于右心功能不全。

（2）水肿伴高血压、蛋白尿、血尿、管型尿：见于肾小球肾炎。

（3）水肿伴大量蛋白尿、低蛋白血症和高脂血症：见于肾病综合征。

（4）水肿伴腹水、蜘蛛痣、肝掌、黄疸、肝脾大：见于肝硬化。

（5）水肿伴消瘦、营养不良：见于消耗性疾病。

5. 问诊要点

（1）病因与诱因：有无与水肿发生相关的疾病或应用激素等药物史；营养摄入及排泄状况；水、钠的摄入量；体重及尿量的变化等。

（2）水肿的特点：水肿的程度，水肿出现的时间、部位，与体位的关系等。

（3）水肿对患者的影响：主要包括：① 有无生活自理能力减退等活动与运动形态的改变。② 有无食欲下降与体重变化，有无皮肤苍白、发红、溃破和继发感染等营养与代谢形态的改变。

（4）诊疗与护理经过：是否做过相关实验室检查，结果怎样；有否使用利尿剂，药物种类、剂量、疗效和不良反应；采取减轻水肿的护理措施及效果。

【相关护理诊断】

1. 体液过多　与右心衰竭、肾疾病所致水钠潴留有关。

2. 皮肤完整性受损 / 有皮肤完整性受损的危险　与水肿所致组织、细胞营养不良有关。

3. 活动无耐力　与胸腔积液、腹水所致呼吸困难有关。

4. 潜在并发症　急性肺水肿。

三、胸痛

胸痛（chest pain）多数为胸部疾病引起，但其他部位的疾病也可引起胸痛。胸痛的程度与病情严重程度并不完全一致。

【护理评估】

1. 常见病因

（1）胸壁胸廓疾病：皮肤与软组织的炎症与损伤、肋间神经炎、肋软骨炎、肋骨骨折、急性白血病等。

（2）呼吸系统疾病：胸膜炎、气胸、肺炎、肺梗死、胸膜肿瘤、原发性支气管肺癌等。

（3）心血管疾病：急性心包炎、心肌炎、心脏瓣膜病变、心绞痛、急性心肌梗死、胸主动脉瘤、夹层动脉瘤、心脏神经症等。

（4）纵隔及食管疾病：纵隔脓肿、纵隔炎、纵隔肿瘤、食管炎、食管癌等。

2. 发生机制　机体受各种理化因素刺激达一定程度时，即可引起受损伤的组织释放出致痛物质，如组胺、5- 羟色胺、缓激肽、前列腺素、钾离子、氢离子及酸性代谢产物等，这些致痛物质刺激痛觉感受器，使之发出冲动，冲动经痛觉传导通路上传至

大脑皮质的痛觉感觉区,产生疼痛感。

3. 临床表现

(1)胸痛部位:胸壁胸廓疾病引起的胸痛部位固定,局部有压痛,如带状疱疹表现为不超过体表中线的成簇的水泡,沿一侧肋间神经分布伴剧烈神经痛;肋软骨炎多侵犯第1、第2肋软骨;肋骨骨折部位有明显的挤压痛。心绞痛及急性心肌梗死的胸痛多在胸骨后或心前区并向左上肢放射;食管及纵隔疾病引起的胸痛也多在胸骨后。

(2)胸痛性质:带状疱疹呈刀割样痛或灼痛;肋间神经痛呈阵发性的灼痛或刺痛;食管炎多呈烧灼痛;干性胸膜炎常呈尖锐刺痛或撕裂痛;肺梗死则表现为突发剧烈刺痛,伴有呼吸困难和发绀;心绞痛及急性心肌梗死呈压榨性伴窒息感、濒死感,但急性心肌梗死疼痛则更剧烈而持久。

(3)影响胸痛的因素:食管病变在吞咽时疼痛加剧;咳嗽、深呼吸可使胸膜炎、自发性气胸、肺梗死、心包炎的胸痛加剧;心绞痛在劳累、情绪激动时易发作,休息、使用硝酸甘油可使其很快缓解,但对急性心肌梗死所致的疼痛则不能缓解。

4. 伴随症状

(1)胸痛伴咳嗽、咳痰或发热:见于气管、支气管和肺部疾病。

(2)胸痛伴呼吸困难:见于大叶性肺炎、气胸、胸膜炎、肺栓塞。

(3)胸痛伴咯血:见于肺栓塞、支气管肺癌。

(4)胸痛伴面色苍白、大汗、休克:见于心肌梗死、夹层动脉瘤、主动脉窦瘤破裂。

(5)胸痛伴吞咽困难:见于食管疾病。

5. 问诊要点

(1)病因和诱因:胸痛的诱发、加重与缓解因素,有无类似发作史、手术外伤史等。

(2)胸痛的特点:胸痛发生的急缓,胸痛的部位、范围、性质、程度、持续时间,是否规律,有无伴随症状及其表现等。

(3)胸痛对患者的影响:胸痛是否使睡眠不佳、食欲减退、焦虑、抑郁等,近期胸部手术者手术缝合口的情况,有无社交活动受限,学习与工作是否受影响等。

(4)诊疗与护理经过:已接受的诊断性检查及结果;已采用的治疗或护理措施,包括服用过的镇痛及其他药物,其名称、剂量及疗效等,缓解胸痛的护理措施的疗效。

【相关护理诊断】

1. **急性疼痛**　与心肌缺血、胸壁或胸内脏器病变有关。

2. **焦虑**　与疼痛迁延不愈有关。

3. **恐惧**　与剧烈疼痛有关。

4. **潜在并发症**　休克。

四、晕厥

晕厥(syncope)是指一过性广泛性脑供血不足所致的短暂意识丧失状态,发作时患者因肌张力消失不能保持正常姿势而倒地。一般为突然发作,迅速恢复,很少有后遗症。

【护理评估】

1. 常见病因

(1)血管舒缩障碍:见于单纯性晕厥、直立性低血压、颈动脉窦综合征、排尿性晕厥、咳嗽性晕厥及疼痛性晕厥等。

(2)心源性晕厥:见于严重心律失常、心脏排血受阻及心肌缺血性疾病等,如阵发性心动过速、阵发性心房颤动、病态窦房结综合征、高度房室传导阻滞、主动脉瓣狭窄、先天性心脏病某些类型、心绞痛与急性心肌梗死、原发性肥厚型心肌病等,最严重的为阿-斯综合征(Adams-Stokes syndrome)。

(3)脑源性晕厥:见于脑动脉粥样硬化、短暂性脑缺血发作、偏头痛、无脉症、慢性铅中毒性脑病等。

(4)血液成分异常:见于低血糖、通气过度综合征、重症贫血及高原晕厥等。

2. 发生机制

(1)血管舒缩障碍

1)血管抑制性晕厥:又称血管迷走性晕厥、单纯性晕厥,约占晕厥的70%。由于各种刺激通过迷走神经反射,引起短暂的血管床扩张,回心血量减少、心输出量减少、血压下降导致脑供血不足所致。

2)体位性低血压(直立性低血压):可能是由于下肢静脉张力低,血液蓄积于下肢(体位性)、周围血管扩张淤血或血液循环反射调节障碍等因素,使回心血量减少、心输出量减少、血压下降导致脑供血不足所致。

3)颈动脉窦综合征:由于颈动脉窦受压迫或刺激,致迷走神经兴奋、心率减慢、心输出量减少、血压下降致脑供血不足。常见诱因有手压迫颈动脉窦、突然转头、衣领过紧等。

4)排尿性晕厥:可能由于综合性因素所致,包括自身自主神经不稳定,体位骤变(夜间起床),排尿时屏气动作或通过迷走神经反射致心输出量减少、血压下降、脑缺血。

5)咳嗽性晕厥:可能是剧烈咳嗽时胸腔内压增加,静脉回流受阻,心输出量降低、血压下降、脑缺血所致,也有人认为是由于剧烈咳嗽时脑脊液压力迅速升高,对大脑产生震荡作用所致。

6)舌咽神经痛性晕厥:疼痛刺激迷走神经而引起心率减慢和血压下降所致。

7）其他：如剧烈疼痛、下腔静脉综合征、食管或纵隔疾病、胸腔疾病等引起血管舒缩功能障碍或迷走神经兴奋而发生晕厥。

（2）心源性晕厥：由于心脏结构、节律及收缩力改变使心输出量突然减少或心脏停搏，导致组织缺氧而发生晕厥。最严重的为阿－斯综合征，在心搏停止 5~10 s 则可出现晕厥。

（3）脑源性晕厥：由于脑部血管或主要供应脑部血液的血管发生循环障碍，导致一时性广泛性脑供血不足所致。

（4）血液成分异常：① 低血糖综合征是由于血糖低影响大脑的能量供应所致。② 通气过度综合征是由于情绪紧张或癔症发作时，呼吸急促、通气过度、二氧化碳排出增加，导致呼吸性碱中毒、脑部毛细血管收缩，引起脑缺血缺氧而发生晕厥。③ 哭泣性晕厥好发于幼童，先有哭泣，继而屏住呼吸，导致脑缺血而发生晕厥。④ 重症贫血是由于血氧低下而在用力时发生晕厥。⑤ 高原性晕厥是由于短暂缺氧所致。

3. 临床表现　最主要的临床表现是短暂的意识丧失，意识丧失的时间一般为数秒，个别可超过一分钟。

4. 伴随症状

（1）晕厥伴明显的自主神经功能障碍：多见于血管抑制性晕厥。

（2）晕厥伴面色苍白、发绀、呼吸困难：见于急性左心衰竭。

（3）晕厥伴心率和心律明显改变：见于心源性晕厥。

（4）晕厥伴抽搐：见于中枢神经系统疾病和心源性晕厥。

（5）晕厥伴头痛、呕吐、视听障碍：提示中枢神经系统疾病。

（6）晕厥伴发热、水肿、杵状指：提示心肺疾病。

（7）晕厥伴呼吸深而快、手足发麻、抽搐：见于通气过度综合征、癔症等。

（8）晕厥伴心悸、乏力、出汗、饥饿感：见于低血糖晕厥。

5. 问诊要点

（1）病因与诱因：有无心脏、脑部、血管收缩功能障碍、血液成分异常等相关病史。

（2）晕厥的特点：晕厥发作时间、持续时间，伴随症状及表现等。

（3）晕厥对患者的影响：晕厥会导致患者不能保持正常姿势而倒地的情况，有受伤的危险等健康感知与健康管理型态的改变。

（4）诊疗与护理经过：已接受的诊断性检查及结果；已采用的治疗或护理措施，包括服用过的相关药物，其名称、剂量及疗效等。

【相关护理诊断】

1. 有受伤的危险　与晕厥所致的患者意识突然丧失有关。

2. 恐惧　与不可预知的晕厥发作及发作后困窘有关。

本部分主要介绍循环系统常见症状评估,包括心悸、水肿、胸痛及晕厥。首先通过对循环系统症状概念的描述,结合相关症状的病因、发病机制、临床表现及伴随症状等,系统全面理解和认识循环系统常见症状的内涵和外延,从而总结出循环系统常见症状的问诊要点。如心悸的问诊要点是心悸发作的病因、持续时间、伴随症状;评估水肿时要关注水肿出现的部位、次序、时间、有无凹陷;评估胸痛要注意胸痛发作的时间、部位、性质、持续时间、影响因素等;评估晕厥时要询问晕厥发作的时间、持续时间等。最后列出相关护理诊断,本部分主要的护理诊断有焦虑、体液过多、疼痛及有受伤的危险等。

任务测试

任务二 心脏评估

【思维导图】

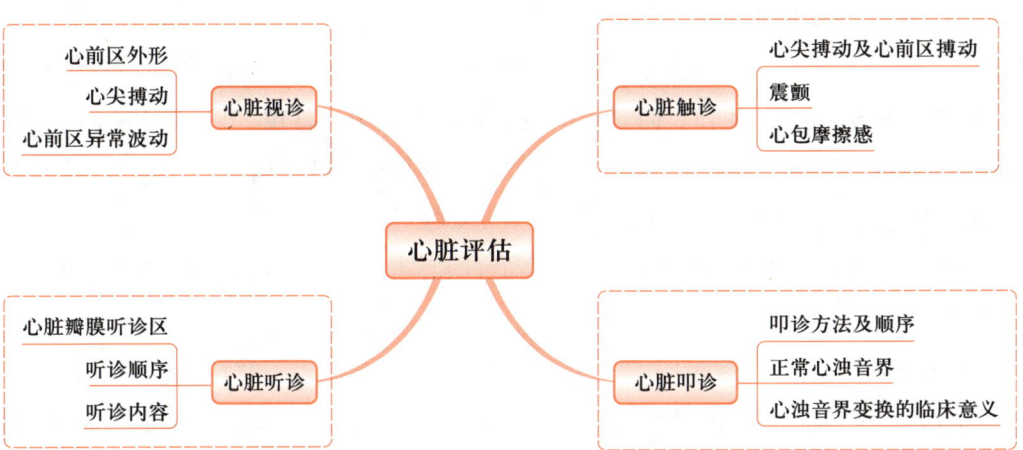

学习课件

【典型案例】

患者,女性,36 岁。因反复发作心悸、气促 12 年,加重 3 周入院。3 周前因上呼吸道感染致心悸、乏力、呼吸困难明显,休息时亦感气促。体检:体温 36.8℃,血压 120/80 mmHg,呼吸 24 次 / 分,脉搏 120 次 / 分,消瘦,二尖瓣面容,心率 126 次 / 分,心尖部可闻及舒张期隆隆样杂音。心电图检查示心房颤动。

任务引领一:对该患者进行身体评估,其视诊、触诊、叩诊、听诊的特点分别有哪些?

任务引领二:该患者呼吸困难的原因是什么?心尖部舒张期隆隆样杂音性质说明什么问题?

任务引领三:该患者主要的护理诊断是什么?

心脏评估对于初步判定有无心脏病，了解其病因、性质、部位、程度等都有很大帮助，检查结果也为进一步正确地选择仪器检查提供有意义的参考。心脏评估的基本条件有环境安静，以利于听诊；光线要明亮，最好来自被评估者的左侧，便于视诊；位置要恰当，评估者立于被评估者的右侧；评估方法按视诊、触诊、叩诊、听诊的顺序进行。

一、视诊

（一）心前区外形

正常人前胸左右对称。心前区隆起可见于儿童期右心室增大的各种疾病，常见的有先天性法洛四联症，也可见于风湿性心脏病；心前区饱满见于大量心包积液。

（二）心尖搏动

心脏收缩时，心尖撞击心前区胸壁，引起局部肋间组织向外搏动，称为心尖搏动（apical impulse）。心尖搏动主要代表左心室搏动。

1. 正常心尖搏动　正常人心尖搏动位于胸骨左侧第 5 肋间锁骨中线内侧 0.5~1.0 cm 处，搏动范围的直径为 2.0~2.5 cm。

2. 心尖搏动的生理性变化　肥胖体型、小儿及妇女妊娠时，横膈位置较高，心尖搏动向上外移可达第 4 肋间，而瘦长体型者心尖搏动向下移位，可达第 6 肋间；左侧卧位时，心尖搏动可左移 2~3 cm，右侧卧位时，心尖搏动可右移 1.0~2.5 cm。部分人群如肥胖、女性乳房遮盖及肺气肿等心尖搏动不易看清。

3. 心尖搏动的病理性变化　心尖搏动可因心脏疾病、胸部疾病或腹部疾病而发生改变。

（1）心尖搏动的位置变化：左心室增大时，心尖搏动向左下移位；右心室增大时，由于心脏发生顺钟向转位，所以心尖搏动向左移位；一侧大量胸腔积液或气胸时，心尖搏动向健侧移位；而一侧肺不张、肺纤维化、胸膜粘连时，心尖搏动向患侧移位；大量腹水、腹腔内巨大肿瘤可使心尖搏动向上移。

（2）心尖搏动的强弱及范围变化：高热、严重贫血、甲状腺功能亢进与左心室肥大均可使心尖搏动明显增强；心肌炎、急性心肌梗死、扩张型心肌病因为心肌收缩力减退而使心尖搏动减弱；心包积液、心包缩窄或肺气肿时，心尖搏动减弱甚至消失。心功能不全患者的心尖搏动常较弥散，范围增大。

（3）负性心尖搏动（inward impulse）：心脏收缩时，心尖搏动内陷，称为负性心尖搏动，见于粘连性心包炎或心包与周围组织粘连。

4. 心前区的异常搏动　胸骨左缘第 2 肋间的搏动，见于肺动脉高压等。胸骨左缘第 3、4 肋间或剑突下的搏动，多见于右心室肥大。

二、触诊

心脏触诊的主要内容是评估心尖搏动和心前区异常搏动、震颤和心包摩擦感。评估者以右手全手掌、手掌尺侧或示指、中指及环指指腹并拢在心前区各个部位进行触诊。

(一)心尖搏动和心前区搏动

对于视诊不能观察到心尖搏动的患者,可用触诊来确定心尖搏动的位置。左心室肥大时,心尖搏动增强,用手指触诊,可使手指抬起片刻,称为抬举性心尖搏动,是左心室肥大的可靠体征。

(二)震颤

用手在心前区触诊时所感到的一种细微的震动感,称为震颤(thrill),因与在猫喉部摸到的呼吸震颤类似,故又称"猫喘"。震颤是器质性心脏病的重要体征,触到震颤即提示有器质性心脏病,多见于心脏瓣膜狭窄和某些先天性心脏病。震颤的发生机制与杂音相同,系血液经狭窄的口径或循异常的方向流动形成涡流造成瓣膜、血管壁或心腔壁振动传至胸壁所致。

(三)心包摩擦感

心包摩擦感(pericardial friction feeling)是一种与胸膜摩擦感相似的心前区摩擦震动感,以胸骨左缘第4肋间最易触及,收缩期、前倾体位或呼气末更为明显。心包摩擦感见于急性心包炎,随着心包渗液的增多,摩擦感逐渐消失。

三、叩诊

心脏叩诊主要是确定心界的位置、大小和形状。心界包括心脏的相对浊音界和绝对浊音界;心脏左右缘被肺遮盖的部分,叩诊呈相对浊音,而不被肺遮盖的部分则叩诊呈绝对浊音。通常心脏相对浊音界反映心脏的实际大小。

(一)心脏叩诊方法及顺序

被评估者一般取卧位,评估者以左手中指作为叩诊板指,平置于心前区拟叩诊的部位,用右手中指垂直叩击板指,注意板指与肋间隙相平行(当被评估者取坐位时,板指与肋间隙相垂直),叩诊时用力要均匀、强度要适中。心界叩诊要遵循先左后右、自下而上、由外而内的原则。

叩左界时从心尖搏动外2~3 cm处由外向内叩,缓慢移动手指,待叩诊音从清音转为浊音时,用笔作一标记;再继续向内叩诊,当叩诊音变为实音时,再用笔作一标记;用同法逐个肋间向上叩出心脏左界,直至第2肋间止。叩诊心右界时,自肝浊音界的上一肋间(通常为第4肋间)开始,从右锁骨中线处由外向内叩出心脏浊音界,作标记,依次向上至第2肋间止。然后用尺测量前正中线到各标记点的距离。清音变浊音处为相对浊音界,浊音变实音处为绝对浊音界。

（二）正常心浊音界

以前正中线至心浊音界缘的垂直距离（cm）表示正常成人心脏相对心浊音界（表5-2-1），并标出左锁骨中线至前正中线的距离。

表5-2-1　正常成人心相对浊音界

右（cm）	肋间	左（cm）
2~3	Ⅱ	2~3
2~3	Ⅲ	3.5~4.5
3~4	Ⅳ	5~6
	Ⅴ	7~9

注：左锁骨中线至前正中线的距离8~10 cm。

（三）心浊音界变化的临床意义

1. 心脏因素

（1）左心室增大：心脏浊音界向左下扩大，心腰部（主动脉与左心室交界处轻度凹陷部分）加深，心界似靴形（图5-2-1），常见于主动脉瓣关闭不全或高血压心脏病，称为主动脉型心脏。

（2）右心室增大：轻度扩大时，心脏绝对浊音界增大，而相对浊音界无明显改变。显著增大时，叩诊心脏相对浊音界向两侧扩大，由于同时心脏有顺钟向转位，因此向左界增大明显，常见于单纯二尖瓣狭窄。

（3）左右心室增大：心浊音界向两侧扩大呈普大型心，常见于扩张型心肌病、克山病、全心衰竭等。

（4）左心房增大：往往同时合并肺动脉段扩大。轻度扩大时，主要向后扩大，故体表叩诊心界无明显变化；明显扩大时，在向后扩大的同时，也向左扩大，表现为胸骨左侧第3肋间心界向左扩大，心腰部饱满，外形呈梨形（图5-2-2），常见于二尖瓣狭窄，故又称为二尖瓣型心脏。

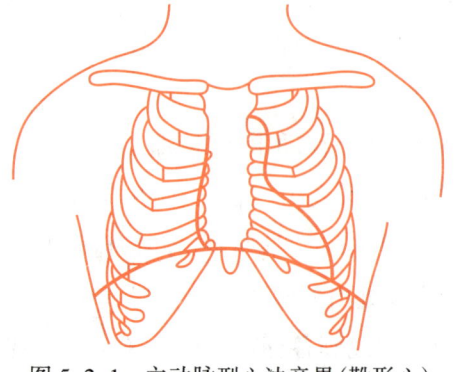

图5-2-1　主动脉型心浊音界（靴形心）

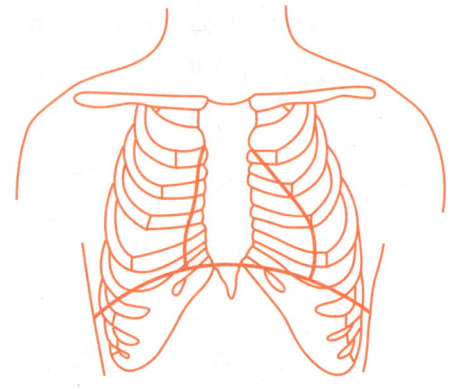

图5-2-2　二尖瓣型心浊音界（梨形心）

(5) 心包积液：心浊音界向两侧扩大且能随体位的改变而变化。坐位时心浊音界呈三角形烧瓶样,卧位时心底部浊音界明显增宽,此为心包积液的特征性体征。

2. 心外因素　一侧大量胸腔积液和气胸时,患侧心界不能叩出,而健侧心界向外移位;胸膜增厚和肺不张使心界移向病侧;肺气肿时,心浊音界缩小或叩不出;腹水或巨大肿瘤可使横膈上抬,心脏呈横位,致使心界向左扩大。

四、听诊

(一)心脏瓣膜听诊区

心脏各瓣膜所产生的声响常沿血流的方向传导到前胸壁的不同部位。因此,听诊时最清晰的部位并不是该瓣膜的解剖投影部位(瓣膜体表位置),故将在体表听诊的最响部位称为该瓣膜的听诊区。临床上心脏瓣膜听诊区为四个瓣膜五个区(图5-2-3)。

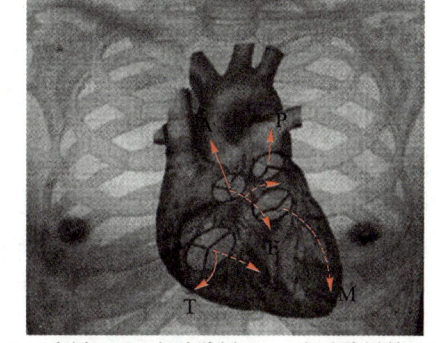

心脏听诊

1. 二尖瓣听诊区　正常在心尖部,即左锁骨中线内侧第5肋间处。心脏扩大时,则以心尖搏动最强点为二尖瓣听诊区。该处所听到的杂音常反映二尖瓣的病变。

2. 主动脉瓣听诊区　有两个听诊区,即胸骨右缘第2肋间隙及胸骨左缘第3、4肋间隙,后者通常称为主动脉瓣第二听诊区。主动脉瓣关闭不全的早期舒张期杂音常在主动脉第二听诊区最响亮。

M.二尖瓣区;A.主动脉瓣区;E.主动脉瓣第二听诊区;P.肺动脉瓣区;T.三尖瓣区

图5-2-3　心脏瓣膜解剖部位及瓣膜听诊区

3. 肺动脉瓣听诊区　在胸骨左缘第2肋间,由肺动脉瓣病变所产生的杂音在该处听得最清楚。

4. 三尖瓣听诊区　在胸骨体下端左缘,即胸骨左缘第4、5肋间。

(二)听诊顺序

听诊顺序通常从心尖区开始至肺动脉瓣区,再主动脉瓣区、主动脉瓣第二听诊区,最后为三尖瓣听诊区。

(三)听诊内容

听诊内容包括心率、心律、心音、额外心音、杂音及心包摩擦音。

1. 心率(heart rate)　指每分钟心脏搏动的次数。正常成年人心率范围为60~100次/分,3岁以下儿童多在100次/分以上,老年人偏慢,女性偏快。凡成年人心率超过100次/分,婴幼儿心率超过150次/分,称为心动过速;心率低于60次/分,称为心动过缓。心动过速和心动过缓可由生理性、病理性、药物性因素引起。

2. 心律(cardiac rhythm)　指心脏搏动的节律。正常人心脏搏动节律规则,部分儿童和青少年可出现随呼吸改变的节律,表现为吸气时心率增快,呼气时心率减慢,称为窦性心律不齐,一般无临床意义。听诊最能发现的心律失常是期前收缩和心房颤动。

(1)期前收缩(premature beat):指在规则心律的基础上提前出现一次心脏搏动,其后有一较长的代偿间歇。如每隔一次正常搏动后出现一次期前收缩,称为二联律;如每隔二次正常搏动出现一次期前收缩,称为三联律。二、三联律大多属病理性。

(2)心房颤动(atrial fibrillation,AF):听诊特点为"三个不一致":心率快慢不一致;第一心音强弱不一致;心率与脉率不一致(单位时间内,脉率小于心率),常见于二尖瓣狭窄、冠状动脉粥样硬化性心脏病、甲状腺功能亢进等。

3. 心音 心音(heart sound)共有四个,按其在心动周期中出现的先后,分别称为第一心音(S_1)、第二心音(S_2)、第三心音(S_3)、和第四心音(S_4)。S_4在健康人身上听不到。

(1)正常心音:指在健康人身上听诊时可闻及的心音。

1)第一心音:主要是二尖瓣和三尖瓣关闭引起的振动而产生。第一心音标志着心室收缩期的开始。听诊特点:在心尖部最响,音调低钝而强度较响;持续时间较长(约0.1 s);与心尖搏动同时出现。

2)第二心音:主要由主动脉瓣和肺动脉瓣关闭引起的振动而产生。第二心音标志着心室舒张期的开始。听诊特点:在心底部最响,音调较高而清脆;持续时间较短(约0.08 s);在心尖搏动后出现。在肺动脉瓣听诊区听到的S_2称P_2,在主动脉瓣听诊区听到S_2称A_2。正常青少年$P_2>A_2$,老年人$A_2>P_2$,中年人$P_2=A_2$。S_1和S_2的特点比较见表5-2-2。

表5-2-2 S_1和S_2的特点比较

特点	S_1	S_2
音调	较低纯	较脆
强度	较响	较弱
持续时间	较长(约0.1 s)	较短(约0.08 s)
S_1与S_2之间的关系	与S_2距离较近	与下一个S_1距离较近
与心尖搏动的关系	同时出现	在心尖搏动后出现
听诊最清晰部位	心尖部	心底部

3)第三心音:部分儿童和年轻人还可听到第三心音。产生原因是在心室快速充盈期,血流迅速从心房流向心室,冲击心室壁,心室肌纤维伸展延长,使房室瓣、腱索和乳头肌突然紧张、振动而产生。听诊特点为在舒张期有一个距第二心音后0.12~0.18秒的强度较弱的心音,其特点是音调较低,持续时间较短(约0.04 s)。在心

尖部及其内上方较清楚,仰卧位明显。40岁以上的人还存在第三心音,提示左心室顺应性降低。

(2) 心音的变化:包括强度变化和性质变化。

1) 强度变化:决定第一心音强度的主要因素是心肌的收缩力、心室的充盈度和瓣膜的弹性及位置。二尖瓣狭窄时S_1增强,二尖瓣关闭不全时S_1减弱。心动过速或心肌收缩力增强时,如高热、贫血、甲状腺功能亢进等S_1增强;各种原因引起的心肌炎、心肌病、心肌梗死和心力衰竭,因心肌收缩力减弱S_1低钝。

决定第二心音强度的主要因素是主动脉、肺动脉内压力的高低及半月瓣的状态。主动脉内压增高时,主动脉瓣区第二心音(A_2)增强呈金属撞击音,见于高血压和主动脉粥样硬化;肺动脉内压增高时,肺动脉瓣区第二心音(P_2)亢进,见于二尖瓣狭窄、二尖瓣关闭不全、左心衰竭等。A_2减弱见于低血压、主动脉瓣关闭不全,P_2减弱见于肺动脉瓣关闭不全。

2) 性质变化:心肌严重病变时,第一心音失去原有的低钝特征而与第二心音相似,且常伴有心率增快,心收缩期与舒张期几乎相等,听诊类似钟摆动的声音,称为钟摆律,因此声酷似胎心音,又称胎心律,提示病情极其严重,如大面积急性心肌梗死和重症心肌炎。

4. 额外心音（extra heart sound） 指在正常心音之外听到的附加心音,多为病理性。

(1) 舒张期额外心音:常见的有开瓣音和舒张期奔马律。开瓣音又称二尖瓣开放拍击音。二尖瓣狭窄时,舒张早期血液自左房迅速流入左室,弹性尚好的二尖瓣瓣叶迅速开放后又突然停止,引起瓣叶振动产生拍击样声音。听诊特点为在第二心音后约0.07秒有一个音调高而清脆的附加音,呈拍击样,在心尖区及其内上方清楚。开瓣音的存在和心尖区第一心音的亢进共同提示狭窄的二尖瓣瓣膜弹性良好,可作为二尖瓣分离术适应证的重要参考指标。

舒张期奔马律系在S_2之后出现的响亮的额外心音,与原有的S_1、S_2组成三音心律,当心率增快时,听诊极似马奔跑声,故称奔马律。根据出现的时间早晚分为舒张早期、中期、晚期奔马律。临床上最常见的是舒张早期奔马律,其实质是病理性的亢进的第三心音。舒张早期奔马律的出现提示有严重心肌损害、心功能不全,见于各种器质性心脏病。根据来源的不同可分为左室奔马律和右室奔马律,听诊部位为左室奔马律在心尖区或其内侧,右室奔马律在剑突下或胸骨右缘第5肋间。

(2) 收缩期额外心音:心脏在收缩期也可出现额外心音,分别发生于收缩早期、中期或晚期,临床意义相对较小。

5. 心脏杂音（cardiac murmur） 指在心音和额外心音以外持续时间较长的声音,它可以与心音完全分开,也可以与心音相连,甚至完全掩盖心音。

(1) 杂音的产生机制:当血流加速或各种情况使血流产生漩涡,导致心室壁、瓣膜、腱索、血管壁振动时，可发出异常的声音，即心脏杂音。具体如下。① 血流速度加快：如甲状腺功能亢进、贫血、发热等。② 血流通道、瓣膜口或大血管内狭窄：如二尖瓣狭窄、主动脉瓣狭窄、肾动脉狭窄等。③ 瓣膜关闭不全：如二尖瓣关闭不全、主动脉瓣关闭不全，相对性关闭不全如扩张型心肌病等。④ 异常血流通道：如房间隔缺损、室间隔缺损、动脉导管未闭等。⑤ 心腔内有漂浮物：如乳头肌、腱索断裂。⑥ 大血管瘤样扩张：如动脉瘤。

(2) 杂音的特性与听诊要点：杂音的听诊有一定难度，必须全神贯注进行。发现杂音时，应对杂音的最响部位、出现时期、强度、性质、传导方向和影响因素进行分析。

1) 最响部位：一般说来，杂音在某瓣膜听诊区最响则提示该瓣膜有病变。如杂音在心尖区最响，提示二尖瓣病变；杂音在主动脉瓣区或肺动脉瓣区最响，提示主动脉瓣病变或肺动脉瓣病变。

2) 出现时期：发生在第一心音和第二心音之间的杂音称收缩期杂音(SM)；发生在第二心音和下一个心搏的第一心音之间的杂音称舒张期杂音(DM)。连续出现在收缩期和舒张期的杂音称为连续性杂音。如二尖瓣关闭不全的杂音出现在全收缩期；而二尖瓣狭窄的杂音出现在舒张中晚期。动脉导管未闭的杂音为连续性。一般说来，舒张期杂音和连续性杂音均为病理性、器质性杂音，而收缩期杂音则有器质性和功能性两种可能。

3) 强度：收缩期杂音的强度可分为六级：1 级为在安静环境下集中注意力才能听到的杂音；2 级为较易听到的不太响亮的杂音；3 级为中等响亮的杂音；4 级为响亮的杂音，有时伴有震颤；5 级为很响亮的杂音，常伴有震颤，但听诊器离开胸壁就不能闻及杂音；6 级是最响亮的杂音，听诊器离开胸壁少许仍能闻及杂音，震颤强烈。1~2 级的收缩期杂音常为生理性(功能性)杂音，而 3 级及 3 级以上的收缩期杂音常为器质性杂音。舒张期杂音均为病理性，一般分为轻、中、重三个级别，也有人主张参照收缩期杂音分为六级。

4) 性质：杂音的性质常用吹风样、隆隆样(雷鸣样、滚筒样)、叹气样、乐音样、机器声样来描述，吹风样杂音又分为柔和、粗糙两种。如在心尖区听到粗糙吹风样收缩期杂音，提示二尖瓣关闭不全，如听到舒张期隆隆样杂音则提示二尖瓣狭窄。主动脉瓣关闭不全的杂音常为叹气样，乳头肌功能不全的杂音常为乐音样，动脉导管未闭的杂音常为机器声样。

5) 传导：杂音可沿着产生杂音的血流方向传导，也可经周围组织传导。杂音的传导有一定规律，如二尖瓣关闭不全的杂音向左腋下传导，主动脉瓣狭窄的杂音向颈部传导，而二尖瓣狭窄的杂音较局限，不向他处传导。

6) 体位、呼吸、运动的影响：经体位改变、运动、深吸气、呼气及屏气等动作可使某些杂音增强或减弱。体位：左侧卧位使二尖瓣狭窄的舒张期隆隆样杂音更明显，前倾坐位使主动脉瓣关闭不全的杂音更明显；仰卧位时二尖瓣、三尖瓣和肺动脉瓣关闭不全的杂音更清晰。呼吸：深吸气可使与右心相关的杂音如三尖瓣关闭不全的杂音增强，其原因是深吸气时胸膜腔负压增大，回心血量增多；而深呼气则相反，可使左心发生的杂音增强；深吸气后紧闭声门作呼气动作，可使左、右心发生的杂音减弱。运动：运动时心率明显加快，心输出量增多、血流加速，可使杂音增强。

（3）杂音的临床意义

1）收缩期杂音：二尖瓣区有功能性、相对性和器质性杂音。功能性杂音：常见于运动、发热、贫血、甲状腺功能亢进等；听诊特点为柔和吹风样，强度在2/6级以下，时限短，较局限。相对性杂音：左心室增大引起相对性二尖瓣关闭不全，见于高血压性心脏病、冠状动脉粥样硬化性心脏病、扩张型心肌病、贫血性心脏病等，听诊特点为性质柔和、吹风样。器质性杂音：主要见于风湿性心脏病二尖瓣关闭不全，听诊特点为粗糙吹风样，响亮、高调，强度在3/6级以上，持续时间长，可占据全收缩期。主动脉瓣区有器质性和相对性杂音。器质性杂音：多见于各种原因引起的主动脉瓣狭窄，听诊特点为粗糙吹风样，杂音具有喷射性质，常伴有震颤和主动脉瓣区第二心音减弱。相对性杂音：少见，见于升主动脉扩张，如高血压和动脉硬化。肺动脉瓣区有功能性、相对性和器质性杂音。功能性杂音：非常多见，尤其是健康的儿童和青少年，听诊特点为柔和吹风样，强度低而时限短。相对性杂音：见于肺含血量增多和肺动脉高压导致的肺动脉扩张，如二尖瓣狭窄、房间隔缺损等，听诊特点同功能性。器质性杂音：见于肺动脉瓣狭窄，杂音为粗糙吹风样，带有喷射性质，强度常在3/6级以上。三尖瓣区有相对性和器质性杂音。相对性杂音：占大多数，系右心室扩大导致的相对性三尖瓣关闭不全，见于二尖瓣狭窄引起的右心衰竭、肺源性心脏病引起的右心室增大或心力衰竭，听诊特点为柔和吹风样，吸气时增强，一般在3/6级以下。器质性杂音：极其少见。其他部位：室间隔缺损时，可在胸骨左缘3~4肋间闻及响亮、粗糙的收缩期杂音，常伴震颤。

2）舒张期杂音：二尖瓣区分为器质性和相对性杂音。器质性杂音：主要见于风湿性二尖瓣狭窄，听诊特点为局限于心尖区的舒张中晚期隆隆样杂音，常伴有S_1亢进，可有开瓣音，心尖区常可触及舒张期震颤。相对性杂音：主要见于较重的主动脉瓣关闭不全，舒张期从主动脉反流的血液冲击二尖瓣前叶，使二尖瓣不能充分开放，造成相对性二尖瓣狭窄，其产生的杂音又称为奥斯汀·弗林特（Austin Flint）杂音，不伴第一心音亢进，也无开瓣音。主动脉瓣区主要见于主动脉瓣关闭不全的器质性杂音，听诊特点为胸骨左缘3~4肋间的舒张早期开始的递减性叹气样杂音，前倾坐位清楚。肺动脉瓣区：器质性病变引起者少见。大多是肺动脉扩张导致的相对性肺动脉瓣关闭不全，杂音为柔和吹风样，常伴有P_2亢进，称格雷厄姆·斯蒂尔（Graham Steell）杂音，常见于二尖瓣狭窄和肺源性心脏病。三尖瓣区的器质性三尖瓣狭窄引起的低调隆隆样杂音,局限于胸骨左缘第4~5肋间,临床上极其少见。

3）连续性杂音：常见于先天性动脉导管未闭。杂音响亮、粗糙,似机器转动声,持续于整个收缩期和舒张期,在胸骨左缘第2肋间稍外侧最清楚,常伴有震颤。

6. 心包摩擦音（pericardial friction rub）　正常心包脏层、壁层均极其光滑,心脏搏动时不产生声响。当心包表面变得粗糙时,两层心包膜随心脏搏动产生摩擦而发出心包摩擦音。听诊特点为音质粗糙、高音调、搔抓样、很近耳,与心脏活动一致而与呼吸无关,在胸骨左缘3~4肋间最易闻及。见于结核性心包炎、风湿性心包炎、尿毒症、急性心肌梗死、系统性红斑狼疮、恶性肿瘤等,如心包渗液增多,则心包摩擦音消失。

五、循环系统综合病征

循环系统疾病常见综合病征见表5-2-3。

表5-2-3　循环系统综合病征

常见疾病		主要体征
主动脉瓣关闭不全	视诊	面色苍白,点头运动,重度关闭不全者颈动脉搏动增强,心尖搏动向左下移位
	触诊	心尖搏动向左下移位,呈抬举样。有水冲脉及毛细血管搏动
	叩诊	心浊音界向左下扩大,心腰加深,呈靴形
	听诊	主动脉瓣区及主动脉瓣第二听诊区舒张期叹气样杂音,向心尖部传导;心尖部 S_1 减弱;A_2 减弱或消失;周围血管可闻及枪击音、杜若兹埃（Duroziez）双重杂音
主动脉瓣狭窄	视诊	心尖搏动增强,位置正常或向左下移位
	触诊	心尖搏动有力,呈抬举性,胸骨右缘第2肋间可触及收缩期震颤
	叩诊	心浊音界正常或向左下扩大
	听诊	主动脉瓣第一听诊区有粗糙的3/6级以上收缩期喷射性杂音,向颈部传导;心尖部 S_1 减弱;A_2 减弱或消失,亦可出现 S_2 逆分裂
二尖瓣狭窄	视诊	二尖瓣面容,心尖搏动可向左移
	触诊	心尖部可触及舒张期震颤
	叩诊	心浊音界可向左扩大,心腰部膨出,呈梨形
	听诊	心尖部舒张期隆隆样杂音;心尖部 S_1 亢进;P_2 亢进或分裂;严重肺动脉高压时,在肺动脉瓣区可闻及舒张期杂音,称 Graham steel 杂音
二尖瓣关闭不全	视诊	心尖搏动向左下移
	触诊	心尖搏动有力,可呈抬举性
	叩诊	心浊音界可向左下扩大
	听诊	心尖部有较粗糙的3/6级以上全收缩期吹风样杂音,向左腋部或左肩胛下传导;S_1 减弱或被杂音遮盖;P_2 亢进

常见疾病		主要体征
心包积液	视诊	颈静脉怒张；心前区饱满；心尖搏动明显减弱或消失
	触诊	心尖搏动减弱或触不到；脉搏快而弱，可有奇脉；肝颈静脉回流征阳性
	叩诊	心浊音界向两侧扩大，并随体位变化而改变
	听诊	少量积液时可闻及心包摩擦音；大量积液时心率快、心音弱而遥远

【相关护理诊断】

1. **心输出量减少** 与左心功能不全、严重心律失常有关。

2. **外周组织灌注无效 / 有外周组织灌注无效的危险** 与心功能不全有关。

3. **有休克的危险** 与心力衰竭、严重心律失常有关。

4. **活动无耐力 / 有活动无耐力的危险** 与心脏结构异常有关。

5. **潜在并发症** 猝死。

小结

　　心脏评估对判断有无心脏病，以及心脏病的病因、性质、部位与程度等具有十分重要的意义。评估时被评估者取适宜体位，充分暴露胸部，环境应安静，温湿度适宜，光线来源于左侧。按视诊、触诊、叩诊、听诊的顺序进行评估。

（袁春霞）

137

任务测试

学习课件

任务三　血管评估

【思维导图】

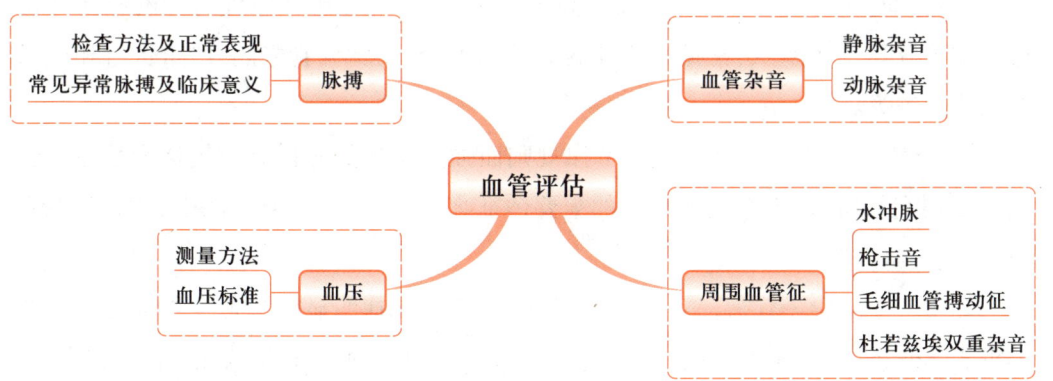

【典型案例】

患者,男性,20岁。因发热、咳嗽入院。患者2天前淋雨受凉后突发寒战、头痛、咳黄痰。全身肌肉酸痛,平素身体健康。体格检查:稍气促,口唇可见疱疹,左下肺叩诊音稍浊,闻及湿啰音和支气管音,心率110次/分,痰涂片见革兰氏阳性成对球菌。

任务引领一:对该患者进行身体评估,其视诊、触诊、叩诊、听诊的特点分别有哪些?

任务引领二:患者入院后,每天需要做哪些常规检查? 你该怎么去进行工作?

任务引领三:该患者主要的护理诊断是什么?

一、脉搏

(一)检查方法及正常表现

最常用的是触诊桡动脉。评估者以一手示、中、环指并拢,并将其指腹平放于桡动脉近腕关节处,以适当的压力感触桡动脉搏动情况,两侧触诊对比;注意脉率、脉律、强弱、紧张度、动脉壁弹性和波形变化等。正常成人的脉搏在安静清醒状态下为60~100次/分,节律较规整。

(二)常见异常脉搏及临床意义

1. **脉搏增快**　即成人脉率超过100次/分。生理情况下,见于情绪激动,剧烈运动时;病理情况下,见于甲状腺功能亢进、各种原因所致的发热、心力衰竭、休克等。

2. **脉搏减慢**　即成人脉率低于60次/分。生理情况下,见于心脏储备功能好的运动员等;病理情况下,可见于高颅压、胆汁淤积性黄疸、甲状腺功能减退等。若脉率小于或等于40次/分,需考虑是否为病态窦房结综合征或房室传导阻滞等,应尽快查明原因,及时处理。

3. **水冲脉**(water-hammer pulse)　脉搏骤起骤落,犹如潮水涨落,故名水冲脉。检查时握紧患者手腕掌面,将其前臂高举过头部,可明显感知急促有力的脉搏冲击感。此系脉压增大所致,常见于主动脉瓣关闭不全、动脉导管未闭、严重贫血和甲状腺功能亢进等。

4. **交替脉**(pulsus alternans)　节律规则而强弱交替的脉搏。一般认为是左室收缩力强弱交替所致,为左心室衰竭的重要体征之一,常见于高血压性心脏病、急性心肌梗死、心肌炎等。

5. **奇脉**(paradoxical pulse)　又称吸停脉,吸气时脉搏明显减弱或消失,是心脏压塞的重要体征之一。奇脉系左心室搏血量减少所致,常见于心包积液或缩窄性心包炎。

6. **不整脉**　脉搏的速率、节律、强度不规则。常见于窦性心律不齐、期前收缩、心房颤动等。

7. **无脉**　即脉搏消失,可见于严重休克及多发性大动脉炎。

二、血压

血压(blood pressure, BP)通常是指体循环动脉血压,是重要的生命体征。

(一)测量方法

有直接测量法和间接测量法两种。常用的间接测量法,即袖带加压法,是用血压计进行测量的。血压计有汞柱式、弹簧式和电子血压计,临床上常用汞柱式。

间接测量法的操作规程:患者半小时内禁烟、禁咖啡等,在安静环境下休息至少5 min。通常取仰卧位或坐位测量右上肢血压。评估者将血压计袖带缚于患者右上臂,气轴中部对准肱动脉,袖带下缘距肘窝上 2~3 cm,紧贴皮肤,松紧能容 1 指,将听诊器体件置于肘窝处肱动脉上,轻压听诊器体件,不得与袖带接触。然后向气袖内注气,边充气边听诊,待肱动脉搏动消失,再将汞柱升高 20~30 mmHg 后,开始缓慢放气,两眼平视缓慢下降的汞柱,同时听诊肱动脉搏动音,当听到的第一个搏动声响时的汞柱数值为收缩压,继续放气,声音突然变调或消失的汞柱数值为舒张压。根据听诊结果读出血压值。根据科罗特科夫(Korotkoff)五期法,听到肱动脉搏动声第一响时的汞柱凸面所示的血压值为收缩压,声音消失时的血压值即舒张压。对于妊娠妇女、严重贫血及肱动脉搏动音不消失者,可以音调突然变沉闷时的血压值作为舒张压。测得血压后,间隔 1~2 min 再重复测量一次,以平均值作为测量结果。测量完血压后整理好血压计,并关上血压计的开关。

气袖宽度:应适合患者的上臂臂围,成人标准气袖宽 12~13 cm。手臂过于粗大或测大腿血压时,用标准气袖测值会过高,气袖应增宽至 20 cm。反之,手臂太细或儿童测压时用标准气袖则结果会偏低,其气袖宽度应在 7~8 cm。

(二)血压标准

根据中国高血压防治指南(2010 年修改版)的标准,规定如表 5-3-1 所示。

表 5-3-1　成人血压水平的定义及分类

类别	收缩压(mmHg)		舒张压(mmHg)
正常血压	<120	和	<80
正常高值	120~139	和/或	80~89
高血压	≥140	和/或	≥90
1 级高血压(轻度)	140~159	和/或	90~99
2 级高血压(中度)	160~179	和/或	100~109
3 级高血压(高度)	≥180	和/或	≥110
单纯收缩期高血压	≥140	和	<90

注:如收缩压与舒张压水平不在一个级别时应按较高的级别分类。

（三）血压变动的临床意义

1. 高血压　若在安静、清醒的条件下采用标准测量方法，至少 3 次非同日血压值达到或超过收缩压 140 mmHg 和 / 或舒张压 90 mmHg，即可认为有高血压（hypertension）。高血压绝大多数为原发性高血压，约小于 5% 的继发于其他疾病，如慢性肾炎等，称为继发性或症状性高血压。

2. 低血压　血压低于 90/60 mmHg 时称低血压（hypotension），常见于休克、心肌梗死、急性心脏压塞等。有些患者的血压一贯偏低，而一般无症状，这可能与体质因素有关。如果患者平卧 5 min 以上后站立 1 min 和 5 min，其收缩压下降 20 mmHg 以上，并伴有头晕或晕厥，为直立性低血压。

3. 脉压改变　收缩压与舒张压之差称为脉压。若脉压大于 40 mmHg，为脉压增大，见于甲状腺功能亢进、主动脉瓣关闭不全等。若脉压小于 30 mmHg，则为脉压减小，可见于主动脉狭窄、心包积液及严重心力衰竭。

三、血管杂音

血管杂音的产生机制同心脏杂音，具体如下。

1. 静脉杂音　由于静脉压低，不易出现涡流，杂音一般不明显。临床上较常见的是颈静脉血液快速流入上腔静脉所致的颈静脉哼鸣声，在锁骨上窝出现，为无害性杂音。此外，肝硬化门静脉高压引起腹壁静脉曲张时，可在脐周或上腹部闻及连续性静脉嗡鸣音。

2. 动脉杂音　常见的周围血管杂音有：① 甲状腺功能亢进时，在甲状腺侧叶可闻及连续性吹风样杂音，提示局部血流丰富。② 多发性大动脉炎的狭窄病变部位可出现收缩期杂音。③ 肾动脉狭窄时，在上腹部或腰背部闻及收缩期杂音。④ 外周动静脉瘘时，在病变部位出现连续性杂音。

四、周围血管征

脉压增大除可触及水冲脉外，还有以下体征。

1. 枪击音（pistol shot sound）　在外周较大动脉表面，如股动脉或肱动脉处，轻放听诊器膜型体件可听到一种与心脏搏动一致、短促响亮如同射枪的声音。

2. 杜若兹埃（Duroziez）双重杂音　以听诊器的钟型体件稍加压力于股动脉上，可闻及收缩期与舒张期双期吹风样杂音。

3. 毛细血管搏动征（capillary pulsation syndrome）　用手指轻压患者指甲末端或用清洁的玻片轻压患者的口唇黏膜，使局部发白，随心脏搏动可见到发白的局部边缘出现有规律的红白交替现象。

水冲脉、枪击音、杜若兹埃双重杂音、毛细血管搏动征等阳性体征，统称为周围血管征阳性,主要见于脉压增大的疾病,如主动脉瓣关闭不全、严重贫血、动脉导管未闭和甲状腺功能亢进等。

【相关护理诊断】

1. **外周组织灌注无效**　与低血容量有关。

2. **有休克的危险**　与大量失血有关。

3. **潜在并发症**　脑出血。

小结

　　脉搏和血压是重要的生命体征,是评估生命活动存在与否及其质量的指标,为体格检查时必须检查的项目之一。周围血管征是由于脉压增大所致的一组体征,包括水冲脉、枪击音、杜若兹埃双重杂音和毛细血管搏动征,常见于主动脉瓣关闭不全、严重贫血、动脉导管未闭和甲状腺功能亢进等。

(袁春霞)

任务测试

141

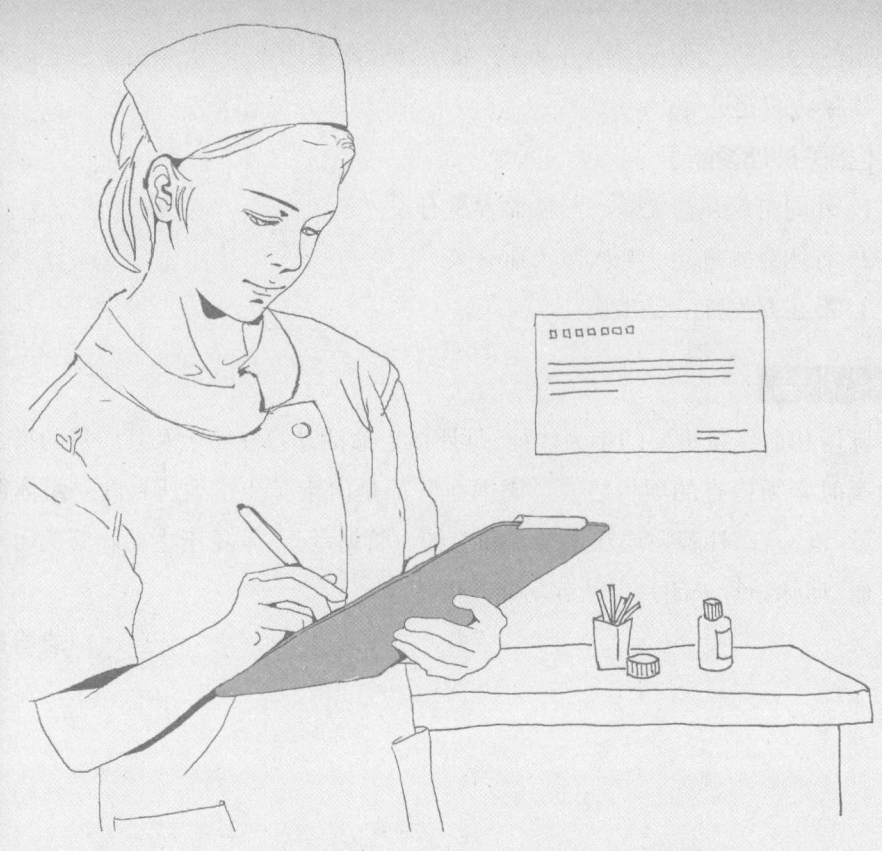

项目六　腹部护理评估

【学习目标】

1. 知识目标：解释消化系统及泌尿系统常见症状如恶心呕吐、便秘、黄疸、尿失禁、尿潴留等基本概念；叙述消化系统及泌尿系统常见症状的主要特点及临床意义。叙述腹部评估相关内容，常见异常表现的主要特点及临床意义。

2. 技能目标：能对消化系统及泌尿系统常见症状如恶心呕吐、便秘、黄疸、尿失禁、尿潴留等进行系统的护理评估，为作出相应的护理诊断提供依据；能熟练地对患者进行全面的腹部体格检查，准确描述检查结果并判断结果的正常与异常；并解释腹部常见异常体征的临床意义，为提出护理诊断提供客观依据。

3. 素质目标：关爱、理解患者，善于运用沟通技巧，取得信任，建立良好的护患关系，具备人文关怀意识，初步形成临床评判性思维。

【思维导图】

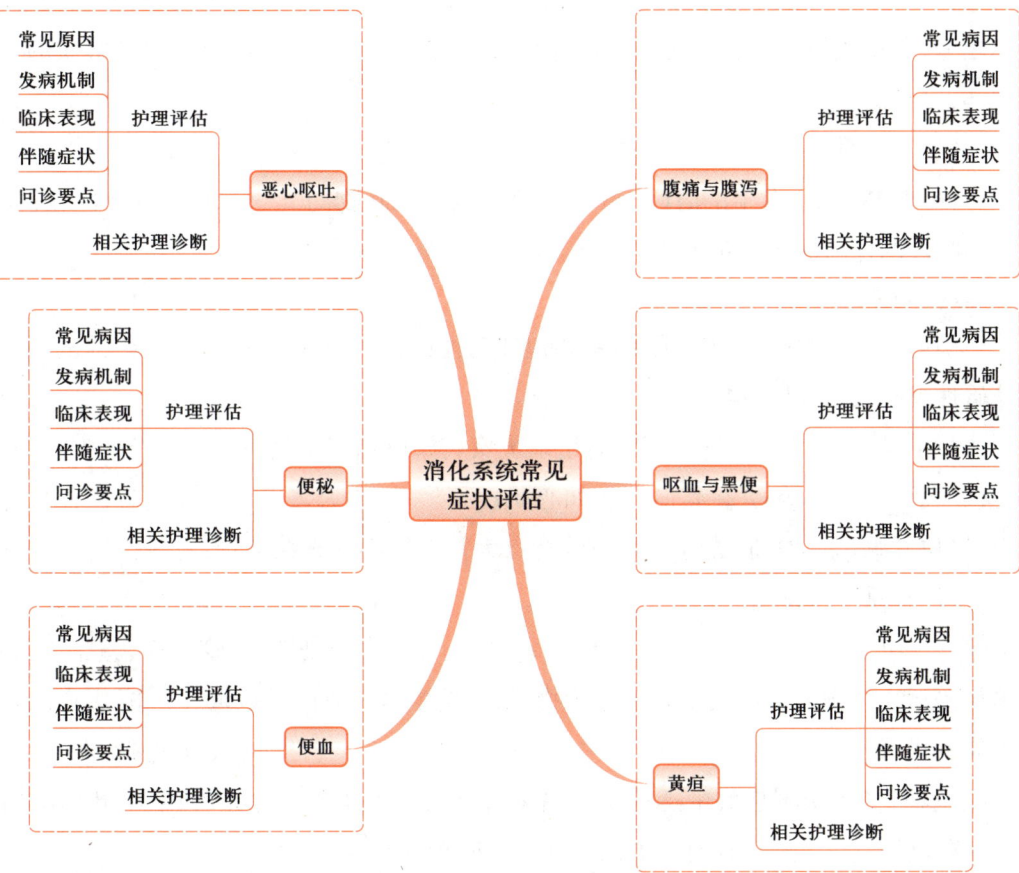

【典型案例】

　　患者,女性,75岁。3天前无明显诱因出现中上腹不适,伴下腹部疼痛,约2 h后出现呕血,为暗红色血块,不含胃内容物,共3次,总量约500 mL,次日晨排柏油样稀便1次,量约300 g。体检:体温37℃,脉搏100次/分,呼吸24次/分,血压80/50 mmHg,患者神志清楚,贫血貌,腹部明显膨隆,可见明显腹壁静脉曲张,腹柔软无压痛,肝脾未及,移动性浊音阳性(+),双下肢无水肿。

　　任务引领一:责任护士对该患者主要的评估项目有哪些?

　　任务引领二:目前患者主要的护理诊断是什么?

一、恶心与呕吐

恶心与呕吐

恶心（nausea）、呕吐（vomiting）是消化系统的常见症状之一。恶心为上腹部不适、紧迫欲吐的感觉，常为呕吐的前奏，可伴有迷走神经兴奋的表现，如皮肤苍白、出汗、流涎、心动过缓及血压下降等。呕吐是通过胃的强烈收缩迫使胃或部分小肠的内容物经食管、口腔而急速排出体外的现象。在一定范围内，呕吐是机体的防御性保护措施之一，可将机体中有害的物质排出体外，但频繁、剧烈的呕吐可引起水电解质的紊乱、营养不良等。

【护理评估】

详细询问呕吐发生的时间、频率、诱发因素；呕吐物的气味、颜色、量及性状；恶心与呕吐的伴随症状及对机体的影响。

（一）常见病因

引起恶心与呕吐的原因很多，主要包括四种：反射性呕吐、中枢性呕吐、前庭功能障碍性呕吐及精神性呕吐。

1. **反射性呕吐** 常见于：① 消化系统疾病如口咽部刺激，胃、十二指肠疾病，肠道、肝、胆、胰疾病等。② 其他疾病如心肌梗死早期、心力衰竭、青光眼、急性肾盂肾炎、异位妊娠、急性盆腔炎等。其临床特点为常有恶心的先兆表现，胃排空后仍干呕不止，伴有原发病表现。

2. **中枢性呕吐** 常见于：① 神经系统疾病如颅内感染、脑血管疾病、癫痫、颅脑损伤等；② 药物的不良反应如化疗药物、某些抗生素、吗啡、洋地黄等。③ 中毒的表现如有机磷农药、酒精、一氧化碳、重金属中毒等。④ 全身性疾病如肝昏迷、尿毒症、妊娠早期、糖尿病酮症酸中毒等。其临床特点为多无恶心的先兆表现，呕吐为喷射状，呕吐后不感轻松，可伴有剧烈的头痛和不同程度的意识障碍。

3. **前庭功能障碍性呕吐** 常见于：① 梅尼埃病：为突发性的旋转性眩晕伴恶心呕吐。② 迷路炎：是化脓性中耳炎的常见并发症。③ 晕动病：一般在乘飞机、乘船和乘车时发生。其临床特点为与头部位置的改变有关，常伴有自主神经功能失调的症状，如眼球震颤、恶心、眩晕、心悸、出汗、血压下降等表现。

4. **精神性呕吐** 常见于胃神经症、癔症、神经性厌食等。其临床特点为呕吐与精神因素有关，在餐后立即发生，多不伴有恶心。

（二）发病机制

呕吐是一系列复杂的反射过程，该过程包括三个阶段，即恶心、干呕与呕吐。呕吐中枢位于延髓，主要是由神经反射中枢（即呕吐中枢）和化学感受器触发带控制。神经反射中枢位于延髓外侧网状结构的背部，接受来自消化道、大脑皮质、内耳前庭、冠状动脉及化学感受器触发带的传入冲动，直接支配呕吐的动作；化学感受触发带,位于延髓第四脑室的底面,接受各种外来的化学物质或药物(吗啡、洋地黄、依米丁等)及内生代谢产物(如尿毒症、感染、酮中毒等)的刺激引发出神经冲动,传至呕吐中枢再引起呕吐。

(三)临床表现

1. **呕吐的时间** 尿毒症患者及妊娠早期呕吐多发生在清晨;幽门梗阻呕吐多见于晚上或夜间;前庭功能障碍性呕吐与头部位置的改变有关;晕动病一般在乘飞机、乘船和乘车时发生。

2. **呕吐的特点** 中枢性呕吐多无恶心的先兆表现,为喷射状,呕吐后不感轻松,可伴有剧烈的头痛和不同程度的意识障碍。胃源性呕吐,吐后即感轻松。

3. **呕吐物的量、性质及气味** 带发酵、腐败气味提示胃潴留;带粪臭味提示低位小肠梗阻;伴有胆汁提示高位肠梗阻;含有大量酸性液体者多有胃泌素瘤或十二指肠溃疡,无酸味者可能为贲门狭窄或贲门失弛缓症所致;有大蒜味,提示有机磷中毒。

(四)伴随症状

1. **呕吐伴腹痛、腹泻** 多见于急性胃肠炎、细菌性食物中毒及各种急性中毒。

2. **呕吐伴头痛及喷射性呕吐** 常见于高颅压或青光眼。

3. **呕吐伴眩晕、眼球震颤** 见于前庭器官疾病。

(五)问诊要点

1. **病因及诱因** 有无与恶心、呕吐相关的疾病史,如急慢性胃炎、幽门梗阻、脑炎、脑膜炎等,有无应用洋地黄等药物,有无妊娠、晕动病等。

2. **恶心与呕吐的特点** 发生的时间、起病缓急、持续时间;呕吐的方式、发作频率、严重程度;与进食、药物、体位、情绪等的关系;呕吐物的量、性状、气味,加重或缓解的因素。

3. **恶心与呕吐对患者的影响** 有无食欲下降、体重减轻、脱水等营养与代谢型态的改变;有无意识障碍、腹痛、腹泻、呛咳、呼吸不畅等并发症的发生。

4. **诊疗及护理经过** 是否已接受就诊,是否做过 X 线钡餐、胃镜、腹部 B 超等相关检查及其结果,已采用的治疗及护理措施,是否应用了抑制胃酸分泌的药物或镇吐药物等,药物的名称、剂量、疗效等。

【相关护理诊断】

1. **体液不足 / 有体液不足的危险** 与呕吐引起的体液丢失过多和 / 或水的摄入量不足有关。

2. **营养失调:低于机体需要量** 与长期呕吐和食物的摄入量不足有关。

3. **舒适度减弱** 与各种原因神经反射或直接刺激延脑呕吐中枢使其兴奋性增高有关。

4. **潜在并发症** 窒息。

辐 射 病

恶心和呕吐是辐射病的最早症状,辐射剂量越多,症状出现越早,受到辐射后一个小时开始呕吐的人极有可能会死亡。有时辐射病起初让人感觉不好,然后开始感觉好多了。但通常会"潜伏"几小时、几天,甚至是接下来的几个星期里会伴有新的更严重的症状。

二、腹痛与腹泻

腹痛(abdominal pain)是消化系统疾病中常见的症状,可由腹部脏器疾病、腹腔外疾病及全身性疾病引起,临床上分为急性腹痛和慢性腹痛。

腹泻(diarrhea)指排便次数增多,粪质稀薄,或带有黏液、脓血,或带有未消化的食物。病程在2个月以内者为急性腹泻,超过2个月者为慢性腹泻。

【护理评估】

详细询问腹痛发生的原因、既往病史及有无诱发因素;腹痛的急缓、性质、部位及与进食、排便的关系。详细询问腹泻病史、起病急缓、有无诱因或加重因素,病程长短,是持续性还是间歇性;腹泻的次数、量、颜色、性状和气味,加重或缓解因素及腹痛的特点;询问有无发热、恶心呕吐、腹部包块、里急后重等伴随症状;腹泻的诊断、治疗及护理经过。

(一) 常见病因

1. 腹痛　引起腹痛的病因有很多,常见原因如下。

(1) 消化系统疾病:① 胃、食管疾病:如急慢性胃炎、胃穿孔、消化性溃疡、反流性食管炎等。② 肠道疾病:如急慢性肠炎、肠套叠、肠梗阻、溃疡性结肠炎等。③ 肝胆脾疾病:如肝炎、肝淤血、肝癌、肝硬化、胆囊炎、胆结石、胆道蛔虫症、脾破裂等。④ 胰腺疾病:如急慢性胰腺炎、胰腺癌等。

(2) 腹膜及腹壁疾病:急性腹膜炎、结核性腹膜炎;腹壁脓肿、挫伤及腹壁皮肤带状疱疹等。

(3) 腹腔血管缺血:门静脉血栓形成和肠系膜动脉血栓形成等。

(4) 胸腔疾病所致的腹部牵涉性痛:肺炎、肺梗死、胸膜炎、心绞痛、心肌梗死、急性心包炎、胸椎结核、食管裂孔疝。

(5) 全身性疾病:尿毒症、铅中毒、腹型过敏性紫癜、糖尿病酮症酸中毒等。

2. 腹泻　根据病程的长短可将腹泻分为急性腹泻和慢性腹泻,常见的病因如下。

(1) 消化系统疾病:胃大部分切除术后、慢性萎缩性胃炎、溃疡性结肠炎、细菌性痢疾、伤寒、肝硬化、肝癌、胰腺炎等。

（2）全身性疾病：感染性疾病，如败血症、伤寒、副伤寒、尿毒症、肾上腺皮质功能减退症、甲状腺功能亢进、食物中毒。

（3）其他：如变态反应性肠炎、过敏性紫癜、药物不良反应等。

（二）发病机制

1. 腹痛　可分为三种，即内脏性腹痛、躯体性腹痛和牵涉痛。

（1）内脏性腹痛：腹内某一器官被牵拉或炎症引起，痛觉信号由交感神经传入脊髓。疼痛部位不明确，接近腹部；疼痛感觉模糊，多为钝痛、灼痛或绞痛；常伴恶心、呕吐、出汗等其他自主神经兴奋症状。

（2）躯体性腹痛：腹膜壁层及腹壁受到刺激，痛觉信号经体神经传至脊神经根，到相应脊髓节段所支配的皮肤所引起的疼痛。定位准确，可在腹部一侧；疼痛剧烈而持续；可有压痛与反跳痛；腹痛可因咳嗽、体位变化而加重。

（3）牵涉痛：内脏性疼痛牵涉到身体体表部位，即内脏痛觉信号传至相应脊髓节段，引起该节段支配的体表部位疼痛。定位明确，疼痛剧烈，有压痛、肌紧张及感觉过敏等。

2. 腹泻　发病机制相当复杂，有些因素又互为因果，从病理生理角度可归纳为下列几类腹泻。

（1）分泌性腹泻：系胃肠道分泌大量液体超过胃肠黏膜吸收能力所致。如霍乱弧菌外毒素引起的大量水样腹泻；肠道非感染或感染性炎症，如阿米巴肠炎、细菌性痢疾、溃疡性结肠炎、肠结核、放射性肠炎及肿瘤溃烂等。某些胃肠道内分泌肿瘤如胃泌素瘤所致的腹泻。

（2）渗出性腹泻：由于黏膜炎症、溃疡、肿瘤浸润导致血浆、黏液、脓血渗出，如肠炎、细菌性痢疾、结肠癌等。

（3）渗透性腹泻：由于肠内容物渗透压增高，导致肠内水分与电解质的吸收阻碍而引起，如乳糖酶缺乏，乳糖不能水解即形成肠内高渗，服用盐类泻剂或甘露醇等引起的腹泻等。

（4）动力性腹泻：由于肠蠕动亢进致肠内食糜停留时间缩短，未被充分吸收所致的腹泻，如胃肠功能紊乱、肠炎、糖尿病、甲状腺功能亢进等。

（5）吸收不良性腹泻：由于肠黏膜的吸收面积减少或吸收障碍所引起，如小肠大部分切除、吸收不良综合征、小儿乳糜泻等。

（三）临床表现

1. 腹痛　胃、十二指肠病变疼痛常位于上腹部；空肠、回肠病变疼痛常位于脐周；回盲部病变疼痛常位于右下腹；结肠及盆腔病变疼痛常位于下腹部。胃、十二指肠溃疡多表现为周期性、节律性隐痛，合并幽门梗阻者则为胀痛，于呕吐后可缓解。胃癌疼痛无规律。胆道、胰腺疾病所致疼痛多因进食诱发或加重，伴放射痛。小肠及结肠病变所致疼痛多为间歇性、痉挛性绞痛,结肠病变所致疼痛可于排便后减轻。直肠病变所致疼痛常伴有里急后重感。

2. 腹泻

(1) 起病及病程:急性腹泻常有进食不洁食物等病史,起病急、病程短,多为食物中毒或感染。慢性腹泻,常有原发疾病史,起病缓慢,病程较长,可呈持续性或间歇性,多见于慢性肠道感染、非特异性炎症、肠道肿瘤、吸收不良或神经功能紊乱等。

(2) 腹泻次数及粪便性状:急性腹泻每天排便可达 10 次以上,粪便多稀薄,如为细菌感染(细菌性痢疾)常带血及脓液。如为暗红色或果酱样粪便,提示可能是阿米巴痢疾。稀薄水样便常见于食物中毒。出血性坏死性肠炎排出洗肉水样血便,带有腥臭的气味。粪便中带黏液而无病理成分者常见于肠易激综合征。

(四) 伴随症状

1. 腹痛伴寒战、发热　提示有炎症存在,见于急性胆道感染、肝脓肿、腹腔脓肿、胆囊炎,也可见于腹腔外感染性疾病。

2. 腹痛伴黄疸　可能与肝胆胰疾病有关。

3. 腹痛伴呕吐、反酸、腹泻　提示食管、胃肠病变,可见于胃肠道梗阻、胃十二指肠溃疡或胃炎。

4. 腹痛伴腹泻　提示消化吸收障碍或肠道炎症、溃疡或肿瘤。

5. 腹痛伴血尿　可能与泌尿系疾病有关。

6. 腹泻伴发热　可见于急性细菌性痢疾、伤寒或副伤寒、肠结核、结肠癌、小肠恶性淋巴瘤、克罗恩病、非特异性溃疡性结肠炎急性发作期、败血症、病毒性肠炎、甲状腺危象等。

7. 腹泻伴明显消瘦　可见于胃肠道恶性肿瘤及吸收不良综合征。

8. 腹泻伴皮疹或皮下出血　见于败血症、伤寒或副伤寒、麻疹、过敏性紫癜、糙皮病等。

9. 腹泻伴关节痛或肿胀　见于克罗恩病、慢性非特异性溃疡性结肠炎、红斑性狼疮、肠结核等。

10. 腹泻伴腹部包块　见于胃肠恶性肿瘤、肠结核、克罗恩病及血吸虫肉芽肿。

11. 腹泻伴重度失水　常见分泌性腹泻如霍乱及细菌性食物中毒,也可见于尿毒症等。

(五) 问诊要点

1. 病因及诱因　有无不洁饮食史,有无化学毒物或传染病接触史,有无进食高脂食物、受凉、过度劳累、情绪紧张等,有无使用致腹泻的药物。

2. 腹痛与腹泻的特点　腹痛起病的缓急、性质、部位及与进食、排便的关系;腹泻起病急缓,病程长短,是持续性还是间歇性;腹泻的次数、量、颜色、性状和气味,加重或缓解因素及腹痛的特点等。

3. **腹痛与腹泻对患者的影响** 有无焦虑、恐惧等压力及压力应对形态的改变;有无脱水、体重下降、消瘦等营养与代谢形态的改变。

4. **诊疗及护理经过** 已接受的检查情况及结果,包括腹部 B 超、血糖、血电解质等相关检查及其结果;已采用的治疗或护理措施及其效果,包括是否应用过镇痛或止泻药物等,药物的名称、剂量、给药途径、疗效等。

【**相关护理诊断**】

1. **急性 / 慢性疼痛** 与内脏器官受刺激有关,与腹膜及腹膜壁层受刺激有关。

2. **体液不足 / 有体液不足的危险** 与腹泻导致体液丢失过多有关。

3. **焦虑** 与疼痛迁延不愈有关,与慢性腹泻迁延不愈有关。

4. **恐惧** 与剧烈疼痛有关。

5. **有皮肤完整性受损的危险** 与频繁排便、排泄物刺激有关。

6. **潜在并发症** 休克。

知识拓展

腹痛、腹泻与精神紧张

在生活中一些突发性的腹痛、腹泻与精神紧张有很大的关系。这是因为人的大肠具有一定的蠕动能力,使积在大肠内的废物排出,当精神压力过大或受到惊吓时,大肠蠕动会变得频繁而引起腹泻。此类腹泻并非细菌引起,因此对这些患者的治疗,关键是消除心理的紧张。

三、便秘

便秘(constipation)是指排便次数减少,一般每周少于 2~3 次,伴排便困难、粪便量少而干结。但有部分人习惯 2~3 天排便一次,且大便形状正常,此种情况不属于便秘。便秘是消化系统常见的症状,多长期持续存在,影响人们生活质量,病因多样,以肠道疾病最为常见。

【**护理评估**】

详细询问被评估者的饮食习惯,包括饮食种类,是否含足量纤维素,有无偏食和进水量等;有无影响排便习惯的各种因素存在,如生活条件改变、情绪紧张等;是否长期滥用泻药及引起便秘的其他药物,并询问药物的种类及疗程;患者有无长期卧床、腹部手术及妊娠等情况;有无引起便秘的各类肠道疾病、腹腔或盆腔疾病等。

(一) 常见病因

按照便秘的病因不同可分为功能性便秘和器质性便秘。

1. **功能性便秘**　发生原因有：① 进食量少或食物缺乏纤维素或水分不足，对结肠运动的刺激减少。② 各种原因(如生活节奏过快，工作压力大，工作时间和性状的改变，精神因素等)导致正常的排便习惯改变。③ 腹肌及盆腔肌张力不足，排便推动力缺乏，难以将粪便排出体外。④ 滥用泻药，形成药物依赖，造成便秘。⑤ 结肠功能减弱如年老体弱，活动过少，肠痉挛致排便困难。⑥ 结肠冗长。⑦ 服用吗啡类药、抗胆碱能药、钙通道阻滞剂、抗抑郁药、镇静剂及含钙、铝的制酸药等致肠肌松弛。

2. **器质性便秘**　发生原因有：① 直肠和肛门病变引起肛门括约肌痉挛、排便疼痛造成惧怕排便，如痔疮、肛裂、直肠炎、肛周脓肿和溃疡等。② 结肠完全或不完全性梗阻，如结肠的良恶性肿瘤、先天性巨结肠症，各种原因引起的肠粘连、肠扭转、肠套叠等。③ 腹腔或盆腔内肿瘤的压迫，如子宫肌瘤。④ 全身性疾病使肠肌松弛、排便无力，如尿毒症、糖尿病、甲状腺功能减退、脑血管意外、截瘫等。此外，血卟啉病及铅中毒引起肠肌痉挛，也可导致便秘。

(二) 发病机制

食物在消化道经消化吸收后，剩余的食糜残渣从小肠输送到结肠，在结肠内再将大部分的水分和电解质吸收形成粪团，最后输送到乙状结肠、直肠，直肠黏膜受到粪便充盈扩张的机械性刺激，产生感觉冲动，冲动经盆腔神经、腰骶脊髓传入大脑皮质，再经传出神经将冲动传至直肠，使直肠肌发生收缩，肛门括约肌松弛，紧接着腹肌与膈肌同时收缩使粪便从肛门排出体外。以上即是正常的排便反射过程。这一排便反射过程的任何一个环节出现障碍均可导致便秘。以下因素都是发生便秘的重要原因：① 摄入的食物或水分过少，使肠内的食糜残渣或粪便的量亦少，不足以刺激结肠的正常蠕动。② 各种原因引起的肠道蠕动减弱或肠道肌肉张力减低。③ 肠腔有狭窄或梗阻存在，使正常的肠蠕动受阻，导致粪便不能下排，例如左半结肠癌或肠梗阻。④ 排便反射过程中任何环节有障碍或病变时均可发生便秘，例如排便反射减弱或消失，盆腔神经、腰骶脊髓神经病变，肛门括约肌痉挛、腹肌及膈肌收缩运动减弱等。

(三) 临床表现

便秘的主要表现是排便次数减少，间隔时间延长，粪便干结，排便困难。排便时可有左下腹痉挛性疼痛与下坠感，常可在左下腹扪及粪块或痉挛的乙状结肠。

(四) 伴随症状

1. **便秘伴呕吐、腹胀、肠绞痛**　多为各种原因引起的肠梗阻。

2. **便秘伴腹部包块**　应注意结肠肿瘤、肠结核及克罗恩病。

3. **便秘与腹泻交替出现**　应注意肠结核、溃疡性结肠炎、肠易激综合征。

4. **便秘伴精神紧张、生活环境改变**　多为功能性便秘。

（五）问诊要点

1. 病因及诱因　有无胃肠道疾病或胃肠道手术史，有无代谢性疾病或内分泌疾病史等，有无使用可致便秘的药物或长期服用导泻药，有无环境改变、不良饮食习惯、饮水或活动量过少、精神紧张等诱因。

2. 便秘的特点　每日或每周的排便次数、量、粪便的性状，排便是否用力等，起病的情况及持续时间，加重或缓解因素等。

3. 便秘对患者的影响　每日排便的次数、量、颜色、性状，有无排泄型态的改变；有无与排便困难有关的紧张或焦虑情绪。

4. 诊疗及护理经过　已接受的检查情况及结果，包括粪常规检查、影像检查等检查结果；已采用的治疗或护理措施及其效果，包括是否应用过导泻药，药物的名称、剂量、给药途径、疗效等；有无采取其他缓解便秘的措施等。

【相关护理诊断】

1. 便秘　与各种原因的肠梗阻有关；与摄入水分、纤维素量过少有关；与滥用泻药有关。

2. 急性/慢性疼痛　与排便困难所致肠痉挛有关；与机械性肠梗阻有关。

3. 组织完整性受损/有组织完整性受损的危险　与粪便过于干硬有关。

4. 知识缺乏　缺乏养成良好的排便习惯及预防便秘的知识。

151

知识拓展

便　秘

便秘患者可进行食疗。首先，保证足够的饮水量，尤其在食用高纤维食品时；多食新鲜蔬菜，增加饮食中纤维的摄取量；每天早晨空腹饮蜂蜜水，蜂蜜中含有大量果糖，对肠道有润滑作用。此外，增加 B 族维生素食品的供给，多食葡萄柚、糙米、胡萝卜、红薯等富含膳食纤维的食品。

四、呕血与黑便

呕血（hematemesis）是指十二指肠悬韧带以上的消化器官，包括食管、胃、十二指肠、肝、胆和胰疾病或全身性疾病所致上消化道出血，血液经口腔呕出的现象。黑便则指上消化道出血时部分血液经肠道排出，因血红蛋白在肠道内与硫化物结合形成硫化亚铁，形成黑色的大便。由于黑便附有黏液而发亮，类似柏油，又称柏油样便。

【护理评估】

详细询问有无引起呕血的相关病史，有无饮食不洁、大量饮酒、服用肾上腺皮质激素、水杨酸类药物等诱发因素；与咯血相鉴别；询问呕血与黑便的次数、量、颜色、性状变化，估计出血的量；询问患者有无上腹痛、肝脾大、黄疸、皮肤黏膜出血等伴随

呕血与黑便

症状。

(一) 常见病因

1. 消化系统疾病 包括① 食管疾病如食管炎、食管憩室炎、食管癌、食管异物、食管贲门黏膜撕裂、食管损伤等。② 胃及十二指肠疾病如消化性溃疡、慢性胃炎、胃癌、应激性溃疡等。③ 肝胆疾病如食管、胃底静脉曲张破裂出血，胆结石、胆管癌、急性出血性胆管炎等。④ 胰腺疾病如急性胰腺炎、胰腺癌等。

2. 血液病 包括血小板减少性紫癜、过敏性紫癜、血友病、白血病、霍奇金病、遗传性毛细血管扩张症、弥散性血管内凝血及其他凝血机制障碍等。

3. 全身疾病 包括流行性出血热、钩端螺旋体病、登革热、暴发型肝炎、败血症等感染性疾病，尿毒症，肺源性心脏病，呼吸衰竭等。

以上病因中消化性溃疡是引起呕血最常见的原因，其次为食管、胃底静脉曲张破裂出血，急性胃黏膜病变居第三位。

(二) 临床表现

1. 呕血与黑便 提示消化道出血的特征性表现。呕血前常有上腹部不适及恶心，随后呕出血性胃内容物，一段时间后排出黑便。呕血的颜色与出血量的多少及血液在胃肠道内停留时间的长短有关。出血量多、在胃肠道内停留时间短时，血色鲜红或混有血块，或为暗红色；出血量少、在胃内停留时间长时，血红蛋白与胃酸作用生成正铁血红蛋白，使呕吐物呈咖啡色。

粪便的颜色与出血的量、速度及肠蠕动的快慢有关。出血量小，粪便颜色无改变；出血量大，且在肠道内停留时间短，呈紫红色；肠道内停留时间长，呈黑色。

2. 失血的表现 见表6-1-1。

表6-1-1 不同程度失血的表现

出血程度	占循环血容量(%)	症状	血压	脉搏(次/分)	尿量
轻度	10~20	头晕、乏力	正常	正常或稍快	减少
中度	>20	头晕、四肢湿冷、口干、心悸	下降	>100	明显减少
重度	>30	神志不清、面色苍白、四肢厥冷、烦躁不安、冷汗、呼吸急促	显著下降	>120，细数	少尿或尿闭

3. 血液学改变 早期血液检查可无明显改变，出血3~4 h以后由于组织液的渗出及输液等情况，血液被稀释，血红蛋白及血细胞比容逐渐降低，呕血停止后逐渐恢复正常。

4. 其他 大量呕血可出现发热、氮质血症等表现。

(三) 伴随症状

1. 呕血伴有慢性、周期性、节律性的上腹痛 多为消化性溃疡。

2. **呕血伴食欲减退、进行性消瘦**　多见于胃癌。

3. **呕血伴有肝脾大,皮肤有蜘蛛痣、肝掌、腹壁静脉曲张或有腹水**　提示肝硬化门静脉高压。

4. **呕血伴有皮肤黏膜出血**　常与血液疾病及凝血功能障碍性疾病有关。

（四）问诊要点

1. **确定是否为呕血与黑便**　判断是否为呕血应排除口、鼻腔、咽喉等部位出血及咯血;判断是否为黑便应排除食用过多肉类、动物血、动物肝及服用铁剂、铋剂、部分中药所致的粪便发黑。

2. **评估出血量的判断**　一般而言,出血量的大小与破裂血管的大小有密切关系;较大静脉血管、小动脉破裂,出血量大;广泛的毛细血管渗血,其出血量一般也较大。应根据呕血与便血的颜色及全身反应来判断出血量。一般粪便隐血试验阳性示出血量大于 5 mL/24 h;黑便示出血量为 50~70 mL/24 h,呕血示胃内积血量达250~300 mL/24 h;伴随体位改变出现头晕、黑矇、心悸、口渴、冷汗示血容量不足,出血量较大。由于呕血与黑便常混有呕吐物与粪便,失血量难以估计,常根据全身状况综合判断。

3. **出血部位**　幽门以上部位的出血多有呕血与黑便,幽门以下部位的出血常引起黑便。呕血一般伴有黑便,而黑便不一定有呕血。

4. **出血是否停止**　可通过呕血和黑便的次数与量是否减少或停止,或临床表现是否好转或消失,或实验室检查是否逐渐恢复等来进行综合判断。

5. **病因及诱因**　有无消化性溃疡、肝硬化、急性胃黏膜病变等病史;有无服用肾上腺皮质激素、水杨酸类药物史;有无饮食不洁、进食粗硬食物、大量饮酒、精神紧张等诱因。

6. **呕血与黑便对患者的影响**　有无头晕、黑矇等周围循环血量不足的表现;有无紧张、焦虑、恐惧等压力与压力应对形态的改变。

7. **诊疗及护理经过**　已接受的检查情况及结果,包括血常规检查、血生化检查、粪便隐血试验等检查结果;已采用的治疗或护理措施及其效果,包括是否应用过药物,药物的名称、剂量、给药途径、疗效等;有无采取其他的止血措施及效果。

【相关护理诊断】

1. **外周组织灌注无效**　与上消化道出血致血容量减少有关。

2. **活动无耐力**　与呕血与黑便所致贫血有关。

3. **焦虑/恐惧**　与大量呕血与黑便有关。

4. **潜在并发症**　休克。

消化性溃疡

人们通常认为消化性溃疡是因为胃黏膜的损害因素与防御因素之间的失衡所导致。二十多年来,专家学者们对溃疡病的发生机制达成共识,认为消化性溃疡是多种病因所致的异质性疾病群,研究证实胃酸在溃疡病发生中起了很重要的作用,幽门螺杆菌在溃疡病的复发中起了很重要的作用。

五、便血

便血(hematochezia)是指消化道出血,血液由肛门排出。便血的颜色取决于消化道出血的部位、出血量与血液在肠道内停留的时间。少量出血不引起粪便的颜色改变,需要经过隐血试验才能确定的叫隐血便(occult blood stool)。

【护理评估】

详细询问确定是否便血,注意排除药物、食物的影响;根据粪便的颜色、性状等判断出血的部位,详细询问既往病史、伴随的症状及体征;询问血便的颜色、性状、排便次数和量,全身有无失血的症状及其严重程度。

(一)常见病因

引起呕血的原因均可导致便血,便血主要见于下消化道疾病。

1. 小肠疾病　肠结核、肠伤寒、急性出血性坏死性肠炎、钩虫病、克罗恩病、小肠肿瘤、小肠血管瘤、空肠憩室炎或溃疡、肠套叠等。

2. 结肠疾病　结肠癌、结肠息肉、缺血性结肠炎、急性细菌性痢疾、阿米巴痢疾、血吸虫病、溃疡性结肠炎等。

3. 直肠、肛管疾病　直肠肛管损伤、直肠炎、直肠息肉、直肠癌、痔疮、肛裂、肛瘘等。

4. 其他疾病　如肝疾病、败血症、血管畸形、白血病、缺血性肠炎、出血热、维生素 C 及维生素 K 缺乏症等。

(二)临床表现

便血颜色可因出血部位不同、出血量的多少及血液在肠腔内停留时间的长短而异。若出血量多、速度快则呈鲜红色;若出血量小、速度慢,血液在肠道内停留时间较长,则可为暗红色。粪便可全为血液或混合有粪便,也可仅黏附于粪便表面或于排便后肛门滴血。若血色鲜红黏附于粪便表面或排便后有鲜血滴出或喷出,则提示为直肠或肛门病变,如直肠肿瘤、痔疮或肛裂等。急性细菌性痢疾和溃疡性结肠炎,多呈黏液脓血便;阿米巴痢疾的粪便多为果酱样便。急性出血坏死性肠炎可排除洗肉水样粪便并伴有腥臭味。

便血的评估

（三）伴随症状

1. 便血伴有里急后重　排便频繁，但每次排便量甚少，且排便后未感轻松，提示为肛门、直肠疾病，常见于细菌性痢疾、直肠炎及直肠癌。

2. 便血伴慢性反复上腹痛　且呈周期性与节律性，出血后疼痛减轻。见于消化性溃疡，也可见于急性出血性坏死性肠炎、肠套叠、肠系膜血栓形成或栓塞、膈疝等。

3. 便血伴发热　常见于传染性疾病，如败血症、流行性出血热或部分恶性肿瘤，如肠道淋巴瘤、白血病等。

4. 便血伴皮肤黏膜出血　可见于急性传染性疾病及血液疾病，如重症肝炎、流行性出血热、血友病、过敏性紫癜、白血病等。

（四）问诊要点

1. 病因及诱因　有无急性细菌性痢疾、结肠癌、直肠癌、痔疮等消化系统疾病史，有无败血症、血管畸形、白血病等全身性疾病史。

2. 便血的特点　便血的次数、量、颜色、性状等，起病的情况及持续时间，加重或缓解因素等。

3. 便血对患者的影响　有无乏力、头晕、活动后心悸等贫血的表现；有无紧张、焦虑、恐惧等情绪的改变；有无影响其正常社会交往活动等。

4. 诊疗及护理经过　已接受的检查情况及结果，包括血常规检查、粪常规检查、大便隐血试验等检查结果；已采用的治疗或护理措施及其效果，包括是否应用药物，药物的名称、剂量、给药途径、疗效等；有无采取其他有关便血的治疗及护理措施等。

【相关护理诊断】

1. 外周组织灌注无效　与便血所致有效循环血容量减少有关。

2. 活动无耐力　与便血所致的贫血有关。

3. 焦虑　与长期的便血有关。

4. 有皮肤完整性受损的危险　与排泄物对肛周的皮肤刺激有关。

知识拓展

痔　疮

痔疮出现便血是大家比较熟悉的症状。于是，只要出现便血症状人们就认为自己是患上了痔疮。但他们不知道，便血也可能是肠道恶性肿瘤的早期信号。在临床上，有80%的早期直肠肿瘤患者，都曾因忽视便血而发生误诊漏诊的情况，从而延误直肠肿瘤治疗的最佳时机。

六、黄疸

黄疸（jaundice）是由于血清中胆红素升高，使皮肤、黏膜和巩膜发黄的症状和体征。正常血清总胆红素为 1.7~17.1 μmol/L（0.1~1 mg/dl）。血清胆红素浓度在 17.1~34.2 μmol/L（1~2 mg/dl）时，虽然高于正常值，但临床不易察觉，称为隐性黄疸，超过 34.2 μmol/L（2 mg/dl）可出现皮肤、黏膜和巩膜黄染。

衰老红细胞所释放的血红蛋白为胆红素的主要来源，血液循环中衰老的红细胞经单核吞噬细胞破坏和分解，产生脂溶性的非结合胆红素（unconjugated bilirubin，UCB），非结合胆红素不能从肾排出体外，在肝中经葡糖醛酸转移酶的催化作用与葡糖醛酸结合转化成水溶性的结合胆红素（conjugated bilirubin，CB），结合胆红素可通过肾排出，然后结合胆红素随胆汁排入肠道，经细菌分解为无色的尿胆原。尿胆原大部分从粪便排出，称为粪胆素。小部分经肠道吸收，通过门静脉血回到肝内，其中大部分再转变为结合胆红素，又随胆汁排入肠内，形成"胆红素的肠肝循环"。小部分经体循环从肾排出，为尿中的尿胆原（图 6-1-1）。

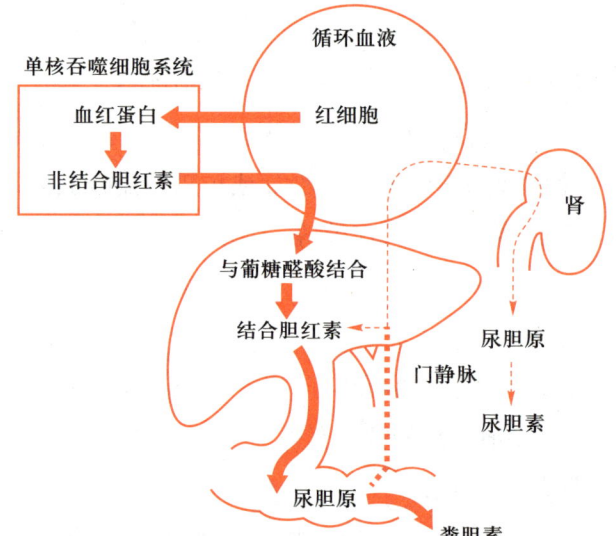

图 6-1-1　胆红素正常代谢示意图

【护理评估】

详细询问患者的饮食、用药等情况，与假性黄疸鉴别；询问黄疸发生的缓急、尿粪颜色的改变、皮肤色泽的深浅及是否伴有皮肤瘙痒等症状。

（一）常见病因

引起黄疸的原因很多，临床根据引起黄疸的病因可分为溶血性黄疸、肝细胞性黄疸和胆汁淤积性黄疸。

1. 溶血性黄疸　凡能引起溶血的疾病均可导致溶血性黄疸：① 先天性溶血性贫

血,如地中海贫血、遗传性球形红细胞增多症。② 后天性获得性溶血性贫血,如新生儿溶血、自身免疫性溶血性贫血、不同血型输血后的溶血,以及蚕豆病、伯氨喹、蛇毒、毒蕈、阵发性睡眠性血红蛋白尿等引起的溶血。

2. 肝细胞性黄疸　各种导致肝细胞严重损害的疾病均可引起黄疸,如肝硬化、中毒性肝炎、病毒性肝炎、钩端螺旋体病、败血症等。

3. 胆汁淤积性黄疸　胆汁淤积可分为肝内性和肝外性。肝内性又可分为肝内阻塞性胆汁淤积和肝内胆汁淤积,前者见于肝内泥沙样结石、癌栓、寄生虫病。后者见于病毒性肝炎、药物性胆汁淤积、原发性胆汁性肝硬化、妊娠期复发性黄疸等。肝外性胆汁淤积可由胆总管结石、狭窄、肿瘤、炎性水肿及蛔虫等阻塞所引起。

(二)发病机制

1. 溶血性黄疸　由于大量红细胞的破坏,形成大量的非结合胆红素,超过肝的代谢能力。同时,由于溶血造成的贫血、缺氧和红细胞破坏产物的毒性作用,削弱了肝细胞的代谢功能,使非结合胆红素在血液中的浓度超过正常水平而出现黄疸(图 6-1-2)。

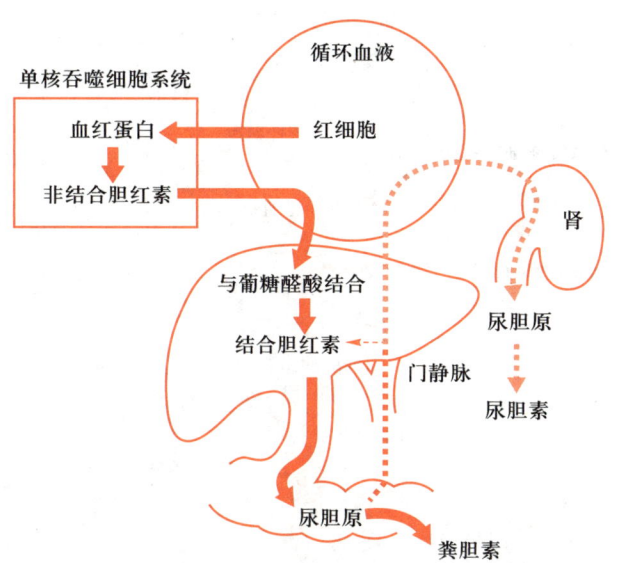

图 6-1-2　溶血性黄疸发生机制示意图

2. 肝细胞性黄疸　一方面肝细胞的广泛损伤致肝细胞对胆红素的代谢能力降低,因而血中的非结合胆红素增加。而未受损的肝细胞仍能将部分非结合胆红素转变为结合胆红素,结合胆红素部分仍经毛细胆管从胆道排泄;另一方面由于毛细胆管和胆小管因肝细胞肿胀压迫,炎性细胞浸润或胆栓的阻塞使胆汁排泄受阻而反流入血循环中,致血中结合胆红素亦增加而出现黄疸(图 6-1-3)。

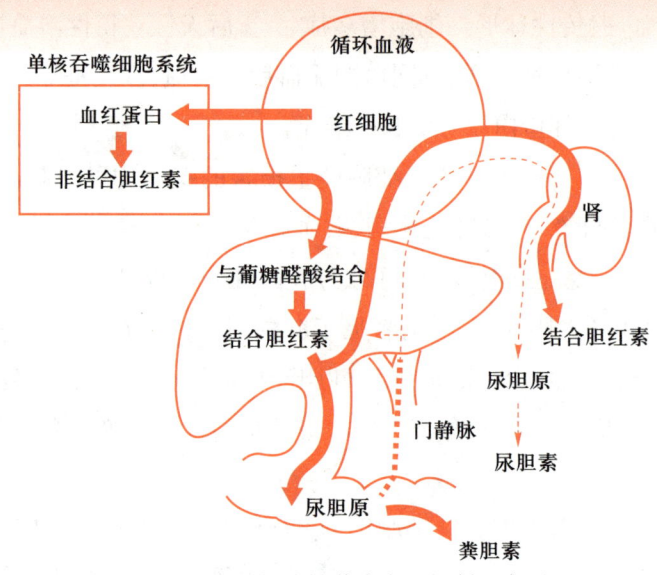

图 6-1-3　肝细胞性黄疸发生机制示意图

3. **胆汁淤积性黄疸**　由于胆道阻塞,使阻塞上方的压力升高,胆管扩张,最后导致胆小管与毛细胆管破裂,胆汁中的胆红素反流入血而使血中结合胆红素升高(图 6-1-4)。

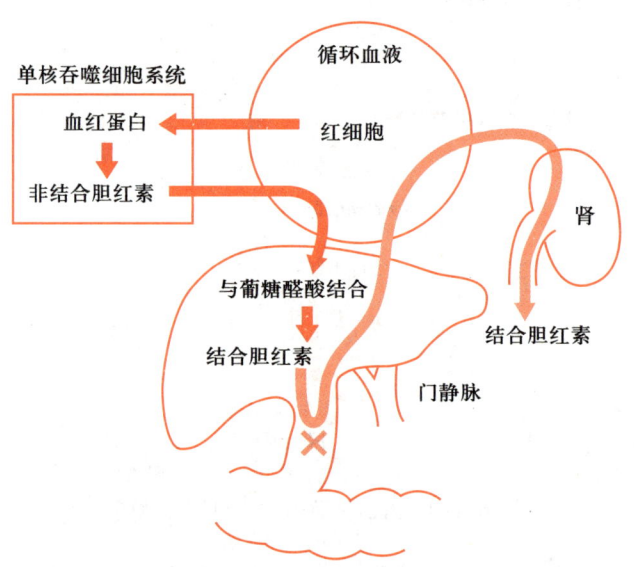

图 6-1-4　胆汁淤积性黄疸发生机制示意图

(三) 临床表现

1. **溶血性黄疸**　一般黄疸为轻度,皮肤呈浅柠檬色,不伴皮肤瘙痒。急性溶血时可有寒战、高热、头痛、呕吐、腰痛,伴有不同程度的贫血和血红蛋白尿(尿呈酱油或茶色),严重者可有急性肾衰竭;慢性溶血多为先天性,除伴贫血外可有脾大。

2. **肝细胞性黄疸**　皮肤、黏膜浅黄至深黄色,可伴有轻度皮肤瘙痒,伴有疲乏、食欲减退、肝区胀痛等,严重者可有出血倾向、腹水、昏迷等。

3. 胆汁淤积性黄疸　皮肤呈暗黄色,胆道完全阻塞者颜色更深,甚至呈黄绿色或绿褐色,尿色深,粪便颜色变浅或呈白陶土色,伴有皮肤瘙痒及心动过缓。胆汁不能进入肠道,可影响食物中脂肪的消化和吸收而出现腹胀、消化不良;影响脂溶性维生素 K 的吸收,常有出血倾向。

(四) 伴随症状

1. 黄疸伴发热　见于肝脓肿、急性胆管炎、败血症、钩端螺旋体病、大叶性肺炎等。

2. 黄疸伴上腹剧烈疼痛者　可见于肝脓肿、胆道结石或胆道蛔虫病;伴肝大见于病毒性肝炎、急性胆道感染或胆道阻塞。

3. 黄疸伴胆囊肿大　提示胆总管有梗阻,常见于壶腹癌、胰头癌、胆总管癌、胆总管结石等。

4. 黄疸伴脾大　见于病毒性肝炎、钩端螺旋体病、败血症、疟疾、肝硬化、各种原因引起的溶血性贫血及淋巴瘤等。

5. 黄疸伴腹水　见于重症肝炎、肝硬化失代偿期、肝癌等。

(五) 问诊要点

1. 确定有无黄疸　注意与假性黄疸鉴别,例如食用过多的胡萝卜、南瓜、橘子等可使血中胡萝卜素增加而引起皮肤黄染,但主要以手掌、足底、前额及鼻部等部位明显,一般不发生在巩膜及口腔黏膜;中年后,球结膜下脂肪在内眦部出现黄色斑块,且呈不均匀分布。还应注意询问其尿液颜色变化。

2. 黄疸的特点　起病的缓急、持续时间、皮肤、粪便与尿液的颜色,是否伴有皮肤瘙痒及其程度,有无其他伴随症状等。一般黄染越深病情越重;胆道阻塞越完全,粪便颜色越浅,皮肤瘙痒越严重;黄疸伴皮肤瘙痒常提示黄疸程度较重,瘙痒减轻则提示病情好转,黄疸在消退。注意三种黄疸的鉴别(表 6-1-2)。

表 6-1-2　三种黄疸的鉴别

三种黄疸	血			尿	粪
	总胆红素 ($\mu mol/L$)	直接胆红素	间接胆红素		粪便颜色
溶血性黄疸	17.2~570	轻度增加	明显增加	强阳性	黄色较深
肝细胞性黄疸	17.2~200	中度增加	中度增加	阳性	可正常
阻塞性黄疸	17.2~570	明显增加	可轻度增加	阴性	变浅或白陶土

3. 病因及诱因　有无溶血性疾病、肝疾病等病史;有无与肝炎患者密切接触史,有无长期用药史。

4. **黄疸对患者的影响**　有无因皮肤瘙痒引起的睡眠与休息型态的改变；有无因皮肤、黏膜及巩膜黄染引起的自我概念型态的改变；有无因黄疸、原发病及各项检查引起的恐惧、焦虑等压力及压力应对型态的改变。

5. **诊疗及护理经过**　已接受的检查情况及结果，包括血常规检查、尿常规检查、粪常规检查、影像学检查等检查结果；已采用的治疗或护理措施及其效果。

【相关护理诊断】

1. **舒适度减弱**　与胆红素排泄障碍，血清中胆盐增高刺激皮肤有关。

2. **自我认同紊乱**　与黄疸所致皮肤、黏膜和巩膜发黄有关。

3. **有皮肤完整性受损的危险**　与黄疸所致的皮肤瘙痒有关。

4. **焦虑**　与严重黄疸有关。

5. **潜在并发症**　急性肾衰竭、肝昏迷。

知识拓展

肝癌致病因素

在我国大多数肝癌与肝炎病毒有关，特别是慢性乙型肝炎病毒感染合并长期大量饮酒者，肝癌发生的可能性远远高于普通人群。此外，饮用水污染、黄曲霉毒素、华支睾吸虫感染等因素也与癌变有关。除以上情况，仍有部分肝癌可见于无肝炎病毒感染也无其他明显诱因者，其中胆管细胞癌的早期信号。在临床上，有80%的早期直肠肿瘤病人都曾因忽视便血而发生误诊、漏诊的情况，从而延误直肠肿瘤的最佳治疗时机。

任务测试

小结

本部分主要介绍消化系统常见症状评估，包括恶心与呕吐、腹痛与腹泻、便秘、呕血与黑粪、便血及黄疸。首先通过对消化系统症状概念的描述，结合相关症状的病因、发病机制、临床表现及伴随症状等，系统全面理解和认识消化系统常见症状的内涵和外延，从而总结出消化系统常见症状的问诊要点，如恶心与呕吐的问诊要点是发生的时间、特点，呕吐物的量、性质及气味；评估腹痛与腹泻时的要关注病因、诱因、性质、部位及与进食、排便的关系等；评估呕血与黑便时要注意原因、次数、量、颜色、性状变化，估计出血的量；评估便血要知道粪便的颜色、性状、排便次数和量；评估黄疸时要明确黄疸发生的缓急、尿粪颜色、皮肤色泽等。最后，列出相关护理诊断，本部分主要的护理诊断有体液不足/有体液不足的危险、急性/慢性疼痛、便秘、外周组织灌注无效及舒适度减弱等。

（王春桃）

【思维导图】

学习课件

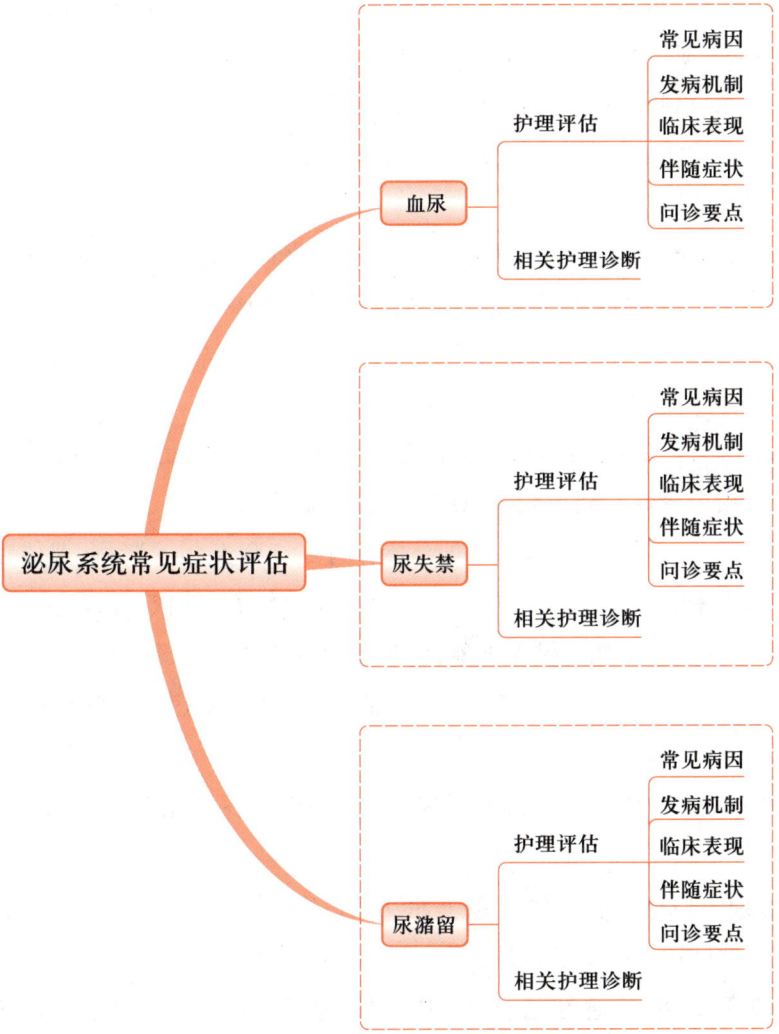

泌尿系统常见症状评估
- 血尿
  - 护理评估
    - 常见病因
    - 发病机制
    - 临床表现
    - 伴随症状
    - 问诊要点
  - 相关护理诊断
- 尿失禁
  - 护理评估
    - 常见病因
    - 发病机制
    - 临床表现
    - 伴随症状
    - 问诊要点
  - 相关护理诊断
- 尿潴留
  - 护理评估
    - 常见病因
    - 发病机制
    - 临床表现
    - 伴随症状
    - 问诊要点
  - 相关护理诊断

161

【典型案例】

　　患者,男性,66岁。因夜尿频繁1年余,排尿困难加重1月余入院。患者近1年来夜尿次数增多,每晚排尿3~5次,每次尿量小于100 mL,睡眠受到明显的影响。近3个月来发生过2次尿潴留,均到医院急诊导尿。近1个月来排尿困难加重,常不能控制排尿而尿湿衣裤,患者十分担忧与痛苦。

　　任务引领一:该患者的护理评估重点是哪些?

　　任务引领二:该患者的护理诊断有哪些?

　　任务引领三:如何针对患者的护理问题,采取相应的护理措施?

一、血尿

尿液中含有一定量的红细胞时称为血尿。血尿包括镜下血尿和肉眼血尿。镜下血尿是指尿色正常,须借助显微镜检查方能确认,正常人尿液每高倍镜视野可见 0~2 个红细胞,若新鲜尿离心后尿沉渣每高倍镜视野红细胞超过 3 个提示有病理意义。肉眼血尿是指尿呈洗肉水色或血色,肉眼即可见的血尿,1 000 mL 尿中含 1 mL 血液即呈肉眼血尿。血尿是泌尿系统疾病的重要症状之一,常由泌尿系统肿瘤、急性膀胱炎、急性前列腺炎、膀胱结石或创伤等引起。血尿伴排尿疼痛大多与膀胱炎或尿石症有关,而间歇性无痛血尿常提示泌尿系统肿瘤。

【护理评估】

详细了解目前患者病情、治疗及用药情况;营养状况,饮水习惯、饮水量及进食量;排尿情况,尿量、尿色、性状,是否为全程血尿,尿中有无血块、排尿时有无伴随症状;有无贫血表现,有无皮肤黏膜苍白、头晕等,血尿检查结果。

(一) 常见病因

血尿是泌尿系统疾病最常见的症状之一,98% 的血尿是由泌尿系统疾病引起,2% 的血尿是由全身性疾病或泌尿系统邻近器官病变所致。

1. 泌尿系统疾病肾小球疾病 如急慢性肾小球肾炎、IgA 肾病、遗传性肾炎和薄基底膜肾病;各种间质性肾炎、尿路感染、泌尿系统结石、结核、肿瘤、多囊肾、血管异常包括肾静脉受到挤压如胡桃夹现象,尿路憩室、息肉和先天性畸形等。

2. 全身系统疾病 感染性疾病:败血症、流行性出血热、猩红热、钩端螺旋体病和丝虫病等。

(1) 血液病:白血病、再生障碍性贫血、血小板减少性紫癜、过敏性紫癜和血友病等。

(2) 免疫和自身免疫性疾病:系统性红斑狼疮、结节性多动脉炎、皮肌炎、类风湿关节炎、系统性硬化症等引起肾损害时。

(3) 心血管疾病:亚急性感染性心内膜炎、急进性高血压、慢性心力衰竭、肾动脉栓塞和肾静脉血栓形成等。

3. 尿路邻近器官疾病 急、慢性前列腺炎,精囊炎,急性盆腔炎或脓肿,宫颈癌,输卵管炎,阴道炎,急性阑尾炎,直肠和结肠癌等。

4. 化学物品或药品对尿路的损害 如磺胺药、吲哚美辛、甘露醇、汞、铅、镉等重金属对肾小管的损害;环磷酰胺引起的出血性膀胱炎;抗凝剂如肝素过量也可出现运动性血尿。

(二) 发病机制

血尿发病机制复杂,随原发病不同而不同。

1. **肾小球源性血尿**　由于各种病因所致的肾小球毛细血管内皮细胞、基底膜和足细胞构成的膜屏障受损,红细胞从肾小球毛细血管袢进入原尿,经过肾小球滤过膜的过程中因挤压变形,受损后的红细胞其后通过肾小管各段又受不同渗透压和 pH 作用,红细胞容积变小甚至破裂,呈现形态多样、大小不等的变形红细胞。

2. **非肾小球源性血尿**　由于全身性疾病(抗凝药物过量、血液病等)及泌尿系统疾病(结石、肿瘤、尿路感染等)引起肾或尿路系统小血管破裂而引起,显微镜下可见红细胞呈均一性改变。

(三)临床表现

1. **尿颜色的改变**　血尿的主要表现是尿颜色的改变,除镜下血尿颜色正常外,肉眼血尿根据出血多少而尿呈不同颜色。尿呈淡红色像洗肉水样,提示每升尿含血量超过 1 mL。出血严重时尿可呈血液状。肾出血时,尿与血混合均匀,尿呈暗红色;膀胱或前列腺出血尿色鲜红,有时有血凝块。但红色尿不一定是血尿,需仔细辨别。如尿呈暗红色或酱油色,不混浊无沉淀,镜检无或仅有少量红细胞,见于血红蛋白尿;如棕红色或葡萄酒色,不混浊,镜检无红细胞,见于卟啉尿;服用某些药物,如大黄、利福平、氨基比林或进食某些红色蔬菜也可排红色尿,但镜检无红细胞。

2. **分段尿异常**　通过尿三杯试验将全程血尿进行颜色分段观察,用三个清洁玻璃杯分别留起始段、中段和终末段尿观察,如起始段血尿提示病变在尿道;终末段血尿提示出血部位在膀胱颈部、三角区或后尿道的前列腺和精囊腺;三段尿均呈红色即全程血尿,提示血尿来自肾或输尿管。

3. **镜下血尿**　尿颜色正常,但显微镜检查可确定血尿,并可判断是肾性或肾后性血尿。镜下红细胞大小不一、形态多样为肾小球源性血尿,见于肾小球肾炎。因红细胞从肾小球基底膜漏出,通过具有不同渗透梯度的肾小管时,化学和物理作用使红细胞膜受损,血红蛋白溢出而变形。如镜下红细胞形态单一,与外周血近似,为均一型血尿,提示血尿来源于肾后,见于肾盂、肾盏、输尿管、膀胱和前列腺病变。

4. **症状性血尿**　血尿患者伴有全身或局部症状,以泌尿系统症状为主。如伴有肾区钝痛或绞痛提示病变在肾。膀胱和尿道病变则常有尿频、尿急和排尿困难。

5. **无症状性血尿**　部分血尿患者既无泌尿系统症状也无全身症状,见于某些疾病的早期,如肾结核、肾癌或膀胱癌早期。隐匿性肾炎也常表现为无症状性血尿。

(四)伴随症状

1. **血尿伴肾绞痛**　肾或输尿管结石的特征。

2. **血尿伴尿流中断**　见于膀胱和尿道结石。

3. **血尿伴尿流细和排尿困难**　见于前列腺炎、前列腺癌。

4. **血尿伴膀胱刺激征(尿频、尿急和尿痛)** 见于急性膀胱炎,同时伴有腰痛、高热、畏寒常为肾盂肾炎。

5. **血尿伴有水肿、高血压、蛋白尿** 见于肾小球肾炎。

6. **血尿伴肾肿块** 单侧可见于肿瘤、肾积水和肾囊肿;双侧肿大见于先天性多囊肾,触及移动性肾,见于肾下垂和游走肾。

7. **血尿伴有皮肤黏膜及其他部位出血** 见于血液病和某些感染性疾病。

8. **血尿合并乳糜尿** 见于丝虫病、慢性肾盂肾炎。

(五) 问诊要点

1. **病因与诱因** 有无进食引起红色尿的药物、食物;是否月经期。

2. **血尿的特点** 有无血块,是否全程血尿;有无器械检查及外伤和药物服用史;有无肾绞痛、膀胱刺激征、高血压、水肿、蛋白尿、肾功能减退、皮疹、关节痛、发热、皮肤黏膜出血等伴随症状。

3. **血尿对患者的影响** 有无因血尿、原发病及各项检查引起的恐惧、焦虑等压力及压力应对型态的改变。

4. **诊疗与护理经过** 已接受的检查情况及结果,包括血常规检查、尿常规检查、影像学检查等检查结果;已采用的治疗或护理措施及其效果。

【相关护理诊断】

1. **焦虑** 与患者对血尿的惧怕、担心预后有关。

2. **急性/慢性疼痛** 与膀胱血块引发膀胱区域痉挛痛或因结石、血块造成上尿路梗阻引发肾绞痛有关。

3. **排尿障碍** 与安置保留导尿有关。

4. **舒适度减弱** 与安置保留导尿、持续膀胱冲洗等有关。

5. **睡眠型态紊乱** 与导尿管牵拉有关。

6. **知识缺乏** 缺乏疾病相关知识。

7. **潜在并发症:感染、低血容量性休克。**

知识拓展

运动性血尿

尿液中的红细胞异常增多称为血尿。单纯由于剧烈运动引起的血尿称为运动性血尿。其发生机制还不明确,原因可能是超负荷运动时机体需氧量增加,血液中含氧量不足,组织无氧代谢增加导致血液中乳酸和二氧化碳等代谢产物增多,使肾小球通透性改变,漏出红细胞而产生血尿,也可能与运动剧烈时肾受到挤压或撞击引起肾毛细血管、膀胱、尿道损伤有关。运动性血尿相比于其他血尿有如下特点:

1. 运动后突然出现血尿,其血尿程度与运动量有明显关联。

2. 多数人运动后无不良感觉及相关疾病的症状,如眼睑水肿,尿频、尿痛、尿急等。影像检查及生化检验结果等均正常。

3. 血尿一般在跑、跳运动后反复出现,但属自限性的良性过程,预后良好。

二、尿失禁

国际尿控协会(International Continence Society,ICS)将尿失禁定义为尿液不由自主地从尿道流出。尿失禁可以发生在任何年龄及性别,以女性及老人多见。

【护理评估】

了解患者一般情况;了解与尿失禁有关的各种原因,如分娩、产伤、营养不良等;了解尿失禁对患者生活的影响。同时,还应了解有无排尿困难症状及有无逼尿肌过度活动等。

(一)常见病因

1. 按尿失禁的病因分

(1)先天性疾病:如尿道上裂。

(2)创伤:如妇女生产时的创伤、骨盆骨折等。

(3)手术:成人前列腺手术、尿道狭窄修补术等;儿童后尿道瓣膜手术等。

(4)其他:各种原因引起的神经源性膀胱。

2. 按尿失禁的病程分

(1)暂时性尿失禁:见于尿路感染、急性精神错乱性疾病、药物反应和心理性忧郁症。

(2)长期性尿失禁:见于脑卒中、痴呆、骨盆外伤损伤尿道括约肌、骨髓炎和慢性前列腺增生。

(二)发病机制

1. 尿道括约肌受损

正常男性的尿液控制依靠尿道的近端尿道括约肌和远端尿道括约肌。

(1)近端尿道括约肌:包括膀胱颈部及精阜以上的前列腺部尿道括约肌。

(2)远端尿道括约肌:包括精阜以下的后尿道括约肌和尿道外括约肌。对于男性,近端尿道括约肌功能完全丧失(如前列腺增生手术后)而远端尿道括约肌完好者,仍能控制排尿。如远端尿道括约肌功能同时受到损害,则依损害的轻重可引起不同程度的尿失禁。不论男性或女性,膀胱颈部(交感神经所控制的尿道平滑肌)是制止尿液外流的主要力量。对于女性,当膀胱颈部功能完全丧失时会引起压力性尿失禁。糖尿病性膀胱也常伴有括约肌受损。

2. 逼尿肌无反射

该类患者的逼尿肌收缩力及尿道闭合压力(即尿道阻力)都有不同程度的降低,逼尿肌不能完全主动地将尿液排出,排尿须依靠增加腹压。

当残余尿量过多尿道阻力很低时可有压力性尿失禁；尿潴留时可发生充溢性尿失禁。

3. 逼尿肌反射亢进　脑桥上中枢神经对排尿反射主要起抑制作用，此处病变常导致抑制不足，逼尿肌反射亢进的发生率为75%~100%，一般不伴有逼尿肌外括约肌协同失调；糖尿病等引起骶髓周围神经病变，也有出现逼尿肌反射亢进的现象，这可能与其病变的多灶性有关。此外，膀胱出口梗阻引起不稳定膀胱的发生率高达50%~80%，患者在膀胱贮尿期，出现膀胱逼尿肌不自主收缩，引起膀胱内压升高，称为逼尿肌过度活动（detrusor overactivity）或膀胱过度活动（overactive bladder，OAB）。膀胱壁的神经、肌肉改变，最终也引起逼尿肌兴奋性增加，出现OAB症状。

4. 逼尿肌和括约肌功能协同失调　一类是在逼尿肌收缩过程中外括约肌出现持续性痉挛而导致尿潴留，随后引起充溢性尿失禁。另一类是由上运动神经元病变引起的尿道外括约肌突然发生无抑制松弛（伴或不伴逼尿肌的收缩）而引起尿失禁。该类尿失禁患者常无残余尿。脑桥–骶髓间病变，多表现为逼尿肌反射亢进和逼尿肌外括约肌协同失调。其特点是尿急，有或无急迫性尿失禁，常伴有尿频和夜尿。也见于糖尿病性膀胱。

5. 膀胱膨出　女性生殖系统损伤的一种，膀胱向阴道前壁膨出。最常见的原因是产伤造成维持膀胱正常位置的骨盆底筋膜及肌肉的损伤而又未及时修复。严重时尿道也膨出。轻者无症状，严重时常感腰酸下坠，自觉有物自阴道脱出，排尿后肿物会缩小。常伴有排尿困难及尿不净的感觉。多伴有张力性尿失禁，即在腹压增加如咳嗽、用力时有尿液溢出，绝经后症状加重。

（三）临床表现

尿失禁的临床表现是尿液不受主观控制而自尿道口处点滴溢出或流出。

1. 根据程度分类

（1）轻度：仅在咳嗽、打喷嚏、抬重物时出现尿溢出。

（2）中度：在走路、站立、轻度用力时出现尿失禁。

（3）重度：无论直立或卧位时都可发生尿失禁。

2. 根据症状表现形式和持续时间分类

（1）持续性尿失禁：又称为真性尿失禁，指尿液持续性从膀胱中流出，几乎没有正常地排尿，膀胱呈空虚状态。多见于神经源性膀胱、女性尿道产伤及前列腺手术引起的尿道外括约肌损伤等。

（2）充溢性尿失禁：又称为假性尿失禁，指膀胱功能完全失代偿，膀胱呈慢性扩张，并且尿液从未完全排空，当膀胱过度充盈后，尿液不断溢出。见于各种原因所致的慢性尿潴留。

（3）急迫性尿失禁：严重尿频、尿急而膀胱不受意识控制就开始排尿。通常继发于膀胱炎、神经源性膀胱及重度膀胱出口梗阻。

（4）压力性尿失禁：指平时能控制排尿，当腹内压突然增高（如咳嗽、喷嚏、大笑、屏气、运动等）时，尿液不经意地流出。常见于多次分娩或绝经后的妇女，由于多次分娩或产伤使膀胱支持组织和盆底肌松弛所致。

（四）伴随症状

1. **尿失禁伴随膀胱刺激征及脓尿** 见于急性膀胱炎。

2. **尿失禁伴排便功能紊乱（如便秘、大小便失禁）** 见于神经源性膀胱。

3. **50 岁以上男性伴进行性排尿困难** 见于前列腺增生、前列腺癌等。

4. **尿失禁伴有肢体瘫痪（单瘫、偏瘫、截瘫）、肌张力增高、腱反射亢进、有病理反射** 见于上运动神经元病变。

5. **尿失禁伴有慢性咳嗽、气促** 多为慢性阻塞性肺疾病所致腹内压过高。

6. **尿失禁伴有多饮、多尿和消瘦** 见于糖尿病性膀胱。因膀胱括约肌失控引起尿失禁，膀胱逼尿肌与括约肌不协调引起排尿障碍。

（五）问诊要点

1. **病因及诱因** 了解病人年龄、既往孕产史、泌尿生殖系统的外伤手术史，用药史，有无神经系统病变、脊髓损伤史等。

2. **尿失禁的特点** 询问尿失禁的发生时间、程度、频率、诱发因素及伴随症状等。

3. **尿失禁对患者的影响** 每日尿失禁的次数、颜色、量、性状，有无与排尿困难有关的紧张和焦虑情绪。

4. **诊疗与护理经过** 已接受的检查情况及结果，包括尿常规检查、影像检查、尿动力学等检查结果；已采用的治疗或护理措施及其效果，有无采取其他缓解尿失禁的措施等。

【相关护理诊断】

1. **焦虑 / 恐惧** 与患者对手术的惧怕、担心预后有关。

2. **排尿障碍** 与腹压突然增高、漏尿有关。

3. **自我认同紊乱** 与长期尿液不自主外渗有关。

4. **有皮肤完整性受损的危险** 与尿液长期刺激皮肤、黏膜有关。

5. **知识缺乏** 缺乏尿失禁相关知识。

6. **潜在并发症：膀胱穿孔、出血、排尿困难、感染。**

产科因素对产后尿失禁的影响

孕期发生尿失禁及产后出现下尿路症状等可使产后尿失禁的发生率增加。研究显示,孕前尿失禁使产后发生尿失禁的危险性上升2.3倍,孕期尿失禁使产后早期尿失禁发生率增加3~5倍,也使远期发病率明显上升。产后下尿路症状的出现与产后尿失禁的关系,目前的报道比较少,可能与分娩导致的逼尿肌不稳定性增加有关,可能是产后尿失禁的一个症状。孕前体重指数增长会增加产后尿失禁的发病率。尿失禁与肥胖也有相关性,肥胖增加了盆底压力,加大了盆底的损害。会阴侧切、新生儿体重和第二产程时间与尿失禁的相关性,目前仍存在较大的分歧。有认为会阴侧切切断神经和肌肉,破坏了盆底神经和肌肉的完整性,影响盆底肌肉群的收缩力并影响控尿机制。第二产程时间和新生儿体重与产后尿失禁没有明显的相关性。

三、尿潴留

尿潴留指尿液大量贮存在膀胱内而不能自主排出。当尿潴留时,膀胱容积可增至3 000~4 000 mL,膀胱高度膨胀,可至脐部。患者自诉下腹胀痛,排尿困难。体检可见耻骨上膨隆,扪及囊样包块,叩诊实音,有压痛。

【护理评估】

详细询问尿潴留发生的原因、既往病史及有无诱发因素;尿潴留起病急缓,有无诱因或加重因素,病程长短,是持续性还是间歇性;尿潴留的次数,尿的颜色、性状和气味,尿潴留加重或缓解因素及腹痛的特点;询问有无尿频、尿急、排尿踌躇、射尿无力等伴随症状;尿潴留的诊断、治疗及护理经过。

(一) 常见病因

排尿困难可分为阻塞性和功能性两大类。

1. 阻塞性排尿困难

(1) 膀胱颈部病变:① 膀胱颈部阻塞,被结石、肿瘤、血块、异物阻塞。② 膀胱颈部受压,因子宫肌瘤、卵巢囊肿、晚期妊娠压迫所致。③ 膀胱颈部器质性狭窄,炎症、先天或后天获得性狭窄等使尿液排出受阻。

(2) 后尿道疾病:因前列腺增生、前列腺癌、前列腺急性炎症、出血、积脓、化学性压迫尿道;后尿道本身炎症、水肿、结石、肿瘤、异物等。

(3) 前尿道疾病:见于前尿道狭窄、结石、肿瘤、异物或先天性畸形,如尿道外翻、阴茎包皮嵌顿、阴茎异常勃起等。

2. 功能性排尿困难

(1) 神经受损:中枢神经受损,膀胱的压力感受不能上传而致尿潴留。外周神经受损,如支配膀胱逼尿肌的腹下神经、支配内括约肌的盆神经和支配外括约肌的阴部神经,可因下腹部手术,特别是肛门、直肠、子宫等盆腔手术或麻醉而造成暂时或永久性排尿障碍。

(2)膀胱平滑肌和括约肌病变:糖尿病时因能量代谢障碍使膀胱肌球蛋白降低,肌膜表面cAMP含量下降,肌球蛋白轻链激酶磷酸化和脱磷酸障碍,使平滑肌收缩乏力。使用某些促使平滑肌松弛的药物,如阿托品、654-2、硝酸甘油后可使膀胱收缩无力,诱发尿潴留。膀胱逼尿肌和尿道括约肌同时失调使膀胱收缩时,膀胱内括约肌和尿道外括约肌不开放,甚至反射性收缩,引起排尿困难。

(3)精神因素:排尿反射直接受意识支配。精神因素导致尿潴留大多因精神意识过度控制所致,主要在排尿环境不良的情况下引起,如病房男女同室,排尿时担心暴露隐私,产后外阴侧切,剖宫产后有男性陪伴者在场等。需绝对卧床的疾病如急性心肌梗死、心脏手术等因不习惯床上排尿而控制尿的排出时间。下腹部手术如肛门直肠手术的患者,排尿时有可能产生疼痛而拒绝排尿,时间过久则排尿困难而出现尿潴留。

(二)发病机制

正常人膀胱容量为300~500 mL。当膀胱内的容量达到200~400 mL时,产生的压力被膀胱内壁压力感受器感知,冲动沿盆神经的传入纤维到达骶髓的低级排尿中枢,并同时传到脑干和大脑皮质的高级排尿中枢,产生尿意。大脑皮质对脊髓排尿中枢起着抑制和调节作用,如果时机和环境不适合,大脑皮质将抑制低级中枢的活动从而暂不发生排尿。反之,排尿中枢发放冲动沿盆神经的纤维传出,引起逼尿肌收缩和尿道括约肌舒张,通过膀胱与神经相互作用协调,完成一系列的排尿活动,是较为复杂的生理过程。脊髓反射弧或大脑皮质功能障碍、尿液排出通路受阻、逼尿肌和括约肌功能的异常等原因均可导致排尿困难和尿潴留的发生。

(三)临床表现

不同病因所致排尿困难,其原发病的表现及临床特点有所不同。

1. **膀胱颈部结石**　在排尿困难出现时前下腹部有绞痛感,疼痛向大腿会阴方向放射,疼痛发生时或发生后可出现肉眼血尿或镜下血尿,膀胱内有尿潴留,膀胱镜可发现结石,B超和CT检查在膀胱颈部可发现结石阴影。

2. **膀胱内血块**　常继发于血液病如血友病、白血病、再生障碍性贫血等。外伤引起的膀胱内血块往往有明确的外伤史,外伤后出现肉眼血尿,逐渐出现排尿困难,B超检查在尿道内口处可发现阴影。膀胱镜检查可确诊,同时亦是最有效的治疗手段。

3. **膀胱肿瘤**　排尿困难逐渐加重,病程一般较长,晚期可发现远处转移肿瘤病灶,无痛性肉眼或镜下血尿是其特点,膀胱镜下取活检可确定肿瘤的性质。

4. 前列腺良性增生和前列腺炎　尿频、尿急常为首发症状,早期多因前列腺充血刺激所致,以夜尿增多为主。随着膀胱残余尿增加而症状逐渐加重,出现进行性排尿困难、排尿踌躇、射尿无力、尿流变细、排尿间断、尿末滴沥和尿失禁。肛门指诊可确定前列腺大小、质地、表面光滑度,有助于区分良性增生和前列腺癌。前列腺按摩取前列腺液行常规检查和细菌培养,对诊断前列腺炎十分重要。

5. 后尿道损伤　会阴区有外伤史,外伤后排尿困难或无尿液排出,膀胱内有尿液潴留,尿道造影检查可确定损伤的部位和程度,是术前必要的检查。

6. 前尿道狭窄　见于前尿道瘢痕、结石、异物等。瘢痕引起排尿困难者常有外伤史。前尿道本身的结石很少见,往往是肾盂输尿管膀胱结石随尿流移至尿道所致,依据泌尿道结石病史可以帮助诊断,必要时行尿道造影可确诊。

7. 脊髓损害　见于各种原因导致瘫痪的患者,除排尿困难、尿潴留外、尚有运动和感觉障碍。

8. 隐形脊柱裂　发病年龄早,夜间遗尿,幼年尿床时间长是其特点,腰骶椎 X 线片可确诊。

9. 糖尿病神经源性膀胱　有糖尿病史,实验室检查血糖、尿糖升高可确诊。

10. 药物　见于阿托品中毒、麻醉药等。有明确的用药史,一般诊断不困难。

11. 低血钾　低血钾引起的排尿困难随着补钾症状随即消失。临床上有引起低血钾的原因,如大量利尿、洗胃、呕吐、禁食等,心率快、心电图病理性 U 波出现,血生化检查显示血钾低。肾小管性酸中毒、棉酚中毒、甲状腺功能亢进、结缔组织病亦可引起顽固性低血钾。应根据其特有的临床表现和相应的实验室检查进行诊断。

(四) 伴随症状

1. 尿潴留伴有尿频、尿急、排尿踌躇、射尿无力、尿流变细、排尿间断甚至尿失禁　见于良性前列腺增生。

2. 尿潴留伴下腹部绞痛并向大腿、会阴方向放射　见于膀胱颈部结石。

3. 尿潴留伴血尿　见于后尿道损伤、膀胱颈部结石、血液病(如血友病)等。

4. 尿潴留伴脊髓受损　如脊柱骨折、肿瘤压迫、结核、脊髓炎等引起排尿困难,常伴运动和感觉障碍,甚至瘫痪和尿潴留。

5. 糖尿病神经源性膀胱所致排尿困难　常伴血糖、尿糖升高。

(五) 问诊要点

1. 病因及诱因　有无高血压、糖尿病、痛风、膀胱颈部病变、后尿道疾病(如前列腺增生、前列腺癌等),有无受凉、过度劳累、情绪紧张,有无药物过敏史等。

2. 尿潴留的特点　尿潴留起病的缓急、性质、病程长短,是持续性还是间歇性;尿潴留的次数,尿的量、颜色、性状和气味,加重或缓解因素及腹痛的特点等。

3. **尿潴留对患者的影响** 有无焦虑、恐惧等压力及压力应对型态的改变；有无脱水、体重下降、消瘦等营养与代谢型态的改变。

4. **诊疗与护理经过** 已接受的检查情况及结果，包括腹部 B 超、尿常规、电解质、膀胱 B 超等相关检查及其结果；已采用的治疗或护理措施及其效果，包括是否应用过药物，药物的名称、剂量、给药途径、疗效等。

【相关护理诊断】

1. **焦虑** 与排尿困难有关。

2. **舒适度减弱** 与排尿不畅、留置尿管有关。

3. **自我认同紊乱** 与留置尿管有关。

4. **慢性疼痛** 与腹部膨胀有关。

5. **知识缺乏** 缺乏尿潴留及留置尿管后的相关知识。

6. **潜在并发症** 感染、出血、膀胱穿孔。

知识拓展

音乐疗法与前列腺增生

老年患者随着前列腺增生症状的进行性加重，外科手术治疗是疾病进展的最终解决方式，但手术过程会引起患者焦虑、恐惧。最近的研究表明，给予患者适量的音乐，可以减少焦虑、提升松弛，从而有效地提高治疗效果。在这项研究中表明，焦虑与疼痛是同时存在的，音乐治疗可以减少焦虑的生理和认知反应，可用于创建良性前列腺增生患者的积极环境，可以深入地接触患者，从而转移他们的焦虑和压力，使患者感到放松。这种方法性价比更高，而且没有药物的副作用。

小结

本部分主要介绍泌尿系统常见症状评估，包括血尿、尿失禁及尿潴留。首先通过对泌尿系统常见症状概念的描述，结合相关症状的病因、发病机制、临床表现及伴随症状等，系统全面理解和认识泌尿系统常见症状的内涵和外延，从而总结出泌尿系统常见症状的问诊要点，如对血尿的问诊要询问病史，是否全程血尿，有关器械检查及外伤，药物服用史及伴随症状。评估尿失禁时要询问尿失禁的发生时间、程度、频率、诱发因素及伴随症状等，评估尿潴留时要注意起病的缓急、性质、病程长短，尿潴留的次数，尿的量、颜色、性状和气味等，最后列出相关护理诊断。本部分主要的护理诊断有焦虑、急性 / 慢性疼痛、舒适度减弱等。

（丁　蓉）

任务测试

项目六　腹部护理评估

任务三　腹部评估

【思维导图】

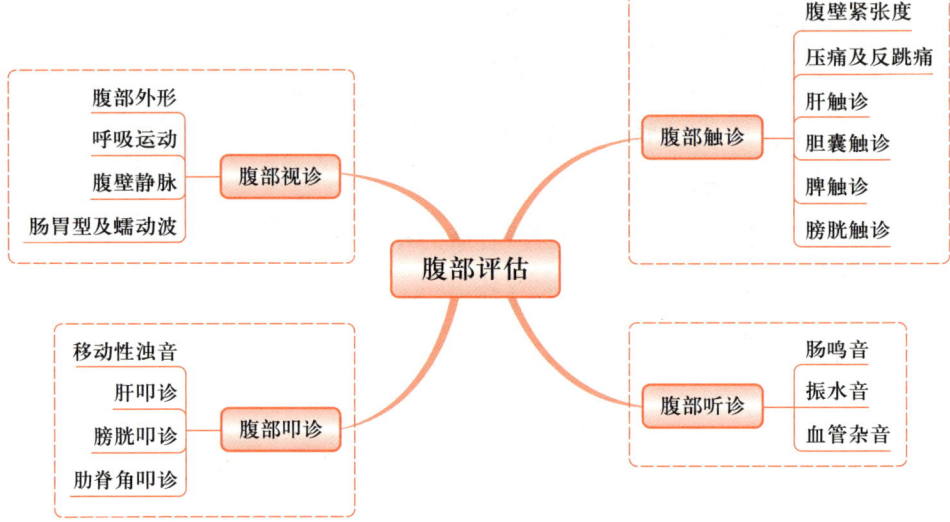

【典型案例】

> 患者,男,55岁。有肝硬化病史8年,营养状况较差,消瘦,近8天来出现食欲缺乏、消化不良、腹胀、乏力、精神不振,皮肤干枯粗糙,面色灰暗、轻度黄疸。查体发现:患者肝病面容,颈部有蜘蛛痣,肝掌,腹膨隆呈蛙状腹,腹壁静脉曲张,脾大在左肋缘下2 cm,质地较硬,移动性浊音阳性。
>
> 任务引领一:对该患者进行身体评估,其视诊、听诊、叩诊、触诊的特点分别有哪些?
>
> 任务引领二:该患者腹部膨隆呈蛙状腹的原因是什么? 移动性浊音阳性说明什么问题?
>
> 任务引领三:该患者主要的护理诊断是什么?

　　腹部的范围以横膈为顶,下至骨盆,前面及侧面为腹壁,后面为脊柱及腰肌,其内有消化、泌尿、内分泌、血液、心血管系统等(图6-3-1)。腹部评估一般按视、听、叩、触四诊顺序及方法进行,其中以触诊最为重要。由于腹腔脏器众多,且又互相交错重叠,故评估时正常脏器部分与异常肿块容易混淆,因此需要全面仔细检查,避免遗漏。

一、腹部体表标志与分区

　　腹部评估时为准确描述和记录脏器及病变的位置,需要借助某些体表标志,并对腹部进行适当分区。

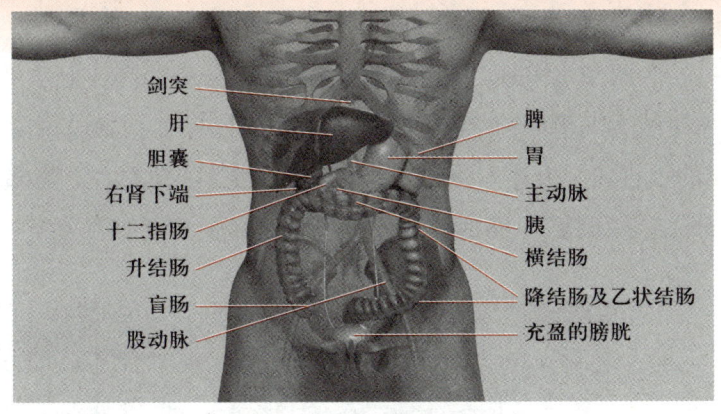

图 6-3-1 腹部主要器官

剑突
肝
胆囊
右肾下端
十二指肠
升结肠
盲肠
股动脉

脾
胃
主动脉
胰
横结肠
降结肠及乙状结肠
充盈的膀胱

(一) 体表标志

常用的体表标志如下(图 6-3-2)。

1. **剑突**(xiphoid process) 是胸骨下端的软骨,是腹部体表的上界。

2. **肋弓下缘**(costal margin) 肋弓由第8~10肋软骨构成,其下缘为体表腹部上界,常用于腹部分区和肝脾测量及胆囊点定位。

3. **脐**(umbilicus) 为腹部中心,平腰椎3~4之间,为腹部四区分法、阑尾压痛点及腰椎穿刺的定位标志。

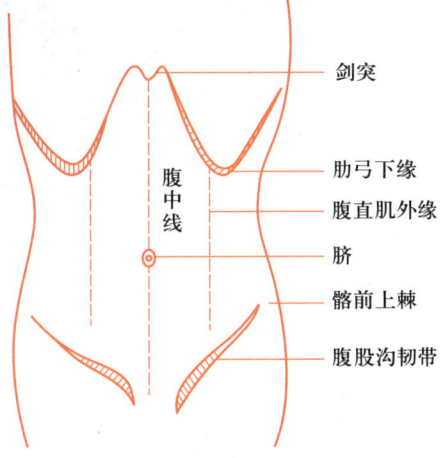

剑突
肋弓下缘
腹中线
腹直肌外缘
脐
髂前上棘
腹股沟韧带

图 6-3-2 腹部体表标志示意图

4. **髂前上棘**(anterior superior iliac spine) 髂嵴前方的突出点,为腹部九区法、骨髓穿刺及阑尾压痛点的定位标志。

5. **腹上角**(epigastric angle) 为两侧肋弓的交角、剑突根部,用于判断体型及肝测量。

6. **腹直肌外缘**(lateral border of rectus muscles) 相当于锁骨中线的延续,常为手术切口位置,右侧腹直肌外缘与肋弓下缘交界处为胆囊压痛点。

7. **腹中线**(midabdominal line) 为前正中线的延续,腹部四区分法的垂直线。

8. **腹股沟韧带**(inguinal ligament) 是腹部体表的下界,也是寻找股动脉及股静脉的标志。

9. **耻骨联合**(pubic symphysis) 是两耻骨间的纤维软骨的连接,与耻骨共同组成了腹部体表的下界。

10. **肋脊角**(costovertebral angle) 是背部两侧第12浮肋与脊柱的交角,为检查肾叩痛的位置(图 6-3-3)。

(二) 腹部分区

常用的有四区法和九区法。

1. **四区法** 通过脐作一水平线和一垂直线,将腹部分为右上腹、右下腹、左上腹和左下腹四区(图6-3-4)。

2. **九区法** 由两条水平线和两条垂直线将腹部分为九区。上水平线为两肋弓下缘连线,下水平线为两侧髂前上棘连线,两条垂直线分别为通过左右髂前上棘至腹中线连线中点的垂直线。上述四线相交将腹部分为九区,即左右上腹部(季肋部),左右侧腹部(腰部),左右下腹部(髂部)(图6-3-5)。各区的主要脏器分布如下。

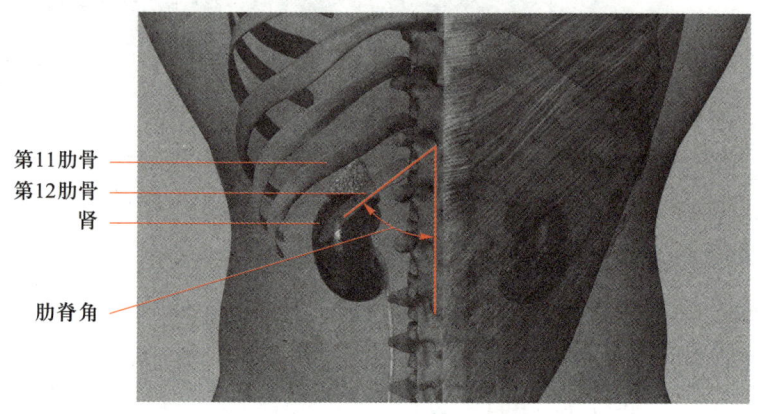

第11肋骨
第12肋骨
肾
肋脊角

图6-3-3 腹部肋脊角示意图

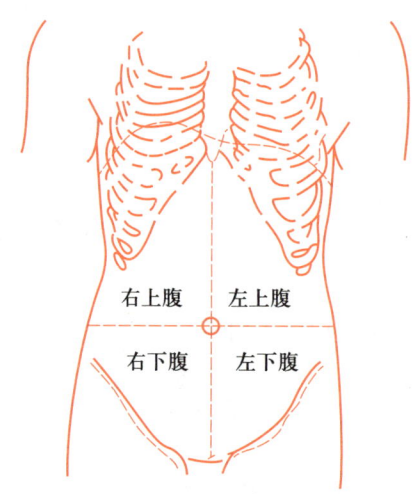

右上腹　左上腹
右下腹　左下腹

图6-3-4 腹部体表分区四区法示意图

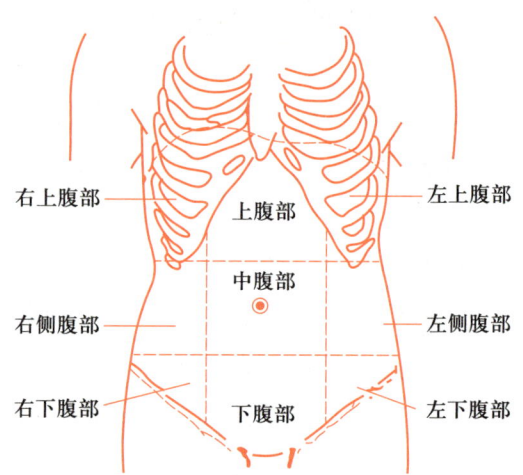

右上腹部　上腹部　左上腹部
中腹部
右侧腹部　　　　左侧腹部
右下腹部　下腹部　左下腹部

图6-3-5 腹部体表分区九区法示意图

(1) 右上腹部(右季肋部):肝右叶、胆囊、结肠肝曲、右肾及右肾上腺等。

(2) 右侧腹部(右腰部):升结肠、右肾及部分空肠。

(3) 右下腹部(右髂部):盲肠、阑尾、回肠下段、淋巴结、女性右侧卵巢及输卵管、男性右侧精索。

(4) 上腹部:胃、肝左叶、十二指肠、胰头及胰体、横结肠、腹主动脉、大网膜。

(5) 中腹部(脐部):十二指肠下段、空肠及回肠、下垂的胃或横结肠、肠系膜、输尿管、腹主动脉、肠系膜及淋巴结、大网膜。

(6) 下腹部：回肠、乙状结肠、输尿管、胀大的膀胱或增大的子宫。

(7) 左上腹部（左季肋部）：胃、脾、胰尾、结肠脾曲、左肾及左肾上腺。

(8) 左侧腹部（左腰部）：降结肠、左肾、空肠或回肠。

(9) 左下腹部（左髂部）：乙状结肠、女性左侧卵巢及输卵管、男性左侧精索。

二、腹部评估的方法及内容

因为叩诊与触诊可刺激肠蠕动而影响听诊结果，所以腹部评估应按视诊、听诊、叩诊、触诊的顺序，其中以触诊最重要。

（一）视诊

腹部视诊时，被评估者取仰卧位，充分暴露腹部。室内应温暖，光线宜来自评估者头侧或足侧。评估者立于被评估者的右侧，自上而下视诊，有时为观察腹部细微的变化，评估者需俯身或蹲下以使眼与被评估者的腹部在同一水平，从侧面呈切线方向观察。腹部视诊内容如下。

1. **腹部外形** 观察自剑突至耻骨联合的轮廓，注意腹部外形是否对称，有无隆起或凹陷。平卧位时前腹壁处于肋缘至耻骨联合平面或略低，称腹部平坦。老年人和消瘦者皮下脂肪少，腹部下凹，称腹部低平。肥胖者及小儿前腹壁可高于肋缘至耻骨联合的平面，称腹部饱满。腹部明显膨隆或凹陷具有病理意义（图6-3-6）。

(1) 腹部膨隆（abdominal bulge）：指仰卧时前腹壁明显高于肋缘至耻骨联合平面。① 全腹膨隆：当肝硬化门静脉高压、缩窄性心包炎、心力衰竭、肾病综合征等所致腹腔内有大量积液（腹水）的患者取仰卧位，腹壁松弛，液体下沉于腹腔两侧，呈蛙腹状，侧卧位或坐位时，因液体流动而使下腹部膨出；肠梗阻或肠麻痹所致的胃肠胀气、气腹、足月妊娠、巨大卵巢囊肿、畸胎瘤等所致的腹腔内巨大包块呈

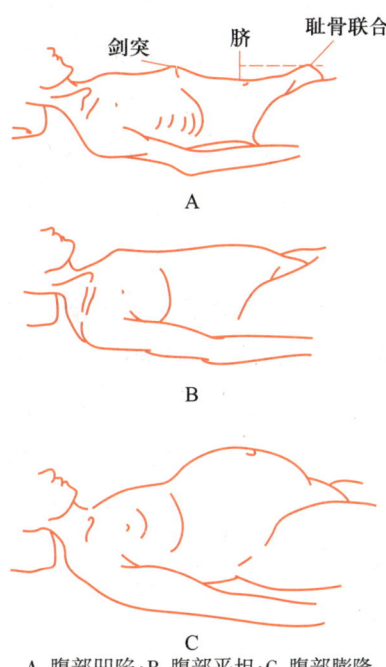

A. 腹部凹陷；B. 腹部平坦；C. 腹部膨隆
图6-3-6 腹部外形的观察法示意图

球形，两侧腰部膨出不明显，外形不随体位变化；腹壁皮下脂肪过多所致全腹膨隆者，腹壁厚，脐部多凹陷。全腹膨隆时，应定期测量其腹围大小，以观察其演变情况。测量方法：让被评估者取仰卧位，空腹及排尿后，用一软尺经脐和第3腰椎棘突，绕腹一周，测得其周长即为腹围，通常以厘米为单位。每次测量时均须在同样条件下进行。② 局部膨隆：多见于腹腔内相应部位脏器肿大或肿块。腹部的局部膨隆常因脏器肿大、腹内肿瘤或炎性肿块、胃或肠胀气及腹壁上的肿物等引起。视诊时应注意膨隆的

部位、外形,是否随呼吸而移位或随体位而改变,有无搏动等。脏器肿大一般都在该脏器所在部位,并保持该脏器的外形特征。

知识拓展

抬 头 试 验

局部膨隆与该局部脏器有关,但局部肿块也可能来自腹壁,可用抬头试验予以鉴别。方法:嘱被评估者仰卧位,两手托头做起坐动作,使腹壁肌肉紧张,若包块更加明显,说明包块位于腹壁上;反之若不明显或消失,说明包块位于腹腔内。

(2)腹部凹陷(abdominal concavity):指仰卧时前腹壁明显低于肋缘至耻骨联合的平面。① 全腹凹陷:见于显著消瘦、严重脱水、恶病质等,前腹壁呈明显内凹几乎贴近脊柱,肋弓、髂嵴和耻骨联合异常显露,全腹呈舟状,称舟状腹(scaphoid abdomen),见于恶病质,如结核病、恶性肿瘤等慢性消耗性疾病。② 局部凹陷:较少见,见于手术后腹壁瘢痕收缩、切口疝等。

2. 呼吸运动　正常人腹壁随呼吸运动而上下起伏,称为腹式呼吸。男性及儿童以腹式呼吸为主;女性则以胸式呼吸为主。腹式呼吸减弱见于膈肌麻痹、大量腹水、巨大腹内肿瘤、剧烈腹痛、腹肌和膈肌痉挛强直等;腹式呼吸消失见于溃疡病穿孔、急性腹膜炎;腹式呼吸增强见于肺、胸膜疾病时胸式呼吸受限使之代偿性增强。

3. 腹壁静脉　正常人腹壁静脉一般不显露,在较瘦或皮肤白皙者可隐约看到细小静脉网,无扩张及迂曲。当腹壁静脉明显扩张迂曲变粗时,称腹壁静脉曲张。腹壁静脉曲张以脐为中心,脐水平线以上的血流方向向上,脐水平线以下的血流方向向下,呈放射状,与正常血流方向相同,见于门静脉高压(图6-3-7)。曲张静脉多分布于腹壁两侧,脐部上、下的腹壁静脉血流方向均为自下而上(图6-3-8)见于下腔静脉阻塞;脐部上、下的腹壁静脉血流方向均为自上而下(图6-3-9)见于上腔静脉阻塞。

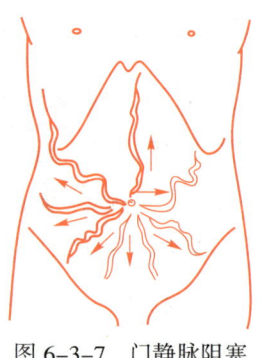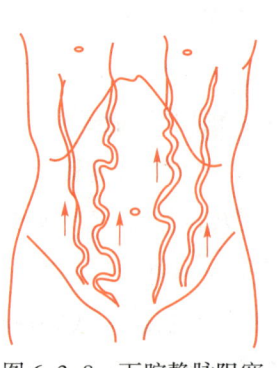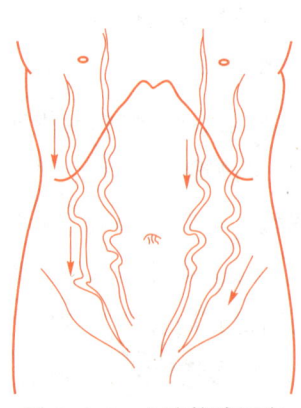

图6-3-7　门静脉阻塞　　　图6-3-8　下腔静脉阻塞　　　图6-3-9　上腔静脉阻塞

检查方法：评估者将右手示指和中指并拢，紧压在曲张无分支的静脉上，然后两手指沿静脉分别向两端推挤使血管排空，此时抬起一手指，观察血液是否充盈，再以同样的办法放松另一手指，根据充盈情况即可判断血流方向（图 6-3-10）。

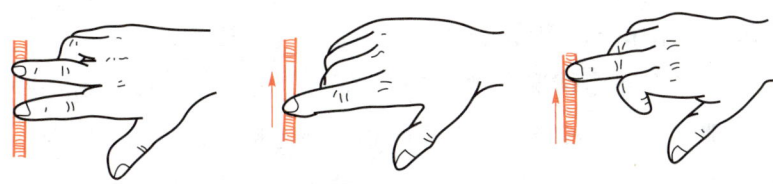

图 6-3-10　曲张静脉血流方向判断方法

4. 胃肠型及蠕动波　除腹壁菲薄或松弛的老年人和极度消瘦者外，正常人腹部一般看不到胃和肠的轮廓及蠕动波形。胃肠道发生梗阻时，梗阻近端的胃部或肠段因饱满而隆起，可显出各自的轮廓，称为胃型（gastral pattern）或肠型（intestinal pattern）。胃型见于幽门梗阻，是胃内容物聚集所致。肠型见于肠梗阻。梗阻部位阵发蠕动加强，可在腹壁见到蠕动波（peristaltic wave）。蠕动波增强见于机械性肠梗阻，蠕动波消失见于麻痹性肠梗阻。

（二）听诊

腹部听诊主要听腹腔脏器运动、血流等声音，注意全腹各区均要听诊，特别是上腹部、脐周及右下腹等。听诊的主要内容有：肠鸣音、振水音及血管杂音等。妊娠 5 个月以上的妇女可在脐的下方听到胎心音（130~160 次 / 分）。

1. 肠鸣音（bowel sound）　肠蠕动时，肠腔内的气体和液体随之流动而产生一种断断续续的咕噜声，称肠鸣音。正常情况下，肠鸣音每分钟 4~5 次，全腹均可听到，通常选择右下腹的某一部位至少听诊 1 分钟。临床上肠鸣音异常见于以下情况。

（1）肠鸣音活跃：每分钟在 10 次以上，其音调不特别高亢，见于急性肠炎、胃肠道大出血时、服泻药后等。

（2）肠鸣音亢进：每分钟在 10 次以上，其音响亮，音调高亢，可呈叮当声或金属音，见于机械性肠梗阻。

（3）肠鸣音减弱：持续 3~5 分钟以上才听到 1 次，见于老年性便秘、低钾血症、腹膜炎等。

（4）肠鸣音减消失：持续 3~5 分钟听不到或用手轻叩腹部仍无肠鸣音者，见于急性腹膜炎、电解质紊乱或肠麻痹等。

2. 振水音（succussion splash）　被评估者取仰卧位，评估者将听诊器体件放于左上腹部，用稍弯曲的手振动胃部，若闻及胃内气体与液体相撞击而产生"咣啷、咣啷"的声音，即为振水音。正常人在进食较多液体后可出现振水音。当清晨空腹及餐后 6~8 小时以上，仍能听到振水音者，提示幽门梗阻、胃扩张等。

肠鸣音

振水音

3. 血管杂音　正常腹部无血管杂音。中腹部闻及收缩期喷射性杂音,见于主动脉瘤或腹主动脉狭窄,前者可在该部位触及搏动性包块,后者下肢血压低于上肢。上腹部闻及收缩期喷射性杂音可见于肾动脉狭窄。

(三) 叩诊

腹部叩诊一般采用间接叩诊法,亦可采用直接叩诊法。

1. 腹部叩诊音　正常情况下,腹腔内大部分区域被有气体的肠腔占据,叩诊呈鼓音。仅在肝、脾、增大的膀胱和子宫及两侧腹部近腰肌处叩诊为浊音。肝、脾等脏器高度肿大,腹腔内肿瘤或大量腹水时,可致鼓音范围缩小,病变部位叩诊呈浊音或实音。

2. 移动性浊音(shifting dullness)　仰卧位时,两侧腹部叩诊呈浊音,中腹部叩诊呈鼓音;侧卧位时,低位的侧腹部大部分为浊音,而上位的侧腹部为鼓音;转向对侧卧位时,原浊音部位转为鼓音,而鼓音部位转为浊音,这种因体位不同而出现腹部浊音区变动的现象,称为移动性浊音,见于腹腔内游离液体在 1 000 mL 以上者,是因为腹腔内有较多液体积存时,液体因重力关系处于腹腔的低处,而含有气体的肠袢则浮于液面之上(图 6-3-11)。

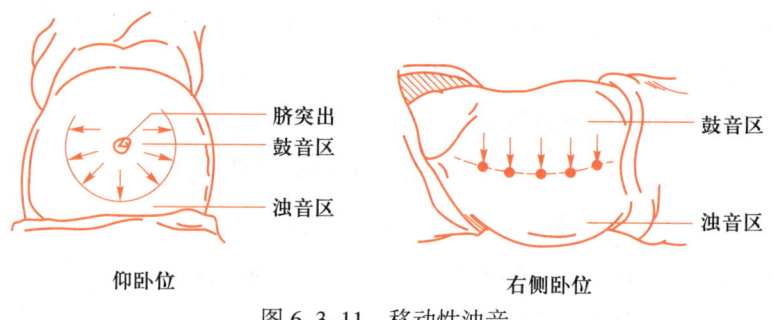

脐突出
鼓音区
浊音区

鼓音区
浊音区

仰卧位　　　　　　　右侧卧位

图 6-3-11　移动性浊音

3. 肝叩诊　用来确定肝的位置、浊音界大小及有无叩击痛。确定肝上界时,嘱被评估者平卧,平静呼吸,沿右锁骨中线由肺部清音区向下叩诊,当叩诊音由清音转为浊音时,即为肝上界,又称肝相对浊音界(图 6-3-12)。正常肝上界在右锁骨中线第 5 肋间,肝下界由触诊确定。肝上界上移可见于肺纤维化、右下肺不张、右肺切除术后及气腹鼓肠等。肝上界下移可见于肺气肿、右侧张力性气胸等。肝浊音界扩大见于肺癌、肝脓肿、肝炎、肝淤血及多囊肝等。肝浊音界缩小见于肝硬化、急性或亚急性重症肝炎和胃肠胀气

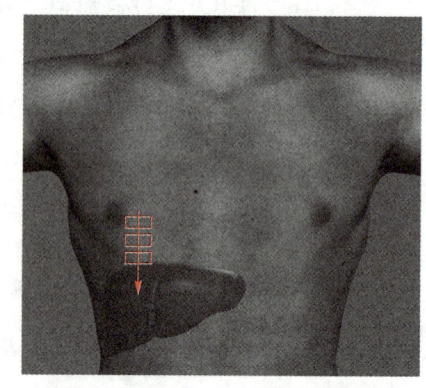

图 6-3-12　肝上界叩诊示意图

等。肝浊音界消失而代之以鼓音者,见于急性胃肠道穿孔、人工气腹等。

评估者左手掌平放于被评估者的肝区所在部位,右手握拳,以轻至中等力量叩击左手手背。正常人肝区无叩击痛。肝区叩击痛阳性者见于肝炎、肝脓肿、肝淤血等。

4. 膀胱叩诊 在膀胱触诊不满意时,由叩诊判断膀胱的充盈程度。膀胱叩诊在耻骨联合上方进行,膀胱空虚时叩诊呈鼓音。膀胱有尿液充盈时,可在耻骨联合上方叩得圆形浊音区。排尿或导尿后,则浊音区转为鼓音,借此可与妊娠子宫或卵巢囊肿等形成的浊音区相鉴别。

5. 脊肋角叩击痛 主要用于检查肾病变。正常人脊肋角处无叩击痛,若有叩击痛则多见于肾炎、肾盂肾炎、肾结石、肾结核及肾周围炎等肾病变的表现。评估方法为被评估者取坐位或侧卧位,评估者用左手掌平放于被评估者的脊肋角处,右手握拳以轻至中等的力量向左手手背进行叩击。

(四)触诊

触诊是腹部评估的主要方法。触诊时,要求被评估者取仰卧位,头垫低枕,两臂自然放于躯干两侧,两腿屈起稍分开,做平静腹式呼吸。评估者立于被评估者右侧,面向被评估者,前臂与腹部表面在同一水平。评估时,手要温暖,动作要轻柔,一般自左下腹开始以逆时针方向,触诊全腹各部,若已有病痛部位,则应由健处逐渐移向患处。边触诊边观察被评估者的反应,同时与被评估者交谈,转移其注意力而减少腹肌紧张。浅部触诊法适用于评估腹壁紧张度、抵抗感、浅表压痛、包块搏动和腹壁上的肿物等。评估腹腔内脏器状况、深部压痛、反跳痛及肿物等则需采用深部触诊法。腹部触诊的主要内容如下。

1. 腹壁紧张度 正常人腹部虽稍有张力,但触之柔软,易压陷。若按压腹壁时,阻力较大,有明显的抵抗感,多为炎性或化学性物质刺激腹膜引起的腹肌反射性痉挛所致。

(1)腹壁紧张度增加:① 全腹紧张度增加:多见于胃肠穿孔或实质脏器破裂所致急性弥漫性腹膜炎,此时腹壁常强直,甚至硬如木板,称为板状腹(tabulate venter)。全腹紧张度增加,触之犹如揉面团一样,称为揉面感或柔韧感,常见于结核性腹膜炎,亦可见于癌性腹膜炎。② 局部腹壁紧张度增加:常为该处腹内脏器的炎症侵及邻近腹膜所致,如急性阑尾炎(右下腹肌紧张)、急性胆囊炎(右上腹肌紧张)。

(2)腹壁紧张度减弱:按压腹壁时,感到腹肌松软无力,失去弹性。见于慢性消耗性疾病、经产妇或过度肥胖的患者、年老体弱、腹肌发育不良等。

2. 压痛及反跳痛 正常腹部在浅部触诊时一般不引起疼痛。

(1)压痛:由浅入深按压腹部,发生疼痛者称为腹部压痛,是腹部疾病的重要体征。压痛局限于一点,叫"压痛点"。可因腹壁或腹腔内脏器病变所致。出现压痛的部位常为病变所在部位。临床上凡腹膜受炎性刺激,脏器迅速肿大或有炎性改变,空腔器官痉挛及腹壁组织病变等,都可触到不同程度的压痛。压痛点往往正是病变

腹部触诊
检查要点

腹壁紧张度、
压痛及反
跳痛

项目六 腹部护理评估

所在部位,故其有定位诊断价值。常见的压痛点如下。① 上腹部压痛:多源于胃、十二指肠、肝、胆、胰及横结肠等器官的病变。② 阑尾压痛点(McBurney 点):右髂前上棘与脐的连线中、外 1/3 交界处。③ 胆囊压痛点(Murphy 点):位于右侧腹直肌外缘与肋弓交界处。④ 下腹部压痛:常见于膀胱、女性生殖器官及其周围组织的病变。

(2) 反跳痛(rebound tenderness):触诊腹部出现压痛后,手指可于原处稍停片刻,给患者短暂的适应时间,然后迅速将手抬起,如此时患者感觉疼痛加剧,并有痛苦表情,称为"反跳痛"。反跳痛是腹膜壁层已受炎症累及的征象,当突然抬手时腹膜被牵拉而引起疼痛。多见于腹内脏器病变累及邻近腹膜时,也见于原发性腹膜炎。当腹内脏器的炎症尚未累及壁层腹膜时,可仅有压痛而无反跳痛。

3. 肝触诊 通过肝触诊可了解肝下缘的位置、质地、表面及边缘情况、有无触痛和搏动等。肝触诊时,嘱被评估者腹壁放松,同时做较深而均匀的腹式呼吸以使肝随膈肌运动而上下移动。

(1) 触诊方法:① 单手触诊法:评估者立于被评估者右侧,面向其头部,右手掌指关节伸直,将中间三指的指端并齐,平放在右锁骨中线上,肝下缘处的下方,用示指前端外侧指腹触诊肝,嘱患者深呼吸。当呼气时,指端压向深部,吸气时,施压的指端于原位向肋缘方向触探。如此,随吸气下移的肝缘即可碰到右手指腹。同法在前正中线上触诊肝左叶(图 6-3-13)。② 双手触诊法:评估者位置同单手触诊法,左手置于被评估者右后腰部并从后向前托起,拇指张开,置于季肋部。右手同单手触诊法,触诊应自两侧髂前上棘连线水平的右腹直肌外缘开始,嘱被评估者做慢而深的腹式呼吸动作,左右手进行配合。此法亦可用于左侧卧位检查,适用于腹壁较厚或有腹水的肝大患者。必要时,用并拢的左手指垂直加压于右手背面,协助其压向深部(图 6-3-14)。

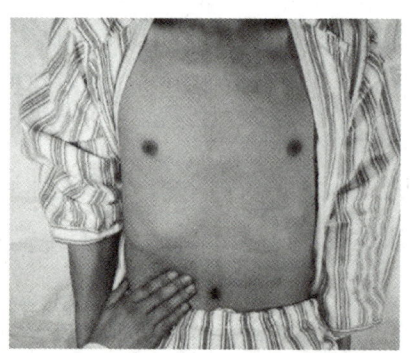

图 6-3-13 肝单手触诊法

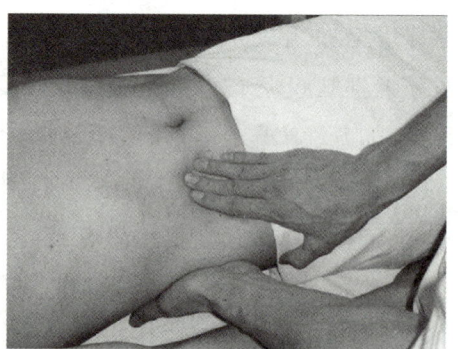

图 6-3-14 肝双手触诊法

(2) 肝触诊内容:① 大小:正常人在右锁骨中线上不能触及肝下缘,少数瘦长体型可触及,但应在 1 cm 以内。剑突下可触及肝下缘,多在 3 cm 以内。肝下缘超过上述标准,如肝上界正常或升高,提示肝大。弥漫性肝大见于肝炎、肝淤血、脂肪肝等。局限性肝大,见于肝脓肿、肝肿瘤及肝囊肿等。肝缩小见于急性及亚急性肝坏死、门脉性肝硬化晚期,病情极为严重。②质地:肝质地分为质软、质韧和质硬三级。质软者如触口唇,见于正常肝。质韧者如触鼻尖,见于急性肝炎、脂肪肝,慢性肝炎、肝淤血。质硬者触之如前额,见于肝硬化和肝癌。③表面及边缘:正常肝表面光滑,边缘薄而整齐且厚薄一致。表面不光滑,呈不均匀的结节状,边缘锐薄不整齐见于肝硬化。肝表面光滑,边缘圆钝见于肝淤血、脂肪肝。④压痛:肝被膜有炎症反应或受到牵拉可致肝区压痛,见于肝炎或肝淤血。

(3)常见肝病触诊特征:①急性肝炎:轻度肝大,表面光滑,边缘钝,质稍韧。②肝淤血:明显肝大,表面光滑,边缘圆钝,质韧,有压痛。当右心功能不全引起肝淤血肿大时,按压肿大肝可使颈静脉怒张更加明显称肝颈静脉回流征阳性。③肝硬化:早期肝大,晚期缩小,质较硬,表面不光滑,边缘锐而不整齐,无压痛。④肝癌:肝大,表面高低不平,有大小不等的结节或巨块,边缘不整,有不同程度的压痛。⑤肝脓肿:触诊有囊性感,压痛明显。

4. 胆囊触诊 正常人胆囊不能触及。胆囊肿大时,在右肋缘下腹直肌外缘可触到一梨形或卵圆形、张力较高的包块,随呼吸而上下移动,质地视病变性质而定。如胆囊肿大,有囊性感和明显压痛者,见于急性胆囊炎。如胆囊肿大,有囊性感,无压痛者,见于壶腹周围癌。如胆囊增大,有实体感者,见于胆囊结石或胆囊癌。可用单手滑行触诊法或钩指触诊法,触诊要领与肝触诊相同。

胆囊压痛征阳性:评估者以左手掌平放于患者的右肋缘部,左手大拇指放在腹直肌外缘与肋弓交界处(胆囊点),首先以大拇指用力按压腹壁,然后让患者缓慢深吸气,如在吸气过程中因疼痛而突然屏气,则称墨菲(Murphy)征阳性(图6-3-15)。可见于急性胆囊炎。胆囊肿大有实性感见于胆囊结石或胆囊癌。

5. 脾触诊 正常人的脾不能被触及。

(1)脾触诊方法:若脾明显肿大而位置又较表浅时,用右手单手浅部触诊法即可触得。如肿大的脾位置较深,则用双手触诊法进行检查,评估对象仰卧,两腿稍屈曲,评估者左手自被评估者前方绕过,手掌置于其左腰部第7~10肋处,试将脾从后向前托起;右手掌平放下腹部,与肋弓成垂直方向,以稍微弯曲的手指末端轻轻压向腹部深处,并随被评估者的腹式呼吸运动,有节奏地进行触诊检查,逐步由下向上接近左肋弓缘(图6-3-16)。如脾肿大,当被评估者深吸气时,触诊的手指可触到脾边缘。若脾轻度肿大而仰卧位不易触到时,可让被评估者改用右侧卧位检查,被评估者右下肢伸直,左下肢屈髋、屈膝进行触诊,则较易触到。

胆囊触诊

脾触诊

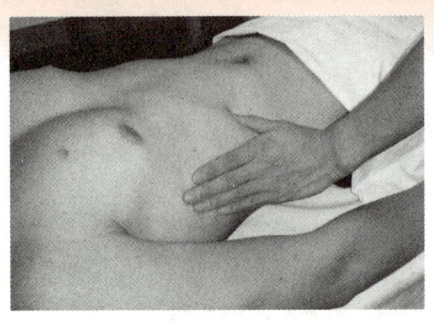
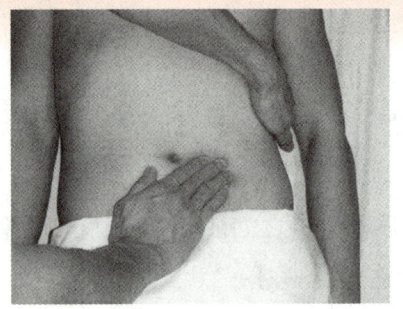

图 6-3-15　胆囊触痛检查法示意图　　　　图 6-3-16　脾触诊示意图

（2）脾触诊内容

1）脾的测量：在左锁骨中线上测量左肋弓缘至脾下缘间的距离为"Ⅰ"线，当脾轻度大时，仅用此线即可。中度以上大者应测左锁骨中线与左肋弓交点到最远脾尖端之间的距离为"Ⅱ"线，脾右缘至正中线的距离为"Ⅲ"线。如脾右缘超过前正中线，于数字前标"＋"，如未到前正中线，测最小距离，于数字前标"－"，各线以厘米（cm）记之。

2）脾的分度（常以肋弓缘至脾下缘间的距离为准）：① 轻度：深吸气时，脾在肋缘下不超过 3 cm 者。② 中度：脾大 3 cm 至脐水平线以上者。③ 高度：脐水平线以下者或脾右缘超过前正中线者。

3）其他：还应注意脾的形态、质地、表面情况，有无压痛及摩擦感等。中等程度以上大者，可触到有特征性的 1~2 个脾切迹。

（3）脾大的临床意义：① 感染性疾病：可致脾大，如病毒性肝炎、伤寒、粟粒性结核、急性疟疾、亚急性细菌性心内膜炎、败血症等。在慢性感染或长期反复感染者，如疟疾、黑热病、血吸虫病等，可使脾中度或高度大，质地一般较硬。② 门静脉高压脾淤血可致脾大，可呈中度或高度大，质地坚韧。③ 血液系统疾病如慢性淋巴细胞性白血病、慢性溶血性黄疸、淋巴瘤、原发性红细胞增多症及原发性血小板减少性紫癜可致脾中度大，质地坚硬。慢性粒细胞性白血病可致脾高度大。再生障碍性贫血则罕有脾大。

6. 膀胱触诊　正常膀胱空虚时隐于盆腔内，不易触及，只有在膀胱充盈增大时方可在下腹中部触及，并有尿意。膀胱触诊多采用单手滑动触诊法。被评估者仰卧，双下肢屈曲，评估者以右手自脐开始向耻骨联合方向触摸。在耻骨上触及充盈的膀胱呈扁圆形或圆形，有囊性感，不能用手推移，多由尿液潴留所致，见于前列腺增生、截瘫、昏迷等。

三、消化系统常见疾病的主要症状及体征

消化系统常见疾病的主要症状及体征，见表 6-3-1。

表 6-3-1　消化系统常见疾病的主要症状及体征

常见疾病	主要症状及体征	
急性腹膜炎	视诊	急性危重病容,强迫仰卧位,两下肢屈曲,呼吸浅快,皮肤干燥,腹式呼吸减弱或消失
	触诊	典型的腹膜刺激征:腹肌紧张、压痛、反跳痛。局限性腹膜炎时三者局限于病变部位,弥漫性腹膜炎则遍及全腹
	叩诊	胃肠穿孔且膈下有游离气体时,肝浊音界缩小或消失。腹腔内积液较多时,移动性浊音可阳性
	听诊	肠鸣音减弱或消失
消化性溃疡	视诊	瘦长体型,腹上角呈锐角。大出血时可见全身皮肤、黏膜苍白
	触诊	溃疡活动期,上腹部常有与疼痛部位一致的压痛点,背部第10~12胸椎段可有椎旁压痛,胃溃疡偏左,十二指肠溃疡偏右,后壁溃疡穿孔者,可有明显背部压痛
	叩诊	多无变化
	听诊	多无变化
肠梗阻	视诊	重症病容,脱水貌,表情痛苦,呼吸急促;腹部膨隆,机械性肠梗阻可见肠型及蠕动波
	触诊	腹壁紧张,压痛,有时可有反跳痛,脉搏增快
	叩诊	高度肠胀气时,腹部鼓音区扩大
	听诊	机械性肠梗阻时肠鸣音明显亢进,呈金属音;麻痹性肠梗阻时,肠鸣音减弱或消失
肝硬化	视诊	面色灰暗、皮肤及巩膜黄染、肝掌、蜘蛛痣,男性乳房发育。有腹水时全腹膨隆可呈蛙腹、腹壁静脉曲张、腹式呼吸减弱
	触诊	早期肝大而后缩小,表面不光滑,质硬,边缘锐利,常无压痛。脾可呈轻、中度大,下肢可出现水肿
	叩诊	可有移动性浊音
	听诊	门脉高压明显时,可在脐上部曲张静脉处闻及静脉嗡鸣音

【相关护理诊断】

1. 肥胖　与不良生活习惯、疾病原因等所致肥胖有关。

2. 营养失调:低于机体需要量　与慢性消耗性疾病、严重腹泻等有关。

3. 体液过多　与肝硬化、心功能不全、低蛋白血症有关。

4. 急性疼痛:腹痛　与腹膜炎症、胆囊炎症或肠道痉挛等有关。

5. 排尿障碍　与尿道梗阻、服用抗胆碱药物、神经系统病变等有关。

6. 便秘　与排便习惯不规律、低钾血症等有关。

7. 腹泻　与急性胃肠炎、服用泻药、胃肠道大出血等有关。

小结

评估腹部首先应熟悉腹部常用的体表标志与分区方法,检查一般按照视诊、听诊、叩诊和触诊的顺序进行。腹部视诊的主要内容包括腹部外形、呼吸运动、腹壁静脉、胃肠型与蠕动波等，还应掌握腹部视诊常见异常体征如腹部膨隆、腹部凹陷、腹式呼吸减弱、腹壁静脉曲张等的特点及临床意义。腹部听诊的主要内容有肠鸣音、振水音和血管杂音，应掌握肠鸣音异常的表现，如肠鸣音活跃、亢进、减弱和消失，空腹 6~8 小时以上仍可听到振水音，提示幽门梗阻和胃扩张。腹部叩诊主要采用间接叩诊法，叩诊主要内容有腹部叩诊音、移动性浊音、肝叩诊、膀胱叩诊和脊肋角叩击痛等。腹部最重要的检查方法是触诊，可根据情况采取单手触诊法或双手触诊法。触诊内容包括腹壁紧张度、压痛及反跳痛、肝触诊、胆囊触诊、脾触诊和膀胱触诊等。主要护理诊断为"营养失调：低于机体需要量、体液过多等。"

（王春桃）

任务测试

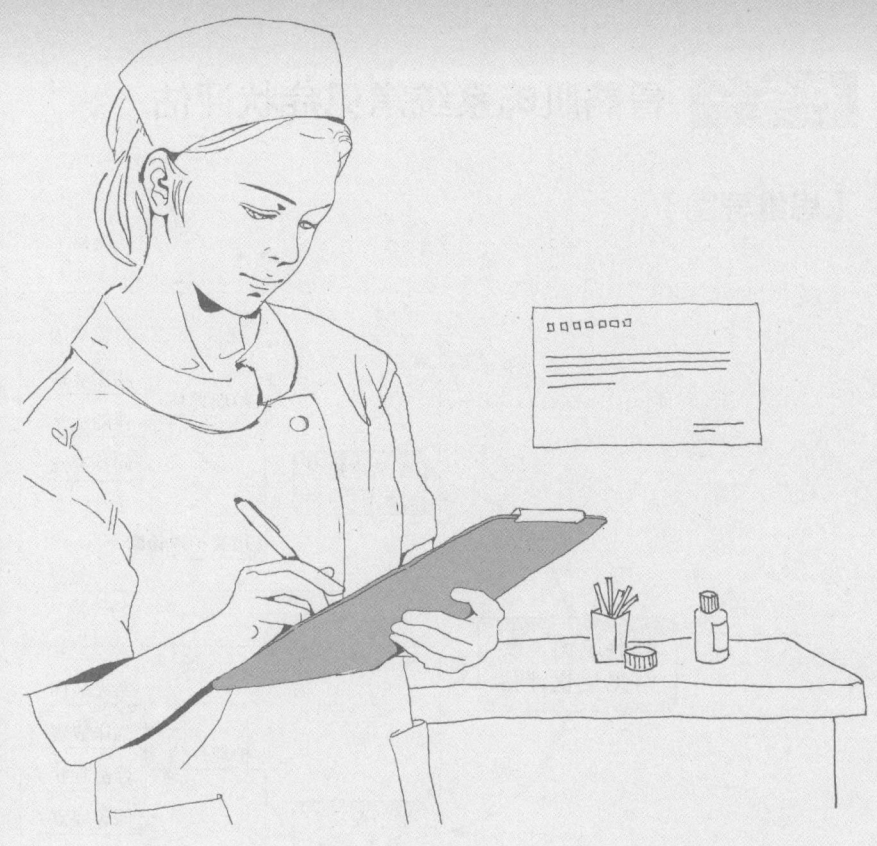

项目七　脊柱、四肢与关节护理评估

【学习目标】

1. 知识目标：解释骨骼肌肉系统常见症状如关节疼痛和肿胀、关节僵硬和活动受限等的基本概念；叙述关节疼痛和肿胀、关节僵硬和活动受限等的主要特点及临床意义。叙述脊柱、四肢与关节评估相关内容及其基本概念；叙述脊柱、四肢与关节评估常见异常表现的主要特点及临床意义。

2. 技能目标：能对关节疼痛和肿胀、关节僵硬和活动受限等常见症状进行系统的护理评估，为作出相应的护理诊断提供依据。能熟练地进行脊柱、四肢与关节检查，准确描述检查结果并判断结果的正常与异常；并解释常见异常体征的临床意义，为提出护理诊断提供客观依据。

3. 素质目标：善于运用沟通技巧，建立良好的护患关系；具备人文关怀意识；初步形成临床评判性思维。

任务一　骨骼肌肉系统常见症状评估

【思维导图】

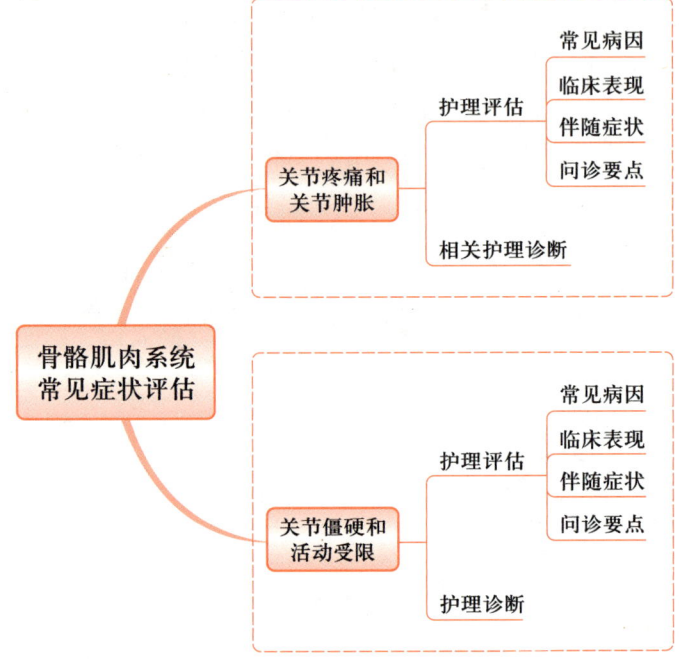

【典型案例】

患者,男性,62岁。有关节炎病史3年,初始为掌、腕、指关节疼痛,后有膝关节疼痛,最近两手指在掌指关节处偏尺侧出现关节活动障碍,晨起尤为明显,影响日常生活,实验室检查示C反应蛋白升高,血沉加快。

任务引领一:请问该患者可能发生了什么疾病?

任务引领二:该患者目前疾病处于哪期?

任务引领三:针对患者的关节改变可提出哪些护理诊断?

一、关节疼痛和关节肿胀

关节疼痛常是受累关节最常见的首发症状,也是风湿性疾病患者就诊的主要原因。疼痛的关节均可有肿胀和压痛,多为关节腔积液或滑膜腔增生所致,是滑膜炎或周围组织炎的重要体征。

【护理评估】

(一)常见病因

关节疼痛可见于各疾病所致的关节炎,如类风湿性关节炎、强直性脊柱炎、骨关节炎、痛风及系统性红斑狼疮等。

(二)临床表现

不同疾病所致关节炎引起的关节疼痛与关节肿胀表现有所不同。类风湿性关节炎和强直性脊柱炎所致关节疼痛常起病缓慢,均于休息后可加重,前者首发于近端指间关节、掌指关节或腕关节,疼痛呈持续性,常演变为对称性多关节炎(4个以上的关节);后者首发于膝关节、髋关节或踝关节,可演变为不对称下肢大关节炎、少关节炎(4个或4个以下的关节),两者关节肿胀均以软组织为主。骨关节炎引起的关节疼痛起病缓慢,首发于膝、腰或掌指关节,常于活动后加重,负重关节症状明显,可出现骨性肥大。痛风所致关节疼痛则起病急骤,首发于第一跖趾关节,疼痛剧烈,夜间尤甚,疼痛关节部位伴红、肿、热,并呈反复发作。

(三)伴随症状

关节疼痛常可伴有周围关节炎、关节畸形和功能障碍等。

(四)问诊要点

1. 病因与诱因　有无关节炎等相关疾病的病史;有无诱因等。

2. 关节疼痛和关节肿胀的特点　关节疼痛与肿胀的发生时间、疼痛的性质及程度,疼痛关节的情况,如疼痛部位是游走性的还是固定的,疼痛性质呈间歇性还是急骤发作,疼痛与活动的关系;具体受累的关节是单关节还是多关节;有无关节畸形和功能障碍;有无晨僵,晨僵的持续时间。

3. 关节疼痛和关节肿胀对患者的影响　疼痛是否影响肌腱、韧带、滑囊等关节附属结构;有无由于关节疼痛、肿胀反复发作,产生悲观、忧郁、抑郁等情绪反应;自理能力和工作能力是否受影响等。

4. 诊疗与护理经过　已接受的诊断性检查及结果;已采用的治疗或护理措施,包括服用过的镇痛药及其他药物,其名称、剂量及疗效等,促进疼痛缓解的护理措施等疗效。

【相关护理诊断】

1. 慢性疼痛:关节疼痛　与关节炎性反应有关。

2. 躯体活动障碍　与关节持续疼痛有关。

3. 焦虑　与疼痛反复发作、病情迁延不愈有关。

二、关节僵硬和活动受限

关节僵硬指患者关节静止一段时间后再活动时出现的一种关节局部不适,如胶黏样感,活动后减轻或消失。通常在早晨起床后自觉关节及其周围僵硬感明显,故称为晨僵。晨僵常为滑膜关节炎症活动性的指标之一,其持续时间与炎症的严重程度一致,因其主观性较强,故持续晨僵 1 h 以上者意义较大。晨僵尤以类风湿关节炎最为典型。

【护理评估】

(一)常见病因

关节僵硬常见于关节炎,最常见于类风湿性关节炎。早期关节活动受限主要由肿胀疼痛引起,晚期则主要由于关节骨质破坏、纤维骨质粘连和关节半脱位引起。

(二)临床表现

晨僵时患者关节肿胀、僵硬、疼痛,不能握紧拳头或持重物,常于活动后减轻。95% 以上的类风湿性关节炎患者可出现晨僵,且明显和持久,也可见于其他原因所致的关节炎。

关节肿痛、结构破坏和畸形均会引起关节的活动受限。美国风湿病学会将风湿类疾病所致的活动受限影响生活的程度分为四级(表 7-1-1)。

表 7-1-1　美国风湿病学会关节活动受限影响生活程度分级

级别	影响日常生活和工作程度
Ⅰ级	能照常进行日常生活和各项工作
Ⅱ级	可进行一般的日常生活和某种职业工作,但参与其他项目活动受限
Ⅲ级	可进行一般的日常生活,但参与某种职业工作或其他项目活动受限
Ⅳ级	日常生活自理和参与工作的能力均受限

(三)伴随症状

关节僵硬和活动受限常可伴有肌肉萎缩、皮肤受损及全身各系统受累的症状等。

(四)问诊要点

1. **病因与诱因**　受累关节僵硬及活动受限的起始时间、部位、持续时间、缓解方式,患者关节僵硬与活动的关系,即在活动后关节症状加重还是减轻。

2. **关节僵硬和活动受限的特点**　评估患者全身情况,如生命体征、神志、体重等;僵硬关节的分布、持续的时间、活动受限的程度,检查关节活动情况,有无畸形和功能障碍;评估患者的肌力情况,是否伴有肌肉萎缩;评估皮肤的完整性,有无皮损等;检查耳郭、肩胛、肘、骶骨等骨突处有无发红,有无局部缺血;检查有无静脉血栓、腓肠肌痛、肢体发红、局部肿胀、皮温升高等。

3. **关节僵硬和活动受限对患者的影响**　评估关节僵硬与活动受限对患者生活、工作的影响及程度。了解患者目前一般状况如何,包括饮食、睡眠、大小便情况。评估患者的心理状态,观察患者有无因关节活动受限而导致的不良心理反应。

4. 诊疗与护理经过 了解患者患病以来的诊疗经过,是否采取减轻关节症状相应的措施,效果如何。

【相关护理诊断】

1. **疼痛** 与患者关节肿胀、僵硬、疼痛有关。
2. **躯体活动障碍** 与关节疼痛、僵硬、功能障碍有关。

小结

本部分主要介绍骨骼肌肉系统常见症状评估,包括关节疼痛和关节肿胀、关节僵硬和活动受限。首先通过对骨骼肌肉系统常见症状概念的描述,结合相关症状的病因、发病机制、临床表现及伴随症状等,系统全面理解和认识骨骼肌肉系统常见症状的内涵和外延。关节疼痛常是受累关节最常见的首发症状,疼痛的关节均可有肿胀和压痛,关节僵硬最常见于类风湿性关节炎,以晨僵最为多见。骨骼肌肉系统常见症状的问诊要点,如评估关节疼痛时要询问起病情况、首发部位、疼痛的性质及演变;评估关节僵硬要了解受累关节僵硬及活动受限的起始时间、部位、持续时间、缓解方式,患者关节僵硬与活动的关系等。最后列出相关护理诊断,本部分主要的护理诊断有急性疼痛,躯体活动障碍等。

(张美霞)

任务二 脊柱、四肢与关节评估

【思维导图】

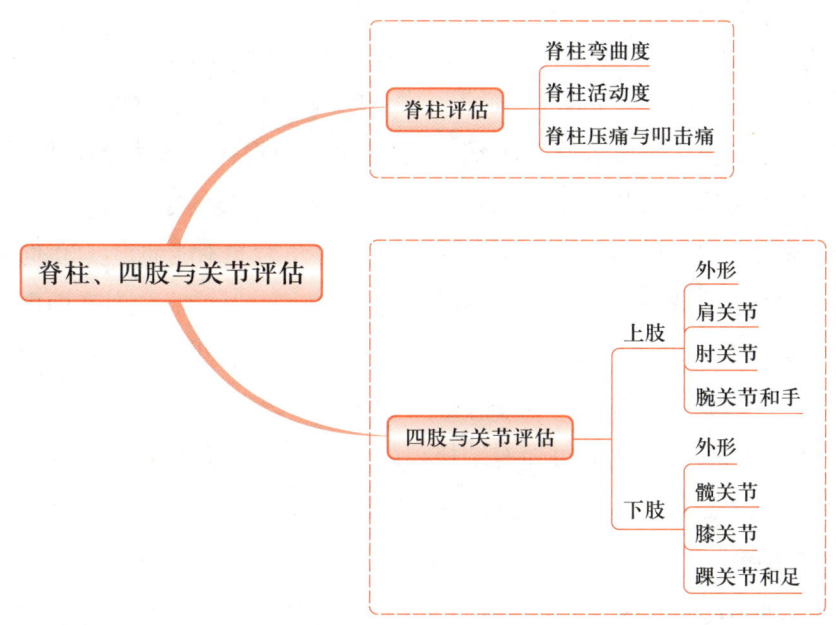

> 患者,男性,22岁,学生。踢足球时向后跌倒,摔伤右肩部来诊。检查见右肩部方肩畸形,肿胀,肩关节空虚,弹性固定,杜加斯(Dugas)征阳性。
>
> 任务引领一:请问该患者可能的诊断是什么?
>
> 任务引领二:该患者目前首选的处理方法是什么?
>
> 任务引领三:该患者复位成功后肿胀会立即消失吗?

一、脊柱评估

脊柱由 7 个颈椎、12 个胸椎、5 个腰椎、5 个骶椎、4 个尾椎组成,主要作用是支撑体重,并作为维持躯体各种姿势的重要支柱和躯体活动的枢纽。

(一)脊柱的弯曲度

评估脊柱弯曲度时被评估者采用坐位或立位,嘱其放松肌肉,上肢自然下垂,评估者立于被评估者后方,观察其脊柱有无侧弯;用示指、中指或拇指沿脊椎的棘突以适当的压力往下划压,划压后皮肤出现一条红色充血痕,观察其是否位于后正中线,脊柱有无侧弯,脊柱各部形态及有无畸形。

1. 生理性弯曲 健康成人直立时,从侧面观察脊柱有四个生理性弯曲:颈椎前凸,胸椎后凸,腰椎明显前凸,骶椎后凸,呈"S"形。

2. 病理性变形 正常人脊柱无侧弯,还应侧面观察脊柱各部形态,了解有无前后突出畸形。

(1)颈椎变形:视诊检查被评估者自然姿势有无异常。被评估者头向一侧倾斜,患侧颈部胸锁乳突肌有肿块隆起,见于先天性斜颈。

(2)脊柱后凸(kyphosis):脊柱后凸是常见的脊柱畸形,是指脊柱过度后弯,其后凸角度大于 50° 即可确诊,也称为"驼背",常见的病因如下。① 脊椎退行性变:为老年人常见病,通常由于骨质疏松,退行性改变,椎间盘也退行性萎缩,造成胸腰椎后凸曲线增大,胸椎可明显后凸。② 强直性脊柱炎:该病有明显的家族聚集倾向,脊柱胸段成弧形(或弓形)后凸,常有脊柱强直性固定,仰卧位时亦不能伸直。③ 佝偻病:往往在儿童期发病,常表现为坐位时胸段明显均匀向后弯曲,仰卧位时弯曲即可消失,并可出现"鸡胸"、肋串珠、"O"形腿等。④ 结核病:多于青少年时期发病,病变常在胸椎下段及腰段,因椎体被破坏、压缩,棘突明显向后凸出,形成特征性的成角畸形,影响青少年的正常发育,同时可伴有结核病的其他表现。⑤ 其他:如脊椎压缩性骨折,可发生于任何年龄段,由外伤所致,造成脊柱后凸;脊椎骨软骨炎,发生于青少年者胸段下部均匀性后凸。

(3)脊柱前凸(lordosis):脊柱过度向前凸出性弯曲称为脊柱前凸。多发生在腰段,被评估者腹部明显向前突出,臀部则向后突出。多见于晚期妊娠、大量腹水、腹腔巨大肿瘤、髋关节结核及先天性髋关节脱位等。

(4) 脊柱侧凸(scoliosis):脊柱离开后正中线向左或右偏曲称为脊柱侧凸。根据侧凸发生部位不同,可分为胸段侧凸、腰段侧凸及胸腰段联合侧凸;根据侧凸的性状分为功能性和器质性两种。其中功能性侧凸的脊柱结构正常,早期脊柱的弯曲度多不固定,改变体位可得以纠正,如平卧位或向前弯腰时脊柱侧凸可消失,儿童常常因为发育期坐、立姿势不良而引起,代偿性侧凸,即一侧下肢明显短于另一侧。坐骨神经性侧凸由脊髓灰质炎后遗症等引起。器质性侧凸时,改变体位亦不能使其纠正,见于先天性脊柱发育不全,肌肉麻痹,营养不良,慢性胸膜肥厚、粘连及肩部或胸廓的畸形等。

(二) 脊柱活动度

1. **正常活动度**　正常人脊柱有一定活动度,因年龄、运动训练及脊柱结构差异等因素略有不同,但一般颈椎段和腰椎段的活动范围最大,颈椎段可前屈、后伸各35°~45°,左右侧弯各45°,旋转60°;腰椎段可前屈75°~90°,后伸30°,左右侧弯各20°~35°,旋转30°;胸椎段活动范围最小,前屈30°,后伸20°,左右侧弯各20°,旋转35°;骶椎和尾椎因融合成骨块状,几乎无活动性。评估时嘱被评估者做前屈、后伸、左右侧弯、旋转等动作,以观察脊柱的活动情况及有无变形。

2. **脊柱活动受限**　颈椎段活动受限:常见于颈部肌纤维软组织损伤及炎症、骨折、关节脱位、颈椎病、结核或肿瘤浸润致骨质破坏;脊柱腰椎段活动受限:常见于腰部肌纤维炎及韧带受损、腰椎椎管狭窄、腰椎间盘突出、腰椎骨折或脱位、腰椎结核或肿瘤浸润致骨质破坏。

(三) 脊柱压痛与叩击痛

1. **脊柱压痛**　嘱被评估者取端坐位,身体稍向前倾。从枕骨粗隆开始,评估者以右手拇指自上而下逐个按压脊椎棘突及椎旁肌肉,观察有无局限性压痛及肌肉痉挛。正常时每个棘突及椎旁肌肉均无压痛及/或痉挛,如有压痛,以第7颈椎棘突为标志计数病变椎体的位置。脊椎有压痛,多见于腰椎间盘突出、脊椎结核及脊椎外伤或骨折;椎旁肌肉有压痛或痉挛,多见于腰背肌纤维炎或急性腰肌劳损。

2. **脊柱叩击痛**　常用的脊柱叩击方法有两种(见图7-2-1)。

(1) 直接叩击法:检查时嘱被评估者取坐位,用中指或叩诊锤垂直叩击各椎体的棘突,多用于检查胸椎与腰椎。颈椎疾病,特别是颈椎骨关节损伤时,因颈椎位置深,一般不用此法检查。

(2) 间接叩击法:被评估者取坐位,评估者将左手掌置于其头部,右手半握拳以小鱼际肌部位叩击左手背,了解被评估者脊柱各部位有无疼痛。

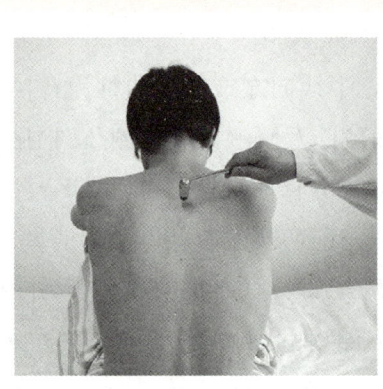 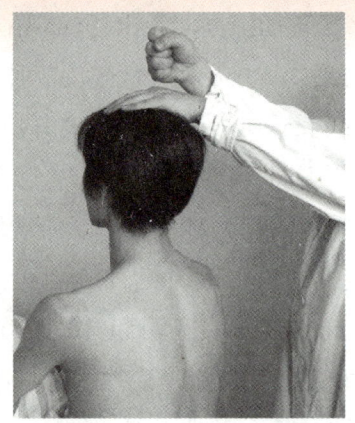

A. 脊柱直接叩击法；B. 脊柱间接叩击法

图 7-2-1　脊柱叩击法

四肢评估

疼痛阳性见于脊柱结核、脊椎骨折、脊椎肿瘤及腰椎间盘突出等。叩击痛的部位多为病变所在部位。

二、四肢与关节评估

四肢及关节评估以视诊、触诊为主，主要评估其形态和功能，特殊情况下采用叩诊和听诊。四肢与关节评估的主要内容是大体形态、长度及关节活动，其中以关节活动为主。正常健康成人四肢与关节左右对称，形态正常，无肿胀及压痛，活动不受限。

（一）上肢

上肢的评估主要采用视诊及触诊。视诊主要观察被评估者上肢各部分的长度、局部肿胀、隆起、姿势、运动、形态改变或畸形、皮肤颜色及温度。触诊主要检查肿块、动脉搏动、压痛、淋巴结等。

1. 长度　双上肢长度可采用目测法，嘱被评估者双上肢向前，手掌并拢，比较其长度；也可用带尺测量全上肢长度即肩峰至桡骨茎突或中指指尖的距离，上臂长度则为从肩峰至尺骨鹰嘴的距离，前臂长度是从鹰嘴突测量至尺骨茎突的距离。正常情况下双上肢长度等长，长度不一见于先天性短肢畸形、骨折重叠和关节脱位等。如肩关节脱位时，患侧上臂长于健侧，肱骨颈骨折时患侧短于健侧。

2. 肩关节　主要评估肩关节的外形、运动及有无压痛。评估外形时，嘱被评估者脱去上衣，取坐位，在良好的照明情况下，观察双肩的外形有无改变，正常双肩对称，双肩呈弧形；评估运动时嘱被评估者做自主运动，观察有无活动受限，或评估者固定肩胛骨，另一手持前臂进行多个方向的活动，健康成人肩关节外展可达 90°，内收 45°、前屈 90°、后伸 35°、旋转 45°；同时评估肩关节周围不同部位的压痛点，对鉴别诊断也很有帮助。常见的肩关节异常（表 7-2-1，图 7-2-2）如下。

表 7-2-1　常见肩关节的异常表现

异常类型	异常形态	临床特征及意义
外形异常	方肩	肩关节弧形轮廓消失,肩峰突出,见于肩关节脱位或三角肌萎缩
	耸肩	两侧肩关节一高一低,颈短,见于先天性肩胛高耸症及脊柱侧弯
	肩章状肩	锁骨骨折使锁骨外端过度上翘,远端下垂,使该侧肩下垂,肩部突出畸形,见于外伤性肩锁关节脱位
运动异常	冻结肩	关节各方向的活动均受限,见于肩关节周围炎
	冈上肌腱炎	肩关节外展达 60° 范围时感疼痛,超过 120° 时则消失
	肩关节炎	肩关节外展开始即痛,但仍可外展
肩关节压痛	肱骨或锁骨骨折	轻微外展即感疼痛
	肩肱关节或肩锁骨关节脱位	嘱被评估者用患侧手掌平放于对侧肩关节前方,如不能搭上,前臂不能自然贴紧胸壁,即为搭肩试验阳性,提示肩关节脱位

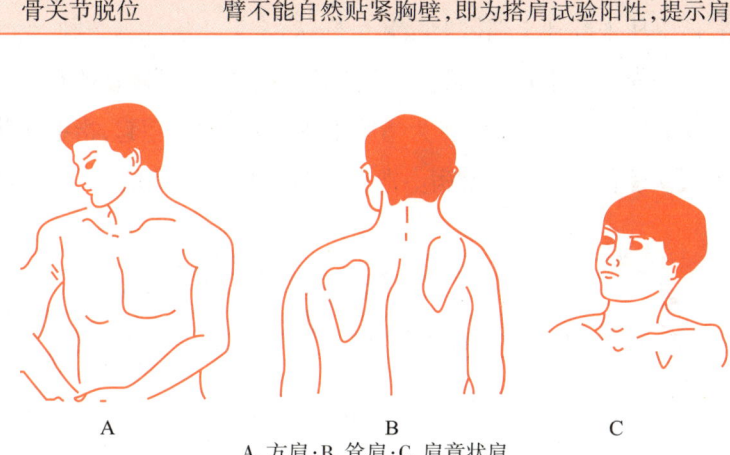

A. 方肩;B. 耸肩;C. 肩章状肩

图 7-2-2　常见肩关节畸形

3. 肘关节　主要评估外形及运动。评估外形时,嘱被评估者伸直两上肢,手掌向前,左右对比。同时应注意双侧及肘窝部是否饱满、肿胀。采用触诊评估肘关节周围皮肤温度,有无肿块,肱动脉搏动,桡骨小头是否有压痛,滑车淋巴结是否肿大等。正常肘关节形态双侧对称,伸直时肘关节轻度外翻,称携物角,正常为 5°~15°。肘关节活动正常时屈 135°~150°,伸 10°,旋前 80°~90°,旋后 80°~90°。若携物角>15° 为肘外翻;<15° 为肘内翻。引起肘关节外形改变的原因常为肘部骨折或脱位等,如髁上骨折时,肱骨下端向前移位,可见肘窝上方突出;桡骨头脱位时,肘窝外下方向桡侧突出;肘关节后脱位时,鹰嘴向肘后方突出,导致肘线及肘后三角(即肘关节伸直时肱骨内外上髁及尺骨鹰嘴形成的连线,和屈肘时形成的三角)解剖关系改变。肘关节积液和滑膜增生常出现肿胀。肱骨外上髁处有局限性压痛点可见于肱骨外上髁炎,即"网球肘";肱骨内上髁处有局限性压痛点可见于肱骨内上髁炎,即"高尔夫球肘"。

4. 腕关节及手　主要评估外形、有无局部肿胀与隆起及运动等。正常情况下手的功能位置为腕背伸 30°,稍稍偏向尺侧,拇指于外展时掌屈曲位,其余各指屈曲,呈握茶杯姿势,手的自然休息姿势呈半握拳状。关节外伤、关节炎、关节结核可引起关节局部肿胀与隆起,常见的异常如下。① 腕关节肿胀:见于外伤、关节炎、腱鞘炎、关节结核等。② 腕关节隆起:尺骨小头向腕背侧隆起见于下尺桡关节半脱位,腕关节背侧或旁侧局部隆起见于腱鞘囊肿。③ 手指关节梭形肿胀:见于类风湿性关节炎,骨性关节炎也出现指关节梭形肿胀,但有特征性的 Heberden 结节,如单个指关节出现梭形肿胀,可能为指骨结核或内生软骨瘤,手指侧副韧带损伤可使指间关节侧方肿胀。腕部手掌的神经、血管、肌腱及骨骼的损伤或先天性因素及外伤等可引起畸形,常见畸形如下。① 腕垂症:见于桡神经损伤。② 猿掌:见于正中神经损伤。③ 餐叉样畸形:见于科利斯(Colles)骨折。④ 爪形手:手指呈鸟爪样,见于尺神经损伤、进行性肌萎缩、脊髓空洞症和麻风等。⑤ 杵状指(趾)(acropachy):手指或足趾末端增生、肥厚、增宽、增厚,指甲从根部到末端拱形隆起呈杵状,常见于慢性肺脓肿、支气管扩张症、支气管肺癌、发绀型先天性心脏病、亚急性感染性心内膜炎、肝硬化所致的营养不良等。⑥ 匙状甲(spoon nail):又称反甲,特点为指甲中央凹陷,边缘翘起,指甲变薄,表面粗糙有条纹,常见于缺铁性贫血和高原疾病。常见的腕关节和手畸形见图 7-2-3。

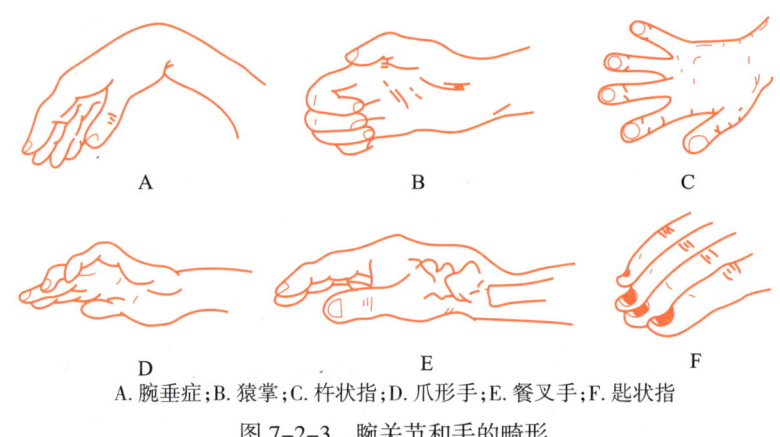

A. 腕垂症;B. 猿掌;C. 杵状指;D. 爪形手;E. 餐叉手;F. 匙状指

图 7-2-3 腕关节和手的畸形

(二)下肢

下肢包括臀、大腿、膝、小腿、踝和足,评估主要采用视诊及触诊,要求被评估者根据不同的检查部位取不同的体位。如髋关节检查要求被评估者取仰卧位,双下肢伸直,腰部放松,腰椎放平贴于床面;膝关节评估要求被评估者取站立位及平卧位,并暴露膝关节进行检查;踝关节与足则要求被评估者取站立、坐位,有时则需步行。评估的内容则包括外形及关节。

1. 外形 评估下肢时应充分暴露下肢部位,双侧对比先做一般外形检查,如双下肢长度是否一致,可用尺测量或双侧对比,观察双下肢外形是否对称,有无静脉曲张和肿胀。一侧肢体缩短见于先天性短肢畸形、骨折或关节脱位。一侧肢体肿胀见于深层静脉血栓形成,肿胀并有皮肤灼热、发红肿胀,见于蜂窝织炎或血管炎。同时观察双下肢皮肤有无出血点、皮肤溃疡及色素沉着，下肢慢性溃疡时常有皮肤色素沉着。

2. **髋关节** 主要评估步态、畸形、肿胀、皮肤皱褶、肿块、窦道、瘢痕、压痛及活动度等。健康成人髋关节活动度屈曲 130°~140°，后伸 15°~30°，内收 20°~30°，外展 30°~45°，旋转 45°。

(1) 步态：① 跛行：疼痛性跛行见于髋关节结核、暂时性滑膜炎、股骨头无菌性坏死等；短肢跛行见于小儿麻痹症后遗症。② 鸭步：见于先天性双侧髋关节脱位、髋内翻及小儿麻痹症所致的双侧臀中肌和臀小肌麻痹。③ 呆步：见于髋关节强直、化脓性髋关节炎。

(2) 畸形：① 内收畸形：一侧下肢超越躯干中线向对侧偏移，且不能外展，双下肢交叉，称"剪刀步"。② 外展畸形：下肢离开中线，向外侧偏移，见于先天性外展性髋挛缩。③ 旋转畸形：仰卧位时，正常髌骨及拇趾指向上方，若向内外侧偏斜为髋关节内外旋畸形。

(3) 肿胀及皮肤皱褶：腹股沟异常饱满，示髋关节肿胀；臀部皱褶不对称，示一侧髋关节脱位。

(4) 窦道及瘢痕：见于髋关节结核，时常可见髋关节周围皮肤肿块。

(5) 压痛：髋关节位置深，只能触诊其体表位置，即腹股沟韧带中点后下 1 cm，再向外 1 cm，触诊此处有无压痛及波动感。髋关节有积液时有波动感；如此处硬韧饱满时，可能为髋关节前脱位；若该处空虚，可能为后脱位。

3. **膝关节** 主要评估外形、肿胀、肌萎缩、压痛、肿块、摩擦感及活动度等。膝关节活动度屈曲可达 120°~150°，伸 5°~10°，内旋 10°，外旋 20°。

(1) 外形：常见的异常如下。① 膝内翻：直立时双股骨内髁间距增大，小腿向内偏斜，膝关节向内形成角度，双下肢形成"O"状，称"O 形腿"，见于小儿佝偻病。② 膝外翻：直立时双腿并拢，若两踝距离增宽，小腿向外偏斜，双下肢呈"X"状，称"X 形腿"，见于佝偻病。③ 膝反张：膝关节过度后伸形成向前的反屈状，称膝反屈畸形，见于小儿麻痹后遗症、膝关节结核。

(2) 肿胀：见于膝关节积液、髌上囊内积液、髌前滑囊炎、膝关节结核、半月板囊肿等。

知识拓展

浮髌现象

关节腔内积液时，膝关节均匀性肿胀，双侧膝眼消失并向外突出，可出现浮髌现象。评估方法为嘱被评估者平卧，患肢放松，评估者一手拇指与其余四指分别固定在肿胀关节上方的两侧，并加压压迫髌上囊，使关节液集中于髌骨底面，另一手示指垂直按压髌骨并迅速抬起，按压时髌骨与关节面有碰触感，松手时髌骨浮起，即为浮髌试验阳性，提示有中等量(50 mL)以上关节积液。

（3）肌萎缩：膝关节病变时，因疼痛影响活动，可致相关肌肉的失用性萎缩，常见为股四头肌及内侧肌萎缩。

（4）压痛：双侧膝眼处压痛见于膝关节炎，髌骨两侧均有压痛见于髌骨软骨炎，膝关节间隙压痛见于半月板损伤，韧带上下两端的附着处有压痛点见于侧副韧带损伤，髌韧带在胫骨的止点处有压痛点见于胫骨结节骨骺炎。

（5）肿块：膝关节周围的肿块，应注意大小、硬度、活动度，有无压痛及波动感。肿块可见于髌前滑囊炎、半月板囊肿、骨软骨瘤、腘窝囊肿及动脉瘤等。

（6）摩擦感：见于炎症后遗症及创伤性关节炎，评估者一手置于患膝前方，另一手握住被评估者小腿做膝关节的伸屈动作，若膝部有摩擦感，提示关节面不光滑。

4. 踝关节与足　主要评估肿胀、局限性隆起、畸形、压痛及活动度等。踝关节与足的活动范围：踝关节背伸 20°~30°，跖屈 40°~50°，跟距关节内、外翻各 30°，跗骨间关节内收 25°，外展 25°，跖趾关节跖屈 30°~40°，背伸 45°。

（1）肿胀：① 匀称性肿胀：见于踝关节扭伤、结核、化脓性关节炎及类风湿性关节炎。② 局限性肿胀：足背或内、外踝下方局限肿胀见于腱鞘炎或腱鞘囊肿；跟骨结节处肿胀见于跟腱周围炎；第二、三跖趾关节背侧或跖骨干局限性肿胀，可能为跖骨头无菌性坏死或骨折引起；足趾皮肤温度变冷、肿胀，皮肤呈乌黑色见于缺血性坏死。

（2）局限性隆起：足背部骨性隆起可见于外伤、骨质增生或先天性异常；内外踝明显突出见于胫腓关节分离、内外踝骨折；踝关节前方隆起见于距骨头骨质增生。

（3）足部常见的畸形（图7-2-4）：① 扁平足：表现为足纵弓塌陷，足跟外翻，前半足外展，形成足旋前畸形，横弓塌陷，前足增宽，足底前部形成胼胝，见于先天性跗骨发育不良或韧带松弛。② 弓形足：表现为足纵弓高起，横弓下陷，足背隆起，足趾分开，见于下肢神经麻痹、遗传性共济失调和脊柱裂。③ 马蹄足：表现为踝关节跖屈，前半足着地，见于跟腱挛缩或腓总神经麻痹。④ 跟足畸形：表现为足不能跖屈，伸肌牵拉使踝关节背伸，形成跟足畸形，行走和站立时足跟着地，见于小腿三头肌麻痹。

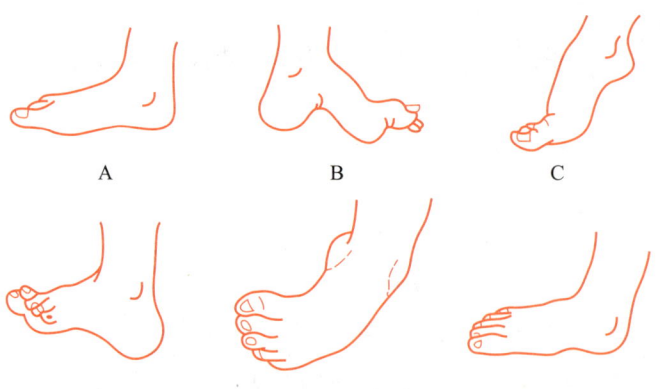

A. 扁平足；B. 高弓形足；C. 马蹄足；D. 跟足畸形；E. 足内翻；F. 足外翻

图7-2-4　常见足部畸形

⑤ 足内翻：表现为跟骨内旋，前足内收，足纵弓高度增加，站立时足不能踏平，外侧着地，见于小儿麻痹后遗症。⑥ 足外翻：表现为骨外旋，前足外展，足纵弓塌陷，舟骨突出，扁平状，跟腱延长线落在跟骨内侧，见于胫前胫后肌麻痹。

（4）压痛点：内外踝骨折、跟骨骨折、韧带损伤均可出现局部压痛；第二、三跖骨头处压痛见于跖骨头无菌性坏死；第二、三跖骨干压痛见于疲劳骨折；跟腱压痛见于跟腱腱鞘炎；足跟内侧压痛见于跟骨骨棘或跖筋膜炎。

【相关护理诊断】

1. **有废用综合征的危险**　与关节病变有关；与肢体外伤有关。

2. **躯体活动障碍**　与脊柱病变/关节病变有关。

3. **行走障碍**　与下肢关节病变有关；与肢体外伤有关。

4. **沐浴自理缺陷**　与脊柱/关节病变有关；与肢体外伤有关。

5. **穿着自理缺陷**　与关节病变有关。

6. **有跌倒的危险**　与脊柱/关节病变有关。

小结

骨骼肌肉系统评估时从常见症状和身体评估两方面来进行。常见的症状重点评估有无关节疼痛和关节肿胀、关节僵硬和活动受限。

脊柱评估时，通过视诊观察脊柱的弯曲度、脊柱的活动度，判断有无病理性弯曲和活动受限；通过触诊和叩诊检查脊柱有无压痛与叩击痛。

四肢与关节评估时以视诊和触诊为主，主要评估其形态和功能，特殊情况下采用叩诊和听诊。评估的重点是上肢与下肢的外形及关节活动，其中以关节活动为主。评估四肢的外形，判断左右上肢和左右下肢是否对称、等长，评估肩关节、肘关节、腕关节及手、髋关节、膝关节、踝关节及足等有无肿胀、隆起、畸形、皮肤皱褶、肿块、动脉搏动、压痛、淋巴结及摩擦感等。通过主动或被动运动检查各关节活动度，判断各关节有无活动受限。

评估脊柱、四肢与关节时若发现异常体征，应结合患者的病史和主要症状判断其临床意义。此外，还要关注因肢体活动异常所致躯体活动功能障碍对患者日常生活能力的影响，如肩关节活动受限可致梳头困难，指关节活动异常可致手的握持功能障碍，下肢活动受限可致行走困难等，从而将通过身体评估获取的异常体征作为确立相应护理诊断的客观依据。

（张美霞）

任务测试

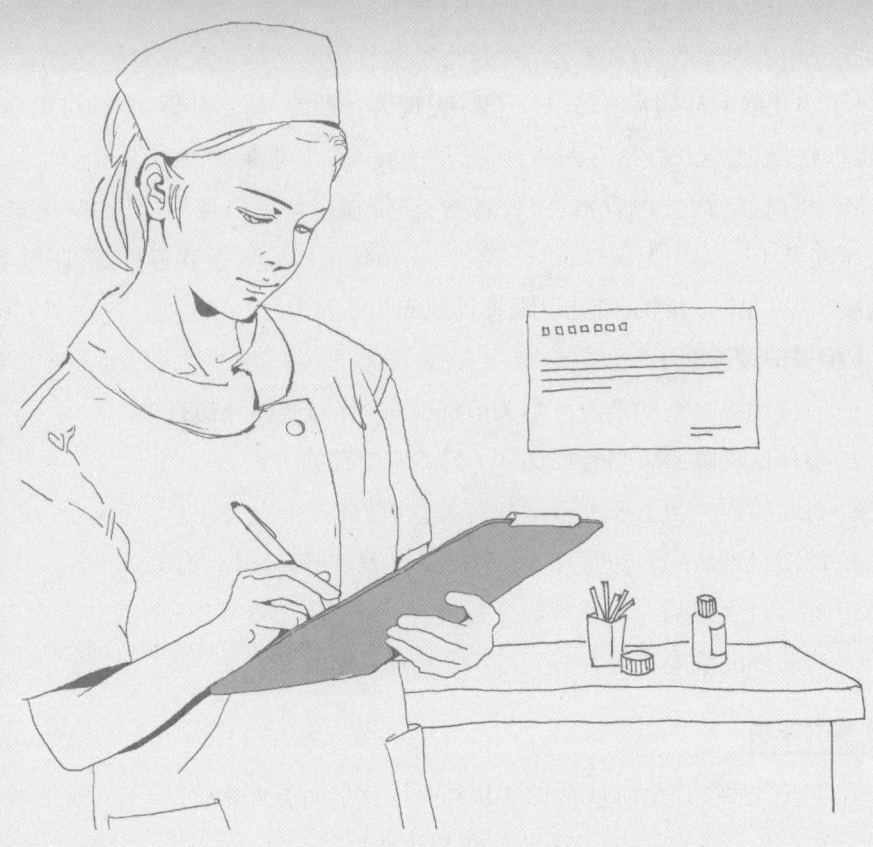

项目八　神经系统护理评估

【学习目标】

1. 知识目标：熟悉神经系统常见症状如抽搐与惊厥、眩晕、意识障碍等的基本概念、临床表现及护理评估要点；描述神经系统检查的主要内容及正常表现；叙述各类神经反射的表现及特点；叙述神经系统检查常见的异常表现及临床意义。

2. 技能目标：能对惊厥等常见症状进行系统的护理评估，并提出相应的护理诊断；能熟练地进行神经系统评估，准确描述检查所见；能判断神经系统检查结果的正常与异常，并解释常见异常体征的临床意义，为提出护理诊断提供客观依据。

3. 素质目标：对患者关心、照顾，体现医者仁心的情怀。在评估过程中动作规范轻柔、关心关爱患者，具有敏锐的观察力及判断力。

【思维导图】

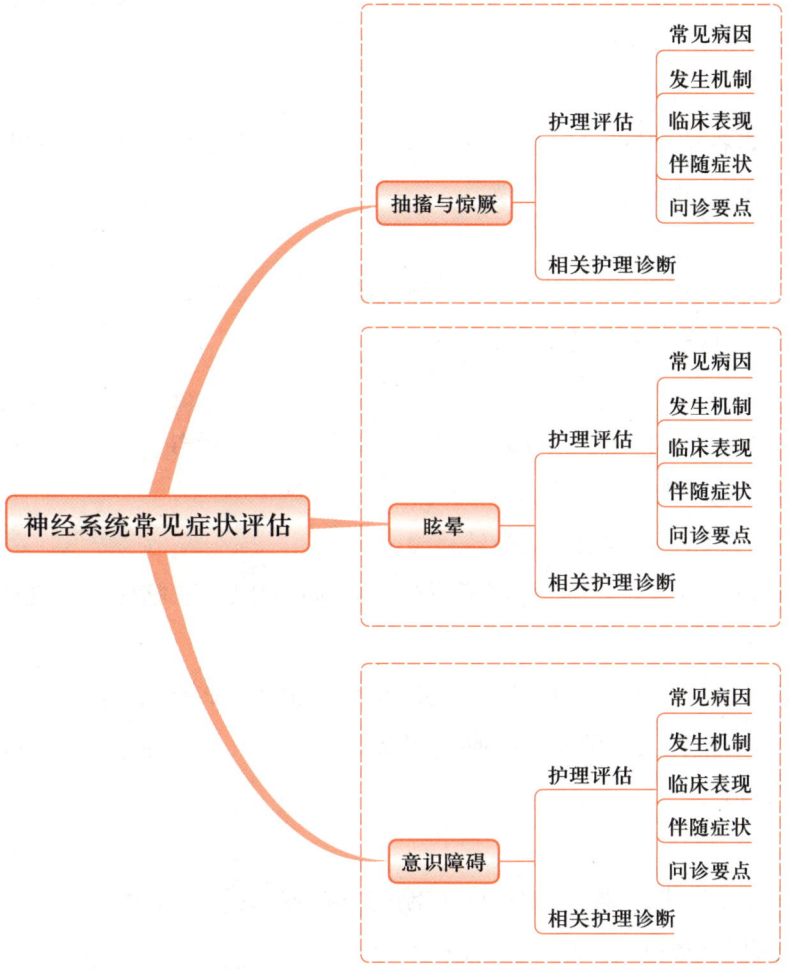

【典型案例】

　　患者，男，70 岁，患者家属 1 h 前（约上午 10：00）回家时发现其躺倒在地，呼之不应，未见肢体抽搐、双眼上翻、口吐白沫、舌咬伤或大小便失禁。既往有高血压、2 型糖尿病，长期口服硝苯地平控释片和接受皮下注射胰岛素治疗。体检：血压为 150/80 mmHg，心肺腹查体无明显异常，呼之不应，压眶有明显疼痛反应，双侧瞳孔等大正圆，直径 3 mm，对光反射灵敏，左侧上下肢可见自主活动，右侧上下肢未见自主活动，双侧腱反射对称减低，右侧巴宾斯基征（+）。

　　任务引领一：责任护士对该患者主要的评估项目有哪些？

　　任务引领二：该患者主要的护理诊断是什么？

一、抽搐与惊厥

抽搐（tic）与惊厥（convulsion）均属于不随意运动。抽搐是指全身或局部成群骨骼肌非自主地抽动或强烈收缩，常可引起关节运动和强直。当肌群收缩表现为强直性和阵挛性时，称为惊厥。惊厥表现的抽搐一般为全身性、对称性、伴有或不伴有意识丧失。惊厥的概念与癫痫有相同点也有不相同点。癫痫大发作与惊厥的概念相同，而癫痫小发作则不应称为惊厥。

【护理评估】

询问患者抽搐和惊厥的发生诱因、持续时间和规律、发作时特点；询问既往健康情况及本次检查、诊断、治疗经过等。

（一）常见病因

抽搐与惊厥的病因可分为特发性与症状性。特发性常由于先天性脑部不稳定状态所致。症状性病因主要见于以下情况。

1. 脑部疾病

（1）感染：如脑炎、脑膜炎、脑脓肿、脑结核瘤、脑灰质炎等。

（2）外伤：如产伤、颅脑外伤等。

（3）肿瘤：包括原发性肿瘤、脑转移瘤。

（4）血管疾病：如脑出血、蛛网膜下腔出血、高血压脑病、脑栓塞、脑血栓形成、脑缺氧等。

（5）寄生虫病：如脑型疟疾、脑血吸虫病、脑包虫病、脑囊虫病等。

（6）其他：① 先天性脑发育障碍。② 原因未明的大脑变性，如结节性硬化、播散性硬化、核黄疸等。

2. 全身性疾病

（1）感染：如急性胃肠炎、中毒性菌痢、链球菌败血症、中耳炎、百日咳、狂犬病、破伤风等。小儿高热惊厥主要由急性感染所致。

（2）中毒：① 内源性，如尿毒症、肝性脑病。② 外源性，如酒精、苯、铅、砷、汞、氯喹、阿托品、樟脑、白果、有机磷等中毒。

（3）心血管疾病：高血压脑病或阿 – 斯（Adams-Stokes）综合征等。

（4）代谢障碍：如低血糖、低钙及低镁血症、急性间歇性血卟啉病、子痫、维生素 B_6 缺乏等。其中低血钙可表现为典型的手足搐搦症。

（5）风湿病：如系统性红斑狼疮、脑血管炎等。

（6）其他：如突然撤停安眠药、抗癫痫药，还可见于热射病、溺水、窒息、触电等。

3. 神经症　如癔症性抽搐和惊厥。

（二）发生机制

抽搐与惊厥的发生机制尚未完全明了，认为可能是由于运动神经元的异常放电所致。这种病理性放电主要因神经元膜电位的不稳定引起,并与遗传、免疫、内分泌、微量元素、精神因素等多种因素相关,可由代谢、营养、脑皮质肿物或瘢痕等激发。

根据引起肌肉异常收缩的兴奋信号引起的,抽搐与惊厥分为大脑功能障碍和非大脑功能障碍,前者如癫痫大发作等,后者如破伤风、低钙血症性抽搐等。

(三)临床表现

由于病因不同,抽搐和惊厥的临床表现形式也不一样,通常可分为全身性和局限性两种。

1. **全身性抽搐**　以全身骨骼肌痉挛为主要表现,典型者为癫痫大发作(惊厥),表现为患者突然意识模糊或丧失,全身强直,呼吸暂停,继而四肢发生阵挛性抽搐,呼吸不规则,尿便失控、发绀,发作约半分钟自行停止,也可反复发作或呈持续状态。发作时可有瞳孔散大,对光反射消失或迟钝,病理反射阳性等。发作停止后不久意识恢复。如为肌阵挛性,一般只是意识障碍。由破伤风引起者为持续性强直性痉挛,伴肌肉剧烈疼痛。

2. **局限性抽搐**　以身体某一局部连续性肌肉收缩为主要表现,大多见于口角、眼睑、手足等。而手足搐搦症则表现为间歇性双侧强直性肌痉挛,以上肢手部最典型,呈"助产士手"表现。

(四)伴随症状

1. **抽搐与惊厥伴发热**　多见于小儿的急性感染,也可见于胃肠功能紊乱、重度脱水等。

2. **抽搐与惊厥伴血压增高**　可见于高血压病、肾炎、子痫、铅中毒等。

3. **抽搐与惊厥伴脑膜刺激征**　可见于脑膜炎、脑膜脑炎、假性脑膜炎、蛛网膜下腔出血等。

4. **抽搐与惊厥伴瞳孔扩大与舌咬伤**　可见于癫痫大发作。

5. **惊厥发作前伴有剧烈头痛**　可见于高血压、急性感染、蛛网膜下腔出血、颅脑外伤、颅内占位性病变等。

6. **抽搐与惊厥伴意识丧失**　见于癫痫大发作、重症颅脑疾病等。

(五)问诊要点

1. **病因与诱因**　发作时意识状态,有无大小便失禁、舌咬伤、肌痛等。

2. **抽搐与惊厥的特点**　抽搐与惊厥的起始时间、部位、持续时间、缓解方式,患者关节僵硬与活动的关系,即在活动后关节症状加重还是减轻。

3. **抽搐与惊厥对患者的影响**　评估抽搐与惊厥对患者生活、工作的影响及程度。了解患者目前一般状况如何,包括饮食、睡眠、大小便情况。评估患者的心理状态,观察患者有无因抽搐与惊厥而导致的不良心理反应。

4. 诊疗与护理经过 了解患者患病以来诊疗经过,是否采取减轻抽搐与惊厥症状相应的措施,效果如何。

【相关护理诊断】

1. **有受伤的危险** 与发作致跌伤有关。

2. **排尿障碍** 与发作致短暂意识丧失有关。

3. **排便失禁** 与发作致短暂意识丧失有关。

4. **有窒息的危险** 与发作所致呼吸道分泌物堵塞或误吸、舌后坠堵塞呼吸道有关。

5. **照顾者角色紧张** 与处理抽搐或惊厥无能力有关。

二、眩晕

眩晕(vertigo)是患者感到自身或周围环境物体旋转或摇动的一种主观感觉障碍,常伴有客观的平衡障碍,一般无意识障碍。主要由迷路、前庭神经、脑干及小脑病变引起,亦可由其他系统或全身性疾病引起。

【护理评估】

详细询问患者有无与眩晕有关的病史或急性感染、中耳炎、乘车船等诱发因素,眩晕的病程、有无复发性等特点,发作程度、持续时间和伴随症状。

(一) 常见病因

1. **周围性眩晕(耳性眩晕)** 是指内耳前庭至前庭神经颅外段之间的病变所引起的眩晕,常见于梅尼埃病、迷路炎、内耳药物中毒、位置性眩晕、晕动症等。

2. **中枢性眩晕(脑性眩晕)** 是指前庭神经颅内段、前庭神经核及其纤维联系、小脑、大脑等的病变所引起的眩晕。

(1)颅内血管性疾病:椎 – 基底动脉供血不足、锁骨下动脉盗血综合征、延髓外侧综合征、脑动脉粥样硬化、高血压脑病和小脑出血等。

(2)颅内占位性病变:听神经瘤、小脑肿瘤、第四脑室肿瘤和其他部位肿瘤等。

(3)颅内感染性疾病:颅后凹蛛网膜炎、小脑脓肿。

(4)颅内脱髓鞘疾病及变性疾病:多发性硬化、延髓空洞症。

(5)癫痫。

3. **其他原因的眩晕** 如低血压、高血压、房室传导阻滞、各种原因引起的贫血、急性发热性疾病、尿毒症、严重肝病、眼肌麻痹、屈光不正、神经症等。

(二) 发病机制

眩晕发生机制较多,可因病因不同而异。

1. **梅尼埃病** 可能是由于内耳的淋巴代谢失调、淋巴分泌过多或吸收障碍引起内耳膜迷路积水所致,亦有人认为是变态反应、B族维生素缺乏等因素所致。

2. 迷路炎　常由于中耳病变(表皮样瘤、炎症性肉芽组织等)直接破坏迷路的骨壁引起,少数是炎症经血行或淋巴扩散所致。

3. 药物中毒　是由于对药物敏感、内耳前庭或耳蜗受损所致。

4. 晕动病　是由于乘坐车、船或飞机时,内耳迷路受到机械性刺激,引起前庭功能紊乱所致。

5. 椎－基底动脉供血不足　可由动脉管腔变窄、内膜炎症、椎动脉受压或动脉舒缩功能障碍等因素所致。

(三) 临床表现

1. 周围性眩晕　梅尼埃病引起的眩晕常以发作性眩晕伴耳鸣、听力减退及眼球震颤为主要特点,严重时可伴有恶心、呕吐、面色苍白和出汗,发作多短暂,很少超过2周,具有复发性特点。迷路炎多由于中耳炎并发,症状与梅尼埃病相近,检查发现鼓膜穿孔,有助于诊断。由链霉素、庆大霉素及其同类药物中毒性损害所引起的眩晕,多为渐进性眩晕伴耳鸣、听力减退,常先有口周及四肢发麻等;水杨酸制剂、奎宁、某些镇静安眠药(氯丙嗪、哌替啶等)亦可引起眩晕。在发热或上呼吸道感染后突然出现眩晕,伴恶心、呕吐,一般无耳鸣及听力减退,持续时间较长,可达6周,痊愈后很少复发,多见于前庭神经元炎。患者头部处在一定位置时出现眩晕和眼球震颤,多数不伴耳鸣及听力减退,见于位置性眩晕。在乘船时眩晕并伴有恶心、呕吐、面色苍白、出冷汗等,多见于晕动症。

2. 中枢性眩晕(脑性眩晕)　有不同程度眩晕和原发病的其他表现。

3. 其他原因的眩晕　这些病症可在原发病的表现上出现有不同程度眩晕,但常无真正旋转感,一般不伴听力减退、眼球震颤,少有耳鸣。

(四) 伴随症状

1. 眩晕伴耳鸣、听力下降　见于前庭器官疾病、前庭蜗神经疾病及肿瘤。

2. 眩晕伴恶心、呕吐　见于梅尼埃病、晕动病。

3. 眩晕伴共济失调　见于小脑、颅后凹或脑干病变。

4. 眩晕伴眼球震颤　见于脑干病变、梅尼埃病。

(五) 问诊要点

1. 病因与诱因　有无急性感染、中耳炎、颅脑疾病及外伤、心血管疾病、严重肝肾疾病、糖尿病等。

2. 眩晕的特点　眩晕发作的时间、持续时间、缓解方式,有无发热、耳鸣、听力减退、恶心、呕吐、出汗、口周及四肢麻木、视力改变、平衡失调等相关症状。

3. 眩晕对患者的影响　评估突然眩晕或长期眩晕对患者安全的影响,观察患者有无因眩晕而导致的不良心理反应。

4. 诊疗与护理经过　了解患者患病以来的诊疗经过,是否采取减轻抽搐与惊厥症状相应的措施,效果如何。

【相关护理诊断】

1. **舒适度减弱** 与前庭或小脑功能障碍有关。

2. **恶心** 与前庭功能障碍有关。

3. **有身体外伤的危险** 与眩晕发作时判断力受损有关。

4. **焦虑** 与担心疾病预后不良或眩晕迁延不愈有关。

5. **营养失调:低于机体需要量** 与前庭功能障碍导致食欲下降,摄入减少有关。

三、意识障碍

意识障碍(disturbance of consciousness)是指人对周围环境及自身状态的识别和觉察能力出现障碍,多由于高级神经中枢功能活动受损所引起,可表现为嗜睡、昏睡、昏迷、意识模糊和谵妄,严重的意识障碍为昏迷。

【护理评估】

(一) 常见病因

1. **重症急性感染** 如败血症、肺炎、中毒性菌痢、伤寒、斑疹伤寒、恙虫病和颅脑感染(脑炎、脑膜脑炎、脑型疟疾)等。

2. **颅脑非感染性疾病**

(1) 脑血管疾病:脑缺血、脑出血、蛛网膜下腔出血、脑栓塞、脑血栓形成、高血压脑病等。

(2) 脑占位性疾病:如脑肿瘤、脑脓肿等。

(3) 颅脑损伤:如脑震荡、脑挫裂伤、外伤性颅内血肿、颅骨骨折等。

(4) 癫痫。

3. **内分泌与代谢障碍** 如尿毒症、肝性脑病、肺性脑病、甲状腺危象、甲状腺功能减退、糖尿病性昏迷、低血糖、妊娠中毒症等。

4. **水、电解质平衡紊乱** 如低钠血症、低氯性碱中毒、高氯性酸中毒等。

5. **外源性中毒** 如安眠药、有机磷农药、氰化物、一氧化碳、酒精和吗啡中毒等。

6. **物理性及缺氧性损害** 如高温中暑、日射病、触电、高山病等。

(二) 发病机制

意识由两个组成部分,即意识内容及其"开关"系统。意识内容即大脑皮质功能活动,包括记忆、思维、定向力和情感,还有通过视、听、语言和复杂运动等与外界保持紧密联系的能力。意识状态的正常取决于大脑半球功能的完整性。意识的"开关"系统包括经典的感觉传导路径(特异性上行投射系统)及脑干网状结构(非特异性上行投射系统),意识"开关"系统可激活大脑皮质并使之维持一定水平的兴奋性,使机体处于觉醒状态,从而在此基础上产生意识内容。"开关"系统不同部位与不同程度的损害,可发生不同程度的意识障碍。由于脑缺血、缺氧、葡萄糖供给不足、酶代谢异常等因素可引起脑细胞代谢紊乱,从而导致网状结构功能损害和脑活动功能减退,均可产生意识障碍。

(三)临床表现

意识障碍可有下列不同程度的表现。

1. **嗜睡(somnolence)** 是最轻的意识障碍,是一种病理性倦睡,患者陷入持续的睡眠状态,可被唤醒,并能正确回答和做出各种反应,但当刺激去除后很快又再入睡。

2. **意识模糊(confusion)** 是意识水平轻度下降,较嗜睡为深的一种意识障碍。患者能保持简单的精神活动,但对时间、地点、人物的定向能力发生障碍。

3. **昏睡(stupor)** 是接近于人事不省的意识状态。患者处于熟睡状态,不易唤醒。虽在强烈刺激下(如压迫眶上神经,摇动患者身体等)可被唤醒,但很快又再入睡。醒时答话含糊或答非所问。

4. **昏迷(coma)** 是严重的意识障碍,表现为意识持续的中断或完全丧失。按其程度可分为三阶段。

(1)浅昏迷:意识大部分丧失,无自主运动,对声、光刺激无反应,对疼痛刺激尚可出现痛苦的表情或肢体退缩等防御反应。角膜反射、瞳孔对光反射、眼球运动、吞咽反射等可存在。

(2)中昏迷:对周围事物及各种刺激均无反应,对于剧烈刺激可出现防御反射。角膜反射减弱,瞳孔对光反射迟钝,眼球无转动。

(3)深昏迷:全身肌肉松弛,对各种刺激全无反应,生命体征不稳定。深、浅反射均消失。

5. **谵妄(delirium)** 是一种以兴奋性增高为主的高级神经中枢急性活动失调状态。临床上表现为意识模糊、定向力丧失、感觉错乱(幻觉、错觉)、躁动不安、言语杂乱。

(四)伴随症状

1. **意识障碍伴发热** 先发热然后有意识障碍,见于重症感染性疾病;先有意识障碍然后有发热,见于脑出血、蛛网膜下腔出血、巴比妥类药物中毒等。

2. **意识障碍伴呼吸缓慢** 是呼吸中枢受抑制的表现,可见于吗啡、巴比妥类、有机磷农药等中毒,银环蛇咬伤等。

3. **意识障碍伴瞳孔散大** 见于颠茄类、酒精、氰化物等中毒,以及癫痫、低血糖状态等。

4. 意识障碍伴瞳孔缩小 见于吗啡类、巴比妥类、有机磷农药等中毒。

5. 意识障碍伴心动过缓 见于高颅压、房室传导阻滞，以及吗啡类、毒蕈等中毒。

6. 意识障碍伴高血压 见于高血压脑病、脑血管意外、肾炎尿毒症等。

7. 意识障碍伴低血压 见于各种原因的休克。

8. 意识障碍伴皮肤黏膜改变 见于严重感染和出血性疾病；口唇呈樱桃红色提示一氧化碳中毒。

9. 意识障碍伴脑膜刺激征 见于脑膜炎、蛛网膜下腔出血等。

(五) 问诊要点

1. 病因与诱因 有无服毒及毒物接触史；有无急性感染性休克、高血压、动脉硬化、糖尿病、肝肾疾病、肺源性心脏病、癫痫、颅脑外伤、肿瘤等。

2. 意识障碍的特点 评估患者起病时间、病程、程度，有无发热、头痛、呕吐、腹泻、皮肤黏膜出血及感觉与运动障碍等。

3. 意识障碍对患者的影响 评估意识障碍对患者安全的影响，评估患者的感知能力、对环境的识别能力及日常生活自理能力的变化。

4. 诊疗与护理经过 了解患者患病以来的诊疗经过，观察患者意识状态的变化，防止废用综合征、皮肤完整性受损等并发症的发生。

【相关护理诊断】

1. 急性意识障碍 与脑炎和脑出血有关。

2. 清理呼吸道无效 与意识障碍所致咳嗽反射减弱或消失有关。

3. 有误吸的危险 与意识障碍所致咳嗽反射减弱或消失有关。

4. 营养失调：低于机体需要量 与意识障碍不能正常进食有关。

5. 排尿障碍 与意识障碍所致的排尿失禁有关。

6. 排便失禁 与意识障碍所致的排便失控有关。

7. 有废用综合征的危险 与意识障碍、肢体瘫痪有关。

8. 有受伤的危险 与意识障碍所致躁动不安有关。

9. 有皮肤完整性受损的危险 与自主运动丧失有关，与排便、排尿失禁有关。

10. 有感染的危险 与意识障碍所致的咳嗽、吞咽反射减弱或消失等有关。

小结

本部分主要介绍神经系统常见症状评估，包括抽搐与惊厥、眩晕及意识障碍。首先通过对神经系统常见症状概念的描述，结合相关症状的病因、发病机制、临床表现及伴随症状等，系统全面理解和认识神经系统常见症状的内涵和外延，从而总结出神经系统常见症状的问诊要点，如评估抽搐惊厥时要询问发作时的特点、呼吸情况、反射及手足情况，评估眩晕时要询问发作时的特点、眼球震颤、恶心呕吐、发热耳鸣等情况，评估意识障碍时要点询问意识障碍的起病情况、既往病史情况；最后列出相关护理诊断，本部分主要的护理诊断是有受伤的危险，急性意识障碍等。

（刘亚莉）

任务二　神经系统评估

【思维导图】

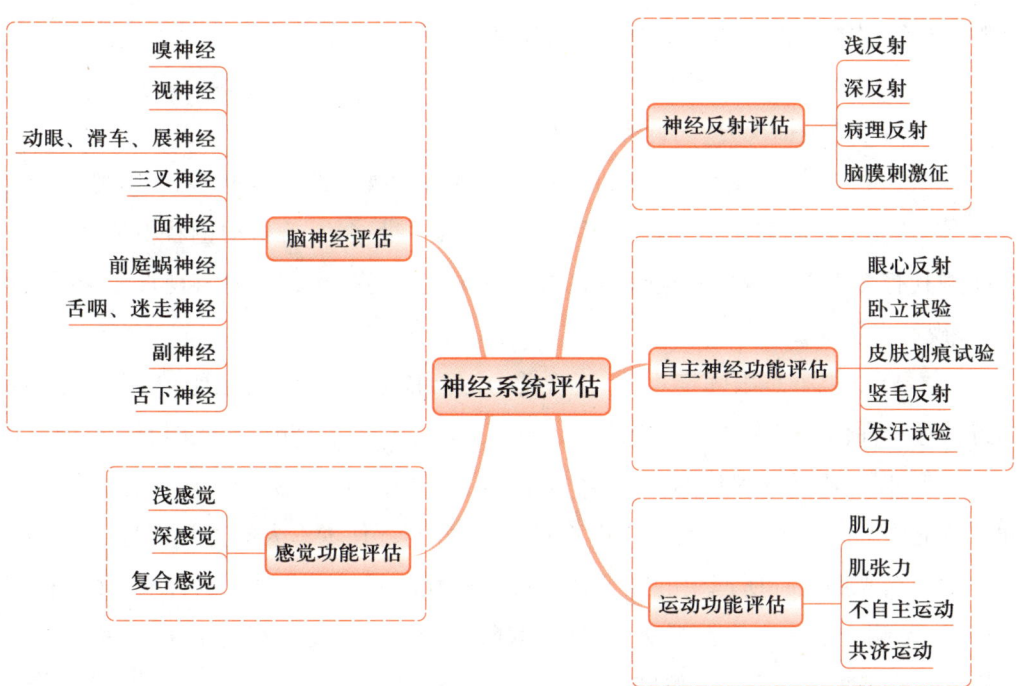

【典型案例】

　　患者，男性，67 岁。于入院前 2 h 在用力搬重物时突感剧烈头痛，频繁呕吐数次，呕吐物为胃内容物，经急诊脑 CT 检查，诊断"蛛网膜下腔出血"。既往头痛史 5 年，休息时可自行缓解，未予重视。

　　护理检查：体温 37.2℃，脉搏 71 次 / 分，呼吸 16 次 / 分，血压 140/90 mmHg。神志尚清楚，烦躁不安。心肺检查未见异常。

　　任务引领一：根据目前的诊断，患者还应有哪些阳性体征？

　　任务引领二：该患者目前主要的护理诊断有哪些？

　　任务引领三：对该患者进行护理过程中，应注意观察哪些症状和体征？

一、脑神经评估

脑神经共 12 对,左右对称,依次为嗅神经、视神经、动眼神经、滑车神经、三叉神经、展神经、面神经、前庭蜗神经、舌咽神经、迷走神经、副神经和舌下神经。检查时应按序进行,以免遗漏,同时注意双侧对比。

脑神经的
评估

(一)嗅神经

评估前先确定患者是否鼻孔通畅,有无鼻黏膜病变,有无主观嗅觉障碍,如嗅幻觉等。然后嘱患者闭目,依次检查双侧嗅觉。先压住一侧鼻孔,用患者熟悉的、无刺激性气味的物品(如杏仁、松节油、肉桂油、牙膏、香烟或香皂等)置于另一鼻孔下,让其辨别嗅到的各种气味。然后,换另一侧鼻孔进行测试,注意双侧比较。根据检查结果可判断患者的一侧或双侧嗅觉状态。嗅觉功能障碍如能排除鼻黏膜病变,常见于同侧嗅神经损害,如嗅沟病变压迫嗅球、嗅束可引起嗅觉丧失。

(二)视神经

视神经评估包括视力、视野检查和眼底检查。

1. 视力　视力用国际视力表进行检查。如患者视力严重减退,无法用视力表检查,则让其在一定距离内识别评估者的手指数或手指移动,若指动也看不清,则用手电筒测其有无光感。视力减退或者丧失可见于视神经损害,如外伤、视神经炎、肿瘤压迫、视盘水肿或萎缩。

2. 视野　视野是眼固定不动,正视前方时所能看到的空间范围,常用手试法或视野计进行评估。患者背光坐于评估者对面 60~100 cm 处,测试左眼时,患者以右手遮其右眼,以左眼注视评估者,评估者以示指在两人中间位置分别从内上、内下、外上和外下的周围向中央移动,直至患者看见为止,并与评估者本人的正常视野比较。临床上常根据视路受损所产生的视野缺损诊断病灶的部位,如同侧偏盲病变多在视交叉以后,单侧全盲病变多在视交叉以前,双眼颞侧偏盲病变在视交叉中部(垂体等),象限性视野缺损病变多在外侧膝状体后。

3. 眼底　眼底用眼底镜进行检查,应注意视盘的大小、形态、色泽、边缘等。视网膜血管有无动脉硬化、狭窄、充血、出血,视网膜有无渗出、色素沉着和剥离等。

(三)动眼、滑车、展神经

动眼神经、滑车神经、展神经共同支配眼球运动,合称眼球运动神经,可同时检查。检查时需注意眼裂外观、眼球运动、瞳孔及对光反射、调节反射等,注意观察有无上睑下垂,是否睑裂对称,观察有无眼球斜视、前突、内陷、偏斜、震颤。

动眼神经麻痹时,上睑下垂,眼球向内、上、下方活动均受限,出现外斜视和复视,瞳孔扩大,瞳孔对光反射和集合反射均消失;滑车神经麻痹时,眼球向下及外展活动受限,眼向下看时出现复视;展神经麻痹时,眼球向内斜视,不能外展,且出现复视。

（四）三叉神经

三叉神经是混合性神经。感觉神经纤维分布于面部皮肤、眼、鼻、口腔黏膜；运动神经纤维支配咀嚼肌、颞肌和翼状内外肌。

1. **面部感觉** 嘱患者闭眼，以针刺检查痛觉、棉絮检查触觉和盛有冷或热水的试管检查温度觉。两侧及内外对比，观察患者的感觉反应，同时确定感觉障碍区域。注意区分周围性与核性感觉障碍，前者为患侧患支（眼支、上颌支、下颌支）分布区各种感觉缺失，后者呈葱皮样感觉障碍。反射主要检查角膜反射和下颌反射。

2. **运动功能** 评估者双手触按患者颞肌、咀嚼肌，嘱患者做咀嚼动作，对比双侧肌力强弱；再嘱患者做张口运动或露齿，以上下门齿中缝为标准，观察张口时下颌有无偏斜。当一侧三叉神经运动纤维受损时，病侧咀嚼肌肌力减弱或出现萎缩，张口时由于翼状肌瘫痪，下颌偏向病侧。

（五）面神经

面神经主要支配面部表情肌和具有舌前 2/3 味觉功能。

1. **运动功能** 检查面部表情肌时，首先观察双侧额纹、眼裂、鼻唇沟和口角是否对称。然后，嘱患者做皱额、闭眼、露齿、微笑、鼓腮或吹哨动作。面神经受损可分为周围性和中枢性损害两种，一侧面神经周围性（核或核下性）损害时，病侧额纹减少、眼裂增大、鼻唇沟变浅，不能皱额、闭眼、微笑或露齿时口角歪向健侧，鼓腮及吹口哨时病变侧漏气。中枢性（核上的皮质脑干束或皮质运动区）损害时，由于上半部面肌受双侧皮质运动区的支配，皱额、闭眼无明显影响，只出现病灶对侧下半部面部表情肌的瘫痪。

2. **味觉检查** 嘱患者伸舌，将少量不同味感的物质以棉签涂于一侧舌面测试味觉，患者不能讲话、缩舌和吞咽，用手指指出事先写在纸上的甜、咸、酸或苦四个字之一。先试可疑侧，再试另侧。每种味觉试验完成后，用水漱口，再测试下一种味觉。面神经损害者舌前 2/3 味觉丧失。

（六）前庭蜗神经

前庭蜗神经包括前庭及耳蜗两种感觉神经，分别管理听觉和平衡觉，前庭蜗神经部分损伤时可出现眩晕、眼球震颤和听力障碍；完全损伤时可出现患侧听力及前庭功能的完全丧失。

（七）舌咽、迷走神经

舌咽神经支配咽部感觉和舌的后 1/3 味觉，以及软腭和咽肌的运动，迷走神经能支配咽喉的感觉和运动。二者的解剖和功能关系密切，常同时受累，故常同时检查。舌咽神经损害时，舌后 1/3 味觉减退，并可出现吞咽困难、呛咳和声音嘶哑。

（八）副神经

副神经支配胸锁乳突肌及斜方肌。检查时注意肌肉有无萎缩，嘱患者做耸肩及转头运动时,评估者给予一定的阻力,比较两侧肌力。副神经受损时,向对侧转头及同侧耸肩无力或不能,同侧胸锁乳突肌及斜方肌萎缩。

(九) 舌下神经

舌下神经支配舌肌,检查时嘱患者伸舌,注意观察有无伸舌偏斜、舌肌萎缩及肌束颤动。单侧舌下神经麻痹伸舌时,舌尖偏向病侧,双侧麻痹者则不能伸舌。

二、感觉功能评估

感觉功能包括浅感觉、深感觉和复合感觉。评估时要注意左右侧和远近端部位的差别。感觉功能评估主观性强,易产生误差。因此必须注意嘱患者闭目,以避免主观或暗示作用。如果患者无神经系统疾病的临床症状可评估,则可以简要地分析远端指(趾)的正常感觉是否存在,检查仅仅选择触觉、痛觉和震动觉。否则,患者需依次进行下列的感觉功能检查。

(一) 浅感觉

1. 痛觉　用别针的针尖均匀地轻刺患者皮肤,询问患者是否疼痛。为避免患者将触觉与痛觉混淆,应交替使用别针的针尖和针帽进行检查比较。注意两侧对称比较,同时记录痛感障碍类型(正常、过敏、减退或消失)与范围。痛觉障碍见于脊髓丘脑侧束损害。

2. 触觉　用棉签轻触患者的皮肤或黏膜,询问有无感觉。触觉障碍见于脊髓丘脑前束和后索病损。

3. 温度觉　用盛有热水(40~50℃)或冷水(5~10℃)的玻璃试管交替接触患者皮肤,嘱患者辨别冷、热感。温度觉障碍见于脊髓丘脑侧束损害。

(二) 深感觉

1. 运动觉　评估者轻轻夹住患者的手指或足趾两侧,上或下移动,令患者根据感觉说出"向上"或"向下"。运动觉障碍见于后索病损。

2. 位置觉　评估者将患者的肢体摆成某一姿势,请患者描述该姿势或用对侧肢体模仿,位置觉障碍见于后索病损。

3. 震动觉　用震动着的音叉(128 Hz)柄置于骨突起处(如内、外踝,手指、桡尺骨茎突、胫骨、膝盖等),询问有无震动感觉,判断两侧有无差别,震动觉障碍见于后索病损。

(三) 复合感觉

复合感觉是大脑综合分析的结果,也称皮质感觉。

1. 皮肤定位觉　评估者以手指或棉签轻触患者皮肤某处,让患者指出被触部位。该功能障碍见于皮质病变。

2. 两点辨别觉　以钝脚分规轻轻刺激皮肤上的两点(小心不要造成疼痛),检测患者辨别两点的能力,再逐渐缩小双脚间距,直到患者感觉为一点时,测其实际间距,

两侧比较。检查时应注意个体差异,必须两侧对照。当触觉正常而两点辨别觉障碍时则为额叶病变。

3. **实体觉**　嘱患者用单手触摸熟悉的物体,如钢笔、钥匙、硬币等,并说出物体的名称。先测功能差的一侧,再测另一侧。功能障碍见于皮质病变。

4. **体表图形觉**　在患者的皮肤上画图形(方形、圆形、三角形等)或写简单的字,观察其能否识别,须双侧对照。如有障碍,常为丘脑水平以上病变。

复合感觉的
评估

三、运动功能评估

(一) 肌力

肌力(muscle strength)是指肌肉运动时的最大收缩力。评估时令患者做肢体伸屈动作,评估者从相反方向给予阻力,测试患者对阻力的克服力量,并注意两侧比较。

肌力的记录采用0~5级的六级分级法。

0级　完全瘫痪,测不到肌肉收缩。

1级　仅测到肌肉收缩,无肢体运动。

2级　肢体在床面上能水平移动而不能抵抗自身重力,即不能抬离床面。

3级　肢体能抬离床面,但不能抵抗外界阻力。

4级　能抵抗部分程度的阻力,但力量较差。

5级　正常肌力。

临床意义:不同程度的肌力减退可分别称为完全性瘫痪和不完全性瘫痪(轻瘫)。不同部位或不同组合的瘫痪可分别命名。① 单瘫:单一肢体瘫痪,多见于脊髓灰质炎。② 偏瘫:为一侧肢体(上、下肢)瘫痪,常伴有同侧脑神经损害,多见于颅内病变或脑卒中。③ 交叉性偏瘫:为一侧肢体瘫痪及对侧脑神经损害,多见于脑干病变。④ 截瘫:为双侧下肢瘫痪,是脊髓横贯性损伤的结果,见于脊髓外伤、炎症等。

(二) 肌张力

肌张力(muscle tone)是指静息状态下的肌肉紧张度。评估时嘱患者肌肉放松,评估者根据触摸肌肉的硬度及测试完全放松的肢体被动运动时的阻力大小。肌张力增高主要见于锥体束和锥体外系病变;肌张力降低主要见于上运动神经元性瘫痪的休克期、下运动神经元性瘫痪、后根病变、后索病变、某些锥体束外系病变及低血钾时。

(三) 不自主运动

不自主运动是指患者在意识清楚的情况下的无目的的异常运动。评估时注意观察患者不自主运动的形式、部位、速度、幅度、节律等,并注意与自主运动、休息、睡眠和情绪改变的关系。常见的不自主运动有震颤、手足抽搐和舞蹈样动作。

1. **震颤**　为两组拮抗肌交替收缩引起的不自主动作,见于帕金森病、老年动脉硬化者、小脑病变、甲状腺功能亢进、肝性脑病及其他代谢性脑病。

2. 舞蹈样运动 为面部肌肉及肢体的快速、不规则、无目的、不对称的不自主运动，表现为做鬼脸、转颈、耸肩、手指间断性伸曲、摆手和伸臂等舞蹈样动作，睡眠时可减轻或消失，多见于基底节病变。

3. 手足徐动 为手指或足趾的一种缓慢持续的伸展扭曲动作，见于脑性瘫痪、肝豆状核变性和脑基底节变性。

(四) 共济运动

机体任一动作的完成均依赖于某组肌群协调一致的运动，这种协调主要靠小脑的功能以协调肌肉活动、维持平衡和帮助控制姿势，也需要运动系统的正常肌力，前庭神经系统的平衡功能，眼睛、头、身体动作的协调，以及感觉系统对位置的感觉共同参与作用。在肌力正常情况下，动作协调发生障碍，称为共济失调。

1. 指鼻试验 嘱患者先以示指接触距其前方 0.5 m 评估者的示指，再以示指触自己的鼻尖，由慢到快，先睁眼、后闭眼，重复进行。小脑半球病变时同侧指鼻不准；如睁眼时指鼻准确，闭眼时出现障碍则为感觉性共济失调。

2. 跟 – 膝 – 胫试验 嘱患者仰卧，上抬一侧下肢，将足跟置于另一下肢膝盖下端，再沿胫骨前缘向下移动，先睁眼、后闭眼重复进行。小脑损害时，动作不稳；感觉性共济失调者则闭眼时足跟难以寻到膝盖。

3. 快速轮替动作 嘱患者伸直手掌并以前臂做快速旋前旋后动作，或一手用手掌、手背连续交替拍打对侧手掌，共济失调者动作缓慢、不协调。共济失调患者动作笨拙、节律不均。

4. 龙贝格（Romberg）征 嘱患者足跟并拢站立，闭眼，双手向前平伸，若出现身体摇晃或倾斜则为阳性，提示小脑病变；如睁眼时能站稳而闭眼时站立不稳，则为感觉性共济失调。

四、神经反射评估

神经反射是对刺激的非自主性反应，由反射弧完成。反射弧由感受器、传入神经（感觉神经）、反射中枢（脑和脊髓）、传出神经（运动神经）和效应器（肌肉和腺体等）构成。反射包括生理反射和病理反射，根据刺激的部位，又可将生理反射分为浅反射和深反射。

(一) 浅反射

浅反射（superficial reflex）为刺激皮肤、黏膜引起的快速肌肉收缩反应。

1. 角膜反射（corneal reflex） 用细棉絮轻触角膜，正常情况下眼睑迅速闭合，反映角膜上神经末梢和脑桥的功能是否正常。

2. 腹壁反射（abdominal reflex） 患者仰卧，下肢稍屈曲，使腹壁松弛，然后用钝头竹签分别沿肋缘下（胸髓 7~8 节）、脐平（胸髓 9~10 节）及腹股沟上（胸髓 11~12 节）的方向，由外向内轻划两侧腹壁皮肤（图 8-2-1），分别称为上、中、下腹壁反射。正常反应是上、中或下部局部腹肌收缩。反射消失分别见于上述不同平面的胸髓病损。双侧上、中、下部反射均消失也见于昏迷和急性腹膜炎患者。一侧上、中、下部腹壁反射均消失见于同侧锥体束病损。肥胖、老年及经产妇由于腹壁过于松弛也会出现腹壁反射减弱或消失，应予以注意。

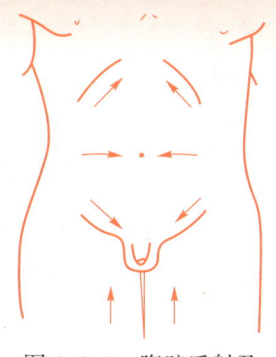

图 8-2-1　腹壁反射及提睾反射评估

3. **提睾反射**（cremasteric reflex）　竹签由下而上轻划股内侧上方皮肤（图 8-2-1），可引起同侧提睾肌收缩，睾丸上提。双侧反射消失为腰髓 1~2 节病损。一侧反射减弱或消失见于锥体束损害。局部病变如腹股沟疝、阴囊水肿等也可影响提睾反射。

4. **跖反射**（plantar reflex）　患者仰卧，下肢伸直，评估者手持患者踝部，用钝头竹签划足底外侧，由足跟向前至近小趾跖关节处转向拇趾侧，正常反应为足跖屈曲（即巴宾斯基征阴性）。反射消失为骶髓 1~2 节病损。

5. **肛门反射**（anal reflex）　用大头针轻划肛门周围皮肤，可引起肛门外括约肌收缩。反射障碍为骶髓 4~5 节或马尾神经病损。

（二）深反射

深反射（deep reflex）指刺激骨膜、肌腱引起的肌肉收缩反应，其反射弧通过深感觉感受器。评估时患者要合作，肢体肌肉应放松，评估者叩击力量均等，两侧注意对比。

1. **肱二头肌反射**（biceps reflex）　患者前臂屈曲，评估者以左拇指置于患者肘部肱二头肌肌腱上，右手持叩诊锤叩击左拇指，正常反应为肱二头肌收缩，前臂快速屈曲（图 8-2-2）。反射中枢为颈髓 5~6 节。

2. **肱三头肌反射**（triceps reflex）　患者外展前臂，半屈肘关节，评估者用左手托住其前臂，右手用叩诊锤直接叩击鹰嘴上方的肱三头肌肌腱，正常反应为肱三头肌收缩，前臂伸展（图 8-2-3）。反射中枢为颈髓 6~7 节。

生理反射

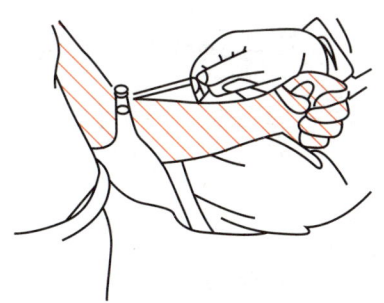

图 8-2-2　肱二头肌反射评估

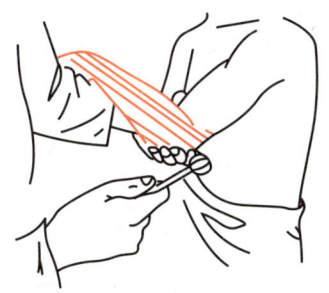

图 8-2-3　肱三头肌反射评估

3. **桡骨膜反射**（radioperiosteal reflex）　患者前臂置于半屈半旋前位，评估者以左手托住其前臂，使腕关节自然下垂，以叩诊锤叩桡骨茎突，正常反应为肱桡肌收缩，前臂屈曲，旋前（图 8-2-4）。反射中枢在颈髓 5~6 节。

4. 膝反射（patellar reflex） 坐位检查时，患者小腿完全松弛下垂，与大腿成直角；卧位检查则患者仰卧，评估者以左手托起其膝关节屈曲，足跟不离开床面，用右手持叩诊锤叩击膝盖髌骨下方股四头肌肌腱，正常反应为小腿伸展（图8-2-5）。反射中枢在腰髓2~4节。

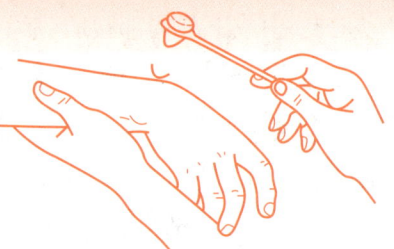

图8-2-4 桡骨膜反射评估

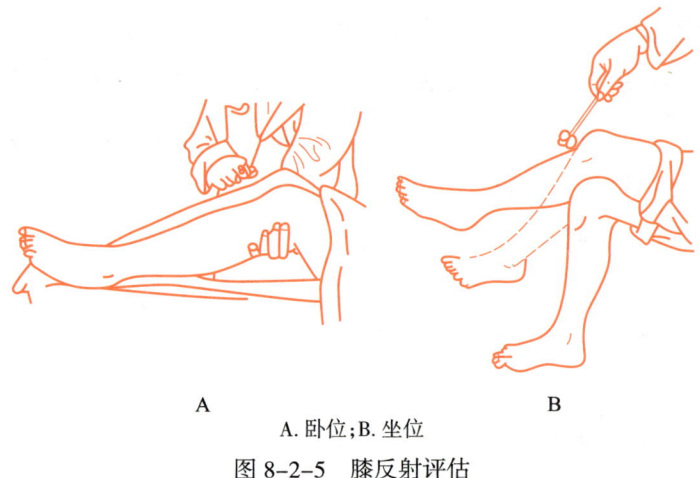

A　　　　　　　　　　　B

A. 卧位；B. 坐位

图8-2-5 膝反射评估

5. 跟腱反射（achilles tendon reflex） 又称踝反射。患者仰卧，髋及膝关节屈曲，下肢取外旋外展位。评估者左手将患者足部背屈成直角，以叩诊锤叩击跟腱，正常反应为腓肠肌收缩，足向跖面屈曲（图8-2-6）。反射中枢为骶髓1~2节。

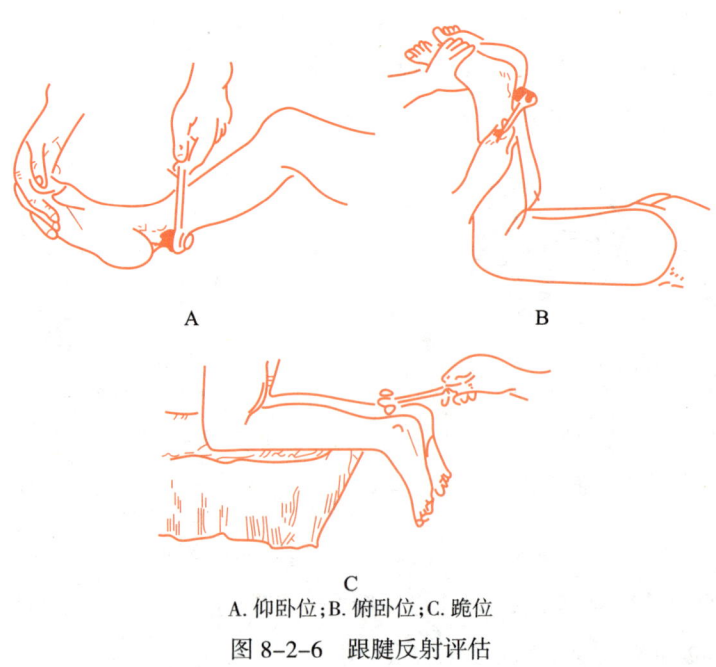

A　　　　　　　　　　　B

C

A. 仰卧位；B. 俯卧位；C. 跪位

图8-2-6 跟腱反射评估

（三）病理反射

当锥体束受损时，大脑失去了对脑干和脊髓的抑制作用而出现的异常反射，称为病理反射，也称为锥体束征，为中枢神经系统受损的表现。1岁半以内的婴幼儿由于神经系统发育未完善，也可出现这种反射，不属于病理性。

1. **巴宾斯基（Babinski）征**　取位与检查跖反射相同，用竹签沿患者足底外侧缘，由后向前至小趾近跟部并转向内侧，阳性反应为拇趾背伸，其余四趾呈扇形展开（图8-2-7A）。

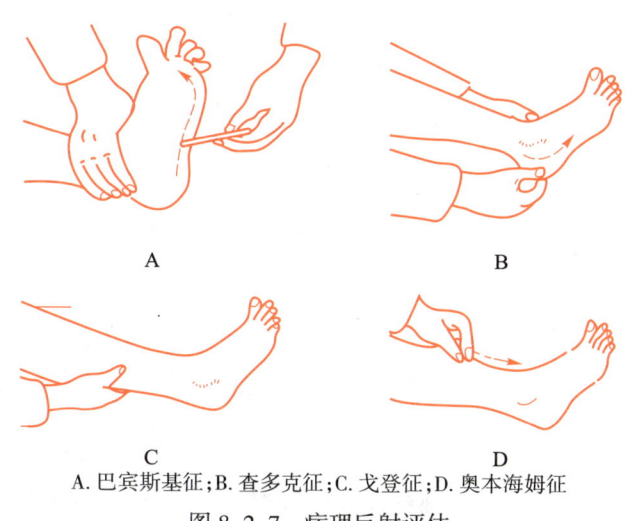

A.巴宾斯基征；B.查多克征；C.戈登征；D.奥本海姆征

图8-2-7　病理反射评估

2. **查多克（Chaddock）征**　患者取平卧位，双下肢伸直，用一钝尖物由后向前轻划足背外侧部皮肤时出现拇趾背屈，即为阳性（图8-2-7B）。

3. **戈登（Gordon）征**　评估者用手以一定力量捏压腓肠肌，阳性表现同Babinski征（图8-2-7C）。

4. **奥本海姆（Oppenheim）征**　评估者用拇指及示指沿患者胫骨前缘用力由上向下滑压，阳性表现同巴宾斯基征（图8-2-7D）。

以上四种体征临床意义相同，其中巴宾斯基征是最典型的病理反射。

5. **霍夫曼（Hoffmann）征**　评估者左手持患者腕部，右手中指与示指夹住患者中指并稍向上提，使腕部处于轻度过伸位。以拇指迅速弹刮患者的中指指甲，引起其余四指掌屈反应则为阳性。反射中枢为颈髓7节～胸髓1节。

（四）脑膜刺激征

脑膜刺激征为脑膜受激惹的体征，见于脑膜炎、蛛网膜下腔出血和颅内压增高等。

1. **颈强直（cervical rigidity）**　患者仰卧，评估者以一手托其枕部，另一只手置于胸前作屈颈动作。若被动屈颈检查时感到抵抗力增强，即为颈部阻力增高或颈强直。

在除外颈椎或颈部肌肉病变后,即可认为有脑膜刺激征。

2. **克尼格(Kernig)征**　又称屈腿伸膝试验。患者仰卧,一侧下肢髋、膝关节屈曲成直角,评估者将患者小腿抬高伸膝。正常人膝关节可伸达 135° 以上(图 8-2-8)。如伸膝受阻且伴疼痛与屈肌痉挛,则为阳性。

脑膜刺激征

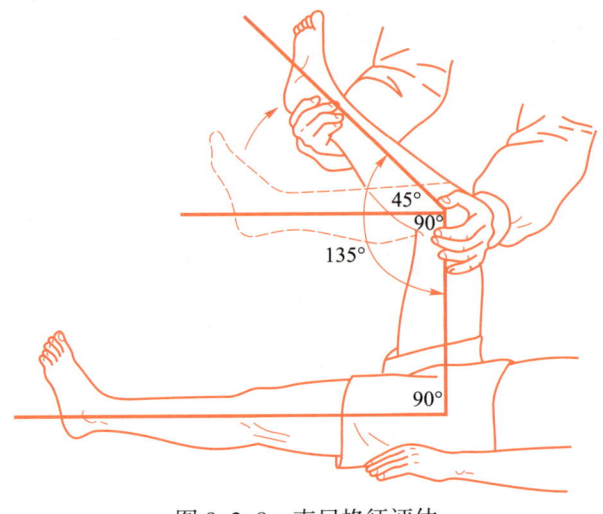

图 8-2-8　克尼格征评估

3. **布鲁津斯基(Brudzinski)征**　患者仰卧,下肢伸直,评估者一手托其枕部,另一手按于其胸前(图 8-2-9)。当头部前屈时,双髋与膝关节同时屈曲则为阳性。

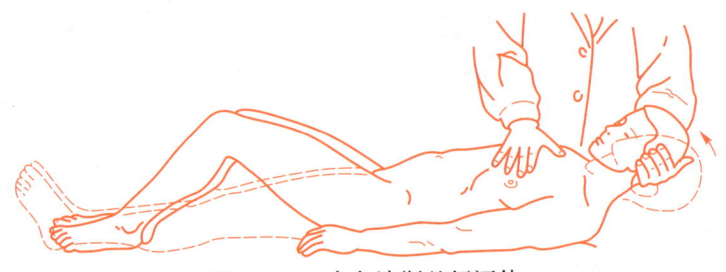

图 8-2-9　布鲁津斯基征评估

五、自主神经功能评估

自主神经又称植物神经,分为交感与副交感两个系统,主要功能是调节内脏、血管与腺体等活动。大部分内脏接受交感和副交感神经纤维的双重支配,在大脑皮质的调节下,协调整个机体内、外环境的平衡。常用的评估方法有以下几种。

(一)眼心反射

患者仰卧,双眼自然闭合,计数脉率。评估者左手中指、示指分别置于患者眼球两侧,逐渐加压,以患者不痛为限。加压 20~30 s 后计数脉率,正常可减少 10~12 次 / 分,超过 12 次 / 分提示副交感(迷走)神经功能增强,迷走神经麻痹则无反应。如压

眼心反射

迫后脉率不减慢反而加速,则提示交感神经功能亢进。

(二)卧立试验

平卧位计数脉率,然后起立站直,再计数脉率。如由卧位到立位脉率增加超过10~12次/分为交感神经兴奋性增强。由立位到卧位,脉率减慢超过10~12次/分则为迷走神经兴奋性增强。

卧立试验

(三)皮肤划痕试验

用钝头竹签在皮肤上适度加压划一条线,数秒钟后,皮肤先出现白色划痕(血管收缩)高出皮面,以后变红,属正常反应。如白色划痕持续较久,超过5 min,提示交感神经兴奋性增高。如红色划痕迅速出现、持续时间较长,明显增宽甚至隆起,提示副交感神经兴奋性增高或交感神经麻痹。

皮肤划痕试验

(四)竖毛反射

竖毛肌由交感神经支配。将冰块置于患者颈后或腋窝,数秒钟后可见竖毛肌收缩,毛囊处隆起如鸡皮。竖毛反射可协助交感神经功能障碍的定位诊断。

竖毛反射

(五)发汗试验

发汗试验可协助诊断髓内病变及脊髓部分或横贯损害。此外,也有助于脑干下部、交感神经传出通路及周围神经病变的诊断。常用方法有以下三种。

1. **碘淀粉法** 即以碘1.5 g,蓖麻油10.0 mL,与95%乙醇100 mL混合成淡碘酊涂布于皮肤,干后再敷以淀粉。皮下注射毛果芸香碱10 mg,作用于交感神经节后纤维而引起出汗,出汗处淀粉变蓝色,无汗处皮肤颜色不变。

2. **加温法** 引起脊髓发汗。

3. **口服法** 口服阿司匹林0.6~0.9 g及热开水一杯,刺激间脑和下丘脑下部而致发汗。

发汗试验

【相关护理诊断】

1. **沐浴/穿着/进食/如厕自理缺陷** 与肌力减退、智力障碍、视力障碍、极度虚弱、神经受损有关。

2. **社交孤立** 与自我感知障碍、记忆力缺陷、判断力障碍、定向力障碍,不愿意参加社交活动有关。

3. **吞咽障碍** 与肌无力、神经肌肉损伤有关。

4. **躯体活动障碍** 与体力耐力下降、意识障碍、神经肌肉受损、平衡和协调功能下降有关。

5. **有废用综合征的危险** 与重度营养不良、长期卧床、减少活动、瘫痪、缺乏正确训练有关。

6. **有皮肤完整性受损的危险** 与长期卧床皮肤受压、皮肤瘙痒、皮肤感觉消失或迟钝有关。

小结

　　本部分任务主要为脑神经、感觉功能、运动功能、神经反射、自主神经功能的评估,重点要掌握肌力的分级、浅反射、深反射、病理反射、脑膜刺激征评估的项目、方法及阳性表现时的临床意义。本部分的护理诊断较多且复杂,应根据被评估者的具体情况进行诊断和制定护理计划。

(刘亚莉)

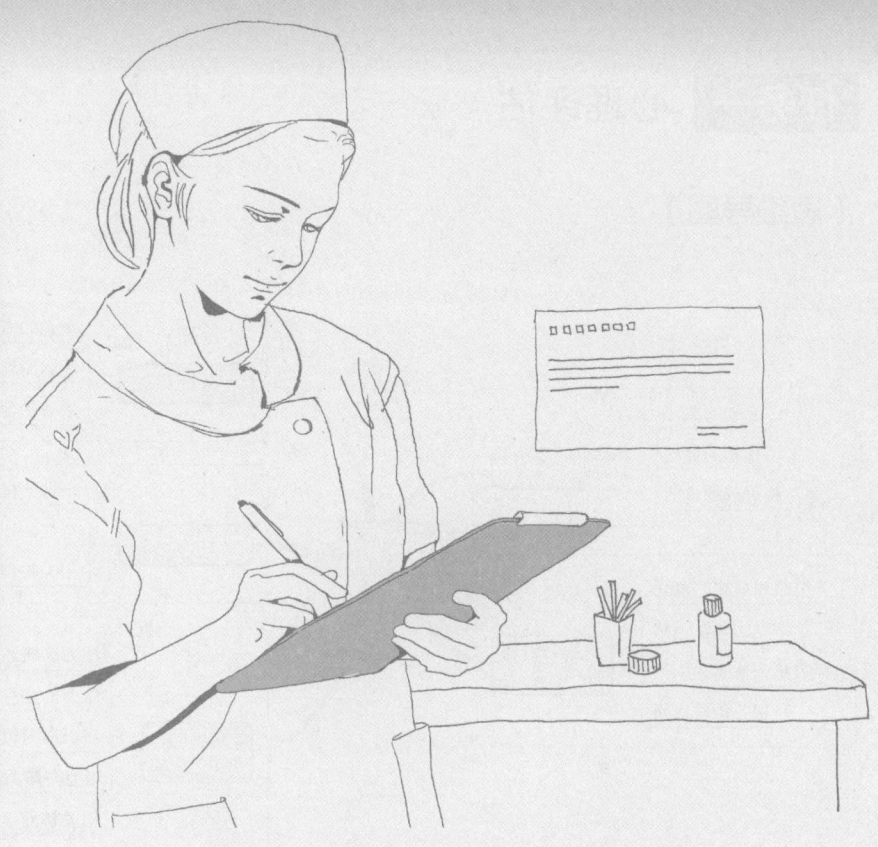

项目九　心理社会护理评估

【学习目标】

1. 知识目标：描述心理、社会评估的主要内容及常用方法；叙述心理、社会评估相关内容的基本概念；叙述心理、社会评估常见异常表现的主要特点。

2. 技能目标：能综合运用会谈、观察等方法对患者的心理、社会状况进行评估，为作出相应的护理诊断提供依据。

3. 素质目标：善于运用沟通技巧，及时与患者及家属有效沟通，取得信任，建立良好的护患关系。

任务一 心理评估

【思维导图】

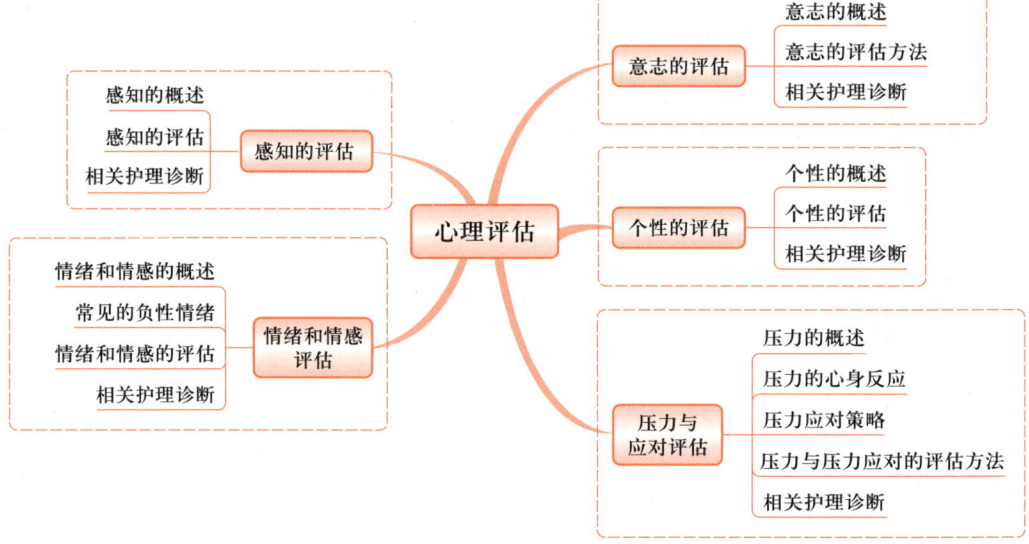

【典型案例】

患者,女性,32岁。因患乳腺癌做了单侧乳房切除手术。术后患者情绪低落,拒绝见人,有时还自暴自弃,曾多次试图轻生被家人制止。目前虽然情绪比较稳定,但是仍然怕见人,不敢外出,对医护人员的探视也比较抵触。

任务引领一:对该患者进行心理评估,试分析她主要存在哪些方面的心理问题?

任务引领二:该患者出现不良情绪的原因是什么? 应该从哪些方面进行心理疏导?

任务引领三:该患者主要的护理诊断是什么?

心理评估(psychological assessment)是指运用心理学的技术和方法对个体的心理现象及其规律做出综合评定。人的心理过程包括认知过程(感觉、知觉、记忆、思维、语言、现象)、情感过程(情绪、情感)和意志过程。认知是人们认识、理解、记忆、判断、推理事物的过程,反映人们的思维能力,人们对所有属于自己的身心社会状况的认识又构成人的自我概念。个性包括个性特征(气质、性格、能力)、个性倾向性(需要、动机、兴趣、信念)和自我意识系统(自我认知、自我体验、自我调控)。此外,人在与社会及其周围环境相互作用的过程中还有许多外在心理活动,如压力与应对。对个体心理评估包括对个体心理过程和个性信息的收集,评估个体对不同应激刺激的反应,对心理障碍及其影响因素的确定,对心理或行为问题的诊断,对个体行为的详细描述、解释和评价。对个体的心理评估应该涵盖上述心理活动与心理特征,即人的自我概念、认知水平、情绪情感状态、个性及压力与应对。

知识拓展

评估者应具备的心理品质

1. 情绪稳定　心理评估者应该具有能够解决自己个人问题的能力,能自我接纳、自我调节,自我防卫机制不能过强。

2. 健全而乐观的人生观　心理评估者无论在任何情况下,都应该能积极地对待工作、开朗地对待生活,只有这种人才能相信被评估者自身的力量,才能承担起帮助被评估者解决问题的责任。

3. 敏锐的观察能力　心理评估者要善于观察表情,除面部表情外,姿势、声调等的表情作用也不可忽视。人类表情方式有许多共同性,但不同民族和不同个体之间也有差异。在某些病理情况下会出现特殊的表情,这些在护理评估中都是应该注意到的。

4. 良好的人际关系　尊重他人的价值,取得他人信赖,尊重他人的生活方式,与被评估者建立良好的人际关系,实行有效的沟通。

5. 真诚地关心被评估者　心理评估者应该对被评估者关心、爱护,只有真心提供帮助,才能得到被评估者的信任,使之有安全感,感到放心,评估资料才真实可靠。

6. 不断地完善自我　谦虚、正直、诚实、坦荡,不断进取,不断拓宽自己的知识范围,提高心理学修养水平。

7. 与人协作配合的能力　心理评估者应该善于与他人建立良好的合作关系,与其他医务人员配合才能有效地解决问题。

8. 保持良好的精神状态　具有良好的仪态与语言表达能力,保持饱满的工作热情。

一、感知的评估

对客观事物的个别属性的认识是感觉,对同一事物的各种感觉的结合,就形成了对这一物体的整体认识,也就是形成了对这一物体的感知。感知是各种感觉的结合,它来自感觉,但不同于感觉。感觉只反映事物的个别属性,感知却认识了事物的整体;感觉是单一的感觉器官活动的结果,感知却是各种感觉协同活动的结果;感觉不依赖于个人的知识和经验,感知却受个人知识经验的影响。

(一)概述

感知是直接作用于感觉器官的客观物体的整体在人脑中的反映,是在过去的经验及对有关线索进行分析的基础上形成的对信息的理解、分类、归纳、演绎及计算。同一物体,不同的人对他的感觉是相同的,但对他的感知就会有差别,知识经验越丰富对物体的感知越完善,越全面。显微镜下的血样,只要不是色盲,无论谁看都是红色的,但医生能看出里面有红细胞、白细胞和血小板等。感知活动包括注意、知觉、表象、记忆、思维、言语和定向力等。护理感知评估主要是对思维能力、言语能力和定向力进行评估。以下主要介绍与这三个方面相关的定义。

1. 思维　思维是人脑对客观现实间接的、概括的反应,是在感觉、知觉、记忆等活动的基础上完成的,是人脑反映现实的高级形式,是认识事物本质特征及内部规律的理性认知过程。在思维过程中人们凭借已有的知识、经验或其他事物作为媒介来理解或把握那些没有直接感知过的或根本不可能感知到的事物,以推测事物过去的进程,认识事物现实的本质,预测事物未来的发展。思维过程具有连续性,当这种连续性丧失时,即出现了思维障碍,此时思想就不再能被他人理解。抽象思维、洞察力和判断力是反映思维水平的主要指标。抽象思维的主要工具是逻辑。因此,抽象思维也叫逻辑思维,是以注意、记忆、理解、概念、判断、推理的形式反映事物的本质特征与内部联系的精神现象。洞察力是识别与理解客观事物真实性的能力,与精确的自我感知有关。判断力则是指人们比较和评价客观事物及其他相互关系并做出结论的能力。

知识拓展

几种常见形式的临床思维联想障碍

1. 思维奔逸　又称观念飘忽,指联想速度加快、数量增多、内容丰富生动。患者表现健谈,说话滔滔不绝,脑子反应快,特别灵活,好像机器加了"润滑油",思维敏捷,说话的主题极易随环境而改变(随境转移),多见于躁狂症。

2. 思维迟缓　即联想抑制,联想速度减慢、联想数量减少和困难。患者自觉"脑子不灵了""脑子迟钝了"。多见于抑郁症。

3. 思维贫乏　指联想数量减少,概念与词汇贫乏,脑子空洞无物。患者常泰然回答"不知道""什么也没想"。多见于精神分裂症、脑器质性精神障碍及精神发育迟滞。

4. 思维散漫　又称思维松弛,是指患者在意识清晰的情况下,思维的目的性、连贯性和逻辑性出现障碍。思维活动缺乏主题思想,内容和结构都散漫无序,表现为说话东拉西扯。

5. 思维破裂　指概念之间联想的断裂,建立联想的各种概念内容之间缺乏内在联系,多见于精神分裂症。

2. 言语(speech)　言语是指人运用语言材料和语言规律所进行的交际活动的过程。言语是人们进行思维的工具,是思维的物质外壳。词的意义是语言的概括,思维的抽象与概括总是借助言语得以实现的。所以,思维和言语不可分割,没有言语就不可能有人的理性思维,没有思维也就不需要作为承担工具和手段的言语。思维和言语是一个密切相关的统一体,共同反映人的认知水平。护理评估中要利用言语的职能,把言语当作评估病情、治疗与护理患者的重要手段。

3. 定向　定向是指人们对现实的感觉,对过去、现在、将来的察觉及对自我存在的意识,包括时间定向、地点定向、空间定向及人物定向等。教育水平、生活经历、文化背景可影响人的认知能力。同时,认知能力从出生到成人期逐渐增强,到老年期逐渐减弱。意识模糊的患者就有定向力障碍。

(二)感知的评估

感知的评估包括对个体的思维能力、言语能力及定向力的评估。

1. 思维能力评估　思维能力评估可通过抽象思维功能、洞察力和判断力三方面进行评估。

(1)抽象思维功能评估:抽象思维是对事物和事物情况逻辑分析的反映。由于反映对象的种类及反映的基本方式等方面的不同,形成了不同种类的思维形态,主要有概念、命题、判断、推理、论证等,应逐项进行评估。

(2)洞察力评估:洞察力是人们对个人认知、情感、行为的动机与相互关系的透彻分析。评估一个人有洞察力,更多的是表示这个人能够看穿事情的真相,具备透过现象看本质的能力。而用弗洛伊德的话来讲,洞察力就是变无意识为有意识,就这层意义而言,洞察力就是"开心眼",就是学会用心理学的原理和视角来归纳总结人的行为表现。

(3)判断力评估:判断是肯定或否定其事物具有其种属性或其行动方案具备可行性的思维方式。判断可以以现实为基础,也可以超离现实;可以以社会常模为依据,也可以违背社会常模。评估判断力时,可展示实物让被评估者说出其属性,也可通过评价被评估者对将来打算的现实性与可行性进行,例如问一位糖尿病患者"广告上说某某药能根治糖尿病,只要用该药治疗,不用控制饮食和减肥,您认为可信吗?"个体的判断力常受个体的情绪、智力、受教育水平、社会经济状况、文化背景等的影响,并随年龄而变化,评估时应尽量排除并充分考虑到这些因素的干扰。

2. 言语能力评估　言语能力是人们认知水平的重要标志,对判断个体的认知水平很有价值,并可作为护士选择与患者沟通方式的依据。

(1)评估方法:主要通过提问,让被评估者陈述病史、复述、阅读、书写、命名等检测被评估者的言语表达及言语感觉过程。

(2)语言障碍的类型及特点:经检查如发现被评估者存在语言障碍,可结合下述语言障碍特点进行分类。① 失语:失语因皮质与语言功能有关区域的损害所引起,不同的与语言功能有关的皮质区域损害导致不同类型的失语;② 构音困难:构音困难主要是由于发音的肌肉麻痹、共济失调或肌张力增高所致。与失语发音清楚而用语不正确不同,构音困难者发音不清但用词正确。

3. 定向力评估　定向力包括时间、地点、空间和人物定向力。

评估时间定向力时,可问被评估者"现在是几月份? 今天是星期几? 现在是什么季节? ";评估地点定向力时,可问"你能告诉我现在我们在什么地方吗? 你家住在几楼? ";评估空间定向力时,可让被评估者找到一个参照物,描述环境中其他物品的位置,如"电风扇在床的左边还是右边? 呼叫器在哪儿? ";评估人物定向力时,可问"你叫什么名字? 你知道我是谁吗? "。定向障碍者不能将自己与时间、空间、地点联系起来。

受教育水平、生活经历、文化背景可影响人的认知能力。同时,认知能力从出生到成人期逐渐衰退。此外,疾病、药物作用、酗酒、吸毒等因素可导致认知功能的暂时或永久性改变,感知评估时必须考虑上述因素的影响。

【相关护理诊断】

1. 记忆功能障碍 与老年人脑神经衰弱、患病后远离社群活动、信息不灵、产生隔绝感有关。

2. 语言沟通障碍 与患者大脑语言中枢受损或感知觉障碍、文化差异、社会环境的各种变迁等有关。

二、情绪和情感评估

情绪和情感是人对客观事物的态度的一种反映。情绪和情感在人的心理生活中有着广泛的影响,并在人的生活活动中起着十分重要的作用,是身心健康的重要标志,是健康评估不可缺少的内容之一。

(一) 概述

1. 情绪和情感的定义 情绪(emotion)和情感(affection)是个体对客观事物的态度体验,即个体对客观事物是否符合自身需要的内心体验及其相应的行为反应。

情绪和情感通过体验来反映客观事物与人的需求之间的关系。因此,"体验"是情绪和情感的基本特征。通常需求获得满足就会产生积极的情绪和情感;反之则会产生消极的情绪和情感。情绪和情感可视作需求是否满足的一个指标,但不可将它们之间的关系过于简单化,因为情绪和情感有时还受个体生活信念的制约。

2. 情绪和情感的区别与联系

(1) 情绪和情感的区别:就定义而言,情绪是暂时性的,是与生理需求满足与否有关的心理活动;情感则是稳定的,与社会性需求满足与否相联系,是人类特有的心理活动。从个体发展来看,情绪发展在先,情感体验产生在后。婴儿出生不久就有了反映身体舒适状态满足与否的"笑""哭"等情绪反应。情绪不稳定,具有较强的情境性、激动性和暂时性。例如,由于饮食的需求而引起满意或不满意的情绪,由于危险情境引起的恐惧等。因此,情绪为人和动物所共有。但是,人的情绪在本质上与动物的情绪有所不同,人在事物的反映中都带有各种各样的情绪色彩。例如,难闻的气味能引起厌恶的情绪,素雅整洁的房间使人产生恬静舒适的心情。而情感则是有较强的稳定性、深刻性和持久性的心理体验,是对事物态度的反映,是构成个性或道德品质的稳定的成分。例如,集体感、荣誉感、责任感、羞耻心、求知欲等都是人们在社会生活条件下所形成的高级情感。在表现形式上,情绪有明显的冲动性和外部表现,而情感则比较内隐,多以内在体验的形式存在。

(2) 情绪和情感的联系:实际上,无论情感或情绪,其内容和形式区分是相对的。一方面,人的具有稳定的社会内容的高级情感,也可能以鲜明的、暴发的形式表现出来,表现为一种情绪。另一方面,情感是固着在情绪稳定的基础上建立发展起来的,情感通过情绪的形式表达出来。同时,情感的深度决定着情绪表现的强度,情感的性质决定在一定情境下情绪的表现形式,人类体现的情绪和情感是统一在人的社会性本质之中的。

3. 情绪和情感对人的影响　情绪和情感是人的精神活动的重要组成部分,在人类的心理活动和社会实践中,有着极为重要的作用,这些作用主要是通过情绪和情感对行为的调节、对行为效率的影响及对外界环境的适应等方面实现的。最终情绪和情感会影响人的工作效率、人际关系、心身健康等。

(1) 情绪和情感对工作效率的影响:从情绪和情感的两极性来看,既有积极的一面,又有消极的一面。积极的情绪和情感能够提高人的活动能力,充实人的体力和精力;消极的情绪和情感能抑制人的活动能力,降低人的体力和活力。因此,积极的情绪和情感有助于工作效率的提高,消极的情绪和情感则会影响工作效率。但是经过心理学家们的实验研究证实,消极情绪不一定在所有时候都会降低工作效率,比如焦虑在适度的情况下也会促进工作的效率。根据焦虑程度与学习效率的相关性实验研究结果,我们可以看到情绪和工作效率的关系。

1) 适中的焦虑程度能发挥人的最高学习效率,过分焦虑或焦虑程度很低都不能表现出良好的学习成绩。适当的紧张情绪状态往往可以维持人们对任务的兴趣和警觉,有利于工作效率的提高。

2) 从情绪的个别差异方面来分析,一般情况下,平时情绪比较稳定、不容易过分焦虑的人比容易激动和焦虑的人有较好的学习成绩。

3) 从学习情境压力和焦虑程度的个别差异的关系来看,一般情况下,低焦虑者(情绪较稳定、不易激动)在情绪压力下可提高学习效率,而高焦虑者的学习效率常因情绪压力的影响而降低。

4) 从学习的情境压力和学习任务的性质关系来看,一般情况下,简单的工作常因情绪压力而提高学习效率,而复杂的工作则受压力影响而降低效率。工作性质越难越复杂,工作效率就越容易受高度紧张情绪的干扰。

总之,情绪、情感和工作效率的关系是一个复杂的问题。有时情绪和情感的积极的"增力"和消极的"减力"作用在方向上不是截然分明的。由于具体情境不同,个体的个性特点不同等,有时积极的肯定性情绪也可能会产生"减力"作用。相反,消极的否定性情绪也能产生"增力"作用。目前心理学家一般都认为适度的情绪紧张有利于最佳工作效率的发挥。

(2) 情绪和情感对心身健康的影响:情绪具有明显的生理反应,直接关系到心身健康,同时所有心理活动又都在一定的情绪基础上进行,因而情绪成为心身联系的桥梁。正性情绪如乐观、开朗、心情舒畅等能使人从心理与生理两方面保持健康;负性情绪如焦虑、抑郁、悲伤、烦闷等则会损害人的正常生理功能和心理反应。如果负性情绪产生过于频繁或强度过强或持续时间过长等,都会导致身体疾病或心理疾病。

现代医学研究证明,临床上常见的高血压、冠心病、癌症、糖尿病、消化性溃疡、哮喘、偏头痛等八十多种疾病,都与不良情绪有关,并称此类疾病为心身疾病。一些容易引起强烈紧张状态的重大生活事件,如战争、社会动荡、地震、水灾等,也会使人产生各种心身疾病。

此外,严重的不良情绪也会导致心理障碍及精神疾病。比如,长期紧张可能导致神经衰弱,严重者还可导致抑郁症、焦虑症甚至精神分裂症等疾病。因此,为了拥有一个健康的身体和心理状态,我们应该设法避免焦虑、烦恼等不良情绪,而保持乐观、大度、心胸开阔的积极情绪。

(3) 情绪和情感对人际交往的影响:人是一个社会的人,在每个人的一生中都会与成千上万的人进行交往,不管交往的形式如何,交往中的每个人总是出于自己的某种愿望或需要,并且总是希望这种愿望或需要会得到满足。一旦愿望实现了,需要满足了,就会产生相应的肯定性情感体验,如自信感、理解感、信任感、自尊感等;相反,如果交往受到挫折,便可能产生定性的情感,如不信任感、自卑感,甚至嫉妒感、报复心理等。由此,目前提出一种新的概念——人际情感。在人际交往中,与彼此需要是否获得满足相联系的内心体验,称为人际情感。这种情感一般不像情绪那样短暂易变。相反,人际情感一经产生或形成便具有稳定持久的特点,它直接影响和反映着人与人交往关系的亲近程度。

4. 情绪种类

(1) 一般分类法

1) 基本情绪情感:这是最基本、最原始的情绪。有学者对情绪发展进行研究,他们把情绪按照面部表情区分出 10 种基本情绪,即兴趣、愉快、痛苦、惊奇、愤怒、厌恶、惧怕、悲哀、害羞和自罪感。

2) 与接近事物有关的情绪情感:这类情绪情感包括惊奇、兴趣、轻蔑及厌恶。惊奇和兴趣是有接近事物倾向的情绪体验,是增长知识的基础。轻蔑和厌恶则为有远离事物倾向的情绪体验。

3）与自我评价有关的情绪情感：与自我评价有关的情绪情感包括犹豫、自信和自卑。这三种情绪是个体在社会中按照社会及个人的要求对自己及自己的行为进行评价时产生的自我不太肯定、自我肯定和自我否定的情绪，具有较强的社会性。

4）与他人有关的情感体验：与他人有关的情感体验分为肯定和否定两种，其中爱是肯定情感的极端，恨是否定情感的极端。爱的情感具有积极意义，常使自我体验到一种献身感，而恨则常使自我产生一种摧毁的冲动。

5）正情绪情感与负情绪情感：这是对以上情绪情感的进一步归类。凡能提高人的工作效能，增强人的体力和精力的积极情绪与情感为正情绪情感，如满意、喜悦、快乐、惊奇、兴趣、自信、友爱等。凡是抑制人的活动效能，削弱人的体力和精力的消极情绪与情感为负情绪情感，如抑郁、痛苦、悲哀、绝望、轻蔑、厌恶、自卑等。

（2）按情绪产生的强度分类：按情绪产生由弱到强分类，将情绪划分为心境、激情和应激三种形态。

1）心境：是持久而微弱的情绪状态，具有渲染性和弥散性的特点。心境往往不具有特定的环境对象。比如当一个人心情舒畅时，看什么都觉得乐观积极；而当一个人心境低落时，则会对许多事情都没有兴趣，甚至看不到周围的色彩，更看不到希望。

2）激情：是强烈的、短暂的暴发式的情绪状态，通常由突发的对个人具有重要意义的事件引起，表现为强烈的冲动性和暴发性。这种情绪作用的时间短。如在看足球比赛的过程中，球迷在自己喜爱的一方占优势时欣喜若狂，而在球队状态低迷时垂头丧气。

3）应激：是由于出乎意料的紧张或危险情境所引起的情绪状态。当人处于巨大压力或威胁的情境下，又要迅速做出重要决定时，所产生的一种特殊的情绪状态，我们称为应激。这个时候，人的心律、血压、呼吸和肌肉紧张等会发生显著变化，从而增加身体的应变能力。应激有两种极端表现：一种是惊慌失措，目瞪口呆；另一种是急中生智，力量剧增。如临时举行的考试就是一种负性的情绪应激，如果这种应激过于强烈，可能会导致临时性休克。

5. 情绪是否健康的标志

（1）诱因明确：情绪的发生与发展必须有明确的原因，这是健康情绪的重要标志。无缘无故的喜，无缘无故的怒，以及莫名其妙的悲伤与恐惧等都是不健康的情绪。

（2）反应适度：情绪的发生不仅要原因明确，而且要反应适度。所谓反应适度，就是刺激强弱与反应强弱成正比，即刺激强就反应强，刺激弱就反应弱，这是健康的情绪。反之，弱刺激反应强，强刺激反应弱，这就是情绪不健康。

（3）情绪的自制性：健康的情绪是可以受自我调节和控制的，所以人们可以情绪转移,情绪升华,可以掩饰情绪,可以把消极情绪转化为积极情绪,还可以把激情转化为理智、冷静等;不健康的情绪,自我调节差,一旦激情暴发,犹如脱缰的野马,不可驾驭。如果是消极情绪,还会酿成不良后果。

(4) 稳定而又灵活:情绪一旦发生,开始反应比较强烈,而后随着时间的推移,反应渐渐减弱,以至于平息,这是健康的情绪。如果情绪发生后,顿时减弱,变化莫测,即为情绪不稳。同时,如果情绪发生之后,不能减弱或减弱过缓,则是情绪变化不灵活。后两种情绪状态均是不健康的。

(5) 情绪的效能:情绪是人们适应环境的重要心理功能,健康的情绪可以使人达到良好的适应水平,正如俗话所说的"急中生智"。因此,健康的情绪指向应该是对人、对事、对自己都有益的事物。比如说,激情暴发时毁物伤人,这是不健康的情绪状态;而激情发生时能急中生智,见义勇为,则为健康的情绪。

(二) 常见的负性情绪

虽然人类情绪纷繁复杂,但就患者而言,焦虑和抑郁是最常见也是最需要护理干预的情绪状态。

1. 焦虑(anxiety) 是以持续的显著紧张不安,伴有自主神经功能兴奋和过分警觉为特征的一种负性情绪状态。焦虑和烦恼是焦虑症的核心症状,表现为主观上感到紧张、不愉快,甚至痛苦和难以自制,运动性不安,如搓手顿足、来回走动、紧张不安、不能静坐,可见眼睑、面肌或手指震颤,伴有自主神经功能兴奋。

焦虑可以在人遭受挫折时出现,也可能没有明显的诱因而发生,即在缺乏充分客观根据的情况下出现某些情绪紊乱。焦虑总是与精神打击及即将来临的、可能造成的威胁或危险相联系,使主观上感到紧张、不愉快,甚至痛苦和难以自制,并伴有自主神经系统功能的变化或失调的一种情绪状态,客观上又说不出具体明确的焦虑对象。焦虑在本质上是个体通过认知评价,预料到内外模糊的危险刺激对自我自尊产生威胁而又自感没有能力应付时产生的一种强烈、持久的情绪反应。被评估者常因为患有疾病、下岗或退休、离异或丧偶等事件而对自己未来的生活担忧。

焦虑作为一种情绪状态,常伴随着明显的生理反应和外部反应。

(1) 生理变化:交感神经系统活动占优势,表现出心跳加快、血压升高、呼吸急促、口干、两手湿冷、肌肉紧张等。

(2) 情绪表现:心情紧张不安,心境焦躁,伴有伴发性心理症状,如注意困难、记忆不良、对周围刺激敏感和易激怒等。

(3) 行为反应:坐立不安、辗转反侧、举止僵硬、说话变调、发颤,甚至全身颤抖,举止应对反应失措。根据引起焦虑的主要因素,我们一般把焦虑分为三类。第一类:客观性或现实性焦虑。即个体因感受到或预感到客观情境威胁着自尊心而引起的焦虑,如面临升学考试、竞技比赛、渴望获得他人或社会认可的地位时产生的焦虑。这种焦虑客观上确实存在着损伤个体自尊心的可能。人们在日常生活中都会遇到这种焦虑,故又称为正常焦虑。第二类:神经过敏性焦虑。自尊心在过去已经受到损害的人,在新的情境中由于对预想中的威胁过分担忧而产生的一种情绪状态。这种焦虑并不是直接来自客观情境,而是来自过去的失败经验和曾经被伤害的自尊心本身,客观情境仅是诱发焦虑的因素而已。这种焦虑是个体心理适应不良或不健康的一种表现。面临这种焦虑的个体往往会做出比一般人更为强烈的过度的反应,以避免接触心灵的伤口。第三类:道德性焦虑。个体由于违背了社会的道德标准、行为规范,在社会要求与自我表现发生矛盾冲突时引起的自责、内疚的情绪状态。

2. 抑郁(depression) 以明显而持久的心境低落为主,以心境或情绪低落、兴趣缺乏及乐趣丧失为核心症状。

(1) 心理症状群:包括以下症状。① 焦虑。② 自责自罪。③ 妄想或幻觉。④ 注意力和记忆力的下降(可逆性),认知扭曲也是重要特征之一,如对各种事物均做出悲观的解释。⑤ 自杀观念和行为:抑郁症患者半数左右会出现自杀观念,最终会有 10%~15% 死于自杀。⑥ 自知力:大部分患者自知力完整,主动求治。

(2) 躯体症状群:包括以下症状。① 睡眠紊乱:早醒。② 食欲紊乱:食欲下降和体重减轻。③ 晨重暮轻:即情绪在晨间加重。④ 性功能减退:性欲减退乃至完全丧失。⑤ 精力丧失:表现为无精打采,疲乏无力,懒惰,不愿见人。⑥ 非特异性躯体症状:有时以此类症状作为主诉,症状包括头痛或全身疼痛,周身不适,胃肠道功能紊乱,心慌气短乃至胸前区痛,尿频、尿急等,常在综合医院被诊为各种自主神经功能紊乱。这些感觉通常与消极的思想联系起来,它们总关系到将来可能发生的事。处于抑郁状态者可有情感、认知、动机及生理等多方面的改变。情感方面主要表现为情绪低落、心境悲观、自我感觉低沉、生活枯燥无味、哭泣、无助感;认知方面表现为注意力不集中、思维缓慢、不能做出决定;动机方面表现为过分依赖、生活懒散、逃避现实甚至想自杀;生理方面表现为易疲劳、食欲减退、体重下降、睡眠障碍、运动迟缓及机体其他功能减退。总之,由于不停地思虑将来会发生的事,以至于无法入睡;无论什么时候,只要放松一下就觉得有罪恶感;不管什么时候,总有担惊受怕的事;在有些情况下感到恐慌;不肯正视周围人的感觉;凡事都归咎于他人;莫名其妙地惧怕灾难。

(三) 情绪和情感的评估

对情绪和情感的评估可综合运用多种方法,包括会谈法、观察与测量法、量表评定法等。

1. 评估方法

(1) 会谈法:是评估情绪和情感最常用的方法,用于收集有关情绪和情感的主观资料。可从下列问题开始:"您如何来描述您平时的情绪?""有什么事情使您感到特别高兴或沮丧?""您这样的情绪存在多久了?"在取得第一手资料后,

抑郁评估

护理人员最好还要和与个体有重要意义的人如父母、配偶等进行交流，核实有关信息。

（2）观察与测量法：用于收集情绪和情感的客观资料。呼吸频率、心率、血压、皮肤颜色和温度、食欲及睡眠状态等可随情绪改变而变化。如紧张时皮肤苍白，焦虑和恐惧时多汗，情绪抑郁时食欲减退、睡眠障碍等。评估者应在熟悉常见情绪表现的基础上，就以上各项目对被评估者进行观察与测量，并对会谈所收集的主观资料进行验证。

（3）量表评定法：是评估情绪和情感较为客观的方法。常用的有 Avillo 情绪情感形容词量表（表 9-1-1），该表共有 12 对意思相反的形容词，让被评估者从每一组形容词中选出符合其目前情绪与情感的词，并给予相应得分。总分在 84 分以上，提示情绪情感积极。否则，提示情绪情感消极。该表特别适合于不能用语言表达自己的情绪情感或对自己的情绪情感定位不明者。

表 9-1-1　Avillo 情绪情感形容词量表

	1 2 3 4 5 6 7 ☐ ☐ ☐ ☐ ☐ ☐ ☐	
变化的		稳定的
举棋不定的		自信的
沮丧的		高兴的
孤立的		合群的
混乱的		有条理的
漠不关心的		关切的
冷淡的		热情的
被动的		主动的
淡漠的		有兴趣的
孤僻的		友好的
不适的		舒适的
神经质的		冷静的

2. 常见负性情绪评估

（1）焦虑：是人们最普遍的情绪体验，是预期要发生不良后果时的一种复杂的情绪反应。焦虑是一系列自主神经功能紊乱的表现及复杂的心理状态。焦虑一般可分为三种。① 期待性焦虑：因疾病诊断、预后尚未明确所致。② 分离性焦虑：因患者住院离开家庭、亲人和熟悉的环境所致。③ 阉割性焦虑：因各种手术、侵入性检查所致。由于引起焦虑的原因严重性不同，个体承受能力不一样，个体表现出的焦虑程度不同。评估时应首先明确被评估者有无焦虑，再判断其焦虑程度，最后还需明确焦虑产生的原因。评估方法：① 会谈与观察法：询问并观察被评估者有无焦虑的症状及其程度；对焦虑原因的评估可通过与被评估者交谈进行，如"你为什么感到焦虑？能不能告诉我是哪些事让你感到焦虑？"。② 量表评定法：采用 Zung 焦虑状态自评量表（SAS）（表 9-1-2）评估焦虑患者的主观感受。该量表的使用方法为请被评估者仔细阅读每一个项目，将意思理解后根据最近一周的实际情况在适当的地方打钩。如被评估者文化程度太低以致看不懂问题内容，可由评估者逐项念给被评估者听，然后由被评估者自己做出决定。

（2）抑郁：在西方，忧郁被海德格尔称为"烦"，被萨特称为"厌恶"，被加缪叫作"荒诞"，被巴莱特叫作"焦虑"，这些都是概括忧郁情绪的代表性语言。抑郁又叫"忧虑"，是一种心境低落状态，患者在情感方面、认知方面、行动方面、生理方面都表现为功能减退。评估时，应先确定有无抑郁情绪存在，再寻找原因。评估方法：① 调查法、会谈法：收集与抑郁有关的主观资料，并结合对被评估者语言与行为的观察综合判断其有无抑郁情绪存在，抑郁常表现为情绪低落、焦虑不安、凄凉悲哀、暗自伤心落泪，对任何事物都不感兴趣，不愿与人交往，感到处处不如意，总觉得有什么不幸的事情要发生；严重的甚至悲观厌世，觉得活着没意思，想自杀以求解脱。评估抑郁原因的方法同焦虑原因评估，可问被评估者"你为什么感到情绪低落、抑郁？能不能告诉我是哪些事让你感到忧郁？"② 量表评定法：采用 Zung 抑郁状态自评量表（SDS）（表 9-1-3）进行评定。该量表使用方法同焦虑状态自评量表（SAS）。这是一个含有 20 个项目、分为四级评分的自评量表。其特点是使用简便，能相当直观地反映抑郁患者的主观感受。

表 9-1-2　Zung 焦虑状态自评量表（SAS）

会谈概要	焦虑的身心症状	没有	小部分	相当多	经常	医生评定
1. 你是否觉得比平常容易紧张和着急？	焦虑	☐	☐	☐	☐	☐
2. 你是否无缘无故地感到害怕？	害怕	☐	☐	☐	☐	☐
3. 你是否容易心里烦乱或觉得惊恐？	惊慌	☐	☐	☐	☐	☐
4. 你是否觉得自己可能将要发疯？	精神上不完整感	☐	☐	☐	☐	☐
5. 你觉得一切都很好，也不会发生什么不幸？*	—	☐	☐	☐	☐	☐
6. 你是否手脚发抖打战？	颤抖	☐	☐	☐	☐	☐

会谈概要	焦虑的身心症状	没有	小部分	相当多	经常	医生评定
7. 你是否因为头痛、头颈痛和背痛而苦恼？	疼痛	☐	☐	☐	☐	☐
8. 你是否觉得很容易衰弱和疲乏？	易于疲劳	☐	☐	☐	☐	☐
9. 你觉得心平气和并且容易安静坐着？*	—	☐	☐	☐	☐	☐
10. 你是否觉得心跳得很快？	心悸	☐	☐	☐	☐	☐
11. 你是否因为一阵阵头晕而苦恼？	眩晕	☐	☐	☐	☐	☐
12. 你有晕倒发作或觉得要晕倒似的经过？	昏厥	☐	☐	☐	☐	☐
13. 你是否呼气吸气都感到很容易？*	—	☐	☐	☐	☐	☐
14. 你是否感到手脚麻木和刺痛	麻木和刺痛	☐	☐	☐	☐	☐
15. 你最近因为胃痛和消化不良而苦恼？	恶心、呕吐	☐	☐	☐	☐	☐
16. 你常常要小便？	尿频	☐	☐	☐	☐	☐
17. 你的手常常是干燥温暖的？*	—	☐	☐	☐	☐	☐
18. 你常常脸红发热？	脸红	☐	☐	☐	☐	☐
19. 你容易入睡并且一夜睡得很好？*	—	☐	☐	☐	☐	☐
20. 你晚上做噩梦？	梦惊	☐	☐	☐	☐	☐

注：加*的项目为反向计分项。

表 9-1-3　Zung 抑郁状态自评量表（SDS）

会谈概要	抑郁的身心症状	没有或很少时间	小部分时间	相当多时间	绝大部分或全部时间	工作人员评定
1. 你时常觉得闷闷不乐，情绪低沉吗？	抑郁情绪	☐	☐	☐	☐	☐
2. 你是否觉得一天之中早晨最好？*	—	☐	☐	☐	☐	☐
3. 你是否一阵阵哭出来或觉得想哭？	哭泣	☐	☐	☐	☐	☐
4. 你是否晚上睡眠不好？	睡眠障碍	☐	☐	☐	☐	☐
5. 你是否吃得跟平常一样多？*	食欲减退	☐	☐	☐	☐	☐

会谈概要	抑郁的身心症状	没有或很少时间	小部分时间	相当多时间	绝大部分或全部时间	工作人员评定
6. 你与异性密切接触时和以往一样感到愉快?*	性欲望减弱	☐	☐	☐	☐	☐
7. 你是否发觉自己的体重在下降?	体重减轻	☐	☐	☐	☐	☐
8. 你是否有便秘的苦恼?	便秘	☐	☐	☐	☐	☐
9. 你是否觉得心跳比平时快?	心动过速	☐	☐	☐	☐	☐
10. 你是否无缘无故地感到疲乏?	容易疲劳	☐	☐	☐	☐	☐
11. 你的头脑跟平常一样清楚?*	—	☐	☐	☐	☐	☐
12. 你是否觉得经常做的事情并没有困难?*	—	☐	☐	☐	☐	☐
13. 你是否觉得不安而平静不下来?	心理运动激越	☐	☐	☐	☐	☐
14. 你是否对将来抱有希望?*	—	☐	☐	☐	☐	☐
15. 你是否比平常容易生气激动?	容易激惹	☐	☐	☐	☐	☐
16. 你是否觉得做出决定是容易的?*	—	☐	☐	☐	☐	☐
17. 你是否觉得自己是个有用的人,有人需要你?*	—	☐	☐	☐	☐	☐
18. 你的生活过得很有意思?*	—	☐	☐	☐	☐	☐
19. 你是否认为如果死了别人会生活得好些?	失去价值感	☐	☐	☐	☐	☐
20. 平常感兴趣的事你仍然感兴趣?*	—	☐	☐	☐	☐	☐

注:加 * 的项目为反向计分项。

【相关护理诊断】

1. 恐惧　与亲属病故、自身健康每况愈下、家庭结构变化、角色冲突及人际交往障碍等有关。

2. 焦虑　与健康状况改变、社交障碍、环境不适应、养老问题、经济负担加重、过度担心等有关。

三、意志的评估

(一)概述

1. 意志的定义　意志是有意识地确立目的,调节和支配行动,并通过克服困难和挫折,实现预定目的的心理过程。受意志支配的行动叫意志行动。所以,意志行动是有意识、有目的的行动,行动的目的要通过克服困难和挫折才能达到。有些行动是习惯性的、无意识的,这样的行动不是意志行动。有些行动虽然有意识、有目的,但可以自然而然地完成,没有困难需要克服,像吃一顿饭,玩一会儿简单的游戏。这些行动也体现不出人的意志,所以也不算意志行动。只有有目的的,通过克服困难和挫折实现的,即受意志支配的行动才是意志行动。

2. 意志行动的基本阶段　意志行动既然有意识、有目的,那么意志行动就包括对行动目的的确立和对行动计划的制订。在目的、计划确立之后,就要采取行动保证达到目的。分析人的意志行动就必然要分析行动目的和行动计划的确立,以及采取行动实现目的这两个部分。

(1) 准备阶段:在意志行动的准备阶段,需要在思想上确立行动的目的,选择行动的方案并要做出决策。确立目的是意志行动的前提,但在确立目的的过程中,往往会遇到动机的冲突。因为行为都有其动机,都有预想达到的目的。而人想要达到的目的,有时并不是一个,而是多个。这些动机之间往往会有矛盾和冲突。动机冲突一般有如下四种形式:

1) 双趋式冲突:两个具有同样吸引力的目标,两个动机同样强烈,但不能同时获得时所遇到的冲突叫双趋式冲突。既想学英语又想学法语,精力和时间有限,"鱼和熊掌不可兼得",只能选择其一的矛盾冲突就是双趋式冲突。

2) 双避式冲突:两个目标都想避开,但只能避开一个目标的时候,人们只好选择对自己损失小的,避开损失大的目标,这种冲突叫双避式冲突。怕货币贬值存钱会带来损失,花钱买东西又没值得买的;或者忍受货币贬值给自己带来的损失,或者花钱买没用的东西,选择哪个损失会小一些? 诸如此类难以做出抉择的矛盾心情就是双避式冲突。

3) 趋避式冲突:想获得一个目标,它对自己既有利又有弊时所遇到的矛盾心情就是趋避式冲突。想吃糖又怕胖,想考个好学校又怕竞争太激烈考不上的矛盾心理就是趋避式冲突。

4) 双重趋避式冲突:如果有多个目标,每个目标对自己都既有利又有弊,反复权衡拿不定主意时的矛盾心情就是双重趋势式冲突。两种工作,一种社会地位高而待遇低,另种待遇高但社会地位低;临近春节,火车票紧张,想除夕到家,火车票难买;避开高峰期,火车票好买,但回家的日期就不如意了。反复权衡拿不定主意时体验到的冲突就是双重趋避式冲突。

解决了动机冲突,确立了目标,接着就要制订行动的计划,看怎样一步一步达到目标。行动的计划可以是切实可行的,也可能是不周全、不具体的。但弄清楚计划是决心要达到目的的,还是想走捷径碰运气的,这是最重要的。

(2) 执行阶段:执行所采取的决定的阶段是意志行为的第二个阶段。在这个阶段,既要坚定地执行既定的计划,又要克服那些妨碍达到既定目标的动机和行动。在这一阶段还要不断审视自己的计划,以便及时修正计划,从而保证目标的实现。

意志行动的准备阶段和执行阶段是密切联系,相互制约的。如果在准备阶段动机冲突解决得好,目的明确,对行动的意义认识深刻,行动计划考虑得周全,切合实际,执行阶段就会比较顺利,遇到困难和挫折也会更有决心和勇气去克服。否则就容易缺乏勇气和信心,甚至出现半途而废的结果。在执行决定的过程中,有时会发现原来计划的不周,或者情况发生了变化,需要修改计划,否则不会顺利达到目的。

3. 意志品质

(1)意志的自觉性:是指对行动的目的有深刻地认识,能自觉地支配自己的行动,并使之服从于活动目的的品质。具有自觉性品质的人,是在对行为的目的深刻认识的基础上做出决定的,不随波逐流,不屈服于外界的压力,能独立地判断,独立地做出决定和执行决定。

与自觉性相反的是受暗示性和武断从事。易受暗示的人,遇事不独立思考,容易受别人的影响,随大流,盲从他人。有些人虽然自己拿主意,但对问题不做深入细致地分析,武断从事。这种人不能算是有自觉性的人,他们遇到问题时也容易动摇。

(2)意志的果断性:是指迅速地、不失时机地采取决定的品质。遇到机会能当机立断,不失时机,不是碰运气的巧合,而是有强烈的愿望,有深入的思考,因此对机会特别敏锐,善于观察,能够抓得住机会。

机会是不会和无心人有缘的,即使有了机会他们也不会认识到,或者在机会面前优柔寡断,让其轻易错过。有的人看来也容易做决断,但他们抓的并不是机会。前者是优柔寡断,后者是鲁莽草率,他们都是和果断性意志品质背道而驰的。

(3)意志的坚忍性:是坚持不懈地克服困难,永不退缩的品质,这种品质又叫毅力或顽强性。目标越远大,需要付出的努力越多,要花费的时间也越长。如果没有坚持不懈的意志品质很难达到远大的目标。有时解决问题的条件还不太成熟,需要等待,需要坚持,如果放弃了努力就等于前功尽弃。

有些人遇到困难就退缩,只有三分钟的劲头,虎头蛇尾,这些都是缺乏坚韧性的表现。有些人表面看起来有坚持性,但情况发生了变化还墨守成规,不去适应改变了的环境,一味地钻牛角尖,这是执拗,与坚韧性相违背。

(4)意志的自制性:是善于管理和控制自己情绪和行动的能力,又叫自制力或意志力。一个人的精力有限,要想达到一定的目标,就必须放弃一些妨碍这一目标的其他目标,或影响这一目标的其他活动,有所得就必有所失,有所为就必有所不为,否则所有的目标都会受到影响,该达到的目标也会因力不从心而难以达到。

有些人不是认识不到这点,而是管不住自己。读书要紧,过几天就要考试,但碍于面子,宁可耽误读书也不拒绝朋友看电影、打牌的邀请,这是管不住自己。不管目标,只是凭兴趣,想干什么就干什么,这是任性。看到困难没有勇气去克服,这是怯懦。所有这些都是缺乏自制性的表现。

（二）意志的评估方法

对意志的评估需要从其品质入手进行。也就是说，意志坚强的人，在行为的自觉性、果断性、坚韧性方面表现好，具有很强的自制力。反之，如果一个人做事自觉性差，拖拖拉拉，遇到困难就退缩，容易懈怠，不能坚持自己的目标，难以克服诱惑，容易分神，不能自我约束，克服惰性等，就意味着他的意志品质较弱。

【相关护理诊断】

1. **精神困扰**　与病态情感、妄想或意志障碍等有关。

2. **有独立决策能力减弱的危险**　与情感淡漠或情感低落等抑郁情绪有关。

四、个性的评估

（一）概述

1. **个性的定义**　个性也叫人格（personality），现代心理学一般把个性定义为一个人的整个精神面貌。即一个人在一定社会条件下形成的、具有一定倾向的、比较稳定的心理特征的总和。

2. **个性心理结构**　个性心理作为整体结构，可划分为既相互联系又有区别的两个系统，即个性倾向性（动力结构）和个性心理特征（特征结构）。

（1）个性倾向性：是个性中的动力结构，是个性结构中最活跃的因素，是决定社会个体发展方向的潜在力量，是人们进行活动的基本动力，也是个性结构中的核心因素。它主要包括需要、动机、兴趣、理想、信念与世界观、自我意识等心理成分。在个性心理倾向中，需要是个性积极的源泉；信念、世界观居最高层次，决定着一个人总的思想倾向；自我意识对人的个性发展具有重要的调节作用。

（2）个性心理特征：是个性中的特征结构，是个体心理差异性的集中表征，它表明一个人的典型心理活动和行为，包括能力、性格和气质。

1）能力：是指人们成功地完成某种活动所必需的个性心理特征，包括个体的实际能力和个体的潜在能力。能力又可分为一般能力和特殊能力。前者指个体从事各种活动所必备的基本能力，如观察、注意、记忆、抽象概括等认知能力；后者指个体从事某种专业活动应具备的能力，如画家的色彩分辨力、形象记忆力及音乐家的节奏感等。

2）性格：是指个体对客观现实的态度和在习惯化了的行为方式中表现出来的较稳定的有核心意义的个性心理特征，也说是我们常说的"性情"等。人类性格多种多样，现代心理学家将性格分为功能类型、内外倾向型、独立型与依赖型等。

3）气质：是个人心理活动的稳定的动力特征，表现为心理活动的强度、速度、稳定性、灵活性和指向性等方面的差异。比如说，一个人反应速度的快慢、情绪的强弱、注意集中时间的长短和转移的难易，以及心理活动倾向于外部世界还是内部世界等。气质类型通常分为多血质、胆汁质、黏液质、抑郁质四种。

心理学上的气质具有两个方面的特征：① 气质具有天赋性。气质是由生理机制决定的，一个人从呱呱坠地开始，就具有了与众不同的气质特点。在临床护理中，我们常可以发现，同样是婴儿，有的爱哭、爱闹、爱动，有的安静、平稳、怯生，这说明先天的生理机制构成了个体气质的基础。气质是与生俱来的，是天赋的一部分。② 气质具有稳定性和可变性。一个人具有某一方面的气质特点，就会随时随地表现出来。比如爱激动的患者，在住院期间，在检查或治疗前总会心神不宁、容易激惹，在日常生活中常常表现为好冲动，像这样并不因活动内容、动机、目的的不同而表现出不同气质的现象，就是气质的稳定性。所谓"江山易改，禀性难移"，指的就是人气质的稳定性。当然，气质的稳定性是相对的，说"禀性难移"，也并不是绝对的不能移。在生活环境和教育的影响下，人的气质在一定程度上是可以改变的，气质具有一定的可塑性。

总之，个性倾向性和个性心理特征相互联系、相互制约，从而构成一个有机的整体。个性对心理活动有积极的引导作用，使心理活动有目的、有选择地对客观现实进行反映。个性差异通常是指人们在个性倾向性和个性心理特征方面的差异。

3. 个性的特征　个性具有整体性、独特性、稳定性和社会性。分析这些特征，有助于对个性概念的进一步理解，更好地对服务对象进行个性心理评估。

（1）整体性：个性是由能力、气质、性格等各个紧密相连的成分所构成的有机整体。在任何人身上，孤立的个性倾向性和个性心理特征都是不存在的。

（2）独特性：每个人都有其独特的个性倾向性和个性心理特征，世界上没有两个个性完全相同的人，因为个性不仅受先天左右，更是在后天环境中逐渐形成的。

（3）稳定性：是指个体比较稳定的心理趋向和心理特征的总和。个人行为中偶然表现出来的心理趋向和心理特征并不能代表其个性，如一个性情开朗、办事果断的人，偶然表现出郁郁寡欢、犹豫不决，不能说其具有优柔寡断的性格特征。

（4）社会性：在个性形成过程中，既有生物遗传因素的作用，也受到后天社会因素如生长环境、养育人员的态度、他人的关爱培育等的影响。因此，人的个性的本质方面是由人的社会关系决定的，个性既有生物学属性也有社会属性。

4. 个性的品质　在生物学、生理学上的要求是强健的体质、敏捷的速度和灵敏的反应、强大的抗挫折耐力和承受力，以及对各种环境的快速适应力，强大、均衡、稳定、灵活的兴奋性与抑制性的快速转换能力；在社会学上的要求是坚强的意志、高尚的人格、纯真的情操、合群的性格。

个性生物学上的品质是在与自然环境的相互适应和争斗过程中养成的；社会学上的品质是在接受教育、学习和社会实践锻炼中感悟及磨炼出来的。

每个人的个性各不相同，个性的品质也互有差异。因此，也就有优良、良好、一

般、不良与很差的区别。能适应自然环境与社会环境并能获得发展的个性是好的个性品质；不能适应，当然也就难以发展的个性品质是不好的个性品质。能适应恶劣艰险环境的个性是极其优良的个性，是在任何环境下都能发展的个性。优良的个性品质当然就具有了优良的才能、智慧和技能。

（二）个性的评估

1. 收集资料　所收集的资料包括信件、回忆录、自传、日记等个人材料和史料记录，在这些资料里会有大量有关被评估者性格的信息。其中当然也有错误信息，因为一个准备让他人阅读的自我描述，通常会表现出一个经过装扮的自我而非赤裸的真实。

2. 交谈法　是最常用的性格评估方法。通过与被评估者谈话可以获得很多有关被评估者的信息。研究证明，哪怕是有经验的评估者对同一个人也可能会做出不同的评价。通过面谈获取的信息有助于评估者了解被评估者的性格特征和类型，判断其是外向还是内向，独立还是依赖，属理智型、意志型还是情绪型。同时，有助于评估者辨别被评估者有无明显的精神或者情感障碍。在健康评估中，面谈是最有效的评估方法，可以使评估者获取被评估者的相关信息，也有助于评估者理解以其他方法收集到的有关被评估者的资料。

3. 观察法　观察被评估者的言谈、举止、思维、情感、意志、兴趣、需要，以及生活态度、健康理念等个性特征。

4. 个性测验　如用"艾森克人格问卷（EPQ）"测定人格维度（图9-1-1）；利用

图 9-1-1　艾森克人格类型维度

"卡特尔人格测量量表（16PF）"了解人的人格由16种各自独立的特性因素所构成,这16种人格特性因素在个体身上的不同组合,就构成了一个不同于其他人的独特风格,从而从本质上评估那些稳定的、能够表现个体特点的行为倾向;通过"气质类型自我测试"了解气质是个体典型的、稳定的心理特点,表现在个体心理活动的速度(如语言、感知及思维速度等)、强度(如情绪体验的强弱、意志的强弱等)、稳定性(如注意力集中时间的长短等)和倾向性(如内外性向)方面。这些特征的不同组合,便构成了个体独特的气质类型。

【相关护理诊断】

1. **社交孤立**　与患者机体功能减退、缺乏能力参与社交活动、角色适应不良有关。

2. **有孤独的危险**　与性格内向、社会交往范围狭窄、父母离异等有关。

五、压力与应对评估

(一) 概述

1. **压力的定义**　压力(stress)也叫应激,是指那些使人感到紧张的事件或环境刺激引起的一种身心反应。压力是现代社会人们最普遍的心理和情绪上的体验。压力是机体对刺激的反应状态,而不是刺激本身。心身反应包括两部分:一是心理反应,包括个人的行为、思维及情绪等主观体验;二是生理成分,包括心跳加速、口干舌燥、胃部紧缩、手心出汗等身体反应。这些心身反应合起来称为压力状态。

2. **压力源**　心理压力的产生原因是复杂的,我们将这些具有威胁性、伤害性并因此带来压力感受的事件或环境称为压力源。生活中的压力源可能存在于人们自身,也可能存在于环境中。但是,人类最主要的压力源是人,人际关系是造成压力的最主要来源。心理学家在研究中把造成压力的各种生活事件进行分析,提出了四种类型的压力源。

(1) 躯体性压力源:是指通过对人的躯体直接发生刺激作用而造成身心紧张状态的刺激物,包括物理的、化学的、生物的刺激物。如过高或过低的温度、微生物、变质食物、酸碱刺激等,这一类刺激是引起生理压力和压力的生理反应的主要原因。

(2) 心理性压力源:是指来自人们头脑中的紧张性信息。例如心理冲突与挫折、不切实际的期望、不祥预感及与工作责任有关的压力和紧张等。心理性压力源与其他类型压力源的显著不同之处在于它直接来自人们的头脑中,反映了心理方面的困难。生活中的压力事件处处可见,但为什么有的人无动于衷,有的人却耿耿于怀,区别常常源于人们内心对压力的认知。如果过分夸大压力的威胁,就会制造一种自我验证的预言:我会失败,我应付不了。长此下去,会产生所谓的长期性压力感,畏惧压力。

(3) 社会性压力源：主要指造成个人生活方式上的变化，并要求人们对其做出调整和适应的情境与事件。社会性压力源包括个人生活中的变化，也包括社会生活中的重要事件。个人生活的改变常常会给人带来压力。心理学家霍曼和瑞希编制的生活事件与压力感量表，列出了 43 种大部分人都可能经历的生活事件（表 9-1-4）。由400 位不同职业、阶层、身份、年龄的人对这些事件产生的压力大小打分，发现其中 24 个项目直接与家庭内人际关系的变化有关。

表 9-1-4　生活事件与压力感量表

序号	生活事件	压力感	序号	生活事件	压力感
1	丧偶	100	23	儿女长大离家	29
2	离婚	73	24	触犯刑法	29
3	夫妻分居	65	25	取得杰出成就	28
4	坐牢	63	26	妻子开始或停止工作	26
5	直系亲属死亡	63	27	开始或结束学校教育	26
6	受伤或生病	53	28	生活条件的改变	25
7	结婚	50	29	改变个人的习惯	24
8	失业	47	30	与上司闹矛盾	23
9	复婚	45	31	工作时间或条件改变	20
10	退休	45	32	迁居	20
11	家庭成员生病	44	33	转学	20
12	怀孕	40	34	娱乐方式的改变	19
13	性生活不协调	39	35	宗教活动的改变	19
14	新家庭成员诞生	39	36	社会活动的改变	18
15	调整工作	39	37	少量抵押和贷款	17
16	经济地位变化	38	38	改变睡眠习惯	16
17	其他亲友去世	37	39	家庭成员居住条件改变	15
18	改变工作行业	36	40	饮食习惯改变	15
19	一般家庭纠纷	35	41	休假	13
20	借贷大笔款项	31	42	过重大节日	12
21	取消抵押或贷款	30	43	轻度违法	11
22	工作责任改变	29			

(4) 文化性压力源：最常见的是文化性迁移，即从一种语言环境或文化背景进入到另一种语言环境或文化背景中，使人面临全新的生活环境、陌生的风俗习惯和不同

的生活方式,从而产生压力。若不改变原习惯,适应新的变化,常常会出现不良的心理反应,甚至积郁成疾。例如出国留学,如果缺乏对环境改变所应有的心理准备,没有一定的外语水平,在异国文化背景下就难以适应,无法交流,因而不得不中断学业或引发疾病的事例也是时有发生。

(二) 压力的心身反应

当人们面临压力时会产生一系列身体上和心理上的反应。这些反应在一定程度上是机体主动适应环境变化的需要,它能唤起和发挥机体的潜能,增强抵御和抗病能力。但是如果反应过于强烈或持久,就可能导致生理、心理功能的紊乱。在压力下通常表现为生理、心理和行为方面的反应,主要有以下几种。

1. **压力下的生理反应** 个体在压力状态下会出现一系列生理反应,主要表现在自主神经系统、内分泌系统和免疫系统等方面。例如,心率加快、血压增高、呼吸急促、激素分泌增加、消化道蠕动和分泌减少、出汗等。加拿大心理学家薛利在20世纪50年代以白鼠为研究对象从事多项压力的实验研究,指出在压力状态下身体反应分成三个阶段:第一阶段是警觉反应,在这一阶段中,由刺激的突然出现而产生情绪的紧张和注意力提高,体温与血压下降,肾上腺分泌增加,进入应激状态。如果压力继续存在,身体就进入第二个阶段,即阻抗阶段,机体企图对身体上任何受损的部分加以维护复原,因而产生大量调节身体的激素。第三阶段是衰竭阶段,压力存在太久,应对压力的精力耗尽,身体各功能突然缓慢下来,适应能力丧失。因此,压力下的生理反应可以调动机体的潜在能量,提高机体对外界刺激的感受和适应能力,从而使机体更有效地应对变化。但过久的压力会使人适应能力下降。

2. **压力下的心理反应** 压力引起的心理反应有警觉、注意力集中、思维敏捷、精神振奋,这是适应的心理反应,有助于个体应对环境变化。例如,学生考试、运动员参赛,在适度压力下竞争容易出成绩。但是,过度的压力会带来负面反应,出现消极的情绪,如忧虑、焦躁、愤怒、沮丧、悲观、失望、抑郁等,会使人思维狭窄、自我评价降低、自信心减弱、注意力分散、记忆力下降,表现得消极被动。心理学研究还表明,过度的压力会影响智能,压力越大,认知效能越差。个体在压力状态下的心理反应存在很大差异,这取决于个体对压力的知觉和解释,以及处理压力的能力。

一般而言,轻度的压力会促发或增强一些正向的行为反应,如寻求他人支持,学习处理压力的技巧。但压力过大过久,会引发不良适应的行为反应,如谈话口吃、刻板动作、过度吃食、攻击行为、失眠等(图9-1-2)。

(三) 压力的应对策略

压力应对是指当压力可能造成伤害时,用一些方法与技巧去处理,以减低压力带来的消极影响。为了有效地应对压力,应该了解面对压力时解决问题的过程、策略和具体方法。

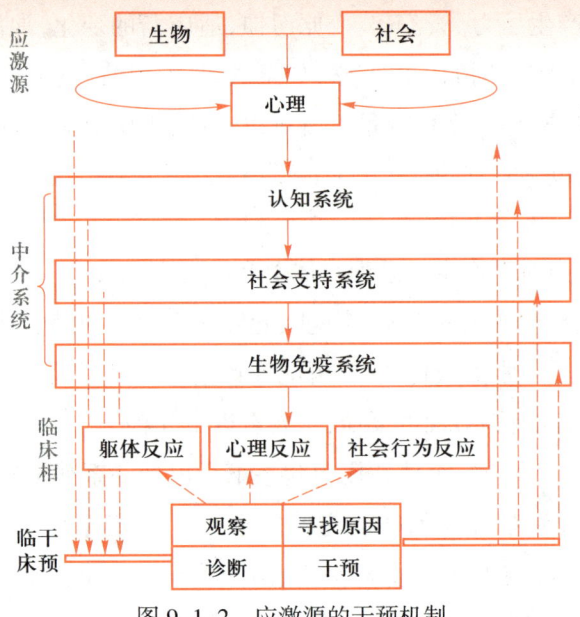

图 9-1-2 应激源的干预机制

1. 应对压力阶段 个体从面临压力到解决问题一般要经过三个不同的阶段。

（1）冲击阶段：冲击阶段发生在压力来临之时。如果刺激过强过大，会使人感到眩晕、发懵、麻木、呆板、不知所措，常会出现类休克状态。比如，突然听到亲人过世，大多数人会发愣、惊慌，甚至歇斯底里，只有少数人能保持镇定和冷静。

（2）安定阶段：此时，当事人在经历了震惊、冲击之后，努力想恢复心理上的平衡，设法控制焦虑和情绪紊乱，恢复受到损害的认知功能，运用心理防卫机制或争取亲友的帮助。

（3）解决阶段：当事人将自己的注意力转向产生压力的刺激，冷静的分析压力产生的原因，或逃避和远离产生压力的情境事件，或提高自己的应对能力，直接面对压力去解决问题。

一般而言，应对压力的策略有两类：处理困扰与减轻不适。处理困扰指直接改变压力来源；减轻不适指不直接解决问题，而是调节自己，消解不良反应（表9-1-5）。

表 9-1-5　应对压力的策略

处理困扰	减轻不适
改变压力来源或改变个人与压力来源的关系：通过直接行为反应或想方设法解决问题	攻击（破坏）、逃避（使自己置身于威胁之外）寻找其他途径（商讨、交涉、妥协）预防未来压力（增加个人应对压力的能力）
改变自己：通过使自己觉得较舒服的活动，调节情绪，但并未改变压力来源	以身体为主的活动（使用药物、放松等）以认知为主的活动（分散注意力等）歪曲现实的潜意识活动

无论是直接面对压力来源还是调节自我，都有许多方法可以采用。但这些方法

有的效果是暂时的,有的效果是长远的;有的方法有助于成长,也有的方法会造成其他不良影响。

2. 消极的应对方法

(1)依赖药物:服用一些镇静剂可以起到暂时减轻压力的作用,但不能解决产生压力的根源。长期服用药物容易形成对药物的依赖,失去个人尊严,甚至引发其他疾病。

(2)酗酒抽烟:酒精是神经系统的刺激物,同时也是一种镇静剂。烟草是一种兴奋剂,也有一定镇静作用。酗酒抽烟虽然能够暂时起到抑制中枢神经系统的功能,缓解紧张状态,但经常酗酒容易导致酒精中毒,抽烟更是危害无穷。

(3)其他不良的应对方法:沉溺于幻想、攻击自己或他人等。

3. 积极的应对方法

认识压力的作用及其可能导致的后果,对可能出现的过度压力有心理准备,并主动学习处理压力的方法,就可以有效地控制压力。常用的方法如下。

(1)了解自己的能力,制订切实可行的计划与目标。

(2)劳逸结合,合理身心休息,培养业余兴趣爱好。

(3)加强体育锻炼,生活有规律,睡眠充足。

(4)建立和扩展良好社会支持系统,拥有亲友帮助。

(5)积极面对人生困境,自信豁达;知足常乐,笑口常开。

(6)改变不合理观念,通过有意地改变自己的内在潜能来改变心身不适应状况。

有效应对的标准:不管采用什么应对方式,只要能提高机体对压力的适应水平和耐受性,就可以说应对有效。有效应对的判断标准包括:压力所造成的身心反应维持在可控制的限度内,希望和勇气被激发,自我价值感得到维持,与他人的关系得到改善,人际、社会及经济处境得到改善,生理功能康复得以促进。

(四)压力与压力应对的评估方法

1. 交谈法

通过交谈以下问题收集被评估者的资料。什么是人生最重要的东西? 是金钱、名利,还是健康? 您赞同人生的完美是人际关系的和美这句话吗? 目前,最让您感到紧张焦虑的事情有哪些? 对生病住院您有哪些方面的压力? 面对压力您有哪些支持系统? 如何利用这些社会支持力量? 通常情况下,您采取哪些措施减轻压力?

2. 观察法

通过交谈和日常护理过程观察被评估者应对压力的方式。人们常用的压力应对方式可归纳为情感式和问题式两类。其中,情感式常用于处理由压力所致的情感问题,问题式则多用于处理导致压力的情境本身。

3. 量表评定法

常用的量表有 Jaloviee 应对方式量表,该量表列出了人们常用的 40 种压力应对方式。使用时,请被评估者仔细阅读条目,选择自己常使用的各种压力应对方式的项目(表 9-1-6)。

压力评估

表 9-1-6 压力应对方式量表

指导语：人们用不同的方法应对压力和紧张，某些人使用一种方法来处理压力事件，另一些人用多种方法应对。为了研究人们面临压力情境时的处理方式，请您在下述常见的压力应对方式中选择您使用每种方式可能的频率。

情感式应对方式	从不\偶尔\经常\总是	问题式应对方式	从不\偶尔\经常\总是
1. 希望事情会变好		21. 埋怨他	
2. 进食、吸烟、嚼口香糖		22. 变得神经质	
3. 祈祷		23. 绝望、放弃	
4. 紧张		24. 沉思	
5. 担心		25. 用药	
6. 向朋友或家人寻求安慰和帮助		26. 努力控制局面	
7. 独处		27. 进一步分析研究所面临问题	
8. 一笑了之		28. 寻求处理问题的其他办法	
9. 置之不理		29. 客观地看待问题	
10. 幻想		30. 尝试寻找解决问题最好方法	
11. 作最坏的打算		31. 回想以往解决问题的办法	
12. 疯狂、大喊大叫		32. 试图从情境中发现新的意义	
13. 睡一觉，认为第二天事情就会变好		33. 化解矛盾	
14. 不担心，车到山前必有路		34. 设立解决问题的具体目标	
15. 回避		35. 接受现实	
16. 干些体力活		36. 和相同处境的人商议解决问题的方法	
17. 将注意力转移至他人或他处		37. 努力改变当前情形	
18. 饮酒		38. 能做什么就做些什么	
19. 认为事情已经无望而听之任之		39. 让他人来处理这件事	
20. 认为自己命该如此而顺从		40. 准备面对最坏的结果	

【相关护理诊断】

1. 应对无效　与疾病危重、经济压力过重、缺乏有效的支持系统有关。

2. 迁移应激综合征　与迁居异国他乡，语言环境改变等有关。

3. 恐惧 与疾病预后不佳、应对无效等有关。

小结

感知是人最基本的心理过程,包括注意、知觉、表象、记忆、思维、语言和定向力等。护理感知评估主要是对思维能力、言语能力和定向力进行评估。情绪与情感是个体对客观事物态度的一种反映,会影响人的工作效率、人际关系、心身健康等。意志是有意识地确立目的,调节和支配行动,并通过克服困难和挫折,实现预定目的的心理过程。意志品质包括自觉性、果断性、坚韧性、自制性。个性是一个人在一定社会条件下形成的、具有一定倾向的、比较稳定的心理特征的总和。个性的特征包括整体性、独特性、稳定性、社会性。压力是使个体感到紧张的事件或环境刺激引起的一种身心反映。应对是个体面临压力时产生的一系列生理和心理上的反应,分为积极应对和消极应对。观察法、会谈法和量表评定法均为常用的心理评估方法,收集信件、日记等资料评估个体的性格信息。常用的护理诊断包括社交障碍、有孤独的危险、语言沟通障碍、抑郁、焦虑、应对无效等。

(邵小琳)

任务二　社会评估

【思维导图】

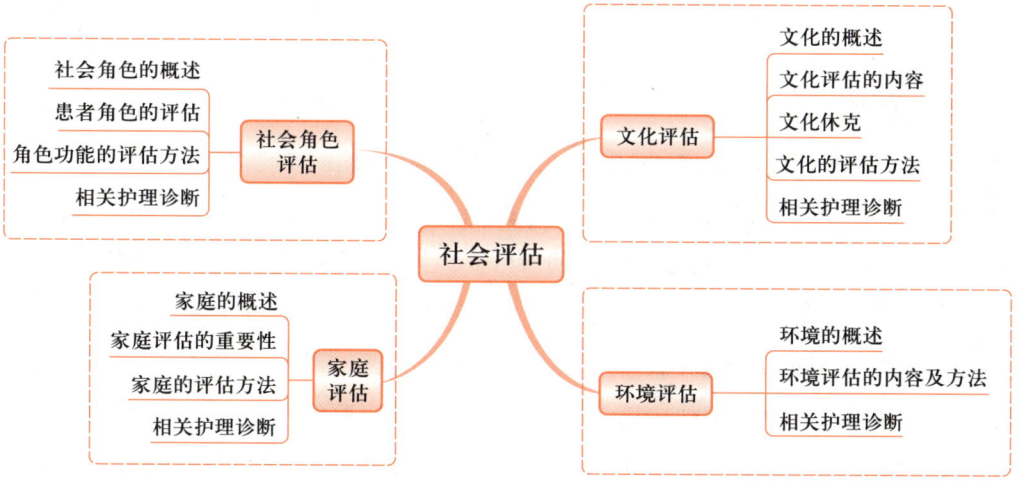

【典型案例】

患者女性,31岁,某中学初三年级班主任。因上下楼梯摔伤,足踝骨折需住院治疗1月。在医院里住了不到1周,患者以家中3岁女儿无人照顾和班级临近中考为由,要求出院。鉴于其伤势比较严重,足踝还缠绕着石膏,医生护士多次劝说再休养 2 周,患者不听劝告坚持出院回家休养。

  任务引领一:该案例中,患者目前承担着哪些社会角色?

  任务引领二:患者目前有哪些社会角色冲突?

  任务引领三:针对上述案例说出家庭评估在健康评估中重要性。

一、社会角色评估

  社会是指由一定的经济基础和上层建筑构成的整体;指由于共同的物质条件和生活方式而联系起来的人群。现代护理强调以人为本、以患者为中心的护理模式,人不仅是自然存在物,而且是社会存在物,是身体、心理、社会各因素的综合体。随着社会的迅速发展,物质文明和科学技术的不断进步,人们的需求也不断增加,人际关系日益广泛和复杂,人类对现代社会的适应也提出了更高的要求。而影响人类健康的因素不仅有生物因素,更重要的还有心理因素、社会因素。因此,要全面认识和衡量个体的健康水平,除生理心理功能外,还应评价其社会状况。社会评估的重点在于了解被评估者的角色特点、文化素养、家庭压力及生存环境的好坏,以便评估者能全面掌握被评估者的资料,为被评估者的康复创造最为有利的条件。

(一)概述

  1. 社会角色的定义 在社会心理学中,角色(role)是指与人们某种社会地位、身份相一致的一整套权利和义务的规范与行为模式。它是个体在特定的社会关系中的身份及由此而规定的行为规范和行为模式的总和。具体地说,就是个人在特定的社会环境中相应的社会身份和社会地位,并按照一定的社会期望,运用一定权力来履行相应社会职责的行为,是社会对一个处于特定地位的人的行为期待。例如,为人母者有一套为母亲的行为标准,学生在言行上也必须符合做学生的言行规范。同时,任何一种角色必有相应的权利与义务,如医生既有救死扶伤、实行人道主义的义务,同时又有人身自由及维护人格、尊严的权利。因此,社会要求一个人按自己的角色行事,护士角色必须符合护士的要求,母亲角色也必须符合母亲的标准。现实生活中,人们承担的角色是不同的,如农民、工人、医生、父母、子女、领导、下属等。人的一生也常常需要先后或同时承担多种角色,如一位女护士,在家庭中,对丈夫而言,她是妻子,对儿子来说她是母亲等。角色可以是暂时的,如患者角色等;也可以是长期的,如母亲角色等。

2. 角色的分类

  (1) 按照主观和客观期望的要求分类:① 期待角色,这是社会、群体理想的或要求的角色,即角色期待的人格化,把角色期待的内容落实到个体身上。理想的角色能完美地、创造性地实现角色期待。② 主观角色，这是充任角色的个体对角色地位、作用、形象的综合理解。这种理解是执行角色的心理基础。理解得全面、准确，角色意识鲜明，执行起来才能符合期待角色的要求，产生正相关作用。否则，就会出现大的差距，产生负相关作用。③ 实际角色，这是生活实际中表现的角色，是期待角色作用于主观角色而产生的结果。由于个体和环境的复杂性，实际角色往往和期待角色不能完全吻合。由于外界条件的限制和人的个性因素的影响，实际角色和主观角色也常常存在差距。

（2）按照角色在社会实践中的特点分类：① 第一角色（基本角色）：它决定个体的主体行为，由每个人的年龄、性别所赋予的角色，如青少年、男人、妇女、老人等。② 第二角色（一般角色）：它是个体在不同生长发育阶段特定任务所必须承担的、由所处社会情形和职业所确定的角色，如女儿角色，医生角色等。③ 第三角色（独立角色）：有时是可自由选择的，为完成某些暂时性发展任务而临时担当的角色，如代理院长，但有时是不能自由选择的，如患者角色。

上述三种角色的分类是相对的，可在不同情况下相互转化。如患者角色，因为疾病是暂时的，可视为第三角色，而当疾病转变成慢性病时，患者角色就变成个体的第二角色。

3. 角色的形成　一般经历三个阶段：角色认知阶段、角色认同阶段、角色信念阶段。

（1）角色认知：指角色扮演者对某一角色行为规范的认识和了解，知道哪些行为是正确的，哪些行为是不合适的，是个体认识自己和他人的身份、地位及各种社会角色的区别与联系的过程。模仿是角色认知的基础，对角色先进行整体认知，然后深入认识角色的各种权利与义务。

（2）角色认同：一个人接受角色规范的要求并愿意履行角色规范的状况称为角色认同。它是指人们在社会中必须在不同的时间和空间扮演不同的角色，各种角色都有一种约定俗成的行为标准，一个人如果能够赞同社会对某个角色的行为标准，并按这个行为标准行事，就是角色认同。

（3）角色信念：角色信念指角色扮演者将社会期望与要求转化为个体的心理需要，是个体为达到自己所认识的角色要求而采取行动的过程，也是角色成熟的过程。例如，护士坚信自己对护理职业的选择是正确的，认为护士职业是一份光荣的职业，形成了护士职业特有的自尊心和荣誉感，也能营造尊重护士、认可护士的社会氛围。

（二）患者角色的评估

1. 患者角色的特点　患者角色是个体出现生理或心理方面的异常，有求医行为，需要医护帮助，并有特殊的权利、义务和行为模式。因此，患者角色应具有以下四个方面的特征。

（1）脱离或部分脱离日常生活中的其他角色：患者可以从其社会正常角色中解脱出来，其平时要承担的社会义务可被免除。免除的范围取决于病患的性质与严重程度。疾病越严重，免除义务的范围就越宽，反之亦然。

（2）处于一种需要被照顾的状态：患者并不希望处于疾病状态，他们无法履行其社会角色和义务是由客观因素造成的，患者不负有责任。

（3）患者有恢复自身健康的权利：患者应该认识到患病不符合社会对每个成员的期望，从社会责任中解脱出来只是暂时的，应重新恢复健康与承担其社会角色应尽的社会责任。

（4）患者有享受医疗的权利和义务：患者应该向医护人员提供真实的自身症状，寻求和得到及时有效的诊治和护理。

2. 患者角色适应不良的类型　个体所扮演的角色与个体的心理健康密切相关，当个体成功地扮演了他（她）的各种角色，就能既满足社会的期望，又满足个人的需求，从而过着正常的生活。患者角色并非与生俱来的，大量实践表明：当个体从其他角色转变成患者角色，或从患者角色转变成社会角色时，常在角色适应上出现许多心理和行为上的改变，即患者角色适应不良。患者角色适应不良的类型有以下几种。

（1）角色冲突：角色冲突是个体在适应患者角色过程中与其常态下的各种角色发生心理冲突和行为矛盾。当患者的求医行为与其所担负的其他角色行为不能协调一致，只能做到某一方面而不能顾全另一方面时，就产生了角色冲突心理。患者常表现为烦躁不安、茫然或悲伤，是一种视疾病为挫折的心理表现。

（2）角色模糊：角色模糊是指个体对角色期望不明确，不知道承担这个角色应该如何行动而造成的不适反应。导致角色模糊的原因包括角色期望过于复杂、角色改变的速度过快、不同角色间沟通不畅等。一位新患者入院后，如果护士未能及时与其进行有效沟通，使患者不明确住院期间自己的角色，不知道医院作息时间及自己应该如何配合治疗和护理，患者可能因此产生焦虑。

（3）角色行为异常：患者虽然知道而且也承认自己患有某种疾病，但因经受病痛折磨而感到精神沮丧、失落、烦恼、忧愁、悲观、失望或绝望等，从而自暴自弃，不愿配合医院治疗，或漫骂攻击医务人员，或破坏公物和自毁家具，有的甚至逃离医院或离家出走，极少数患者可出现自虐、自残行为，甚至以自杀寻求解脱。

（4）角色行为强化：患者因患病而导致自信心减弱，对家庭、工作单位及社会的依赖性加强，安于患者角色，小病当大病，大病当重病，重病当病危，病愈后不愿出院，长期留在医院疗养或在家休养，常发生于由患者角色转向社会角色时。患者这种角色变化，是因为患者安于患者角色，对自我能力表示怀疑，对恢复正常生活没有信心，产生退缩和依赖心理。

（5）角色缺如：指患者没有进入患者角色，不承认自己是患者，不能很好地配合医疗和护理。虽然医生已做出正确的诊断,但患者本人却否认自己有病。出现这种情况的原因,除患者对自己所患疾病缺乏认识外,还与患者患病后觉得自我价值贬值,影响工作、学习、就业及婚姻等原因有关,多见于年轻人、初诊为癌症或其他预后不良疾病的患者。患者角色缺如对其治疗、护理和康复都非常不利。

3. **患者角色适应的影响因素**　不同的人对患者角色的适应程度和反应不尽相同。适应与否与下列因素有关。

(1) 年龄:年龄是影响角色适应的重要因素。年轻人对患者角色相对淡漠,而老年人由于体力衰退则容易发生角色强化。

(2) 性别:相对于男性患者而言,女性患者更容易发生角色强化、角色消退、角色冲突等角色适应不良反应。

(3) 家庭背景:家庭支持系统强的患者多能较快适应患者角色。

(4) 经济状况:经济状况差的患者容易产生角色消退或缺失。

(5) 文化程度:文化程度低的患者不认为生老病死是很自然的规律,过分强调自己命运不济,易产生患者角色消退或缺失。

(6) 其他:患者角色适应还与环境、人际关系、病室气氛等有关。融洽的护患关系、优美的病室环境、愉悦的病室气氛等是患者角色适应的有利因素。

(三) 角色功能的评估方法

角色功能的评估方法主要有观察法和交谈法两种。

1. **观察法**　主要观察有无角色适应不良的身心行为反应,如疲乏、经常头痛、心悸、焦虑、抑郁、忽略自己和疾病、缺乏对治疗护理的依从性等。通过以上评估,可明确被评估者对角色的认知、对承担的角色是否满意,有无角色适应不良(尤其是患者角色适应不良)。

2. **交谈法**　运用提问、会话等方法评估角色功能,可通过以下问题进行:您从事什么职业及担任什么职位? 目前在家庭、单位或社会所承担的职责与任务有哪些? 您觉得这些角色是自己满意的吗? 您感到太忙了还是有足够时间去休闲娱乐? 您对自己的角色期望有哪些? 他人对您的角色期望又有哪些? 患病住院后,您认为您的角色发生了哪些改变? 对您有哪些影响? 是否感到期望的角色受挫? 作为患者,您能否安心养病,积极配合治疗、护理并努力使自己尽快康复?

【相关护理诊断】

1. **父母角色冲突**　与慢性疾病致使父母与子女长期分离有关。

2. **无效性角色行为**　与疾病导致对角色的认识发生改变有关。

二、家庭评估

家庭(family)是人类生活中最基本、最重要的一种社会组织,是社会系统中的细胞。家庭的状况直接关系到每个人和每个社会的存在、发展与进步。

（一）概述

1. 家庭的定义　家庭是由婚姻、血缘或收养而产生的亲属间共同生活的社会组织的基本单位。狭义的家庭是指一夫一妻制的个体家庭，又称单偶家庭。广义的家庭指婚姻出现后的各种家庭形式，可以是血缘家庭、亚血缘家庭或非血缘家庭。随着社会的发展，家庭的形式结构开始多样化，同性恋家庭、同居家庭、单亲家庭等逐渐增多，虽然它们在规模、结构、功能上有所不同，但家庭内涵中一些基本要素是相同的，可以说家庭是通过生物学关系、情感关系或法律关系连接在一起的一个群体。

2. 家庭的特征　家庭的主要特征包括：① 家庭是群体而不是个体，至少应包括两名成员。② 婚姻是家庭的基础，是建立家庭的依据。虽然我国法律也承认收养关系，但完全建立在收养关系上的家庭很少见。③ 组成家庭的成员应以共同生活、有密切的经济情感交往为条件。有血亲或姻亲关系，但不共同生活或经济情感上没有密切交往的，不能算作一个家庭。如儿女结婚后与父母分开住，尽管有血缘关系，但只能算是两个家庭。

3. 家庭结构　家庭结构（family structure）主要包括人口结构和内在结构两种。

（1）人口结构：即家庭规模或类型，由家庭成员的数量、性别和年龄决定。正常情况下，关系健全的家庭主要有三种基本类型（图9-2-1）：核心家庭、主干家庭、联合家庭，后两者统称为扩展家庭。关系不健全的家庭有单身家庭、单亲家庭、未婚同居家庭、群居家庭及同性恋家庭等，这类家庭不具备传统的家庭结构，在一定程度上可左右家庭功能的正常发挥，往往存在更多的问题，如单亲家庭缺少夫妻间的情爱与呵护，无子女的家庭人员生病时得不到子女应有的照顾等。每一类家庭都有相应的人口特征，评估家庭时应首先明确被评估者的家庭类型，可通过谈话获得。各种类型家庭的人口特征见表9-2-1。

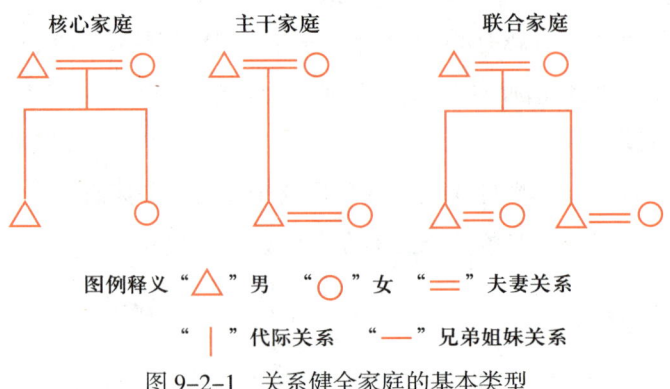

图9-2-1　关系健全家庭的基本类型

表 9-2-1 各种类型家庭人口特征表

类型	人口特征
核心家庭	夫妻及其婚生或领养子女
主干家庭(扩展家庭)	核心家庭成员加上夫妻任何一方的直系亲属,如祖父母、外祖父母、叔、姑、姨、舅
联合家庭(大家庭)	父辈同几对子代甚至孙代配偶组成的多代、多偶家庭
单亲家庭	夫妻任何一方及其婚生或领养子女
重组家庭	再婚夫妻与前夫和/或前妻的子女及其婚生或领养子女
无子女家庭	仅夫妻俩无子女
同居家庭	无婚姻关系而长期居住在一起的夫妻及其婚生或领养子女
隔代家庭	祖父母与未成年孙子女
失独家庭	婚生独生子女去世后仅夫妻俩无子女

(2)内在结构:家庭内在结构指家庭成员间相互关系和相互作用的性质,包括权力结构、角色结构、沟通方式、价值观四方面。

1)权力结构(power structure):权力结构是指家庭中夫妻间、父母与子女间在影响力、控制权和支配权方面的相互关系。权力结构反映了谁是家庭的决策者,以及做出决策时家庭成员之间相互作用的方式。家庭权力结构的类型:① 传统权威型,由传统习俗继承而来的权威,如父系家庭以父亲为权威人物。② 工具权威型,由养家能力、经济权力决定的权威,可因家庭情况的变化而产生权利转移。③ 分享权威型,家庭成员彼此协商,根据各自的能力和兴趣分享权利。④ 感情权威型,由感情生活中起决定作用的一方做决定。

2)角色结构(role structure):家庭角色指家庭对每个占有特定位置的家庭成员所期待的行为和规定的家庭权利、责任与义务。如父母有抚养未成年子女的义务,也有要求成年子女赡养的权利。评估时,应记录每个家庭成员的角色情况,注意有无角色冲突、角色负荷不足或过重、角色匹配不当、角色模糊等问题。家庭角色的类型:① 公开性角色:又称为正式角色,是大多数家庭都具备的维持家庭正常功能所必需的角色,如性别角色、持家者角色等。② 不公开性角色:又称非正式角色,是家庭以外成员不易了解的角色,如家庭统治者角色、麻烦制造者角色、安抚者角色、责罚者角色、受虐者角色等。

3)沟通方式:沟通是人与人之间传递信息的过程。沟通方式最能反映家庭成员间的相互作用与关系。家庭沟通是家庭成员间交换信息、沟通感情和行为调控的有效手段,也是维持家庭和睦及家庭功能正常的保证。根据沟通的内容是否与感情有关,可分为情感性沟通与机械性沟通,如"亲爱的,我想吃你煮的面条"与"还不去做饭";根据沟通时表达信息的清晰程度,分为清晰性沟通与模糊性沟通,如"我最讨厌抽烟"与"喝茶比抽烟要好些(意思是我不喜欢你抽烟)";根据沟通时信息是否直接指向具体的接受者,可分为直接沟通与间接沟通,如"你应该尊重我"与"男人都是大男子主义"等。家庭沟通有助于了解家庭功能,如家庭功能不良的早期容易发生情感性沟通受损,家庭功能严重障碍时机械性沟通也难以进行等。

4) 价值观:指家庭成员判断是非的标准、对事物所持有的态度或信念。它影响着家庭成员的感觉和思维方式,也规范了家庭成员的行为方式。每个家庭成员都有自己的价值观,并可通过相互影响形成家庭共有的价值观。评估的重点为家庭成员的疾病观、健康观等。了解家庭的价值观,特别是健康观,有助于确认健康问题在家庭中受重视的程度,有效地解决健康问题。

4. 家庭生活周期　家庭生活周期(family life cycle)是指家庭从产生、发展到解体的整个过程。家庭如同个体一样,有其发生、发展和消亡的过程。每个周期都有特定的任务,需要家庭成员协同完成,以使家庭逐步完善成熟,否则将在家庭成员中产生相应的健康问题。通过杜瓦尔(Duvall)家庭生活周期评估表向评估对象或其家属收集资料(表9-2-2)。

表 9-2-2　杜瓦尔家庭生活周期评估表

周期	定义	主要任务	评估内容
新婚	男女结合	沟通与彼此适应,性生活	你与配偶关系如何?
有婴幼儿	最大孩子<30个月	适应父母角色,应对经济和照顾小孩压力	初为人父或人母,感觉如何?
有学龄前儿童	最大孩子<6岁	培育孩子有效的社会化技能	孩子上幼儿园或小学了吗?你们有哪些教育的体会?
有学龄儿童	最大孩子<13岁	注重儿童身心发展,孩子上学教育问题	孩子在家里或学校表现如何?
有青少年	最大孩子13~20岁	与青少年沟通,对青少年进行有关责任与义务、与异性交往等方面的教育	作为青春期孩子的父亲或母亲,你们常与孩子沟通吗?
有孩子离家创业	最大孩子离家至最小孩子离家	发展夫妻共同兴趣,继续给孩子提供支持	作为父亲或母亲,你们有哪些生活感触?
空巢期	父母独处至退休	适应仅夫妻俩的生活,保持与新家庭成员如孙辈的接触	适应吗?若感到不适应你们又采取了哪些措施进行调节?
老年期	退休至死亡	正确对待和适应退休、衰老、丧偶、孤独、疾病及死亡等	退休几年了?习惯吗?平常都做些什么?老伴身体如何?

5. 家庭功能　家庭作为个体与社会的结合点,具有满足家庭成员和社会最基本需求的功能,其功能主要包括以下五个方面。① 生物功能:是指家庭所具有的繁衍

后代,满足家庭成员衣食住行等基本生活需求,以保证家庭成员身体健康的功能,是家庭最原始、最基本的功能。② 经济功能:家庭的经济功能表现为家庭在任何条件下所具有的得以维持生存所必需的消费能力。③ 文化功能:指家庭通过文化娱乐、亲朋往来、求学就业等活动以传递社会道德、法律、风俗及时尚等,培养家庭成员的社会责任感、社会交往意识与技能。④ 教育功能:家庭教育是任何教育组织都不可替代的。人的品行、个性观念及健康心理观等,同其最初接受的家庭教育是分不开的,父母作为子女的第一任教师,其言行是子女模仿的榜样。⑤ 心理功能:指家庭在维持家庭内部稳定,建立爱与归属感,维护家庭成员的安全与健康等方面提供良好的心理支持与照顾。

6. 家庭资源 家庭为了维持其基本功能,应对压力事件和危机状态所需要的物质和精神上的支持称为家庭资源。家庭资源充足与否,关系到家庭及其成员对家庭压力和危机的应对能力。家庭资源分为家庭内资源和家庭外资源。前者来自家庭内部,后者来自家庭外部提供给家庭成员的各种帮助。家庭资源的分类和定义见表9-2-3。评估家庭外资源的 ECO-MAP 图见图9-2-2。

表 9-2-3 家庭资源的分类和定义

家庭内环境		家庭外环境	
分类	定义	分类	定义
经济支持	家庭提供必需的生活资料、支付医疗保健费用、负担社会活动费用的能力	社会资源	来自亲朋好友、同事、领导和社会团体的关怀与支持
维护支持	家庭对家庭成员的信心、名誉、地位、权利的保护能力	文化资源	来自文化教育、文化传统和文化背景的支持等
健康支持	家庭维护个人健康,做出正确的医疗决定和反应,照顾患者的能力及家庭成员自我保健能力	经济资源	来自家庭外的收入及赞助,如工作、社会赞助、保险等
情感支持	家庭给其成员提供满足感情需要、精神慰藉和相互关心的能力	宗教资源	来自宗教信仰、宗教文化、宗教团体的支持
信息与教育	家庭给家庭成员提供医疗、住处及各种防病治病建议,最终获得个性的发展与成熟	教育资源	与教育制度、教育水平、教育方式和接受教育的程度有关的支持
结构支持	家庭提供适当的空间领地、生活设施等,提供交往和实践场所,以满足个人发展的需要	环境资源	与居住处周围的自然环境和社会环境有关的支持,如邻居、社会设施、空气、水、土壤等
		医疗资源	与医疗卫生制度及卫生服务的可用性、可及性,家庭对医疗服务的熟悉程度等有关的支持

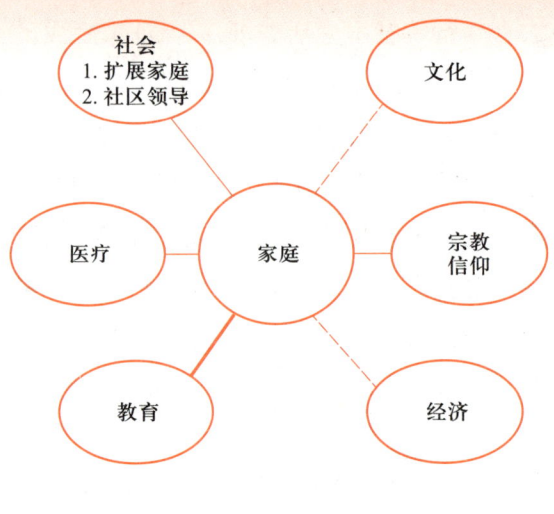

——— 弱 ——— 强 ▬▬ 甚强

图 9-2-2 评估家庭外资源的 ECO-MAP 图

7. 家庭压力 家庭是提供支持的重要场所,但同时也是家庭成员压力的重要来源之一。家庭压力是指家庭中所发生的重大生活改变。主要包括:① 家庭状态的改变,如失业、破产。② 家庭成员关系的改变与终结,如离婚、分居。③ 家庭成员角色的改变,如初为人夫、初为人父。④ 家庭成员道德颓废,如酗酒、吸毒。⑤ 家庭成员生病、残障、无能等。压力作用于个体和家庭后,便会对个体和家庭同时产生影响。若家庭资源充足,家庭可通过良好的调适而恢复到原来的平衡状态或达到一个新的平衡;而当家庭内、外资源均不足或缺乏时,家庭即可能陷于危机。

(二)家庭评估的重要性

1. 家庭对健康和疾病的影响

(1) 遗传和先天的影响:每个人均是其父母基因型与环境相互作用的产物。人类许多疾病如血友病、强直性脊柱炎、扩张型心肌病等都是通过基因继承下来的。由先天性因素所致的婴儿残疾、先天性疾病,给儿童的心身健康造成了直接的影响,且一旦发生对健康的影响将是终生的。

(2) 对儿童发育及社会化的影响:家庭是儿童身心发育和社会化的重要场所,儿童躯体和行为方面的异常与家庭病态有着密切的联系。例如,父母亲情的长期剥夺与自杀、抑郁和社会人格障碍有关。

(3) 对成年人发病率和死亡率的影响:研究表明,很多疾病在发生之前都伴随着家庭压力事件的增加。丧偶、离婚和独居者的死亡率均比结婚者高。

(4) 对生活习惯和行为方式的影响:家庭成员的健康观和生活方式往往相互影响,一个家庭成员的行为和生活方式会受另一个家庭成员或整个家庭的影响。一些不良的生活习惯和行为方式也常成为家庭成员的"通病",明显影响家庭成员的健康。

(5) 家庭环境对健康的影响：家庭如果过分拥挤，不但为许多疾病的传播创造了条件，还可能引起家庭成员的身心障碍。此外，家庭与邻居的关系、住房的牢固程度、社区的环境卫生和治安状况等都将影响家庭成员的心身健康。

2. 家庭评估在健康评估中的重要性　人离不开社会，更脱离不了家庭。许多事实也表明评估患者时评估家庭的必要性。

(1) 家庭的健康与个体的健康密切相关：健全的家庭对家庭成员的身心健康、成长与发展及疾病的康复起着举足轻重的作用。缺乏家庭关照和有家庭问题的患者，其身心康复会受到不同程度的影响。

(2) 家庭对个体健康感知和健康管理信念与行为的影响不容忽视：个体在家庭中孕育、成长，从小到大在健康知识、健康信念、健康行为等方面受到家庭成员的耳濡目染、潜移默化。

(3) 家庭是满足人们个人需求的最佳场所：人们需要依托于家庭这个整体的支持，尤其是当个体健康状态不佳或生病住院时。国内外对家庭支持的研究认为，来自家庭成员恰当的情感、精神、物质及信息等方面的支持能有效减轻患者的恐惧、焦虑和抑郁，增强其自尊与自信、对医疗护理的服从与配合及自理能力和自理活动的参与，甚至还可激活机体的免疫和防御功能。

所以，了解个体的家庭有助于评估者更全面地衡量个体的健康状态，找出影响其健康的家庭因素，从而制订有针对性的家庭护理计划。

（三）家庭的评估方法

无论是护理个体患者还是整个家庭，家庭评估是获取患者第一手资料的方法。目的是了解家庭的结构和功能、分析家庭与个人健康状况，掌握健康问题的真正来源。家庭评估包括家庭成员基本资料的收集，对家庭类型的评估，对家庭结构的评估，对家庭生活周期阶段的判断及对家庭压力的评估，对家庭功能的评估及对家庭资源的了解等。常用的方法为会谈、观察和评定量表测评等。

1. 会谈　会谈重点为个体的家庭类型与人口结构、家庭生活周期及家庭结构。

(1) 家庭类型与人口结构：询问家庭的人口组成，确定其家庭类型，如"你的家庭有多少人？""由哪些人组成？"等。

(2) 家庭生活周期：询问确定家庭所处的生活周期，如"你什么时间结婚的？""你们有孩子吗？多大了？"等。

(3) 家庭结构：包括以下内容。① 权利结构：重点询问家庭的决策过程。如"家里有麻烦时，通常由谁提出意见和解决的办法？"② 角色结构：重点询问家庭中各成员所承担的角色，包括正式角色与非正式角色，注意是否有人扮演有损家庭关系的角色，如受虐者或虐待者等，以及家庭各成员的角色行为是否符合家庭的角色期望，是否有成员存在角色适应不良。③ 沟通过程：了解家庭内部沟通过程是否良好，评估时应结合对家庭成员间语言和非语言沟通行为的观察综合分析,如"你的家庭幸福美满吗?""作为一家人,大家有什么要求时,是如何提出的?"④价值观:家庭价值观可通过询问"是否将家庭成员健康看作头等大事?""是否主张预防为主、有病及时就医?"等进行评估。

2. **观察**　观察内容主要为家庭沟通过程、父母的角色行为及有无家庭虐待。

(1) 家庭沟通过程:在沟通的过程中,观察每个家庭成员的反应及家庭各成员的情绪变化,了解家庭的内部关系。出现下列情况提示家庭关系不良:① 家庭成员交流过程中,频繁出现敌对性或伤害性语言。② 家庭氛围过于严肃,家庭规矩过于严格。③ 所有问题均由某一家庭成员回答,而其他成员无不同意见,成员间很少交流。④ 有家庭成员被忽视,观察家庭中某一成员与其他成员间的交往方式,包括是否允许他人或被允许发表意见,是否与其他成员有充分的眼神等非语言交流等。

(2) 父母角色行为:可通过以下三个方面观察父母是否胜任其角色。① 父母的情绪状态:能够胜任父母角色者对自己所承担的父母角色感到满意和愉快;不胜任者常表现出焦虑或无能为力,对孩子的表现感到失望、不满甚至愤怒。② 父母与子女间沟通方式:有良好抚养能力的父母对子女的反应给予充分的反馈和沟通;缺乏抚养能力的父母不注意子女的需求和反应,不允许子女提出反对意见。③ 子女的表现:有抚养能力的父母,其子女健康快乐,有依附父母的行为;缺乏抚养能力的父母,其子女可有抑郁、冷漠、孤独、怪癖等反社会行为,对父母排斥或过度顺从,无依附父母的行为。

(3) 有无家庭虐待:对共同生活的家庭成员采用打骂、冻饿等方法,进行肉体上、精神上的摧残和折磨。观察家庭成员有无受虐待的体征,如皮肤淤血、软组织挫伤甚至骨折等。虐待提示家庭内部成员间存在不健康的家庭关系。

3. **评定量表测评**　可采用评定量表对被评估者的家庭功能状态等进行测评。如评定家庭功能的健全与否,量表评定常用 Smikstein 的家庭功能量表(即简易的 APGAR 问卷,表 9-2-4)及 Procidano 和 Heller 的家庭支持量表(表 9-2-5)。前者含 5 个测试项目,若选择"经常"为 2 分,"有时"为 1 分,"很少"为 0 分。后者包括 9 个测试项目,选择"是"为 1 分,"否"为 0 分。总分 7~10 分,表示家庭功能良好,4~6 分表示家庭功能中度障碍,0~3 分表示家庭功能严重障碍。此外,通过分析每个问题得分情况,可粗略了解家庭功能障碍的基本原因。

表 9-2-4　Smikstein 的家庭功能量表

项目	经常	有时	很少
1. 适应度(A) 当我遇到困难时,可从家人处得到满意帮助 补充说明:			

项目	经常	有时	很少
2. 合作度（P） 我很满意家人与我讨论与分担问题的方式 补充说明：			
3. 成熟度（G） 当我希望从事新的活动或发展时，家人都能接受并给予支持 补充说明：			
4. 情感度（A） 我很满意家人对我表达感情的方式以及对我情绪（如愤怒、 悲伤、爱）的反应 补充说明：			
5. 亲密度（R） 我很满意家人与我共度时光的方式 补充说明：			

表 9-2-5　Procidano 和 Heller 的家庭支持量表

项目	是	否
1. 我的家人给予我所需的精神支持		
2. 遇到棘手的事时，我的家人帮我出主意		
3. 我的家人愿意倾听我的想法		
4. 我的家人给予我情感支持		
5. 我和我的家人能开诚布公地交谈		
6. 我的家人分享我的爱好与兴趣		
7. 我的家人能时时察觉到我的需求		
8. 我的家人善于帮助我解决问题		
9. 我和我的家人感情深厚		

【相关护理诊断】

1. 语言沟通障碍　与家庭成员间亲近感减弱或家庭成员间没有沟通交流有关。

2. 家庭运作过程改变　与家庭情况改变或家庭危机有关；与酒精成瘾或缺乏解决问题的技巧有关。

3. 持续性悲伤　与不能满足家庭成员的情感需要有关。

4. 有孤独的危险　与情感上失落、社交孤立及身体隔离有关。

5. 有依附关系受损的危险　与父母患病或存在躯体障碍有关。

6. 父母角色冲突　与父母因病不能照顾子女、子女因病与父母分离等有关。

7. 照顾者角色紧张　与照顾任务复杂，照顾者缺乏知识或经验等有关。

三、文化评估

文化（culture）是人类社会的精神活动及其产物，是对历史、地域、经济、社会和政治的反映。人类社会生活的各个方面,包括社会化、社会互动、社会群体、社会制度和社会变迁等,都可以归结为文化现象。文化现象联系着社会生活和社会运行的各个方面,为社会发展提供了有力的依据及保证。因此,评估者有必要了解有关文化的基本知识,学习对被评估者的文化背景进行评估。

(一) 概述

1. 文化的内涵　广义的文化是指一个社会及其成员所特有的物质和精神财富的总和,即特定人群为适应社会环境和物质环境而共有的行为和价值模式。狭义的文化即精神文化,包括知识、艺术、价值观、信念与信仰、习俗、道德、法律与规范及其他的能力和习惯。面对国内外不同文化背景的人,评估者必须掌握影响被评估者的各种文化因素,并全面、客观、准确地进行评估,这样,制订的护理治疗计划才能更实际,更个体化,选择的护理措施才能更人性化。

2. 文化的特征　评估者应熟悉文化的特性,以便于进一步理解其含意,文化有以下几方面特性。

(1) 民族性:文化有鲜明的民族性,一定的民族范围形成一种特定的文化形式。如中国的筷子、日本的和服、欧洲的刀叉。我国是多民族国家,不同民族也都有其特有的文化风格,比如维吾尔族的小花帽、蒙古人的奶茶、傣族的泼水节等。

(2) 继承性和累积性:文化是一种较永久的或稳定的生活方式,由简单到复杂逐渐丰富,世代相传。我国有几千年的文化历史,至今人们在生产、生活等方面仍沿袭着传统习俗,如中秋节、一日三餐等。

(3) 获得性:文化是人类独有的,人们通过学习而获得文化,人类每一个时代的发展都不是简单的历史重复,都是在学习前文化的基础上开拓前进,如从古代的四大发明到近代的工业发展,还有一些文化价值观如助人为乐、尊老爱幼、拾金不昧等也都是人们在后天获得的。

(4) 差异性:每一人类群体都有一些特殊的意识、行为和物质产品,以此区别于其他群体。

(5) 系统性:文化是一个综合了不同部分的综合体。它具有内在的系统性,如围绕宗教可以产生建筑、音乐、仪式、教会等。

(6) 双重性:文化既含有理想成分,又含有现实成分。

3. 与健康密切相关文化要素　对健康价值的认知、对症状的感知、偏爱的治疗方式、对卫生服务的反应,以及实施营养、安全和公共生活的行为方式等是与被评估者健康密切相关的文化因素,其中价值观、信念和信仰、习俗为文化的核心要素,与健康密切相关。

(1) 价值观:是指一个人对周围的客观事物(包括人、事、物)的意义、重要性的总评价和总看法。这种对诸事物的看法和评价在心目中的主次、轻重的排列次序,就是

价值观体系。价值观是信念、态度和行为的基础,通过形成人的思想、观点、立场、建立目标与需要的优先顺序来指导人的行为,对人的社会生活起着重要作用。不同的人、不同的民族、不同的时期有着不同的价值观。如西方人偏向利己主义、享乐主义等,这些恰恰是西方社会吸毒、离婚、自杀现象的根源所在。中国人崇尚奉献、集体主义等。

1) 价值观的特点:① 价值观具有相对的稳定性,在特定的时间、地点、条件下,人们的价值观总是相对稳定和持久的。对某种事物的好坏总有一个看法和评价,在条件不变的情况下这种看法不会改变。但是,随着人们经济地位的改变,以及人生观和世界观的改变,价值观也会随之改变。② 价值观取决于人生观和世界观,一个人的价值观是从出生即开始,在家庭和社会的影响下,逐步形成的。一个人所处的社会生产方式及其所处的经济地位,对其价值观的形成有决定性的影响。而报刊、电视和广播等宣传的观点,以及父母、老师、朋友和公众名人的观点与行为,对一个人的价值观也有不可忽视的影响。③ 价值观决定个人的行为效应,价值观不仅影响个人的行为,还影响着群体行为和整个组织行为。在同一客观条件下,对于同一个事物,由于人们的价值观不同,就会产生不同的行为。在同一个单位中,有人注重工作成就,有人看重金钱报酬,也有人重视地位权力,这就是因为他们的价值观不同。同一个规章制度,如果两个人的价值观相反,那么就会采取完全不同的行为,并对规章制度的执行起着完全不同的作用。

2) 价值观与健康保健的关系:价值观与健康保健的关系密切。① 价值观影响人们对健康问题的认识,如肥胖已被多数人群认为是一种营养失调现象,而在南太平洋岛国汤加,人们则视肥胖为健康。② 价值观影响人们对解决健康问题的决策,如面对伤风感冒,中国人认为是小毛病,会尽量忍耐,不轻易求医,而西方人则认为伤风感冒影响其生活质量,会引发严重的并发症,即使症状不重也会立即求医。③ 价值观左右人们对解决健康问题轻重缓急的决策,如风湿性心瓣膜病患者需要换瓣膜时,看重未来、注重生活质量的西方人会选择尽早换瓣膜;而在我国,人们比较重眼前,能拖则拖,不到万不得已不会接受瓣膜置换术。④ 价值观影响人们对医疗保密措施的选择,如是否将病情真相告诉患者本人,不同的文化有不同的回答。在美国,几乎所有情况下都将癌症患者的病情告诉患者,我国则比较强调对癌症患者的保密。因为前者认为告之真相可使患者充分认识疾病并树立正确的治疗观念,意志顽强,面对癌症,坚持认为可以改造。征服自然的人会正视疾病,积极配合医疗护理,和疾病做斗争,而不是采取妥协、回避的消极态度。正是由于价值观与健康保健的各个环节、对健康问题的认识和判断、对健康保健措施的选择等密切相关。因此,护理实践中不能忽视对患者价值观的评估。

(2) 信念与信仰:信念是自己认为可以确信的看法。信仰是人们对某种事物或思想、主义的极度尊崇与信服,并把它作为自己的精神寄托和行为准则。信仰的形成是一个长期的过程，是人们在接受外界信息的基础上沿着认知、情感、意志、信念、行为的轨道持续发展，最终融合而成。所以，信念是信仰形成过程的终结和最高阶段，是认识的成熟阶段或情感化了的认识。

信念包括知识、见解及对世界万物的认识观。关于健康，世界卫生组织将其定义为"健康不单是没有疾病或虚弱，而是身体、精神的健康和社会幸福的完美状态"，这种定义就是一种信念。人的信仰有多种，其中宗教信仰与健康，尤其精神健康关系较为密切。宗教是指统治人们的那些自然力量和社会力量在人们头脑中虚幻的反映，是由对超自然神灵的信仰和崇拜来支配人们命运的一种社会意识形态。宗教信仰对个体的健康观、疾病观产生正面或负面的影响。

（3）习俗：又称风俗，它是历代相沿的规范文化，是一种无形的力量，约束着人们的行为，从而对健康产生着重要的影响。习俗与人的日常生活联系最密切，它涉及了人的衣、食、住、行、娱乐、体育、卫生等各个环节，不良的习俗有损健康。所以，移风易俗，提倡良好的风俗习惯，提高人群健康水平，是我们护理人员始终追求的目标。习俗虽然很多，但与健康相关的习俗主要有衣食、沟通、医药、居住、婚姻与家庭评估等。

（二）文化评估的内容

文化评估以促进人的健康为目的，旨在为不同文化背景的人提供符合个人独特需要的护理，评估者需要从整体观念出发，以文化为基础，具备跨文化的视角和专业知识，提供跨文化护理。有以下几种文化理论诠释文化评估内容。

1. 文化洋葱学说　文化洋葱学说指文化就像洋葱一样有层次之分（图9-2-3），洋葱文化里，文化分三层，即表层文化、中层文化和核心层文化。表层文化指日常生活中浅表的能观察到的文化，如服装、服饰、建筑、音乐、语言和文字等，常给人强烈、直接地冲击，让人感受其存在和力量，是社会价值观的直观体现，折射出的是社会深层的理念；中层文化指社会的规范和价值观；核心文化是社会生活中根深蒂固不容置疑的权利、人的价值、个人与他人的关系。

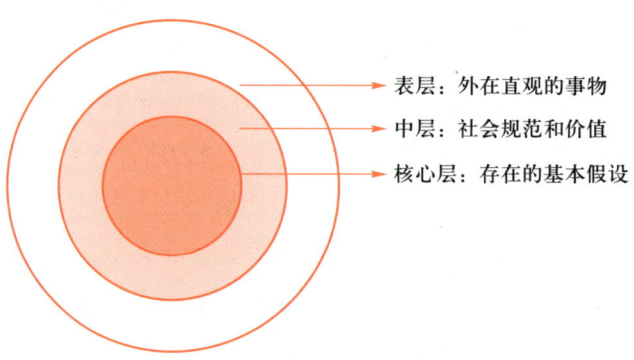

图9-2-3　文化洋葱学说文化评估内容

2. 雷宁格"朝阳模式"　雷宁格把文化定义为在某一特定群体或社会生活中

形成的价值理念。在实施整体护理前,一定要对服务对象的文化背景和社会结构进行全面的、系统的评估和了解,然后根据服务对象的需要给予适当的护理干预(图9-2-4)。

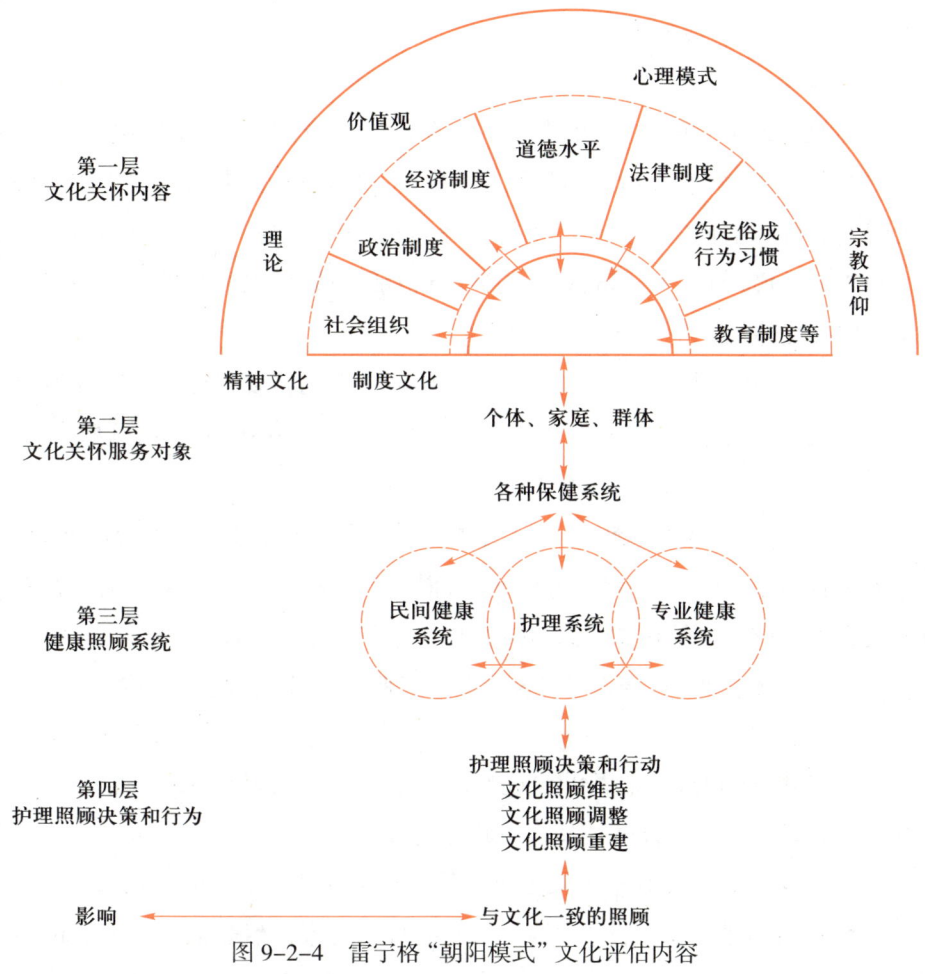

图 9-2-4 雷宁格"朝阳模式"文化评估内容

（1）第一层是文化关怀内容:个体所处的自然环境、人口因素、经济因素、政治因素、思想文化因素、价值观、语言、知识、信仰、艺术、法律、风俗习惯、风尚、生活态度及行为准则等,在个体或群体中的具体表现特征,包括共同性与差异性特征、文化的表达方式,都是文化关怀的内容。可用此来指导评估者评估和收集服务对象的资料,为临床实施文化关怀提供理论依据。

（2）第二层是文化关怀服务对象:文化关怀服务对象主要包括个人、家庭、群体、社区或机构。在不同的文化背景下,人们对文化的表达方式多种多样,对健康、疾病及死亡的理解各不相同。护理人员在进行护理照顾工作前,一定要对服务对象进行全面评估,了解对象的需要。

（3）第三层是健康照顾系统:健康照顾系统包括民间健康系统、专业健康系统和护理系统。在面对被评估者时,选用何种健康照顾系统,根据具体的情况决定或三者兼用。

(4)第四层是护理照顾决策和行为:护理照顾决策和行为包括维持、调整、重建文化护理关怀。护理关怀以最大限度满足服务对象的需求,提供与文化一致的、有利于维护健康、能面对疾病或死亡的文化环境。

(三)文化休克

文化休克(culture shock)是指人们生活在陌生环境中所产生的迷惑与失落的经历,常发生于个体从熟悉环境到新环境中,由于沟通障碍、日常活动改变、形单影只、风俗习惯及态度和信仰的差异而产生的生理、心理的不适应。对于住院患者,医院就是一个陌生的环境,与家人分离、缺乏沟通、日常活动改变、对疾病的恐惧等可导致住院患者发生文化休克。主要分为以下三期。

1. 陌生期　患者刚入院,对医生、护士、环境及自己将要接受的检查和治疗都很陌生,还可能会一下接触许多新名词,如备皮、胸部 CT 和 MRI 检查等,这些令患者感到迷茫。

2. 觉醒期　患者开始意识到自己必须住院一段时间,对疾病的治疗转为担忧,因思念家人而焦虑,因不得不改变自己的习惯而产生挫折感。此期住院患者文化休克表现最突出,可有失眠、食欲下降、焦虑、恐惧、沮丧、绝望等反应。

3. 适应期　经过调整,患者开始从生理、心理、精神上适应医院环境。

(四)文化的评估方法

在进行文化评估时,评估者可通过与被评估者交谈或观察,评估其人生观、价值观、健康信念与信仰、文化程度、宗教、民族习俗等文化要素。

1. 会谈　会谈是文化评估中较为重要的获得被评估者资料的方式。

(1)价值观:价值观存在于潜意识中,不能直接观察,又很难言表,人们也很少意识到其行为受潜意识中价值观的直接引导。因此,价值观的评估比较困难,目前尚无现成评估工具。可通过询问"通常情况下,什么对你最重要?""遇到困难时你是如何看待的?""一般从何处寻求力量和帮助?"等问题获取有关个体价值观的信息。

(2)健康信念与信仰:很多方法可用来评估信念系统,克莱曼等人提出的评估模式应用最为广泛,包括以下 10 个问题:① 对你来说,健康指什么?不健康又指什么?② 通常你在什么情况下才认为自己有病并就医?③ 你认为导致你健康问题的原因是什么?④ 你怎样发现自己有该健康问题的?何时发现的?⑤ 你的健康问题对你的身心造成了哪些影响?⑥ 严重程度如何?发作时持续时间长还是短?⑦ 你认为你该接受何种治疗?⑧ 你希望通过此项治疗达到哪些效果?⑨ 你的病给你带来的主要问题有哪些?⑩ 对这种病你最害怕什么?借此,护士可以了解到患者对自身健康状况的看法及患者所处文化对其健康信念的影响。

（3）习俗：评估者可通过交谈的方式，从衣着爱好、食物种类、食物烹调方式、进食与餐饮、对饮食与健康关系的认识等方面评估个体的衣食习俗。常用于评估的问题如下："你认为怎样打扮才是最美？""你平常进食哪些食物？主食有哪些？喜欢的食物有哪些？有何食物禁忌？""你常采用的食物烹调方式有哪些？常用的调味品是什么？""每日进食几餐？都在何时？""你认为哪些食物对健康有益？哪些食物对健康有害？""哪些情况会增加你的食欲？""哪些情况会使你的食欲下降？"此外，也可通过观察个体的衣食习俗进行评估。

评估者应具备跨文化护理的意识，注意结合患者的具体情况评估其有无文化休克的可能，以及询问患者及家属对医院环境有无特殊要求等。

2. 观察 可以通过观察日常进食情况评估患者的饮食习惯；通过观察患者与他人交流时的表情、眼神、手势、坐姿等评估其非语言沟通文化；通过观察患者在医院期间的表现评估其有无文化休克；通过观察患者的外表、服饰、有无宗教信仰活动改变或宗教信仰改变，获取有关其文化和宗教信仰的信息。宗教信仰活动改变或宗教信仰改变多提示个体存在精神困扰。

【相关护理诊断】

1. **精神困扰** 与对治疗的道德和伦理方面的含义有疑问或由于强烈的病痛，其信仰的价值系统面临挑战有关。

2. **社会交往障碍** 与社交环境改变有关。

3. **语言沟通障碍** 与医院环境中医务人员使用医学术语过多有关。

4. **焦虑/恐惧** 与环境改变及知识缺乏有关。

5. **迁移应激综合征** 与医院文化环境和背景文化有差异有关。

四、环境评估

环境为人类生存发展提供物质基础，与人类健康密切相关。早在 1860 年，南丁格尔就已认识到环境、健康与护理之间的关系，并认为护理的功能就在于创造有利于人体功能发挥作用的最佳环境。评估者应充分考虑环境与个体健康的相互作用，明确环境中现存或潜在的有害因素，以便于制定有针对性的护理措施。

（一）环境的定义

环境是指以人为主体的外部世界，是人类和生物赖以生存和发展的空间及外部条件。环境是地球表面的物质和现象与人类发生相互作用的各种自然及社会要素构成的统一体，也是与人类健康密切相关的重要条件。人类生命始终处于一定的自然环境、社会环境及人为环境中，受物质和精神心理双重因素的影响。人类为了生存发展，提高生活质量，维护和促进健康，需要充分开发利用环境中的各种资源，但同时也会由于自然因素和人类社会行为的作用，使环境遭到破坏，使人体健康受到影响。当

环境评估

这种破坏和影响在一定限度内时,环境和人体所具有的调节功能可使失衡的状态恢复至原有面貌;如果超过环境和人体所能承受的限度,可能造成生态失衡及机体生理功能破坏,甚至导致人类健康近期和远期的危害。因此,人类应该通过提高自身的环保意识,认清环境与健康的关系,规范自己的社会行为(防止环境污染,保持生态平衡,促进生态环境向良性循环发展),建立保护环境的法规和标准,避免环境退化和失衡,这是正确处理人类与环境关系的重要准则。

(二)环境的分类

1. 按照环境因素属性和系统构成可分为自然环境和社会环境。① 自然环境:自然环境是指环绕人们周围的各种自然因素的总和,如大气、水、植物、动物、土壤、岩石矿物、太空等。这些是人类赖以生存的物质基础。通常把这些因素划分为大气圈、水圈、生物圈、土壤圈、岩石圈五个自然圈。人类是自然的产物,而人类的活动又影响着自然环境。② 社会环境:社会环境是指人类在生活、生产和社会交往活动中所形成的关系与条件,由社会政治、经济、文化、人口、卫生服务、行为方式及生活方式等因素构成。

2. 按照人们生存与发展所需的物质条件可分为内部环境和外部环境。① 内部环境:内部环境又称人体的生理心理环境,包括人体所有的组织、器官和系统,如呼吸系统、循环系统、消化系统、泌尿系统、神经系统、内分泌系统等,以及人的心理、精神世界。② 外部环境:外部环境包括人们赖以生存与发展的物理环境、社会环境、文化环境和政治环境。

人与环境是相互依存、相互影响的对立统一体,即人与环境之间最本质的联系就是物质的交换和能量的转移。人类有认识和改造环境的能力。同时,也受到了自然环境的反作用。环境因素对人体健康的效应也往往呈现"有利"与"有害"双重性。如适量的紫外线辐射能消毒空气、促进维生素 D 在体内转化形成,紫外线照射不足使儿童易患佝偻病,紫外线辐射过强则导致皮肤癌等多种疾病。

(三)环境评估在健康评估中的重要性

环境、健康、护理三者的关系早在南丁格尔时代就已被认识,并被后来的护理学家不断发展。仔细分析各环境因素,不难发现其对健康的或正性、或负性的影响。

1. 自然环境因素　气温、紫外线、空气中正负离子、微量元素的过高(多)或过低(少)都会产生不同的健康效应,如气温过高导致中暑,过低容易冻伤;紫外线过强导致皮肤癌,不足易患佝偻病;空气负离子多有镇静安眠、增进食欲作用,正离子作用正好相反;微量元素过高导致中毒症,过低易患缺乏症。

2. 不同环境因素作用于机体导致不同健康损害　甲基汞导致神经系统(中枢及末梢)、胎盘损害;苯主要导致造血系统毒性损害;铅主要导致骨骼系统损害;石棉主要导致肺癌、硅肺;联苯胺主要导致膀胱癌;氯乙烯主要损害肝等。

3. 外部环境因素作用机体效应与个体内部环境的感受性相关

（1）年龄因素：老年人免疫功能降低，应激功能低下；幼儿肝微粒体酶系的解毒功能弱，生物膜通透性高和肾滤过功能差，因而他们对某些环境危害的敏感性高，如老年人对高温的耐受性较青年人差。

（2）性别因素：性激素对肝微粒体酶的功能有明显影响，从而影响毒物的生物转化及其对机体的毒性反应。如女性对铅、苯等毒物较男性更为敏感。

（3）健康状况：慢性肺部疾患及心脏病患者对一氧化碳、二氧化硫等刺激性气体更敏感，肺结核患者对二氧化硅粉尘危害的抵抗力差。

（4）营养状况：人们在营养不良时对臭氧、铅及致癌性多环芳烃敏感，蛋白质缺乏时对黄曲霉毒素的解毒能力差。

环境因素与健康密切相关，具有广泛性、持久性、积累性与相互作用的特征。

（四）环境的评估方法

1. 物理环境评估　物理环境是一切存在于机体外环境的物理因素的总和，包括空间、声音、温度、湿度、采光、通风、气味、整洁、室内装饰、布局及各种与安全有关的因素（如大气污染、水污染，以及各种机械性、化学性、温度性、放射性、过敏性、医源性损伤因素等）。以上环境因素必须被控制在一定范围内，否则不仅无益于健康而且还可能威胁到人类健康而导致疾病。物理环境评估主要通过询问评估对象及实地观察、取样检测等方法收集资料。评估的主要内容包括如下几个方面。

（1）居家、社区：① 居住环境是否整洁、明亮？有无灰尘、蜘蛛网、昆虫等？灰尘来源于哪里及如何控制？居住环境有无取暖设施及其使用情况？室内空气是否流通、新鲜、无异味？家中是否有人吸烟？供水系统是否符合卫生标准？有无潜在污染？室内是否有噪声及其强度如何？家中是否备冰箱保存食物？有无致敏物质序？等等。② 家庭安全方面：电器设备使用是否安全？家庭中清洁剂、杀虫剂、油漆、汽油等化学物品贮藏是否妥当？药品有无标记？使用者是否熟悉药物的剂量、用途？居住环境有无儿童活动安全地带？有无其他妨碍安全的因素存在，如楼梯窄小、门窗破损、墙面剥落、开裂、光线昏暗等。

（2）学校、工作场所：是否整洁、宽敞、明亮、舒适？有无粉尘、化学物、石棉、烟雾等刺激物？有无废水、废气等污染源？是否存在强噪声、放射线、重型机器、高温、高压电、裸露电源及电线等危害因素？有无安全作业条例及执行情况如何？工作中是否采用防护措施等。

（3）医疗等保健机构：是否干净、整洁、无尘、无异味？温度湿度是否适宜？有无空调或其他取暖设备？婴儿室有无恒温设备？光线是否适度？噪声控制是否在允许范围内及有无噪声监测？地面是否干燥、平整、防滑？电源是否妥善安置及安全使用？用氧时有无防火、防油、防震标记？药物保存方法是否正确等。

2. 社会环境评估 社会是个庞大的系统,包括政治、经济、文化、教育、法律、人口、民族、职业、生活方式、社会关系、社会支持等诸多方面。其中尤以民族、职业、经济、文化、教育水平、生活方式、社会关系、社会支持与健康直接相关,为社会环境评估的重点。本节着重介绍经济、教育水平、生活方式、社会关系和社会支持等方面的评估。

(1) 经济:在社会环境因素中,对健康影响最大的是经济。经济是保障人们衣、食、住、行基本需求及享受健康服务的物质基础。经济状况低下时,人们不仅为吃饱穿暖而终日劳累奔波,患病时也得不到及时应有的治疗。另外,缺乏医疗费用的住院患者易发生角色适应不良。评估时可通过与被评估者或其家属交谈以了解被评估者的经济状况。常用于评估的问题如下:① 能否告诉我,您的经济来源有哪些? ② 单位工资福利如何? ③ 您觉得自己的收入够用吗? ④ 家庭经济来源有哪些? 是否有失业、待业人员? ⑤ 医疗费用支付的形式有哪些? 有何困难?

(2) 教育水平:作为社会环境因素之一,教育水平对健康也有着明显的影响。良好的教育有助于人们认识疾病、获取健康保健信息、改变不良生活方式、促进卫生资源的有效利用。评估时可直接与被评估者或其家属交谈了解被评估者及其主要家庭成员的受教育程度,以及是否具备健康照顾所需的知识与技能。

(3) 生活方式:生活方式是指由经济、文化、政治等因素相互作用所形成的人们在衣、食、住、行、娱乐等方面的社会行为,是有关人们如何享受劳动所得的物质与精神产品及使用自由闲暇时间的方式。不同地区、不同民族、不同职业、不同社会阶层的人生活方式不一样。生活方式也与个人喜好和习惯有关,如一些人喜欢晚睡晚起,一些人却习惯早睡早起;一些人喜欢吃淡,一些人却喜欢吃咸。吸烟、酗酒、吸毒、赌博、嫖娼等均为对健康有害的生活方式。评估时,不仅应明确被评估者的生活方式,还应了解其家人、同事、朋友的生活方式。可通过以下方式评估:① 与被评估者或其亲友交谈,询问饮食、睡眠、活动、娱乐等方面的习惯与爱好,以及有无吸烟、酗酒等不良嗜好。② 直接观察被评估者或其亲友的饮食、睡眠、活动、娱乐方式与习惯,有无吸烟,嗜酒等。若有不良生活方式,应进一步了解其对被评估者的影响。

(4) 社会关系与社会支持:社会关系为社会环境中非常重要的一个方面。个体的社会关系网包括与之有直接或间接关系的所有人或人群,如家人、邻里、朋友、同学、同事、领导、宗教团体及成员、非政府组织等。对住院患者而言,还有病友、医生、护士的关系。个体的社会关系网越健全,人际关系越亲密融洽,越容易得到所需的信息、情感及物质方面的支持。这些从社会关系网获得的支持,社会学家统称为社会支持,是社会环境与健康的一大重要功能。可通过交谈与观察两种方法评估个体是否有支持性的社会关系网络对住院患者,要了解被评估者与医生、护士、病友的关系,是否获得及时有效的治疗,是否得到应有的尊重与关怀,各种合理需求是否被及时满足,护士、医生的数量与质量是否能保证所提供的服务安全有效,工作常规和制度是否向被评估者解释并合理灵活运用,体现"以患者为中心"等。

总之,心理与社会因素评估有着密不可分的联系。人类的健康和疾病是一种社会现象,健康水平的提高和疾病的发生、发展及转归也必然会受到社会因素的制约。社会因素一般包括社会制度、社会文化、社会经济水平,它影响着人们的收入和开支情况、营养状况、居住条件、接受科学知识和受教育的机会等,社会因素还包括人们的年龄、性别、风俗习惯、宗教信仰、职业和婚姻状况等。

心理因素是指在特定的社会环境条件下,导致人们在社会行为方面甚至身体、器官功能状态产生变化的因素。心理因素着重于个体和内在情绪(兴奋、抑制、焦虑、忧郁、恐惧、愤怒、悲伤等心理紧张)及对周围环境和事物的态度和观念。

心理压力与紧张是人适应环境的一种正常反应。但如果强度过大、时间过久会使人的心理活动失去平衡,继而导致神经活动的功能失调,甚至导致情感性疾病和心身疾病的发生,严重者还可能造成各种精神性疾病。因此,个体的心理状态须尽快适应社会环境的改变,使个体和不断变动着的社会环境调整为一个协调统一的整体,这样社会环境的任何变动都不致使人长时间地停留在心理失衡和/或神经活动功能失调的状态下,以预防躯体疾病的发生。

由于社会环境的变动常会影响个体的心理和躯体的健康,心理因素又常与社会环境密切相关,因而对社会-心理因素的评估也是环境评估的重要组成部分。

【相关护理诊断】

1. **缺乏社区保健**　与社区缺乏保健设施、管理不到位等有关。

2. **焦虑/悲伤**　与面临重大应激事件而社会支持资源不足等有关。

3. **有感染的危险**　与贫困导致营养不足、居住环境卫生状况差等有关。

4. **有中毒的危险**　与环境有害气体污染有关。

5. **有受伤的危险**　与感官及视觉障碍、环境缺乏安全设施等有关。

知识拓展

紫外线指数对日常生活的影响

依据中国气象局的统一规定,紫外线指数以每天10时到14时这4个小时监测的平均紫外线指数和强度作为标准。一般来说,紫外线最大值出现于中午12时前后,人们在日常生活中(尤其是夏天)要尽可能地避免在这一时段进行室外活动,即使冬天晒太阳也应选择上午10时前、下午3时后的"黄金时段"。

为了方便公众记忆、理解和使用,紫外线指数(UV index)值一般从0开始,一直到10(含大于10)为终,再根据这些数值,将紫外线指数的预报等级划分为五级,具体如表9-2-6。

表 9-2-6　紫外线指数对日常生活的影响

紫外线指数	天气情况	预报等级	预防措施
0~2	阴或雨天	一级	对人体无太大影响,外出时戴上太阳帽即可
3~4	多云天气	二级	外出时除戴上太阳帽外还需备太阳镜,并在身上涂防晒霜,以避免皮肤受到太阳辐射的危害
5~6	少云天气	三级	外出时必须在阴凉处行走
7~9	晴天无云	四级	在上午10时至下午4时这段时间最好不要到沙滩场地上晒太阳
≥10	夏季晴日	五级	应尽量避免外出,因为此时的紫外线辐射极具有伤害性

小结

社会评估主要包括个体的社会角色、文化、所属家庭及所处的环境。角色是指个体在特定的社会关系中的身份及由此而规定的行为规范和行为模式的总和。家庭是社会系统中的细胞,通过承担各种社会角色,使个体参与社会活动。文化是指由社会及其成员共有的物质与精神财富,包括知识、艺术、价值观、信念与信仰、习俗、道德等。环境是人类赖以生存、发展的空间与外部条件,分自然环境和社会环境。

观察法、会谈法和量表评定法为常用的社会评估方法,对于自然环境,还应进行实地考察或抽样检查,以了解环境中是否存在有害因素。社会评估常用的护理诊断包括角色紊乱、无效性角色行为、家庭运作过程改变、父母角色冲突、照顾者角色紧张、精神困扰、有受伤的危险等。

（秦　阳）

模块三　辅助检查

项目十　实验室检查

【学习目标】

1. 知识目标：复述各项实验室检查主要指标的参考区间；理解各项实验室检查的目的及临床意义；描述各类实验室检查标本采集与处理原则及注意事项；解释常用实验室检查异常改变的临床意义。

2. 技能目标：能正确采集各项实验室检查标本，并对患者的检查结果进行初步分析和评估，为进一步明确患者的护理诊断提供客观依据。

3. 素质目标：遵守职业道德规范，建立良好的护患关系，培养敏锐的观察力，具备严谨、慎独的职业素养。

实验室检查（laboratory examination）是运用物理学、化学和生物学等实验技术和方法，对被评估者的血液、体液、分泌液、排泄物及组织细胞等标本进行检验，以获得反映机体功能状态、病理变化或病因的客观资料。实验室检查趋向微量化、自动化、电脑化，并实行质量监控，检验结果日益精确，而且范围不断扩大。本项目学习任务是熟知各项检验的适应证、标本采集和送检方法、参考值及临床意义，为制订科学的护理计划、提供咨询性服务和健康指导提供科学依据。

任务一 临床血液检测

【思维导图】

学习课件

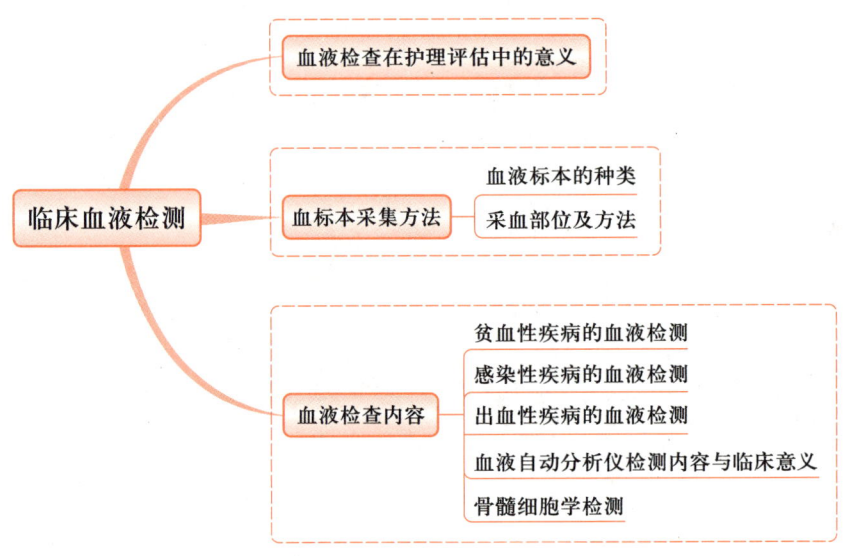

【典型案例】

患者，男性，39岁，已婚，工人。因右上腹痛1天，加剧4 h，于2019年8月10日急诊入院。患者1天前在暴饮暴食后出现中上腹部绞痛，向腰背部放射痛，呈持续性，伴腹胀。4 h前，患者自觉右上腹痛加剧，伴腹胀、发热，急诊入院。

护理体检：体温38.4℃，脉搏103次/分，呼吸26次/分，血压106/70 mmHg。患者神志清晰，急性面容，皮肤巩膜无黄染，全身浅表淋巴结无肿大。两肺呼吸音清，心率103次/min，律齐，腹稍膨隆，右下腹、右侧腰部有瘀斑，上腹部有明显压痛、反跳痛及肌紧张。肝脾肋下未扪及，墨菲征（-），移动性浊音（+），肠鸣音1次/min。

辅助检查：血常规红细胞计数4.4×10^{12}/L，白细胞计数25.3×10^{9}/L，中性粒细胞计数12.3×10^{9}/L。血淀粉酶7 730 U/L。CT检查示：腹水，胰腺肿大，局灶坏死，非胆源性胰腺炎。

任务引领一：该患者的血液检测结果是否在正常范围？

任务引领二：为明确诊断，还应进行哪些检测项目？

一、血液检查在护理评估中的意义

对我们生命的维持所不可欠缺的，属于我们身体中的一部分并且日夜不息在血管内流动的就是血液。血液检查主要是判断自身在一定时间内的身体状况的一种重要方法。通过检查血液，所读出的信息量是巨大的。机体有许多疾病可以引起血液成分的变化，因此血液检测是发现各种疾病必不可少的过程，是临床最常用的实验诊断项目之一。

血液检测结果的正常与否有助于护士制定正确的护理计划。在大型医院的血液检测中，往往可以检测超过 2 000 个不同项目。血液检测一般包括血液细胞成分的常规检测（简称血液常规检测）、网织红细胞检测和红细胞沉降率检测等。近年来由于血液学分析仪器的广泛使用，血液常规检测的项目也逐渐增多，如红细胞平均值测定、红细胞形态检测、血小板计数和形态检测、血小板平均值测定等都成为血液常规检测项目。

二、血标本采集方法

（一）血液标本的种类

根据检测项目的方法和对标本的要求不同，临床检验采用的血液标本有全血、血浆和血清。全血主要用于对血细胞成分的检查；血清主要用于大部分临床生化检查和免疫学检查；血浆主要用于凝血机制的检查和部分临床生化检查。此外，某些特殊的检查如凝血因子测定、游离血红蛋白测定等也采用血浆标本。

（二）采血部位及方法

1. 采血部位　① 毛细血管采血：成人常在中指或环指的指端，婴幼儿可用拇指或足跟，烧伤患者可选择皮肤完整处采血。采血部位应无炎症或水肿。采血时穿刺深度要适当，切忌用力挤压。② 静脉采血：需血量较多时采用。通常多在肘部静脉、腕部或手背静脉，婴幼儿在颈外静脉采血。采血所用注射器和容器必须干燥，抽血时避免产生大量气泡，抽血后应先拔出针头，将血液沿管壁徐徐注入容器。③ 动脉采血：常用于血气分析时。多在股动脉穿刺采血，也可用肱动脉或桡动脉。采得的血标本必须与空气隔离，立即送检。

2. 真空采血法　目前大、中型医院普遍采用，优点是在完全封闭状态下采血，避免血液外溢，有利保存。标准真空采血管采用国际通用的头盖和标签颜色显示采血管内添加剂种类和试验用途（表 10-1-1）。

表 10-1-1　标准真空采血管的头盖和标签颜色、采血管内添加剂种类和方法

头盖颜色	临床用途	标本类型	制备步骤	添加剂
红色	血清生化	血清	采血后不需颠倒混匀→静置1 h→离心	无(内壁涂有血液附壁防止剂)
黄色	快速血清生化试验	血清	采血后立即颠倒混匀8次→静置20 min→离心	分离胶、促凝剂(内壁涂有血液附壁防止剂)
橙色	快速血清生化试验	血清	采血后立即颠倒混匀8次→静置20 min→离心	促凝剂:纤维蛋白酶(内壁涂有血液附壁防止剂)
浅蓝色	血凝试验	血浆	采血后立即颠倒混匀8次→离心	抗凝剂:柠檬酸钠与血样比为1∶9
灰色	血糖试验	血浆	采血后立即颠倒混匀8次→离心	抗凝剂:EDTA,氟化钠
绿色	快速血浆生化、血流变试验	血浆	采血后立即颠倒混匀8次→离心	抗凝剂:肝素锂或肝素钠
浅绿色	快速血浆生化试验	血浆	采血后立即颠倒混匀8次→离心	分离胶,肝素锂
紫色	血液常规全血试验	全血	采血后立即颠倒混匀8次→试验前混匀标本	抗凝剂:EDTA-2 K或EDTA-3 K
黑色	血沉试验	全血	采血后立即颠倒混匀8次→使用前混匀标本	抗凝剂:柠檬酸钠与血样比为1∶4

3. 采血时间

(1) 急诊和随机采血:不受时间限制,检验单上应标明急诊及采血时间。

(2) 空腹采血:指禁食在8 h以上的空腹标本。一般情况下,住院患者常在晨起早餐前采集,常用于临床生化检查。优点是避免饮食、日间生活、生理活动对检验结果的影响。每次固定时间采集,也有利于多次同一检验项目的比较和对照。

(3) 特定时间采血:多属功能试验和特殊检验标本。因检验目的需要,采集标本时间也各有不同,如葡萄糖、内分泌激素、各种肾排泌试验,服用某些药物、治疗药物的检测,药敏试验等,均必须按试验要求时间采集。

4. 标本采集后的处理

(1) 抗凝剂:采用全血或血浆标本时,采血后应立即将血液标本注入含适当抗凝剂的试管中,并充分混匀。常用的抗凝剂有:草酸盐、枸橼酸钠、肝素、乙二胺四乙酸二钠。

(2) 及时送检和监测:血液离体后,可产生以下一些变化,如血细胞的代谢活动仍在继续进行,部分葡萄糖分解成乳酸,使血糖含量降低,乳酸含量增高;二氧化碳逸散,血液 pH 增高;氯离子从细胞内向血浆移动等变化而影响检验结果。处理不当的标本引起溶血也可不同程度影响检验结果。因此,血液标本采集后应尽快送检和检测。

(3) 微生物检验的血标本：血液标本采集后应立即注入血培养皿中送检，并防止标本污染。

三、血液检查内容

（一）贫血性疾病的血液检测

1. 红细胞检测及血红蛋白测定

【目的】 红细胞计数（RBC）测定每升血液内红细胞的数量。血红蛋白测定（Hb）测定单位容积内血红蛋白的含量。

【标本采集】 毛细血管采血或采静脉血 1 mL，注入抗凝试管，充分混匀。

【参考值】 健康人群红细胞计数及血红蛋白参考值见表 10-1-2。

表 10-1-2　红细胞计数及血红蛋白参考值

	红细胞计数（$\times 10^{12}$/L）	血红蛋白（g/L）
成人男性	4.0~5.5	120~160
成人女性	3.5~5.0	110~150
新生儿	6.0~7.0	170~200

【临床意义】

（1）红细胞及血红蛋白增多：常见于严重慢性缺氧的心、肺疾病。如慢性阻塞性肺疾病、肺源性心脏病、发绀型先天性心脏病、真性红细胞增多症等。生理性增多见于新生儿、高原居民、严重脱水等。

（2）红细胞及血红蛋白减少：见于各种贫血（anemia）、出血、内分泌异常、骨髓病、某些过敏性疾病等。生理性减少可见于妊娠中、晚期，老年人及 3 个月至 15 岁的儿童。

2. 网织红细胞的检测

网织红细胞（reticulocyte）是晚幼红细胞脱核后的细胞。胞质中尚残存多少不等的核糖核酸等嗜碱性物质，可被染成浅蓝色或深蓝色网状结构，常用煌焦油蓝做活体染色。在瑞特氏染色血涂片中呈嗜多色性红细胞。网织红细胞数可反映骨髓红细胞增生的情况，也间接反映骨髓的造血功能。

【目的】 测定网织红细胞在单位容积血液中所含的数量。

【标本采集】 毛细血管采血或采静脉血 2 mL，注入抗凝试管，充分混匀。

【参考值】

（1）百分数：成人 0.005~0.015（0.5%~1.5%，平均 1%）；新生儿 0.02~0.06（2%~6%）。

（2）绝对数：（24~84）$\times 10^9$/L。

【临床意义】

（1）网织红细胞减少：提示骨髓造血功能减低，常见于再生障碍性贫血或骨髓病性贫血。在急性白血病时，骨髓中异常细胞的大量浸润，使红细胞系增生受抑制而网织红细胞也减少。

(2)网织红细胞增多：提示骨髓红细胞系增生旺盛。常见于急性失血、溶血性贫血、缺铁性贫血、巨幼细胞贫血等。某些缺铁性贫血或巨幼细胞贫血患者经有效贫血治疗3~5天后可见网织红细胞增多，7~10天达高峰，2周左右红细胞及血红蛋白才逐渐增高，故网织红细胞可作为贫血患者疗效观察指标。

知识拓展

贫血时由于红细胞生成素增加，骨髓往往将网织红细胞提前释放入血，造成网织红细胞在血中的成熟时间显著延长，致使血中网织红细胞数量增加，为了消除这部分假阳性增加的网织红细胞，可以用计算网织红细胞生成指数（reticulocyte production index，RPI），纠正网织红细胞百分数因受贫血程度（血细胞比容）及网织红细胞在外周血中变为成熟红细胞的时间长短等的影响。RPI代表网织红细胞生成相当于正常人的多少倍。其计算方法：

RPI=（患者网织红细胞%/2）×（患者血细胞比容/正常人血细胞比容）

【参考值】 正常人RPI为2。

【临床意义】 RPI>3，提示为溶血性贫血或急性失血性贫血；RPI<2，提示为骨髓增生低下或红细胞系成熟障碍性贫血。

3. 血细胞比容测定 血细胞比容（hematocrit，Hct）也称红细胞压积，是指血细胞在血液中所占容积的比值。

【目的】 测定每升血液中红细胞所占容积的比值。

【标本采集】 真空抽取静脉血2 mL，置于含双草酸盐抗凝剂的带盖试管内，充分混匀，不要用力震荡。

【参考值】

(1)温氏法：成人男性0.40~0.50 L/L（40vol%~50vol%）；成人女性0.37~0.48 L/L（37vol%~48vol%）。

(2)微量法：男（0.467±0.039）L/L；女（0.421±0.054）L/L。

【临床意义】 血细胞比容测定可反映红细胞的增多与减少，但受红细胞体积大小及血浆容量改变的影响。

(1)血细胞比容减少：常见于各种原因所致的贫血。由于贫血类型不同，红细胞体积大小也有不同，故红细胞总体积的改变与红细胞计数并不一定成正比。因此必须将红细胞计数、血红蛋白量及红细胞总体积三者结合起来，计数红细胞各项平均值才有参考意义。

(2)血细胞比容增多：常见于血液浓缩、大面积烧伤及各种原因脱水的患者。各种原因所致的红细胞绝对性增多时，如真性红细胞增多症时，可见血细胞比容增高。

4. 红细胞平均值计算 用同一份血标本所测得的红细胞数、血红蛋白量和血细胞比容三项数据。

【目的】 按公式可以计算出红细胞的三种平均值。

(1) 平均血细胞体积(mean corpuscular volume, MCV):指全血中每个红细胞的平均体积,以飞升(fL)为单位。

(2) 平均红细胞血红蛋白量(mean corpuscular hemoglobin, MCH):指全血中每个红细胞内所含血红蛋白的平均量,以皮克(pg)为单位。

(3) 平均红细胞血红蛋白浓度(mean corpuscular hemoglobin concentration, MCHC):指每升血液红细胞中平均所含血红蛋白浓度(克数),以 g/L 表示。

手工法,由已测得的 RBC、Hb 和 Hct 经下列公式得出:

$MCV=Hct/RBC$,$MCH=Hb/RBC$,$MCHC=Hb/Hct$

EDTA 抗凝全血(血液分析仪法)MCV 由仪器直接测出,MCH 与 MCHC 由仪器计算出来。

【标本采集】 抗凝全血。

【参考值】 血液分析仪法:MCV=80~100 fL;MCH=27~34 pg;MCHC=320~360 g/L(32%~36%)。

【临床意义】 主要用于各种贫血的形态学分类(表 10-1-3)。

表 10-1-3 贫血的细胞形态学分类

贫血形态学分类	MCV(fL)	MCH(pg)	MCHC(g/L)	常见病因
正常细胞性贫血	80~100	27~34	320~360	再生障碍性贫血、溶血性贫血、急性失血性贫血、骨髓病性贫血
单纯小细胞性贫血	<80	<27	<320	慢性感染、肝病、恶性肿瘤、风湿性疾病等所致贫血
小细胞低色素性贫血	<80	<27	<320	缺铁性贫血、慢性失血性贫血、铁粒幼细胞性贫血、珠蛋白生成障碍性贫血
大细胞性贫血	>100	>34	320~360	叶酸和/或维生素 B_{12} 缺乏引起的巨幼细胞贫血

5. 红细胞沉降率测定 红细胞沉降率(erythrocyte sedimentation rate, ESR)是指血液中红细胞在一定条件下沉降的速度,又称血沉率。

【目的】 检测血液中红细胞沉降的速度。

【标本采集】 真空抽取静脉血 1.6 mL,柠檬酸钠抗凝管(管内含柠檬酸钠抗凝剂 0.4 mL),血液与抗凝剂比例 4:1。

【参考值】 魏氏法:男性 0~15 mm/h;女性 0~20 mm/h。

275

【临床意义】

（1）生理性增快：如妊娠期、妇女月经期等。

（2）病理性增快：如贫血、各种炎症、高球蛋白血症、组织损伤与坏死、恶性肿瘤等。

（二）感染性疾病的血液检测

1. 白细胞的检测

【目的】 感染性疾病的血液检查，主要有白细胞计数和分类计数。白细胞计数是测定单位血液中白细胞的总数，分类计数是指中性粒细胞、嗜酸性粒细胞、嗜碱性粒细胞、淋巴细胞、单核细胞等各类白细胞在血液中的比率。

【标本采集】 毛细血管采血或静脉采血 1 mL，注入抗凝试管中，充分混匀。

【参考值】 白细胞数：成人 $(4\sim10)\times10^9/L$（4 000~10 000/mm³）；新生儿 $(15\sim20)\times10^9/L$（15 000~20 000/mm³）；6 个月 ~2 岁 $(11\sim12)\times10^9/L$（11 000~12 000/mm³）。

2. 白细胞分类计数

白细胞分类计数检测中性粒细胞、嗜酸性粒细胞、嗜碱性粒细胞、淋巴细胞、单核细胞等各类白细胞在血液中的比率，正常参考值（表 10-1-4）。

表 10-1-4 白细胞分类计数（DC）参考值

细胞类型		相对值（%）	绝对值（$10^9/L$）
中性粒细胞（N）	杆状核（st）	0~5	0.04~0.5
	分叶核（sg）	50~70	2~7
嗜碱性粒细胞（B）		0~1	0~0.1
嗜酸性粒细胞（E）		0.5~5	0.05~0.5
淋巴细胞（L）		20~40	0.8~4
单核细胞（M）		3~8	0.12~0.8

【临床意义】 通常白细胞数高于 $10\times10^9/L$ 称白细胞增多，低于 $4\times10^9/L$ 称白细胞减少。白细胞增多或减少通常与中性粒细胞的增多或减少有着密切关系和相同意义。

（1）中性粒细胞（neutrophil，N）：

1）中性粒细胞增多：① 生理性增多，为一过性增多，通常不伴有白细胞质量的变化。常见原因有饱餐、剧烈运动、新生儿、月经期、妊娠、寒冷等。② 病理性增多，常见于急性感染或炎症，是最常见的原因，尤其是化脓性球菌引起的局部或全身性感染最为明显；严重的组织损伤或坏死，如烧伤、创伤、手术、心肌梗死等；急性溶血；急性大出血；恶性肿瘤、骨髓增殖性疾病、白血病等；急性中毒，如化学物质及药物中毒、生物毒素中毒、代谢紊乱所致的代谢性中毒（尿毒症、糖尿病酮症酸中毒和妊娠中毒症）等。

2）中性粒细胞减少：① 感染：革兰氏阴性杆菌和某些病毒感染，如伤寒、流行性感冒、病毒性肝炎、严重慢性消耗性疾病及体弱者等。② 物理及化学因素损伤：如放射线、化学物品、化学药物及同位素等可使中性粒细胞减少。③ 血液系统疾病：如粒细胞减少症或缺乏症、非白血性白血病、再生障碍性贫血、恶性组织细胞病等。④ 其他：某些自身免疫性疾病、过敏性休克、脾功能亢进等。

3）中性粒细胞的核象变化：中性粒细胞的核象是指粒细胞的分叶状况，反映粒细胞的成熟程度，核象变化可反映某些疾病的病情和预后。正常时外周血中中性粒细胞的分叶以 2~3 叶居多，不分叶或分叶过多者均较少，但可见到少量杆状核粒细胞，杆状核与分叶核之间的正常比值约为 1∶13（图 10-1-1）。在病理情况下，中性粒细胞的核象变化可出现核左移和核右移。① 中性粒细胞核左移：外周血液中不分叶核粒细胞（包括中性杆状核粒细胞和幼稚粒细胞）增多>5%，称为核左移。核左移伴有白细胞总数增高者，称为再生性左移，表示机体的反应性强，骨髓造血功能旺盛，能释放大量粒细胞至外周血。轻度常见于感染或在感染早期，重度核左移及中毒性改变提示感染加重或病情极为严重。② 中性粒细胞核右移：外周血液中中性粒细胞核分叶在 5 叶以上者增多超过 3%，称为核右移，提示造血所需物质缺乏或造血功能减退等表现。核右移常见于巨幼细胞贫血、恶性贫血、慢性感染、尿毒症及应用抗代谢药物治疗后等。

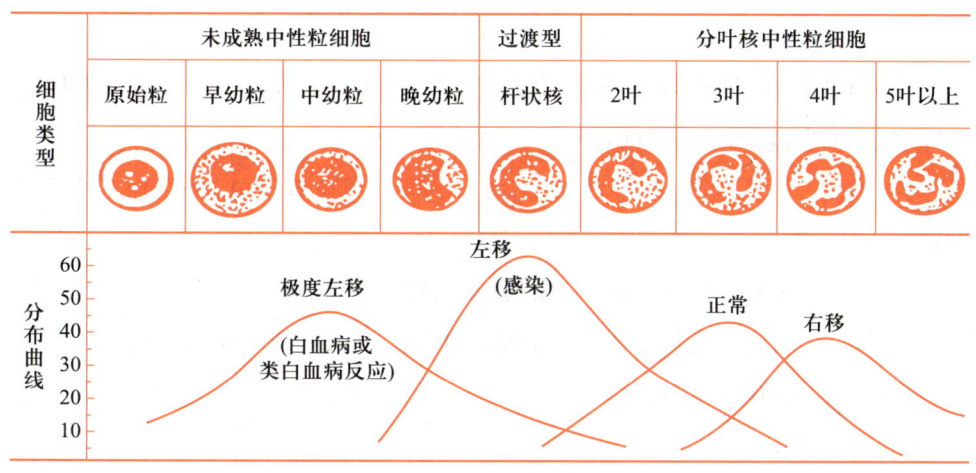

图 10-1-1　中性粒细胞的核象变化

（2）嗜酸性粒细胞（eosinophil，E）：是粒细胞系统中的重要组成部分，是由骨髓干细胞所产生。① 增多：常见于变态反应性疾病、寄生虫病、皮肤病或血液病等。② 减少：常见于伤寒和长期应用肾上腺皮质激素的患者等。

（3）嗜碱性粒细胞（basophil，B）：是一种少见的粒细胞，仅占白细胞分类中的 0%~1%。增多见于慢性粒细胞白血病、骨髓纤维化、肺切除术后及某些重金属中毒等。减少的现象极为罕见，亦无临床意义。

（4）淋巴细胞（lymphocyte，L）：可分为大淋巴细胞和小淋巴细胞，在人体中分布较广。① 增多：儿童的淋巴细胞通常有生理性增多，病理性增多见于感染（如病毒、结核杆菌感染）、急慢性淋巴细胞白血病、淋巴瘤、移植排斥反应等。② 减少：常见于长期应用肾上腺皮质激素及烷化剂、长期接触放射线者、免疫缺陷病等。

（5）单核细胞（monocyte，M）：① 增多常见于某些感染，如疟疾、黑热病、结核、亚急性感染性心内膜炎，以及某些血液病如恶性组织细胞病、淋巴瘤等。② 减少一般无临床意义（图 10-1-2）。

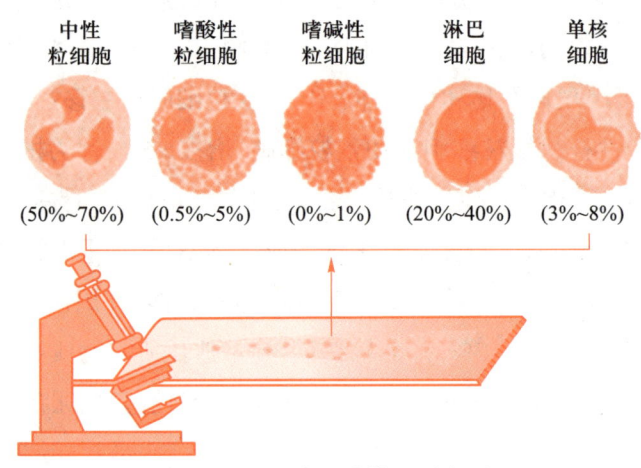

图 10-1-2　白细胞镜下形态图

（三）出血性疾病的血液检测

出血性疾病的血液检测包括血小板计数、血块收缩时间测定、出血时间测定、凝血时间测定、血浆凝血酶原时间测定。

1. 血小板计数（platelet count，PC 或 PLT）　计数单位容积（L）外围血液中血小板的数量。

【目的】　了解外周血液中血小板的数量和功能。

【标本采集】　毛细血管采血或采静脉血 1 mL，注入抗凝试管，充分混匀。

【参考值】　$(100\sim300)\times10^9$/L。

【临床意义】

（1）血小板减少：指血小板数低于 100×10^9/L。见于：血小板生成障碍，如急性白血病、再生障碍性贫血、骨髓纤维化等；血小板破坏或消耗过多，如特发性血小板减少性紫癜（ITP）、脾功能亢进、系统性红斑狼疮、弥散性血管内凝血（DIC）、血栓性血小板减少紫癜等。

（2）血小板增多：指血小板数超过 400×10^9/L。见于：骨髓增生性疾病和恶性肿瘤，如慢性粒细胞性白血病、真性红细胞增多症、淋巴瘤、结肠癌等；反应性增多，如急性大出血、急性化脓性感染、脾切除手术后（图 10-1-3）。

2. 出血时间测定（bleeding time，BT）　将皮肤刺破后，观察血液自然流出到自然停止所需时间(试验前患者须停用阿司匹林等抗凝药物)。

【目的】 检测血小板数量和质量、毛细血管壁的脆性及功能。

【标本采集】 用采血针在指端刺出约3 mm的小伤口,从血液自然流出时开始计时,每隔30 s用干燥滤纸或棉球吸去流出的血液直至流血自然停止。注意所刺伤口不要太深,伤口切勿挤压。

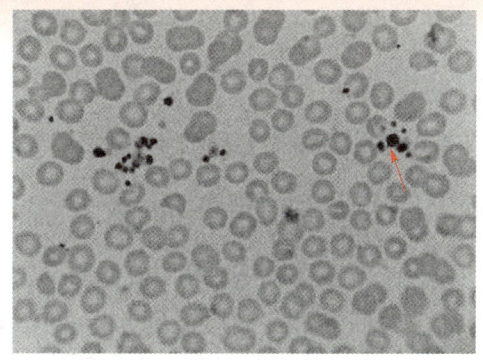

图 10-1-3　血涂片中的血小板

【参考值】 世界卫生组织(WHO)推荐使用测定器法(template bleeding time, TBT)测定,参考值为:(6.9±2.1)min,超过9 min为异常。

【临床意义】

(1) BT延长:见于血小板明显减少,如特发性血小板减少性紫癜、血栓性血小板减少性紫癜;血小板功能缺陷,如血小板无力症、药物引起的血小板病、巨大血小板综合征;血管壁结构异常,如遗传性出血性毛细血管扩张症等;严重缺乏血浆某些凝血因子,如弥散性血管内凝血(DIC)、血管性血友病;抗凝药物的影响,如阿司匹林、潘生丁等。

(2) BT缩短:临床意义不大。

3. 凝血时间测定(clotting time, CT) 离体血液发生凝固所需要的时间。

【目的】 反映内源性凝血系统的凝血过程。

【标本采集】

(1) 试管法:抽取静脉血3 mL,除去针头后将血液沿试管壁缓慢注入3个试管,每个管1 mL,记录即刻时间后送检。

(2) 硅管法:该法与试管法基本相同,但采用涂有硅油的试管。

【参考值】 普通试管法:4~12 min;硅管法:15~32 min;塑料管法:10~19 min。

【临床意义】

(1) CT延长:主要见于凝血因子Ⅷ、Ⅸ、Ⅺ减少的血友病;各种原因所致的凝血酶原或凝血因子缺乏,如严重的肝损伤等;抗凝物质过多(肝素、口服抗凝药等)或纤溶亢进。

(2) CT缩短:见于高凝状态。

4. 血浆凝血酶原时间测定(plasma prothrombin time, PT) 在被检血浆中加入钙离子或者组织凝血活酶,观测血浆凝固的时间。

【目的】 反映外源性凝血系统的凝血过程。

【标本采集】 抽取静脉血1.8 mL,注入含3.8%枸橼酸钠溶液0.2 mL的试管内充分混匀。

【参考值】

（1）血浆凝血酶原时间：11~13 s（须同时报告正常对照 PT 的秒数），比正常延长 3 s 即为异常。

（2）凝血酶原时间比值（prothrombin ratio，PTR）：即被评估者 PT（s）/正常对照 PT（s），参考值为（1.0 ± 0.15）（0.85~1.15）s。

（3）国际正常化比值（international normalized ratio，INR）：即 PTR =PTR^{ISI}，参考值（1.0 ± 0.1）。ISI 为国际灵敏度指数，ISI 越小，组织凝血活酶的敏感度越高。

【临床意义】

（1）PT 延长：见于先天性凝血因子 I、II、V、VII、X 缺乏；获得性凝血因子缺乏，如 DIC、原发性纤溶亢进症、严重肝病、阻塞性黄疸和维生素 K 缺乏、血循环中抗凝物质增多等。

（2）PT 缩短：血液高凝状态，如 DIC 早期、心肌梗死、脑血栓形成、深静脉血栓形成、多发性骨髓瘤等。PTR 及 INR 为口服抗凝剂监测的首选指标，WHO 推荐使用 INR，国人的 INR 以 2.0~2.5 为宜。

5. 毛细血管抵抗试验（capillary resistance test，CRT） 又称毛细血管脆性试验。

【目的】 了解毛细血管壁结构和功能、血小板的数量和质量。

【标本采集】 在上臂束好血压计袖带，于肘下 4 cm 处用色笔划一直径为 5 cm 的圆圈，袖带内充气使血压计的压力指数保持在收缩压与舒张压之间，一般不超过 100 mmHg，维持 8 min 后解除袖带压力，再等 5~15 min 后计算圆圈内新鲜出血点的数目。

【参考值】 正常人阴性。直径 5 cm 圆圈内新的出血点，成年男性<5 个，成年女性及儿童<10 个。超过者为阳性。

【临床意义】 该试验阳性提示：

（1）毛细血管壁异常：如遗传性出血性毛细血管扩张症，过敏性紫癜，维生素 C 缺乏症，血管性紫癜等。

（2）血小板数量减少或功能异常：如特发性血小板减少性紫癜、再生障碍性贫血、血小板无力症等。

（3）血管性血友病等。

（4）其他：如严重肝、肾疾病及服用大量抗血小板药物。

6. 血浆鱼精蛋白副凝试验（plasma protamine paracoagulation test，3PT）

【目的】 本试验是鉴别原发性纤溶症和继发性纤溶症（DIC）的试验之一。

【标本采集】 抽取静脉血 1.8 mL，注入含 3.8% 枸橼酸钠溶液 0.2 mL 的试管内充分混匀。

【参考值】 阴性。

【临床意义】 阳性是血管内纤维蛋白溶解的标志，主要见于 DIC 的早期纤维蛋白溶解亢进时。阴性见于 DIC 晚期和原发性纤溶症等。

(四)血液自动分析仪检测内容与临床意义

1. 红细胞参数

(1) 红细胞基本参数：RBC、Hb、Hct，参见"红细胞检测及血红蛋白测定"。

(2) 红细胞平均值的计算：① 平均红细胞容积(MCV)，指血液中每个红细胞的平均体积，单位为飞升(fL)。② 平均红细胞血红蛋白量(MCH)，指血液中每个红细胞所含血红蛋白的平均量，单位为皮克(pg)。③ 平均红细胞血红蛋白浓度(MCHC)，指每升血液中平均所含血红蛋白浓度，单位为 g/L。

【参考值】 MCV 80~100 fL；MCH 27~34 pg；MCHC 316~354 g/L。

【临床意义】 三项指标结合进行贫血的形态学分类(见"贫血性疾病的血液检查")。

(3) 红细胞体积分布宽度(red blood cell volume distribution width，RDW)：是由仪器测量获得反映红细胞体积异质性的参数，是反映红细胞大小不等的客观指标。多数仪器用红细胞分布宽度变异系数(RDW-CV)表示。

【参考值】 11.5%~14.5%。

【临床意义】

1) 用于缺铁性贫血的早期诊断及疗效评估：缺铁性贫血患者在潜伏期 RDW 即出现增高，而其他红细胞参数还在正常水平；治疗后如贫血已纠正，RDW 仍未能恢复正常，反映体内贮存铁尚未补足。

2) 用于缺铁性贫血和轻型地中海贫血的诊断：缺铁性贫血患者 RDW 明显增高，地中海贫血患者中 88% 为正常。

3) 用于贫血形态学分类(表 10-1-5)。

表 10-1-5 贫血形态学分类

MCV	RDW	贫血类型	常见疾病
增高	正常	大细胞均一性贫血	部分再生障碍性贫血
	增高	大细胞非均一性贫血	巨幼细胞贫血
减低	正常	小细胞均一性贫血	珠蛋白生成障碍性贫血、球形细胞增多症等
	增高	小细胞非均一性贫血	缺铁性贫血
正常	正常	正常细胞均一性贫血	急性失血性贫血
	增高	正常细胞非均一性贫血	部分再生障碍性贫血

2. 白细胞参数

(1) 淋巴细胞群：白细胞体积在 35~90 fL，包括成熟淋巴细胞和异性淋巴细胞。

（2）中间细胞群：白细胞体积在 90~160 fL,包括单核细胞、原始细胞、幼稚细胞、嗜酸性粒细胞及嗜碱性粒细胞。

（3）粒细胞群：白细胞体积在 160~450 fL,包括中性分叶核粒细胞及杆状核粒细胞、晚幼粒细胞。

3. 血小板参数

（1）血小板平均容积(mean platelet volume, MPV)：指血液中平均每个血小板的容积,单位为 fL。

【参考值】 7~11 fL。

【临床意义】

1）增加见于：骨髓代偿功能良好但血小板破坏增加者;造血功能抑制解除后,MPV 增加是造血功能恢复的首要表现。

2）减低见于：骨髓造血功能不良时,血小板生成减少,且 MPV 随血小板数持续下降,是表明骨髓造血功能衰竭的指标之一;部分白血病患者。

（2）血小板体积分布宽度(platelet volume distribution width, PDW)：指血细胞分析仪测量一定数量的血小板体积后,获得反映外周血小板体积大小的异质性参数。

【参考值】 15%~17%。

【临床意义】 增高提示血小板大小悬殊,见于巨幼细胞贫血、慢性粒细胞性白血病、急性髓系白血病、脾切除等;减少表明血小板的均一性高。

（五）骨髓细胞学检测

骨髓是人体造血组织,主要产生各种血细胞(红细胞、粒细胞、血小板、淋巴细胞、单核细胞等)。血液病重要的病理变化是血细胞的质和量出现异常。因此,骨髓细胞学检查是目前多种血液疾病最有价值的检查和诊断方法。在疾病的治疗过程中定期检查骨髓还有利于分析疗效和估计预后。

1. 血细胞的生成与发育规律 目前认为,所有血细胞均起源于全能干细胞,又称为骨髓干细胞。此细胞可分化为淋巴系干细胞和骨髓系干细胞。在造血的环境,造血刺激因子和神经体液因素的调控下,继续分化为各系祖细胞、原始细胞,再经几个发育阶段最后分化为成熟的功能细胞,使血细胞正常生长和发育。

正常骨髓象(参考值)用油镜作分类计数,一张骨髓片应计数 200~500 个有核细胞,计算各系各阶段细胞所占的百分比(表 10-1-6)。

2. 细胞学检查

（1）标本采集及处理：① 穿刺部位：常在髂前上棘或髂后上棘,也可在胸骨或棘突。② 抽取骨髓量：一般 0.1~0.2 mL 即可。③ 涂片：抽取骨髓后立即涂片,涂片有头、体、尾三部分,厚薄适当、均匀。④ 染色：染色满意的骨髓涂片是镜下细胞核和细胞质颜色分明,图片无沉渣。⑤ 注意健康宣教：骨髓穿刺有时不易被患者接受,故护理人员应详细做好解释工作,以取得患者配合。

表 10-1-6　正常成人骨髓象

增生程度	增生活跃
粒红比值	2~4:1
粒细胞系统	占 40%~60%,其中原始粒细胞<2%,早幼粒细胞<5%,中性中幼粒细胞约 8%,中性晚幼粒细胞约 10%,中性杆状核粒细胞约 20%,中性分叶核粒细胞约 12%,嗜酸性粒细胞<5%,嗜碱性粒细胞<1%
红细胞系统	占 20%~25%,以中、晚幼红细胞为主(各占 10%),原始红细胞<1%,早幼红细胞<5%
淋巴细胞系统	占 20%~25%,均为淋巴细胞,原始淋巴细胞罕见,幼稚淋巴细胞偶见
单核细胞系统	<4%,均为单核细胞,原始单核细胞罕见,幼稚单核细胞偶见
浆细胞系统	<2%,均为浆细胞,原始浆细胞罕见,幼稚浆细胞偶见
巨核细胞系统	在 1.5 cm×3 cm 的血膜上,可见巨核细胞 7~35 个,其中原始巨核细胞不见或偶见,幼稚巨核细胞占 0%~5%,颗粒型巨核细胞占 10%~27%,产血小板型巨核细胞占 44%~60%,裸核型巨核细胞占 8%~30%。血小板较易见,呈成堆存在
其他细胞	如组织细胞、成骨细胞、吞噬细胞等偶见,分裂象细胞少见,不见寄生虫和异常细胞
细胞形态	红细胞、血小板及各种有核细胞形态正常

(2) 骨髓增生程度:涂片后低倍镜下(10×)全面观察有核红细胞与成熟红细胞的大致比例,以判断骨髓增生程度,据此比例,将骨髓增生程度分为五级(表 10-1-7)。

表 10-1-7　骨髓增生程度分级及其主要临床意义

增生程度	有核细胞/成熟红细胞	有核细胞均数/高倍视野	常见疾病
增生极度活跃	1:1	>100	各类型白血病
增生明显活跃	1:10	50~100	各类型白血病、增生性贫血、特发性血小板减少性紫癜
增生活跃	1:20	20~50	正常骨髓象、增生性贫血
增生减低	1:50	5~10	再生障碍性贫血(慢性型)、粒细胞减少或缺乏症
增生明显减低	1:200	<5	再生障碍性贫血(急性型)

(3) 粒细胞/红细胞比例:粒红细胞比例计算,在油镜下按细胞的不同系列和不同发育阶段进行分类计数,以粒细胞系从原始到成熟阶段的总数与红细胞系从原始到晚幼红细胞总数相比称为粒、红比例(M/E)。

【参考值】　正常人 M/E 为 2:1~4:1。

【临床意义】

1) M/E 正常:见于正常骨髓象;粒、红两系以外的造血系统疾病,如原发性血小板减少性紫癜及多发性骨髓瘤等；粒、红两系平行增多或减少时，前者如红白血病，后者如再生障碍性贫血。

2）M/E 增高：见于粒细胞系明显增多时，如粒细胞白血病、急性化脓菌感染等；红细胞严重减少时，如单纯红细胞再生障碍性贫血。

3）M/E 减低：见于红细胞系增多时，如各种增生性贫血；粒细胞系减少时，如粒细胞缺乏症。

（4）巨核细胞：又称为大核细胞及单核巨细胞，是负责产生血液凝血细胞（血小板）的一种骨髓细胞，一万个骨髓细胞有一个是巨核细胞，但在特定的疾病期间，这个数量会增加近 10 倍。每个巨核细胞可产生 2 000~7 000 个血小板。巨核细胞计数：骨髓涂片后，先低倍镜检查巨核细胞，并按单位面积计算巨核细胞，然后用油镜进行分类计数。

【参考值】 巨核细胞数 7~35 个，主要为产血小板型巨核细胞。

【临床意义】 增高常见于骨髓增生性疾病，如白血病、急性失血、原发性血小板减少性紫癜等。减低常见于骨髓增生不良性疾病，如再生障碍性贫血、急性白血病、阵发性睡眠性血红蛋白尿等。

（5）各系细胞比例改变的临床意义：分为以下五个系统。

1）粒细胞系统：粒系细胞增多常见于各类型粒细胞白血病，急性粒细胞白血病、原粒细胞及早幼粒细胞增多；慢性粒细胞白血病以中性晚幼粒细胞及杆状核细胞增多为主；某些感染性疾病，中性粒细胞性类白血病反应则为中性晚幼粒及杆状核细胞增多；粒系细胞减少常见于粒细胞减少症或粒细胞缺乏症、再生障碍性贫血等。

2）红细胞系统：红系细胞增多常见于各类增生性贫血，以中幼红细胞及晚幼红细胞增多为主；巨幼细胞贫血，以巨幼红细胞增多为主；急性红白血病，以原红及早幼红细胞增多为主；红系细胞减少常见于再生障碍性贫血。

3）淋巴细胞系统：淋巴细胞绝对增多常见于淋巴细胞白血病、恶性淋巴瘤、传染性单核细胞增多症、传染性淋巴细胞增多症、淋巴细胞性类白血病反应及病毒性感染；淋巴细胞相对性增多常见于粒细胞减少症或粒细胞缺乏症、再生障碍性贫血。

4）单核细胞系统：单核细胞增多常见于 ① 血液性疾病：如急性单核细胞白血病、急性粒 – 单核细胞白血病、恶性组织细胞病、淋巴瘤、骨髓增生异常综合征等。② 感染性疾病：如结核病、布鲁氏菌病、原虫感染、感染性心内膜炎等。③ 风湿性疾病：如系统性红斑狼疮、类风湿关节炎等。④ 其他：如肝硬化、药物反应等。

5）浆细胞系统：浆细胞增多常见于 ① 多发性骨髓瘤、浆细胞白血病等。② 反应性浆细胞增多，如感染性疾病、风湿性疾病、恶性肿瘤、过敏性疾病等。

3. 血涂片检查

【标本采集】 使用消毒的采血针刺破指尖采血；通过静脉穿刺采血（相对较

好）。① 取末梢血一滴置于玻片的一端,左手持载玻片,右手以边缘平滑的推片的一端从血滴前方后移接触血滴,血滴即沿推片散开。然后使推片与载片夹角保持30°~45° 平稳地向前移动,载片上保留下一薄层血膜。② 血涂片制成后可手持玻片在空气中挥动,使血膜迅速干燥,以免血细胞皱缩。③ 用蜡笔在血膜两侧划线,以防染液溢出,然后将血膜平放在染色架上,加瑞特染液 2~3 滴,覆盖整个血膜,固定0.5~1.0 min,滴加等量或稍多的新鲜蒸馏水,与染料混匀染色 5~10 min。④ 用清水冲去染液,待自然干燥后或用吸水纸吸干,即可置血涂片于显微镜下进行镜检。⑤ 白细胞分类计数。

【**参考值**】 同"骨髓增生程度分级"。

【**临床意义**】 在骨髓检查时,需同时进行血涂片检查。综合骨髓象、血象所见,提出形态学诊断意见,并结合临床资料,尽可能提出临床诊断或供临床参考的意见。

（1）异常白细胞形态:

1）中性粒细胞的毒性变化,多见于严重感染及中毒,密切观察白细胞数量及中性粒细胞的毒性变化对判断感染的程度、患者抵抗能力和判断预后有重要的临床价值。

2）中性粒细胞的其他异常变化:① 巨多分叶核中性粒细胞:多见于巨幼细胞贫血。② 棒状小体:主要见于急性非淋巴细胞白血病。③ 其他异常粒细胞:多是与遗传有关的异常形态变化。

3）异型淋巴细胞,多见于严重的病毒感染、过敏及中毒。其中发热、颌下及颈部多处淋巴结肿大、白细胞增加、异型淋巴细胞超过 10% 的患者,诊断传染性单核细胞增多症的可能性较大。部分儿童血中也可见到某一类型的异型淋巴细胞,但不超过3%,无临床诊断价值。

4）涂抹细胞或篮状细胞,见于淋巴细胞白血病。

（2）血液系统疾病对红细胞质量的影响:特别是贫血患者,不仅其红细胞的数量和血红蛋白浓度降低,而且会有相应特异的红细胞形态改变,表现在红细胞大小、形状、染色性质和内涵物的异常。需要检查的人群:有异型淋巴细胞、白血病、异常粒细胞、巨幼细胞贫血、淋巴细胞白血病、贫血症状者等。

小结

血液常规检查是对外周血液的红细胞、白细胞及血小板数量和质量的检查,有着广泛的临床意义。PC/PLT、BT、CT、PT、3PT 等实验室检查指标对于出血性及血栓性疾病的诊断、治疗监测有着重要意义。骨髓检查是在外周血液出现异常及不明原因的发热、肝大、脾大、淋巴结肿大、骨痛、骨质破坏、紫癜、红细胞沉降率明显增快等临床情况下进行的实验室检查,为明确诊断、选择治疗方案、推测预后提供帮助。

（秦　阳）

任务测试

项目十　实验室检查

【思维导图】

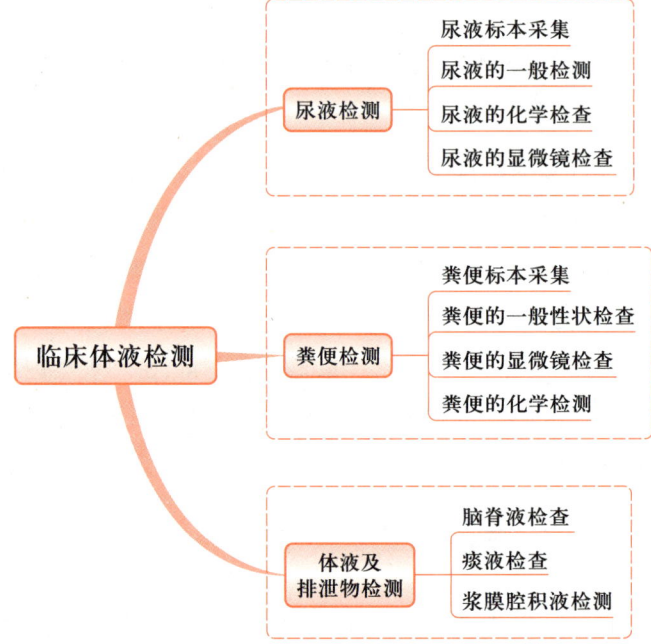

临床体液检测
- 尿液检测
  - 尿液标本采集
  - 尿液的一般检测
  - 尿液的化学检查
  - 尿液的显微镜检查
- 粪便检测
  - 粪便标本采集
  - 粪便的一般性状检查
  - 粪便的显微镜检查
  - 粪便的化学检测
- 体液及排泄物检测
  - 脑脊液检查
  - 痰液检查
  - 浆膜腔积液检测

【典型案例】

　　患者,女性,40 岁,已婚,工人。患者 2 年前无诱因出现面部水肿,以晨起明显,伴双下肢轻度水肿、尿少、乏力、食欲缺乏。曾到医院就诊,血压高(150/95 mmHg),实验室检查尿蛋白(+)~(++),尿红细胞和白细胞情况不清,间断服用中药,病情时好时差。1 周前受凉后咽痛,水肿加重,尿少,尿色较红,无发热和咳嗽,无尿频、尿急和尿痛,进食和睡眠稍差,无恶心呕吐。发病以来无关节痛和光过敏,大便正常,体重似略有增加。

　　护理体检:既往体健,无高血压病和肝肾疾病史,无药物过敏史。个人和月经史无特殊,家族中无高血压病患者。体温 36.8 ℃,脉搏 80 次 / 分,呼吸 18 次 / 分,血压 160/100 mmHg。一般状况可,无皮疹,浅表淋巴结无肿大,双眼睑水肿,巩膜无黄染,结膜无苍白,咽稍充血,扁桃体(−),心肺(−),腹平软,肝脾肋下未触及,移动性浊音(−),双肾区无叩击痛,下肢轻度凹陷性水肿。

　　辅助检查:尿蛋白(++),镜检每高倍视野红细胞 8~10 个 /HP、白细胞 1~3 个 /HP、透明管型 3~4 个 /HP、红细胞管型 1~3 个 /HP。

　　任务引领一:护士如何指导患者采集尿液标本?

　　任务引领二:尿液检查一般包括哪些内容?

　　任务引领三:患者的检验结果有哪些不正常? 对该患者进行护理过程中,应重点观察哪些检测结果的变化?

一、尿液检测

尿液是血液经过肾小球滤过、肾小管和集合管重吸收和排泌所产生的终末代谢产物。尿液检测（urine examination）是临床常用检查之一，对泌尿系统疾病的诊断、疗效观察、其他系统疾病的诊断及预后判断均有重要参考价值。

（一）尿液标本采集

尿液的采集是尿液检测的关键环节之一。保证尿液标本的正确采集和保存是临床护理工作的基本内容（表10-2-1，表10-2-2）。

表 10-2-1　尿标本检测项目及标本采集方法

检测项目	标本采集方法
尿常规检测	一次性清洁检尿杯。清晨第一次尿100 mL以上，及时送检
12 h细胞或24 h尿糖、尿蛋白定量检测	清洁带盖容器。12 h尿标本：晚8时后至次晨8时的尿液全部；24 h尿标本：早上8时至次晨8时的尿液全部。根据检验目的不同尿中加不同的防腐剂
尿细菌培养检测	无菌尿培养瓶。导尿术留取尿液或取中段尿法留无菌尿标本

表 10-2-2　尿标本留取方法

防腐剂	添加量	目的	适用范围
甲苯	5~20 mL/1 L尿	形成薄膜阻止尿液与空气接触，保持标本中化学成分的稳定，对微生物无效	用于尿糖与尿蛋白等生化检测的防腐
福尔马林	5~20 mL/1 L尿	保存尿中有形成分，但可增加尿中还原物质浓度，可与尿素形成沉淀	用于保存尿液有形成分，不能用于糖尿检测，添加过量时形成沉淀干扰镜检
浓盐酸	1 mL/1 L尿	固定尿中17-酮类固醇物、儿茶酚胺、扁桃酸类物质	用于尿17-酮类固醇、儿茶酚胺、钙等物质检测时防腐
冰醋酸	25 mL/24 h尿	固定尿中5-羟色胺、醛固酮类物质	用于5-羟色胺类物质检测时防腐
碳酸钠	10 g/24 h尿	固定尿中卟啉类物质	用于尿卟啉检测时防腐并应用棕色瓶装标本

（二）尿液的一般检测

尿液的一般检测包括气味、尿量、外观、比重、酸碱反应等。

1. 气味　正常尿液的气味来自尿中挥发性的酸性物质。尿液放置过久尿素分解，可出现氨臭味。常见病理改变如下：烂苹果味见于糖尿病酮症酸中毒；大蒜臭味见于有机磷农药中毒；新鲜尿液即有氨臭味多见于慢性膀胱炎及慢性尿潴留；鼠臭味见于苯丙酮尿症。

2. 尿量　尿量主要取决于肾小球的滤过率、肾小管重吸收和浓缩稀释功能。一般健康成人尿量为 1 000~2 000 mL/24 h。昼夜尿量之比为 3~4 : 1。

（1）多尿（polyuria）：成人尿量经常超过 2 500 mL/24 h 称为多尿。原因包括：暂时性多尿，见于水摄入过多、应用利尿剂或某些药物等；内分泌疾病，如尿崩症、糖尿病等；肾脏疾病，如慢性肾间质肾炎、慢性肾盂肾炎、慢性肾衰竭早期、急性肾衰竭的多尿期。

（2）少尿（oliguria）：成人尿量少于 400 mL/24 h 或持续少于 17 mL/h 称为少尿。

（3）无尿（anuria）：低于 100 mL/24 h 或 12 h 无尿液排出，称为无尿。原因如下。肾前性少尿：脱水、大失血、休克、心力衰竭及其他引起有效循环血容量减少的疾病，导致肾小球滤过不足出现少尿；肾性少尿：各种肾实质性病变；肾后性少尿：尿路结石、损伤、肿瘤及尿路先天性畸形和机械性下尿路梗阻等。

3. 外观　包括尿液颜色和透明度。正常新鲜尿液呈淡黄或黄褐色透明液体。常见的病理性外观改变有以下几种。

（1）血尿（hematuria）：指尿内含有一定量的红细胞，呈淡红色云雾状、洗肉水样或混有血凝块。每升尿液含血量超过 1 mL，即呈淡红色，称肉眼血尿；如外观改变不明显，镜检时每高倍视野红细胞平均>3 个，称镜下血尿。血尿多见于泌尿系统炎症、肾结核、肾肿瘤、肾及泌尿道结石、外伤及出血性疾病等。

（2）血红蛋白尿（hemoglobinuria）：尿中含有游离血红蛋白，外观呈酱油色、红葡萄酒色或浓茶色，隐血试验呈阳性反应而镜下未见红细胞。血红蛋白尿常见于各种溶血性贫血、阵发性睡眠性血红蛋白尿等，正常人运动后偶见肌红蛋白尿。

（3）胆红素尿（bilirubinuria）：系尿中含有大量的结合胆红素所致。外观呈深黄色，振荡后泡沫亦呈黄色且不易消失。胆红素尿见于阻塞性黄疸和肝细胞性黄疸。

（4）脓尿（pyuria）和菌尿（bacteriuria）：系尿液中含有大量白细胞、炎性渗出物或细菌所致。外观呈白色混浊（脓尿）或云雾状（菌尿），加热或加酸均不能使混浊消失。镜检时每高倍视野白细胞平均>5 个，称镜下脓尿。脓尿和菌尿主要见于泌尿系统感染及前列腺炎、精囊炎等。

（5）乳糜尿（chyluria）：为尿内含有大量乳糜微粒、蛋白质所致，外观呈不同程度的乳白色，多见于丝虫病、肿瘤、腹部创伤等所致淋巴循环受阻。

4. 尿比重（urinespecific gravity, SG）　又称尿比密，是指在 4℃ 条件下，尿液与同体积纯水的重量之比。可用比重计、试纸条法、折射仪法或称重法测定。标本采集时，留取新鲜尿 100 mL 盛于干燥清洁的容器中立即送检。将尿液装入尿相对密度测定量筒中，尿中应无气泡，如有气泡可用滤纸吸去。将密度计垂直放入尿液中并悬浮尿液中，待其稳定后与尿液平面平行处观测相对密度读数。

【参考值】　成人 1.015~1.025，晨尿最高，一般大于 1.020。

【临床意义】

（1）尿比重增高：可见于血容量不足导致的肾前性少尿、糖尿病、急性肾小球肾炎、肾病综合征等

（2）尿比重减低：尿比重减低对临床诊断更有价值，主要见于慢性肾小球肾炎、急性肾衰竭多尿期、慢性肾衰竭、尿崩症、大量饮水等。相对密度低且固定于 1.010 ± 0.003 的尿称为等渗尿，提示肾实质损害严重。

5. 酸碱反应 尿液的酸碱改变受疾病、药物及饮食的影响。尿液放置过久细菌分解尿素，可使酸性尿变为碱性尿。尿液 pH 可用指示剂法、pH 试纸、pH 试纸条法测定。

【参考值】 正常人在普通膳食的条件下尿液 pH 约为 6.5，波动在 4.6~8.0 之间。

【临床意义】

（1）尿 pH 降低：见于高热、酸中毒、痛风、糖尿病；服用维生素 C、氯化铵等；排酸性尿是低钾性代谢性碱中毒的特征之一。

（2）尿 pH 升高：见于碱中毒、尿潴留、膀胱炎、肾小管性酸中毒及应用利尿剂等。

（三）尿液的化学检查

尿液的化学检查主要包括尿蛋白、尿糖、尿酮体的检查。

1. 尿蛋白 尿蛋白为尿液化学检查中最重要的项目之一。正常人的肾小球滤过液中虽然存在小分子的蛋白质，但在通过肾小管时绝大部分又被重吸收，因此终尿中的蛋白质含量很少。尿蛋白定性检测常用的方法有磺基水杨酸法、试纸条法、加热醋酸法；定量检测常用的方法有染料结合法、双缩脲法等。

【参考值】 定性：阴性；定量：0~80 mg/24 h。

临床用阳性（+）与阴性（−）表示定性结果。同时用（+）~（++++）来表示蛋白阳性的程度或大致的含量变化。尿蛋白定性结果如下（表 10-2-3）。

表 10-2-3　尿蛋白定性检查结果

表示方法	结果	尿蛋白含量	
		一次尿（g/L）	24 h 尿
（−）	无混浊	0~0.08	0.02~0.08 g/24 h
（±）	微混	0.1~0.5	<0.5 g/24 h
（+）	混浊	<0.1	<1.0 g/24 h
（++）	颗粒状混浊	0.5~2.0	<2.0 g/24 h
（+++）	絮状混浊	2.0~5.0	<3 g/24 h
（++++）	块状混浊	>5.0	>3 g/24 h

【临床意义】 尿蛋白定性试验为阳性或尿蛋白定量大于 100 mg/L 或大于

150 mg/24 h,称蛋白尿(proteinuria)。

(1) 肾小球性蛋白尿(glomerular proteinuria):是最常见的一种蛋白尿,是各种原因导致肾小球滤过膜通透性及电荷屏障受损,引起毛细血管壁通透性增加,血浆蛋白大量滤入原尿,超过了肾小管重吸收能力所致。肾小球性蛋白尿常见于原发性肾小球疾病,如急性肾炎、慢性肾炎、肾病综合征;或系统性红斑狼疮、糖尿病、高血压等继发性肾损害。

(2) 肾小管性蛋白尿(tubular proteinuria):炎症或中毒引起的近曲小管对低分子蛋白质的重吸收功能减退所致,常见于肾盂肾炎、间质性肾炎、肾小管性酸中毒、重金属(如汞、镉、铋)中毒,应用庆大霉素、多黏菌素 B 及肾移植术后等。

(3) 混合性蛋白尿(miscellaneous proteinuria):肾小球及肾小管同时受损所致,见于肾小球肾炎或肾盂肾炎后期,糖尿病、系统性红斑狼疮等。

(4) 溢出性蛋白尿(overflow proteinuria):因血浆中出现大量低分子蛋白质(如本周蛋白、血浆肌红蛋白),超过肾小管回吸收阈值所致,见于血红蛋白尿、肌红蛋白尿、本周蛋白尿(又称凝溶蛋白尿)。

(5) 假性蛋白尿(false proteinuria):由于尿中混有多量血、脓液、黏液等成分而导致蛋白定性试验阳性所致。假性蛋白尿一般不伴有肾本身的损害,主要见于泌尿系炎症、出血及在尿中混入阴道分泌物或男性精液等。

(6) 生理性蛋白尿:又称功能性蛋白尿(functional proteinuria),见于剧烈运动、发热、精神紧张等应激状态,为一过性蛋白尿,尿蛋白定性多不超过(+)。

2. 尿糖　正常人尿液中可有微量的葡萄糖。当血糖浓度升高超过肾糖阈(一般为 8.88 mmol/L 或 160 mg/dl)或肾糖阈降低时,终尿中可出现大量葡萄糖。常用的尿糖定性检测方法有本尼迪克特试剂(Benedict)法、试纸条法;定量检测方法有葡萄糖氧化酶法和邻甲苯胺法等。尿糖定性检测可根据需要留取餐后尿或空腹尿。两种常用检测的方法对比如下(表 10-2-4)。

表 10-2-4　尿糖定性检查

方法	结果	尿糖含量(mmol/L)	方法	结果	尿糖含量(mmol/L)
试纸法	(−)杏黄色	<2.2	班氏法	(−)透明蓝色	<5.6
	(+)淡灰色	5.5		(+)蓝绿色不透明	11.2 左右
	(++)灰色	11.1		(++)黄绿色有沉淀	28~56
	(+++)灰蓝色	22.2		(+++)黄色大量沉淀	56~112
	(++++)紫蓝色	56.0		(++++)红棕色或砖红色	>112

【参考值】　定性:阴性;定量:0.56~5.0 mmol/24 h 尿。

【临床意义】 糖尿可见于以下情况。

（1）血糖增高性糖尿：血糖超过肾糖阈为主要原因。常见原因有：糖尿病，尿糖检查可作为糖尿病诊断和疗效监测的指标；内分泌疾病，如库欣综合征、甲状腺功能亢进、肢端肥大症、嗜铬细胞瘤、巨人症等；其他疾病如肝功能不全、胰腺炎、胰腺癌等。

（2）血糖正常性糖尿：又称肾性糖尿，是肾糖阈下降产生的糖尿，见于慢性肾小球肾炎、肾病综合征、间质性肾炎和家族性糖尿等。

（3）暂时性糖尿：包括生理性糖尿，可因在短时间内摄入大量糖类而引起；应激性糖尿，见于颅脑外伤、脑血管意外、急性心肌梗死、情绪激动等情况下肾上腺素、胰高血糖素大量分泌，出现暂时性高血糖和糖尿。

（4）假性糖尿：使用某些药物，如水杨酸、异烟肼或维生素 C 等可出现尿糖假阳性反应。

3. 尿酮体检查　酮体（ketone body）系乙酰乙酸、β- 羟丁酸和丙酮的总称，为人体脂肪代谢的中间产物。正常人产生的酮体很快被利用，在血中含量极微。酮体检查常用的检查方法有朗格（Lange）法、试纸条法和酮体粉法。

【参考值】 阴性。

【临床意义】 尿酮体阳性见于① 糖尿病酮尿：常伴有酮症酸中毒，是糖尿病性昏迷的前期指标，多伴有高糖血症和糖尿。② 非糖尿病性酮尿：见于严重呕吐、腹泻、高热、饥饿、禁食过久、妊娠呕吐、酒精性肝炎、肝硬化等。

（四）尿液的显微镜检查

尿液的显微镜检查是指用显微镜对尿液离心沉淀物如细胞、管型、结晶等有形成分进行检查。

【参考值】 红细胞 0~3 个 /HP；白细胞 0~5 个 /HP；上皮细胞可见少量移行上皮细胞和鳞状上皮细胞无肾小管上皮细胞；管型无或偶见透明管型；结晶可见生理性结晶。

【临床意义】

（1）上皮细胞：正常尿液中可出现少量移行上皮细胞和鳞状上皮细胞，如肾小球肾炎、肾小管坏死、肾移植后排斥反应可增多。如出现肾小管上皮细胞，则提示肾小管病变。

（2）红细胞：正常尿液中无或偶见红细胞。如红细胞>3 个 / HP 为镜下血尿。其意义与肉眼血尿相同。

（3）白细胞：正常尿液中仅见少量白细胞，如白细胞 > 5 个 /HP 即为镜下脓尿。见于泌尿系感染性疾病，如肾盂肾炎、膀胱炎、尿道炎等。

（4）管型（cast）：是蛋白质在肾小管、集合管中凝固而成的圆柱形蛋白聚体。常见的管型如下。① 细胞管型：管型内含有细胞和细胞碎片并超过管型体积 1/3 时为细胞管型。按所含细胞种类分为上皮细胞管型、白细胞管型、红细胞管型等，临床意义同相应尿液细胞检测。② 透明管型：为无色透明，主要由 T–H 糖蛋白及少量清蛋白与氯化物形成的管内均匀无细胞半透明的细圆柱体，两端圆钝，偶见少许颗粒。见于肾病综合征、肾小球肾炎、心力衰竭和恶性高血压等。偶见于老年人清晨浓缩尿液中，激烈运动、重体力劳动、麻醉、发热等情况时，尿中也可见少量透明管型。③ 颗粒管型：管型内含有崩解产物颗粒并超过管型体积 1/3 时称颗粒管型。细颗粒管型常见于慢性肾小球肾炎和急性肾小球肾炎后期等。粗颗粒管型常见于肾盂肾炎或药物引起的肾小管损害。④ 蜡样管型：可由细颗粒管型衍化而成或由淀粉样变的上皮细胞溶解后形成。见于慢性肾小球肾炎的晚期、肾衰竭及肾淀粉样变性等。⑤ 肾衰竭管型：是在管型基质上含有大量颗粒的宽大而长、不规则、易折断的管型，常见于急性肾衰竭多尿的早期和慢性肾衰竭，提示预后不良。⑥ 脂肪管型：常在管型基质中含有脂肪滴或嵌入含脂肪滴的肾小管上皮细胞。脂肪管型常见于慢性肾炎急性发作、肾病综合征、中毒性肾病等。尿液中各种管型形态见图 10-2-1。

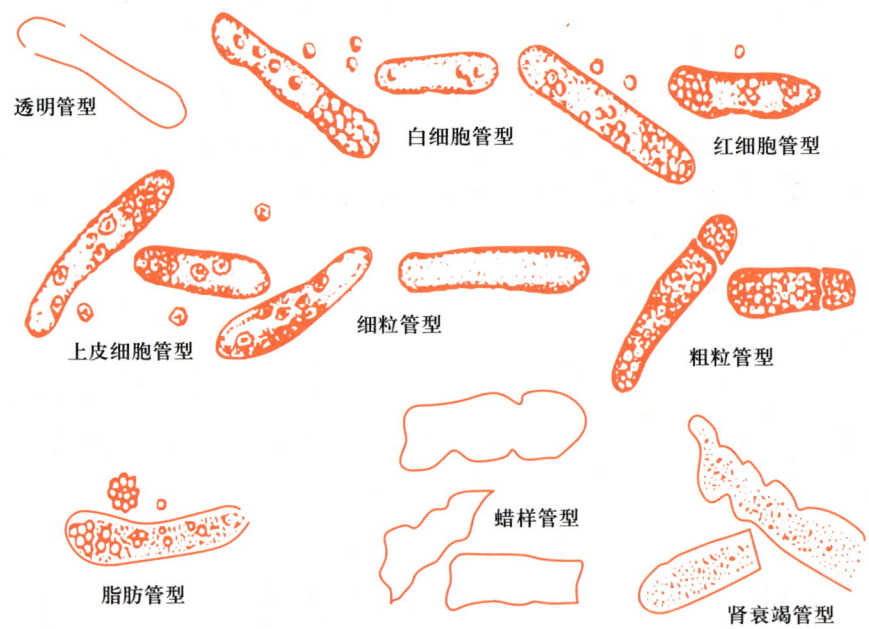

透明管型　白细胞管型　红细胞管型
上皮细胞管型　细粒管型　粗粒管型
脂肪管型　蜡样管型　肾衰竭管型

图 10-2-1　尿液中的各种管型形态图

　　(5)结晶体：正常尿液有时有盐类结晶体析出，大多与饮食及代谢有关。析出物的多少受该结晶体在尿液中的饱和度、尿 pH 和温度等因素的影响。① 酸性尿液中的结晶：有尿酸及草酸钙结晶、亮氨酸、酪氨酸等。② 碱性尿液中的结晶：有磷酸盐、磷酸钙、尿酸铵结晶等，加醋酸可溶解。③ 其他结晶：如磺胺类药物结晶。
　　临床检验尿液化学分析仪对尿液的检测结果见表 10-2-5。

表 10-2-5　尿自动分析仪检测项目及参考值

项目	缩写符号	参考值	反应原理
尿液酸碱度	pH	5~7	pH 指示剂（甲基红和溴麝香草酚蓝）
蛋白质	PRO	阴性（<0.1 g/L）	pH 指示剂的蛋白质误差法
葡萄糖	GLU	阴性（<2 mmol/L）	葡萄糖氧化酶法
隐血	BLD	阴性（<10 个红细胞 /ul）	亚铁血红素的过氧化物酶样活性法
胆红素	BIL	阴性（<1 mgl/L）	偶氮反应法
尿胆原	UBG	阴性或者弱阳性	醛反应法或重氮反应法
酮体	KET	阴性	亚硝基铁氰化钾反应
亚硝酸盐	NIT	阴性	亚硝酸盐还原法
白细胞	LEU	阴性（<15 个白细胞 /ul）	中性粒细胞脂酶法
尿比重	SG	1.015~1.025	多聚电解质离子解离法
维生素 C	VC	阴性（<10 mgl/L）	吲哚酚法

知识拓展

留中段尿方法：主要用于尿细菌培养等检验。要求常规进行外阴和尿道口后的清洁消毒，留取中段尿盛于带盖的消毒容器中送检。不同的检验项目留尿方法有所不同。常用者如下：

1. 尿液的细菌培养　留置前应停用抗生素 5 天，留尿时先给患者冲洗外阴部或用 1∶1 000 苯扎溴铵棉球擦拭外阴后再留取中段尿液，必要时可以用导尿的方法留取尿液标本。留尿全过程中应遵守无菌操作规程，防止非尿道细菌及环境中的细菌污染标本，留好的尿液标本应及时送检。

2. 尿液的一般检验　通常留取新鲜尿液 10~100 mL 不等。女性应避开月经周期以防止阴道分泌物混入尿中，男性应避免精液及前列腺液的污染。留尿时最好弃去初段尿液不要，以免尿道口的不洁成分影响检验结果。

3. 婴幼儿尿液检验　先给婴儿做外阴冲洗，然后将容器紧贴于尿道口外或直接套住阴茎上经适当固定后留尿，否则不易满意留取尿液标本。

二、粪便检测

粪便（stool）是食物在体内经过消化的最终产物，主要由食物残渣、消化道分泌物、细菌、无机盐及水等组成。粪便检查是临床最常用的检查之一，其主要目的是了解消化系统有无炎症、出血、寄生虫感染及恶性肿瘤等疾患，也可间接判断胃肠、肝胆、胰腺系统的功能状况。

（一）粪便标本采集

粪便标本采集正确与否直接影响检查结果的准确性，应口头或书面告知患者不同标本的留取方法（表 10-2-6）。

粪常规检查

项目十　实验室检查

表 10-2-6　粪便检测项目及标本采集方法

检验项目	标本采集方法
粪常规检验	取中央部分或黏液脓血部分少许(5~10 g,稀便需 5 mL)于检便盒中,及时送检
寄生虫与虫卵	检查阿米巴滋养体应于排便后立即从脓血性或稀软部分取材涂片进行镜检,载玻片应加温;检查蛲虫卵需用透明薄膜拭子于清晨排便前自肛门周围皱襞处拭取;孵化血吸虫毛蚴最好留全部粪便。对某些寄生虫及虫卵的初筛检测,应采取三送三检
隐血标本	如用化学方法检测,则应于试验前三日起禁食肉类、动物血、肝和某些绿色蔬菜,禁服铁剂、铋剂和维生素 C,牙龈出血者应告之勿下咽,以免出现假阳性。取带血及黏液的粪便标本少许于检便盒中,及时送检
粪细菌培养检验	无菌棉签取中央部分或脓血黏液部分少许,置于培养瓶内,立即送检

(二)粪便的一般性状检查

粪便的一般性状检查包括粪便的量、颜色与性状、气味、寄生虫等。

1. **量**　正常成人一般每日排便一次,为 100~300 g,随食物种类、食量及消化器官的功能状态而异。

2. **颜色与性状**　正常成人为黄褐色圆柱形软便,婴儿呈黄色或金黄色糊状便。病理情况下可见如下改变(表 10-2-7)。

表 10-2-7　粪便颜色与性状病理改变

粪便性质	性状	常见疾病
脓血便	粪便中有脓性分泌物或脓血	痢疾、溃疡性结肠炎、结肠直肠癌
柏油样便	呈暗褐色或黑色,有光泽如柏油	上消化道出血
鲜血便	粪便表面有鲜红色血或便后鲜血滴落在粪便上	痔疮、肛裂及直肠下部癌症破损
黏液便	黏液常为无色透明,稍稠;脓性黏液为黄白色,不透明	常见于各种消化道炎症
米泔样便	似白色淘米水样,可见片状黏液,量大稀水便	霍乱或副霍乱
白陶土样便	粪便似白色土状	阻塞性黄疸、钡餐造影后
胶冻样便	粪便呈黏冻状、膜状或纽带状	过敏性肠炎及部分慢性菌痢
细条状便	粪便呈扁条状或细条状	直肠狭窄或直肠癌
乳凝块便	乳儿粪便中有黄白色乳凝块或蛋花汤样便	小儿消化不良
糊状或水样便	黄绿色稀汁样便,绿色稀糊状便,洗肉水样便	常见于急性肠炎、假膜性肠炎、小儿肠炎、副溶血性弧菌肠炎

3. **气味**　正常粪便因含蛋白质分解产物而有臭味,肉食者味重,素食者味轻。粪便恶臭味见于慢性肠炎、胰腺疾病、结肠或直肠恶性肿瘤溃烂等;阿米巴痢疾使粪便呈鱼腥臭味;酸臭味见于消化不良。

4. **寄生虫体**　蛔虫、绦虫、蛲虫等较大虫体或其片段肉眼即可分辨。钩虫虫体需将粪便冲洗过筛后方可见到。服驱虫剂后应查找粪便中有无虫体,驱绦虫后应仔细寻找其头节。

(三)粪便的显微镜检查

1. **细胞** ①白细胞:正常人粪便中无或偶见白细胞。白细胞或脓细胞增多,见于肠道细菌感染;嗜酸性粒细胞增多可见于过敏性肠炎、肠道寄生虫病。②红细胞:正常粪便中无红细胞。红细胞增多,见于肠道下段炎症或出血,如息肉、细菌性痢疾、阿米巴痢疾、溃疡性结肠炎、结肠癌或直肠癌等。③巨噬细胞:可见于细菌性痢疾和溃疡性结肠炎等。④肠黏膜上皮细胞:正常粪便无,结肠炎、假膜性肠炎时增多。⑤肿瘤细胞:见于乙状结肠癌、直肠癌患者。

2. **食物残渣** 正常粪便中的食物残渣系已消化的无定形细小颗粒。脂肪颗粒大量存在时,提示胰腺外分泌功能不全,如急慢性胰腺炎、胰头癌及小儿腹泻等;淀粉颗粒增多,见于慢性胰腺炎、胰腺功能不全;植物纤维增多,见于肠蠕动亢进。

3. **细菌** 成人粪便中以双歧杆菌、大肠埃希菌、厌氧菌和葡萄球菌为主,约占80%,此外尚可有少量芽孢菌和酵母菌。若正常菌群突然消失或比例失调称为肠道菌群失调症,见于长期使用广谱抗生素、免疫抑制剂、慢性消耗性疾病及假膜性肠炎。

4. **寄生虫卵或原虫** 从粪便中检查寄生虫卵或原虫,是诊断肠道寄生虫感染的最常用的化验指标。

(四)粪便的化学检测

粪便隐血试验(facal occult blood test,FOBT) 隐血为上消化道少量出血,出血量<100 mL时肉眼及镜下不能发现粪便中的血液,但用隐血试验则可检出是否出血。常用联苯胺法(可检出消化道任何部位出血)和免疫法(只能检出下消化道出血)。

【参考值】 阴性。

【临床意义】 粪便隐血试验对消化道少量出血的诊断有重要价值,在消化性溃疡活动时呈间断阳性。消化道癌症早期阳性率可达20%,晚期可达95%,且呈持续阳性。粪便隐血试验还有助于早期诊断出血热。影响隐血试验的因素多,应连续检验多次,判断临床意义,排除影响因素。

(五)细菌学培养

通过粪便细菌培养可以找到伤寒、副伤寒、结核、志贺菌属、沙门氏菌属、变形杆菌等多种病原菌。

三、体液及排泄物检测

(一)脑脊液检查

脑脊液(cerebrospinal fluid,CSF)是循环流动于脑和脊髓表面的一种无色透明液体,主要产生于脑室脉络丛,通过蛛网膜绒毛回吸收入静脉。正常脑脊液容量成人为90~150 mL,新生儿为10~60 mL。当神经系统发生病变时,血脑屏障通透性增加,导致脑脊液成分改变。所以通过脑脊液的检查,可达到对神经系统疾病诊断、治疗和判断预后的目的。

1. 标本采集前后的护理 ① 部位:一般在第3、第4腰椎间隙,特殊情况下可在小脑延髓池或脑室穿刺。② 物品准备:腰穿包一个、酒精灯一盏、无菌试管3支等。③ 患者准备:穿刺前应口头或书面告知患者穿刺意义、注意事项及可能出现的不适,家属签字,以利配合。合理体位是侧卧于硬床板上,头尽量向前胸屈曲,两手抱膝紧贴腹部,使躯干尽量弯曲成弓形,背靠床边并与床垂直。④ 标本收集:分别收集1~2 mL脑脊液于三根试管中。第一管做细菌学检查,第二管做生物化学或免疫检查,第三管做细胞学检查。⑤ 腰椎穿刺后护理:穿刺点应覆盖无菌纱布,嘱患者去枕平卧4~6 h。穿刺后如患者出现头痛、呕吐或眩晕,可能为颅内压降低所致,可多饮水或静脉滴注生理盐水。

2. 一般性状检查 包括颜色、透明度、凝固物、压力检查。

(1)颜色:正常脑脊液为无色液体。病理情况下,脑脊液不同颜色改变常反映一定疾病,但即使颜色正常也不能完全排除神经系统疾病。常见改变如下。① 红色:常因出血引起,主要见于脑及蛛网膜下腔出血或穿刺损伤。② 黄色:常因脑脊液中含有变性血红蛋白、胆红素或蛋白量异常增高所致,见于脑及蛛网膜下腔陈旧性出血、椎管梗阻(如髓外肿瘤)、重症黄疸等。③ 乳白色:多因白细胞增多所致,常见于各种化脓菌引起的化脓性脑膜炎。④ 微绿色:见于肺炎链球菌、铜绿假单胞菌、甲型链球菌引起的脑膜炎等。⑤ 褐色或黑色:见于脑膜黑色素瘤等。

(2)透明度:正常脑脊液清晰透明。① 流行性乙型脑炎、病毒性脑膜炎、神经梅毒等疾病,脑脊液中细胞数轻度增加,呈清晰透明或微浊。② 结核性脑膜炎细胞数中度增加,常呈毛玻璃样混浊。③ 化脓性脑膜炎细胞数极度增加,呈乳白色混浊。

(3)凝固物:收集脑脊液于试管内,静置12~24 h,正常脑脊液不形成薄膜及凝块。异常脑脊液静置1~2 h,混浊呈脓样,出现凝块或沉淀物,见于化脓性脑膜炎;黄色胶冻状见于蛛网膜下腔梗阻;静置12~24 h后表面有膜状物或纤维凝块,见于结核性脑膜炎,取此膜涂片检查结核杆菌阳性率极高。

(4)压力:正常成人卧位时,脑脊液压力为0.78~1.76 kPa(80~180 mmH$_2$O)或40~50滴/分。① 压力增高:常见于化脓性脑膜炎、结核性脑膜炎等颅内感染性病变;脑肿瘤、脑出血、脑积水等颅内非感染性疾病;动脉硬化、高血压等颅外病变;其他如哭泣、咳嗽、低渗溶液静脉注射等。② 压力降低:见于脑脊液循环受阻、脑脊液流失过多、脑脊液分泌减少等因素。

3. 化学检查 包括蛋白质、葡萄糖、氯化物及酶学检查(表10-2-8)。

297

表10-2-8 脑脊液中化学检查及其临床意义

主要生化成分	参考值(U/L)	临床意义
蛋白质(清蛋白)	定性:阴性 定量:腰椎穿刺 0.20~0.45 g/L 脑延髓池穿刺 0.10~0.25 g/L 脑室穿刺 0.05~0.15 g/L	蛋白含量增加:常见于脑膜炎、脑及蛛网膜下腔出血;内分泌或代谢性疾病;药物中毒等;脑部肿瘤或椎管内梗阻
葡萄糖(占血糖60%)	2.5~4.5 mmol/L	① 葡萄糖降低:常见于化脓性脑膜炎、结核性脑膜炎、梅毒性脑膜炎、风湿性脑膜炎、颅内肿瘤等。② 葡萄糖增高:常见于病毒性神经系统感染、脑出血、糖尿病等
氯化物	120~130 mmol/L(腰池)	① 含量降低:见于结核性脑膜炎、化脓性脑膜炎或严重脱水患者。② 含量增高:见于慢性肾衰竭、肾炎、呼吸性碱中毒等

4. 酶学测定 正常脑脊液中含有多种酶,含量低于血清。如疾病引起脑组织破坏,脑细胞内的酶溢出或血清酶向脑脊液移行,均可使脑脊液中酶活性增高(表10-2-9)。

表10-2-9 脑脊液中各种酶正常值及其临床意义

常见酶类	参考值(U/L)	临床意义
乳酸脱氢酶(LD/LDH)	成人 3~40	细菌性脑膜炎脑脊液中 LDH 活性增高,可作为判断化脓性脑膜炎疗效和预后的指标。同工酶以 LDH_4~LDH_5 为主,有利于与病毒性脑膜炎鉴别
天冬氨酸氨基转移酶(AST)	5~20	AST 活性增高见于中枢神经系统感染、脑血管病变、脑肿瘤、脱髓鞘病、颅脑外伤等
肌酸激酶(CK-BB)	0.94 ± 0.26	CK-BB 增高见于化脓性脑膜炎、结核性脑膜炎、脑血管疾病及肿瘤;病毒性脑膜炎正常或轻度增高

5. 显微镜检查

(1) 细胞计数及白细胞分类。

【参考值】 无红细胞。成人白细胞 $(0~8) \times 10^6$/L;儿童 $(0~15) \times 10^6$/L。

【临床意义】 脑脊液中细胞计数临床意义见表10-2-10。

(2) 病原体检查:检查方法有直接涂片法或离心沉淀后取沉淀物制成薄涂片。疑为化脓性脑膜炎可做革兰染色后镜检;疑为结核性脑膜炎者,将脑脊液静置24 h取所形成的薄膜做抗酸染色镜检;疑为新型隐球菌脑膜炎者,作墨汁染色镜检。必要时可用细菌培养或动物接种法。

【参考值】 正常脑脊液中无病原体。

【临床意义】 常见各种脑部疾病的脑脊液检测特点分析见表10-2-10。

表 10-2-10　常见脑及脑膜疾病的脑脊液特点

对象	压力(kPa)	外观	蛋白质	葡萄糖(mmol/L)	氯化物(mmol/L)	细胞数及分类 ×10⁶/L	细菌
正常人	0.69~1.76	无色透明		2.5~4.5	120~130	(0~8)多为淋巴细胞	无
化脓性脑膜炎	显著升高	混浊	+++	明显减少	轻度下降	显著增加,以中性粒细胞为主	可发现致病菌
结核性脑膜炎	明显升高	毛玻璃样微混	+~+++	下降	下降	增加,以淋巴细胞为主	可找到抗酸杆菌
病毒性脑膜炎	轻度升高	清晰或微混	+~++	正常	正常	增加,早期以淋巴细胞为主	无
真菌性脑膜炎	升高	清晰或微混	+	轻度下降	轻度下降	增加,以淋巴细胞为主	无
蛛网膜下腔出血	升高	血性	+~++	轻度升高	正常	增加,以红细胞为主	无
流行性乙型脑炎	轻度升高	清晰或微混	+	轻度增加	正常	增加,早期中性粒、晚期淋巴细胞增多	无
脑脓肿(未破裂)	升高	无色或黄色	+	正常	正常	稍增,以淋巴细胞为主	有或无
脑肿瘤	明显升高	无色或黄色	+~++	正常	正常	正常或稍增,以淋巴细胞为主	无

(二)痰液检查

痰液(sputum)是气管、支气管和肺泡所产生的分泌物。正常人痰液很少,病理情况下,当呼吸道黏膜受到刺激时,痰量及其性状发生改变。痰液检查常用于协助诊断呼吸系统疾病,如支气管哮喘、支气管扩张症、肺结核、肺癌、肺寄生虫等。

留取痰标本的方法有:① 自然咳痰、气管穿刺吸取、经支气管镜抽取等。② 一般检查应取清晨第一口痰,留痰前先嘱患者用清水漱口数次,然后用力咳出气管深处痰液。③ 做 24 h 痰量和分层检查时,应嘱患者将痰咳于无色广口瓶中,并加石炭酸少许防腐。④ 做细胞学检测时,每次咳痰 5~6 口,定量 5 mL 左右,或收集上午 9~10时的新鲜痰液送检。⑤ 昏迷患者可用负压吸引法吸取痰液。⑥ 若采用纤维支气管镜检查,可直接从病灶处采集标本,效果最好。⑦ 标本应及时送检,不能及时送检时可暂时冷藏保存,不宜超过 24 h。

1. 一般性状检查　包括量、颜色、性状、气味。健康人每天一般无痰或仅咳少量泡沫痰或黏液痰。呼吸系统急性炎症较慢性炎症时痰量少,24 h 痰量超过 100 mL 叫作大量痰。随着呼吸有恶臭味提示厌氧菌感染,晚期肺癌有特殊臭味。痰液一般特点见表 10-2-11。

表 10-2-11　痰液一般性质及临床意义

一般检查	痰液性质	临床意义
颜色不同	黄色或黄绿色痰	提示呼吸道有化脓性感染，见于化脓性支气管炎、金黄色葡萄球菌肺炎、支气管扩张症、肺脓肿等
	铁锈色痰	大叶性肺炎、肺梗死。
	粉红色泡沫痰	左心衰竭、肺淤血
	烂桃样灰黄色痰	肺吸虫病
	棕褐色痰	阿米巴性肺脓肿、慢性充血性心力衰竭肺淤血时
	灰色、灰黑色痰	尘肺、长期吸烟者
	红色或棕红色痰	肺癌、肺结核、支气管扩张症等
性状不同	浆液性痰	肺水肿、肺淤血
	黏液性痰	急性支气管炎、支气管哮喘和早期肺炎
	脓性痰（静置分层）	支气管扩张症、肺脓肿
	血性痰	肺癌、肺结核、支气管扩张症、风湿性心脏病二尖瓣狭窄

2. 显微镜检查　正常人痰液中可见少量上皮细胞和中性粒细胞，无红细胞，无寄生虫卵。① 红细胞：见于呼吸道疾病和出血性疾病。② 白细胞：中性粒细胞见于呼吸道化脓性炎症或有混合感染；嗜酸性粒细胞增多见于支气管哮喘、过敏性支气管炎、肺吸虫病；淋巴细胞增多见于肺结核。③ 上皮细胞：鳞状上皮细胞见于急性喉炎和咽炎；柱状上皮细胞见于气管和支气管黏膜炎症或癌变；肺泡上皮细胞见于肺部炎性病变。④ 肺泡巨噬细胞：吞噬炭粒者称为炭末细胞，见于炭末沉着者或吸入大量烟尘者；吞噬含铁血黄素者称含铁血黄素细胞，见于心力衰竭引起的肺淤血、肺梗死及肺出血患者；⑤ 夏科 – 雷登结晶（Charcot–Leyden crystal）：常与嗜酸性粒细胞及库施曼螺旋体共存，可能是由嗜酸性粒细胞崩解而来，见于支气管哮喘和肺吸虫病。

3. 细菌学检查　① 涂片检查：一般细菌检查常用革兰氏染色，可用来检测细菌和真菌；抗酸染色，用于检测结核杆菌感染；荧光染色，用于检测真菌和支原体等。② 细菌培养：应争取在应用抗生素之前进行。

（三）浆膜腔积液检测

浆膜腔包括胸腔、腹腔、心包腔及关节腔等。生理情况下腔内含有少许液体起润滑作用，当浆膜腔病变时，腔内液体增多且伴有成分改变，对其进行检查有利于疾病的诊断。临床上渗出液和漏出液的鉴别见表 10-2-12。

表 10-2-12　渗出液和漏出液的鉴别

鉴别要点	漏出液	渗出液
病因	非炎症引起	炎症、肿瘤、理化刺激
外观	淡黄色、浆液性	血性、脓性、乳糜性等

鉴别要点	漏出液	渗出液
细胞计数	$< 100 \times 10^6/L$	$> 500 \times 10^6/L$
细胞分类	以淋巴细胞、间皮细胞为主	病因不同、细胞不同
蛋白定性	阴性	阳性
蛋白定量	< 25 g/L	> 30 g/L
葡萄糖定量	与血糖相近	一般低于血糖
凝固	不自凝	能自凝
比重	< 1.018	> 1.018
透明度	透明或微浊	多混浊
细菌学检查	阴性	可找到病原菌

1. 一般性状检查

（1）颜色：肉眼观察。

1）红色或咖啡色：常见于浆膜腔出血、恶性肿瘤或穿刺性损伤。

2）绿色：提示有铜绿假单胞菌感染。

3）奶酪色：常见于化脓性感染。

4）乳白色：常见于胸导管或淋巴管阻塞所致的乳糜性积液。

（2）透明度：肉眼观察。漏出液多为澄清透明；渗出液多为不透明或浑浊。

（3）凝固性：肉眼观察。漏出液不易凝固；渗出液易凝固。

（4）比重：比重计法。漏出液< 1.018；渗出液> 1.018。

2. 蛋白定性检查
渗出液中可含多量的浆液黏蛋白，在酸性条件下可产生白色雾状沉淀。

【临床意义】 阴性：清晰不显白色雾状；±：渐呈白雾状；+：滴加后呈白雾状；++：滴加后呈白薄云状；+++：滴加后呈白浓云状；++++：滴加后呈白色胶状或凝块。

3. 细胞计数与分类

（1）细胞计数：细胞总数及有核细胞的计数方法基本与脑脊液检查相同，澄清胸腔积液或腹水可混匀后直接滴入计数池，计数10个大方格内红细胞、白细胞数，其总和即为每微升的细胞数，再换算成每升的细胞数。浑浊或血性胸腔积液或腹水则应按红细胞和白细胞计数方法进行。

（2）细胞分类

1）直接分类法：在白细胞计数后，转换为高倍镜，根据细胞核的形态分别计数单个核细胞（包括淋巴细胞及单核细胞）和多核细胞，应计数100个细胞，并以百分数表示。若细胞总数少于100个，则直接写出细胞的具体数字。

2）染色分类法：胸腹水离心沉淀后，取沉渣物2滴，加正常血清1滴，制成薄膜片，待干后进行瑞氏染色，油镜分类。

3）如见有不能分类的细胞,应另行描述报告。

【参考值】 正常人无胸腔积液或腹水。

【临床意义】 滤出液中有核细胞数在 100×10^6/L 以下;渗出液中有核细胞数较多,在 500×10^6/L 以上,但两者并无绝对界限。

滤出液:滤出液中细胞数较少,以淋巴细胞为主,并有少量间皮细胞。

渗出液:渗出液中细胞数较多,各种细胞增多意义如下。① 红细胞增多:见于恶性肿瘤、结核或穿刺出血。② 中性粒细胞增多:常见于化脓性感染和早期浆膜结核。③ 淋巴细胞增多:提示慢性感染、病毒和结核杆菌感染或结缔组织病所致的渗出液。④ 嗜酸性粒细胞增多:见于变态反应、寄生虫感染、多次穿刺刺激等所致的渗出液。⑤ 间皮细胞增多:提示浆膜受损或受刺激。间皮细胞直径为 15~30 μm,圆形或椭圆形,胞质丰富,呈淡蓝色,含有少数空泡,核大,位于中心或偏位,核仁有 1~3 个,为紫色。在渗出液中可因各种原因呈现异形变或退行性变,形态很不规则。⑥ 组织细胞:在大量中性粒细胞出现的同时,常伴有组织细胞的出现,它较白细胞大,直径一般不超过 16 μm,细胞染色较淡,核呈肾形或不规则形,偏位,核致密,胞质多呈泡沫状。⑦ 浆细胞:少量出现没有重要临床意义;若在胸腔积液中见到较多的浆细胞,可能是增生性骨髓瘤。⑧ 狼疮细胞:偶见于系统性红斑狼疮患者的浆膜液中。⑨ 如有多量形态不规则、体积大、核大的细胞,并可见核仁、胞质染色深、单个或多个成堆出现,应注意观察是否为肿瘤细胞,需做进一步的细胞学检查。

4. 病原体涂片检验 如怀疑细菌感染,有必要将标本离心,沉渣涂片,作革兰染色或抗酸染色,以找到革兰阳性或阴性菌;真菌引起的可查到菌丝或芽孢。并需进一步作细菌培养、药敏试验等,以明确诊断。

小结

尿液常规检查包括尿液一般性状检查(颜色、透明度、尿量、比重、气味等)、化学检查、有形成分检查等,可以初步反映泌尿系统的病变,也可间接反映全身代谢及循环等系统的功能。

粪便常规检查包括粪便的颜色、性状、气味;显微镜下检查包括红细胞、白细胞、吞噬细胞、寄生虫;隐血试验等,有助于诊断和筛查消化系统炎症、出血、寄生虫感染及肿瘤等。

脑脊液检查包括脑脊液的外观(颜色、透明度、凝固性)、化学检查(葡萄糖、蛋白质、氯化物)、显微镜检查等,有助于诊断神经系统感染、脑出血、颅内占位性病变及治疗监测和预后的评估。

痰液检查包括一般性状检查(量、颜色、性状、气味)、显微镜检查(红细胞、白细胞、上皮细胞、肺泡巨噬细胞等)、细菌学检查(涂片检查和细菌培养),对于呼吸系统感

任务测试

染性疾病的诊断有非常重要的作用,通过痰液检查可发现患者是否患有化脓性病变或者肺内慢性炎症,如支气管扩张症、支气管哮喘等,还可帮助患者诊断是否有肺结核、肺吸虫病、肺癌等比较严重的呼吸系统疾病。

浆膜腔积液检查包括积液的外观(颜色、透明度、凝固性)、化学检查(葡萄糖、蛋白质、酶学指标)、显微镜下计数细胞总数、白细胞总数及分类计数等,区分积液的性质,有助于病因诊断和治疗监测。

知识链接

新型冠状病毒感染患者在核酸检测时,可以取口咽液进行核酸检测,或者是鼻咽液进行核酸检测,还可以用下呼吸道分泌物采集等,具体如下。

(1) 口咽拭子:因其方便,往往作为首选检查方法。采集被评估者的咽拭子标本,用无菌拭子在双侧咽部扁桃体及咽后壁进行擦拭并旋转 3~5 次,取样后将拭子头浸入采样液中,弃去尾部,旋紧管盖,避免泄露。

(2) 鼻咽拭子:采集被评估者的鼻咽拭子标本,用植绒拭子插入鼻咽部,即鼻孔至外耳距离的一半,放置几秒后旋转 3~5 圈,取样后将拭子头进入采样液中,弃去尾部,旋紧管盖。

(3) 下呼吸道分泌物采集:如深咳痰液、肺泡灌洗液。下呼吸道分泌物标本阳性检测率高于口咽拭子和鼻咽拭子。可以用抽取法,或者是支气管镜下采集法,下呼吸道分泌物采集时会出现明显的不适。所以,如果咽液检查可以检测出阳性,就不用进行下呼吸道分泌物采集。

病毒核酸检测具有早期诊断、灵敏度高、特异性高等特点,但口咽拭子、鼻咽拭子属于上呼吸道的样本采集,所以会遇到假阴性的情况,因此可反复多次进行采样,或者采集下呼吸道分泌物,这样能更准确地反映病毒感染情况。

(秦 阳)

任务三 常用肾功能实验室检测

【思维导图】

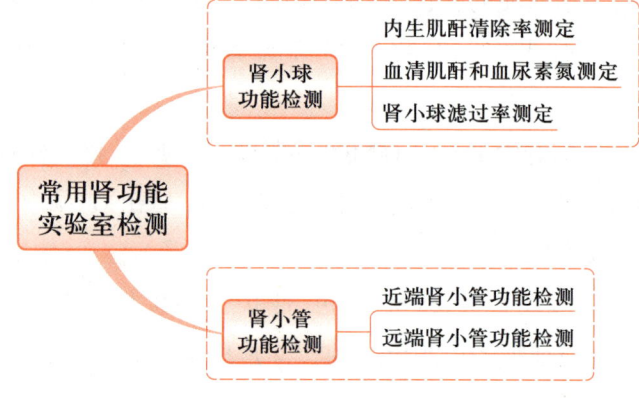

【典型案例】

患者，男性，54 岁。患高血压病 12 年。2 月前听信偏方服用不知名药物降压，出现颜面及下肢水肿，尿量减少。血压 180/105 mmHg，查血肌酐 380 μmol/L，尿素氮 120 mmol/L，尿蛋白 +++，尿沉渣镜检可见细颗粒管型 2~4 个/HP。

任务引领一：哪些检查结果有异常？

任务引领二：提示可能发生了什么疾病？

任务引领三：还需要进一步做哪些检查？

肾是生成尿液、排泄水分、代谢产物及废物，以维持体内水、电解质、蛋白质和酸碱平衡等的重要器官，进而维持机体内环境的稳定。同时兼有产生肾素、促红细胞生成素（EPO）、活性维生素 D 等的内分泌功能，以调节机体血压、钙磷代谢和红细胞生成的作用。肾功能检测可了解肾功能有无损害、损害程度及部位，主要分为肾小球功能检测和肾小管功能检测两大类，对肾脏疾病的诊断、病情动态观察、预后估计、疗效评价、调整药物剂量等具有重要参考价值。

一、肾小球功能检测

肾小球的主要功能是滤过，反映其滤过功能最重要的客观指标是肾小球滤过率（glomerular filtration rate，GFR），即单位时间（分钟）内经肾小球滤过的血浆液体量。临床上设计了各种物质的清除率试验来测定 GFR，即肾血浆清除率，指肾在单位时间内能将若干毫升血浆中所含的某物质全部清除出去，结果以 mL/min 或 L/24 h 表示，计算公式如下：

肾血浆清除率 = 某物质每分钟在尿中排出的总量 ÷ 某物质在血浆中的浓度

$$即：C（清除率）= \frac{U（尿中某物质浓度）\times V（每分钟尿量）}{P（血浆中某物质浓度）}$$

能反映 GFR 的物质经肾排出的方式主要有以下两种：

（1）全部由肾小球滤过，肾小管既不吸收也不分泌。如菊粉，为测定 GFR 的理想试剂，但菊粉清除率试验操作较为复杂。

（2）全部由肾小球滤过，肾小管不吸收，很少分泌。如肌酐，可基本代表 GFR。

因此，目前内生肌酐清除率（endogenous creatinine clearance rate，Ccr）测定是检验 GFR 的最常用指标。血清尿素氮（blood urea nitrogen，BUN）和血清肌酐（creatinine，Cr）测定也可判断肾的滤过功能。

（一）内生肌酐清除率测定

肌酐是肌酸代谢的终产物。肌酸在磷酸激酶的作用下形成带有高能键的磷酸肌酸，为肌肉收缩时的能量来源和储备形式，磷酸肌酸释放出能量再经脱水后变为肌酐,由肾排出。人体内肌酐的来源有内源性和外源性两种途径。机体每 20 g 肌肉每天代谢产生肌酐 1 mg,产生速率为 1 mg/min。在严格控制饮食条件和肌肉活动相对稳定的情况下,血肌酐的生成量和肾的排出量较恒定,肾在单位时间内将若干毫升血浆中的肌酐全部清除出去即为内生肌酐清除率(Ccr)。

【标本采集】

1. 标准 24 h 留尿法

(1) 试验前低蛋白饮食(<40 g/d)并禁食肉食 3 天,避免剧烈运动。期间保持适当的水分入量,禁服咖啡、茶等利尿性物质。

(2) 于严格控制饮食的第 4 天晨 8 时将尿排净,然后收集至次晨 8 时的 24 h 尿液于标本瓶内。

(3) 加入甲苯 4~5 mL 防腐。

(4) 试验日晨抽取静脉血 2~3 mL(抗凝或不抗凝均可),将血、尿标本同时送验,并注明患者身高体重。

(5) 应用下列公式计算 Ccr:

$$Ccr(mL/min) = \frac{尿肌酐浓度(\mu mol/L) \times 每分钟尿量(mL/min)}{血肌酐浓度(\mu mol/L)}$$

由于个体肌肉含量不同,可用计算所得 Ccr 的值乘以 1.73 m²/ 受试者体表面积进行校正。校正 Ccr= Ccr × 标准体表面(1.73 m²)/ 受试者体表面积(m²)。

2. 4 h 留尿改良法 收集严格控制饮食的第 4 天晨 6~10 时的尿液及空腹一次性采集血标本。

【参考值】 成人 80~120 mL/min。40 岁后随年龄增长有自然下降的趋势,70 岁时约为青壮年的 60%。

【临床意义】

(1) 判断有无肾小球损害:当 GFR 降低到正常值的 50%,Ccr 可降低至 50 mL/min,而血肌酐和血尿素氮仍可在正常范围。因此 Ccr 是较早反映肾小球滤过功能损害的敏感指标。Ccr 降低主要见于急性肾小球肾炎、慢性肾小球肾炎、肾衰竭等。

(2) 评估肾功能损害程度:根据 Ccr,一般可将肾功能损害进行分度和分期。分为三度。① 轻度损害:Ccr 70~51 mL/min。② 中度损害:Ccr 50~31 mL/min。③ 重度损害:Ccr <30 mL/min。目前国内学者又参照 Ccr 将肾功能损害分为四期:① 肾储备能力下降期(肾功能代偿期):Ccr 51~80 mL/min。② 氮质血症期:Ccr 20~50 mL/min。③ 肾衰竭期:Ccr 10~19 mL/min。④ 尿毒症期:Ccr< 10 mL/min。

(3) 指导治疗和护理:慢性肾衰竭患者,当 Ccr 30~40 mL/min 时,应开始限制蛋白质摄入;Ccr <30 mL/min,氢氯噻嗪等利尿剂治疗常无效,不宜应用;Ccr< 10 mL/min 应结合临床进行透析治疗。肾移植术后 Ccr 应回升,若回升后又快速下降,提示可能有急

性排斥反应。此外,肾衰竭时凡经由肾代谢或肾排出的药物也可根据 Ccr 下降的程度来指导用药。

(二)血清肌酐和血尿素氮测定

当肾实质受损后,GFR 下降到临界点(约为正常的 1/3)时,血肌酐(serum creatinine,Scr)的浓度才明显上升,故测定血肌酐浓度可作为肾小球滤过率受损的指标。血尿素氮(blood urea nitrogen,BUN)是蛋白质代谢的主要终末产物,体内氨基酸脱氨基分解成 α 酮基和 NH_3,产生的 NH_3 在肝中合成尿素,每 1 g 蛋白质代谢产生 0.3 g 尿素。通常肾为排泄尿素的主要器官,尿素从肾小球滤过后,在各段小管重吸收 30%~40%,肾小管有少量排泌。当肾小球滤过率下降到正常的 50% 以下时,血尿素氮的浓度才迅速升高。因此,血肌酐较血尿素氮更为敏感,但均非反映肾小球滤过功能受损的早期敏感指标。

【参考值】

1. 全血肌酐　88.4~176.8 μmol/L。

2. 血清或血浆肌酐　男性:53~106 μmol/L;女性 44~97 μmol/L;小儿 25~70 μmol/L。

3. 血尿素氮　成年人 3.2~7.1 mmol/L;婴儿、儿童 1.8~6.5 mmol/L。

【临床意义】

1. 血尿素氮和血清肌酐同时增高　提示肾功能已严重受损,见于各种严重肾疾病所致的肾衰竭。①急性肾衰竭时,Scr 明显进行性升高为肾器质性损害的指标。②慢性肾衰竭时,Scr 与血 BUN 升高的程度与病变严重性一致,肾衰竭代偿期 Scr<178 μmol/L,BUN<9 mmol/L;肾衰竭失代偿期 178 μmol/L<Scr<445 μmol/L,BUN>9 mmol/L;肾衰竭期 Scr>445 μmol/L,BUN>20 mmol/L;尿毒症期 Scr>707 μmol/L,BUN>28.6 mmol/L。

2. 鉴别肾前性和肾性少尿　严重脱水、大量腹水、心力衰竭、肝肾综合征等导致的血容量不足、肾血流量减少灌注不足所致少尿,为肾前性少尿。此时 BUN 可升高,但肌酐升高不明显,经扩容治疗尿量多能增加,BUN 可自行下降。

(1)器质性肾衰竭致肾性少尿 Scr 常超过 200 μmol/L。

(2)肾前性少尿,Scr 上升多不超过 200 μmol/L。

(3)器质性肾衰竭,BUN 与 Cr 同时增高,BUN/Scr ≤ 10:1(单位为 mg/dl,1 mg/dL=88.41 μmol/L);肾前性少尿、肾外因素所致的氮质血症,BUN 可较快上升,但 Scr 不相应上升,此时 BUN/Scr 常>10:1。

3. 蛋白质分解或摄入过多　急性传染病、高热、大面积烧伤、严重创伤、大手术、饥饿、甲状腺功能亢进、上消化道出血、高蛋白饮食等原因 BUN 可升高,但 Scr 一般不升高。以上情况矫正后,血 BUN 可以下降。

4. 血 BUN 作为肾衰竭透析充分性指标　多以 KT/V 表示,K= 透析器 BUN 清除率(L/min),T= 透析时间(min),V=BUN 分布容积(L),KT/V>1.0 表示透析充分。

(三) 肾小球滤过率测定

99mTc- 二乙三胺五醋酸(99mTc-DTPA)几乎完全经肾小球滤过而清除,其最大清除率即为肾小球滤过率。用 SPECT 测定弹丸式静脉注射后两肾放射性计数率的降低,按公式计算 GFR,并可显示两侧肾的 GFR,灵敏度高,与菊酚相当。

【参考值】 总 GFR 为 (100 ± 20) mL/min。

【临床意义】

1. GFR 生理变化 正常人 GFR 与年龄、性别、体重等因素有关。GFR30 岁后每10 年下降 10 mL/(min·1.73 m²),男性比女性高约 10 mL/min,妊娠时 GFR 明显增加,第 3 个月增加 50%,产后降至正常。

2. GFR 降低 急性和慢性肾衰竭、肾小球功能不全、肾动脉硬化、肾盂肾炎晚期、糖尿病晚期、高血压晚期、甲状腺功能减退、肾上腺皮质功能不全等。

3. GFR 升高 肢端肥大症、巨人症及糖尿病肾病早期等。

4. 其他 可同时观察左右肾的位置、形态和大小,也可结合临床初步提示肾血管有无栓塞。

(四) 血 β_2- 微球蛋白测定

β_2- 微球蛋白(β_2-microglobulin,β_2-MG)是体内有核细胞(淋巴细胞、血小板、多核形白细胞)产生的一种小分子球蛋白,与同种白细胞抗原(HLA)亚单位是同一物质,与免疫球蛋白稳定区的结构相似,分子量仅 11.8 kD,电泳时出现于 β_2 区带而得名。β_2-MG 广泛存在于血浆、尿、脑脊液、唾液及初乳中。正常人血液 β_2-MG 浓度很低,可自由通过肾小球,后在近端肾小管内几乎全部被重吸收并降解,仅有微量从尿液排出。

【参考值】 1~2 mg/L。

【临床意义】

1. 评估肾小球功能 当肾小球滤过功能受损时,β_2-MG 储留于血中。当 Ccr低于 80 mL/min 时血 β_2-MG 即可出现升高,因此比血肌酐更灵敏。若同时出现血 β_2-MG 和尿 β_2-MG 升高,血 β_2-MG<5 mg/L,则提示肾小球与肾小管可能均受损。

2. 其他 IgG 肾病、恶性肿瘤,以及多种炎性疾病如肝炎、类风湿性关节炎等也可致血 β_2-MG 生成增多。

(五) 血清胱抑素 C 测定

胱抑素 C(cystatin C,cys C)是半胱氨酸蛋白酶抑制蛋白 C 的简称。cys C 是一种低分子量非糖基化碱性蛋白,机体几乎所有有核细胞均可表达,且每日分泌量恒定,能自由透过肾小球滤过膜。原尿中的 cys C 在近曲小管几乎全部被上皮细胞摄取并分解,不回到血液中,尿中仅微量排出,而且其水平不受饮食、身高、体重、年龄、恶性肿瘤等的影响,因此血清 cys C 水平是反映肾小球滤过功能的一个灵敏且特异的指标。

【参考值】 0.6~2.5 mg/L。

【临床意义】

与 Scr 和 Ccr 相比血清 cys C 与 GFR 有更好的相关性,且影响因素少,现临床上推荐以血清 cys C 取代传统的血 BUN、Scr、Ccr 测定作为判断肾小球功能的首选指标。

1. 评估肾小球滤过功能早期损伤　cys C 对轻度肾损伤反应灵敏,可用于抗生素导致肾小球滤过功能轻微损伤、糖尿病肾病早期肾损伤、高血压肾病及其他肾小球早期损伤的诊断及预后诊断。

2. 判断肾移植预后　肾移植成功时,血清 cys C 下降的速度和幅度均大于 Ccr;而在发生肾移植排斥反应时,血清 cys C 增高也明显早于 Ccr。

二、肾小管功能检测

肾小管按其结构、分布位置和功能分为近端小管、髓袢和远端小管。肾小管具有重吸收和排泌作用。近端小管是肾小管重吸收功能的主要场所。髓袢和远曲小管合称远端肾单位,是离子转运和分泌的重要场所,吸收 H_2O、Na^+,排泌 K^+、H^+、NH_4^+,并受醛固酮和抗利尿激素的调控,参与调节尿液的浓缩和稀释。

(一)近端肾小管功能检测

1. α_1- 微球蛋白测定　α_1- 微球蛋白(α_1-microglobulin,α_1-MG)为肝细胞和淋巴细胞产生的一种糖蛋白,分子量仅为 26 kD。血浆中 α_1-MG 可以游离,也可与 IgG 或白蛋白结合存在。游离 α_1-MG 可自由通过肾小球滤过膜,但原尿中 α_1-MG 约 99% 被近端肾小管上皮细胞以胞饮方式重吸收并分解,故仅微量从尿中排泄。由于 α_1-MG 尿中浓度远高于其他低分子量蛋白组分,目前已成为尿中低分子量蛋白质检测的首选指标。

【参考值】　成人尿液 α_1-MG < 15 mg/24 h 尿;血清游离 α_1-MG 10~30 mg/L。

【临床意义】

(1)近端肾小管功能损害:尿 α_1-MG 升高,是反映各种原因所致早期近端肾小管功能损伤的特异、灵敏指标。α_1-MG 不受恶性肿瘤影响,酸性尿中也不会出现假阴性,故较之 β_2-MG 更可靠。

(2)评估肾小球滤过功能:当 Ccr < 100 mL/min 时,血清 α_1-MG 即可升高,根据其排泄特点,提示 GFR 降低所致,因此比 Scr 和 β_2-MG 更灵敏。如血清中和尿中 α_1-MG 均升高,则表明肾小球滤过功能和肾小管重吸收功能均受损。

(3)其他:血清 α_1-MG 降低见于严重肝实质性病变如重症肝炎、肝坏死等所致生成减少。

2. 尿 β_2- 微球蛋白测定

【参考值】　成人尿 β_2-MG < 0.3 mg/L 或以尿肌酐校正 < 0.2 mg/g。

【临床意义】

尿 β_2-MG 增多能较灵敏地反映近端肾小管重吸收功能受损,如肾小管间质性疾病、药物或毒物所致早期肾小管损伤，以及肾移植后早期急性排斥反应。肾移植后均使用抑制 β_2-MG 生成的免疫抑制剂，若仍出现尿 β_2-MG 增多提示排斥反应未能有效控制。此外，由于肾小管重吸收 β_2-MG 的阈值为 5 mg/L，当尿 β_2-MG 超过阈值时，可出现非重吸收功能受损的尿 β_2-MG 升高，此时应同时检测血 β_2-MG，只有血 β_2-MG<5 mg/L 时，尿 β_2-MG 升高才反映肾小管损伤。

综上所述，在评估各种原因引起的肾小球和近端肾小管功能特别是早期损伤时，β_2-MG 和 α_1-MG 均是较理想的指标，尤以 α_1-MG 为佳，有取代 β_2-MG 的趋势。

知识拓展

视黄醇结合蛋白测定

视黄醇结合蛋白（retinol-binding protein，RBP）是维生素 A 转运蛋白，由肝细胞合成，广泛存在于人体血液、尿液及体液中，游离的 RBP 由肾小球滤出，大部分由近端肾小管上皮细胞重吸收，并被分解成氨基酸供体内合成利用，仅有少量从尿中排泄。当肾小管重吸收功能障碍时，尿中 RBP 浓度升高，血清 RBP 浓度下降。因此，测定尿中 RBP 是诊断早期肾功能损伤及判定疗效的灵敏指标。此外，血清 RBP 水平也是一项诊断早期营养不良的灵敏指标。

（二）远端肾小管功能检测

正常尿液生成过程中，远端小管对原尿有稀释功能，而集合管则具有浓缩功能。检测尿比重可间接了解肾的稀释－浓缩功能。

1. 尿浓缩稀释试验

【标本采集】

（1）昼夜尿比重试验：又称莫氏试验，通过测定正常 24 h 尿量、昼尿量与夜尿量之比，了解远端肾小管和集合管对水的调节作用。被评估者受试日正常进食，但每餐含水量控制在 500~600 mL，并且除三餐外不再饮任何液体。晨 8 时排尽尿弃去，每 2 h 收集尿液 1 次共 6 次昼尿，分别测定每次尿量及比重。晚 8 时至次晨 8 时的夜尿收集在一个容器内，同样测定尿量及比重。注意排尿时间间隔准确，尿须排尽。

（2）3 h 尿比重试验：又称齐氏试验。被评估者受试日正常饮食与活动，晨 8 时排尿弃去后，每 3 h 留尿 1 次至次晨 8 时分装 8 个容器内，分别测定尿量及比重。注意排尿间隔时间准确，尿须排尽。

【参考值】

（1）昼夜尿比重：成人尿量为 1 000~2 000 mL/24 h，其中夜尿量<750 mL，昼尿量与夜间尿量比值一般为(3~4)：1；夜尿或昼尿中至少 1 次尿比重>1.020，昼尿中最高与最低尿比重差值大于 0.009。

（2）3 h 尿比重：昼尿量与夜间尿量比值一般为(3~4):1；至少一次尿比重>1.025，另一次<1.003。

【临床意义】

（1）评估远端肾小管稀释－浓缩功能受损：夜尿大于 750 mL 或昼夜尿量比值降低，而尿比重值及变化率仍正常，为肾浓缩功能受损的早期改变；若夜尿增多、尿比重低、最高尿比重<1.020，尿比重之差<0.009，表明肾小管浓缩功能严重受损；若尿比重均固定在 1.010~1.012 的低值，称为等渗尿，提示肾稀释－浓缩功能完全丧失。以上情况可见于慢性肾小球肾炎、慢性肾盂肾炎、慢性间质性肾炎、痛风性肾损害、急性肾衰竭多尿期或其他继发性肾小管间质性疾病。

（2）评估肾小球病变：尿量少而尿比重恒定在 1.018 以上（差值<0.009），多见于急性肾小球肾炎及其他 GFR 降低的情况。

（3）其他：尿量明显增多（大于 4 L/24 h）而尿比重均低于 1.006，为尿崩症的典型表现；少尿伴高比重尿见于血容量不足引起的肾前性少尿。

2. 尿渗透压测定 尿渗透压（urine osmolality，Uosm）也称尿渗量，指尿液中具有渗透活性的全部溶质的微粒总数量，与颗粒大小及所带电荷无关，可反映溶质和水的相对排出速度，蛋白质和葡萄糖等大分子物质对其影响较小，是较精确反映肾的浓缩与稀释功能的指标。

【标本采集】 被评估者晚餐后禁饮 8 h，次晨收集空腹尿液，同时静脉采血 2 mL 一并送检。

【参考值】 禁饮后 Uosm 为 600~1 000 mOsm/(kg·H_2O)，平均 800 mOsm/(kg·H_2O)；血浆渗透压（Posm）275~305 mOsm/(kg·H_2O)，平均 300 mOsm/(kg·H_2O)。尿渗透压/血浆渗透压＝(3~4.5):1。

【临床意义】

（1）判断肾浓缩功能：禁饮尿渗透压在 300 mOsm/(kg·H_2O) 左右时，与正常血浆渗透压相等，称为等渗尿；若<300 mOsm/(kg·H_2O)，称为低渗尿。若禁饮 8 h 后尿渗透压<600 mOsm/(kg·H_2O)，且尿/血浆渗透压比值等于或小于1，表明肾浓缩功能障碍，见于慢性肾盂肾炎、多囊肾、尿酸性肾病等慢性间质性病变、慢性肾炎晚期及急慢性肾衰竭累及肾小管和间质。

（2）鉴别肾前性和肾性少尿：肾前性少尿时肾小管浓缩功能完好，故尿渗透压较高，常大于 450 mOsm/(kg·H_2O)；肾小管坏死所致肾性少尿，尿渗透压常小于 350 mOsm/(kg·H_2O)。

小结

肾具有强大的贮备能力，早期肾病变往往没有或极少有临床症状和体征，故早期诊断较大程度上要依赖于实验室检测。但是肾功能检测指标大多数缺乏特异性,因此选择和应用肾功能检测的原则:一是根据临床需要选择必需的项目或项目组合,为临床诊断、病情监测和疗效判断等提供依据;二是结合临床资料和其他检测,综合分析,做出客观结论。

(张美霞)

任务四 常用肝功能实验室检测

【思维导图】

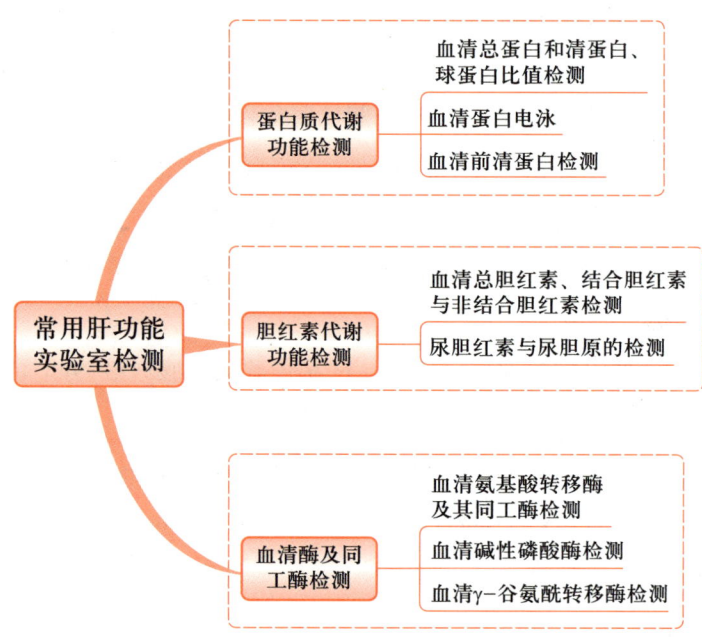

【典型案例】

> 患者,男性,48 岁,工人。乙型肝炎病史 7 年。近 1 周来自感上腹胀、隐痛,乏力、恶心、便秘、厌油腻。皮肤发黄,自述瘙痒。实验室检查结果:谷丙转氨酶 520 U/L,总胆红素 300 μmol/L,结合胆红素 146.8 μmol/L,总蛋白 77 g/L,清蛋白 46 g/L,球蛋白 31 g/L,清蛋白/球蛋白 1.48∶1。
>
> 任务引领一:患者出现的异常情况有哪些?
>
> 任务引领二:各异常指标有何临床意义?
>
> 任务引领三:为进一步了解病情,还需做哪些评估?

　　肝是人体内最大的实质性腺体器官。肝具有多重功能,但其最主要的功能是物质代谢功能,在体内蛋白质、氨基酸、糖、脂类、维生素、激素等物质代谢中起着重要作用。同时，肝还有分泌、排泄、生物转化、胆红素代谢及胆汁酸代谢等方面的功能。当肝细胞发生变性及坏死等损伤后，可导致血清酶学指标的变化；当肝细胞大量损伤后，则可导致肝代谢功能的明显变化。通过检测血清某些酶及同工酶活性和量的变化可早期发现肝的急性损伤；检测肝的代谢功能变化则主要用于诊断慢性肝病及评价肝功能状态。

一、蛋白质代谢功能检测

血液中除 γ 球蛋白、血管性血友病因子(vWF)以外的大多数血浆蛋白如清蛋白、糖蛋白、脂蛋白、多种凝血因子、抗凝因子、纤溶因子及各种转运蛋白等均在肝合成。因此，当肝细胞广泛破坏时上述血浆蛋白合成减少。由于肝参与蛋白质的合成与分解代谢，通过检测血浆蛋白组分的相对含量(蛋白电泳)，可了解肝细胞有无慢性损伤及其损害严重程度。

蛋白质代谢
功能检查

（一）血清总蛋白和清蛋白、球蛋白比值检测

血清总蛋白(serum total protein, STP)是血清清蛋白(albumin, A)和球蛋白(globulin, G)的总和。血清总蛋白和清蛋白的含量是反映肝功能的重要指标。清蛋白又称白蛋白，在维持血液胶体渗透压、体内代谢物质转运及营养等方面起着重要作用。肝合成清蛋白的能力是有限的，只有体内过量清蛋白丢失或被破坏时，合成速度才会增加。此外，细胞因子如 IL-6 可致肝细胞合成清蛋白减少。球蛋白是多种蛋白质的混合物，其中包括含量较多的免疫球蛋白和补体、多种糖蛋白、金属结合蛋白、多种脂蛋白及酶类。球蛋白与机体免疫功能及血浆黏度密切相关。根据清蛋白与球蛋白的量，可计算出清蛋白与球蛋白的比值(A/G)。

【参考值】 成人 STP 60~80 g/L；A 40~55 g/L；G 20~30 g/L；A/G 为(1.5~2.5)∶1。A 占 STP 的 60%，G 不超过 40%。此外，STP 及 A 含量与年龄相关，新生儿及婴幼儿稍低，60 岁以后约降低 2 g/L。

【临床意义】

血清总蛋白降低一般与清蛋白减少相平行，总蛋白升高同时有球蛋白升高。但由于肝具有很强的代偿能力，且清蛋白半衰期较长，为 19~21 天，因此只有肝病变累积到一定程度及达到一定病程后才可出现血清总蛋白改变，所以血清总蛋白常用于检测慢性肝损伤，并可反映肝实质细胞储备功能。

(1) 血清总蛋白及清蛋白增高：见于各种原因导致的血液浓缩(严重脱水、休克、饮水量不足)、肾上腺皮质功能减退症等。

(2) 血清总蛋白及清蛋白降低

1) 各种原因所致的肝细胞损害：常见于亚急性重症肝炎、慢性中度以上持续性肝炎、肝硬化、肝癌等，以及缺血性肝损伤、毒素诱导性肝损伤。清蛋白持续下降，说明肝细胞坏死进行性加重,预后不良;治疗后清蛋白上升,提示肝细胞再生,治疗有效。

2）营养不良:如蛋白质摄入不足或消化吸收不良。

3）蛋白丢失过多:肾病综合征、大面积烧伤、蛋白丢失性肠病、大出血等。

4）消耗增加:见于慢性消耗性疾病,如重症结核、甲状腺功能亢进及恶性肿瘤等。

5）相对减少:如水钠潴留或静脉补充过多的晶体溶液致使血清水分增多的情况。

（3）血清总蛋白及球蛋白增高:总蛋白增高主要是因球蛋白增高,其中又以 γ 球蛋白增高为主。当血清总蛋白>80 g/L 称为高蛋白血症;球蛋白>35 g/L 称为高球蛋白血症。

1）慢性肝病:见于各种原因所致慢性肝炎、肝硬化、慢性酒精性肝病等,且球蛋白增高程度与肝病严重性相关。

2）M 蛋白血症:如多发性骨髓瘤、淋巴瘤、原发性巨球蛋白血症等。

3）自身免疫性疾病:如系统性红斑狼疮、风湿热、类风湿性关节炎等。

4）慢性炎症与慢性感染:如结核病、疟疾、黑热病、麻风病及慢性血吸虫病等。

（4）球蛋白减少:3 岁以内的婴幼儿可出现生理性减少。病理性减少见于先天性低 γ 球蛋白血症、长期应用糖皮质激素和免疫抑制剂等。

（5）A/G 倒置:清蛋白降低和/或球蛋白增高均可出现 A/G 倒置,见于上述严重肝功能损伤及 M 蛋白血症等。

（二）血清蛋白电泳

通常在碱性环境中（pH 8.6）血清蛋白质均带负电荷,在电场中向阳极泳动,因血清中各种蛋白质的颗粒大小、等电点及所带负电荷多少不同,因此它们在电场中泳动的速度也不相同。分子质量小且带负电荷较多的清蛋白在电场中泳动速度较快;分子质量大的 γ 球蛋白泳动速度最慢。临床上应用最多的电泳方法是醋酸纤维素膜法。在血清蛋白电泳后先进行染色,再用光密度计扫描,即可对血清蛋白的电泳区带进行相对定量,从阳极开始依次为清蛋白、α_1 球蛋白、α_2 球蛋白、β 球蛋白和 γ 球蛋白五个区带（图 10-4-1）。

【参考值】 醋酸纤维素膜法:清蛋白 0.62~0.71（62%~71%）;α_1 球蛋白 0.03~0.04（3%~4%）;α_2 球蛋白 0.06~0.10（6%~10%）;β 球蛋白 0.07~0.11（7%~11%）;γ 球蛋白 0.09~0.18（9%~18%）。

【临床意义】

1. 肝疾病 急性及轻型肝炎者电泳多无异常。慢性肝炎、肝硬化时,清蛋白降低,α_1 球蛋白、α_2 球蛋白、β 球蛋白也有减少倾向,γ 球蛋白增加,典型者 β 和 γ 区带融合,出现β-γ桥,即电泳图谱上从β区到γ区连成一片难以分开,慢性活动性肝炎和肝硬化失代偿期尤为显著。肝癌时α_1、α_2球蛋白明显升高,有时可见清蛋白与α_1球蛋白的区带之间出现一条甲胎蛋白区带,有诊断意义。

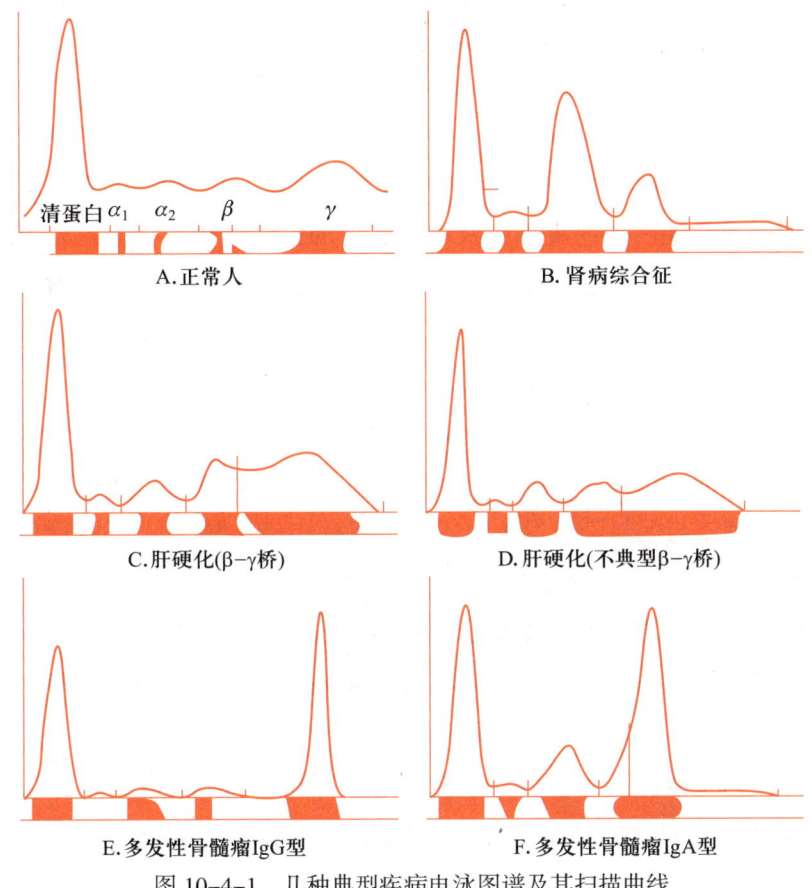

图 10-4-1　几种典型疾病电泳图谱及其扫描曲线

2. **M 蛋白血症**　如多发性骨髓瘤、淋巴瘤、原发性巨球蛋白血症等清蛋白浓度降低,单克隆γ球蛋白明显升高,亦有β球蛋白升高,偶有α球蛋白升高。大部分患者在γ区带、β区带或与γ区带之间可见结构均一、基底窄、峰高尖的 M 蛋白。

3. **肾病综合征、糖尿病、肾病**　清蛋白降低,α_2球蛋白及β球蛋白(脂蛋白的主要成分)增高,γ球蛋白不变或相对降低。

4. **其他**　蛋白丢失性肠病清蛋白及γ球蛋白降低,α_2球蛋白则增高;先天性低丙种球蛋白血症γ球蛋白降低;结缔组织病伴多克隆γ球蛋白增高。

(三)血清前清蛋白检测

前清蛋白(prealbumin,PAB)由肝细胞合成,比清蛋白小,是一种载体蛋白,能与甲状腺素结合,因此又称为甲状腺素结合前清蛋白,并能运输维生素 A。前清蛋白半衰期较其他血浆蛋白短,因此较之清蛋白它更能反映肝细胞早期损害。其血清浓度明显受营养状况及肝功能改变的影响。

【参考值】 1岁 100 mg/L；1~3岁 168~281 mg/L，成年人 280~360 mg/L。

【临床意义】

1. 降低　见于营养不良、慢性感染、恶性肿瘤晚期及肝胆系统疾病，如肝炎、肝硬化、肝癌及阻塞性黄疸等。对早期肝炎、急性重症肝炎有特殊诊断价值。

2. 增高　见于霍奇金淋巴瘤（Hodgkin病）。

二、胆红素代谢功能检测

胆红素代谢

正常人血清胆红素多数来自衰老的红细胞，其余来自其他血红素蛋白中的血红素在巨噬细胞或其他网织内皮细胞及肝细胞中的代谢产物。肝细胞对胆红素的摄取、结合和排泄过程复杂，任一环节发生障碍，均可使胆红素代谢异常，致血清胆红素浓度升高，出现黄疸。

（一）血清总胆红素、结合胆红素与非结合胆红素检测

血清胆红素检测主要是检测血清中总胆红素（serum total bilirubin，STB）、结合胆红素（conjugated bilirubin，CB）和非结合胆红素（unconjugated bilirubin，UCB）的含量。利用血清中胆红素与偶氮染料发生重氮化反应有快相与慢相两期的特点，前者为可溶性结合胆红素，后者为不溶解的非结合胆红素。应用 Gendrassik-Grof 方法使用茶碱和甲醇作为溶剂，以保证血清中结合与非结合胆红素完全被溶解，并与重氮盐试剂起快速反应，测得即为血清总胆红素。血清总胆红素减去结合胆红素即为非结合胆红素。

【参考值】 成人：STB 3.4~17.1 μmol/L；CB 0~6.8 μmol/L；UCB 1.7~10.2 μmol/L。新生儿 STB：0~1天 34~103 μmol/L；1~2天 103~171 μmol/L；3~4天 68~137 μmol/L。

【临床意义】

1. 判断有无黄疸、程度及演变过程　当 STB>17.1 μmol/L 但 ≤34.2 μmol/L 时为隐性黄疸或亚临床黄疸；34.2 μmol/L~171 μmol/L 为轻度黄疸；171 μmol/L~342 μmol/L 为中度黄疸；>342 μmol/L 为重度黄疸。在病程中检测可判断疗效及指导治疗。

2. 判断黄疸病因及类型　见表 10-4-1。

表 10-4-1　正常人及三种类型黄疸血清胆红素的检测结果对比

类型	STB（μmol/L）	UCB（μmol/L）	CB（μmol/L）	CB/UCB
正常人	3.4~17.1	1.7~10.2	0~6.8	0.2~0.4
溶血性黄疸	常<85.5	明显增高	轻度增高	<0.2
肝细胞性黄疸	常 17.1~171	中度增高	中度增高	0.2~0.5
阻塞性黄疸	不完全性：171~256 完全性：>342	轻度增高	明显增高	>0.5

此外，CB 测定可能有助于某些肝胆疾病的早期诊断，如肝炎的黄疸前期、无黄

疸型肝炎、肝硬化失代偿期、肝癌等，有 30%~50% 的患者表现为 CB 增加，而 STB 正常。

（二）尿胆红素与尿胆原的检测

1. 尿胆红素检测 因结合胆红素为水溶性，能够透过肾小球滤过膜在尿中出现，正常成年人尿中含量约 3.4 μmol/L，通常的检验方法不能被发现，当血中 CB 超过肾阈时，可随尿排出，可被检出。

【参考值】 正常人尿胆红素定性阴性。

【临床意义】 尿胆红素试验阳性提示血中 CB 增加，见于以下情况。

（1）各种原因导致的肝细胞广泛受损。

（2）肝外胆管阻塞如胆石症、胆管肿瘤、胰头癌等；肝内小胆管压力升高如门脉周围炎、纤维化或因肝细胞肿胀所致的胆汁淤积，并可对阻塞性黄疸与非阻塞性黄疸进行鉴别。

（3）先天性高胆红素血症 Dubin-Johnson 综合征和 Rotor 综合征。

（4）其他：碱中毒等。

2. 尿胆原检测 仅有极微量的尿胆原在胆红素的肠肝循环过程中逸入血液循环经肾随尿排出。尿中尿胆原为无色不稳定物质，可与苯甲醛发生醛化反应，临床上利用此特性对尿胆原进行定性和定量检测（表 10-4-2）。

表 10-4-2　正常人及三种类型黄疸尿胆红素及尿胆原检测结果对比

项目	正常人	溶血性黄疸	肝细胞性黄疸	阻塞性黄疸
尿胆红素	阴性	阴性	阳性	强阳性
尿胆原	阴性或弱阳性	明显升高	正常或轻度升高	减少或缺如

【参考值】 尿胆原定性为阴性或弱阳性，定量 0.84~4.2 μmol/(L·24 h)。

【临床意义】

1. 尿胆原增多

（1）肝细胞受损：如病毒性肝炎、药物或中毒性肝损害及某些门脉性肝硬化患者。

（2）红细胞破坏增多：如溶血性贫血及巨幼细胞贫血。

（3）其他：各种引起胆红素生成增多的内脏出血、影响尿胆原转运及再分泌的伴肝淤血的充血性心力衰竭及促进肠道尿胆原吸收增多的肠梗阻等。

2. 尿胆原减少 见于阻塞性黄疸及新生儿长期服用广谱抗生素肠道菌群失调致使尿胆原生成减少者。

三、血清酶及同工酶检测

肝是人体含酶最丰富的器官，其中一些酶具有一定的组织特异性，测定血清中某些酶的活性或含量可用于诊断肝胆疾病。有些酶存在于肝细胞内,如血清丙氨酸氨基转移酶、天门冬氨酸氨基转移酶、醛缩酶、乳酸脱氢酶等,当细胞受损时细胞质内的酶释放入血,使血清中这些酶的活性升高;有些酶是由肝细胞合成的,如凝血酶,当肝发生病变时,这些酶活性降低;还有些酶在肝和某些组织中合成后释放到血液中,从胆汁排出,如碱性磷酸酶和γ-谷氨酰转移酶等,当胆道阻塞时其排泄受阻,使血清中这些酶的活性增高。

同工酶指的是具有相同催化活性,但分子结构、理化性质及免疫学反应等都不相同的一组酶,因此又称同工异构酶。测定同工酶可提高酶学检查对肝胆系统疾病诊断及鉴别诊断的特异性。

(一)血清氨基酸转移酶及其同工酶检测

氨基转移酶(aminotransferase)简称转氨酶,是一组催化氨基酸与α-酮酸之间的氨基转移反应的酶类,用于肝功能检测的主要是血清谷丙转氨酶(alanine aminotransferase,ALT)和天门冬氨酸转氨酶(aspartate aminotransferase,AST)。在肝细胞内,ALT主要存在于胞质中,大多数AST存在于线粒体内。正常时,两者在血清中的含量很低,但当肝细胞受损时,肝细胞膜通透性增加,胞质内的ALT和AST释放入血,致使血清中ALT和AST的酶活性升高。当中等程度的肝细胞损伤时,ALT释放率远大于AST。另外,ALT与AST的血浆半衰期分别为47 h和17 h,因此血清ALT测定反映肝损伤的灵敏度较AST高。但是当严重肝细胞损伤时,亦可伤及线粒体膜,其内的AST释放,致血清AST/ALT比值增大。

【参考值】终点法(赖氏法):ALT 5~25卡门单位;AST 8~28卡门单位。速率法:37℃,10~40 U/L;10~40 U/L。DeRitis比值(AST/ALT)=1.15:1。

【临床意义】

1. **急性病毒性肝炎**　ALT与AST均可增高,以ALT增高更显著,通常DeRitis比值<1。在肝炎病毒感染后1~2周,转氨酶达高峰,在第3周到第5周逐渐下降,DeRitis比值逐渐恢复正常。血清转氨酶升高程度与肝损伤程度不相关,但其活力随肝病的进展和恢复升降,可用于观察病情和估计预后。急性肝炎恢复期如血清转氨酶活性不能降至正常或下降后又上升,DeRitis比值有升高倾向,提示转为慢性;急性重症肝炎时,病程初期AST和ALT均升高,AST升高更明显,提示肝细胞损伤严重(有线粒体损伤);急性重症肝炎病情恶化时,可出现黄疸进行性加深,胆红素明显升高,但转氨酶活性系大量肝细胞坏死反而降低,即出现"胆酶分离"现象,提示肝细胞严重坏死,预后不佳。

2. **慢性病毒性及非病毒性肝病**　ALT、AST轻度升高或正常,其中慢性病毒性肝炎DeRitis比值<1,若DeRitis比值>1,提示慢性肝炎进入活动期可能;酒精性肝病、药物性肝炎、脂肪肝等非病毒性肝病DeRitis比值均>1;肝癌DeRitis比值>3。

3. **肝硬化** 转氨酶活性取决于肝细胞进行性坏死的程度,DeRitis 比值 ≥2,终末期转氨酶活性正常或降低。

4. **肝内外胆汁排泄受阻** 转氨酶活性通常正常或轻度升高,如阻塞性黄疸时 ALT 升高。

5. **肝外疾病** 急性心肌梗死后 ALT、AST 增高,AST>ALT,AST 增高程度与心肌坏死的范围和程度有关;骨骼肌疾病、肺梗死、肾梗死、胰梗死、休克及传染性单核细胞增多症等,转氨酶可轻度升高。

在肝细胞中有两种 AST 同工酶,存在于胞质组分者称为胞质 AST(supernatant AST,ASTs);存在于线粒体内者称为线粒体 AST(mitochondral AST,ASTm)。正常人血清中多数为 ASTs,ASTm 占 10% 以下。当肝细胞轻度受损时,如轻中度急性肝炎,血清中 ASTs 漏出增加,而 ASTm 正常;当肝细胞严重受损,如重症肝炎、酒精性肝病等,因线粒体遭到破坏,其内 ASTm 漏出,因此血清中 ASTm 升高。

(二)血清碱性磷酸酶检测

血清碱性磷酸酶(alkaline phosphatase,ALP 或 AKP)在碱性环境中能水解磷酸酯产生磷酸,主要分布在肝、骨骼、小肠、胎盘及肾中,以游离形式存在于血清中,极少量与脂蛋白、免疫球蛋白形成复合物。

【参考值】 磷酸对硝基酚速率法(37℃):男性 45~125 U/L;女性 20~49 岁 30~100 U/L,50~79 岁 50~135 U/L。

【临床意义】 临床上常用于肝胆疾病和骨骼疾病的临床诊断和鉴别诊断,ALP 升高多见。

1. **肝胆系统疾病** 各种肝内、外胆管梗阻性疾病,如胰头癌、胆道结石引起的胆管阻塞、原发性胆汁性肝硬化、肝内胆汁淤积等,ALP 明显升高,且与胆红素浓度相平行;肝实质细胞受损的肝胆疾病(如肝炎、肝硬化),ALP 轻度升高。

2. **黄疸的鉴别诊断** ALP 与血清胆红素、转氨酶同时测定有助于进行黄疸的鉴别诊断,见表 10-4-3。

3. **其他** 骨骼疾病、营养不良、严重贫血、重金属中毒、胃及十二指肠损伤等,血清 ALP 也有不同程度的升高。

表 10-4-3 各种类型黄疸 ALP、血清胆红素及转氨酶检测结果对比

黄疸类型	ALP	血清胆红素	转氨酶
阻塞性黄疸	明显升高	明显升高	轻度升高
肝细胞性黄疸	正常或稍高	升高	明显升高
肝内局限性胆道梗阻	明显升高	正常	多正常

临床上 ALP 活性降低比较少见，主要见于呆小症、ALP 过少症、维生素 C 缺乏症等。

（三）血清 γ- 谷氨酰转移酶测定

血清 γ- 谷氨酰转移酶（γ-glutamyl transferase，γ-GT 或 GGT）是参与氨基酸代谢 γ- 谷氨酰基循环的重要酶。GGT 主要存在于细胞膜和微粒体上，在肾、肝和胰腺含量丰富。血清中的 GGT 主要来自肝胆系统，属于膜结合性糖蛋白酶类，在肝中广泛分布于肝细胞毛细胆管一侧和整个胆管系统，因此当肝内合成亢进或胆汁排出受阻时血清中 GGT 会升高。

【参考值】 γ- 谷氨酰 -3- 羧基 - 对硝基苯酚速率法（37℃）：男性 11~50 U/L，女性 7~32 U/L。

【临床意义】

1. **胆道梗阻性疾病** 如原发性胆汁性肝硬化、硬化性胆管炎、肝癌所致肝内阻塞等均可使 GGT 明显升高。

2. **病毒性肝炎、肝硬化** 急性肝炎时 GGT 呈中等程度升高；慢性肝炎、肝硬化的非活动期，酶活性正常，若 GGT 持续升高，提示病变活动或病情恶化。

3. **酒精性肝炎、药物性肝炎** 酒精能诱导微粒体生物转化系统，GGT 可升高，若显著性升高则为酒精性肝病的重要特征，酗酒者戒酒后 GGT 随之下降。

4. **其他** 系统性红斑狼疮、脂肪酶、胰腺炎、胰腺肿瘤、前列腺肿瘤等 GGT 亦可轻度升高。某些药物，如抗癫痫药、苯妥英钠、三环类抗抑郁药、对乙酰氨基酚等药物也可引起 GGT 升高，停药后血中 GGT 可降至正常。

任务测试

小结

肝是人体的重要器官之一，具有多种物质代谢功能，由于其功能的复杂性，又具有很强的再生和代偿能力，因此某一种检测结果只能代表其一个侧面，而且往往于肝损害到相当严重的程度时才能反映出来，因而肝功能检查正常也不能排除肝疾病。血清酶学指标的检测虽然在反映肝细胞损伤及坏死中具有较高的敏感性，但均缺乏特异性。同时，当肝功能检测指标结果异常时，也要注意有无肝外影响因素。因此，在临床工作中，医护人员必须具有科学的临床思维，综合多种检验结果，并结合被评估者的临床症状和体征做出正确而全面的评价。

（张美霞）

任务五 常用临床生化检测

【思维导图】

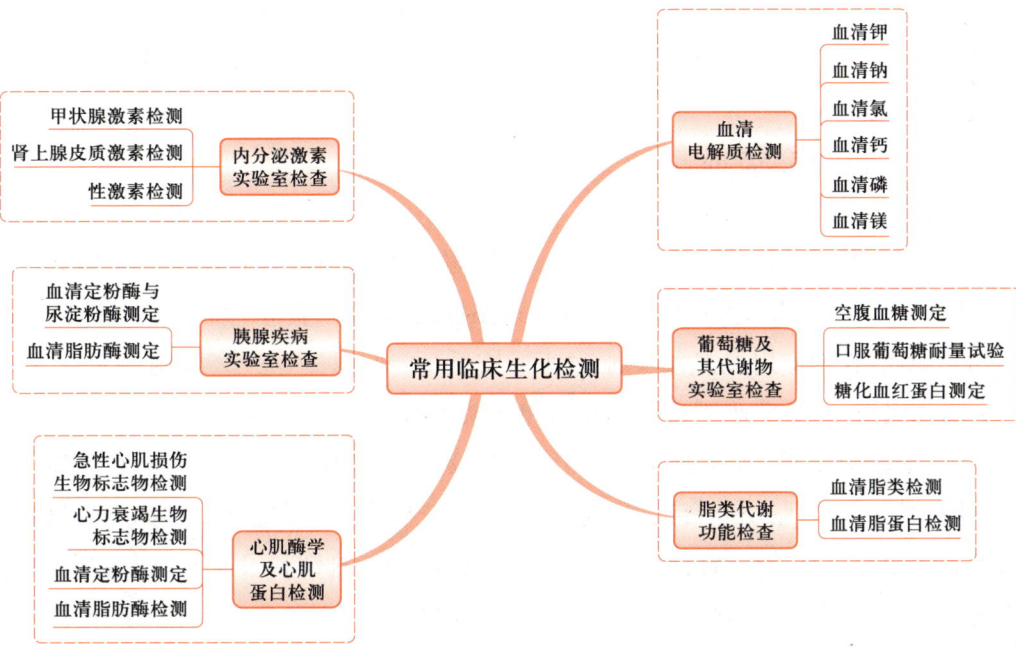

319

【典型案例】

患者,男性,22岁,工人,体重 60 kg。肠梗阻手术后 2 天,自述头晕、四肢无力,24 h 尿量 1 000 mL。查体:体温 36℃,脉搏 110 次 / 分,呼吸 22 次 / 分,血压 80/50 mmHg。

实验室检查:血清钠 130 mmol/L,血清钾 2.5 mmol/L。心电图显示:T 波降低,ST 段降低,QT 间期延长,出现 U 波。因胃肠功能尚未恢复,今日仍需禁食。

任务引领一:患者出现了何种电解质紊乱,依据是什么?

任务引领二:该患者目前的主要护理诊断是什么?

任务引领三:针对该患者应采取哪些护理措施?

临床生化检测通过化学与生物化学的理论和实验室检查技术对人体组织和体液的各种化学成分及含量进行定性和定量分析测定,以了解这些成分在人体生理或病理过程中所产生的质和量的变化,从而为疾病的临床诊断、病情监测、疗效和预后判断、疾病预防等方面提供信息和决策依据。

临床生化检测多采用非抗凝血标本,通常使用黄色帽真空负压分离胶管或红色帽无促凝胶的真空负压采血管。标本采集后应在 1 h 内送检。

一、血清电解质检测

（一）血钾测定

细胞内钾占总钾量的 98%，细胞外液钾仅占 2%，血浆钾占总钾的 0.3%。钾的主要生理功能是维持细胞代谢、细胞内渗透压、酸碱平衡、神经肌肉应激性和心肌的节律性。

【标本采集】 抽取静脉血约 3 mL 置于清洁干燥无抗凝剂的试管中尽快送检，避免标本溶血。

【参考值】 3.5~5.5 mmol/L。

【临床意义】

（1）血清钾增高：血清钾高于 5.5 mmol/L 称为高钾血症。临床常见原因如下。① 钾摄入过多：如输入大量库存血、补钾过多过快、高钾饮食等。② 钾排泄障碍：如肾功能障碍、长期应用保钾利尿剂、肾上腺皮质功能减退症等。③ 细胞内 K^+ 外移：如大面积烧伤、重度溶血、呼吸障碍所致组织缺氧和酸中毒等。

（2）血清钾降低：血清钾低于 3.5 mmol/L 称为低钾血症。临床常见原因如下。① 摄入不足：如胃肠功能紊乱、长期低钾饮食、禁食等。② 排出增多：如频繁呕吐、长期腹泻、肾小管功能障碍、长期应用肾上腺皮质激素、排钾利尿剂等。③ 钾向细胞内转移：如碱中毒、甲状腺功能亢进等。④ 分布异常：心功能不全或肾性水肿时导致细胞外液稀释。

（二）血钠测定

钠（sodium）是细胞外液的主要阳离子，约 44% 分布在细胞外液，9% 存在于细胞内液，剩余的分布在骨骼中。钠的主要功能是维持体液的正常渗透压、酸碱平衡及肌肉和神经的应激作用。血钠对维持血液容量、调节酸碱平衡、维持血浆正常晶体渗透压有重要意义。

【标本采集】 同血清钾采集方法。

【参考值】 135~145 mmol/L。

【临床意义】

（1）血清钠增高：血清钠超过 145 mmol/L 称为高钠血症。临床常见原因如下。① 水分摄入不足：如进食困难、昏迷等。② 水分丢失过多：如大量出汗、烧伤、长期腹泻、呕吐、糖尿病性多尿等。③ 钠摄入过多：如进食过量钠盐或输注大量高渗性盐水等。④ 内分泌病变：如肾上腺皮质功能亢进症、原发性或继发性醛固酮增多症等。

（2）血清钠降低：血清钠浓度小于 135 mmol/L 称为低钠血症。临床常见原因如下。① 丢失过多：如呕吐、腹泻、幽门梗阻等导致胃肠道失钠，慢性肾衰竭多尿期及大量应用利尿剂等引起肾性失钠，大量出汗、大面积烧伤等导致皮肤失钠。② 摄入不足：如长期低盐饮食、饥饿、营养不良、不恰当输液、慢性消耗性疾病等。③ 细胞外液稀释：如各种原因引起的水钠潴留。

（三）血氯测定

氯是细胞外阴离子，常伴随钠的摄入与排出。人体细胞内氯的含量仅为细胞外的一半。氯的主要功能是调节体内酸碱平衡，渗透压，水、电解质平衡，以及参与胃液中胃酸的生成。

【**标本采集**】 同血清钾采集方法。

【**参考值**】 95~105 mmol/L。

【**临床意义**】

（1）血清氯增高：血清氯含量高于 105 mmol/L 称为高氯血症。临床常见原因如下。① 排泄减少：尿道或输尿管梗阻、急慢性肾衰竭少尿期、心力衰竭等。② 摄入过多食盐或静脉输入氯化钠过多等。③ 血液浓缩：频繁呕吐、反复腹泻、大量出汗等。④ 代偿性增高：呼吸性碱中毒过度呼吸、血清氯代偿性增高。⑤ 低蛋白血症：肾疾病。⑥ 肾上腺皮质功能亢进症：肾小管重吸收增加。

（2）血清氯降低：血清氯含量低于 95 mmol/L 称为低氯血症。临床常见原因如下。① 丢失过多：如剧烈呕吐、腹泻、慢性肾衰竭、糖尿病、长期应用噻嗪类利尿剂、呼吸性酸中毒、慢性肾上腺皮质功能减退症等。② 摄入不足：如长期饥饿、营养不良或低盐饮食等。

（四）血钙测定

人体中总钙的 99% 以上都在骨骼和牙齿中以磷酸钙的形式存在，血液中钙的含量不及总钙的 1%，主要存在于血浆中。钙离子的主要功能是减低神经肌肉的兴奋性、维持心肌传导系统的兴奋性和节律性、参与肌肉收缩及神经传导、激活酯酶及三磷酸腺苷及参与凝血过程。

【**标本采集**】 同血清钾采集方法。

【**参考值**】 血清总钙 2.25~2.58 mmol/L；离子钙 1.10~1.34 mmol/L。

【**临床意义**】

（1）血清钙增高：血清总钙超过 2.58 mmol/L 称为高钙血症。常见原因有如下几方面。① 摄入过多：大量饮用牛奶、静脉用钙过多。② 溶骨作用增强：原发性甲状腺功能亢进、多发性骨髓瘤、急性骨萎缩骨折后、肾癌、肺癌、急性白血病、淋巴瘤等。③ 其他：肾疾病、急性坏死性胰腺炎、妊娠等。

（2）血清钙降低：血清总钙低于 2.25 mmol/L 称为低钙血症。常见原因如下。① 成骨作用增强：恶性肿瘤骨转移、甲状旁腺功能减退症等。② 钙吸收减少：佝偻病、骨质软化症等。③ 摄入不足：长期低钙饮食。④ 吸收不良：严重乳糜泻、阻塞性黄疸等。⑤ 其他：肾疾病、急性坏死性胰腺炎、妊娠等。

(五)血磷测定

体内的磷大部分存在于骨骼、软组织和细胞内,小部分存在于体液中。血液中磷以有机盐和无机盐的形式存在。血清磷通常指的是无机磷。磷的生理功能主要是调节酸碱平衡,参与多种酶促反应和糖、脂类及氨基酸代谢,构成生物膜的功能,以及参与骨骼组成。

【标本采集】 同血清钾采集方法。

【参考值】 0.97~1.61 mmol/L。

【临床意义】

(1)血清磷增高:血清磷高于 1.61 mmol/L 时,称为高磷血症。临床常见的原因如下。① 内分泌疾病:如原发性或继发性甲状旁腺功能减退症。② 排出障碍:如肾衰竭等所致的磷酸盐排出障碍。③ 吸收增加:如摄入过多维生素 D,可促进肠道吸收钙、磷,导致血清钙、磷均增高。④ 其他:如肢端肥大症、多发性骨髓瘤、骨折愈合期、艾迪生(Addison)病、急性重型肝炎等。

(2)血清磷降低:血清磷低于 0.97 mmol/L 时,称为低磷血症。临床常见的原因如下。① 摄入不足或吸收障碍:如饥饿、恶病质、吸收不良、活性维生素 D 缺乏症、长期应用含铅制剂等。② 丢失过多:如大量呕吐、腹泻、血液透析、肾小管性酸中毒、范科尼(Fanconi)综合征、应用噻嗪类利尿剂等。③ 静脉注射胰岛素或葡萄糖、过度换气综合征、碱中毒、急性心肌梗死等。④ 其他:如酒精中毒、糖尿病酮症酸中毒、甲状旁腺功能亢进症、维生素 D 抵抗性佝偻病等。

(六)血镁测定

镁离子主要存在于细胞内,红细胞中镁离子含量高于血清。血清镁主要以游离镁的形式存在。钙和镁的生理功能相似。临床上,低钙常伴有低镁血症。

【标本采集】 同血清钾采集方法。

【参考值】 0.8~1.0 mmol/L。

【临床意义】

(1)血清镁增高:血清镁高于 1.0 mmol/L 时,称为高镁血症。临床常见的原因如下。① 肾疾病:凡影响肾小球滤过率者均可使血清镁滞留而增高,如慢性肾炎少尿期、尿毒症、急性或慢性肾衰竭等。② 内分泌疾病:如甲状腺功能减退症(黏液性水肿)、甲状旁腺功能减退症、艾迪生病、未治疗的糖尿病昏迷(治疗后迅速下降)。③ 治疗措施不当:凡用镁制剂治疗不当引起中毒者。④ 其他疾病:多发性骨髓瘤、严重脱水症、关节炎、急性病毒性肝炎、阿米巴肝脓肿、草酸中毒等。

(2)血清镁降低:血清镁低于 0.8 mmol/L 时,称为低镁血症。临床常见的原因如下。① 消化道丢失:长期禁食、吸收不良或长期丢失胃肠液者,如慢性腹泻、吸收不良综合征、手术后的肠道瘘管或胆道瘘管、长期吸引胃液后,酒精中毒严重呕吐者等。② 内分泌疾病：甲状腺功能亢进、甲状旁腺功能亢进症、糖尿病酸中毒纠正后、原发性醛固酮增多症及长期使用皮质激素治疗后，均使尿镁排泄增加。③ 治疗措施不当：用洒利汞或氯噻嗪等利尿剂治疗者未及时补充镁，长期静脉滴注无镁补液。④ 其他疾病：急性胰腺炎在胰腺周围可形成镁皂；晚期肝硬化，可继发醛固酮增多症，加之腹水利尿、低白蛋白血症能使镁结合量减少；急性心肌梗死、急性酒精中毒、新生儿肝炎及婴儿肠切除术后等。

二、葡萄糖及其代谢物的实验室检查

（一）空腹血糖测定

空腹血糖（fasting plasma glucose，FPG）是指在清晨空腹（至少 8~10 h 未进任何食物，饮水除外）采集的静脉血所测定的血糖值，是诊断糖代谢紊乱最常用和最重要的指标。在任何时间采血测定血糖，称为随机血糖（random plasma glucose，RPG）。

【标本采集】 以空腹血浆葡萄糖检测常用。采集静脉血或毛细血管血，采血前 12~14 h 内禁食，禁烟酒，停用胰岛素和降血糖药物，避免精神紧张和剧烈运动等，采集后立即（一般要求 1 h 内）送检。推荐选用含草酸钾 - 氟化钠的灰色管帽真空管采血，可防止糖酵解。检测方法有葡萄糖氧化酶法和己糖激酶法测定，以空腹血糖检测最可靠。

【参考值】 成人 FPG：3.9~6.1 mmol/L。

【临床意义】

（1）血糖增高：FPG > 7.0 mmol/L 称为高血糖症。根据 FPG 将高血糖症分为三度。① 轻度增高：血糖 7.0~8.4 mmol/L。② 中度增高：血糖 8.4~10.1 mmol/L。③ 重度增高：血糖 > 10.1 mmol/L。当空腹血糖水平超过肾糖阈值（8.88 mmol/L）时则出现尿糖阳性。

1）生理性增高：见于高糖饮食后 1~2 h、情绪激动等。

2）病理性增高：见于以下情况。① 各型糖尿病。② 内分泌疾病：如甲状腺功能亢进、腺垂体功能亢进（巨人症、肢端肥大症）、肾上腺皮质功能亢进（库欣综合征）、嗜铬细胞瘤和胰高血糖素瘤等。③ 应激：如颅脑损伤、脑出血、脑膜炎等所致的颅内压增高，心肌梗死、大面积烧伤等。④ 药物影响：如噻嗪类利尿剂、口服避孕药、吲哚美辛、咖啡因、肾上腺糖皮质激素等。⑤ 肝或胰腺疾病：如严重的肝病、坏死性胰腺炎、胰腺癌等。⑥ 脱水引起的血液浓缩，如高热、呕吐、腹泻、麻醉和缺氧等。

（2）血糖降低：FPG 低于 3.9 mmol/L 时，称为 FPG 减低；FPG 低于 2.8 mmol/L 时称为低血糖症。

1）生理性减低：见于长期饥饿、剧烈运动和妊娠期。

2）病理性减低：见于① 内分泌疾病引起的胰岛素绝对或相对过量，如胰岛 B 细胞增生或肿瘤引起的胰岛素分泌过多。② 对抗胰岛素的激素分泌不足，如垂体、肾上腺皮质或甲状腺功能减退而使生长激素、肾上腺素分泌减少。③ 肝糖原贮存缺乏：急性肝坏死、急性重症肝炎、肝癌、肝淤血等使肝的生糖作用减低或肝糖原贮存缺乏，肝不能有效地调节血糖。④ 急性酒精中毒。⑤ 先天性糖原代谢酶缺乏：Ⅰ、Ⅲ型糖原贮积病等。⑥ 消耗性疾病：严重营养不良、恶病质等。⑦ 非降糖药物影响：磺胺药、水杨酸、酒精、普萘洛尔等。⑧ 特发性低血糖。

（二）口服葡萄糖耐量试验

正常人在服用一定量葡萄糖后,血糖浓度可暂时增高(一般不超过 9.0 mmol/L),但在 2 h 内血糖浓度又恢复到空腹水平,称为耐糖现象,主要用于诊断疑似糖尿病者。临床常用的口服葡萄糖耐量试验(oral glucose tolerance test,OGTT)是一种糖负荷试验,口服或注射一定量葡萄糖后,间隔一定时间分别测定被检者的血糖和尿糖水平,以评价个体血糖调节能力。服用葡萄糖后 2 h 血浆葡萄糖(2 hour plasma glucose,2 h–PG)是诊断糖尿病的重要依据。

324

【OGTT 适应证】　① 有糖尿病症状,FPG 水平在临界值(6.0~7.0 mmol/L) 疑似糖尿病患者。② 无糖尿病症状但有明显糖尿病家族史或有发展为糖尿病可能的人群,如肥胖者、高血压或高脂血症患者。③ 以前 OGTT 异常的危险人群。④ 妊娠期糖尿病患者。⑤ 临床上出现肾病、神经病变和视网膜病而又无法做出合理性解释者。⑥ 作为流行病学研究的手段。

【标本采集】　试验前 3 天应有足够的碳水化合物饮食,每天食物中含糖量不得少于 200 g,同时停服所有影响试验的药物、食物,禁烟酒。维持正常的活动。受试前晚餐后禁食 10~16 h。试验日于清晨采集空腹血糖标本后,将 75 g 葡萄糖溶于 300 mL 水中,5 min 内饮完,其后 30 min、1 h、2 h 和 3 h 各采集静脉血标本 1 次,采血的同时留取对应时间的尿标本,分别测定血糖和尿糖。采血时被检者取坐位,整个试验过程不能吸烟、饮茶或咖啡。

【参考值】　健康成年人 OGTT：FPG ≤ 6.1 mmol/L,2 h–PG ≤ 7.8 mmol/L 为糖耐量正常(NGT);服糖后 30 min 至 1 h 血糖升高达峰值,一般在 7.8~9.0 mmol/L,应 < 11.1 mmol/L;服糖后 2 h 血糖 ≤ 7.8 mmol/L;服糖后 3 h 血糖基本恢复至 FPG 水平。同时测定上述各时段的尿糖均应为阴性。

【临床意义】

（1）诊断糖尿病：有以下情况之一者,即可诊断为糖尿病：① 有糖尿病症状,FPG > 7.0 mmol/L。② OGTT 血糖峰值 > 11.1 mmol/L,2 h 血糖 > 11.1 mmol/L。③ 有糖尿病症状,随机血糖 > 11.1 mmo/L,且伴有尿糖阳性者。

（2）糖耐量减低：指 FPG < 7.0 mmol/L,服糖后 2 h 血糖为 7.8~11.1 mmol/L,且血糖达到高峰的时间持续至 1 h 以后,血糖恢复正常的时间持续至 2~3 h 以后,同时伴有尿糖阳性。糖耐量减低多见于 2 型糖尿病、肥胖症、甲状腺功能亢进、腺垂体功能亢

进（肢端肥大症）及肾上腺皮质功能亢进（库欣综合征）等。

（3）葡萄糖耐量曲线低平：指 FPG 降低，服糖后血糖水平升高不明显，2 h 后血糖始终处于低水平，见于胰岛 B 细胞瘤、甲状腺功能减退症、腺垂体功能减退症、肾上腺皮质功能减退症等。

（4）鉴别低血糖

1）功能性低血糖：表现为 FPG 正常，服糖后血糖高峰时间及峰值在正常范围内，但服糖后 2~3 h 出现低血糖，见于特发性餐后低血糖症等。

2）病理性低血糖：表现为 FPG 低于正常，服糖后血糖峰值提前并超过正常水平，2 h 血糖仍不能降至正常水平，尿糖阳性，见于暴发性病毒性肝炎、中毒性肝炎、肝肿瘤等肝疾病。

（三）糖化血红蛋白测定

血红蛋白中两条 β 链 N- 末端的缬氨酸和葡萄糖经非酶促反应结合成糖化血红蛋白（glycohemoglobin，GHb）。血红蛋白 A 包括 HbAa（占 80%）、HbAb（占 2.5%）、HbAc（占 0.5%），HbA$_{1c}$ 是 HbA$_1$ 为血红蛋白与葡萄糖结合的产物，通常临床上测定的是 HbA$_{1c}$。

【标本采集】 同 FPG。

【参考值】 HbAlc：4%~6%。

【临床意义】

（1）作为糖尿病诊断和长期监控的指标：血红蛋白中 GHb 所占比率可以反映检查前 2 个月左右血糖的平均水平，与抽血时间、患者是否空腹、当前是否使用胰岛素等因素无关，是糖尿病监控达标的"金标准"。尤其是对一些血糖波动较大的患者更为合适。

（2）鉴别糖尿病性高血糖及应激性高血糖：前者 GHb 水平多增高，GHb 越高，病情越严重；后者 GHb 正常。

（3）预防血管并发症：如果 GHb>9% 说明患者有持续性的高血糖存在，可能发生糖尿病肾病、糖尿病白内障等，也是急性心肌梗死、脑卒中等死亡的高危因素。

三、脂类代谢功能检测

（一）血清脂类检测

血清中的所有脂质总称为血脂，主要包括胆固醇（cholesterol，CHO）、甘油三酯（triglyceride，TG）、磷脂（phospholipid，PL）和游离脂肪酸（free fatty acid，FFA）。血清脂质及脂蛋白的检测对于脂质代谢紊乱及与脂质代谢紊乱有关的疾病，如动脉粥样硬化、冠心病等的诊断、病情监测和防治均有重要的临床研究及应用价值。

1. **血清总胆固醇测定** 胆固醇是血清脂类重要组成部分。总胆固醇（total cholesterol，TC）包括 30% 游离胆固醇（free cholesterol，FC）和 70% 胆固醇酯（cholesterol

ester,CE）。细胞内主要为 FC,血浆内以 CE 含量较多。胆固醇主要由肝和肾上腺等组织合成,仅少部分从食物中直接摄取。胆固醇主要经胆汁随粪便排出体外。胆固醇广泛存在于全身组织及血液中,在体内有其重要功能,是合成维生素 D、胆汁酸、性激素的原料,对人体的生长、发育和新陈代谢具有重要作用。

【适应证】 早期识别动脉粥样硬化的危险性;使用降脂药物治疗后的监测。

【标本采集】 抽取空腹静脉血 2 mL 加入清洁干燥无抗凝剂的试管中。

【参考值】 成人 < 5.18 mmol/L 为正常;5.18~6.19 mmol/L 为临界值;≥6.19 mmol/L 为升高。

【临床意义】

（1）胆固醇升高:是动脉粥样硬化的重要因素之一,常见于动脉粥样硬化、冠心病、高脂血症、甲状腺功能减退、肾病综合征、胆总管阻塞、妊娠、肥胖和高脂饮食等,还可以见于长期吸烟、饮酒、精神紧张和血液浓缩等。

（2）胆固醇减低:常见于严重肝疾病、甲状腺功能亢进、恶性肿瘤、严重贫血、严重营养不良等,还可以见于应用某些药物,如雌激素、甲状腺激素、钙拮抗剂等。

2. 血清甘油三酯测定 甘油三酯（TG）主要由肝、脂肪组织在小肠合成,部分来自饮食。TG 主要存在于 β- 脂蛋白和乳糜微粒中,直接参与胆固醇和胆固醇酯的代谢。正常人空腹时的 TG 约占总脂的 1/4,它是动脉粥样硬化危险因素之一。

【标本采集】 取空腹静脉血 2 mL 注入清洁干燥试管中,不加抗凝剂。可用酶法或荧光法。

【参考值】 正常为 0.56~1.7 mmol/L;1.7~2.25 mmol/L 为临界值;超过 2.26 mmol/L 为升高。

【临床意义】

（1）TG 升高:见于动脉粥样硬化症、高甘油三酯症、重症糖尿病、冠心病、甲状腺功能减退、肝疾病、肾病综合征、阻塞性黄疸、肥胖、妊娠、痛风、高脂饮食和大量饮酒等。

（2）TG 减低:主要见于严重肝病、甲状腺功能亢进、肾上腺皮质功能减退症、吸收不良等。

（二）血清脂蛋白检测

血清脂蛋白（lipoprotein）由胆固醇、甘油三酯、磷脂等与蛋白结合而成,是脂类在血液中贮存、运输及代谢的重要形式。采用电泳法可将脂蛋白进行分类。

（1）乳糜微粒（chylomicron,CM）:乳糜微粒是颗粒最大,密度最小,分子量最大的一类脂蛋白,是含有甘油三酯的脂肪颗粒,主要来源于含脂肪的食物。乳糜微粒是在消化过程中由肠黏膜形成的外源性脂蛋白,但当食用大量糖类食物时内源性甘油三酯也可进入乳糜微粒。乳糜微粒是转运外源性甘油三酯及胆固醇酯的主要形式。

(2) 极低密度脂蛋白（very low density lipoprotein，VLDL）：极低密度脂蛋白也称内源性脂蛋白，相当于电泳分离的前β-脂蛋白，颗粒稍小，密度稍高，是内源性甘油三酯的重要运输形式。

(3) 低密度脂蛋白（low density lipoprotein，LDL）：低密度脂蛋白由 VLDL 转变而来，亦称为 β-脂蛋白固醇，颗粒更小，密度也更高，是携带胆固醇的主要颗粒，是"坏胆固醇"。

(4) 高密度脂蛋白（high density lipoprotein，HDL）：高密度脂蛋白亦称 α-脂蛋白，颗粒最小，密度最高，运输内源性胆固醇至肝处理，有抗动脉粥样硬化的作用，是"好胆固醇"。

(5) 脂蛋白 a（lipoprotein a，Lp a）：脂蛋白 a 与低密度脂蛋白结构相似，也是冠心病的重要独立危险因素之一。

【标本采集】 取空腹静脉血 2 mL 注入清洁干燥无抗凝剂的试管中。

【参考值】 常用酶法、沉淀法和免疫比浊法。临床常检测高密度脂蛋白中胆固醇（HDL-c）、低密度脂蛋白中胆固醇（LDL-c）和脂蛋白 a 三种，详见表 10-5-1。

表 10-5-1　血清脂质和脂蛋白参考值及临床意义

脂质及脂蛋白名称	参考值（mmol/L）		
	合适水平	边缘水平	危险（增高或减低）
总胆固醇（TC）	<5.18	5.18~6.19	≥6.19
甘油三酯（TG）	<1.70	1.70~2.25	≥2.26
低密度脂蛋白（LDL-c）	<3.37	3.37~4.12	≥4.14
高密度脂蛋白（HDL-c）	>1.04	—	≥1.55 / <1.04

【临床意义】

(1) 血清脂蛋白增高：HDL-c 被认为是一种抗动脉粥样硬化的"好胆固醇"，冠心病的保护因子；LDL-c 是动脉粥样硬化的"坏胆固醇"，冠心病的主要危险因素之一，其在 3.37~4.12 mmol/L 时为边缘增高，≥4.14 mmol/L 为增高，现认为 Lp a 是脑血管、冠心病的独立危险因素。Lp a 增高也见于炎症等。

(2) 血清脂蛋白减低：HDL-c 与 LDL-c 和 TG 呈负相关，对冠心病的诊断有较大临床意义，所以 HDL-c 减低常见于冠心病、糖尿病、严重肝损害和肾病综合征、动脉粥样硬化等。

四、心肌酶学及心肌蛋白检测

（一）急性心肌损伤的生物标志物检测

心肌缺血损伤时的生物标志物较多，但反映心肌损伤的理想标志物应具有以下特点：① 高度的心脏特异性。② 心肌损伤后迅速升高，并持续较长时间。③ 检查方法简便迅速。④ 其应用价值已由临床所证实。冠心病、心肌炎症、中毒、心脏移植、风湿性疾病(如系统性红斑狼疮、多发性心肌炎)等可引起心肌细胞损伤,其中冠心病是最常见的病因。临床常用的指标如下。

1. **肌酸激酶及同工酶测定** 肌酸激酶(creatine kinase,CK)也称为肌酸磷酸激酶(creatine phosphokinase,CPK)。CK 主要存在于胞质和线粒体中,以骨骼肌、心肌含量最多,其次是脑组织和平滑肌,包括 CK-MM、CK-MB、CK-BB 三种同工酶。

【参考值】 CK 总酶活性:男性 80~200 U/L,女性 60~140 U/L;CK-MB 活性<15 U/L。

【临床意义】

(1) CK 增高:见于以下情况。① 急性心肌梗死(acute myocardial infarction,AMI):在 AMI 发病 3~8 h 期间 CK 水平即明显增高,其峰值在 10~36 h,3~4 天恢复正常。如果在 AMI 病程中 CK 再次升高,提示再次发生心肌梗死。因此,CK 为早期诊断 AMI 的灵敏指标之一,但诊断时应注意 CK 的时效性。发病 8 h 内 CK 不增高,不可轻易排除 AMI,应继续动态观察;发病 24 h 的 CK 检测价值最大,此时的 CK 应达峰值,如果 CK 低于参考值的上限,可排除 AMI。但应除外 CK 基础值极低、心肌梗死范围小及心内膜下心肌梗死的患者等,此时即使心肌梗死,CK 也可正常。② 心肌炎和肌肉疾病:心肌炎时 CK 明显升高。各种肌肉疾病,如多发性肌炎、横纹肌溶解症、进行性肌营养不良等 CK 明显增高。③ 溶栓治疗:AMI 溶栓治疗后出现再灌注可导致 CK 活性增高,使峰值时间提前。因此,CK 水平有助于判断溶栓后的再灌注情况,但由于 CK 检测具有中度灵敏度,所以不能早期判断再灌注。如果溶栓后 4 h 内 CK 即达峰值,提示冠状动脉的再通能力达 40%~60%。④ 手术:心脏手术或非心脏手术均可导致 CK 增高,其增高的程度与肌肉损伤的程度、手术范围、手术时间有密切关系。转复心律、心导管术及冠状动脉成形术等均可引起 CK 增高。

CK-MB 升高:见于以下情况。① AMI:AMI 时,CK-MB 升高早于 CK 总酶,AMI 发生 2~8 h 后 CK-MB 开始升高,血清 CK-MB 大幅度升高提示梗死面积大,预后差;若 CK-MB 保持高水平,表明心肌坏死仍在继续进行。② CK-MB/CK>6% 常提示为心肌损伤。

(2) CK 减低:长期卧床、甲状腺功能亢进、激素治疗等 CK 均减低。

2. **乳酸脱氢酶及同工酶测定** 乳酸脱氢酶(lactate dehydrogenase,LDH)是一种糖酵解酶,主要存在于心肌、骨骼肌和肾,其次存在于肝、脾、胰、肺和肿瘤组织。LDH 有五种同工酶:$LDH_1(H_4)$、$LDH_2(H_3M)$、$LDH_3(H_2M_2)$、$LDH_4(H_3M)$ 和 $LDH_5(M_4)$。LDH_1 和 LDH_2 主要存在于心肌中,占总酶的 50%,也可存在于红细胞中;LDH_3 存在于肺和脾;LDH_4 和 LDH_5 主要存在于肝,其次为横纹肌。

【参考值】 LDH 总酶:100~240 U/L;LDH 同工酶比例:$LDH_2 > LDH_1 > LDH_3 > LDH_4 > LDH_5$。

【临床意义】

（1）血清 LDH 总酶活性测定主要用于 AMI 的辅助诊断。

（2）血清 LDH 同工酶测定的意义：① 通常在 AMI 后 6 h 时，LDH_1 开始升高，总 LDH 活性升高略微滞后。② 当 AMI 患者的 LDH_1/LDH_2 倒置且伴有 LDH_5 增高时，提示患者心力衰竭并伴有肝淤血或肝衰竭。③ LDH_1 活性大于 LDH_2 也可出现在心肌炎、巨幼细胞贫血和溶血性贫血患者。④ 在肝实质病变，如病毒性肝炎、肝硬化或原发性肝癌时，可出现 $LDH_5 > LDH_4$ 的情况。⑤ 骨骼肌疾病时 $LDH_5 > LDH_4$，各型肌萎缩早期 LDH_5 升高，晚期可出现 LDH_1 和 LDH_2 升高。⑥ 肺部疾患可有 LDH_3 升高，白血病时常有 LDH_3 和 LDH_4 升高。

3. 心肌肌钙蛋白检测　心肌肌钙蛋白（cardiac troponin, cTn）为肌丝调节蛋白，由肌钙蛋白 T（TnT，调节蛋白的部分）、肌钙蛋白 I（TnI，含抑制因子，在骨骼肌中无表达）和肌钙蛋白 C（TnC，与钙结合的蛋白）三种亚单位组成，对心肌收缩起重要的作用。TnT 和 TnI 是心肌特有的抗原，当心肌损伤或坏死时，可因心肌细胞通透性增加和 / 或 cTn 从心肌纤维上降解下来而导致血清 cTn 增高。因此，血清 cTn 浓度变化对诊断心肌缺血损伤的严重程度有重要价值。

【参考值】　cTnT < 0.1μg/L 为正常，> 0.2 μg/L 为诊断临界值，> 0.5 μg/L 可诊断 AMI；cTnI < 0.2 μg/L 为正常，> 1.5 μg/L 为诊断临界值。

【临床意义】

（1）AMI 时 cTnI 和 cTnT 明显升高。AMI 发病后 3~8 h 开始升高，且具有较宽的诊断窗：cInT（51~4 天），cTnI（4~10 天）。

（2）不稳定型心绞痛患者血清 cTnI 和 cTnT 也可升高，提示有小范围心肌梗死的可能。

（3）用于溶栓疗效的判断，溶栓治疗后 90 min cTn 明显升高，提示再灌注成功。

（4）其他微小心肌损伤，如钝性心肌外伤、心肌挫伤、甲状腺功能减退患者的心肌损伤、药物的心肌毒性、严重脓毒血症和脓毒血症导致左心衰竭时 cTn 也可升高。

（5）疑为 AMI 的患者，建议入院时、入院 6 h 和 12 h 各测定一次 cTn。

4. 肌红蛋白测定　肌红蛋白（myoglobin, Mb）是一种氧结合蛋白，含有亚铁血红素，能结合和释放氧分子，有贮氧和输氧的功能。Mb 主要在肾代谢和清除。正常人血清中含量较少，当心肌或骨骼肌受损时，可从受损肌细胞中释放入血，所以血清 Mb 测定常被用作 AMI 的早期诊断指标。

【参考值】　男性：28~72 μg/L；女性：25~58 μg/L。

【临床意义】

（1）由于 Mb 的分子量小，可以很快从受损的细胞中释放出来，在 AMI 发病后 1~3 h 血中浓度迅速上升，4~12 h 达峰值，18~30 h 内可完全恢复到正常水平。若胸痛发作后 6~12 h 不升高,有助于排除 AMI 的诊断。因此,血清 Mb 是早期诊断 AMI 的标志物。

（2）骨骼肌损伤、肾功能不全时 Mb 也升高。

（3）Mb 是溶栓治疗中判断有无再灌注的较敏感而准确的指标。

（二）心力衰竭的生物标志物检测

B- 钠尿肽（B-type natriuretic peptide,BNP）,又称脑钠肽（brain natriuretic peptide）,是调节体液、钠平衡和血压的重要激素,具有排钠、利尿、扩血管的作用。心室肌细胞为 BNP 主要的贮存和释放部位,当容积负荷增大,心室压力增高时心肌细胞合成 B 型利钠肽前体（proBNP）释放入血,于心肌细胞外生成具有利尿利钠等生理活性的 BNP 和非活性的 N- 末端 BNP（NT-ProBNP）。BNP 与 NT-ProBNP 是临床常用的、最稳定的心功能损伤标志物。

【参考值】 BNP:<50 ng/L（<65 岁者）;BNP<100 ng/L（>65 岁者）;NT-proBNP:<125 ng/L（<65 岁者）;<250 ng/L（>65 岁者）。

【临床意义】

1. 心力衰竭诊断和分级指标 心力衰竭患者无论有无心力衰竭症状,BNP/NT-ProBNP 水平均明显升高,且升高幅度与心力衰竭严重程度成正比。因此,BNP/NT-ProBNP 水平升高可作为心力衰竭早期诊断的筛选指标,结合临床表现和 BNP/NT-proBNP 升高水平可进一步对心力衰竭严重程度进行分级。

2. 呼吸困难鉴别指标 心源性呼吸困难与肺源性呼吸困难很难鉴别,但前者 BNP 水平升高,后者不升高,以此可用于两者的鉴别诊断。

五、胰腺疾病的实验室检查

胰腺是一个具有内分泌和外分泌双重功能的器官,其外分泌物总称为胰液,含有丰富的消化酶,主要有胰淀粉酶、脂肪酶和蛋白酶等。正常情况下,胰液分泌的酶绝大部分进入十二指肠,只有很少一部分进入血液。胰液中的蛋白酶原无活性,不会损伤胰腺自身。急性胰腺炎时,胰液中胰蛋白酶和磷脂酶被激活,致使胰腺组织被消化性破坏。同时,胰液中的酶进入血液循环,导致血液中酶活性升高。检查血液中的胰液特异酶的浓度,有助于急性胰腺炎的诊断。目前临床上常通过检测血淀粉酶、尿淀粉酶和血液胰脂肪酶来诊断胰腺病变。

（一）血清淀粉酶与尿淀粉酶测定

淀粉酶（amylase,AMY）是最重要的水解碳水化合物的酶,可通过肾小球滤过,可从尿液中排出。血液中的淀粉酶主要来自胰腺和唾液腺,尿液中淀粉酶来自血液。胰腺病变时,分泌的淀粉酶不能进入十二指肠而进入血液循环,使血液中淀粉酶增高,尿淀粉酶也增高。

【参考值】 酶偶联法：血清淀粉酶：<220 U/L（37℃）；尿淀粉酶：<1 200 U/L（37℃）。

【临床意义】

（1）血清淀粉酶增高

1）胰腺炎：常见于急性胰腺炎，是诊断急性胰腺炎的重要指标之一，在发病后2~12 h活性开始升高，12~72 h达峰值，3~4天后恢复正常。淀粉酶活性升高的程度不一定和胰腺损伤程度相关，但淀粉酶的活性升得越高，患急性胰腺炎的可能性也越大。慢性胰腺炎、胰腺囊肿、胰腺管阻塞时淀粉酶活性可轻度增高。

2）胰腺癌：早期可见淀粉酶活性增高。其原因为：① 肿瘤压迫造成胰腺导管阻塞，使胰腺导管压力增高，淀粉酶溢入血液中；② 短时间内大量胰腺组织破坏，组织中的淀粉酶进入血液中。

3）非胰腺疾病：淀粉酶活性中度或轻度升高可见以下情况。① 腮腺炎。② 急性腹部疾病：如消化性溃疡穿孔、上腹部手术后、机械性肠梗阻、肠系膜血管病变、胆道梗阻及急性胆囊炎等。③ 服用镇痛剂：如吗啡。④ 酒精中毒。⑤ 肾功能不全等。

（2）血清淀粉酶降低：多由于胰腺组织严重破坏，或肿瘤压迫时间过久，胰体组织纤维化导致胰腺分泌功能障碍所致，常见于慢性胰腺炎、胰腺癌等。

（3）尿淀粉酶增高：主要见于以下情况。① 急性胰腺炎：尿淀粉酶在急性胰腺炎发病后增高，但由于尿淀粉酶浓度测定受肾浓缩稀释功能的影响较大，临床应用价值不如血淀粉酶。② 腮腺炎、肠梗阻和胰腺囊肿等。

（二）血清脂肪酶测定

脂肪酶（lipase，LPS）是一种能水解长链脂肪酸甘油酯的酶，主要由胰腺分泌，少量由胃和小肠产生。脂肪酶经肾小球滤过后，全部被肾小管重吸收，因此尿液中检测不出脂肪酶。

【参考值】 酶法<220 U/L。

【临床意义】

1. 脂肪酶活性增高

（1）胰腺疾病：脂肪酶活性增高常见于胰腺疾病，特别是急性胰腺炎。脂肪酶在急性胰腺炎发病后4~8 h开始升高，24 h达到峰值，可持续10~15天，脂肪酶增高常与淀粉酶先伴行，但有时脂肪酶增高的程度更明显。由于脂肪酶组织来源较少，其特异性较淀粉酶为高。脂肪酶诊断急性胰腺炎的灵敏度可达82%~100%，淀粉酶与脂肪酶联合检测的灵敏度可达95%。由于脂肪酶增高持续时间长，在病程后期检测脂肪酶有利于观察病情变化和判断预后。此外，慢性胰腺炎时脂肪酶也可增高，但增高的程度较急性胰腺炎低。

（2）非胰腺疾病：消化性溃疡穿孔、肠梗阻、急性胆囊炎等脂肪酶也可增高。

2. 脂肪酶活性降低　胰腺癌或胰腺结石所致胰腺导管阻塞时,脂肪酶活性可减低。脂肪酶降低的程度与梗阻部位、梗阻程度及剩余胰腺组织的功能有关。脂肪酶活性减低也可见于胰腺囊性纤维化。

六、内分泌激素实验室检查

(一)甲状腺激素检测

甲状腺是人体最大的内分泌腺体,甲状腺分泌的激素包括甲状腺素(thyroxine, T_4)和三碘甲腺原氨酸($3,5,3'$-triiodothyronine, T_3),两者是酪氨酸含碘衍生物。甲状腺激素的分泌受腺垂体分泌的促甲状腺激素(thyroidstimulating hormone, TSH)调节, TSH受下丘脑分泌的促甲状腺素释放激素(thyrotropin releasing hormone, TRH)调节, 甲状腺激素对促甲状腺素释放激素具有负反馈调节作用。

1. 血清总 T_4(TT_4)和总 T_3(TT_3)测定　血清中结合型和游离型 T_4 和 T_3 总和。

【参考值】　成人 TT_4:77~142 nmol/L;TT_3:1.4~2.2 nmol/L。

【临床意义】

(1)血清 TT_4 异常:增高主要见于甲状腺功能亢进、先天性甲状腺素结合球蛋白增多症、妊娠及口服避孕药或雌激素等,还可见于严重感染、心功能不全、肝疾病、肾疾病等;TT_4 减低主要见于甲状腺功能减退、缺碘性甲状腺肿,也可见于甲状腺功能亢进的治疗过程中、糖尿病酮症酸中毒、恶性肿瘤、心力衰竭等。

(2)血清 TT_3 异常:增高主要见于甲状腺功能亢进、T_3 型甲状腺功能亢进和先天性甲状腺素结合球蛋白增多症;TT_3 减低见于低 T_3 综合征。

2. 血清游离 T_4(free thyroxine, FT_4)和游离 T_3(free triiodothyronine, FT_3)测定　血清 FT_4 和血清 FT_3 不受血浆甲状腺结合球蛋白(TBG)的影响,直接测定 FT_4 对了解甲状腺功能状态较 TT_4 更有意义。

【参考值】　成人 FT_4:10~23 pmol/L;FT_3:5.4~8.8 pmol/L。

【临床意义】

(1)FT_4 异常:增高对诊断甲状腺功能亢进的灵敏度明显优于 TT_4,FT_4 增高还可见于甲状腺功能亢进危象、甲状腺激素不敏感综合征、多结节性甲状腺肿等;FT_4 减低主要见于甲状腺功能减退,应用抗甲状腺药物、糖皮质激素、苯妥英钠、多巴胺等,也可见于肾病综合征等。

(2)FT_3 异常:增高见于甲状腺功能亢进;FT_3 减低见于低 T_3 综合征、慢性淋巴细胞性甲状腺炎晚期、应用肾上腺糖皮质激素等。

3. 反三碘甲状腺原氨酸(reverse triiodothyronine, rT_3)测定　rT_3 由 T_4 在外周组织脱碘而生成。生理情况下,rT_3 含量极少,活性只有 T_4 的 10%,但也是反映甲状腺功能的一个指标。

【参考值】 0.2~0.8 nmol/L。

【临床意义】

（1）rT₃ 增高：见于甲状腺功能亢进、急性心肌梗死、肝硬化、糖尿病。rT₃ 增高诊断甲状腺功能亢进的符合率为 100%。当服用普萘洛尔、地塞米松等药物治疗疾病时可使 rT₃ 增高。

（2）rT₃ 减低：见于甲状腺功能减退、慢性淋巴细胞性甲状腺炎等。

（二）肾上腺皮质激素检测

肾上腺皮质分泌类固醇激素，维持机体的基本生命活动和生理功能。肾上腺皮质激素的分泌活动受下丘脑分泌的促肾上腺皮质激素释放激素（corticotropin releasing hormone，CRH）、垂体分泌的促肾上腺皮质激素（adrenocotropic hormone，ACTH）调控。肾上腺髓质主要分泌肾上腺素、去甲上腺素和少量多巴胺，三者的化学结构相似，统称为儿茶酚胺。

1. 肾上腺皮质激素检测

（1）血清皮质醇和尿液游离皮质醇测定：血清皮质醇（corisol）反映肾上腺皮质激素分泌的情况，尿液中游离皮质醇（free cortisol，FC）主要反映血液中有活性的游离皮质醇水平。临床上常以血清皮质醇和 24 h 尿液游离皮质醇作为筛检肾上腺皮质功能异常的首选指标，也可以作为 ACTH、CRH 兴奋试验的观察指标。

【标本采集】 一般在患者处于正常睡眠规律时进行。于午夜 2 时和上午 8 时分别采血，同时留取 24 h 尿液，及时送检。标本采集必须标注采集时间，因为皮质醇存在显著的昼夜变化。

【参考值】 血清皮质醇：早晨 8~10 时：165.5~441.6 nmol/L（60~160 μg/L）；午夜 55.2~165.6 nmol（20~60 μg/L）；峰谷比 >2。尿液游离皮质醇：55~248 nmol/24 h（20~90 μg/24 h）。

【临床意义】 血清皮质醇和 24 h 尿液游离皮质醇：增高见于库欣病、双侧肾上腺皮质肿瘤、垂体瘤、长期应激状态或长期服用糖皮质激素；降低见于艾迪生病、腺垂体功能减退等。

（2）尿液 17- 羟皮质类固醇（17-hydroxycorticosteroids，17-OHCS）和 17- 酮皮质类固醇（17-ketosteroid，17-KS）测定：尿液中含量高低可反映肾上腺皮质的功能。17-KS 是皮质醇和雄激素的代谢产物。女性和儿童尿液中的 17-KS 主要来自肾上腺皮质，男性约 1/3 来自睾丸，2/3 来自肾上腺皮质。因此，女性和儿童尿液 17-KS 含量的高低可反映肾上腺皮质功能，男性尿中 17-KS 含量则反映肾上腺和睾丸的功能。

【标本采集】 24 h 尿液，留取标本时，要求患者禁食水果、茶、有色蔬菜及含有维生素 C 和咖啡因的食物。

【参考值】 17-OHCS：成年男性：8.33~27.6 μmol/24 h；成年女性：5.5~22.1 μmol/24 h。17-KS：男性 28.5~47.2 nmol/24 h；女性 20.8~34.7 nmol/24 h。

【临床意义】 尿液 17-OHCS 和尿液 17-KS 增高,主要见于皮质功能亢进、肾上腺皮质肿瘤、甲状腺功能亢进、肥胖等。17-KS 增高,见于睾丸间质细胞瘤。尿液 17-OHCS 和尿液 17-KS 减低,见于皮质功能减退、腺垂体功能减退、肾上腺切除术后、甲状腺功能减退等。17-KS 减低,见于睾丸功能减退。

(3) 血浆和尿液醛固酮测定:醛固酮(aldosterone,ALD)的浓度有昼夜变化规律,并受体位、饮食及肾素水平的影响。

【标本采集】 通常采用平衡饮食:每日钠、钾离子摄入量分别为 160 mmol、60 mmol,5~7 天测定血浆和尿液的醛固酮水平。静脉采血,同时留取 24 h 尿液。

【参考值】 血浆:卧位(238.6 ± 104.0)pmol/L,立位(418.9 ± 245.0)pmol/L;尿液:普通饮食 9.4~35.2 nmol/24 h。

【临床意义】

(1) ALD 增高:常见于肾上腺皮质肿瘤或增生引起的原发性醛固酮增多症、心力衰竭、肾病综合征、肝硬化腹水、高血压及长期低钠饮食等。长期服用避孕药等也可使 ALD 增高。

(2) ALD 减低:见于肾上腺皮质功能减退症、垂体功能减退、高钠饮食、妊娠高血压综合征、原发性单一性醛固酮减少症等,应用普萘洛尔、利血平、甲基多巴、甘草等也可使 ALD 减低。

2. 肾上腺髓质激素检测

(1) 肾上腺素(epinephrine,E)和去甲肾上腺素(norepinephrine,NE)测定:

【标本采集】 血清或血浆(红色、黄色或绿色管帽真空采血管采血)留取 24 h 尿液。采集血液标本时,要求人情绪稳定,于安静卧位时采血。留取尿液标本时,要求患者前 2 日开始禁食咖啡、茶等兴奋性饮料及药物等。

【参考值】 血液:E 0.615~3.24 nmol/L;NE 109~437 nmol/L。24 h 尿液:E 0.05~ 20 μg/24 h;NE 14~80 μg/24 h。

【临床意义】 嗜铬细胞瘤时,血液和尿液 E 和 NE 均增高。

(2) 尿液香草扁桃酸测定:香草扁桃酸(vanillylmandelic acid,VMA)是儿茶酚胺的代谢产物。体内儿茶酚胺的代谢产物中有 60% 是 VMA,其性质较儿茶酚胺稳定,且 63% 的 VMA 自尿液排出,故测定尿液 VMA 可以了解肾上腺髓质的分泌功能。VMA 的分泌有昼夜节律性变化,测定其浓度应收集 24 h 混合尿液。

【标本采集】 留取 24 h 混合尿液,留取尿液标本时,要求患者提前 2 日禁食咖啡、茶等兴奋性饮料及药物等。

【参考值】 2~7 mg/24 h。

【临床意义】 尿 VMA 增高主要见于嗜铬细胞瘤发作期、交感神经母细胞瘤、交感神经细胞瘤,男性和肾上腺髓质增生等。

(三) 性激素检测

性激素(sex hormone)可分为雄激素(androgen)、雌激素(estrogen)和孕激素(progestin)。性激素除少量由肾上腺皮质分泌外,男性主要在睾丸产生,女性非妊娠期主要由卵巢产生,妊娠期由胎盘产生。雄激素主要为睾酮(testosterone)及少量脱氢表雄酮(dehydroepiandros terone,DHEA)和雄烯二酮(androstenedione)。雌激素主要为雌二醇(stradiol,E_2)及少量雌三醇(estriol,E_3)和雌酮(estrone),孕激素即孕酮(progesterone)。

实验室检测多采用免疫学的方法检测性激素。由于性激素浓度与年龄关系密切,雌性激素水平与月经周期相关,同一个体不同时期血中性激素水平差异巨大,单次测定结果不能全面真实地反映腺体的功能状况,必须对测定结果进行综合分析。

1. 孕酮测定 孕酮由黄体和卵巢分泌,是类固醇激素合成的中间代谢产物,对维持正常月经周期及正常妊娠有重要的作用。

【参考值】 男性:0.2~1.4 ng/mL。女性:卵泡期 0.8~1.5 ng/mL;排卵期 0.8~3.0 ng/mL;黄体期 1.7~27 ng/mL;停经后 0.1~0.8 ng/mL;怀孕中期 16.4~49 ng/mL;怀孕晚期 25.3~93 ng/mL。

【临床意义】 孕酮增高主要见于葡萄胎、妊娠高血压综合征、原发性高血压、卵巢肿瘤、多胎妊娠、先天性肾上腺皮质增生等。减低主要见于黄体功能不全、多囊卵巢综合征、胎儿发育迟缓、死胎、原发性或继发性闭经、无排卵性子宫功能型出血等。

2. 雌二醇测定 雌二醇(E_2)是雌激素的主要成分,由睾丸、卵巢和胎盘分泌,或由雌激素化而来。E_2 随月经周期和年龄而变化,E_2 的作用是促进女性生殖器官的发育和副性征的出现,并维持在正常状态。男性随年龄增长,E_2 水平逐渐增高。E_2 对代谢也有明显的影响。

【参考值】 男性:1~10 岁 5.0~0.0 pg/mL;成人 7.63~42.6 pg/mL。

女性:1~10 岁 6.00~27.0 pg/mL;卵泡期 12.5~166 pg/mL;排卵期 85.8~498 pg/mL;黄体期 43.8~211 pg/mL;停经后 5.00~54.74 pg/mL;妊娠早期 215~4 300 pg/mL;妊娠中期 810~5 760 pg/mL;妊娠晚期 1 810~13 900 pg/mL。

【临床意义】

(1) E_2 增高:常见于女性性早熟、男性女性化、卵巢肿瘤、性腺母细胞瘤及垂体瘤等,也可见于肝硬化、妊娠期。

(2) E_2 减低:常见于卵巢发育不全、卵巢切除、青春期延迟、原发性或继发性闭经、绝经、口服避孕药等。

3. 睾酮测定 睾酮是由男性的睾丸或女性的卵巢分泌的。睾酮分泌有昼夜规律变化,上午 8 时是分泌高峰期,测定上午 8 时的睾酮浓度对评价男性睾丸分泌功能具有重要价值。

<1 岁：0.12~0.21 ng/mL；1~6 岁：0.03~0.32 ng/mL；7~12 岁：0.03~0.68 ng/mL；13~17 岁：0.28~1.11 ng/mL；成年女性：0.06~0.82 ng/mL；成年男性：2.8~8.0 ng/mL。

【临床意义】

(1) 睾酮增高：常见于睾丸间质细胞瘤、男性性早熟、先天性肾上腺皮质增生症、肾上腺皮质功能亢进、多囊卵巢综合征等，也可见于女性肥胖症、中晚期妊娠及应用雌激素等。

(2) 睾酮减低：常见于睾丸不发育症、Kallmann 综合征（嗅神经 – 性发育不全综合征）、男性 Turner 综合征等，也可见于睾丸炎症、肿瘤、外伤、放射性损伤等。

4. 人绒毛膜促性腺激素（human chorionic gonadotropin，hCG）测定　妊娠早期绒毛组织形成后，合体滋养层细胞就开始大量合成分泌 hCG，妊娠 8~10 周时达到高峰。孕 12 周开始，由于胎儿肾上腺抑制滋养细胞，hCG 呈特征性下降，至妊娠 20 周时会降至最低水平，并维持到妊娠末。产后血清 hCG 快速下降，在 2 周左右将完全消失。

【参考值】

女性：非妊娠期 ≤4 mIU/mL；妊娠 4 周 0.04~4.48 mIU/mL；妊娠 5 周 0.27~2.87 mIU/mL；妊娠 6 周 3.70~8.49 mU/mL；妊娠 7 周 9.70~120 mIU/mL；妊娠 8 周 31.1~184 mIU/mL；妊娠 9 周 61.2~152 mIU/mL；妊娠 10 周 22.0~143 mIU/mL；妊娠 14 周 14.3~75.8 mIU/mL；妊娠 15 周 12.3~60.3 mIU/mL；妊娠 16 周 8.8~54.5 mIU/mL；妊娠 17 周 8.1~51.3 mIU/mL；妊娠 18 周 3.9~49.4 mIU/mL；妊娠 19 周 3.6~6 mIU/mL；更年期后 ≤10 mIU/mL。

男性：≤3 mIU/mL。

【临床意义】　用于妊娠早期诊断，在月经期过后 2~3 天可测出。妊娠前 3 个月 hCG 测定特别重要，此期间 hCG 升高提示绒毛膜癌、葡萄胎或多胎妊娠；hCG 升高还可见于生殖细胞、卵巢、膀胱、胰腺、胃、肺和肝等肿瘤患者。hCG 降低见于流产、宫外孕、妊毒症或死胎。

小结

血清电解质检查主要包括钾、钠、氯、磷、钙等电解质检查。临床上通过血清电解质等检查了解各种疾病的情况下机体内环境的变化情况，以指导诊断、病情监测和治疗。

葡萄糖是人体内糖的主要存在与利用形式。血液中的葡萄糖称之为血糖，通过体内神经系统、内分泌激素及组织器官等共同调节，使血糖浓度保持相对恒定。糖尿病是一组由胰岛素分泌不足或 / 和胰岛素作用低下引起的代谢性疾病，高血糖是其主要特征，血糖控制不良会出现脂类、蛋白质代谢异常，最终导致多器官功能损害。

根据病因将糖尿病分成四大类：1 型糖尿病、2 型糖尿病、特殊类型糖尿病、妊娠糖尿病。实验室诊断方法主要有空腹或随机血糖测定、口服葡萄糖耐量试验或餐后 2 h 血糖测定。除了注意标本采集等影响因素外，在临床应用上不能仅凭一次检查结果异常就做出糖尿病的诊断。糖化血红蛋白利于既往血糖情况的监控,对于判断临床疗效有重要的指导意义。低血糖是指低于参考范围下限的空腹血糖,可由多种原因引起,其诊断依据主要依靠临床表现及血糖测定。

心肌酶学及心肌蛋白检测包括急性心肌损伤的生物标志物检测和心力衰竭的生物标志物检测两部分。在怀疑急性冠脉综合征和 AMI 时,应进行心肌损伤标志物检测。肌钙蛋白作为心肌损伤的特异性标志,它的灵敏性和特异性均高于心肌酶,对 AMI 和小病灶的心肌梗死更有诊断意义。BNP 是诊断心力衰竭较好的心脏标志物,当怀疑心力衰竭时,或对呼吸困难进行鉴别诊断时,应检测 BNP。

胰腺分泌的胰液中含有丰富的消化酶。正常情况下,胰液中的蛋白酶原无活性。在急性胰腺炎时,胰液中胰蛋白酶和磷脂酶被激活,可导致胰腺组织被消化性破坏。同时,胰液中的酶进入血液循环,导致血液中酶活性增高。检测血液中的胰液特异酶活性浓度,有助于急性胰腺炎的诊断,主要包括血清淀粉酶和尿淀粉酶测定及血清脂肪酶测定。

内分泌激素实验室检查包括甲状腺激素检测、肾上腺皮质激素检测、性激素检测。当甲状腺肿大时,需要检测甲状腺激素水平;当育龄期女性妊娠时,应检测孕酮及 hCG。

(郜绍阳)

任务六　血气分析与酸碱测定

【思维导图】

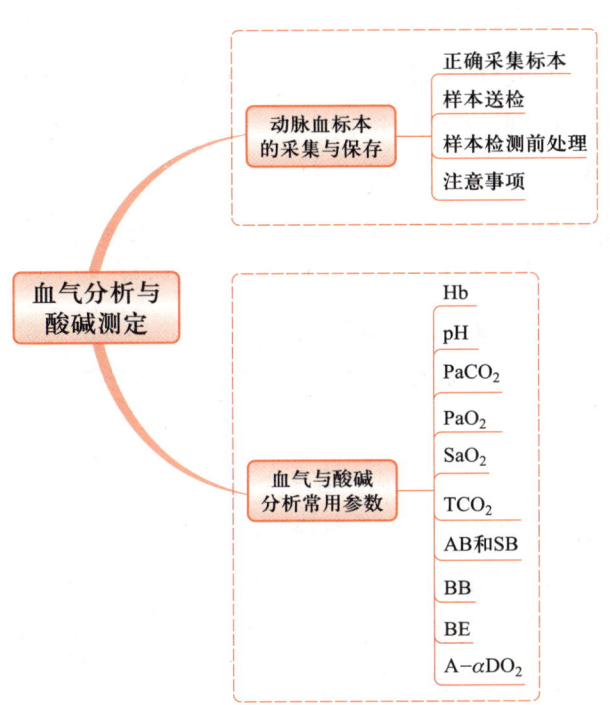

【典型案例】

患者,女性,79岁,突发心悸、气促1 h入院。查体:患者神志清楚,面色苍白,躁动不安,大汗淋漓,皮肤湿冷,鼻翼扇动,口唇发绀,颈静脉充盈,双肺呼吸音粗,两肺可闻及散在干、湿啰音,心尖听诊呈奔马律,有少许咳嗽,无咳痰,脉搏122次/分,呼吸35次/分,血压178/101 mmHg,端坐卧位。

任务引领一:为进一步明确诊断,患者还应做哪些相关检查?

任务引领二:该患者首要的护理问题是什么?

血气分析及 pH 测定,多用血气酸碱分析仪同时测出氧分压(PO_2)、二氧化碳分压(PCO_2)和 pH 三项指标,由此计算出气体及酸碱平衡诊断指标。

一、动脉血标本的采集与保存

1. 正确采集样本

(1)注射器肝素化与稀释:用 2 mL 或 5 mL 消毒注射器,按无菌技术抽取肝素0.2 mL,然后将肝素来回抽动,使针管全部湿润,再将多余肝素全部排出。不正确的肝素化会导致代谢性酸中毒的假阳性结果,故应控制肝素的浓度。使用注射器肝素浓度必须<50 U/mL,液体肝素占血液体积不能超过6%。

(2)采血:护士采血时应右手握注射器,左手摸动脉搏动感最强处,找准穿刺点,两指分开,目的是绷紧皮肤固定血管。若穿刺桡动脉,让患者的手放在毛巾卷上并保持过伸位,空针保持 20°~30° 角,针头斜面向上直接逆动脉血流方向刺入血管。若穿刺股动脉,患者取平卧位,穿刺侧大腿略外展外旋,空针保持 90° 角,穿刺针垂直刺入动脉,皮肤进针部位应在脉搏搏动感最强处,缓慢进针直到看见血液进入针芯。采集的动脉血应随着搏动顺利地流入针筒,否则可能带入静脉血,就会使酸碱度参数轻微改变,而氧指标可能变得无参考意义。

(3)隔绝空气:注射器采血后立即封闭针头,必须迅速排除针筒里的所有气泡,若使用塑料注射器采血超过 10~15 min 就不能有效隔绝空气。

2. 样本送检
样本采集后应立即送检,若不能在 15 min 内完成检测,就必须置于4℃环境中保存,冷环境以减少糖酵解和氧消耗,但不得超过 2 h。切勿将注射器置于冰上,以避免红细胞破坏。

3. 样本检测前处理
样本检测前需充分混匀,使血样恢复至初始状态,包括血浆与红细胞缓冲系统的化学组成。若要检测血红蛋白则更要强调红细胞的充分混匀。样本注射器内由于肝素的量少,或更多的情况下是没有充分地混匀,会导致血液凝固发生,或是在样本注入仪器后预温时产生血液凝固。微小的凝块将使血气分析仪停止工作,排除凝块需要很长时间。

血气分析动脉血样本采集

4. 注意事项　给予氧气吸入治疗的病人,如果病情允许应停止吸氧 30 min 后再采血送检,否则应标明给氧流量和浓度。低温患者是否需要转变为正常体温条件再检测目前仍有争论,争论的中心是正常体温条件下参考范围是否对低体温病人也有效。

二、血气与酸碱分析的临床意义

血气与酸碱分析常用参数含义、参考值及临床意义详见(表 10-6-1)。

表 10-6-1　血气与酸碱分析常用参数含义,参考值及临床意义

常用参数	参数含义	参考值	临床意义
血红蛋白(Hb)	运输 O_2 及 CO_2	120~160 g/L(男) 110~150 g/L(女)	Hb 降低携 O_2 减少,缓冲酸碱能力降低,氧含量也降低,参与 BE、SB 及 SaO_2 的运算
酸碱度(pH)	反映 H^+ 浓度的指标,以 H^+ 浓度的负对数表示	7.35~7.45 [H^+]35~45 mmol/L	<7.35 为酸中毒,>7.45 为碱中毒。在 7.35~7.45,机体可能是正常或代偿性酸碱中毒
二氧化碳分压($PaCO_2$)	指物理溶解在动脉血中的 CO_2 所产生的张力	4.7~6.0 kPa (35~45 mmHg)	反映肺泡 $PaCO_2$ 的平均值。$PaCO_2$ 增高表示肺通气不足(原发或继发),体内 CO_2 潴留;$PaCO_2$ 降低表示肺通气过度(原发或继发),CO_2 排出过多
氧分压(PaO_2)	指物理溶解在动脉血中的 O_2 产生的压力	12.6~13.3 kPa (95~100 mmHg)	判断缺氧程度及呼吸功能。<10.64 kPa(80 mmHg)提示缺氧;<8 kPa(60 mmHg)提示呼吸功能衰竭
氧饱和度(SaO_2)	血红蛋白被氧饱和的百分比	95%~98%	判断 Hb 与氧亲和力的指标,与 PaO_2 密切相关。PaO_2 降低时,SaO_2 也相应减低;当 PaO_2 增高时 SaO_2 增高;PaO_2 与 SaO_2 的关系可绘制成一条呈"S"形的曲线,称为氧解离曲线
二氧化碳总量(TCO_2)	血浆中以各种形式存在的 CO_2 总量,其中 95% 为 HCO_3^-	24~32 mmol/L	与代谢因素及呼吸因素有关,说明代谢因素影响酸碱平衡
实际碳酸氢根(AB)和标准碳酸氢根(SB)	AB 代表患者血浆中实际碳酸氢根浓度;SB 代表患者在标准状态下碳酸氢根浓度,即表示排除了呼吸因素影响	AB 22~27 mmol/L SB 22~27 mmol/L	AB 表示患者实际血液中 HCO_3^- 的储备量。SB 增高提示代谢性碱中毒;SB 降低为代谢性酸中毒。AB>SB 为呼吸性酸中毒,AB<SB 为呼吸性碱中毒,AB 增高和 SB 增高为未代偿型代谢性碱中毒;AB 降低和 SB 降低为未代偿性代谢酸中毒
缓冲碱(BB)	血液中具有缓冲作用的阴离子总和,HCO_3^- 为 BB 主要成分	44~55 mmol/L,平均 50 mmol/L	BB 减少为代谢性酸中毒或呼吸性碱中毒;BB 增高为代谢性碱中毒或呼吸性酸中毒
剩余碱(BE)	在标准状态下,用酸或碱将一升血液的 pH 纠正到 7.40 时所需加的酸或碱的量	−3~+3 mmol/L	BE 为正值,表示 BB 增高,为代谢性碱中毒;BE 为负值,表示 BB 降低,为代谢性酸中毒或呼吸性碱中毒

常用参数	参数含义	参考值	临床意义
肺泡–动脉血氧分压差（A–aDO$_2$）	是肺泡氧分压与动脉血氧分压之差。反映肺换气功能	正常青年人 15~20 mmol/L(2~2.7 kPa)	随年龄增大而增加，但最大不超过 30 mmHg。明显增高，提示肺氧合功能障碍，通气/血流比值失调，肺泡弥散功能障碍

任务测试

340

▌ 小结

　　血气分析及 pH 测定，多采用 PaO$_2$、PaCO$_2$ 和 pH 气体及酸碱平衡诊断指标。需要注意的是动脉血标本的采集与保存，需要掌握采血穿刺部位，主要有股动脉、肱动脉或桡动脉，取 2 mL 不能有气泡的动脉血，并隔绝空气。PaO$_2$ 判断缺氧程度及呼吸功能。SaO$_2$ 判断 Hb 与氧亲和力的指标，与 PaO$_2$ 密切相关。

（郜绍阳）

学习课件

任务七　临床免疫学检验

【思维导图】

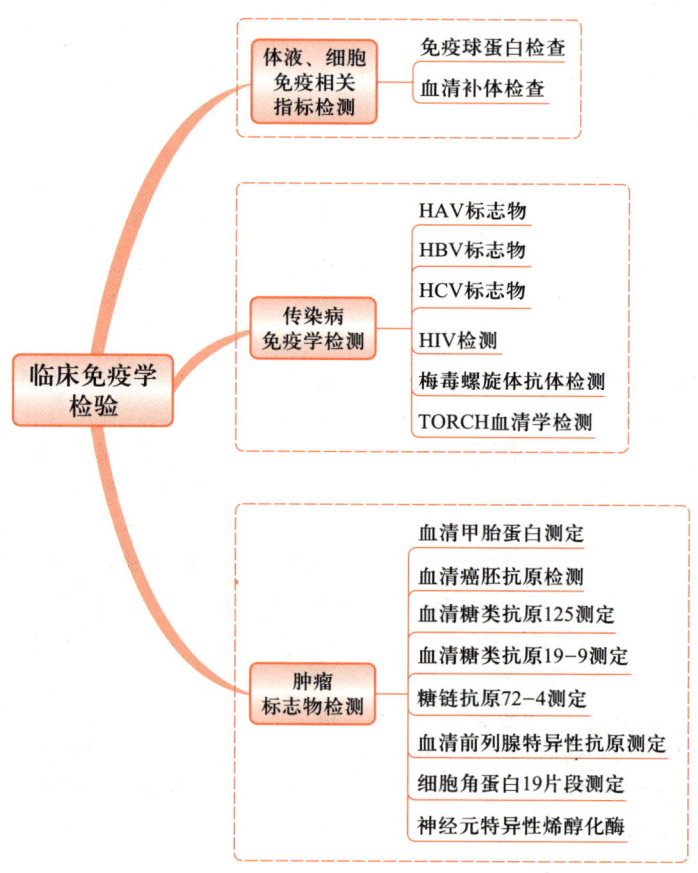

【典型案例】

患者,女性,26 岁。半年多来出现间断性膝关节肿胀疼痛,时有口腔溃疡,月经期延长,近半月来无明显诱因出现间断性发热,胸闷咳嗽,体重下降,头晕乏力,双手散在的网状青斑。

血液常规检查:红细胞 $2.8×10^{12}$/L,血红蛋白 85 g/L,白细胞 $6×10^9$/L,血小板 $115×10^9$/L,红细胞沉降率 65 mm/h。

临床免疫学检查:IgG 18.20 g/L,IgM 2.87 g/L,IgA 0.57 g/L,IgE 12.91 U/mL。

任务引领一:什么是临床免疫学检查? 都包括哪些检查项目?

任务引领二:该患者的实验室检查结果有哪些异常? 其临床意义是什么?

任务引领三:根据上述资料,你认为该患者最可能的疾病是什么? 为了明确诊断,还应进行哪些实验室检查?

一、体液、细胞免疫相关指标检测

临床免疫学是将基础免疫学与临床医学相结合的边缘学科,主要应用免疫学理论和技术研究疾病的病因、发病机制、诊断及治疗。临床免疫学检查常用于感染性疾病、自身免疫性疾病、肿瘤等疾病的诊断及疗效观察。临床免疫检查常采用非抗凝血标本,建议使用真空负压采血采集血标本。

(一)免疫球蛋白检查

免疫球蛋白(immunoglobulin,Ig)是由浆细胞合成分泌的一组具有抗体活性的球蛋白,存在于机体的血液、体液、外分泌液及部分细胞(如淋巴细胞)的膜上。Ig 有着极其重要的生理功能,其异常变化可反映机体的体液免疫功能状态。临床根据其功能和理化性质不同分为 IgG、IgA、IgM、IgD 和 IgE 五种。

【标本采集】 抽取静脉血约 2 mL 于清洁干燥试管中送检,不加抗凝剂。避免标本溶血。

【参考值】 随年龄、人种、地区而不同,婴幼儿及儿童含量低于成人。成人参考值见表 10-7-1。

血清免疫球蛋白

表 10-7-1 五种免疫球蛋白的参考值

名称	含量
IgG	7.0~16.6 g/L
IgA	0.7~3.5 g/L
IgM	0.5~2.6 g/L
IgD	1.0~4.0 mg/L
IgE	0.1~0.9 mg/L

【临床意义】

(1) Ig 增高:Ig 增高分为多克隆增高和单克隆增高两种。前者 IgG、IgA、IgM 同时增高,常见于各种慢性感染、慢性肝炎、肝硬化、肝癌、淋巴瘤及自身免疫性疾病(系统性红斑狼疮、类风湿性关节炎)等。后者仅单一 Ig 增加,见于免疫增殖性疾病,如多发性骨髓瘤、原发性巨球蛋白血症(IgM 增高);各种过敏性疾病(如支气管哮喘)可见 IgE 增高。

(2) Ig 降低:Ig 降低见于各种先天性或获得性免疫病、联合免疫缺陷病及长期使用免疫抑制剂。

(二) 血清补体检查

补体(complement,C)是一组具有酶原活性的糖蛋白,共三组。第一组由 C1~C9 的 9 种补体成分组成;第二组由 B、D、P、H 等因子组成;第三组由补体的调节蛋白组成。补体具有杀菌、溶菌、灭活病毒及溶解细胞等作用,既可产生自身保护作用,也可以引起免疫性病理损伤。其测定主要有以下两种。

1. 总补体溶血活性(total hemolytic complement activity,CH50)测定

【标本采集】 抽取静脉血约 2 mL 于清洁干燥试管中送检,不加抗凝剂。避免标本溶血。

【参考值】 试管法:5 000~10 000 U/L。

【临床意义】

(1) CH_{50} 增高:见于各种急性炎症、某些恶性肿瘤及组织损伤等。

(2) CH_{50} 降低:见于各种免疫复合物性疾病(如肾小球肾炎)、系统性红斑狼疮、类风湿性关节炎、感染性心内膜炎、肝炎、肝硬化、重症营养不良等。

2. 血清补体 C3 测定 血清补体 C3(complement 3,C3)是血清中含量最高的一种补体成分,由肝合成。它是经典途径和旁路途径的关键物质,也是一种急性时相反应蛋白。血清补体在补体活化、促进吞噬等方面发挥作用。

【参考值】 C3:5 g/L。

【临床意义】

(1) C3 增高:见于急性炎症、恶性肿瘤、传染病早期、急性组织损伤、移植手术后的排斥反应等。

(2) C3 降低:见于大多数肾小球肾炎、系统性红斑狼疮和类风湿关节炎的活动期、慢性活动性肝炎、肝硬化、肝坏死先天性补体缺乏症等。

3. 血清补体 C4 测定 血清补体 C4(complement 4,C4)是一种多功能球蛋白,存在于血浆中,由肝合成。它是补体激活经典途径的一个重要组成部分。

【参考值】 C4:0.20~0.60 g/L。

【临床意义】

（1）C4增高：见于各种传染病、急性炎症、组织损伤、多发性骨髓瘤等。

（2）C4降低：见于免疫复合物引起的肾炎、系统性红斑狼疮、病毒性感染、肝硬化、肝炎等。

二、传染病的免疫学检测

传染是病原体与人体在一定条件下相互作用的病理过程。传染的病原体包括各种细菌、病毒、寄生虫、真菌、支原体、衣原体、螺旋体等。当机体感染病原体后，机体免疫系统活化，产生针对病原体抗原的特异性抗体，感染初期产生的抗体主要是IgM，后期以IgG为主，特异性抗体的产生是传染病的免疫学诊断的重要依据，但有一部分血清学实验所用的抗原是病原体的共同抗原，其阳性结果是非特异性的。

病毒性肝炎
血清标志物
测定

（一）甲型肝炎病毒标志物检测

甲型肝炎病毒（hepatitis A virus，HAV）属微小RNA病毒科，主要通过粪—口途径传播。甲型肝炎病毒抗体有lgM和IgG。HAV感染后，机体在急性期和恢复早期出现抗HAV-IgM抗体，在恢复后期出现抗HAV-IgG抗体，且终身携带，不易再次感染HAV。目前主要通过酶联免疫吸附试验（ELISA）检测抗HAV-IgM和抗HAV-IgG两种血清标志物。

【标本采集】 非抗凝外周血、粪便、污染的水源或食物。

【参考值】 ELISA法检测抗HAV-lgM、抗HAV-IgA和抗HAV-IgG均为阴性。

【临床意义】

（1）抗HAV-IgM：甲型肝炎患者在发病后2周抗HAV-lgM的阳性率为100%，1个月为76.5%，3个月为23.5%，6个月为59%，12个月时可为阴性。因此，抗HAV-IgM阳性说明机体正在感染HAV，是早期诊断甲型肝炎的特异性指标。

（2）抗HAV-IgG：阳性出现于恢复期且持久存在，是获得免疫力的标志，提示既往感染，可作为流行病学调查的指标。

（二）乙型肝炎病毒标志物检测

乙型肝炎病毒（hepatitis B virus，HBV）属嗜肝DNA病毒科。HBV主要通过血液途径传播，也可由性传播和母婴传播。其标志物主要有二对半：乙型肝炎表面抗原（HBsAg）及表面抗体（抗-HBs），乙型肝炎e抗原（HBeAg）及e抗体（抗-HBe），核心抗体（抗-HBc）。

【标本采集】 抽取3 mL静脉血置入干燥清洁管中送检，不加抗凝剂，检测乙型肝炎病毒两对半。

【参考值】 常用检查方法为ELISA，还可采用化学发光等方法检测。结果均为阴性。

【临床意义】

(1) HBsAg 阳性：表示为 HBV 感染者或携带者,常见于急性乙型肝炎、慢性或迁延性肝炎活动期。若强阳性则具有较强传染性。

(2) 抗 –HBs 阳性：表示曾感染过 HBV,肝炎恢复期或注射过乙型肝炎疫苗,是 HBsAg 感染后机体产生免疫力的标志。

(3) HBeAg 阳性：表示肝炎处于活动期,HBV 复制多,具有较强的传染性,HBeAg 持续阳性的乙型肝炎易转变为慢性肝炎。

(4) 抗 –HBe 阳性：表示大部分 HBV 被清除,传染性减低,但也可传染,可见于慢性肝炎、肝硬化或肝癌患者。

(5) 抗 –HBc 阳性：常见于慢性肝炎、急性肝炎早期及 HBV 长期携带者,可分为 IgM、IgG,IgG 阳性表示曾感染或正在感染,IgM 阳性可表示急性肝炎恢复期或慢性肝炎恶化期,抗 –HBc 高滴度表示 HBV 在复制,具有传染性。

(6) HBV-DNA 测定：常用 PCR 或斑点交叉试验。其阳性表示 HBV 在复制,具有传染性,还可以用于评价乙型肝炎抗病毒药物治疗效果、筛选献血源、检测血液制品的传染性、乙肝疫苗的安全性等。详见表 10-7-2。

表 10-7-2　乙型肝炎病毒标志物的临床意义及传染性

HBsAg	抗-HBs	HBeAg	抗-HBe	抗-HBC	抗-HBC-IgM	临床意义	传染性
+	−	−	−	−	−	HBV-DNA 处于整合阶段	有
−	+	−	−	−	−	HBV 在感染恢复期产生抗体,乙型肝炎疫苗注射	无
−	−	−	−	+	−	曾感染 HBV 或急性感染恢复期	小
+	−	+	−	−	−	急性 HBV 感染早期,HBV 复制活跃	强
−	+	−	+	−	−	HBV 在感染恢复期	小
−	−	−	+	−	−	少见,表示 HBV 的变异	有
−	−	−	−	+	+	HBsAg/ 抗 –HBs 空白期,处于平衡携带	较小
+	+	+	−	−	−	表面抗原、e 抗原变异	有
+	−	−	+	+	−	HBV 复制停止或减低	有
+	−	−	+	+	+	急性或慢性 HB、HBV 复制减弱	有
−	+	−	+	+	−	HBV 感染恢复期	小
−	−	−	+	+	+	抗 –HBs 产生前阶段、HBV 复制弱	小

HBsAg	抗–HBs	HBeAg	抗–HBe	抗–HBC	抗–HBC–IgM	临床意义	传染性
+	–	+	–	+	+	急性或慢性 HB、HBV 复制活跃	强
+	–	–	+	+	+	急性或慢性 HB、HBV 复制有减弱	有
+	+	+	–	+	+	不同亚型 HBV 再感染	强

（三）丙型肝炎病毒的标志物检测

丙型肝炎病毒（hepatitis C virus，HCV）属于黄病毒科的丙型肝炎病毒属，含有单链 RNA。主要由输血感染引起，诊断标志物常有三种，即 HCV–RNA、抗 HCV–IgM 和抗 HCV–IgG。常用检查方法有 ELISA、RA 及 RT–PCR 法。

【标本采集】 标本采集同 HBV。

【参考值】 阴性。

【临床意义】

（1）HCV–RNA 阳性：表示病毒复制活跃，传染性强，若该项转阴表示复制受抑制，预后良好。

（2）抗 HCV–IgM 阳性：常见于急性 HCV 感染，一般在发病后 2~4 天出现，7~15 天达高峰，常持续 1~3 个月；持续阳性可作为慢性肝炎的指标，或提示病毒持续存在并有复制；是诊断丙型肝炎的早期敏感指标。

（3）抗 HCV–IgG 阳性：提示曾感染过 HCV，输血后肝炎有 90% 患者呈阳性。

（四）人类免疫缺陷病毒感染检测

人类免疫缺陷病毒（human immunodeficiency virus，HIV），又称艾滋病病毒，为单链 RNA 病毒。HIV 感染传播的模式主要有三种：性传播（包括同性和异性之间），血液传播，母婴传播。常用的是 ELISA，确认实验常用免疫印迹试验（Western blot，WB）。

【标本采集】 标本采集同 HBV。

【参考值】 阴性。

【临床意义】 主要用于 HIV 感染的诊断。初筛阳性必须用不同试剂做第二次试验，以免出现假阳性。免疫印迹试验阳性可确诊 HIV 感染。

（五）梅毒螺旋体抗体检测

梅毒（syphilis）是由苍白密螺旋体引起的一种性传播疾病。梅毒主要的传播途径是性接触和通过胎盘感染胎儿，早期可致胎儿流产、早产，晚期感染的成活胎儿是先天梅毒患者。梅毒的常规检查方法：快速血浆反应素试验（rapid plasma regain test，RPR），是诊断梅毒感染的筛选试验；荧光密螺旋体抗体吸收实验（fluorescent treponemal antibody absorptiontest，FTA–ABS）和梅毒螺旋体血凝试验（treponema pallidum hemagglutination assay，TPHA）是确诊梅毒的试验。

【标本采集】 标本采集同 HBV。

【参考值】 阴性。

【临床意义】 确诊试验阳性,结合临床可明确诊断为梅毒。

(六) TORCH 血清学监测

"TORCH"是一组引起宫腔内感染的微生物英文单词的首字母组成的,T 代表的是弓形体(toxoplasma);O 是其他微生物(others),包括乙型肝炎病毒、柯萨奇病毒、梅毒螺旋体等;R 是风疹病毒(rubella virus);C 是巨细胞病毒(cytomegalovirus);H 是单纯疱疹病毒(herpes simplex virus)。

1. 风疹病毒抗体测定 风疹病毒属披膜病毒科风疹病毒属。孕妇若在妊娠早期发生风疹病毒感染,约 50% 可致流产或死胎,若胎儿存活出生,则可能发生先天性风疹综合征,表现为先天性白内障、神经性耳聋、先天性心脏病、智力迟钝及小头畸形等。

【参考值】 风疹病毒抗体 IgM 及 IgG 均阴性。

【临床意义】 风疹病毒 IgM 抗体阳性提示有近期感染,应做产科咨询以决定是否治疗性流产或继续妊娠。风疹病毒 IgG 抗体阳性表示已感染风疹病毒,具有免疫力。

2. 巨细胞病毒抗体测定 人巨细胞病毒(cytomegalovirus,CMV)属疱疹病毒,CMV 围产期是导致胎儿畸形的重要原因之一,还可引起早产、胎儿宫内发育迟缓等。

【参考范围】 巨细胞病毒抗体 IgM 及 IgG 为阴性。

【临床意义】 巨细胞病毒抗体测定,双份血清抗体水平呈 4 倍或 4 倍以上增长时,有诊断意义,特异性抗体 CMV-IgM 阳性为近期感染 CMV 的指标。

3. 弓形体抗体检测 弓形体病是由于弓形体寄生于人体所引起的一种人畜共患的寄生原虫病,猫或其他宠物为主要传染源。妊娠期初次感染,弓形体可通过胎盘感染胎儿,妊娠早期感染者可引起流产、死胎、胚胎发育障碍;妊娠中、晚期感染者可引起宫内胎儿生长迟缓和中枢神经系统损害、眼损害及内脏损害。

【参考范围】 弓形体抗体 IgM 及 IgG 均阴性。

【临床意义】 IgM 抗体阳性提示现症感染,IgG 抗体阳性一般提示既往感染。

4. 单纯疱疹病毒抗体检测 单纯疱疹病毒(HSV)是一种双链 DNA 病毒,疱疹性口腔炎、疱疹性角膜炎、疱疹性脑膜炎、新生儿疱疹等。妊娠早期感染单纯疱疹病毒可致流产,妊娠中、晚期感染可引起胎儿和新生儿发病。

【参考范围】 单纯疱疹病毒抗体 IgM 及 IgG 均阴性。

【临床意义】 单纯疱疹病毒抗体 IgM 阳性提示近期感染,单纯疱疹病毒抗体 IgG 阳性多为既往感染。

三、肿瘤标志物检测

肿瘤标志物（tumor marker）是指存在于肿瘤细胞内或肿瘤细胞表达及脱落的物质，或者是宿主对体内肿瘤反应产生的物质，可存在于细胞胞质、细胞核中或细胞表面，也可见于血液、组织或体液中。

肿瘤标志物
测定

（一）血清甲胎蛋白测定

甲胎蛋白（alpha fetoprotein，AFP）是胎儿发育早期的一种糖蛋白，由卵黄囊及胚胎肝产生。AFP 存在于胎儿血清中，其浓度以胎龄 4~5 个月的胎儿血清含量最高，以后随胎龄增长而逐渐下降，出生后 AFP 的合成很快受到抑制，6 个月至 1 岁时，血中 AFP 逐渐降至正常成人水平。当肝细胞或生殖腺胚胎组织发生恶性病变时，有关基因重新被激活，使本来已丧失合成 AFP 能力的细胞又重新具有合成能力，导致血中 AFP 含量明显增高。

【参考值】 <20 μg/L。

【临床意义】 AFP 是诊断原发性肝细胞癌较敏感和特异的肿瘤标志物，AFP>30 μg/L 有诊断意义。AFP 是肝癌治疗效果和预后判断的一项敏感指标，AFP 在一定程度上反映肿瘤的大小，其动态变化与病情有一定的关系。其他肿瘤如睾丸癌、卵巢癌、畸胎瘤、胃癌、胰腺癌等 AFP 也可升高。病毒性肝炎及肝硬化患者 AFP 轻度升高。妊娠 3 个月后体内 AFP 开始升高，分娩后 3 周恢复正常。

（二）血清癌胚抗原测定

癌胚抗原（carcinoembryonic antigen，CEA）是一种多糖蛋白复合物。正常情况下 CEA 由胎儿胃肠道上皮组织、胰和肝的细胞合成。妊娠前 6 个月内 CEA 含量增高，出生后血中含量极低。细胞发生恶性变时，肿瘤细胞合成 CEA 异常，血清 CEA 浓度增高。

【参考值】 <5 μg/L（不同方法参考范围不同）。

【临床意义】 CEA 是一种广谱肿瘤标志物，虽然不能作为诊断某种恶性肿瘤的特异性指标，但在恶性肿瘤的鉴别诊断、病情监测、疗效评价上仍有重要的临床价值。① 用于消化系统恶性肿瘤的诊断：CEA 是一种重要的非器官特异性肿瘤相关抗原，分泌 CEA 的肿瘤大多位于空腔脏器如肠道、呼吸道、泌尿道等，所以结肠癌、直肠癌、肺癌、胃癌、乳腺癌、胰腺癌、卵巢癌、子宫癌等 CEA 增高。② 用于指导肿瘤的治疗及随访：CEA 含量与肿瘤大小、有无转移存在一定关系，对肿瘤患者血液或其他体液中 CEA 浓度进行连续观察，能为病情判断、预后及疗效观察提供重要的依据。③ 其他疾病如肝硬化、肺气肿、直肠息肉、肠胃炎症等 CEA 可轻度升高。

（三）血清糖类抗原 125 测定

糖类抗原 125（carbohydrate antigen 125，CA125）是一种糖蛋白，存在于上皮性卵

巢癌组织和患者的血清中。

【参考值】 ＜35 μg/L(不同方法参考范围不同)。

【临床意义】 CA125 是上皮性卵巢癌和子宫内膜癌的首选标志物,用于卵巢癌的早期诊断、疗效观察、预后判断、复发及转移的监测。其他病如乳腺癌、胰腺癌、胃癌、肺癌、结肠癌、直肠癌、子宫内膜异位症、盆腔炎、巢囊肿、肝炎、肝硬化等 CA125 也可升高。

(四)血清糖类抗原 15-3 测定

糖类抗原 15-3(carbohydrate antigen 15-3,CA15-3)是一种糖蛋白,存在于乳腺、肺、卵巢、胰腺等恶性或正常的上皮细胞膜上,对乳腺癌的诊断和术后随访监测有一定的价值。

【参考值】 ＜25 U/mL(不同方法参考范围不同)。

【临床意义】 CA15-3 是乳腺癌最重要的标志物,30%~50% 乳腺癌患者的 CAl5-3 明显升高,其含量的变化与治疗效果相关。肺癌、胃肠癌、子宫内膜癌、卵巢癌、宫颈癌等患者血清 CA15-3 也升高,少数良性乳腺疾病、肝硬化患者也可轻度升高,应予以鉴别。

(五)血清糖类抗原 19-9 测定

糖类抗原 19-9(carbohydrate antigen 19-9,CA19-9)是胰腺癌、胃癌、结直肠癌、胆囊癌的相关标志物,正常人 CA19-9 含量很低,因此检测血清 CA19-9 可作为胰腺癌和消化道肿瘤的主要辅助诊断,对胰腺癌有较高的特异性和敏感性,连续监测对病情进展、手术效果、预后及复发判断有重要的价值。

【参考值】 ＜37 U/mL(不同方法参考范围不同)。

【临床意义】 主要用于胰腺癌的鉴别诊断和病情监测。胃癌、结直肠癌、胆囊癌、胆管癌、肝癌患者 CA19-9 也可升高。

(六)糖类抗原 72-4 测定

糖类抗原 72-4(carbohydrate antigen 72-4,CA72-4),是胃肠道肿瘤和卵巢癌的标志物。

【参考值】 CLIA、ELISA:血清＜4 000 U/L。

【临床意义】

(1)恶性肿瘤:CA72-4 是监测胃癌的首选肿瘤标志物,灵敏度优于 CA19-9 和 CEA,若三者联合检测效果更好。卵巢癌、结肠癌、胰腺癌和非小细胞性肺癌时 CA72-4 含量也明显增加。相对于 CEA 和 CA19-9,CA72-4 在良性疾病中有较高的临床特异性。

(2)联合检测:胃癌术后患者 CA72-4 和 CA19-9 联合检测的临床灵敏度增加,明显高于 CA72-4 和 CEA 联合检测。对大肠癌,CA72-4 和 CEA 联合检测可明显提高初步诊断的临床灵敏度。对卵巢癌,CA125 和 CA72-4 联合检测可明显提高临床灵敏度。

(七) 血清前列腺特异性抗原测定

前列腺特异性抗原(prostate specific antigen,PSA)是一种由前列腺分泌的单链糖蛋白,正常人血清中 PSA 含量极微。血中的总 PSA(t-PST)以两种形式存在:约 20% 为游离的 PSA(f-PSA),约 80% 为与蛋白质结合的复合 PSA(c-PSA)。临床测定的主要是 t-PSA 和 f-PSA 的比值。

【标本采集】 血清,黄色或红色管帽真空采血管采血,2~8℃保存,应于 24 h 内测定,否则 -20℃冻存。应于肛诊前取血检查,避免使用溶血或指血标本。

【参考值】 t-PSA<4 μg/L;f-PSA<0.8 μg/L;f-PSA/t-PSA>0.25(不同方法参考范围不同)。

【临床意义】 PSA 可作为前列腺癌筛查的标志物,也可作为监测前列腺癌病情变化和疗效的重要指标。在前列腺增生、前列腺炎、肾和泌尿生殖系统疾病时 PSA 也可轻度升高。临床上一般用 f-PSA/t-PSA 比值来鉴别诊断,比值<0.15 为前列腺癌的可能性大;比值>0.25 提示可能为良性病变。

(八) 细胞角蛋白 19 片段测定

细胞角蛋白是一种支持蛋白,是上皮细胞的特征性标志。与细胞角蛋白相反,细胞角蛋白片段可溶于血清并可被检测到。细胞角蛋白 19(cytokeratin 19 fragment)并非器官特异性或肿瘤特异性蛋白,但经常出现于肺部组织且特别易于出现于肺部恶性肿瘤结合处,主要用于非小细胞肺癌的鉴别诊断和预后评估,以及肺癌患者治疗效果和病程监测。

【参考值】 CLIA、ELISA:血清<2.0 μg/L。

【临床意义】

(1) 恶性肿瘤:细胞角蛋白 19 片段抗原 21-1(CYFRA21-1)阳性可见于所有的实体肿瘤,非小细胞肺癌的阳性率为 40%~64%,小细胞肺癌的阳性率为 16%~52%,在肺的鳞状细胞癌、大细胞癌和腺癌中也有较高阳性率。此外,在膀胱癌、前列腺癌、卵巢癌、大肠癌、胰腺癌等也有不到 50% 的临床灵敏度。

(2) 良性疾病:CYFRA21-1 升高亦可见于良性疾病,在肺部疾病、胃肠道疾病、妇科疾病、泌尿系统疾病和肾功能不全患者中亦可见到 CYFRA21-1 轻微升高。

(3) 与神经元特异性烯醇化酶(NSE)联合检测:NSE 是小细胞肺癌的首选标志物,CYFRA21-1 是非小细胞肺癌的首选标志物,提倡将 CYRA21-1 和 NSE 联合检测,以提高诊断的灵敏度,两者联合检测还可为肺内占位性病变定性(良性和恶性)提供依据。

（九）神经元特异性烯醇化酶检测

神经元特异性烯醇化酶（neuron specific enolase，NSE）是烯醇化酶的一种同工酶，目前认为它是小细胞肺癌（SCLC）和神经母细胞瘤的肿瘤标志物。烯醇化酶同工酶根据 α、β、γ 三个亚基不同，可分为 αα、ββ、γγ、αβ 和 αγ 五种二聚体同工酶。此酶在正常人脑组织中含量最高，起源于神经内分泌细胞的肿瘤组织也有异常表达。癌肿组织糖酵解作用加强，细胞增殖周期加快，细胞内的 NSE 释放进入血液增多，导致该酶在血清内含量增高。NSE 也存在于正常红细胞和血小板中，标本溶血会影响测定结果，因此采血时要特别注意避免溶血。

【参考值】　CLIA、ELISA：血清<15 μg/L。

【临床意义】

（1）小细胞肺癌：小细胞肺癌患者 NSE 水平明显高于肺腺癌、肺鳞癌、大细胞肺癌等非小细胞肺癌（NSCLC），可用于鉴别诊断，监测小细胞肺癌放射治疗、化学治疗后的效果。治疗有效时 NSE 浓度逐渐降低至正常水平，复发时血清 NSE 升高。由于临床敏感度和特异性较低，NSE 不适合于小细胞肺癌的筛查和诊断。

（2）神经母细胞瘤：患者 NSE 水平异常增高，而肾母细胞瘤升高较少，因此测定 NSE 的水平可用于上述疾病的诊断和鉴别诊断，也可用来监测神经母细胞瘤的病情变化、评价疗效和预测复发。

（3）神经内分泌细胞肿瘤：如嗜铬细胞瘤、胰岛细胞瘤、甲状腺髓样癌、黑色素瘤等患者血清内 NSE 也可增高。转移性精原细胞瘤 NSE 显著升高。

小结

免疫球蛋白是一组具有抗体活性的球蛋白，是人体重要的免疫效应分子。对不同类型免疫球蛋白（IgG、IgA、IgM、lgD、IgE）的测定有助于感染性疾病、自身免疫性疾病、肿瘤等的诊断和治疗。

血清补体测定包括总补体溶血活性测定、血清补体 C3、C4 测定。血清补体增高常见于各种急性炎症反应等，降低则见于合成能力降低、消耗或丢失过多、合成原料不足，也可为先天补体缺乏。

机体感染病原体后，产生针对病原体抗原的特异性抗体，感染初期产生的抗体主要为 1gM，后期以 IgG 为主，特异性抗体的产生是病原体感染免疫学诊断的重要依据。感染性疾病的实验室检查主要包括病原体的检查和血清学试验。特异性抗体的产生是病原体感染免疫学诊断的重要依据，但一部分血清学试验所用的抗原为病原体的共同抗原，其阳性结果为非特异性。重点掌握 HAV、HBV、HCV 病毒标志物检测的临床意义；HIV、梅毒及 TORCH 的血清学检查指标。

肿瘤标志物是由肿瘤细胞合成分泌或是肿瘤细胞刺激机体产生的，反映肿瘤存

任务测试

在和生长的一类物质。检测恶性肿瘤患者外周血中的肿瘤标志物的浓度,有助于肿瘤的疾病诊断、疗效和预后判断,监测肿瘤是否复发和转移等。目前常用的肿瘤标志物检查有血清甲胎蛋白测定、癌胚抗原测定、糖类抗原125测定、糖类抗原15-3测定、糖类抗原19-9测定、前列腺特异性抗原测定、细胞角蛋白19片段测定等。

（郜绍阳）

351

项目十 实验室检查

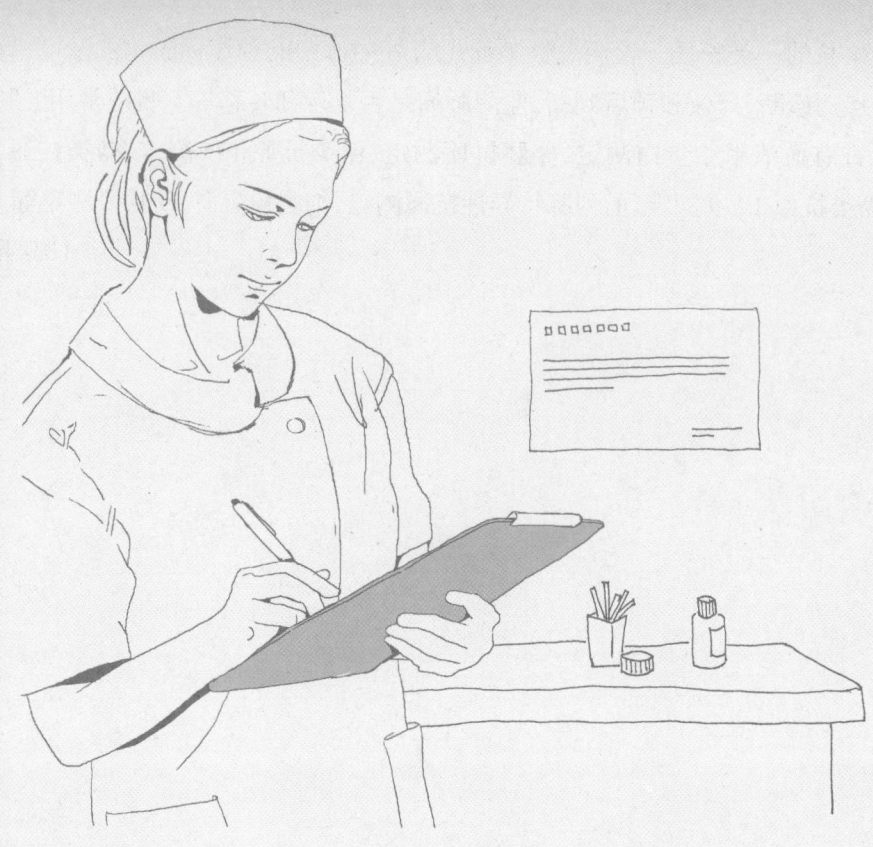

项目十一　心电图检查

【学习目标】

1. **知识目标**：复述心电图导联体系及各导联的连接方法；描述心电图各波段的命名、波形特点及正常值；描述临床常见异常心电图的图形特征。解释心肌梗死的心电图图形演变特征及分期。

2. **能力目标**：能正确而熟练地描记心电图；能基本掌握心电图的阅读与分析方法；能准确测量心电图各波段，区别正常心电图与异常心电图；能对临床常见的异常心电图进行分析，并作出初步的诊断。

3. **素质目标**：培养严谨缜密、实事求是的科学态度；培养关爱病人、保护病人隐私的高尚医德。

【思维导图】

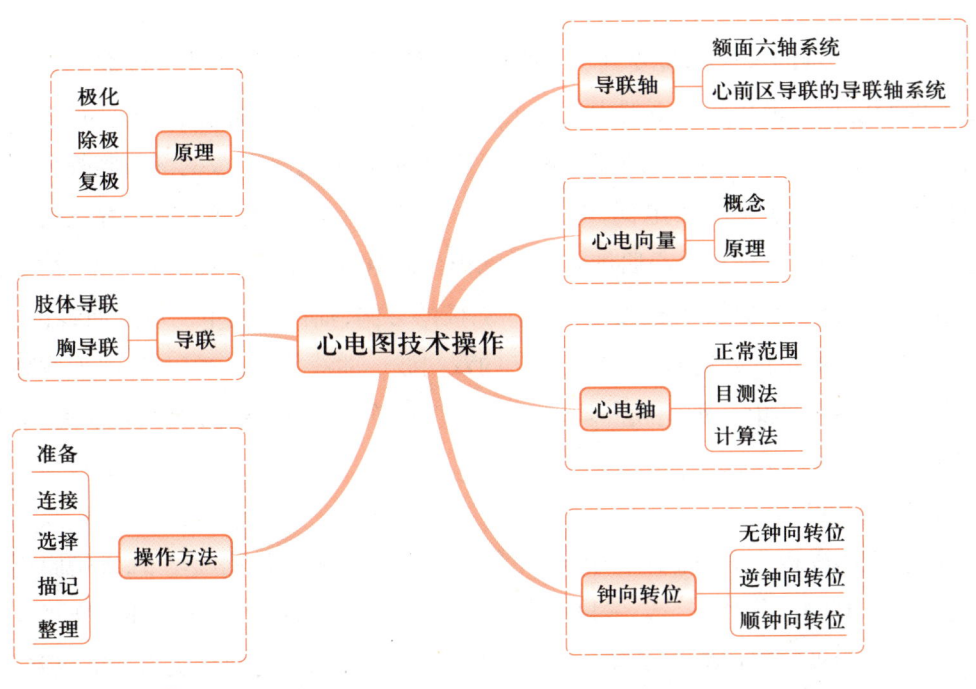

【典型案例】

> 患者,女性,58岁。心前区疼痛,出冷汗。查体:体温 36℃,脉搏 60 次 / 分,呼吸 18 次 /
> 分,血压 152/70 mmHg。需为患者做心电图。
>
> 任务引领一:心电图各导联连接的位置在哪里?
>
> 任务引领二:做床旁心电图应注意什么?
>
> 任务引领三:如何初步判断心电轴是否正常?

　　心脏在机械性收缩之前会先产生电激动,这种电激动产生的微小电流可经人体
组织传导至体表。用心电图机从体表记录心脏每一个心动周期电活动变化所形成的
曲线图形就是心电图(electrocardiography,ECG)。

一、心电图产生原理

　　心肌细胞的生物电变化是由于细胞膜对膜内外的带电阴、阳离子进行选择通透
和定向流动,从而在细胞膜表面出现电位变化,在除极与未除极之间形成电位差,故
产生的微小电流。

（一）极化阶段

静息状态下，心肌细胞的细胞膜外聚集着一些带正电荷的阳离子，而在膜内聚集着同等数量带负电荷的阴离子，这种静息状态下细胞膜外正电荷、膜内负电荷的相对恒定状态就是极化状态（polarization）。此时在细胞膜内外和表面均无电位差，没有电流形成。用导线将细胞膜的两端接至电流计时，指针不动，为一条电平线。

（二）除极阶段

当心肌细胞的某个部位受到足够强度的刺激时，该部位细胞膜外阳离子大量内流，此时膜电位由极化状态下的内负外正迅速变为内正外负状态，这一转变过程即为除极（depolarization）。已除极的部位膜外带负电荷，而附近未除极的部位膜外还是带正电荷，二者之间就产生了电偶，电流由未除极部位流向已除极的部位，并且沿着一定方向快速扩展，直到整个心肌细胞完全除极。此时若检测电极面对除极的方向，则描记出向上的波形曲线；若检测电极背离除极的方向，描记出向下的波形曲线；若检测电极置于细胞中部，则描记出先正后负的双向波形曲线。除极过程迅速，形成高而窄的波形。除极结束后细胞膜外均匀分布负电荷，暂无电位变化，电位差消失，电流消失，曲线回到基线水平。

（三）复极阶段

心肌细胞除极之后，在多种离子的后续移动及离子泵的耗能调整下，细胞膜逐渐恢复到静息时的极化状态，这一过程就是复极（repolarization）。由内正外负恢复至内负外正。先除极的部位会先复极，已复极部位与未复极部位之间再次出现电位差，产生电流，但此时电流的方向与复极方向相反，故在同一部位描记到的复极波方向与除极波方向相反。但是，在临床心电图检查中，不是把电极置于细胞膜内外，而是置于人体表面，这与单个心肌细胞除极和复极电位变化波形不一样，正常人心室除极是由心内膜向心外膜推进，而复极则是由心外膜向心内膜推进，故临床心电图记录到的复极波与除极波主波方向是一致的。与除极过程相比，复极过程较为缓慢，电量分散，描记出的波形低、宽而圆钝。复极结束后，细胞膜外恢复正电荷，电位差消失，曲线回到基线水平。

描记心肌细胞在除极和复极过程中产生电流的波形，可反映心脏动作电位过程中心电变化的情况（图 11-1-1），通过心电图波形的改变来判断心脏心肌细胞的电流变化，从而大致了解心脏有无疾病。

二、心电向量

向量（Vector）是既有大小又有方向的物理量。因心肌细胞在除极与复极时可形成电偶，若电偶两极的电荷数目聚集得越多，那么两极间的电位差（电动势）就越大。电偶的大小即电偶电动势的大小。电偶的方向是由电穴指向电源。因电偶既有数量

大小,又有方向,故称为心电向量。心电向量通常用箭头来表示,箭头的方向代表着电偶的方向,而箭杆的长度则代表电偶电动势的大小。除极时产生的心电向量称为除极向量,复极时产生的心电向量称为复极向量。除极向量方向与除极方向一致,复极向量方向与复极方向相反。

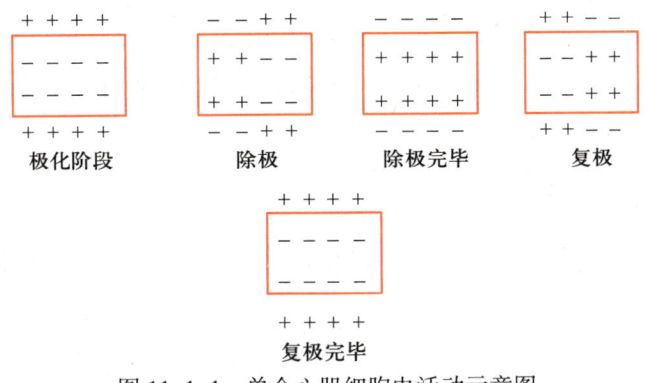

图 11-1-1　单个心肌细胞电活动示意图

心脏除极或复极过程的每个瞬间都有许多心肌细胞同时除极或复极,产生许许多多大小方向各不相同的心电向量。按"合力"原则把心脏激动的每个瞬间的这些心电向量进行综合,就形成瞬间综合心电向量。无数个依次发生的瞬间综合心电向量形成了心脏除极或复极过程。

心电向量"合力"原则的综合方法为:若两个向量方向相同,则综合向量大小为两者之和,方向与原来方向相同;若方向相反,综合向量大小为两者之差,方向与较大的向量保持一致;若两个向量互成角度,则以平行四边形法则求得综合向量的大小和方向(图 11-1-2)。

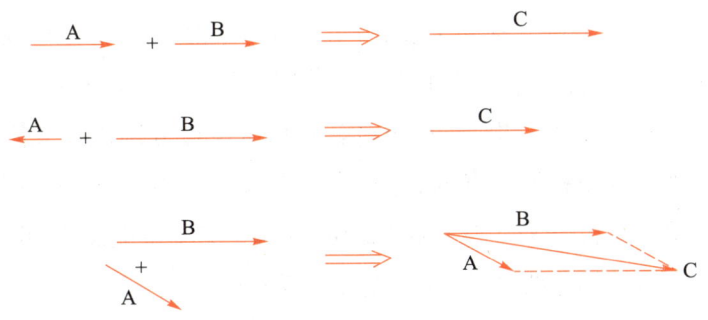

图 11-1-2　不同方向的向量求和

临床上从体表测得的心电变化,是按以上原则综合全部参与电活动的心肌细胞电位变化的结果。

三、心电图导联体系

将电极置于人体表面的不同部位,利用导联线与心电图机电流计的正极和负极相连,用以记录心电图的电路连接方式称为心电图导联。电极放置部位和连接方式的不同,组成的导联不同。在长期的临床心电图实践中,应用最为普遍的是国际通用导联体系,称为常规 12 导联体系。

(一)肢体导联

肢体导联由标准导联 I、II、III 及加压单极肢体导联 aVR、aVL、aVF 组成。

1. **标准导联** 为双极肢体导联。将心电图机的正负极分别与两个肢体相连,反映两个电极所在肢体的电位差。用三个罗马数字 I、II、III 表示。具体电极安放位置见表 11-1-1 和图 11-1-3。

表 11-1-1 标准导联正负电极的连接位置

导联名称	正极位置	负极位置
I	左上肢	右上肢
II	左下肢	右上肢
III	左下肢	左上肢

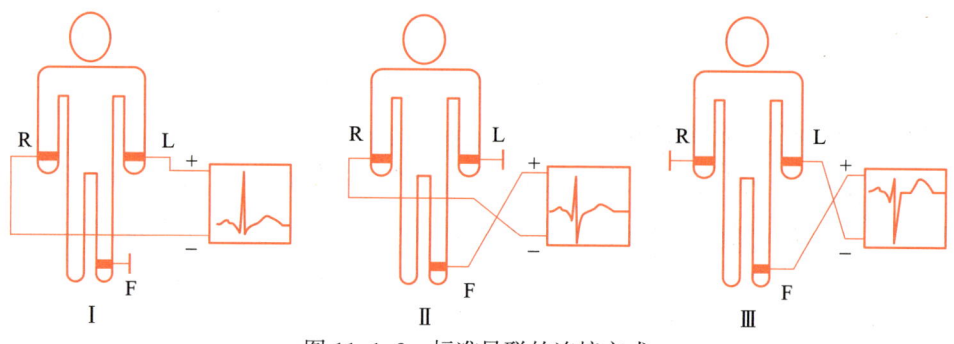

图 11-1-3 标准导联的连接方式

2. **加压单极肢体导联** 使左上肢、右上肢和左下肢的三个电极都通过 5 kΩ 电阻,然后再并联起来就组成了无干电极或称中心电端,此处电位接近零且较稳定。将心电图机的负极连接到中心电端,正极也就是探查电极分别连接人体的右上肢、左上肢、左下肢,即构成单极肢体导联,分别为右上肢单极导联(VR)、左上肢单极导联(VL)和左下肢单极导联(VF)。为了便于观测,在描记某个单极肢体导联心电图时,若将该肢体与中心电端的连线断开,探查电极所反映的电压升值 50%,波幅增大,更加直观。

这种将心电图机的正极与某一个肢体相连,负极与另两个肢体相连构成中心电端的连接方法就是目前应用广泛的加压单极肢体导联。其为单极导联,基本上表示检测肢体的电位变化。用 aVR、aVL、aVF 表示,其中的 a 表示加压 50%,V 表示电压,R、L、F 分别表示右上肢、左上肢和左下肢。三个导联电极的具体安放方法见表 11-1-2 和图 11-1-4。

表 11-1-2　加压单极肢体导联正负电极连接方法

导联名称	正电极位置	负电极位置
aVR	右上肢	左上肢 + 左下肢
aVL	左上肢	右上肢 + 左下肢
aVF	左下肢	左上肢 + 右上肢

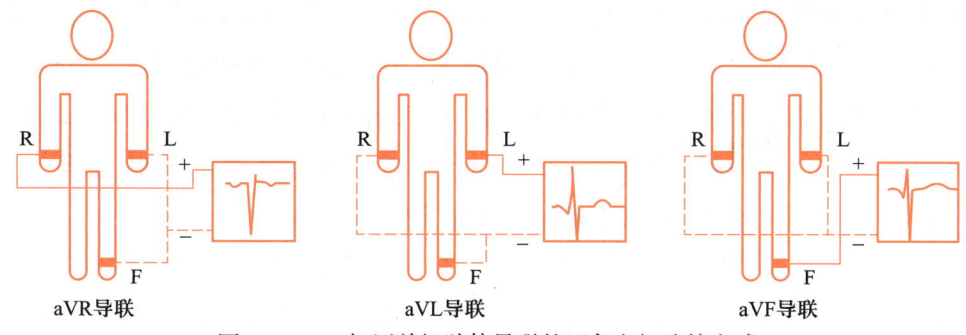

图 11-1-4　加压单极肢体导联的正负电极连接方式

（二）胸导联

胸导联为单极导联，常用胸导联包括 V_1~V_6 导联，又称为心前区导联。检测的正电极应安放于胸壁的不同部位，另三个肢体电极各通过 5 kΩ 电阻与负极连接组成中心电端。胸导联检测电极具体安放的部位及意义见表 11-1-3 和图 11-1-5。胸导联的正负电极连接方法如图 11-1-6 所示。

表 11-1-3　胸导联正负电极的位置

导联名称	正电极位置	负电极位置	临床意义
V_1	胸骨右缘第 4 肋间	左上肢 + 右上肢 + 左下肢	右心室壁电位变化
V_2	胸骨左缘第 4 肋间	左上肢 + 右上肢 + 左下肢	右心室壁电位变化
V_3	V_2 与 V_4 两点连线的中点	左上肢 + 右上肢 + 左下肢	左、右心室移行处电位变化
V_4	左锁骨中线和第 5 肋间相交处	左上肢 + 右上肢 + 左下肢	左、右心室移行处电位变化
V_5	左腋前线与 V_4 同一水平处	左上肢 + 右上肢 + 左下肢	左心室壁电位变化
V_6	左腋中线与 V_4 同一水平处	左上肢 + 右上肢 + 左下肢	左心室壁电位变化

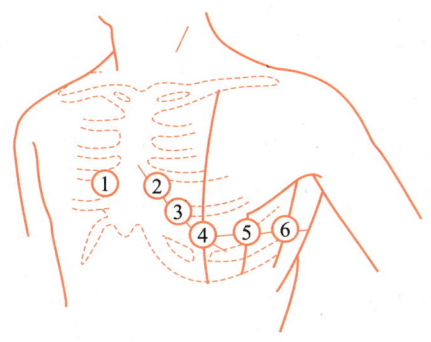

图 11-1-5　胸导联正电极的位置

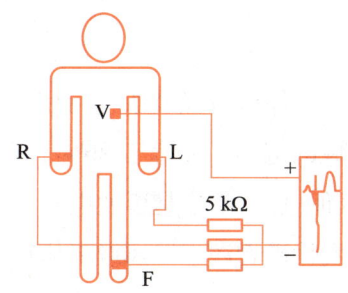

图 11-1-6　胸导联电极的连接方式

357

四、导联轴

导联轴(lead axis)为假想的一条连接导联正负极的连线,箭头方向由负极指向正极。因肢体导联电极主要放置在右上肢、左上肢、左下肢,如果将此三点假想为以心脏为核心的等边三角形的三个顶点,中心电端位于这个三角形的中心,那么就构成了艾因托文(Einthoven)三角(图 11-1-7A)。为了更好观察 6 个导联轴之间的方向关系,将 Ⅰ、Ⅱ、Ⅲ、aVR、aVL、aVF 的导联轴平行移动,使之都通过等边三角形的中心点,就形成了额面六轴系统(图 11-1-7B)。该系统采用 ±180° 的角度标志。以 Ⅰ 导联的正极为 0°,顺时针的角度为正,逆时针为负。每两个相邻导联间的夹角为 30°(图 11-1-7C)。这对测定额面心电轴观测很有帮助。

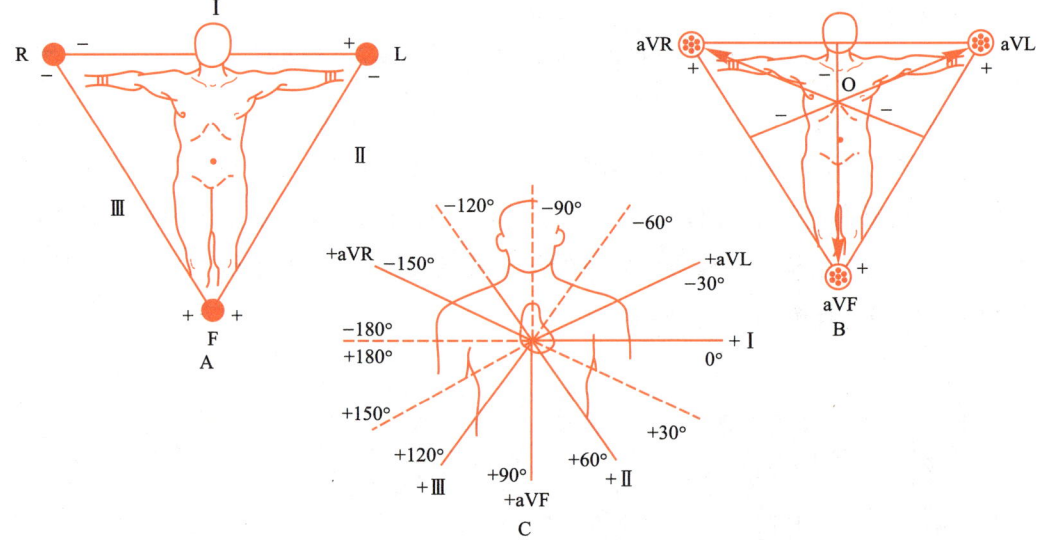

A.标准导联的导联轴;B.加压单级肢体导联的导联轴;C.肢体导联额面六轴系统

图 11-1-7　肢体导联的导联轴系统

五、心电图操作方法

为了准确描计心电图,需要心电图机性能完好,还需要做好周围环境准备,需要被评估者良好的配合及操作者正确的操作方法。

(一)描记前准备

1. 环境准备

(1)室内保持温湿度适宜,温度大于 18℃,避免因寒冷而引起肌电干扰。

(2)床的宽度不能窄于 80 cm,避免因为肢体紧张而引起肌电干扰。注意床旁不要摆放其他电器(不论是否通电)。

(3)女性患者注意屏风或者床帘遮挡,保护患者隐私。

2. 被评估者准备

（1）对于初次接受心电图检查者，必须做好解释工作，取得被评估者信任，消除其紧张情绪。

（2）被评估者检查前应充分休息，避免情绪激动、剧烈运动、饱餐、刺激性饮料和食物、抽烟、酗酒。取仰卧位，去掉手表、手机及金属饰物等并暴露四肢远端，解开上衣，全身放松，保持平静呼吸。

（3）如果放置电极部位的皮肤有污垢或毛发过多，则应预先清洁皮肤或剃毛。

3. 用物准备

（1）检查心电图机性能完好，导联线规整有序，使用交流电源的心电图机必须连接可靠的地线，以防交流电干扰，并保障被评估者安全。

（2）足够的心电图纸，安装正确。

（3）生理盐水棉球。

（4）手消毒液。

4. 操作者准备　着装整洁，洗手，熟悉操作流程。

（二）操作方法及步骤

1. 打开电源　预热 5 min。

2. 连接导联　① 皮肤处理：用生理盐水棉球擦净放置电极处的皮肤，涂以导电膏（糊剂、霜剂或溶液），以使电极与人体充分接触。② 肢体导联：上肢导联电极固定于双手腕关节屈侧上方约 3 cm 处，下肢导联电极固定于两内踝上方约 3 cm 处。③ 胸导联：电极按顺序使用碗状电极吸附在相应体表位置进行连接。④ 注意：电极要紧贴皮肤，防止在记录过程中脱落。

3. 选择标准　① 将心电图机面板上各控制钮置于适当位置。② 常规走纸速度为 25 mm/s，标准灵敏度为 1 mV=10 mm。③ 在记录开关置于"观察"位时，旋动基线调节钮，使描笔位于中间位置。

4. 描记波形　① 打标准：无自动记录 1 mV 定标方波的热笔式心电图机，在记录心电图之前必须先描记方波，即按动 1 mV 定标电压按钮，再调节灵敏度使 1 mV 标准电压描笔振幅为 10 mm，以后每次变换增益后都要依次描记定标方波。② 方波勿过宽（约 0.16 s），尽可能使 P、QRS、T 波不重叠。

5. 按需切换　① 拨动导联选择开关，依次记录 Ⅰ、Ⅱ、Ⅲ、aVR、aVL、aVF 及 $V_1 \sim V_6$ 导联心电图。② 用手动方式记录心电图时，每次切换导联后，必须等到基线稳定后再启动记录纸。③ 各导联记录的长度不应少于 3 个完整的心动周期。

6. 整理和记录　① 将心电图面板各控制钮转回原处，解下电极擦拭干净。② 切断电源。③ 取下记录纸，标示导联及被评估者姓名、性别、年龄、日期。

心电图操作

小结

　　本节主要内容有心电图产生的原理、心电向量、导联、导联轴及操作方法。静息状态下,细胞膜内外聚集同等数量的带正电荷的阳离子和负电荷的阴离子,此时没有电流形成;除极时细胞膜电荷由静息时的外正内负迅速转化为内正外负;复极时又恢复静息时状态。在除极和复极过程中形成的电流变化即心电。心电向量既有大小,又有方向,把心脏激动的瞬间向量综合起来即瞬间综合心电向量。心电图导联是电路连接方式,常规 12 导联体系包括 6 个肢体导联和 6 个胸导联。6 个肢体导联即标准导联 Ⅰ、Ⅱ、Ⅲ 和加压单极肢体导联 aVR、aVL、aVF,6 个胸导联为 $V_1 \sim V_6$。导联轴为假想的由负极指向正极的连接线,把 6 个肢体导联进行平移就形成了额面六轴系统。在进行心电图描计时,操作前做好准备工作、正确连接导联、选择标准及记录。

（袁锦波）

任务测试

任务二　正常心电图识别

【思维导图】

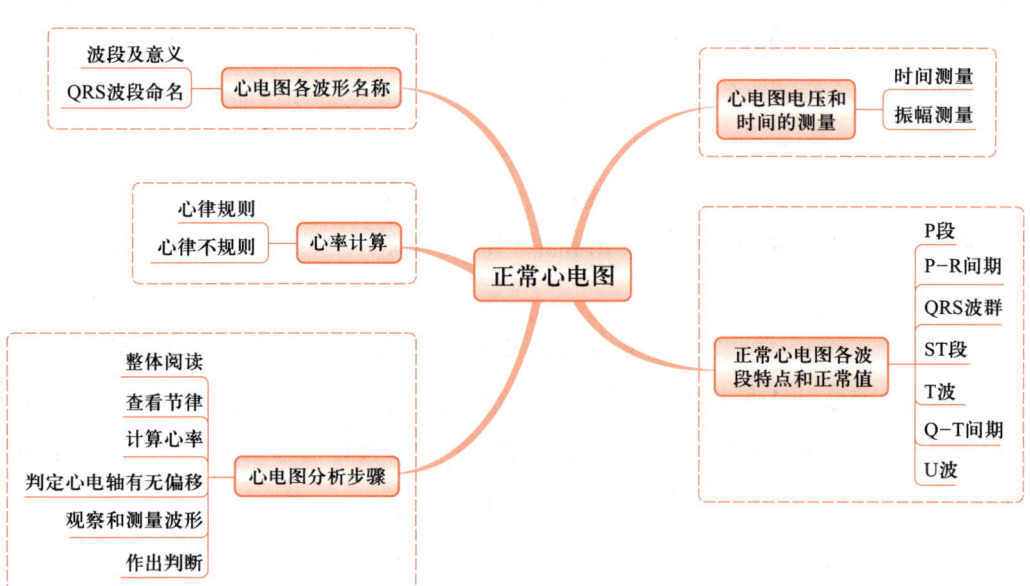

学习课件

【典型案例】

下图为某实训课测得李同学的心电图结果，试分析：

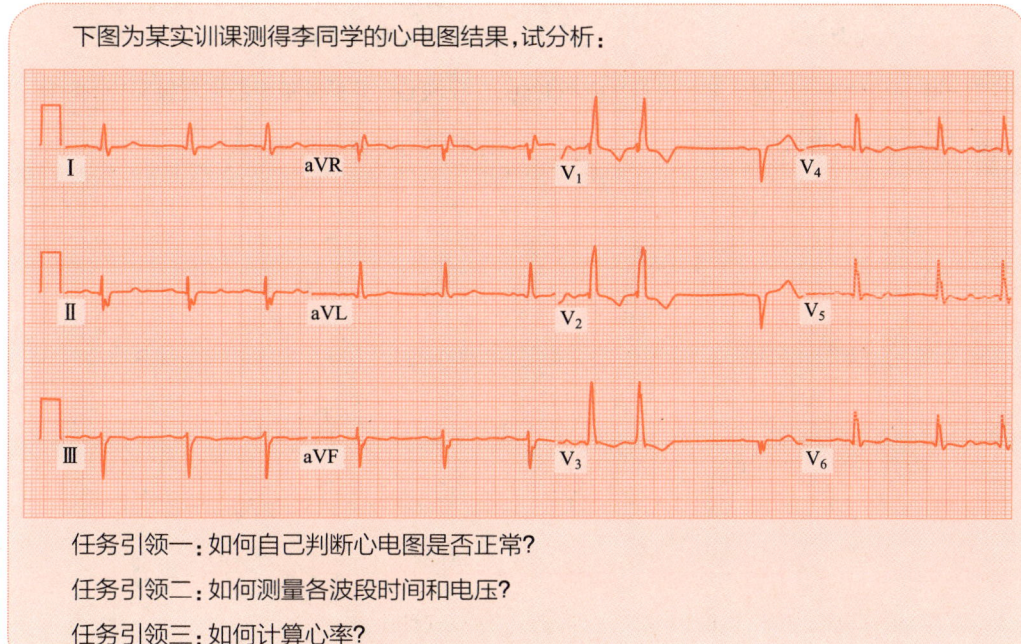

任务引领一：如何自己判断心电图是否正常？

任务引领二：如何测量各波段时间和电压？

任务引领三：如何计算心率？

一、心电图各波段的形成及命名

（一）心电图各波段的组成

正常心脏激动传导系统包括窦房结、结间束（分前、中、后结间束）、房间束、房室交界区（房室结、房室束）、束支（分为左、右束支）及浦肯野纤维。

心脏激动传导系统与每一个心动周期顺序出现的心电变化是密切相关的。起始于窦房结的心电活动，在兴奋心房的同时经结间束传至房室结，然后沿房室束至左、右束支，再至浦肯野纤维传导，最后兴奋心室。这种电激动先后有序地激发心房肌、心室肌，引起了一系列的电位改变，形成了心电图上相应的波段。临床对这些波段进行了统一的命名。

（二）心电图各波段的形成及意义

心电图各波段的形成及意义见表 11-2-1，图 11-2-1。

表 11-2-1 心电图各波段的形成及意义

名称	形成	意义
P 波	心房除极波	反映心房除极的电位和时间变化
P-R 间期	P 波起点至 QRS 波群起点之间的时间	反映心房开始除极到心室开始除极的时间
QRS 波群	心室除极波	反映心室除极的电位和时间变化
ST 段	QRS 波群终点至 T 波起点之间的线段	反映心室除极完毕后的早期缓慢复极过程

361

项目十一　心电图检查

名称	形成	意义
T 波	心室复极波	反映心室快速复极的电位与时间变化
Q-T 间期	QRS 波群起点至 T 波终点之间的时间	反映心室开始除极至心室复极完毕的时间
U 波	T 波之后出现的小波	反映心室后继电位

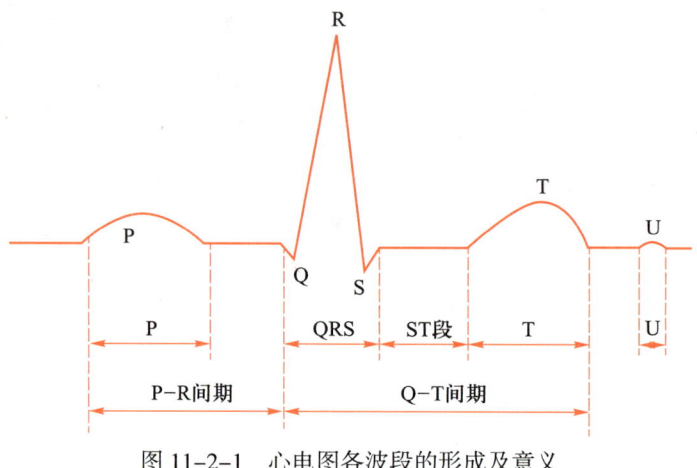

图 11-2-1　心电图各波段的形成及意义

心电图各波
段的命名

1. **P 波**（P wave）　反映左右心房除极过程的电位变化,即心房除极波。P 波是正常的心动周期中最先出现的波形,圆钝,起始部分代表右心房除极,终末部分代表左心房除极。

2. **P-R 间期**（P-R interval）　反映由窦房结发出的兴奋传到心室所用的时间,也就是从 P 波起点到 QRS 波群起点的时间,即从心房开始除极到心室开始除极所用的时间,其中从 P 波结束到 QRS 波开始称为 PR 段,P-R 间期为 P 波所用的时间和 PR 段所用时间之和。P-R 间期反映的是心房及房室结、房室束的电活动。

3. **QRS 波群**（QRS wave）　反映心室除极的整个过程电位与时间变化。其中 QRS 波群可呈多种形态,命名如下:第一个出现的位于等电位线以上的正向波称为 R 波;R 波之前的负向波命名为 Q 波;R 波之后的负向波称为 S 波;第二个正向波则为 R′ 波;R′ 波后再出现的负向波称为 S′ 波;如果 QRS 波只有负向波,则为 QS 波。QRS 波群的书写方法根据其幅度大小而定,采用 Q 或 q、R 或 r、S 或 s 来表示(振幅 ≥ 0.5 mV,用大写字母;振幅 ≤ 0.5 mV,用小写字母),命名如图 11-2-2 所示。

4. **ST 段**（ST segment）　反映心室除极结束后早期缓慢复极电位变化情况,为 QRS 波群终点至 T 波起点之间的线段。因为心肌复极早期电位变化速度慢、幅度小,所以不能形成具体波形,表现为稍高于或者低于基线的平段。

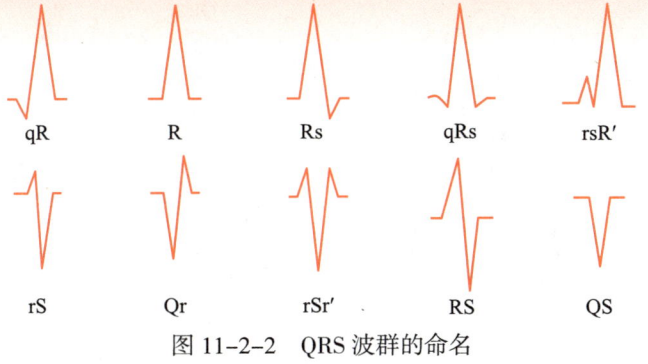

图 11-2-2　QRS 波群的命名

5. T 波（T wave）　反映心室晚期快速复极的电位与时间变化情况。正常情况下 T 波应与 QRS 波群主波方向相同。

6. Q-T 间期（Q-T interval）　反映心室除极和复极的总时间，即从 QRS 波群起点至 T 波终点间的时间。

7. U 波（U wave）　机制尚未完全明确，U 波的形成可能与心肌后继电位有关，是 T 波后的一个幅度较小的波，方向与 T 波相同。

二、心电图各波段振幅与时间的测量

（一）心电图各波段振幅的测量

心电图的正向波测量振幅高度即为参考水平线的上缘垂直测量到波的顶端；而负向波的测量，则是从参考水平线的下缘垂直测量到波的底端。具体而言，P 波振幅测量应以 P 波起始前的水平线为准。测量 QRS 波群、ST 段、T 波和 U 波振幅，用 QRS 起始部的水平线作为参考水平。

（二）心电图各波段时间的测量

一般测量各波段时间应自波形起点的内缘测量至波形终点的内缘（图 11-2-3）。P 波与 QRS 波群时间应选择 12 导联中最宽的 P 波与 QRS 波群进行测量；P-R 间期测量应选择 12 导联中 P 波宽大且有 Q 波的导联；Q-T 间期测量应取 12 导联中最长的 Q-T 间期。

三、心率的测量

（一）心电图记录纸

心电图通常描记在特殊的记录纸上（图 11-2-4）。这种记录纸上有许多横纵交替的线条组成的正方形小格，横向与纵向单个小格间距为 1 mm，大格间距为 5 mm。

横向距离代表时间，各波段时间的测量应测横向距离。通常的走纸速度为 25 mm/s，这样每小格（1 mm）表示 0.04 s（即 40 ms）。根据需要可以提高走纸速度，如提高到 50 mm/s，则每小格（1 mm）表示 0.02 s。

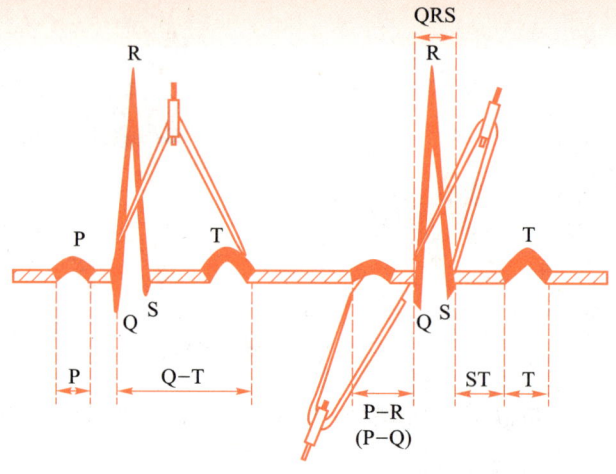

图 11-2-3　心电图各波段时间的测量

纵向坐标代表电压，可以进行各波振幅的测量。一般采用标准电压 1 mV=10 mm，每小格（1 mm）表示 0.1 mV。临床工作中可根据实际需要改变定标电压，如波幅过大可把定标电压调为 1 mV=5 mm，则 1 mm 表示 0.2 mV；相反如波幅过小，可加倍输入。

（二）心率测量

测量心率时，只需测量一个 R-R（或 P-P）间期的秒数，即一个心动周期的时间，然后代入公式：心率 =60/R-R（或 P-P）间期，便可求出每分钟心室率或心房率。例如：R-R 间期为 0.8 s，则心率为 60/0.8=75 次 / 分。还可采用查表法或使用专门的心率尺直接读出相应的心率数。若心律明显不齐时，一般采取 5 个以上 R-R（或 P-P）间期的平均值来进行测算。

心电图记录纸与波的测量

心率的计算

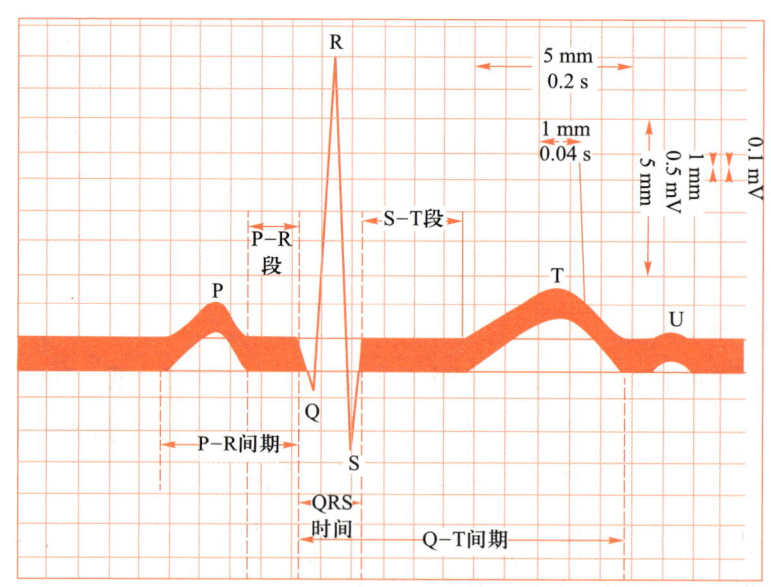

图 11-2-4　心电图纸上的时间和电压的计算

四、心电轴的测量

心电轴（cardiac electric axis）一般是指平均 QRS 电轴，为心室除极时各瞬间向量的综合。通常用心电轴与 I 导联之间的角度来表示平均心电轴的大小。正常心电轴的范围是 -30°~+90°。

1. **目测法** 目测法较为简单，通过目测 I 和 III 导联 QRS 波群的主波方向，快速初步判定心电轴是否发生偏移，若 I 和 III 导联 QRS 波群的主波方向均向上，则心电轴不偏；I 导联 QRS 波群主波向下，III 导联主波均向上，则心电轴左偏；I 导联 QRS 波群主波向上，III 导联主波均向下，则心电轴右偏；I 和 III 导联 QRS 波群的主波方向均向下，心电轴不确定。目测心电轴偏移的判断及临床意义见图 11-2-5、表 11-2-2。

2. **计算法** 比较精准，可通过分别测算 I 和 III 导联的 QRS 波群振幅的代数和，然后通过这两个数值分别在 I 导联及 III 导联上画垂直线，得到两垂直线的交点。电偶中心点与该交叉点相连

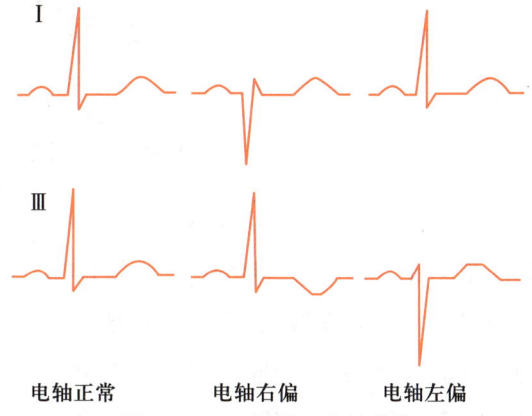

电轴正常　　　电轴右偏　　　电轴左偏

图 11-2-5　目测心电轴偏移

得到心电轴，其与 I 导联轴正侧的夹角就是心电轴的角度（图 11-2-6）。心电轴的角度也可根据代数和的结果查表。心电轴的正常范围及偏移如图 11-2-7 所示。

表 11-2-2　目测心电轴的判断及临床意义

I 导联 QRS 主波	III 导联 QRS 主波	心电轴	心电轴范围	临床意义
向上	向上	不偏	-30°~+90°	正常心电轴
向下	向上	右偏	+90°~+180°	右心室肥大、左后分支阻滞等
向上	向下	左偏	-30°~-90°	左心室肥大、左前分支阻滞等
向下	向下	不确定	-90°~-180°	正常人，肺心病、冠心病、高血压等

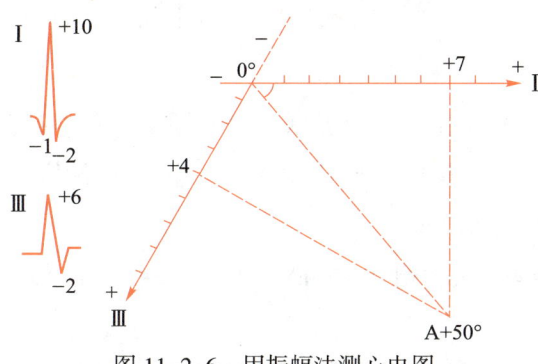

图 11-2-6　用振幅法测心电图

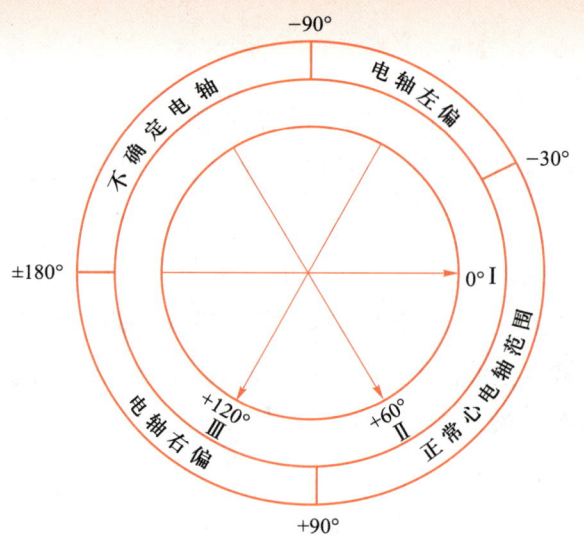

图 11-2-7 心电轴的正常范围及偏移

3. **临床意义** 心电轴偏移的影响因素有：心脏的解剖位置、两侧心室的质量比例、激动在室内的传导状态、年龄及体型等。引起心电轴左偏的原因主要有：左前分支传导阻滞，预激综合征的某些类型，左心室肥大，肥胖体型，妊娠后期，重度腹水。而引起心电轴右偏的原因主要见于婴幼儿，瘦长体型，右心室肥大，左后分支传导阻滞，镜面右位心等。当心电轴出现中度及以上的左偏及右偏时，应查找原因。

五、钟向转位

钟向转位指心脏在胸腔中沿其长轴（从心尖部向心底部观察）有无发生顺时针或逆时针方向的转动，它主要根据心前区导联的改变来判断，可通过心前区导联中 V_3 或 V_4 导联的过渡区波形（其正向波与负向波之比约等于1）出现的位置来判断。如果在 V_5、V_6 导联出现过渡区波形，提示心脏顺时针钟向转位，常见于右心室肥大；而在 V_1、V_2 导联出现过渡区波形，提示心脏有逆时针钟向转位，常见于左心室肥大。但需要注意的是，钟向转位图形不都是心脏解剖上转位的结果，因正常人的心电图也常可见到这种转位图形。

六、正常心电图各波段的特点和正常值

（一）P 波

1. **形态与方向** P 波在大部分导联上呈钝圆形，有时可能有轻度切迹。在 Ⅰ、Ⅱ、aVF、V_4~V_6 导联向上，aVR 导联向下，其余导联呈双向、倒置或低平均可。

2. **时间** 一般小于 0.12 s。

3. **振幅** 肢体导联一般小于 0.25 mV，胸导联一般小于 0.2 mV。

（二）P-R 间期

P-R 间期与心率快慢有关，心率在正常范围时，P-R 间期为 0.12~0.20 s。在幼儿

及心动过速的情况下,P-R 间期相应缩短;在老年人及心动过缓的情况下,P-R 间期可略延长,但一般不超过 0.22 s。

(三) QRS 波群

1. 时间　正常成年人 QRS 波群时间小于 0.11 s,多数为 0.06~0.10 s。

2. 形态　在胸导联,正常人 V_1、V_2 导联多呈 rS 型,V_5、V_6 导联 QRS 波群呈 qR、qRs、Rs 或 R 型,R 波自 V_1 至 V_5 逐渐增高,然后下降,S 波逐渐降低。

在肢体导联,Ⅰ、Ⅱ 导联的 QRS 波群主波一般向上,而 Ⅲ 导联则方向多变。

aVR 导联的 QRS 波群主波向下,呈 QS、rS、rSr′ 或 Qr 型,aVL 与 aVF 导联的呈 qR、Rs 或 R 型,也可呈 rS 型。

3. 振幅　V_1 的 R 波一般不超过 1.0 mV,V_5 的 R 波一般不超过 2.5 mV。V_1 的 R/S<1,V_5 的 R/S>1,在 V_3 或 V_4 导联,R 波和 S 波的振幅大致相等。

Ⅰ 导联的 R 波小于 1.5 mV,aVR 导联的 R 波一般小于 0.5 mV,aVL 导联的 R 波小于 1.2 mV,aVF 导联的 R 波小于 2.0 mV。

6 个肢体导联的 QRS 波群振幅(正负向波振幅的绝对值相加)一般应 ≥ 0.5 mV,6 个胸导联的 QRS 波群振幅(正负向波振幅的绝对值相加)一般应 ≥ 0.8 mV,否则称为低电压。

4. R 峰时间　过去称作室壁激动时间,指 QRS 波群起点到 R 波顶端垂直线的间距。如有 R′ 波,则应测量至 R′ 峰;如 R 峰有切迹,应测量到切迹第二峰。正常成人 R 峰时间在 V_1、V_2 导联不超过 0.04 s,在 V_5、V_6 导联不超过 0.05 s。

5. Q 波　除 Ⅲ、aVR 导联外,正常人的 Q 波时间小于 0.04 s,振幅小于同一导联中 R 波的 1/4。

正常人 V_1、V_2 导联不应有 Q 波,但偶尔可呈 QS 波。

(四) ST 段

正常 ST 段多为一等电位线,有时可有轻微的偏移。但在任何导联,ST 段下移不应超过 0.05 mV;ST 段上抬在 V_1~V_2 导联不应超过 0.3 mV,在 V_3 导联不应超过 0.5 mV,在 V_4~V_6 导联及肢体导联不应超过 0.1 mV。

(五) T 波

1. 形态　正常 T 波的方向多与 QRS 波群主波的方向一致。即在 Ⅰ、Ⅱ、V_4~V_6 导联向上,aVR 导联向下,Ⅲ、aVL、aVF、V_1~V_3 导联可以向上、双向或向下。若 V_1 的 T 波方向向上,则 V_2~V_6 导联就均不应再向下。

2. 振幅　除 Ⅲ、aVL、aVF、V_1~V_3 导联外,其他导联 T 波振幅不应低于同一导联 R 波的 1/10。胸导联 T 波有时可达 1.2~1.5 mV 也属正常。

(六) QT 间期

QT 间期的长短与心率的快慢有密切关系,心率越快,QT 间期越短,反之则越长。

心率在 60~100 次 / 分,QT 间期的正常范围是 0.32~0.44 s。超过正常上限值即认为 QT 间期延长,一般女性的 QT 间期较男性略长。

(七) U 波

正常 U 波方向与 T 波相同。U 波在胸导联较易见到,以 V_2~V_3 导联较为明显。U 波明显增高常见于低钾血症。

七、心电图分析步骤

在临床上充分发挥心电图检查的诊断作用,单凭死记硬背某些心电图诊断标准或指标数值是不够的,甚至会发生误导。要熟练掌握心电图分析的方法和技巧,并善于把心电图的各种变化与具体临床病例(包括患者的性别、年龄、症状、体征及其他检查资料等)密切结合起来,才可能对心电图做出正确的诊断与解释。心电图分析方法如图 11-2-8 所示。

心电图分析

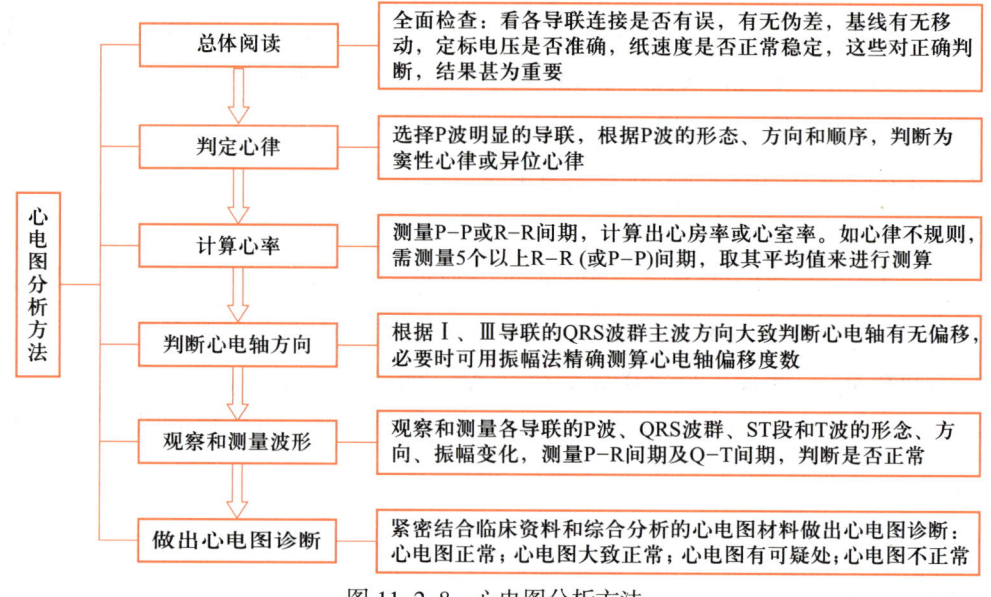

图 11-2-8 心电图分析方法

八、心电图的临床应用

心电图对心律失常的诊断有重大意义,对急性心肌梗死的部位、范围、演变过程也有提示意义。心脏肥大时,还通过心电图进一步分辨左心室或右心室肥厚。此外,心电图对以下情况也有一定的提示意义:心包炎、心肌炎、心绞痛(发作时)、血钾过高或过低、洋地黄、奎尼丁等药物中毒,急性或慢性肺源性心脏病、慢性冠状动脉供血不足等。但是,心电图对心脏病诊断也有局限性,它不能反映心脏功能及瓣膜情况。某些心脏病变如瓣膜病早期或双侧心室肥厚,心电图可以正常,故正常心电图并不能排除心脏病变的存在。一些心电图改变并无特异性,同样的心电图改变可见于多种心脏病,如心律失常、心室肥厚、ST-T 改变等。总之,心电图在疾病的诊断上有一定价值,但也有局限性,在做出心电图诊断时,必须结合其他临床资料,方能做出比较正确的判断。

动态心电图(ambulatory electrocardiography，AECG)是通过动态心电图仪在患者日常生活状态下连续 24 h 或更长时间记录其心电活动的全过程。该项检查由美国医生 Holter 在 1949 年首创，故又称 Holter 心电图，临床上已由单导、双导发展为 12 导联全记录。

动态心电图仪主要由记录系统和回放分析系统组成。它可以监测受检者日常生活状态下连续 24 h 的心电活动，能够记录全部的异常电波，能检出各类心律失常患者在 24 h 内各状态下所出现的有或无症状性心肌缺血，为各种心脏病的诊断提供精确可靠的依据。因此常可以发现常规心电图检查不易发现的一过性异常心电变化。还可以结合受检者生活日志了解其出现症状、活动状态及用药等情况与心电图变化之间的关系。

小结

正常心电图的主要内容包括心电图各波段形成和命名、时间和振幅的测量、心率、心电轴、钟向转位、正常心电图特点、分析步骤及临床应用。正常心电图波段包括 P 波、P-R 间期、QRS 波群、ST 段、T 波、Q-T 间期及 U 波，反映了从心房除极到心室复极完毕的情况。振幅即水平线至波的顶点或者底端垂直距离，时间为波的起点到终点长度。在心电图纸上，横向表示时间，纵向表示振幅，心率计算有规则和不规则之分。可通过目测和计算法来判断心电轴有无偏移。正常心电图各波段形态、时间和振幅有一定的特点。要熟练掌握心电图的分析方法和临床应用。

（袁锦波）

任务三　异常心电图识别

【思维导图】

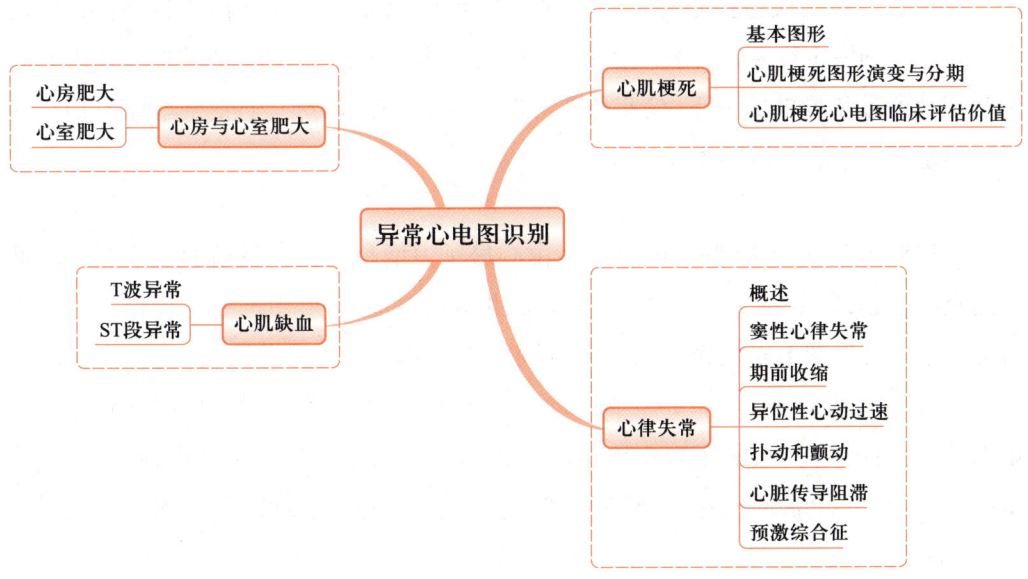

【典型案例】

患者,男性,68 岁。冠心病病史 5 年,近 1 周来心绞痛发作频繁,遂来医院就诊,门诊医生开出心电图检查。

任务引领一:假如你是心电图室护士,你如何正确地为该患者做心电图检查?

任务引领二:该患者做出的心电图结果(图 11-3-1),请分析他的心律如何?

任务引领三:该患者的心电图改变的原因是什么?

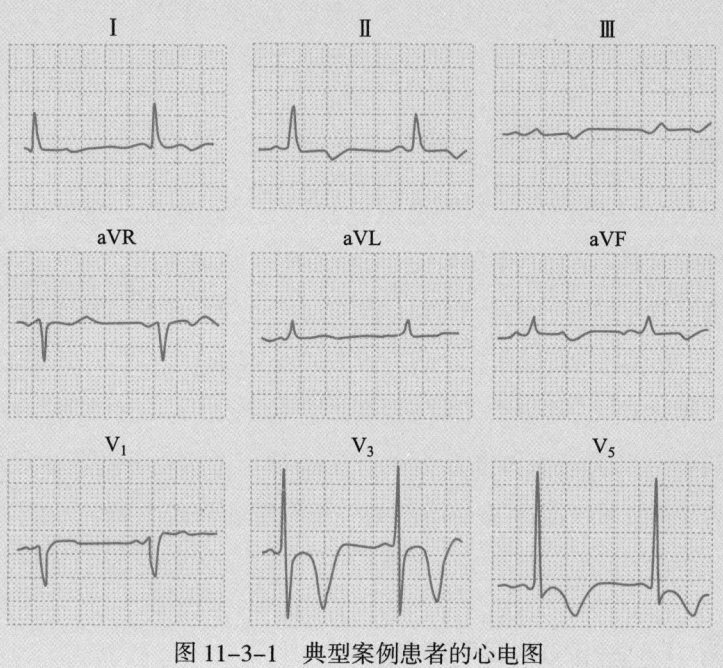

图 11-3-1　典型案例患者的心电图

一、心房与心室肥大

心房及心室肥大包括心房及心室的肥厚及扩大,常见于器质性心脏病。心房及心室肥大达到一定程度时可表现在心电图上电压增高;心壁增厚、心腔扩张及由心肌细胞变性所致传导功能低下,使兴奋传导时间延长;心肌劳损、心室壁增厚及相对性供血不足所致心肌复极顺序发生改变。

(一)心房肥大

心房肥大包括心房肥厚和扩张,多由心房压力增高和血容量增加所致的心房负荷过重而引起,但多表现为心房的扩大而较少表现为心房肌肥厚,是器质性心脏病的常见结果。心电图上表现为 P 波形态、振幅和时间的改变。

1. 右心房肥大(right atrial hypertrophy)　右心房除极的电压增高、时间延长。心电图特征为:P 波高尖,电压 ≥ 0.25 mV,以 Ⅱ、Ⅲ、aVF 导联表现最为突出,胸导联 P 波电压 ≥ 0.20 mV,P 波时间正常,常见于严重肺疾病,又称"肺型 P 波"(图 11-3-2)。

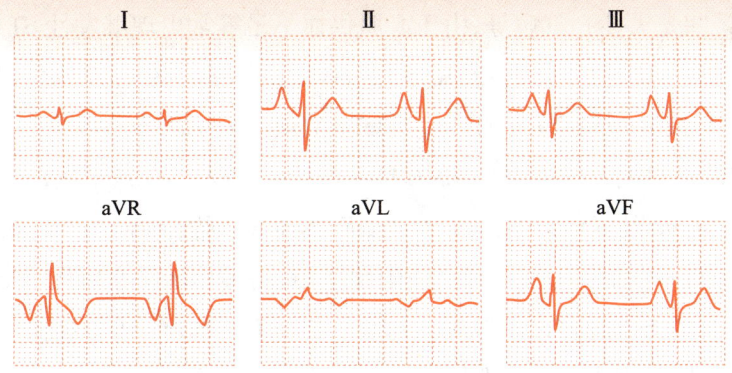

图 11-3-2 右心房肥大

2. **左心房肥大**（left atrial hypertrophy） 左心房除极的电压增高、时间延长。心电图特征为：① P 波增宽，时限>0.11 s，常伴切迹，呈双峰，峰间距 ≥0.04 s，在 Ⅰ、Ⅱ、aVR、aVL 导联较明显。② V_1 导联上，P 波常呈先正而后出现深宽的负向波。左房大时，其 P 波终末电势 PtfV1（P wave terminal force，Ptf，即 V_1 负向 P 波的时间与负向 P 波振幅的乘积）的（绝对值）≥0.04 mm·s（图 11-3-3）。这种 P 波异常见于二尖瓣狭窄，故称为"二尖瓣型 P 波"。

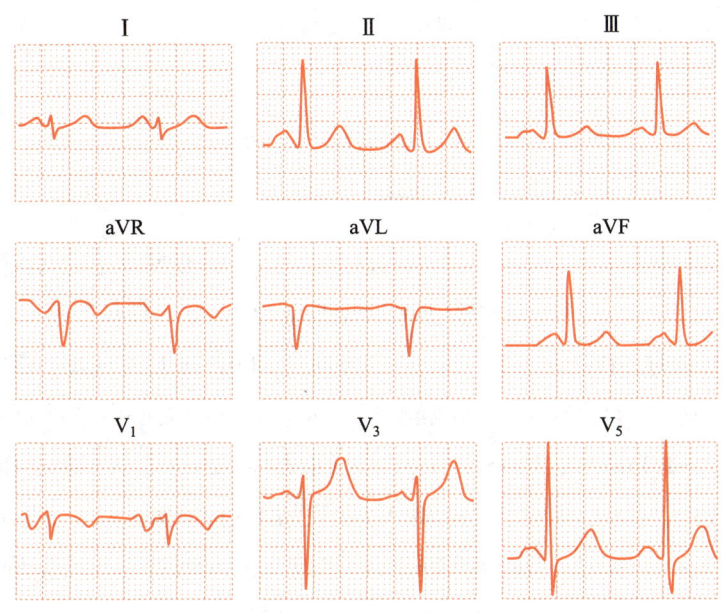

图 11-3-3 左心房肥大

3. **双心房肥大**（biatrial hypertrophy） 心电图可见到既增高又增宽呈双峰型的 P 波。

（二）心室肥大

1. **左心室肥大**（left ventricular hypertrophy，LVH） 左心室的除极向量增大、时间延长，而且有时伴心肌缺血性改变。左心室肥大多见于高血压、缺血性心脏病、风湿

性心脏病及某些先天性心脏病等,由于心肌供血不足等常出现继发性 ST-T 改变。心电图特征如下。① 左室高电压:R_{v5}>2.5 mV 或 R_{v5}+S_{V1}>3.5 mV(女性)、4.0 mV(男性);R_I>1.5 mV 或 R_{aVL}>1.2 mV 或 R_{aVF}>2.0 mV 或 R_I+S_{III}>2.5 mV。② 额面心电轴左偏。③ QRS 波群时间延长达 0.10~0.11 s;V_5 导联 VAT>0.05 s。④ ST-T 改变,以 R 波为主的导联 ST 段下移>0.05 mV,T 波低平、双向或倒置。在上述 4 项指标中,电压增高为基本条件,再结合其他任何一条阳性指标,均可诊断左心室肥大(图 11-3-4)。一般来说,符合的条件越多诊断准确性越高。但单有电压增高而无其他阳性指标,不足以诊断左室肥大,称为左室高电压。

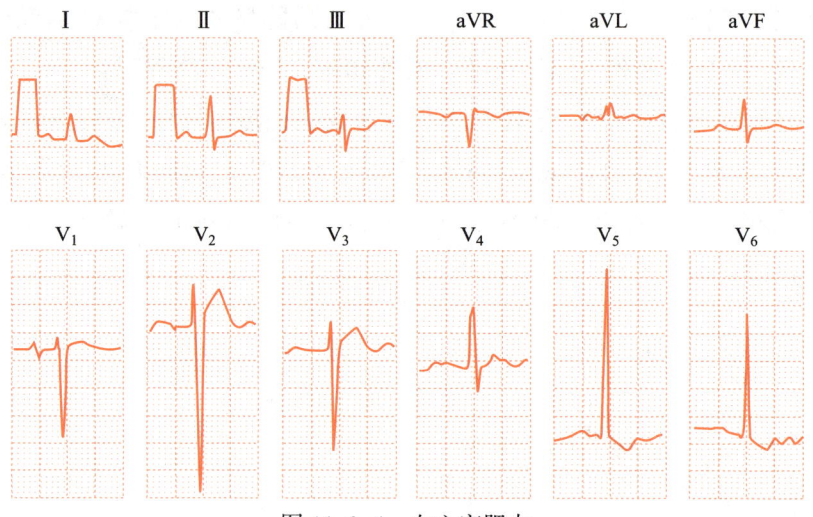

图 11-3-4　左心室肥大

2. 右心室肥大(right ventricular hypertrophy,RVH)　正常人右心室壁厚度为左心室壁厚度的 1/3,左心室肌激动时产生的心电向量明显大于右心室肌。因此,只有当右心室明显肥厚时,才显著地影响心电综合向量,心电图上表现出异常。右心室肥大多见于肺心病、二尖瓣狭窄、房间隔缺损等。右心室肥大心电图特征如下。① 右室高电压:R_{V1}>1.0 mV 或 R_{V1}+S_{V5}>1.05 mV(重症>1.2 mV)。V_1 导联 R/S>1;R_{aVR}>0.5 mV 或 R/S>1。② 心电轴右偏。③ V_1 导联的 VAT>0.03 s。④ ST-T 改变:表现为右胸导联(V_1~V_3)ST 段下移>0.05 mV,伴 T 波双向或倒置。右心室肥大的心电图见图 11-3-5。

二、心肌缺血

当心肌缺血(myocardial ischemia)时,细胞代谢减慢,影响心肌复极过程,从而导致 ST-T 异常。

(一) T 波异常

在正常情况下,心室的复极过程是从心外膜开始而向心内膜方向推进的。在心肌缺血时,大致可出现两种类型的心电图改变。

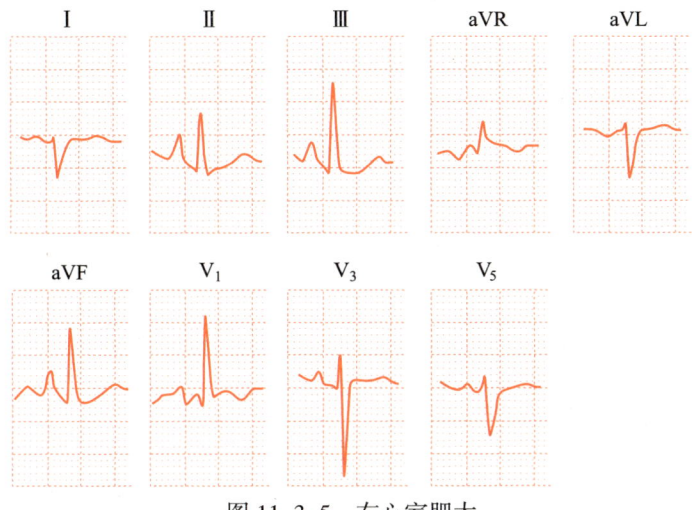

I II III aVR aVL
aVF V₁ V₃ V₅

图 11-3-5 右心室肥大

1. **心内膜面下心肌缺血** 心内膜离冠状动脉的血液供应最远,而且直接接触心室腔的高压,更易发生缺血,由于缺血部分心肌的复极速度减慢,在最后的心肌复极时,已无其他与之相抗衡的心电向量存在,使心内膜部分心肌的复极显得十分突出,心电图上表现为面向缺血区的导联出现与 QRS 主波一致的高耸的对称性 T 波(图 11-3-6)。

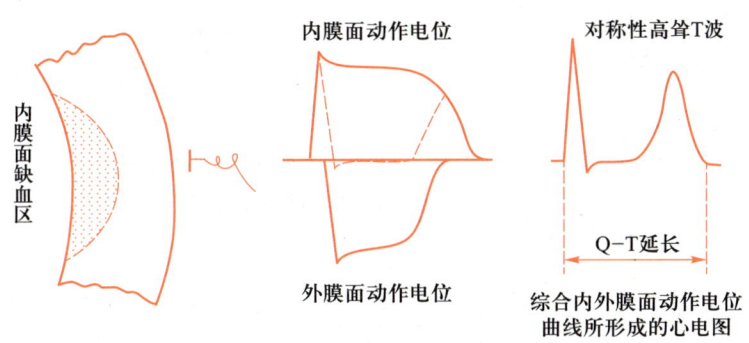

内膜面动作电位
对称性高耸T波
内膜面缺血区
Q-T延长
外膜面动作电位
综合内外膜面动作电位
曲线所形成的心电图

图 11-3-6 心内膜面缺血 T 波改变

2. **心外膜或透壁心肌缺血** 心肌复极顺序逆转,由心内膜向心外膜方向推进,从而面对缺血区的导联出现与 QRS 主波方向相反的对称性倒置的 T 波(图 11-3-7)。

(二)ST 段异常

心肌缺血的重要表现为 ST 段移位。当持续心肌缺血时,心肌细胞的除极速度减慢,表现为除极结束前复极已经开始,从而心电图上出现 ST 段移位。心内膜面下心肌缺血时,ST 段下移;心外膜或透壁心肌缺血时 ST 段抬高(图 11-3-8)。ST 段的移位可以有多种形态(图 11-3-9),其中下移时主要有三种类型:① 水平型下移,即 R 波顶点垂线与 ST 段的夹角 =90°,ST 段下移持续时间 0.08 s 以上。② 下斜型下移,即 R 波顶点垂线与 ST 段夹角 >90°。③ 上斜型下移,上述夹角 <90°。目前认为以

①②两种下移时对诊断心肌缺血意义更大。其中 ST 段抬高主要有两种类型：① 弓背向上抬高。② 弓背向下抬高。上移以弓背向下型单向曲线最有意义。

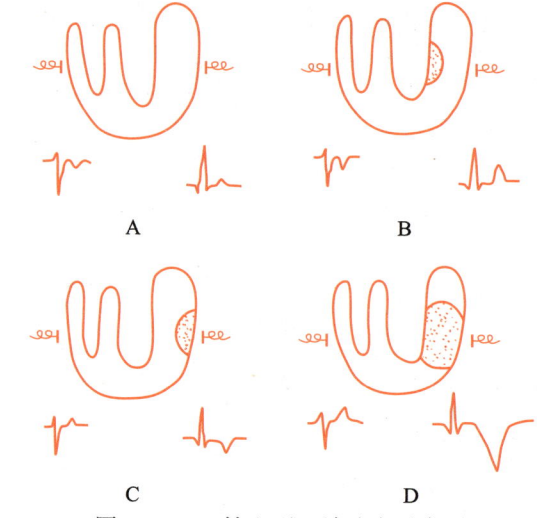

图 11-3-7　缺血型 T 波改变示意图

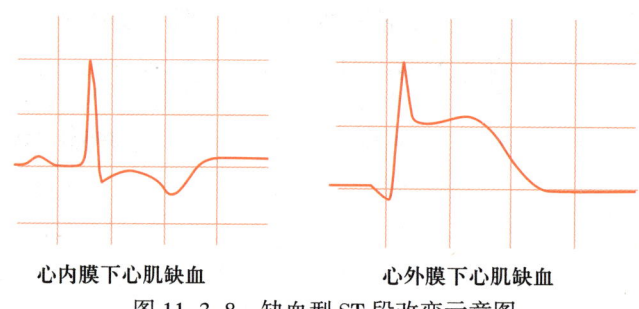

心内膜下心肌缺血　　　　　　　心外膜下心肌缺血

图 11-3-8　缺血型 ST 段改变示意图

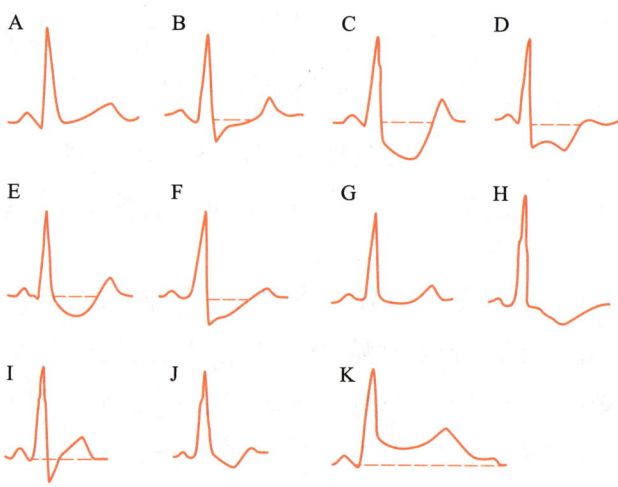

图 11-3-9　ST 段异常类型

上述心电图改变,对心肌缺血的诊断并不特异,必须排除其他原因所致的类似心电图改变,再结合临床资料,并作心电图动态观察,才可能有助于诊断。此外,心电图对心肌缺血也并不敏感,只是在冠状动脉供血显著降低时,心电图才可能有异常改变,也就是说即便心电图正常,也不能完全排除心肌缺血的可能性。

心肌梗死心
电图定位
诊断

三、心肌梗死

心肌梗死(myocardial infarction,MI)系冠状动脉血流突然停顿所引起的供血区心肌发生的缺血性心肌坏死。绝大多数心肌梗死是由冠状动脉粥样硬化所引起,是冠心病的严重类型。除了临床表现外,心电图的特征性改变及其演变规律是确定心肌梗死诊断和判断病程的重要依据。

(一)基本图形

1. "缺血型"改变 当冠状动脉急性闭塞后,最早出现变化的是心电图上出现缺血性 T 波改变。当心内膜下心肌急性缺血时出现高耸直立、两肢对称的 T 波;当心外膜下心肌缺血时,出现尖深倒置、两肢对称的 T 波,称为冠状 T 波,其倒置的深浅与缺血程度成正比。

2. "损伤型"改变 随着缺血时间的延长,出现心肌损伤,主要表现为面向损伤心肌的导联心电图上表现为 ST 段抬高,与 T 波形成单向曲线。此种 ST 段改变在心肌供血改善后仍可恢复。

3. "坏死型"改变 进一步心肌缺血、坏死,主要表现为面向坏死区的导联出现异常的 Q 波(时限 ≥ 0.04 s,振幅 ≥ 1/4 R)或者呈 QS。当心内膜下心肌坏死时,心电图呈 qR 型,q 波宽度小于 0.04 s,深度小于 1/4 R 波,ST 段下降大于或等于 0.1 mV 和 / 或 T 波对称型倒置。而坏死扩展到心外膜心肌,形成透壁性坏死时,出现病理性 Q 波(即 Q 波时限大于或等于 0.04 s,振幅在同一导联大于 1/4 R 波,可出现粗钝与切迹),伴有 T 波倒置,QRS 波群低电压(图 11-3-10、图 11-3-11、图 11-3-12)。

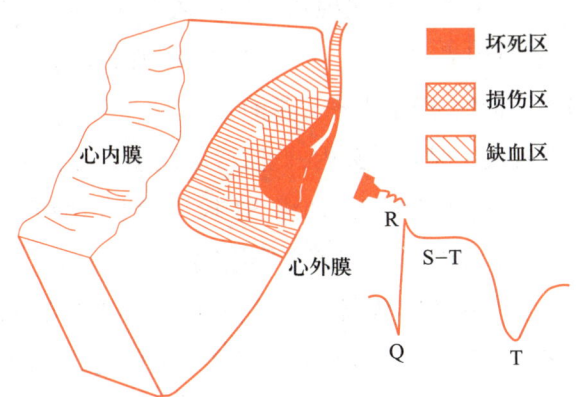

图 11-3-10 急性心肌梗死坏死、损伤及缺血的综合心电图

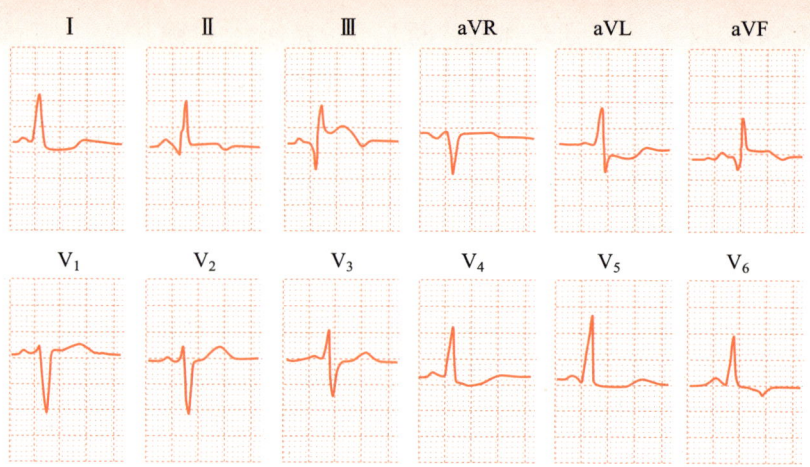

图 11-3-11　急性下壁心肌梗死

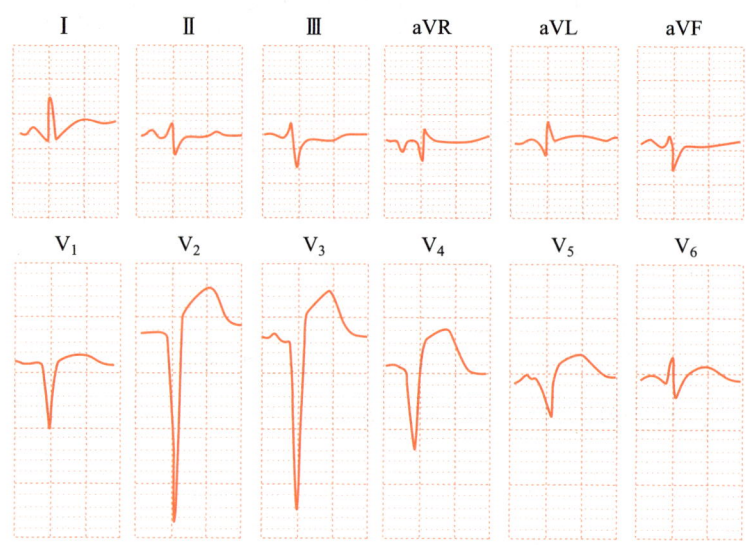

图 11-3-12　急性广泛前壁心肌梗死

（二）心肌梗死图形演变与分期

1. 早期（超急性期）　在急性心肌梗死发病后数分钟到数小时内,此阶段发生心肌缺血和损伤,但心肌组织尚未坏死。心电图表现为巨大高耸 T 波和 / 或 ST 段抬高,有时两者相连呈单向曲线,但不出现异常 Q 波。

2. 急性期　梗死后数小时到数天内,此阶段心肌组织部分坏死。心电图呈现发展的过程,表现为异常 Q 波出现并逐渐加深;ST 段弓背上抬可呈单向曲线,继而逐渐下降至或接近等电位线;T 波由直立到变浅再到倒置。

3. 亚急性期（近期）　梗死后数周到数月,心电图表现为从 ST 段恢复到等电位线,异常 Q 波持续存在,倒置 T 波变浅到恢复正常或呈恒定的 T 波倒置。

4. 陈旧期　心肌梗死 3~6 个月后,T 波不再变化,多数病例残留有异常 Q 波或QS 波,并持续存在,但也有部分患者异常 Q 波变小甚至消失（图 11-3-13）。

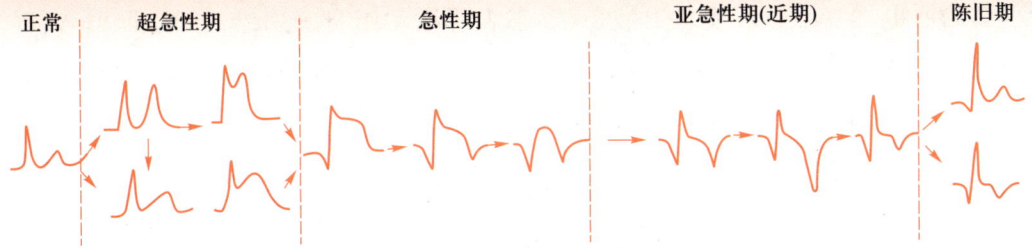

图 11-3-13　急性心肌梗死心电图演变示意图

(三) 心肌梗死心电图临床评估价值

心电图在诊断心肌梗死方面有着重要的临床价值,不仅是确诊的主要依据,而且还可以了解心肌梗死的发生部位、范围和演变过程。但如病灶过小或部位特殊、梗死早期的数分钟或数小时,心电图可能相对无特征甚至正常。左束支传导阻滞或起搏器图形等也可以掩盖急性心肌梗死的心电图特点。因此,心电图必须结合临床表现及有关实验室检查来分析判断,不要因为心电图无特征性改变而放弃心肌梗死的诊断,应多次复查心电图并作动态观察。

四、心律失常

(一) 概述

正常人的心脏激动起源于窦房结,窦房结按照一定的频率和节律发生激动,经正常传导系统按照一定的速度顺序激动心房和心室,完成一次生理性心脏活动。当各种原因使心脏激动的起源或 / 和传导异常,称为心律失常(arrhythmia)。心电图对各种心律失常的判断具有确诊价值。

根据心律失常的形成原因可分为以下类型(图 11-3-14)。

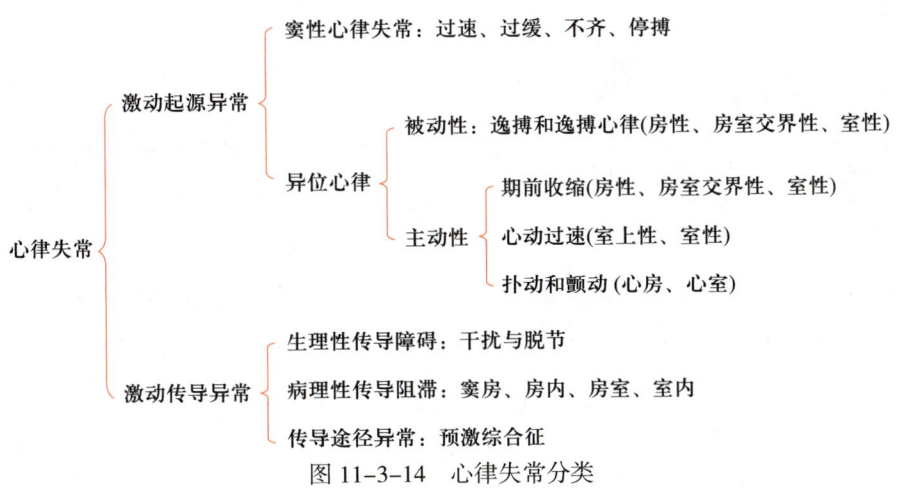

图 11-3-14　心律失常分类

(二) 窦性心律失常

窦房结为正常心脏的起搏点,起源于窦房结的心律称为窦性心律。正常窦性

心律的心电图特点：① 窦性P波（其形态表明激动来自窦房结，在 I、II、V_4~V_6 导联直立，aVR 导联倒置）。② P 波规律出现，频率为 60~100 次 / 分。③ P-R 间期为 0.12~0.20 s。④ 在同一导联上 P-P 间期相差 ≤ 0.12 s。

1. 窦性心动过速（sinus tachycardia）　成人窦性心率频率>100 次 / 分，其余符合正常窦性心律心电图特点（图 11-3-15），即为窦性心动过速，见于活动、精神紧张、发热、甲状腺功能亢进、贫血、休克、心力衰竭和心肌炎等。

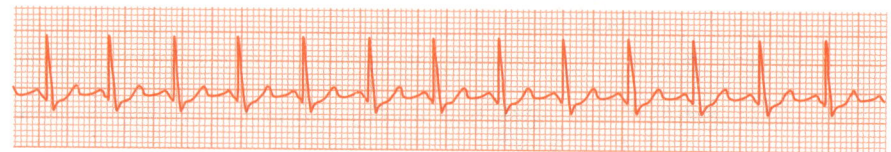

图 11-3-15　窦性心动过速

2. 窦性心动过缓（sinus bradycardia）　成人窦性心律频率<60 次 / 分，其余符合正常窦性心律心电图特点（图 11-3-16），即为窦性心动过缓见于老年人、运动员、病态窦房结综合征和颅内压增高等。

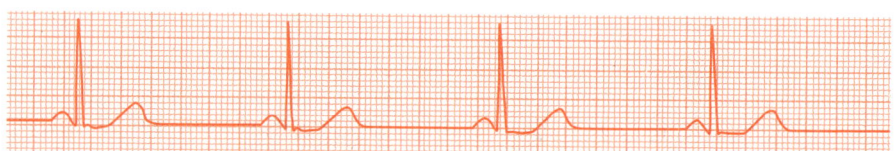

图 11-3-16　窦性心动过缓

3. 窦性心律不齐（sinus arrhythmia）　指在同一导联上 P-P 间期相差>0.12 s，其余符合正常窦性心律心电图特点。窦性心律不齐多数与呼吸有关，表现为吸气时心率较快，呼气时变慢，称为呼吸性窦性心律不齐。窦性心律不齐多见于青少年，一般无临床意义（图 11-3-17）。

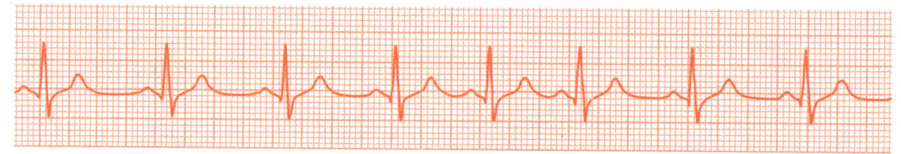

图 11-3-17　窦性心律不齐

4. 窦性静止（sinus pause）**或窦性停搏**（sinus arrest）　在心电图中出现显著延长的 P-P 间期，且延长的 P-P 间期与短 P-P 间期之间无公倍数关系，可见于窦房结功能障碍、急性下壁心肌梗死等，也可见于迷走神经张力增高（图 11-3-18）。

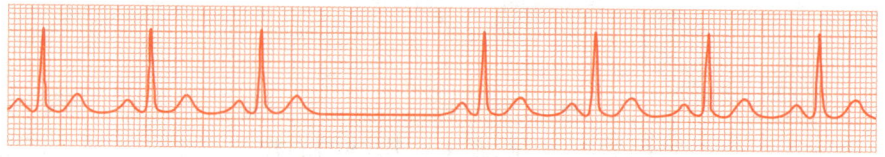

图 11-3-18　窦性静止

5. 病态窦房结综合征（sick sinus syndrome，SSS） 由各种原因累及窦房结及其周围组织而产生的一系列缓慢性心律失常。其主要心电图特点：① 持续而显著的窦性心动过缓，心率<50 次/分，不宜用阿托品等药物纠正。② 窦性停搏或窦房传导阻滞。③ 慢－快综合征，在显著窦性心动过缓的基础上，出现室上性快速心律失常（阵发性房性心动过速、心房扑动、心房颤动等）。病态窦房结综合征常见于冠心病、心肌病、心肌炎等，表现为心、脑等供血不足，可有阿－斯综合征发生。

（三）期前收缩

期前收缩又称为过早搏动，简称早搏，是指窦房结以外的异位起搏点提前发出激动，引起心脏提前兴奋，是临床上最常见的心律失常。

1. 分类 根据异位起搏点的部位分为房性、交界性、室性期前收缩。其中以室性期前收缩最常见。根据发生的频度，可分为偶发或频发期前收缩。频发期前收缩是指每分钟期前收缩次数多于 5 次。

2. 心电图特征

（1）室性期前收缩（ventricular premature contraction）：① 提前出现 QRS-T 波群，其前无相关的 P 波。② 提前出现的 QRS 形态宽大畸形，时间>0.12 s，T 波方向多与 QRS 波的主波方向相反。③ 多为完全性代偿间歇（图 11-3-19）。

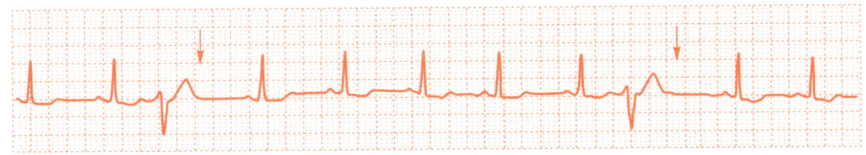

图 11-3-19　室性期前收缩

（2）房性期前收缩（atrial premature contraction）：① 提前出现异位 P′ 波，形态与窦性 P 波不同。② P′-R 间期>0.12 s。③ QRS-T 波的形态大多数正常，也可出现 QRS波增宽变形或异位 P′ 波后无 QRS-T 波，前者称为房性伴室内差异性传导，后者称为房性期前收缩未下传。④ 多为不完全性代偿间歇（图 11-3-20）。

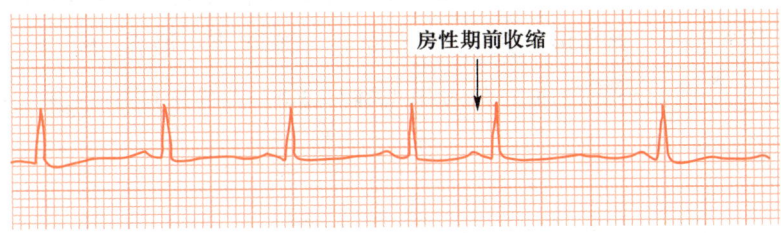

房性期前收缩

图 11-3-20　房性期前收缩

（3）交界性期前收缩（junctional premature contraction）：① 提前出现 QRS-T 波，形态多数与窦性相同，也可出现 QRS 波增宽变形。② 出现逆行性 P′ 波（P $_\text{II}$ 倒置，P$_\text{aVR}$ 导联直立），其位置可在 QRS 波之前（P′-R 间期<0.12 s）或 QRS 波之后（R-P′ 间

期<0.20 s),或与 QRS 波重叠不易辨认。③ 多为完全性代偿间歇(图 11-3-21)。

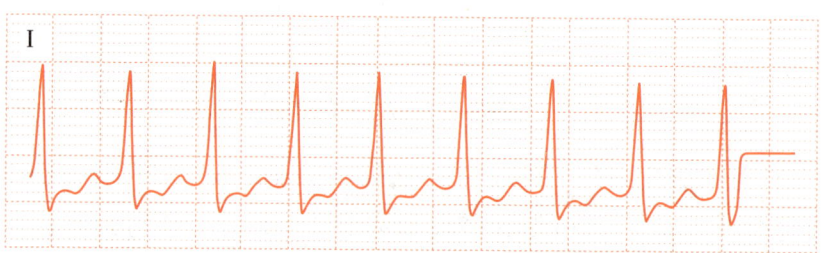

图 11-3-21　交界性期前收缩

3. **临床意义**　期前收缩可见于情绪激动、饱餐、体力过劳、过量吸烟、饮酒和咖啡等,但多见于器质性心脏病如急性心肌梗死、心肌炎、风湿性心脏病等。此外,急性感染、心脏手术、麻醉、低温、药物不良反应、电解质紊乱等也可见到。

知识拓展

二联律与三联律

定义:有规律的频发期前收缩,二联律指期前收缩与窦性心搏交替出现;三联律指每 2 个窦性心搏后出现 1 次期前收缩。

(四)异位性心动过速

异位性心动过速是指异位节律点兴奋性增高或折返激动引起的快速异位心律,或者说期前收缩连续出现 3 次或 3 次以上。临床上最常见的是阵发性心动过速,具有突然发生、突然终止的特点,发作时间短至数秒,长至数小时,甚至持续数天。

1. **分类**　根据异位起搏点的部位分为:房性、交界性、室性心动过速。房性和交界性阵发性心动过速在心电图上常难以区别,故统称为阵发性室上性心动过速。

2. **心电图特征**

(1)阵发性室上性心动过速(paroxysmal supraventricular tachycardia,PSVT):包括房性和房室交界性心动过速,但常因 P′ 波不易辨别,故统称为室上性心动过速,可突发、突止。其心电图特征为:① 连续 3 个或 3 个以上快速均匀的 QRS 波群,形态及时限正常,当伴室内差异性传导时,QRS 波变宽。② 频率一般在 160~250 次 / 分,节律绝对规则。③ P′ 波不易辨认。④ 可出现继发性 ST-T 改变(图 11-3-22)。

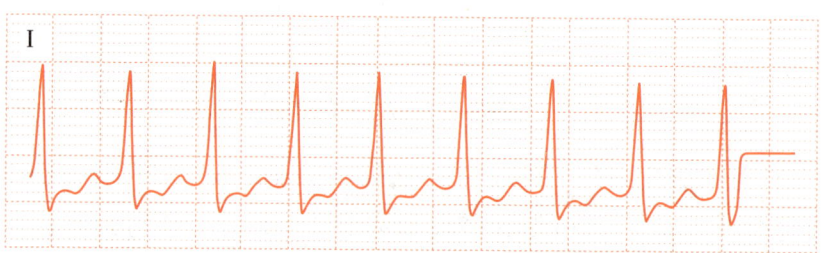

图 11-3-22　阵发性室上性心动过速

（2）室性心动过速（ventricular tachycardia）：简称室速，是房室束分支以下的特殊传导系统或心室肌的连续 3 个或 3 个以上的异位心搏。其心电图特征为：① 连续 3 个或 3 个以上快速、宽大畸形 QRS 波群，时限常大于 0.12 s，T 波与 QRS 主波方向相反。② 心室率多在 140~220 次 / 分，节律略不齐。③ 如能发现 P 波，P 波频率慢于 QRS 频率，且 P–R 无固定关系可确诊。④ 常伴继发性 ST-T 改变。⑤ 偶可出现心室夺获或室性融合波（图 11-3-23）。

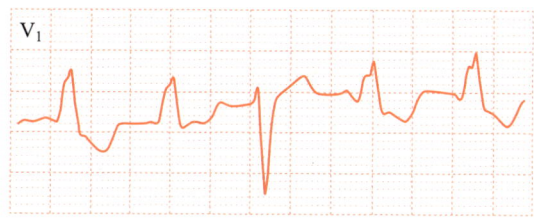

图 11-3-23　阵发性室性心动过速

3. 临床意义　阵发性室上性心动过速可发生在健康人或原有预激综合征者，亦可见于器质性心脏病如风湿性心脏病、心肌梗死、甲状腺功能亢进性心脏病等。阵发性室性心动过速是一种严重的心律失常，多见于严重器质性心脏病，偶尔发生于无器质性心脏病者。

知识拓展

临床上最常见的室上性心动过速的类型为预激旁路引发的房室折返性心动过速及房室结双径路引发的房室结折返性心动过速，患者多不具有器质性心脏病。由于解剖学定位比较明确，可通过导管射频消融术根治。

（五）扑动和颤动

扑动、颤动是一种频率比阵发生心动过速更为快速的异位心律。主要原因是心肌的兴奋性增高，不应期缩短，同时伴有一定的传导障碍，形成环形激动及多发微折返。

1. 分类　包括心房扑动、心房颤动、心室扑动、心室颤动。扑动是一种快速均匀的节律，颤动是一种快速、细小而零乱的节律。

2. 心电图特征

（1）心房扑动（atrial flutter，AFL）：是介于房性心动过速与心房颤动之间的快速型心律失常。其心电图特征为：① 正常 P 波消失，代之以大小、形态、间隔相等的锯齿状扑动波（F 波），F 波在 Ⅱ、Ⅲ、aVF、V₁ 导联清楚，频率多为 250~350 次 / 分。② QRS 波形态基本正常。③ 房室传导比例多为 2∶1、3∶1 或 4∶1，心室律规则（有时房室传导比例不恒定，则心室律不规则，见图 11-3-24）。

381

扑动和颤动

Ⅱ

图 11-3-24　心房扑动呈 2∶1 传导

（2）心房颤动（atrial fibrillation，AF）：是临床上很常见的心律失常，其发生机制比较复杂，至今仍未完全清楚，多数可能由于多个小折返激动引起。其心电图特征为：① 正常 P 波消失，代之以大小、形态不一的颤动波（f 波），f 波在Ⅱ、V_1 导联清楚，频率多为 350~600 次 / 分。② QRS 波形态基本正常。③ R-R 间期绝对不规则（心室律绝对不齐，见图 11-3-25）。

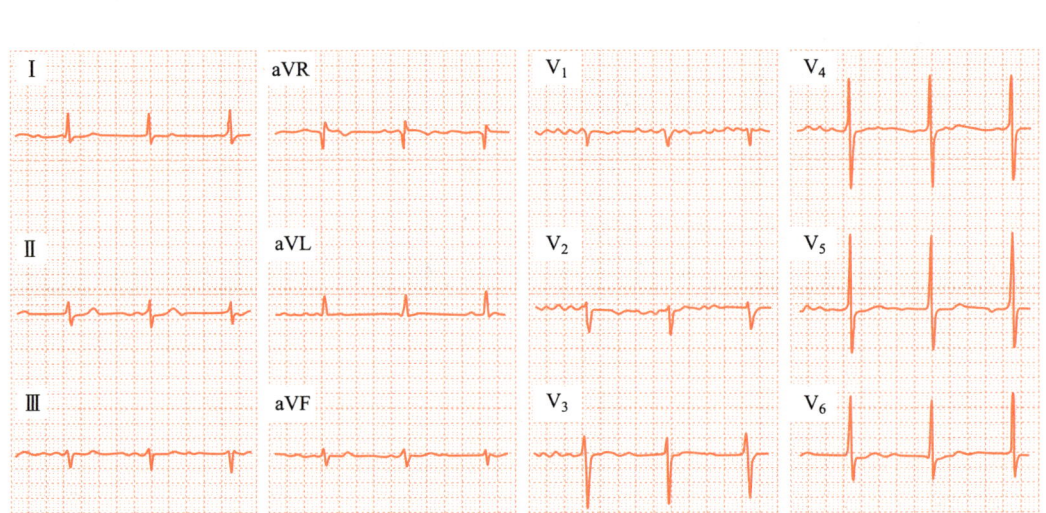

图 11-3-25　心房颤动

（3）心室扑动（ventricular flutter）：多数观点认为是心室肌产生了环形激动的结果。正常 QRS-T 波消失，代之以连续、快速而相对规则的大锯齿状波形，频率多为 200~250 次 / 分。心室扑动不能持久，或很快恢复，或转为心室颤动（图 11-3-26）。

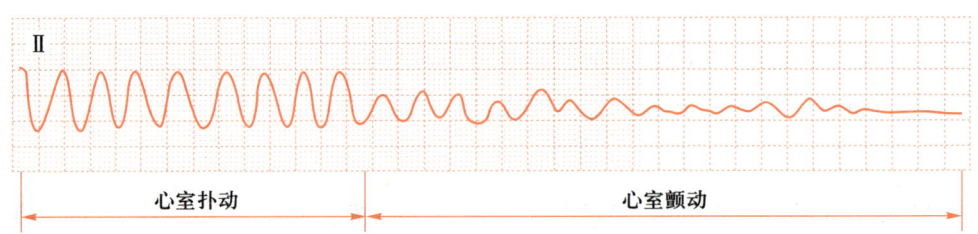

图 11-3-26　心室扑动和心室颤动

（4）心室颤动（ventricular fibrillation）往往是心脏停搏前的征象，也可因急性心肌缺血或心电紊乱而发生。正常 QRS-T 波消失，代之以形态、频率及振幅均完全不规则的连续波形，频率多为 200~500 次 / 分（图 11-3-26）。

3. 临床意义 心房扑动和心房颤动主要见于器质性心脏病如风湿性心脏病二尖瓣狭窄、冠心病、甲状腺功能亢进性心脏病等。心房颤动是临床上常见的心律失常，而心房扑动多为暂时性。心室扑动和心室颤动是极为严重的致死性心律失常，多见于严重的心肺功能障碍和各种疾病的终末期。患者表现为心搏骤停，应立即抢救。

（六）心脏传导阻滞

根据传导阻滞发生的部位分为窦房传导阻滞、房内传导阻滞、房室传导阻滞、室内传导阻滞。其中以房室传导阻滞、室内传导阻滞较为常见。

1. 房室传导阻滞（atrioventricular block，AVB） 激动从心房向心室传导过程中发生障碍，造成传导延迟或中断，称为房室传导阻滞，是最常见的传导阻滞。可发生在不同水平，其中房室结和房室束是最常发生传导阻滞的部位。根据传导阻滞的程度分为三度。Ⅰ度房室传导阻滞：传导时间延长，但无中断；Ⅱ度房室传导阻滞：部分冲动传导中断；Ⅲ度房室传导阻滞：所有冲动传导中断。

（1）Ⅰ度房室传导阻滞：心电图主要表现为 P-R 间期延长，成人 P-R 间期 >0.20 s（老年人 P-R 间期 >0.22 s）。P 波后无 QRS 波脱漏（图 11-3-27）。

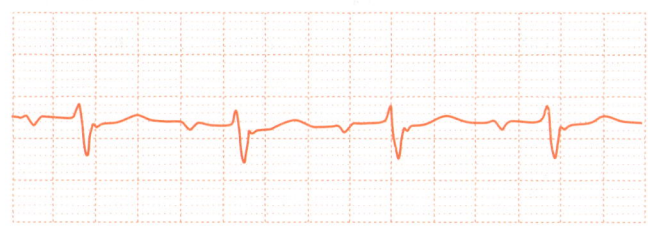

图 11-3-27　Ⅰ度房室传导阻滞

（2）Ⅱ度房室传导阻滞：心电图主要表现为部分 P 波后 QRS 波脱漏，分为两种类型。

Ⅱ度Ⅰ型房室传导阻滞（称 Morbiz Ⅰ型）：表现为 P 波规律地出现，P-R 间期逐渐延长，直到 P 波后脱漏一次 QRS 波群，漏搏后 P-R 间期又趋缩短，之后又复逐渐延长，如此周而复始地出现，称为文氏现象（图 11-3-28）。

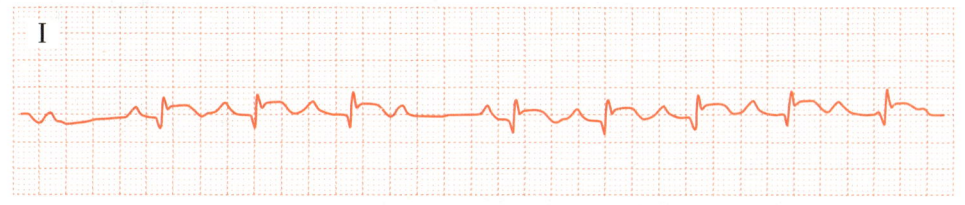

图 11-3-28　Ⅱ度Ⅰ型房室传导阻滞

通常以 P 波数与 P 波下传数的比例来表示房室阻滞的程度，例如 4：3 传导表示 4 个 P 波中有 3 个 P 波下传心室，而只有 1 个 P 波不能下传。

Ⅱ度Ⅱ型房室传导阻滞(称 Morbiz Ⅱ型):表现为 P-R 间期恒定(正常或延长),部分 P 波后无 QRS 波群,可呈 2∶1、3∶2 或 3∶1 等房室传导(图 11-3-29)。

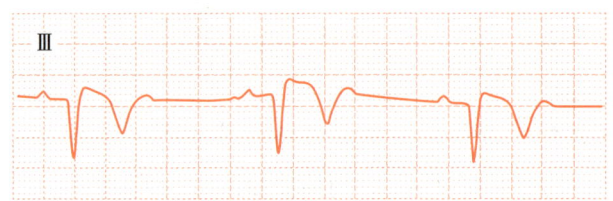

图 11-3-29　Ⅱ度Ⅱ型房室传导阻滞呈 2∶1 传导

(3) Ⅲ度房室传导阻滞:又称完全性房室传导阻滞。当来自房室交界区以上的激动完全不能通过阻滞部位时,在阻滞部位以下的潜在起搏点就会发放激动,出现交界性逸搏心律或室性逸搏心律,以交界性逸搏心律为多见。由于心房与心室分别由两个不同的起搏点激动,因此各自保持自身的节律。

心电图表现为:① P 波与 QRS 波无关(P-R 间期不固定),心房率快于心室率;② QRS 波形态正常或宽大畸形,如 QRS 形态正常,频率 40~60 次/分,为交界性逸搏心律,提示阻滞部位较高;如 QRS 形态宽大畸形,频率 20~40 次/分,为室性逸搏心律,提示发生阻滞的部位较低。异位起搏点位置越低,稳定性较差,危险性较高(图 11-3-30)。

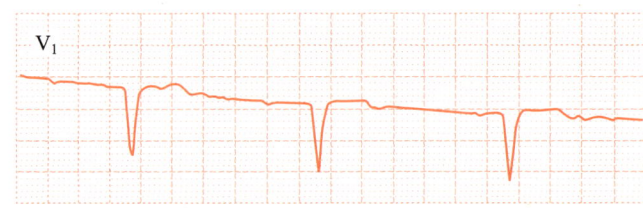

图 11-3-30　Ⅲ度房室传导阻滞

Ⅰ度或Ⅱ度Ⅰ型房室传导阻滞多为功能性,与迷走神经张力增高有关。Ⅱ度Ⅱ型房室传导阻滞和Ⅲ度房室传导阻滞多属器质性损害,如心肌病变、急性心肌梗死、冠心病等。

2. 束支传导阻滞　右束支细长,且由单侧冠状动脉供血,故易出现传导阻滞,可发生在各种器质性心脏病,也可见于健康人。左束支粗短,且由双侧冠状动脉供血,故不易发生传导阻滞,大多为器质性心脏病所致。根据 QRS 波群的时限是否 ≥0.12 s 而分为完全性与不完全性传导阻滞。

(1) 完全性右束支传导阻滞:① QRS 波群时限 ≥0.12 s。② V₁ 或 V₂ 导联的 QRS 波呈 rsR′型或 M 波,此为最具有特征性的改变;Ⅰ、V₅、V₆ 导联 S 波增宽而有切迹;aVR 导联呈 QR 型,其 R 波宽而有切迹。③ 继发性 ST-T 改变:V₁、V₂ 导联 ST 段轻度压低,T 波倒置(图 11-3-31)。

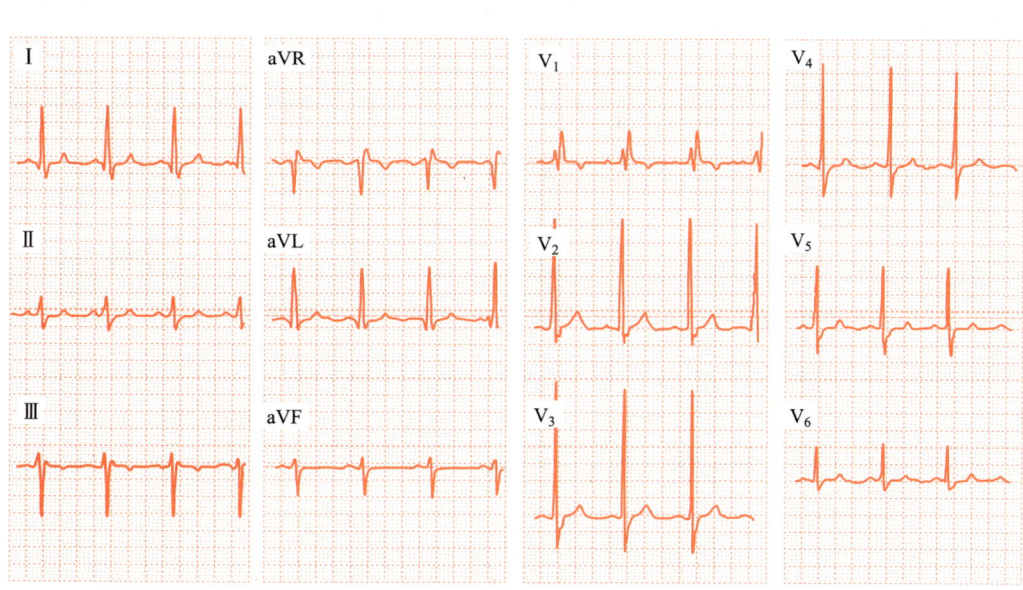

图 11-3-31 完全性右束支传导阻滞

不完全性右束支传导阻滞时,QRS 波时限<0.12 s,其形态与完全性右束支传导阻滞相似。

(2) 完全性左束支传导阻滞:① QRS 波时限 ≥ 0.12 s。② V₁、V₂ 导联呈 rS 波（其 r 波极小,S 波明显增宽）或呈宽而深的 QS 波；I、aVL、V₅、V₆ 导联 R 波增宽、顶峰粗钝或有切迹；心电轴可有不同程度的左偏。③ I、V₅、V₆ 导联 q 波一般消失。④ ST-T 方向与 QRS 主波方向相反（图 11-3-32）。

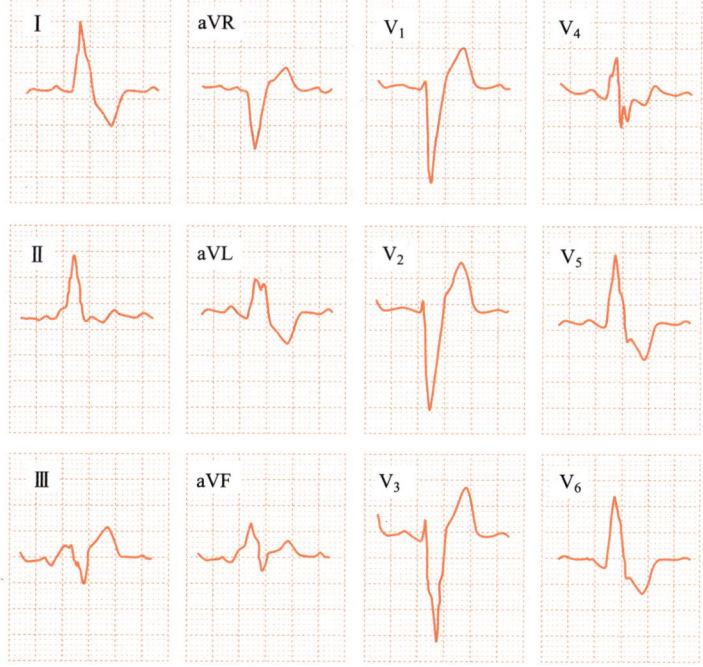

图 11-3-32 完全性左束支传导阻滞

不完全性左束支传导阻滞时，QRS 波时限<0.12 s，其形态与完全性左束支传导阻滞相似。

(七) 预激综合征

预激综合征(preexcitation syndrome)属传导途径异常，是指在正常的房室结传导途径之外，心房与心室之间还存在附加的传导束(旁路)，使室上性激动抢先抵达心室并提前激动一部分心室肌。常见类型如下。

1. WPW 综合征　又称经典型预激综合征。心电图特征：① P–R 间期缩短<0.12 s。② QRS 波增宽 ≥ 0.12 s。③ QRS 起始部有粗钝预激波(delta 波)。④ 多有继发性 ST–T 改变。

2. LGL 综合征　又称短 P–R 综合征。心电图特征：① P–R 间期缩短<0.12 s。② QRS 波形态及时限正常，起始部无预激波。

3. 马海姆(Mahaim)型预激综合征　又称变异型预激综合征，此型少见。心电图特征：① P–R 间期正常或延长。② QRS 波增宽 ≥ 0.12 s，起始部有预激波。

预激综合征多见于健康人，其主要危害是常可引发房室折返性心动过速。WPW 综合征如合并心房颤动，还可引起快速的心室率，甚至心室颤动。

小结

临床上常见的异常心电图包括房室肥大、心肌缺血、心肌梗死及各种心律失常。心房、心室肥大的心电图特征主要表现为 P 波及 QRS 波群的振幅、时间及形态的改变。左房肥大表现为 P 波的时间增宽；右房肥大表现为 P 波的振幅增高；左室肥大表现为代表左室面的 V₅ 导联 R 波增高；右室肥大表现为代表右室面的 V₁ 导联 R 波增高。心肌缺血的心电图特征表现为一过性缺血区相关导联发生 ST–T 异常改变。心律失常包括心脏激动的起源异常和/或传导异常。冲动起源异常主要包括窦性心律失常和异位心律失常；冲动传导异常临床上主要以房室传导阻滞为多见。心电图主要反映心脏激动的电学活动，对临床上异常心电图的各种变化应密切结合临床资料，才能对心电图做出正确的诊断和解释。

（王春桃）

任务测试

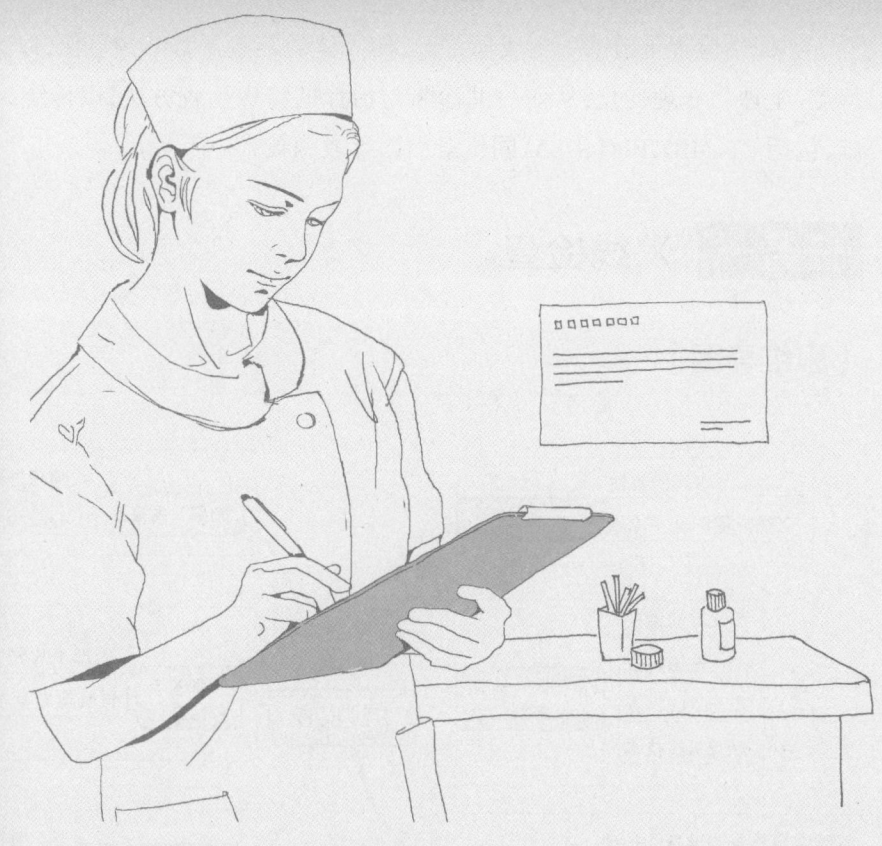

项目十二 影像学检查

【学习目标】

1. 知识目标：简述各种影像学检查方法的基本原理；描述各种影像学检查的适应证和禁忌证。叙述各种影像学检查的优缺点及主要临床应用。

2. 技能目标：能结合患者的实际情况指导患者做好各项影像学检查前的准备与配合；能根据影像学检查的结果初步分析患者可能存在的健康问题。

3. 素质目标：遵守职业道德规范，培养良好的服务意识，运用沟通技巧与患者及家属进行及时有效的沟通，具有尊重患者、爱护患者、保护患者隐私的意识。

影像学检查是借助一定成像手段,使人体的某些器官结构显像,以此判断其解剖特点、生理与病理变化,从而协助诊断与治疗的特殊检查方法,以传统 X 线诊断为基础,包括 CT、MRI、USG、DSA、同位素扫描等成像技术。

任务一 X 线检查

【思维导图】

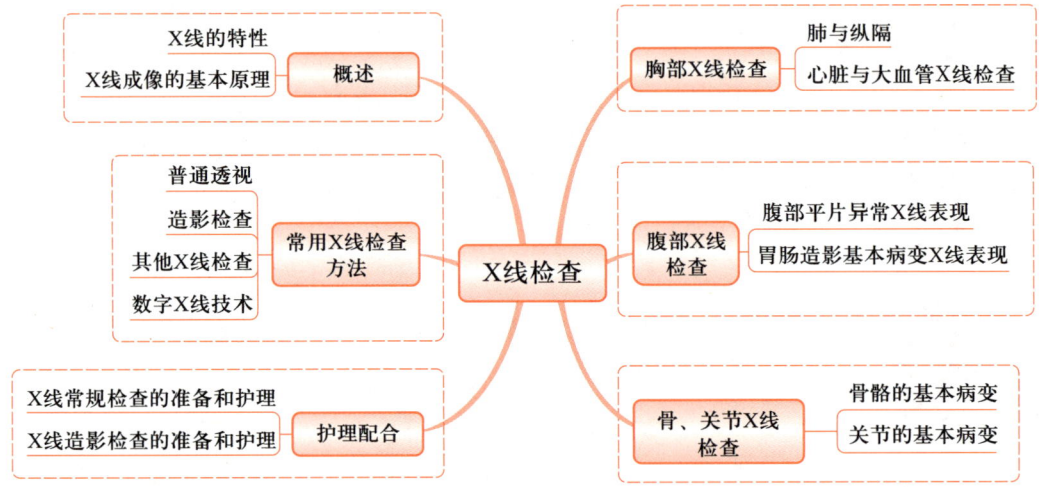

【典型案例】

患者,男性,24 岁。3 天前淋雨受凉后出现畏寒、寒战,测体温 39.2℃,伴有咳嗽及右上胸部疼痛,胸痛以咳嗽及深呼吸时加重,于当地诊所应用"阿莫西林、止咳灵"治疗,效果不佳。1 天前患者咳嗽、胸痛加剧,并咳出少许铁锈色痰,遂来我院就诊。病后纳差、乏力、精神不振。体检:体温 38.9℃,脉搏 92 次 / 分,呼吸 31 次 / 分,血压 122/87 mmHg。急性病容,面容潮红,呼吸急促。入院后行胸部 X 线检查,结果示:右上肺大叶性肺炎。

任务引领一:如果你是责任护士,请协助患者做 X 线检查前准备,并取得患者的配合。

任务引领二:请说出大叶性肺炎在 X 线片上的表现。

一、概述

X 线属于电磁波,在电磁辐射谱中,居 γ 线与紫外线之间,比可见光的波长要短得多,肉眼看不见。目前常用的 X 线波长范围为 0.008~0.031 nm(相当于 40~150 kV 时)。

（一）X 线的特性

X 线的穿透性、荧光效应、感光效应是 X 线成像的基础，X 线产生的电离效应是放射防护学和放射治疗学的基础。

1. 穿透性　X 线是波长极短的电磁波，具有很强的穿透力，能穿透一般可见光不能穿透的各种不同密度的物质，并在穿透过程中受到不同程度的吸收即衰减。

2. 荧光效应　荧光物质（如：硫化锌镉、钨酸钙等）经 X 线照射后，吸收光能进入激发态，并且发出比入射光的波长更长的出射光，即产生肉眼可见的荧光。这种转换叫作荧光效应。

3. 感光效应　涂有溴化银的胶片经 X 线照射后，胶片中的溴化银释放出银离子（Ag⁺），产生潜影，经显影、定影处理，在胶片上呈黑色，而未感光的溴化银则在定影及冲洗过程中被洗掉，因而胶片显示出透明本色。

4. 电离效应　X 线通过任何物质都可产生电离效应，空气的电离程度与空气所吸收 X 线的量成正比，因而通过测量空气电离的程度可计算出 X 线的量。X 线进入人体，也产生电离作用，使人体产生生物学方面的改变。

（二）X 线成像的基本原理

X 线图像形成的基本条件包括：① X 线具备的穿透性、荧光效应和感光效应。② 被穿透的组织结构有密度和厚度的差别。X 线透过人体各种不同组织结构时被吸收的量不同，以致到达荧屏或胶片上的 X 线量有所差异。这种有差异的剩余 X 线，可经过显像过程加以显示。

1. 自然对比　人体组织结构存在着密度差异。按密度从高到低可分为骨组织、软组织与液体、脂肪组织、气体四类。当强度均匀的 X 线穿透厚度相等的不同密度的组织结构时，由于吸收程度不同，在 X 线片（或荧屏）上显出具有黑白（或明暗）差异的 X 线影像。这种人体组织结构自然存在的密度差别称为自然对比（图 12-1-1）。

2. 人工对比　人体有些组织器官与周围组织无明显密度差异，缺乏自然对比（如腹部脏器），需要用人为的方法，通过各种途径向体内引入高于或低于组织器官的物质（人工对比剂，或称造影剂），造成人工密度差，即人工对比或造影检查，如胃肠道钡餐检查。

（三）常用 X 线检查方法

1. 普通检查　包括荧光透视（fluoroscopy）和 X 线摄影（radiography）。

（1）荧光透视：使 X 线透过人体被检查部位并在荧光屏上形成影像，称为荧光透视，多用于胸部及胃肠检查。优点是操作简便，费用低廉，可动态观察器官的形态和功能，可转动被评估者体位进行多方位观察。缺点是荧光影像较暗，对比度和清晰度较差，细微病变和厚度较大的部位（如头颅、脊椎等）显示不清楚，不能留下永久性影像资料，复查时不易比较。

X 线的产生及特点

389

X 线成像的基本原理

X 线检查方法

项目十二　影像学检查

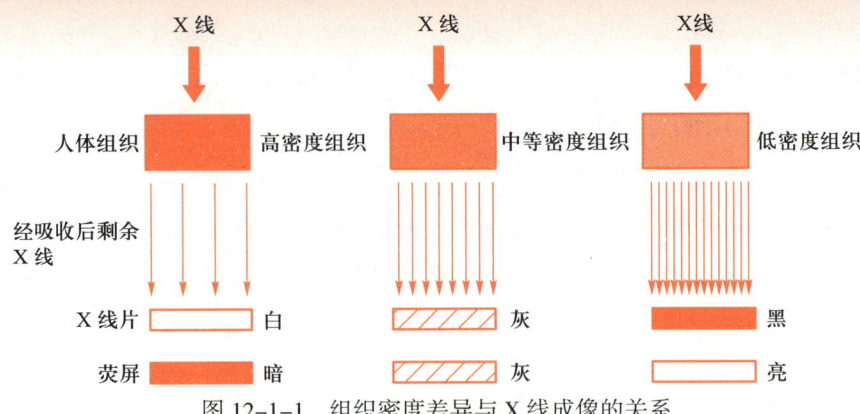

图 12-1-1　组织密度差异与 X 线成像的关系

（2）X 线摄影：X 线透过人体被检查的部位并在胶片上形成影像，胶片曝光后经显影、定影、水洗及晾干或烘干等步骤成像。优点是图像的对比度和清晰度较好，可用于头颅、脊椎、腹部等部位检查，可留下永久影像记录，便于分析对比；缺点是不能显示脏器活动状态。

2. 造影检查　对于缺乏自然对比的人体器官与组织，在检查时人工引入对比剂，使之产生人工密度差以显影，这种 X 线检查方法称为造影检查。临床上检查所用的对比剂按其密度高低分为高密度和低密度两类，常用的高密度对比剂如钡剂、碘剂；低密度对比剂如空气、氧气、二氧化碳。造影剂的引入方式包括直接引入与间接引入两种，见表 12-1-1。

表 12-1-1　造影剂引入方式

造影方式	适用检查
口服	口服钡餐检查
灌注	钡剂灌肠检查
穿刺注入或经导管注入	支气管造影、尿道膀胱造影、逆行肾盂造影、子宫输卵管造影、术后胆管造影、心脏造影、脑室造影等
生理积聚或生理排泄法	口服胆囊造影、静脉肾盂造影等

3. 其他 X 线检查　包括钼靶软 X 线摄影、体层摄影、放大摄影和高千伏摄影等。目前临床上只有钼靶软 X 线摄影还在应用，主要用于乳腺的检查。

4. 数字 X 线技术

（1）直接数字 X 线摄影（direct digital radiography, DR）：是将普通 X 线摄影装置或透视装置同电子计算机相结合，将模拟信息转换为数字信息的数字图像成像技术。优点是图像处理系统可调节对比，能达到最佳的视觉效果；摄照条件的宽容范围较大；被评估者接受的 X 线量减少；图像信息可由磁盘或光盘储存，并进行传输。数字

X线成像在骨结构、关节软骨、纵隔结构、肺结节性病变、肠管积气、气腹等病变的图像优于普通X线,如在显示胃微小病变和肠黏膜皱襞等检查上的检出率高于传统的X线成像。

(2) 数字减影血管造影(digital subtraction angiography,DSA):是将水溶性碘对比剂注入血管内,使血管显影的X线检查方法。传统的血管造影技术由于血管、骨骼、软组织的重叠投影,影响血管的清晰显示。DSA是利用计算机处理数字化的影像信息,消除骨骼和软组织影像,使血管显影清晰的新一代血管显影技术。其成像技术包括动脉DSA、静脉DSA、三维DSA,临床上常用动脉DSA,多采用股动脉穿刺注射对比剂。DSA可显示直径200 μm以下的血管,可观察血流动态图像,适用于心脏大血管、冠状动脉、颈动脉、颅内动脉、腹主动脉及分支、肢体大血管等的检查(图12-1-2)。

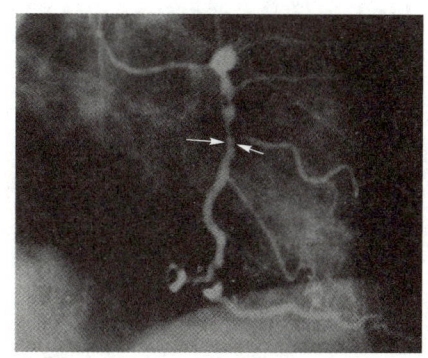

图12-1-2　DSA冠状动脉造影

二、胸部X线检查的临床应用

呼吸系统常用的检查方法有胸部透视、胸部摄片(后前位、侧位)、断层摄影及支气管造影等。随着CT引进和介入性放射学的开展,胸部病变的CT检查及肺内病变透视下穿刺活检,也逐渐应用于胸部病变的检查。临床应用过程中需要根据检查目的选择合适的检查方法。

(一)肺与纵隔

1. 正常X线表现　正常胸部X征象是胸腔内、外各种组织和器官重叠的复合影像。

(1) 胸廓:由软组织和胸部骨骼组成。

软组织包括:① 胸锁乳头肌:两肺尖内侧清晰、密度均匀的带状阴影。② 胸大肌:肺中野外带扇形、下缘锐利的致密影,呈斜行,与腋前皮肤皱襞连续,多见于肌肉发达的男性,右侧较明显。③ 女性乳房与乳头:乳房可在两肺下野形成下缘清晰的半圆形致密影,乳头在约第5肋水平处形成小圆形致密影(图12-1-3)。

胸部骨骼包括:① 肋骨:共12对,后肋呈水平向外走行,前肋自外上向内下倾斜。② 肩胛骨:肩胛骨内缘与肺中上野重叠,易误认为胸膜肥厚。③ 胸骨及胸椎:胸骨、胸椎与纵隔阴影重叠,胸骨柄和上位胸椎横突可凸于纵隔阴影之外。④ 锁骨:锁骨横贯胸腔上部,呈外高内低状,内端与胸骨柄形成胸锁关节,位于第1肋骨前端。

(2) 肺:表现为肺野、肺门和肺纹理。

1) 肺野:肺泡内充满气体,表现为均匀一致的透明阴影,称为肺野。肺野透明度

X线临床应用

与含气量成正比。为了便于指明病变的位置,人为地将一侧肺野纵行分成三等份,称为内、中、外三带;又分别在两侧第2、第4肋骨前端下缘各画一条横线,将肺野分成上、中、下三野(图12-1-3)。

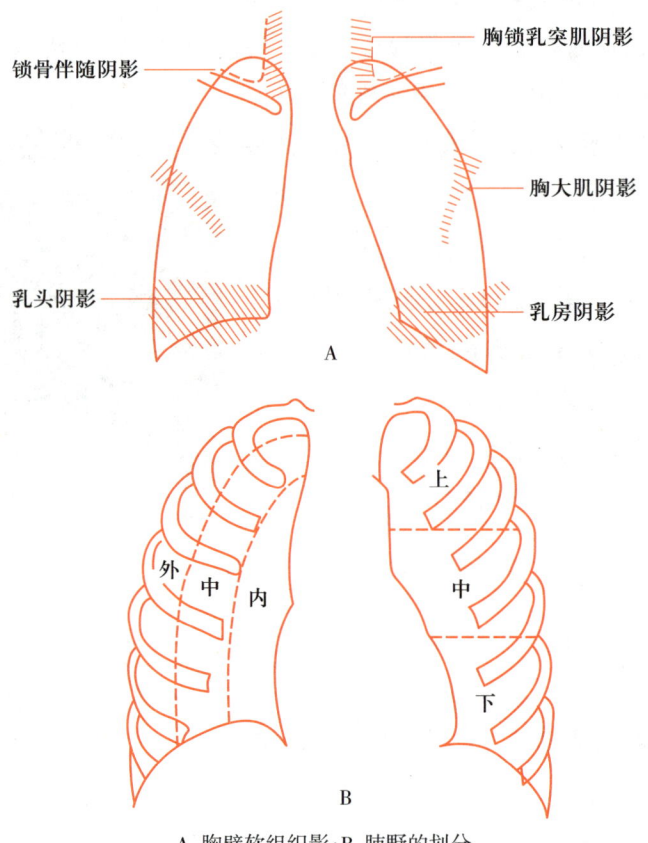

A. 胸壁软组织影;B. 肺野的划分

图 12-1-3　胸部 X 线表现及肺野划分

2)肺门:为肺动脉、肺静脉、支气管及淋巴结的综合投影,位于两侧肺野中野内带,左侧较右侧高约1 cm。

3)肺纹理:肺纹理主要为肺动脉分支组成,肺静脉、支气管及淋巴组织亦参与其中,在胸片上表现为自肺门向周围肺野呈放射状分布的树枝状阴影,逐渐变细变多,肺野外带消失。

(3)气管及支气管:气管在第5、第6胸椎平面分为左、右主支气管,气管分叉角为60°~85°,表现为透明管状影,左右肺支气管在肺内逐级分支直至不能分辨。

(4)胸膜:胸膜分为两层,脏层覆盖于肺表面,壁层附着于胸壁,两层之间的间隙为胸膜腔。胸膜菲薄,一般不显影,只有在胸膜反褶处呈现薄层线状致密阴影。

(5)纵隔:位于胸骨之后,胸椎之前,两肺之间,上为胸腔入口,下为横膈。纵隔影由心脏、大血管、食管、气管及支气管、淋巴组织、神经及结缔组织等组成,在纵向分为前、中、后纵隔,在横向分为上、中、下纵隔,形成九个区(图12-1-4)。

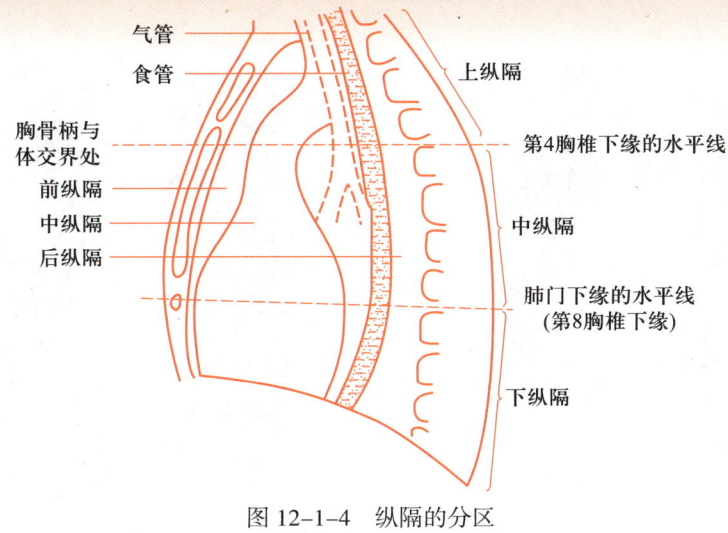

图 12-1-4　纵隔的分区

气管
食管
上纵隔
胸骨柄与
体交界处
第4胸椎下缘的水平线
前纵隔
中纵隔
中纵隔
后纵隔
肺门下缘的水平线
（第8胸椎下缘）
下纵隔

（6）横膈：膈肌呈圆顶形，为肺野下界。膈肌与胸壁之间的夹角叫肋膈角，与心脏之间的夹角叫心膈角。

知识拓展

胸片投照条件良好的标准

（1）两侧锁骨在同一水平线，内端与中线距离相等。

（2）两侧肩胛骨位于肺野外部。

（3）第 1~4 胸椎隐约可见，其余胸椎分辨不清。

（4）膈肌处于吸气位。

2. 胸部疾病的基本 X 线表现　不同病因的疾病在其发展过程中，可出现共同的 X 线表现，即基本 X 线表现。

（1）肺内片状阴影：肺内出现密度增高阴影，见于多种疾病。

1）肺内炎症：① 大叶性肺炎。为大片状密度均匀阴影，形态与受累肺叶或肺段一致，其内可见透亮支气管影，称"空气支气管征"（图 12-1-5）；② 小叶性肺炎：在两肺中下野的内中带形成散在斑片状模糊阴影，边缘不清，密度不均，可融合成片（图 12-1-6）；③ 支原体肺炎：多发生在肺下野，呈现肺纹理增粗，外形模糊，网格状阴影（图 12-1-7）。

2）肺结核：肺结核的片状模糊阴影大小不一，密度不均，有空洞形成，多发生在双肺上野，肺内其他部位常伴有结节、条索、增生、钙化等病灶（如图 12-1-8）。

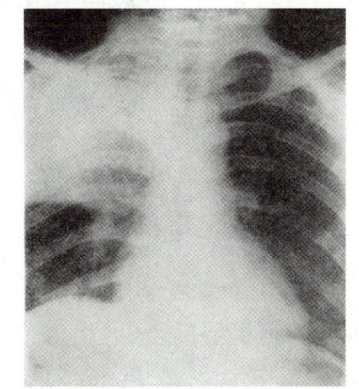

图 12-1-5　右肺上叶肺炎球菌肺炎

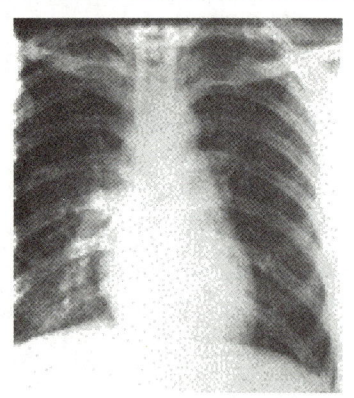
图 12-1-6 支气管肺炎

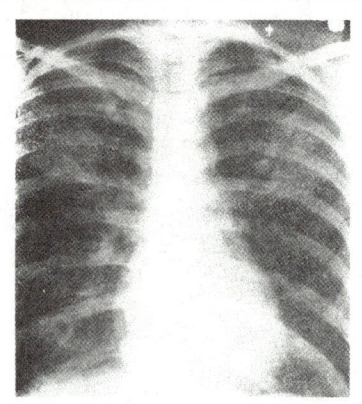
图 12-1-7 肺炎支原体肺炎

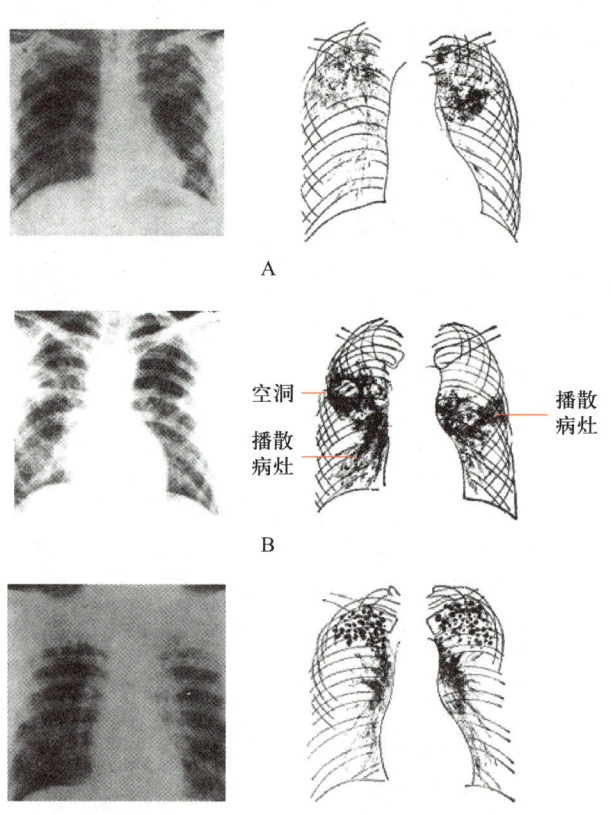

A

空洞

播散
病灶

播散
病灶

B

C

A.浸润性肺结核;B.浸润性肺结核并双肺空洞;C.肺结核硬结钙化

图 12-1-8 肺结核 X 线片

3）中央型肺水肿：常见于急性左心衰竭、尿毒症患者。表现为以两肺门为中心向两肺野扩展的阴影，由深变淡，边缘模糊，形似蝴蝶翅膀，即呈"蝶翼状分布"。经及时治疗阴影一般很快吸收消退（图 12-1-9）。

4）胸腔积液：胸腔积液量大于 300 mL 时可在胸片上表现出来。少量胸腔积液 X 线表现为肋膈角变钝。中等量胸腔积液表现为肋膈角消失，呈凹面向上、外高内低的弧形积液影。大量胸腔积液表现为肺内阴影几乎占据整个胸腔，肺被压缩呈软组织密度影，纵隔向健侧移位，肋间隙增宽。包裹性积液范围局限，表现为自胸壁向肺野内突出的半圆形阴影。叶间裂积液表现为在叶间裂部位、长轴与叶间裂长轴一致、边缘锐利的梭形阴影（图 12-1-10）。

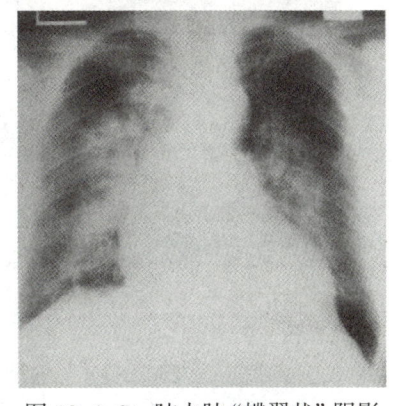

图 12-1-9　肺水肿"蝶翼状"阴影

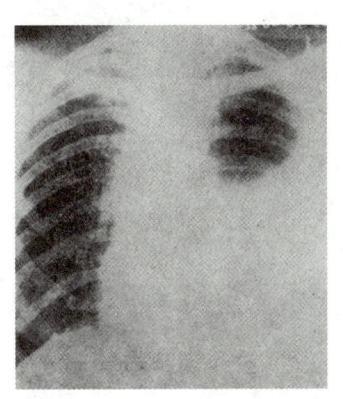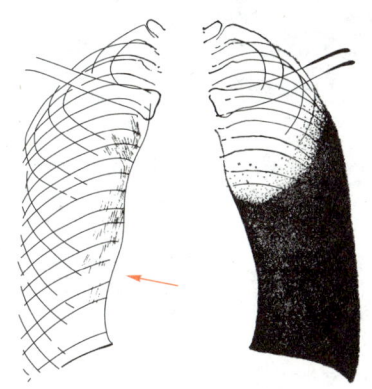

图 12-1-10　左侧中等量胸腔积液

5）肺不张：X 线表现与阻塞的支气管部位有关，阻塞支气管相对应部位的肺体积变小，密度均匀增高，叶间裂向其靠拢，纵隔及肺门向患侧移位。

（2）肺内块状阴影：肺内块状阴影是指直径 1 cm 以上的密度增高、边界清楚的近似球形阴影，直径小于 2 cm 的为结节，大于 2 cm 的为肿块（图 12-1-11）。

1）良性肿瘤：边界清楚，边缘光滑，多密度均匀一致，有时可见钙化，生长缓慢，随访数月无明显增大。

2）恶性肿瘤：中央型肺癌 X 线表现为分叶状或不规则形状的肺门肿块，伴有阻塞性肺不张，称"反 S 征"。周围型肺癌边缘不规整，呈分叶状，有短毛刺及胸膜凹陷征，短时间内可迅速增大，肿瘤坏死经支气管引流后，可形成偏心空洞。肺转移癌表现为多发的棉球样或粟粒样结节，多位于双肺中下野外带。

3）结核球：表现为圆形、椭圆形阴影，边缘清晰、轮廓光滑，其内可见空洞或钙化灶，周围散在纤维条索或斑点状高密度阴影，称"卫星灶"。

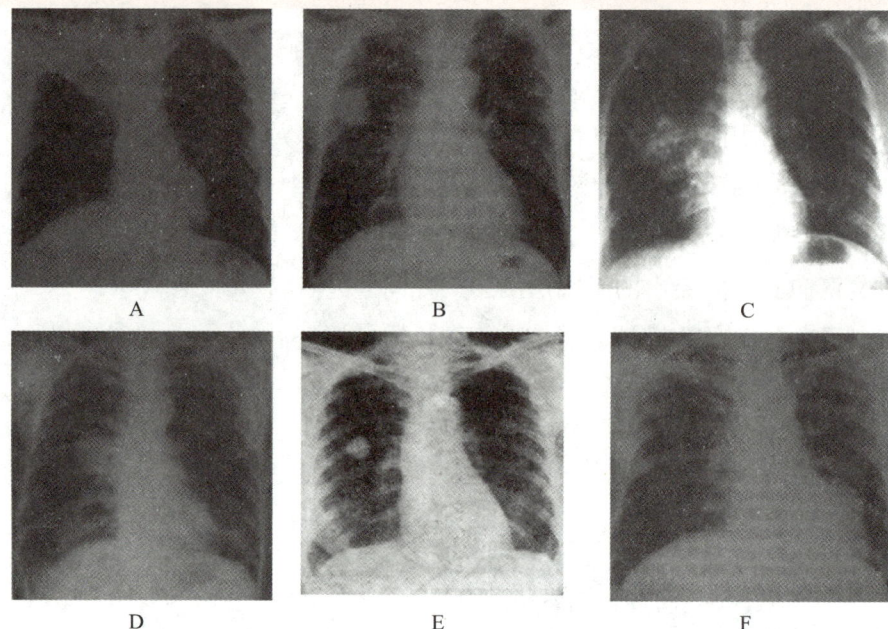

A. 中心型肺癌并肺不张；B. 周围型肺癌；C. 肺错构瘤；D. 肺炎性假瘤；E. 结核球；F. 左下肺纤维瘤

图 12-1-11　肺内块状阴影

（3）肺内空洞阴影：肺内病变组织坏死、液化，经支气管引流、咯出后形成空洞。

1）肺结核空洞：洞壁较薄，壁内外缘光滑，空洞周围常有不同性质的卫星灶。

2）肺脓肿空洞：厚壁空洞，内缘光滑，底部可见气液平面，急性期洞壁周围可见模糊的炎性渗出影（图 12-1-12）。

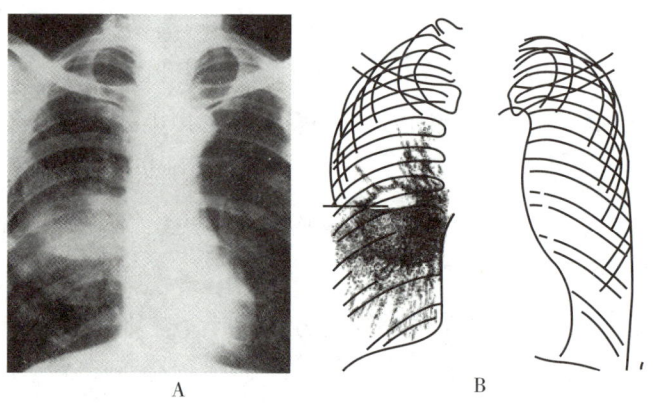

A. 右下肺脓肿；B. 肺脓肿 X 线征象示意图

图 12-1-12　右下肺脓肿 X 线征象

3）肺癌空洞：厚壁偏心空洞，内壁多不规则，钙化少见，很少有气液平面。

（4）肺野透光度增强

1）肺气肿：双肺野透明度增强，肺纹理稀疏，肋间隙增宽，纵隔阴影细长，膈肌下降（图 12-1-13）。

2）气胸：压缩肺组织与胸壁间出现无肺纹理的含气透亮带，可见被压缩肺组织的边缘，纵隔向健侧移位（图12-1-14）。

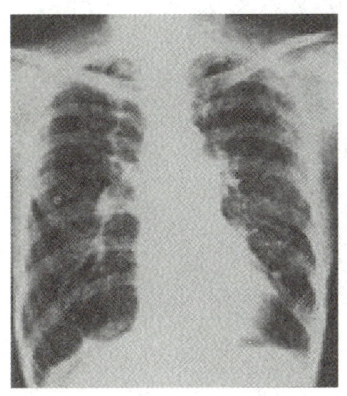

图 12-1-13　阻塞性肺气肿

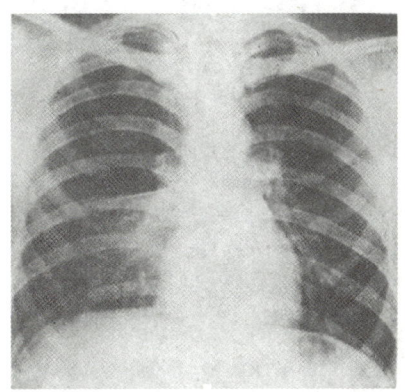

图 12-1-14　右侧气胸

（二）心脏与大血管 X 线检查

1. 正常心脏、大血管的 X 线表现　心脏的四个心腔和大血管在 X 线上的投影彼此重叠，因而仅能显示各房室和大血管的轮廓，不能显示内在结构。

（1）心脏大血管 X 线投影：常用的位置有后前位、右前斜位和左前斜位。

知识拓展

摄片时靶片距要求为 2 m，可减少放大率（不超过 5%）。不能达到上述要求时，评价影像时应考虑到放大因素的影响。

1）后前位：心脏 1/3 的投影位于中线的右侧，2/3 位于中线的左侧。右心缘分上下两段，上段略平直为上腔静脉及升主动脉的复合影；下段为右心房，呈弧形向右凸出。左心缘分三段，上段为主动脉弓降部构成，形成半球形影，称主动脉结；中段为肺动脉干构成，称肺动脉段或心腰；下段最长，为左心室阴影。心脏大血管后前位影像见图 12-1-15。

2）右前斜位：被评估者自后前位向左旋转45°，可见心影呈梨形，前缘自上而下为升主动脉、肺动脉干、右心室漏斗部和右心室的前壁。心后缘上段由气管、上腔静脉组成且相互重叠，下段主要由左心房构成。正常心脏右前斜位影像见图12-1-16。

3）左前斜位：被评估者向右后旋转 55°~70°。心前缘自上而下为升主动脉、右心房和右心室。心后缘上部为左心房，下部为左心室，明显向后降

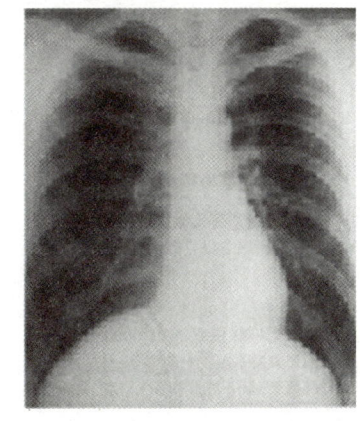

图 12-1-15　正常心脏后前位图

凸。左房上方可见由升主动脉、主动脉弓及降主动脉围绕形成的透亮区,称为主动脉窗,窗内有左侧主支气管影。正常心脏左前斜位影像见图12-1-17。

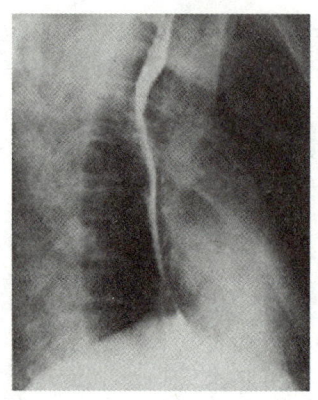

图12-1-16 正常心脏右前斜位

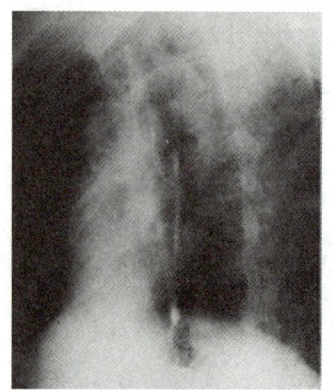

图12-1-17 正常心脏左前斜位

(2) 心脏大血管的搏动:透视下观察心脏大血管的搏动有重要意义。正常情况下,左心缘的搏动代表左室搏动,较右心缘的搏动强且有力。心脏收缩时左心缘向内收缩,舒张时向外扩张,搏动的平均幅度为2~5 mm。

2. 心脏、大血管病变的基本X线表现

(1) 位置异常:① 心脏移位和异位:表现为心脏偏离正常位置,前者多为胸肺疾患或畸形,后者为心脏位置先天异常,常与胸腹部脏器转位及心内畸形并存。② 房室相对位置异常:左右心房或左右心室位置相反。③ 房室连接关系异常:在解剖学位置上,左心房未与左心室相连,右心房未与右心室相连。

(2) 形态和大小异常:心脏增大包括心壁肥厚和心血管腔的扩大,或二者并存,心脏失去正常形态。普通X线检查很难区别心壁肥厚和心腔扩大,但根据X线上心脏大小、形态的变化,可以辨认出某一心腔或整个心脏增大。

知识拓展

临床上通过计算心胸比率判断是否出现心脏增大(图12-1-18)。心胸比率以0.5°为正常上限,0.51~0.55为轻度增大,0.56~0.60为中度增大,0.6°以上为重度增大。

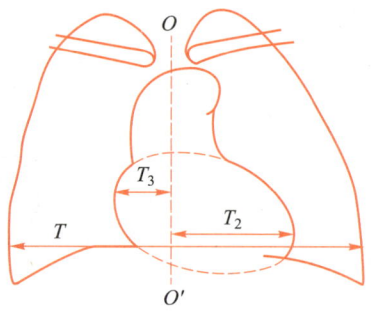

图12-1-18 心胸比率测量图

1）左心室增大：① 后前位显示左心缘下段向左下延伸,相反搏动点上移。② 左前斜位显示左心室向后向下延伸与脊柱重叠,室间沟向前下移位。左心室增大的常见原因包括高血压病、主动脉瓣关闭不全或狭窄、二尖瓣关闭不全、部分先天性心脏病如动脉导管未闭等。

2）右心室增大：① 后前位显示右心缘下段向右膨突,最凸点偏下,心尖圆隆上翘,肺动脉段膨凸,相反搏动点下移。② 右前斜位心前缘下段膨隆,心前间隙变窄。③ 左前斜位心室膈段增大,室间沟向后上移位。右心室增大的常见原因包括二尖瓣狭窄、慢性肺源性心脏病、肺动脉高压、心内间隔缺损、肺动脉瓣狭窄、法洛四联症等。

3）左心房增大：① 右前斜位可见食管中段有局限性向后的压迹和移位(图 12-1-19)。② 后前位显示增大的左心房形成心右缘的"双弧阴影",左心耳向左心缘凸出形成"第三弓影"。③ 左前斜位左主支气管受压向上移位。左心房增大的常见原因包括二尖瓣病变、左心室衰竭及某些先天性心脏病,如动脉导管未闭、室间隔缺损等。

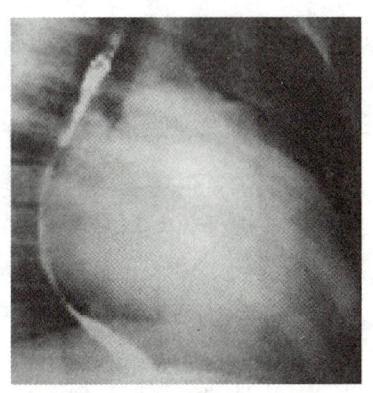

图 12-1-19 左心房增大食道压迹及移位

4）右心房增大：① 后前位心右缘下段向右扩展、膨隆,最凸点位置偏高;② 左前斜位心前缘右心房段凸出延长;③ 右前斜位时,心后区下部因右心房增大而闭塞。右心房增大常见于右心衰竭、房间隔缺损、三尖瓣病变、肺静脉异位引流和心房黏液瘤。右心房增大常见于右心衰竭、房间隔缺损、三尖瓣病变、肺静脉异位引流和心房黏液瘤。

5）心脏增大后其形态变化及分型：心脏病中各个房室大小改变的程度不同,因而在 X 线片上表现出的形状不同,常可分为二尖瓣型、主动脉型及普大型。① 二尖瓣型：主动脉弓缩小,肺动脉干突出,左心房及右心室增大,心腰饱满或呈弧形突出,心脏浊音界呈梨形,多见于风湿性心脏病二尖瓣狭窄、肺源性心脏病、房室间隔缺损、肺动脉瓣狭窄等心脏疾病。② 主动脉型：主动脉阴影增宽,主动脉球突出,心腰凹陷,左室向左隆凸,心外形呈靴形,常见于主动脉瓣膜病、高血压、主动脉缩窄等以左室扩大为主的心脏疾病。③普大型：心脏向两侧扩大，常见于严重的心力衰竭、扩张型心肌病或心包积液等。

（3）内部结构异常：X线平片不能提供心脏内部结构异常的直接征象，可通过形态、大小改变的轮廓异常间接推测心脏内部结构的改变。临床常采用心脏超声检查来显示心脏内部结构。

三、腹部X线检查的临床应用

X线检查方法包括透视、摄片、造影检查。透视主要应用于诊断胃肠道穿孔与肠梗阻；摄片与透视相比可更清楚地显示胃肠道气体、腹部钙化及实质脏器的形态和位置等，是急腹症影像学诊断的首选；胃肠道是一个宽窄不等的软组织管腔，使用造影剂才能显示其内腔和黏膜皱襞、形态和功能等，对胃肠道常见病有重要诊断价值。

（一）腹部平片异常X线表现

1. 腹腔积气　腹膜腔内积气且随体位改变而游动，称游离气体。立位摄影，气体位于膈肌与肝或胃之间，表现为膈下新月形透亮影，常见于胃肠穿孔（图12-1-20）。

2. 空腔器官积气、积液并管腔扩大　最常见于梗阻性病变，表现为梗阻平面以上肠管胀气、积液，肠管扩张，立位时可见高低不等、长短不一的气液平面（图12-1-21）。

3. 腹内高密度影　主要为钙斑、阳性结石和异物（图12-1-22）。钙斑包括胎粪性腹膜炎、扭转的卵巢畸胎瘤等。阳性结石如泌尿系结石、阑尾粪石、胆结石等。肾结石多位于肾盂或肾盏内，

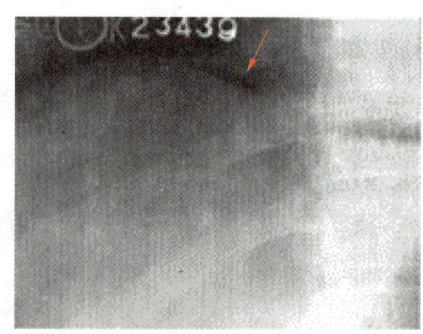

图12-1-20　膈下游离气体

表现为肾区类圆形、桑葚状或鹿角状致密影；输尿管结石常为黄豆大或米粒大的致密影，其长轴与输尿管走向一致，易嵌顿在生理狭窄处；阑尾粪石常呈分层同心环状，位于右下腹。

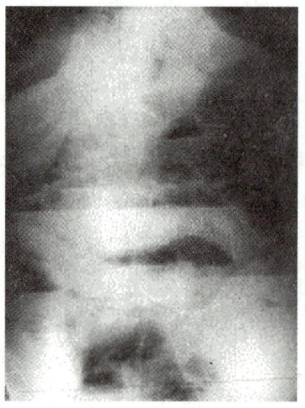 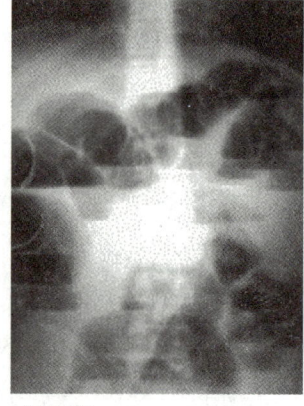

图12-1-21　肠梗阻

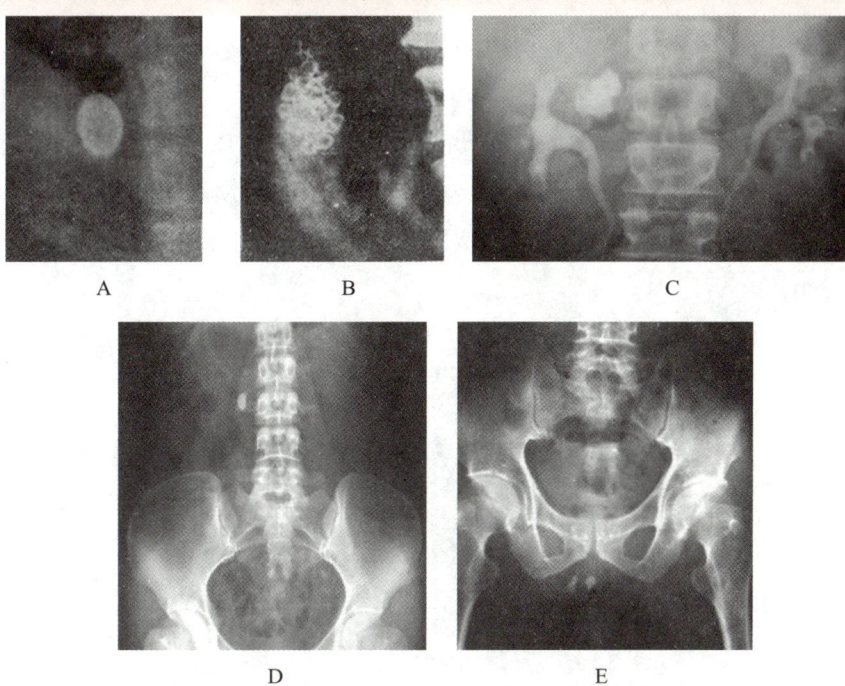

A.胆结石平片；B.胆结石静脉造影；C.右肾结石；D.输尿管结石；E.尿路结石

图12-1-22　结石X线征象

(二)胃肠造影基本病变X线表现

胃肠道造影检查用来动态观察胃肠道功能、形态、结构异常，常用气钡双重造影显示胃肠肿瘤、溃疡、炎症引起的黏膜或管腔形态和功能改变。

1. 管腔狭窄与扩张

(1)狭窄：持久的管腔缩小为狭窄，多见于炎症瘢痕挛缩或肿瘤，狭窄程度为不完全性或完全性，造成肠管内容物或钡剂通过阻碍，在狭窄近端可有管腔扩张。肠粘连引起的狭窄形状不规则，肠管移动受限；外在压迫引起的狭窄多在管腔一侧，可见整齐的压迹或伴移位；肿瘤浸润引起的狭窄多伴管壁僵硬不规则(图12-1-23)。

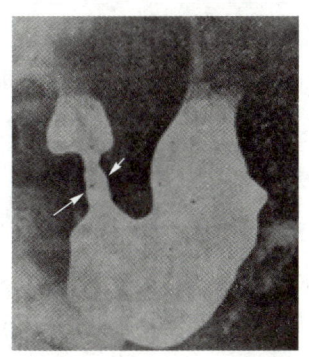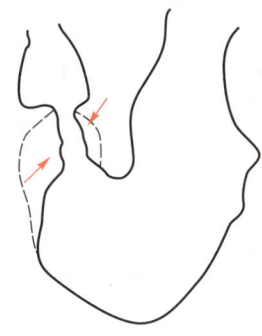

图12-1-23　胃窦部浸润型胃癌

（2）扩张：持久性管腔增大为扩张，多见于胃肠道紧张力降低或远端有狭窄、梗阻，常累及较长范围，也可见于神经作用不平衡。

2. 轮廓改变

（1）龛影：胃壁局限性溃疡形成的凹陷为钡剂涂布，形成管腔轮廓局限性外凸影像，在切线位显示为龛影，轴位为圆形或椭圆形的斑点状钡影。胃溃疡在龛影对侧位置可见痉挛切迹（图12-1-24A）。溃疡在轴位投影为火山口状钡斑，与胃肠道重叠（图12-1-24B）。

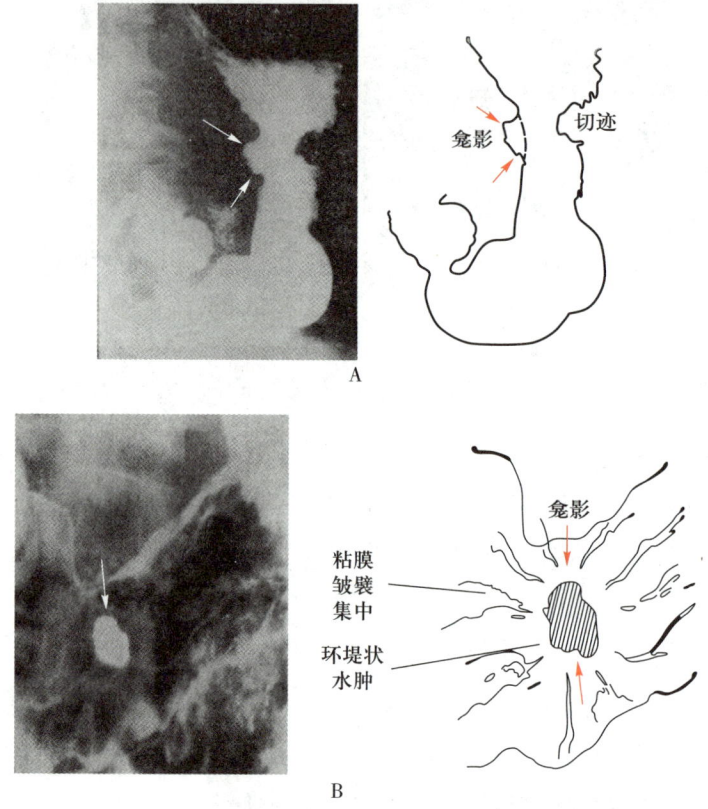

A. 胃体小弯侧溃疡龛影，对侧大弯切迹；B. 胃溃疡龛影的正面观

图12-1-24　胃溃疡龛影

（2）充盈缺损：病变向腔内突出使局部未被钡剂充盈，形成充钡胃肠轮廓局部向内凹陷的X线影像（图12-1-25）。充盈缺损多见于肿瘤，也见于胃肠炎性肉芽肿及异物等。

3. 黏膜皱襞的改变　黏膜皱襞增宽迂曲、消失破坏、纠集等X线征象，分别见于消化道慢性炎症、恶性肿瘤、溃疡性瘢痕病变。

4. 功能性改变

（1）紧张力：指消化道平滑肌收缩与舒张的程度。紧张力增高表现为痉挛，多为暂时性；紧张力降低表现为胃肠道管腔松弛扩张、运动减弱。

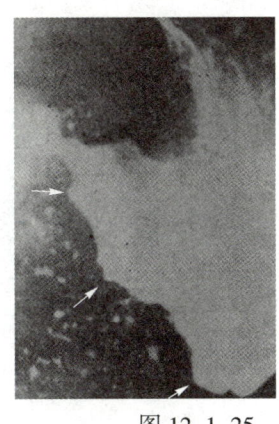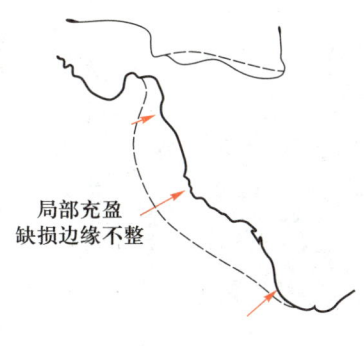

局部充盈
缺损边缘不整

图 12-1-25　胃癌（胃窦部充盈缺损）

（2）蠕动：指消化道肌肉节律性收缩推动内容物前进。蠕动增强表现为蠕动波加深、频率加快，见于炎症病变或梗阻；蠕动减弱或消失表现为蠕动波变浅、速度变慢或长时间无蠕动波出现，见于癌肿浸润部位。

（3）运动力：根据造影检查时钡剂排空时间进行判断，服钡后不到 2 h 钡剂到达盲肠为运动力增强，超过 6 h 未达盲肠为运动力减弱。

（4）分泌功能亢进：胃液分泌增加时，立位 X 线腹部平片表现为胃内液面，服钡时见钡剂呈片絮状下降和不均匀分布。

四、骨、关节 X 线检查的临床应用

（一）骨骼的基本病变 X 线表现

1. **骨质疏松**　X线表现为骨密度减低，骨小梁变细、稀疏，骨皮质变薄、分层，脊椎椎体变扁且压缩呈楔状，椎间隙增宽呈梭形。

2. **骨质软化**　X线表现为骨密度减低，以腰椎和骨盆最明显，与骨质疏松不同的是骨小梁和骨皮质边缘模糊，系因骨组织内含有大量未钙化的骨样组织所致。由于骨质软化，承重骨骼常发生各种变形，常见于佝偻病和骨软化症。

3. **骨质破坏**　X线表现为骨质局限性密度减低，骨小梁稀疏消失形成骨质缺损，呈现局部骨质缺损区，全无骨质结构（图 12-1-26），常见于骨肿瘤、炎症、结核等疾病。边缘模糊及不规则时，常为急性、进展性或恶性疾病。

4. **骨质坏死**　骨质坏死是指骨组织局部血液供应中断、代谢停止，形成死骨。X线表现为骨质局限性密度增高（图 12-1-27），多见于化脓性骨髓炎、骨结核、骨缺血性坏死等。

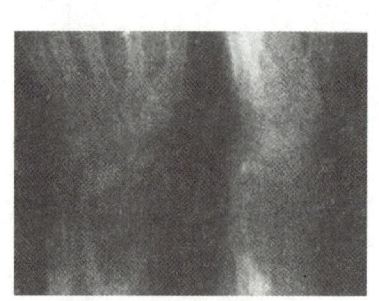

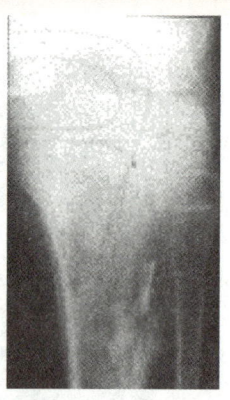

图 12-1-26　骨质破坏　　　　　　　　图 12-1-27　骨质坏死

5. **骨质增生硬化**　是指单位体积内骨量增多。X 射线表现为骨质密度增高,骨小梁增粗、增多、密集,骨皮质增厚、致密。一般见于慢性炎症、骨病的修复期、成骨性肿瘤等(图 12-1-28)。

6. **骨折**　X 线表现为骨折断端间出现不规则的透亮线,即骨折线,骨皮质断裂时骨折线清楚整齐,骨松质断裂则表现为骨小梁中断、扭曲、错位(图 12-1-29)。严重骨折常致骨变形,嵌入性或压缩性骨折骨小梁紊乱,局部密度增高,可能看不到骨折线。

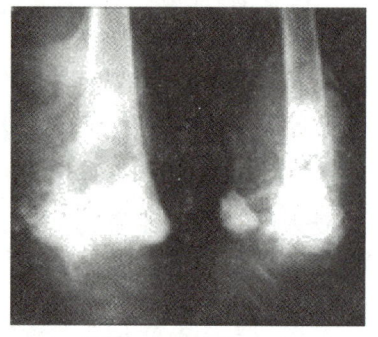

图 12-1-28　骨肉瘤

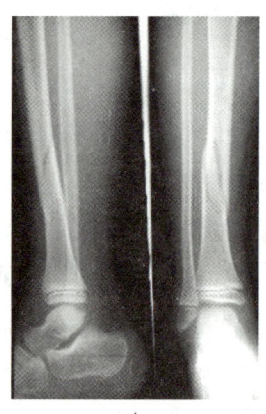
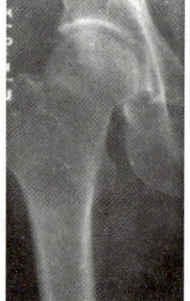
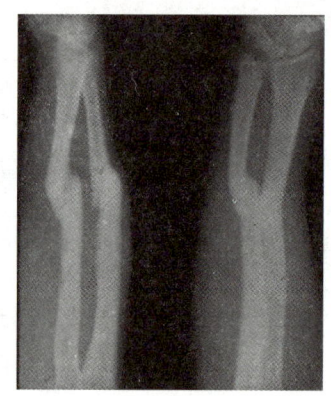

A　　　　　　　　　B　　　　　　　　　C

A.胫骨下段骨折;B.股骨颈骨折;C.尺桡骨骨折畸形愈合

图 12-1-29　骨折

(二) 关节的基本病变 X 线表现

1. **关节肿胀**　X 线表现为关节周围软组织阴影增厚、密度增高,各软组织层次模糊,大量关节积液可致关节间隙增宽。

2. **关节破坏**　单纯关节软骨破坏 X 线仅表现为关节间隙变窄,累及关节面骨质时,则表现为骨破坏和缺损。

3. **关节退行性变** 早期 X 线表现主要是骨性关节面模糊、中断、消失,中晚期表现为关节间隙狭窄、软骨下骨质囊变和骨性关节面边缘骨形成,无明显骨质破坏及骨质疏松。关节退行性变多见于老年、运动员和搬运工人,由于慢性创伤和长期承重所致。

4. **关节强直** 关节强直可分为骨性强直和纤维性强直。骨性强直 X 线表现为关节间隙明显变窄或消失,骨小梁贯穿连接两侧骨端,多见于化脓性关节炎愈合后。纤维性强直 X 线表现为关节间隙狭窄,但无骨小梁贯穿。

5. **关节脱位** 关节脱位是关节骨端的脱离、错位(图 12-1-30),根据脱位的程度可分为完全性脱位和半脱位两种。

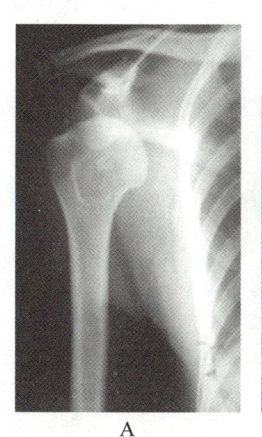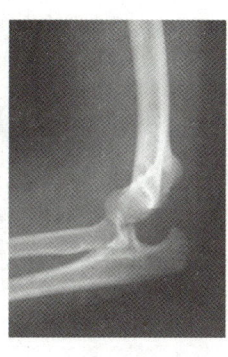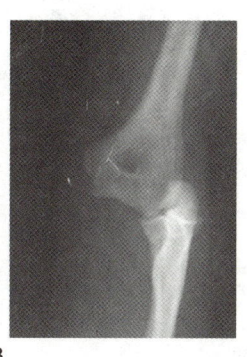

A. 肩关节脱位;B. 肘关节脱位

图 12-1-30 关节脱位

五、放射防护的方法和措施

(一) 放射防护的意义

人体接触的 X 线量超过容许曝射量时会产生放射反应,对人体产生一定程度的放射损害,因而在临床应用过程中需强调和重视放射防护,如控制 X 线检查中的曝射量并采取有效的防护措施,安全合理地使用 X 线检查,尽可能避免不必要的 X 线曝射,以保护被评估者和评估者(尤其对孕妇、小儿和长期接触射线者)的健康。

(二) 放射防护的方法和措施

1. **技术方面** 通常采用 X 线管壳、遮光筒和光圈、滤过板、荧屏后铅玻璃、铅屏、铅橡皮围裙、铅手套及墙壁等进行屏蔽防护。增加人体与 X 线源的距离以进行距离防护。

2. **被评估者方面** 为了避免不必要的 X 线曝射和超过容许量的曝射,应选择恰当的 X 线检查方法,设计正确的检查程序。每次 X 线检查的曝射次数不宜过多,不宜在短期内多次重复检查。在投照时,应当注意投照位置、范围及曝射条件的准确性。对照射野相邻的性腺,需用铅橡皮加以遮盖。

3. **放射线工作者方面**　应遵照国家有关放射卫生标准的规定制订必要的防护措施,正确进行 X 线检查的操作,认真执行保健条例,定期监测射线工作者所接受的剂量。透视时要戴铅橡皮围裙和铅手套,并利用距离防护原则,加强自我防护。

六、X 线检查中的护理工作

(一) X 线常规检查的准备和护理

检查前应详细阅读申请单,了解检查目的、方法及体位,向被评估者说明以取得配合,嘱其除去被摄部位体表不透 X 线的膏药、辅料及可显影的物品等。向对 X 线检查产生疑虑或恐惧者解释 X 线曝射量在容许范围内,不会影响身体健康,消除其顾虑。

1. **胸部 X 线检查**　摄影前教会深呼吸和屏气方法,嘱被评估者身着薄层、易穿脱的衣服,除去衣服上的金属饰物、文胸上的金属挂钩、上衣口袋内的硬币、打火机及钥匙等。

2. **腹部 X 线检查**　除急腹症患者外,摄影前均应先清除肠腔内容物,方法如下。

(1) 自洁法:摄影前一日晚睡前服缓泻剂,摄影次日晨禁食,摄影前先行腹部透视,肠腔内清洁方可摄影。

(2) 灌肠:摄影前 2 h 用肥皂水或生理盐水清洁灌肠,清除肠腔内容物。

3. **脊柱 X 线检查**　腰椎、骶尾椎摄影前,应询问被检者近期有无服用高原子序数的药物,是否做过消化道钡餐检查,骶尾椎摄影前应先行排便。

4. **骨盆 X 线检查**　摄影前应清除肠腔内容物,排空膀胱内尿液。

5. **头颅 X 线检查**　除去被评估者头部的发卡、饰物和活动的义齿等。

(二) X 线造影检查的准备和护理

1. 造影检查前准备

(1) 向被评估者说明造影目的、解释造影的程序以取得配合,交代可能出现的并发症,签订知情同意书。

(2) 询问被评估者有无造影的禁忌证如严重心、肾疾病和过敏体质等。

(3) 造影剂过敏试验:目前应用碘造影剂较多,而且造影反应中,以碘造影剂过敏较常见且较严重,本节着重介绍碘过敏试验,试验方法如下:静脉注入拟用的造影剂 1.0 mL,观察 15 min 内有无不良反应,如出现周身灼热感、荨麻疹、胸闷、咳嗽、气促和恶心呕吐等,即为阳性,不宜造影检查。非离子型碘剂一般无需碘过敏试验,因而尽量选择非离子型等渗性对比剂。糖尿病患者在应用碘剂 48 h 前需停用双胍类药物。

碘剂使用前后给予充分补水,有利于对比剂的排出。

(4)应急抢救措施:严重反应包括周围循环衰竭和心脏停搏、惊厥、喉水肿、肺水肿和哮喘发作等。检查室常规配备抢救用物,出现严重反应时应立即终止造影并进行抗休克、抗过敏和对症支持治疗。

2. 各项造影检查前后的准备与护理

(1)上消化道钡餐:先进行常规胸腹部透视,检查有无异常密度影,口服产气粉使胃充气扩张,然后吞咽少许医用硫酸钡悬液并嘱患者变化体位使钡剂均匀涂布在胃黏膜表面,透视拍摄黏膜相,显示胃黏膜表面的细微结构。其后再嘱患者服下较多钡剂填充胃腔,透视摄片获得充盈相。

检查前:① 检查前 3 天禁服不透 X 线的药物如钙、铁、铋剂,禁服影响胃肠功能的药物及含重金属的药物。② 检查前 1 天吃少渣饮食,晚饭后禁食、禁饮。③ 胃潴留者检查前 1 天抽出胃内容物,上消化道出血者一般在出血停止和病情稳定后方可检查。④ 疑有胃肠穿孔、肠梗阻者及妊娠 3 个月内孕妇禁止检查。

检查后:① 被评估者可进一般饮食。② 嘱被评估者多饮水,以促进钡剂排泄,便秘者事先给缓泻剂。③ 使用交感神经阻滞剂者,应注意其副作用。④ 使用泛影葡胺易出现腹泻,需观察。

(2)钡灌肠:肠道清洁后常规腹盆部透视,其后经肛门注入适量气体,然后经直肠灌入医用硫酸钡悬液,透视下改变体位,使钡剂充盈全部结肠及回盲部,观察结肠的形态、结构与功能状态。

检查前:① 检查前连续 2 天吃无渣饮食,遵医嘱口服缓泻剂如复方聚乙二醇、甘露醇、硫酸镁等将肠内排空,造影前禁食至少 6 h,检查当日晨清洁灌肠 2 次。② 检查前 24 h 内禁服所有影响肠道功能及 X 线显影的药物。③ 钡剂温度需与体温基本一致。④ 排便失禁者可改用气囊导管,以免钡剂溢出。

检查后:① 协助拭净臀部,有困难者协助更衣。② 检查后可以进食,多饮水促使钡剂排泄。

(3)静脉胆道造影:将造影剂从静脉注入体内,造影剂随门静脉进入肝后经胆汁排入胆道,从而使胆管显影。

检查前:① 检查前晚服液状石蜡排空肠道。② 嘱患者检查前 1 天吃高脂肪饮食,排空胆囊内陈旧胆汁。③ 行碘过敏试验,并记录。④ 检查当日晨禁食。⑤ 备好检查中用脂肪餐。

检查中:① 协助医师静脉注射碘造影剂,注射速度缓慢,在 20 min 内注入静脉。② 术中观察被评估者血压,是否出现恶心、呕吐、头晕、皮肤瘙痒等症状,发现异常立即报告医师。③ 待胆囊显影后协助进食高脂肪饮食,30 min 后再摄片。

检查后:① 告知被评估者排尿时可能出现刺痛感,不必紧张。② 嘱大量饮水,加快碘造影剂的排泄。

(4) 静脉肾盂造影：静脉注射显影剂，通过肾小球滤过、肾小管浓缩，排泄到尿路，可间接了解肾的滤过功能和浓缩功能，可显示肾盂、肾盏、输尿管、膀胱的形态。

检查前：① 做碘过敏试验。② 检查前 2~3 天内禁服碘剂、钡剂及含钙或重金属的药物。③ 检查前 2~3 天吃少渣、不产气饮食，睡前服缓泻剂，造影前 1~2 h 做清洁灌肠。④ 造影前 12 h 禁饮食。⑤ 造影前排空膀胱。

检查中：① 协助医师静脉注射造影剂，开始缓慢注射 1 mL 观察有无碘过敏反应，如无不良反应继续注射 3~5 min。② 注射完毕立即告知操作者，压迫双侧输尿管，显影后摄片。

检查后：① 观察有无荨麻疹、腹痛等延迟碘过敏反应。② 嘱多饮水，加快造影剂的排泄。

(5) 肾动脉造影：经皮穿刺股动脉插入导管抵达肾动脉，注入造影剂并摄片，利用造影方法明确肾动脉狭窄部位、范围、程度、栓塞等情况，并可进行肾动脉球囊扩张和放置支架植入术。

检查前：① 备皮（双侧腹股沟及会阴部）。② 做碘过敏试验；③ 检查前晚清洁灌肠；④ 检查前 4 h 禁饮食；⑤ 备齐肝素、造影剂及抢救药物等，建立静脉通道。

检查中：① 协助医师常规消毒皮肤，局麻下行股动脉穿刺，插入导管抽出导管丝，在 X 线监护下导管抵达肾动脉，注入造影剂并摄片，完全显影满意后拔出穿刺针，加压包扎。② 检查中注意观察碘过敏反应。

检查后：① 严密观察出血情况，每 30 min 测血压 1 次。② 局部加压 30 min 以上，卧床制动 12 h。③ 观察术侧下肢渗血及足背动脉搏动情况。

(6) 冠状动脉造影：经皮穿刺股动脉插入导管，沿降主动脉逆行至升主动脉根部，探寻左右冠状动脉口插入，注入造影剂，使冠状动脉显影。

检查前：① 做碘过敏试验，并记录。② 检查前 1 天根据插管部位，给予备皮，如右心导管常用股静脉穿刺。③ 检查前 6 h 禁饮食。④ 心电监护，生命体征出现异常及时告知医师。⑤ 训练深呼吸、屏气、强有力的咳嗽动作配合检查。⑥ 必要时给予镇静剂。

检查中：① 建立静脉通路，测量并记录血压、心率、呼吸，左心导管术时记录术中肝素用量和时间。② 协助医师进行皮肤消毒、铺无菌巾、穿手术衣、及时递送所需要的器械。③ 严密观察病情，保证液体通路通畅，及时用药，配合医生参加抢救工作。

检查后：① 密切观察生命体征及临床征象，如有无胸痛、剧烈咳嗽、呼吸困难等。② 切口包扎处压迫止血 6 h，左心导管术后切口应压迫 8~12 h。③ 观察切口渗血、渗液，以及切口以下肢体皮肤温度、色泽、感觉、肢体远端动脉搏动。④ 绝对卧床 8~12 h，穿刺侧肢体限制活动 6~12 h，无特殊情况 12 h 后可下床活动。

小结

　　X线具有穿透性、荧光效应、感光效应和电离效应。X线检查是常用的影像检查方法,包括:普通检查、造影检查和特殊检查。临床上根据检查的目的和要求不同选择合适的检查方法。特别应注意X线检查前注意事项、造影前准备、护理配合和造影反应的处理。

(刘静雯)

任务二 CT 检查

【思维导图】

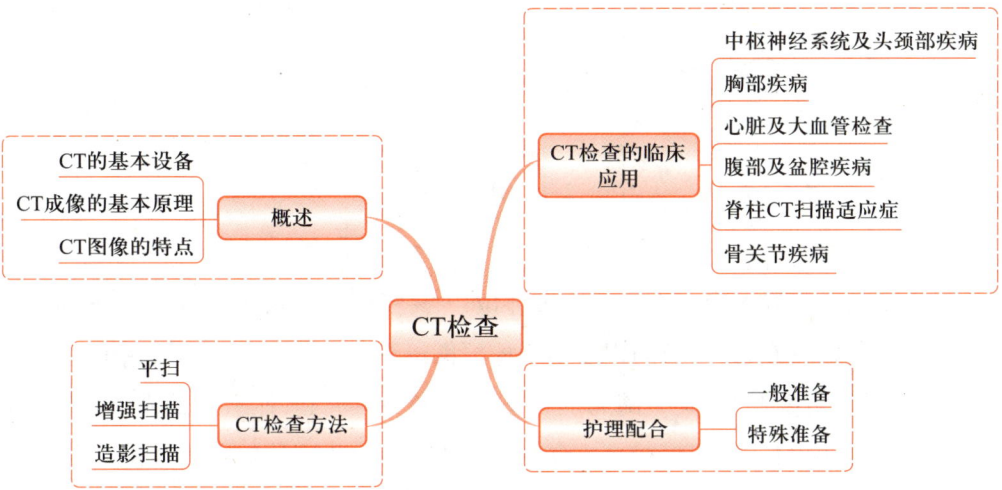

【典型案例】

　　患者,女性,42岁。一周前受凉后出现咳嗽、咳痰,为黄白色黏痰,有时痰中带血丝,有畏寒、寒战,体温最高可达39℃。病后食欲缺乏,精神不振,睡眠欠佳。入院后行肺部CT检查,结果示:支气管扩张伴感染。

　　任务引领一:如果你是责任护士,请协助患者做CT检查前准备,并取得患者的配合。

　　任务引领二:请说出支气管扩张的CT检查表现。

　　计算机体层摄影(computed tomography),简称CT,是通过X线束从多个方向环绕人体某一层面进行扫描,由探测器接收透过该层面的X线并转变为数字信号,经计算机的高速运算和图像重建,获得该层面的横断面图像。CT与X线图像都是以不同的灰度来反映器官和组织对X线的吸收程度,但CT图像具有高密度分辨率,是普通X线图像的10~20倍。另外,CT图像应用的是轴位断层影像,能极其精细地分辨出各种软组织的不同密度,提高诊断正确率。

一、概述

(一) CT 的基本设备

CT 设备主要有三部分。① 扫描部分:由 X 线管、探测器和扫描架组成。② 计算机系统:主要为电子计算机,将扫描收集到的数据信息进行存储运算。③ 图像显示和存储系统:由显示器、记录图像的多帧照相机和操作台等部分组成(图 12-2-1)。

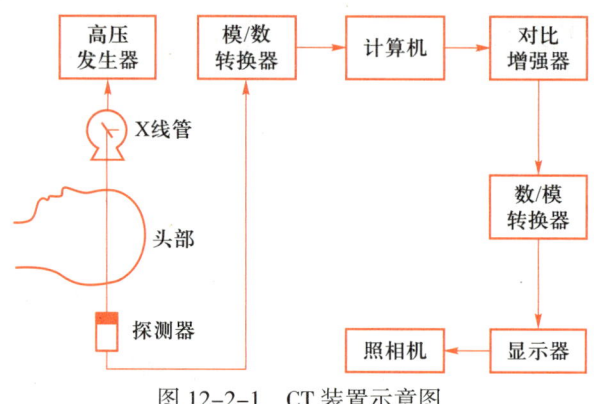

图 12-2-1　CT 装置示意图

(二) CT 成像的基本原理

X 线束从各个方向射入人体的检查部位,对一定厚度的层面进行扫描,射入人体后会被人体吸收衰减,其衰减的程度与受检层面组织、器官的密度有关,密度越高,对 X 线衰减越大。探测器收集衰减后的 X 线并转变为可见光,然后借助光电倍增管将可见光线转变为电信号,再经模拟/数字转换器转变为相应的数字信号,输入计算机处理。原始数字信号经过计算机复杂运算而得出显示数据,而后通过数字模拟转换,转变为不同灰暗度的光点,形成图像。重建图像可由荧光屏显示,可以拍成照片,也可录入软盘或光盘中永久保存。

(三) CT 图像特点

1. CT 图像的构成　CT 图像是由一定数目从黑到白不同灰度的像素按矩阵排列所构成的灰阶图像。像素越小,数目越多,构成图像越细致,即空间分辨力越高。

2. CT 图像的表示　CT 图像以不同的灰度来反映器官和组织对 X 线的吸收程度。CT 图像与 X 线图像所示的黑白影像一样,黑影表示低吸收区,即低密度区,如肺部;白影表示高吸收区,即高密度区,如骨骼。CT 具有较高的密度分辨力。

3. CT 值　CT 图像定量测量组织对 X 线的吸收系数,CT 值为反映组织密度高低的统一尺度,单位为 HU。水的 CT 值定为 0 HU,人体密度最高的骨皮质吸收系数最高,CT 值定为 +1 000 HU,而空气密度最低,定为 -1 000 HU。人体中密度不同的各种组织的 CT 值居于 –1 000~+1 000 HU 的 2 000 个分度之间（图 12-2-2）。

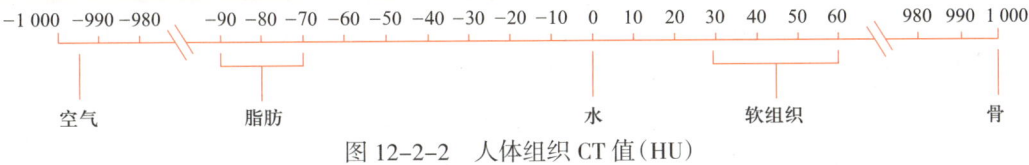

图 12-2-2　人体组织 CT 值（HU）

知识拓展

人体软组织的 CT 值多与水相近,但由于 CT 有较高密度分辨力,仍形成对比而显影。CT 值的使用,使某一组织影像的密度,不仅可用不同灰度显示,而且可用 CT 值来说明密度高低的程度。

4. CT 断层图像　被评估者卧于检查床上,摆好位置,选好层面厚度与扫描范围,并使扫描部位伸入扫描架的孔内,即可进行扫描。常用的是横断面扫描,层厚用 5 mm 或 10 mm,特殊需要可选用 2 mm 的薄层（图 12-2-3A）。为了显示整个器官,需要多个连续的层面图像。通过 CT 设备上图像重建程序的使用,还可重建冠状面、矢状面的层面图像及三维图像（图 12-2-3B、C）。

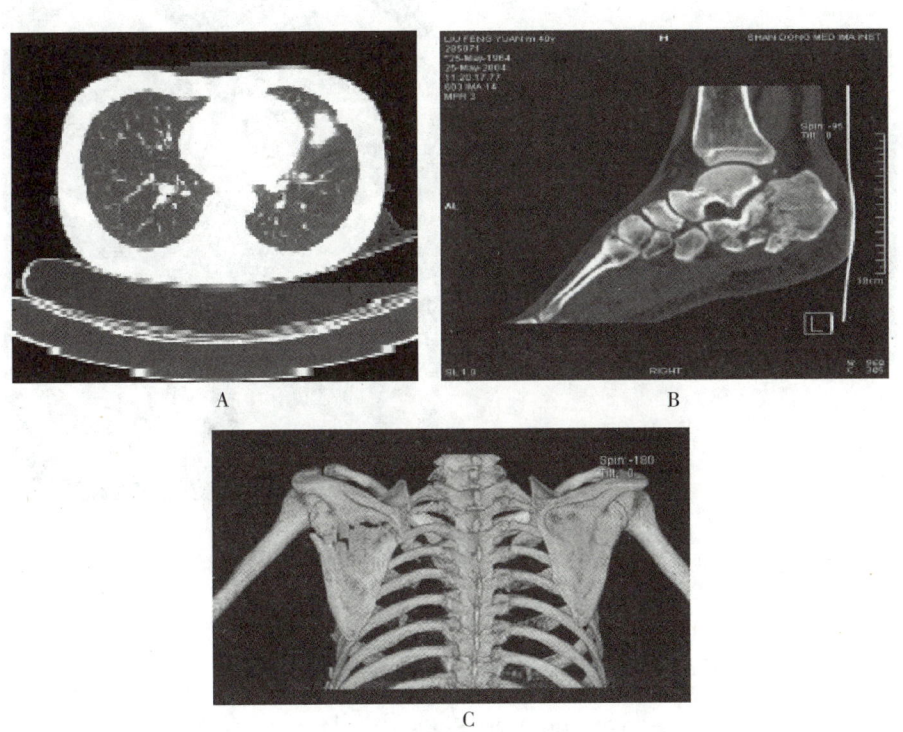

A. 横断面图像左肺肺癌；B. 矢状面图像跟骨骨折；C. 三维成像肩胛骨骨折

图 12-2-3　CT 断层扫描图像

（四）CT 检查方法

CT 检查分平扫（plain CT scan）、对比增强扫描（contrast enhancement,CE）和造影

扫描。

1. **平扫**　平扫是指不用血管内注射对比增强或造影的普通扫描。临床上一般都是先做平扫检查。

2. **增强扫描**　增强扫描是经静脉注入水溶性有机碘对比剂后再行扫描的方法。血管内注入碘对比剂后,器官和病变部位碘的浓度产生差别,可提高病变组织同正常组织的密度差,使病变显影更为清楚。常用的方法为团注法,即在二十几秒内将全部对比剂迅速注入。

3. **造影扫描**　造影扫描是在对某一器官或结构进行造影的基础上再行 CT 扫描的方法,可清晰显示其结构和发现病变。

二、CT 检查的临床应用

CT 诊断已广泛应用于临床,应根据患者病情和病变部位合理地选择应用。

(一)中枢神经系统及头颈部疾病

对中枢神经系统及头颈部疾病的诊断价值较高,应用普遍(图 12-2-4)。

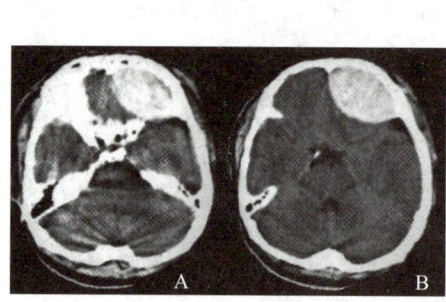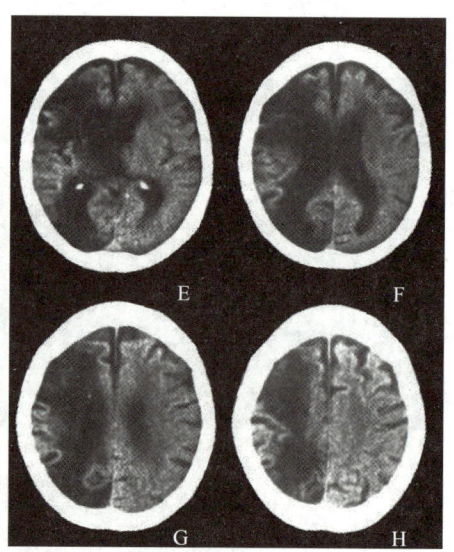

A.B. 硬膜外血肿;E~H. 陈旧性脑梗死

图 12-2-4　CT 检查硬膜外血肿及脑梗死影像图

1. **常见疾病的 CT 表现**　脑梗死表现为与闭塞血管供血区一致的低密度灶;脑出血急性期表现为边界清楚的类圆形、肾形或不规则形的均匀高密度影,周围可见脑组织受压形成的低密度水肿带;星形细胞瘤为形态不规则、边界不清的低密度肿块,增强扫描可见强化;脑膜瘤表现为广基底与硬脑膜相连的边界清楚的等密度或高密度灶,常有斑点状钙化;脑膜外血肿表现为颅骨梭形或半圆形高密度灶;硬膜下出血表现为颅骨下新月形或半月形高密度影;蛛网膜下腔出血表现为脑沟、脑池内高密度影,形成铸型。

2. **螺旋 CT** 可获得比较清晰的血管重组图像,即 CT 血管造影(CTA),用以诊断颅内动脉瘤、血管发育异常和脑血管闭塞,也可了解脑瘤的供血动脉,有希望取代常规的脑血管造影。

3. **优点** 有利于眶内占位病变、鼻窦早期癌、中耳小胆脂瘤、听骨破坏与脱位、内耳骨迷路的轻微破坏、耳先天发育异常及鼻咽癌的早期发现等。

CT 检查的
临床应用

(二)胸部疾病

1. **检查方法** CT 检查包括平扫、增强扫描和高分辨力 CT(图 12-2-5)。CT 平扫是呼吸系统常用的检查方法;增强扫描是在平扫的基础上,经静脉快速注射对比剂后进行扫描;高分辨力 CT(HRCT)主要用于观察病灶的微细结构。

2. **常见胸部疾病的 CT 表现** 高分辨率 CT 是目前诊断支气管扩张症的最常用影像学检查方法,CT 表现为"轨道征""戒指征"或"葡萄征";大叶性肺炎 CT 表现为沿肺叶或肺段分布的致密影,内有"空气支气管征";小叶性肺炎 CT 上可见局部支气管束增粗,伴有边缘模糊的片状影;肺脓肿和肺结核在 CT 上的表现与 X 线类似,但对病灶的细节和重叠部分的病灶显示更清楚;对于肺肿瘤的表现,CT 更有利于发现早期病灶,更清晰地显示肺门及纵隔淋巴结的肿大,可显示出支气管壁的不规则增厚、管腔狭窄及腔内结节。增强 CT 肿瘤呈轻、中度均匀或不均匀强化。

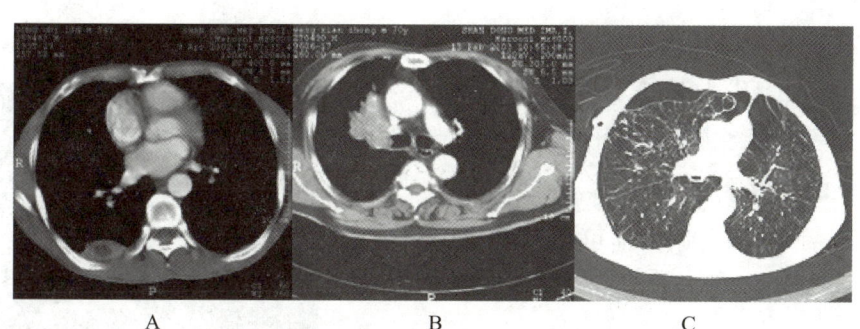

A. 肺脓肿;B. 中心型肺癌;C. 肺气肿并气胸

图 12-2-5 肺部高分辨力 CT 检查影像图

知识链接

新型冠状病毒感染患者可出现典型的 CT 表现,可通过胸部 CT 辅助诊断新型冠状病毒感染。CT 表现可分为早期、进展期、重症期及转归期四期,各期表现如下。

(1)早期:一般表现不典型,CT 提示病变局限,多为单侧或双侧肺外带/胸膜下或呈小叶核心分布的斑片状、小条状磨玻璃影或单纯磨玻璃结节,伴或不伴小叶间隔增厚。

（2）进展期：随着感染加重累及范围更大，CT提示病灶增多、范围变大，多呈双侧多叶或双肺野中外带分布。其中，部分病灶变得更加密实，同时存在磨玻璃影（GGO）和实变影或条索影；可出现少量的胸腔积液。

（3）重症期：重症患者肺部受累面积增加，CT提示弥漫性病变。双肺呈现出广泛的渗出、实变，少数呈"白肺"表现；以实变影为主，合并磨玻璃影，多伴有条索影；可有空气支气管征。少数患者伴胸腔积液及心包积液。

（4）转归期：新型冠状病毒感染患者治疗过程中，CT表现与临床病情密切相关。此期，病变范围逐渐变小，密度逐渐减低；或部分病灶短暂性增多，表现为范围变大或密度增高，但是与周围组织的边界较为清晰，并逐渐吸收消散，可出现纤维灶。

（三）心脏及大血管检查

1. **检查体位** 横轴位是常用的标准体位，可以清楚地显示心脏的结构、房室的大小、房室间的解剖关系。心包呈1~2 mm厚的弧线状软组织密度影，其内见低密度脂肪影。短轴位主要用于观察左室壁心肌。长轴位主要用于观察瓣膜、左室流出道及心尖部。

2. **冠状动脉多层螺旋CT** 能够显示冠状动脉软斑块，心腔、冠状动脉及心瓣膜的钙化，对于诊断冠心病有很大帮助。

3. **心血管造影CT** 对先天性心脏病如心内、外分流和大血管狭窄及瓣膜疾病有诊断价值。

（四）腹部及盆腔疾病

1. **平扫** CT平扫主要用于肝（图12-2-6）、胆、胰、脾、腹膜腔、腹膜后间隙、肾上腺及泌尿和生殖系统的疾病诊断。

2. **增强** CT增强扫描可用于了解腹内脏器损伤、炎症、腹腔脓肿及肠梗阻血供障碍。对于胃肠道疾病患者，CT增强扫描用于了解消化道管壁本身改变、管腔外异常及发现周围器官结构的改

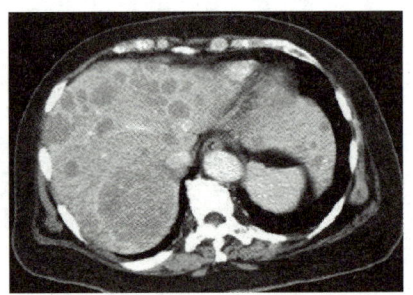

图12-2-6　肝转移癌

变；对于肝、脾等实质性脏器，多在平扫时发现异常，当发现占位性病变时需做增强扫描，有助于发现腔外侵犯及邻近、远处转移。

（五）脊柱CT扫描适应证

1. **脊柱CT检查** 观察骨性结构应用骨窗，观察软组织应用软组织窗。骨窗横断面图像上椎体显示为由薄层骨皮质包绕的海绵状松质骨结构，硬膜囊居椎管中央，呈低密度影。在软组织窗椎间隙层面，椎间盘表现为均匀的软组织密度影。

2. 适应证 可用于各种原因引起的椎管狭窄、椎管内占位性病变、椎间盘病变、脊柱外伤、脊柱结核、脊柱良恶性肿瘤等(图12-2-7)。

(六)骨关节疾病

骨关节疾病多数情况可通过X线检查确诊,使用CT检查相对较少,但对骨变化如骨破坏与增生的显示优于X线成像。

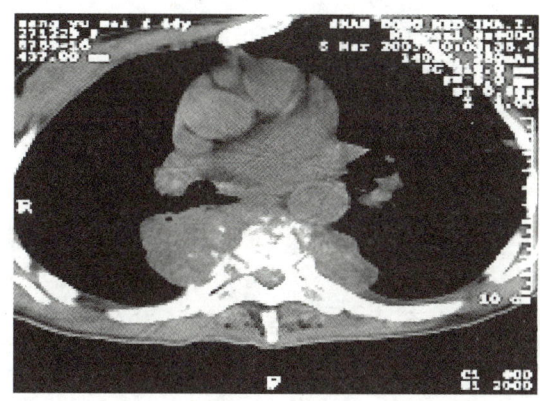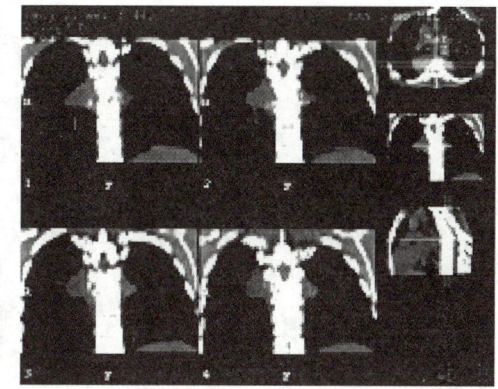

图12-2-7 胸椎结核

三、CT检查中的护理工作

(一)一般准备

1. 对被评估者解释检查目的,消除顾虑和紧张情绪。

2. 备好被评估者多种检查资料,如X线、B超检查、放射性核素检查及化验结果等,以便参考。

3. 检查前除去检查部位衣物上的金属饰物和异物,防止产生伪影。

4. 胸、腹部扫描前,指导被评估者平静呼吸及屏气训练,以减少移动伪影和提高扫描层面的准确性。

5. 上腹部扫描前1周不可做胃肠造影检查,扫描前4 h禁饮食;盆腔检查前一晚口服缓泻剂,检查前嘱被评估者饮水,使膀胱充盈以利检查。

6. 增强扫描检查者,扫描前4 h禁饮食,检查前行碘过敏试验。

7. 对躁动不安或不合作的被评估者,可根据情况给予镇静剂。

8. 危重症患者需在医护人员监护下进行检查。

(二)特殊准备

检查部位的不同,扫描前准备各有不同。

1. 上腹部 检查前30 min口服稀释的阳性对比剂,一般应用1.5%~3%的泛影葡胺溶液500~1 000 mL,使胃肠道充盈。

2. 腹部、腹膜后腔 扫描前90 min开始口服1%~2%阳性对比剂,总量约

1 000 mL，每 30 min 口服 250 mL，服完后即可扫描。

3. **盆腔** 检查前 5 h 起口服 1%~2% 阳性对比剂，总量约 1 500 mL，每隔 1 h 口服 300 mL。对已婚妇女被评估者，还应在阴道内放置阴道塞，以显示阴道和宫颈的位置。

4. **泌尿系统** 泌尿系结石患者不能做碘过敏试验，以防少量的对比剂与微小的结石混淆。

5. **脊柱** 被评估者在扫描期间保持体位不动，颈椎扫描时应避免做吞咽动作。

知识链接

PET-CT 是一种高端影像学检查设备，全称叫正电子发射计算机体层显像仪，它是将 PET（positron emission tomography）和 CT（computed tomography）设备有机地结合在一起。PET 采用正电子核素或其标记生物活性物质为显像剂来了解全身脏器功能及代谢变化。CT 利用 X 线观察特定部位形态学特点（解剖结构、形态、大小、密度）对人体进行结构扫描。PET 通过代谢功能可以看出人体的细微变化，而 CT 可以看出这个细微病变在什么位置，两者有机结合，即可以很清楚地看出受检者身体的某个部位的病变，具有灵敏、准确、特异及定位精确等特点；可进行全身快速检查。其他影像学检查是对选定的身体某些部位进行扫描，而 PET-CT 一次全身扫描（颈、胸、腹、盆腔）仅需 20 min 左右，能分别获得 PET、CT 及两者融合的全身横断面、矢状面和冠状面图像，可直观地看到疾病在全身的受累部位及情况，一目了然了解全身整体状况，达到早期发现病灶和诊断疾病的目的。

小结

CT 检查技术包括平扫、对比增强扫描和造影扫描。其突出优点是具有较高的密度分辨率，可以清晰显示由软组织构成的器官（如脑、脊髓、纵隔、肺、肝、胆、胰及盆腔器官等），加宽了疾病的诊断范围，提高了诊断正确率。CT 诊断的临床应用范围非常广泛，对中枢神经系统及头颈部疾病、心脏及大血管检查、腹部及盆腔疾病、脊柱和骨、关节疾病及胸部疾病的诊断具有显著的优越性。临床应用过程中特别应注意 CT 检查的准备和护理配合。

（刘静雯）

PET-CT 检查

任务测试

任务三　磁共振检查

【思维导图】

学习课件

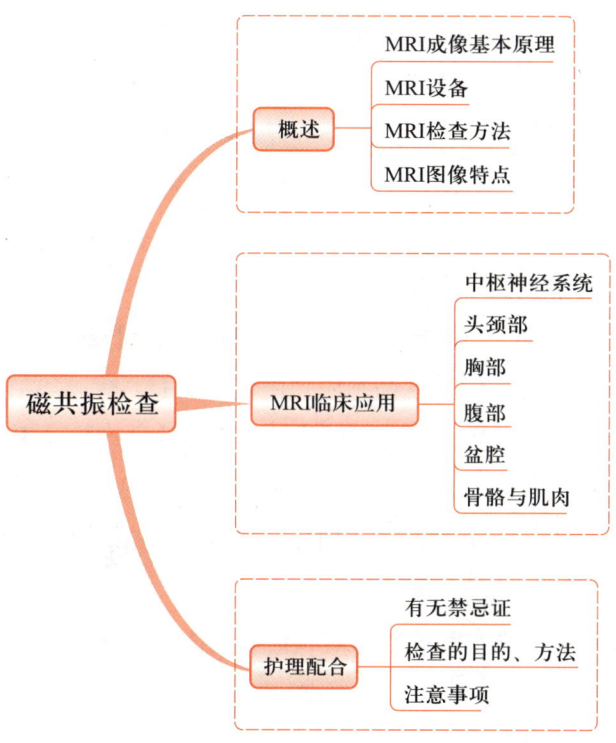

磁共振检查
- 概述
  - MRI成像基本原理
  - MRI设备
  - MRI检查方法
  - MRI图像特点
- MRI临床应用
  - 中枢神经系统
  - 头颈部
  - 胸部
  - 腹部
  - 盆腔
  - 骨骼与肌肉
- 护理配合
  - 有无禁忌证
  - 检查的目的、方法
  - 注意事项

【典型案例】

患者，男性，55岁。左侧肢体麻木乏力6 h。6 h前患者无明显诱因出现左侧肢体麻木乏力，无头痛、头晕、恶心、呕吐，无言语不利、饮水呛咳，无意识障碍、四肢抽搐。查体发现：神志清楚，精神差，言语流利，左侧鼻唇沟变浅，示齿口角向右侧偏斜，伸舌偏左，左侧肢体肌力3级，肌张力可，双侧巴宾斯基征阴性。头颅CT未见异常，为进一步明确诊断进行颅脑MRI检查。

任务引领一：针对患者的临床表现，护士如何解释颅脑MRI检查的必要性？

任务引领二：护士应如何对患者进行检查前准备工作的指导？

磁共振成像（magnetic resonance imaging，MRI）是将被评估者置于强磁场中，体内的氢质子在主磁场、射频脉冲激励及梯度磁场共同作用下弛豫，并产生感应电流，电流被接收、转换，经计算机重建而成图像的一种诊断技术。

一、概述

（一）MRI 成像基本原理

MRI 是生物磁自旋成像技术，是利用人体内氢原子核自诱导运动的特点，通过对静磁场中的人体施加某种特定频率的射频脉冲，脉冲与质子进动频率相同，将其能量传给质子发生磁共振现象。

磁性原子核具有自旋特性，在自旋过程中会产生小磁场，形成磁矩。氢的原子核最简单，只有单一的质子，具有最强的磁矩，最易受外来磁场的影响而发生共振跃迁，且氢质子在人体内分布最广，含量最高。因此，医用 MRI 均选用 ^1H 为靶原子核。人体内的每一个氢质子可被视为一个小磁体，在进入主磁场前，体内质子的磁矩排列无序。静磁场的作用是将无序的质子磁化。将人体置入一个强大磁场中，这些小磁体将被迫沿磁场磁力线的方向重新排列。大部分顺磁力线排列，它们的位能低，状态稳；小部分逆磁力线排列，其位能高。两者的差称为剩余自旋，由剩余自旋产生的磁化矢量称为净磁化矢量，亦称为平衡态宏观磁场化矢量（图 12-3-1）。向人体施加一个与质子运动频率相同的射频脉冲，能量传递给质子使之产生共振，宏观纵向磁化磁矩发生偏转，纵向磁化矢量减小，产生横向磁化矢量。当射频脉冲停止后，产生的横向磁化矢量在晶格磁场（环境磁场）作用下，将逐渐恢复到静磁场方向，同时以射频信号的形式释放出能量，其质子自旋相位一致性逐渐消失，并恢复到原来的状态。这些被释放出的，并进行了三维空间编码的射频信号被体外线圈接收，经计算机处理后重建成图像。

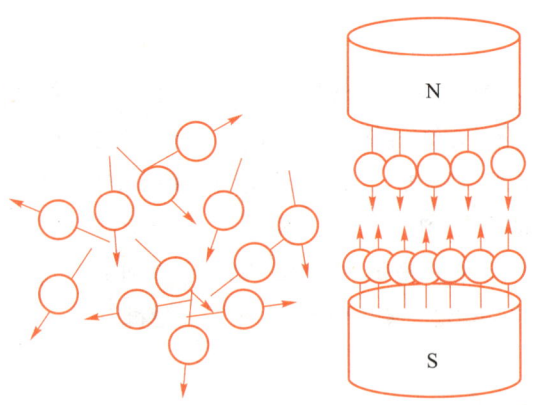

图 12-3-1　质子进入外磁场前后的排列状态

宏观磁化矢量由激发态恢复到平衡状态的过程被称为弛豫。横向磁化矢量越大，MRI 探测到的信号就越强。弛豫包括纵向弛豫（T_1 弛豫）和横向弛豫（T_2 弛豫）。

（二）MRI 设备

磁共振成像设备包括五个系统：磁体系统、梯度系统、射频系统、计算机及数据处理系统,以及辅助设备部分。

1. **磁体系统**　磁体分为常导型、永磁型、超导型三种,目前常用的有超导型磁体与永磁体。磁体性能的主要参数有磁场强度、磁场均匀性、磁场稳定性等。

2. **梯度系统**　由梯度放大器及 X、Y、Z 三组梯度线圈组成,它的作用是修改主磁场,产生梯度磁场。梯度磁场可以对人体不同区域的 MRI 信号进行空间定位并进行三维空间编码。

3. **射频系统**　用来发射射频脉冲,使磁化的氢质子吸收能量而产生共振。射频系统主要由发射线圈与接收线圈两部分组成,在弛豫中氢质子释放能量并发出 MRI 信号,后者被检测系统接收。

4. **计算机及数据处理系统**　主要包括模/数转换器、阵列处理机及用户计算机等。MRI 数据采集、处理和图像显示与 CT 设备非常相似,但不同的是 MRI 图像重建由傅里叶变换代替了反投影。

(三) MRI 的检查方法

1. **平扫检查**　指不注入对比剂的一般扫描,包括:① 普通平扫检查。② 特殊平扫检查,如脂肪抑制、水抑制。

2. **增强检查**　指静脉注射对比剂后的扫描方法。MRI 对比剂能改变组织和病变的弛豫时间,从而提高组织与病变间的对比。

3. **MR 血管成像检查(MRA)**　MRA 是对血管和血流信号特征显示的一种检查方法,无需使用对比剂,流体的流动即 MRI 成像固有的生理对比剂。常用的检查技术有时间飞跃法、相位对比法和对比增强 MRA。

MRI 的检查方法

4. **MR 电影成像检查**　利用 MRI 快速成像序列对运动脏器实施快速成像,产生一系列运动过程的不同时段的"静态"图像,将采集的"静态"图像,对应于脏器运动过程依次连续显示。该检查方法具有很好的空间分辨力及时间分辨力,对运动脏器的运动功能的评价较重要。

5. **MR 水成像检查**　主要是利用静态液体具有长 T_2 弛豫时间的特点。MR 水成像检查包括 MR 胰胆管成像、MR 尿路成像、MR 椎管成像、MR 内耳成像等。

6. **MR 波普检查**　可无创观察活体组织代谢及生化变化。利用 MR 中化学位移现象来测定分子组成及空间分布,因这种对生化代谢异常的阳性显示更早于病理形态学异常,故对一些由于体内代谢产物含量改变所致的疾病有一定的诊断价值。

7. **脑功能成像**　可提供人脑部的功能信息,主要包括扩散成像、灌注成像和脑活动功能成像。

(四) MRI 图像特点

人体不同器官的正常组织与病理组织的 T_1 值和 T_2 值是固定的,且有一定的差异,这种组织间弛豫时间上的差别,是磁共振成像诊断的基础。

1. **多参数灰阶成像**　图像上的黑白灰度即信号强度,MRI 图像同 CT 一样,也是重建的灰阶成像。MRI 的图像虽然也以不同的灰度显示,但其反映的是 MRI 信号强度的高低或弛豫时间 T_1 与 T_2 值的长短;而 CT 图像,灰度反映的是组织密度。一般而言,组织信号强,MRI 图像所相应的部分就亮,组织信号弱,MRI 图像所相应的部分就越暗。由组织反映出的不同的信号强度变化,就构成组织器官之间、正常组织和病理组织之间图像明暗的对比。

一个层面可有 T_1 加权像(T_1WI)、T_2 加权像(T_2WI)及质子密度加权(PDWI)三种扫描成像方法(图 12-3-2)。T_1WI 主要反映组织间 T_1 特征参数,有利于观察解剖结构;T_2WI 主要反映组织间 T_2 的特征参数,对显示病变组织较好;PDWI 主要反映的是组织间质子密度的特征参数,对显示组织的质子分布差异较好。

2. **多方位成像**　MRI 可以对人体横断面、冠状面、矢状面及任意切面直接成像,有利于解剖结构和病变组织的显示和定位(图 12-3-2)。

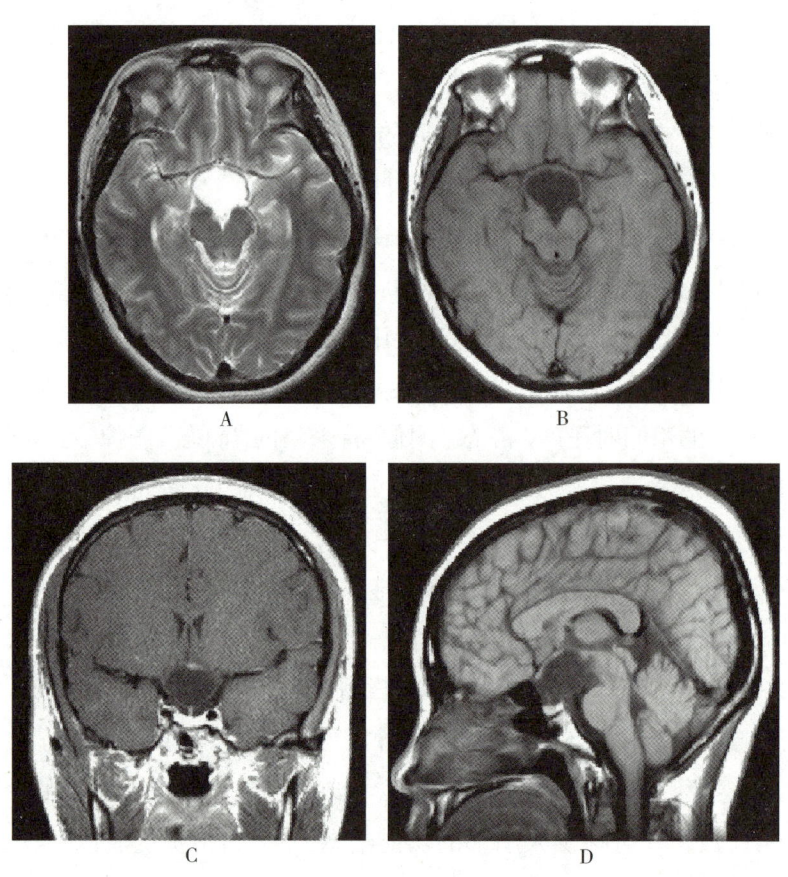

A. T_1WI 横断位;B. T_2WI 横断位;C. T_1WI 冠状位;D. T_1WI 矢状位

图 12-3-2　MRI 图像特点

3. **流空效应**　心血管内的血液由于流动快速,已受射频脉冲激励的血液在采集

MR 信号前已流出成像层面,所以测不到 MR 信号,在 T_1WI 和 T_2WI 均呈黑影,与周围静止组织、结构间形成良好的对比,即流空效应。此效应可使心腔和血管与其他实质性器官鉴别。

4. 运动器官成像 采用呼吸门控和心电图门控成像技术,不仅能改善心脏大血管的 MR 成像,还可获得其动态图像。

二、MRI 的临床应用

MRI 的临床应用

MRI 具有软组织分辨率高、多参数、多序列、多方位断层、无电离辐射、可进行功能成像和分子成像等优势。MRI 是继 CT 后出现的一种复杂的影像技术,发展迅速,对临床诊断的作用越来越突出,受到广泛应用。

1. 中枢神经系统 MRI 对脑部肿瘤、颅内感染、脑血管病变、脑白质病变、脑发育畸形、脑挫伤,以及脊髓的肿瘤、感染、血管性病变及外伤等疾病的诊断有较大的优势,但对颅骨骨折及急性脑出血不敏感。MRI 对脑梗死灶发现早、敏感性高;颅内炎症和脱髓鞘性病变,MRI 较 CT 敏感;MRI 可显示 CT 为等密度的硬膜下血肿;MRI 为脑干及小脑病变的首选检查方法;MRI 可以对脊髓病变准确定位、定量及大部分定性,是诊断脊髓疾病最准确的方法。

2. 头颈部 MRI 具有软组织高分辨特点和血管流空效应,可清晰显示咽、喉、甲状腺、颈部淋巴结、血管及颈部肌肉,明确病变与周围组织结构的关系。

3. 胸部 MRI 对纵隔及肺门淋巴结肿大和占位性病变有较高的诊断价值,但对肺内钙化灶及小病灶的检出不敏感;对心肌、心包病变、某些先天性心脏病可做出准确判断;可清楚显示心脏及大血管结构,且在无创的检查中完成对心脏大血管的形态学与动力学的研究,是一项有一定价值的心血管检查技术。

4. 腹部 MRI 在肝病变的鉴别诊断中具有重要价值,有时不需造影剂可通过加权像直接鉴别肝囊肿、海绵状血管瘤、肝癌及转移癌;对胰腺疾病、肾疾病、输尿管狭窄及梗阻具有重要的诊断价值。

5. 盆腔 MRI 可清晰显示盆腔解剖结构,对盆腔内血管及淋巴结的鉴别较容易,是盆腔肿瘤、炎症、子宫内膜异位症等病变的最佳影像学检查手段,也是早期前列腺癌的有效诊断方法。

6. 骨骼与肌肉 MRI 在骨髓、骨、关节和软组织病变的显示中有较大优势。在关节软骨及韧带损伤、关节积液等病变的诊断中,具有其他影像学检查无法比拟的优势。

三、MRI 检查护理配合

1. 详细询问被评估者有无以下禁忌证。

（1）安装有心脏起搏器者。

（2）装有胰岛素泵或神经刺激器者。

（3）体内有各种金属物或人工金属材料者如人工心脏瓣膜、动脉瘤夹、人工股骨头、义齿、假肢、电子耳蜗、眼内金属异物等。

（4）需使用生命监护和生命维持系统的危重患者。

（5）孕妇，尤其是妊娠3个月以内的早孕者。

（6）不合作者或有无法控制的不自主运动者。

2. 检查前应向被评估者说明检查的目的、方法及注意事项，以消除其紧张和顾虑，争取密切配合。告知被评估者MRI检查时间长及扫描时机器会发出较大噪音，嘱其在扫描过程中不要随意运动，按要求进行自由呼吸或屏气。

3. 进入检查室之前，告知被评估者去除随身携带的一切金属物品（如金项链、耳环、戒指、发夹、硬币、钥匙、皮带等）、磁性物品（如磁卡、银行卡等）及电子产品（如手表、手机等），以免干扰磁场及引起意外。

4. 婴幼儿、烦躁不安及幽闭恐惧症患者，可给予适量的镇静剂。

5. 昏迷、危重患者不适于MRI检查，如必须检查时，应由临床医生陪同观察，所有抢救器械、药品必须准备在扫描室外。

6. 对接受腹部及盆腔部位检查的被评估者，应做好胃肠道准备，检查前禁食、禁水4 h。宫内有金属节育器又必须进行MRI检查者，应嘱其先取出后再行检查。

小结

磁共振成像（MRI）是利用原子核在磁场内发生共振所产生的信号，并且经过图像重建而产生的一种用于临床疾病诊断的成像技术。MRI检查技术较为复杂，常需要选择适当的脉冲序列和扫描参数。鉴于MRI无放射性损伤、组织分辨率高、多方位、多序列成像的特点，MRI诊断现已广泛应用于中枢神经系统、头颈部、胸部、腹部、骨骼与肌肉等部位疾病的诊断。

（李丽丽）

任务测试

模块三 辅助检查

任务四　超声检查

【思维导图】

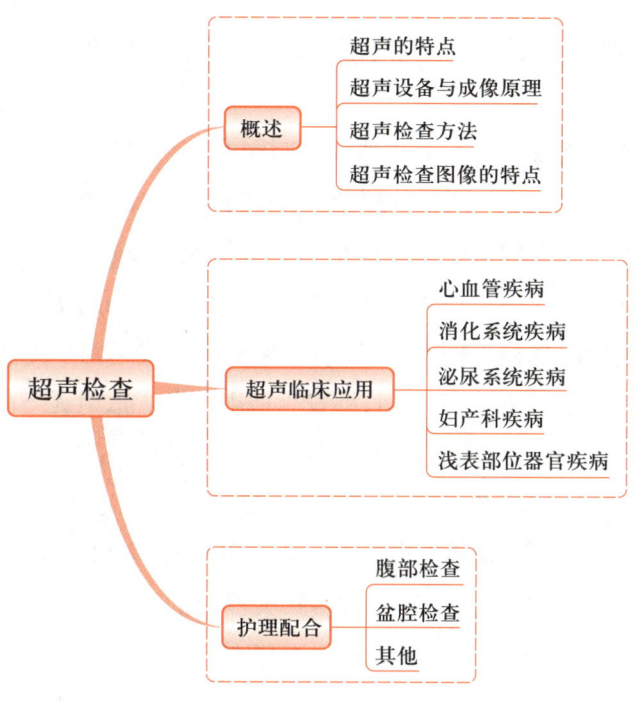

学习课件

超声检查
- 概述
  - 超声的特点
  - 超声设备与成像原理
  - 超声检查方法
  - 超声检查图像的特点
- 超声临床应用
  - 心血管疾病
  - 消化系统疾病
  - 泌尿系统疾病
  - 妇产科疾病
  - 浅表部位器官疾病
- 护理配合
  - 腹部检查
  - 盆腔检查
  - 其他

【典型案例】

　　患者，男性，26 岁。右上腹部疼痛不适 2 月余。2 月前患者无明显诱因出现右上腹疼痛，位置较固定。疼痛呈持续性钝痛，程度中等，可向右肩放射，无恶心、呕吐，无寒战、发热。曾用阿托品治疗，腹痛无缓解。查体发现：痛苦面容，皮肤黏膜无黄染，心肺听诊无异常。腹部平坦，右上腹有轻压痛，肝脾未触及，移动性浊音阴性。

　　任务引领一：依据临床表现，患者应首先做什么检查？

　　任务引领二：作为责任护士应如何对患者进行检查前的指导？

　　超声检查报告显示：胆囊大小形态正常，囊壁毛糙，内可见一大小为 1.2 cm × 1.0 cm 的强回声团，伴后方声影，可随体位的改变而移动。

　　任务引领三：该患者最有可能是什么疾病？

　　超声检查（ultrasonography）是利用超声波的物理特性和人体器官组织声学特性相互作用后产生的信息，并将其接收、放大和信息处理后形成图形、曲线或其他数据，借以对人体组织器官的形态和功能做出诊断的一种检查方法。超声检查既能观察人体脏器形态，又能检测脏器功能和血流状态，在临床诊断和治疗决策上发挥着至关重要的作用。超声检查是非创伤性检查,具有成像快、诊断及时、无痛苦、无损伤等优点,是现代医学影像诊断的重要检查方法之一。

一、概述

(一)超声波的特点

1. 超声波的概念 超声波是指超过正常人耳听觉阈值上限的声波,频率在20 000 Hz以上。医学诊断最常用的超声诊断频率为3.5~5 MHz。

2. 超声波的物理特性

(1)束射性或指向性 超声波频率高,波长短,在介质中呈直线、束状传播,具有良好的束射性或指向性。这是超声对人体器官进行定向探测的基础。

(2)反射、折射、散射和绕射 人体组织对入射超声波可产生多种物理现象。当超声波入射到比自身波长大的大界面时,部分声束前进方向发生改变,这种现象即折射,部分声束被界面阻挡而返回,即为反射现象。超声波遇到小界面时,入射超声波的部分能量向各个空间方向分散辐射,即发生散射现象。散射无方向性,但散射回声来自脏器内部的细小结构。因此,散射现象是超声成像研究脏器内部结构的重要依据。声束向界面边缘靠近且绕行,产生声轴的弧形转向,即为绕射。

(3)吸收与衰减 衰减是指超声波在介质中传播时,入射声能随着传播距离的增加而逐渐减弱的现象,主要由小界面的散射、大界面的反射、声束的扩散及软组织对超声能量的吸收造成。不同生物组织对入射超声的吸收衰减程度不一,主要与组织中蛋白质和水的含量有关。衰减限制了超声波向深层介质的透射深度,也有助于疾病的诊断分析,如脂肪肝或某些恶性肿瘤有明显的衰减特征。

(4)多普勒效应 超声束遇到运动的反射界面时,其反射波的频率将发生改变,其频率的改变与相对运动的速度有关,这种现象称为多普勒效应(Doppler effect)。利用此效应可以判断有无血流或组织的活动、活动方向、活动速度等,这也是彩色多普勒超声血流成像的理论基础。多普勒效应已广泛应用于心血管等活动脏器的检测。

(二)超声设备与成像原理

1. 超声设备 超声检查设备一般包括换能器、信号处理系统和显示器。换能器即探头,是发射超声波和接收信号的仪器,它把电能转换成声能向人体内发射超声波,又接收体内反射和散射回来的声波,把声能转换为电能;信号处理系统即主机,是分析和处理探头接收的声波信号的设备;显示器即显示屏,是经主机处理以后,显示不同波形、曲线或图像的设备。

2. 成像原理 探头发射一定频率的超声波,在人体组织中传播时,可穿透多层界面,在每一层界面上均可发生不同程度的反射、折射或散射,这些反射、折射或散射声波含有其传播途中所经过的不同组织的声学信息,被探头接收并经过主机进行一系列的信号处理后,在显示器上显示出不同的波形、曲线或图像,通过对波形、曲线或图像的观察分析,即可做出超声诊断。

(三) 超声检查方法

1. **A 型超声检查** 为幅度调制型,近年来已被淘汰。

2. **B 型超声检查** 为辉度调制型,将从人体反射回来的回波信号以光点形式组成切面图像,能直观地显示脏器的大小形态、内部结构,并可将实质性、液性或含气性组织区分开来。B 型超声检查适用于肝、胆囊、脾、胰、肾、肾上腺、膀胱、前列腺、子宫、卵巢、腹水、胸腔积液等疾病的诊断及胎儿检查,是目前临床上使用最为广泛的超声检查方法,同时也是其他超声诊断的基础。

3. **M 型超声检查** 又称为 M 型超声心动图,主要用于心脏及大血管检查,可以了解心脏的前后方向结构层次、测量心腔前后径及室壁厚度、观察运动轨迹、测定心功能等,对于确诊二尖瓣狭窄、瓣膜赘生物、腱索断裂、心肌肥厚等病变有很高价值。

4. **D 型超声检查** 是利用多普勒效应的原理,以频谱或色彩的形式显示,与 B 型超声检查结合起来。D 型超声检查常包括频谱多普勒检查和彩色多普勒血流成像等,可无创观察人体血流及组织运动的速度、方向等。临床多用于检测心脏及血管的血流动力学状态,尤其是对于先天性心脏病和瓣膜病的分流及返流情况有重要的诊断价值。

5. **三维超声检查** 三维超声成像有三维超声重建和实时三维超声成像,前者是静态成像,后者是动态成像。实时三维超声成像能实时三维显示脏器的活动情况、心瓣膜开放情况等。三维超声检查可用于心脏、腹部、妇科、小器官、血栓、血管成像等方面。

6. **超声造影检查** 经血管注入超声造影剂,使相应的组织、器官显影或显影增强,从而为临床诊断提供重要依据。超声造影检查实时动态地观察组织的微血管灌注情况,以提高病变的检出率并对病变的良恶性进行鉴别,评价器官功能状态,可用于先天性心脏病,肝、肾等疾病的诊断。

(四) 超声图像的特点

入射的超声波经过许多界面或某个病灶后所产生的回波信号构成超声切面声像图,以明暗之间不同的灰度来反映组织结构间的声阻抗差的大小及其回声有无和强弱,从而辨别解剖结构的层次,显示脏器和病变的形态、轮廓、大小及某结构的物理性质。根据人体组织的声阻抗及声阻抗差的大小,可将人体组织分为四种类型。

1. **全反射型(含气型)** 声能几乎全部被反射,见于含气组织如肺和胃肠的气体等。

2. **多反射型(强回声型)** 表现在声阻抗差较大的组织(非均质性组织),如乳腺、心外膜、骨骼等。

3. **少反射型(低回声型)** 表现为中等强度的均匀点状回声,见于比较均匀的实质性组织,如肝、肾、脾、胰、心肌、前列腺、睾丸等。

4. 无反射型(无回声型)　无声阻抗差即无声学界面,见于液体组织如血液、尿液、胆汁、腹水、胸腔积液等。

二、超声检查的临床应用

超声检查为无辐射的非侵入性检查,无痛苦,一般没有特殊的禁忌证,广泛应用于内科、外科、妇产科、儿科等临床各科,已成为许多内脏、软组织器官病变首选的影像学检查方法。

(一)心血管疾病

超声心动图检查可以显示心脏和与心脏连接的大血管的形态结构,观察其运动和血流状况,并测量心功能情况,适用于先天性心脏病、冠心病、心肌病、心包疾病和心脏肿瘤等的诊断。

1. 正常声像图　心壁显示为中低回声光带,呈节律性运动,心腔内血液显示为无回声。心脏超声检查先从 B 型超声开始,在实时成像的基础上,启动 M 型超声心动图,观察主动脉瓣、主动脉壁、二尖瓣前后叶、左心室体部前后径、室间隔和左心室后壁的运动变化和测量相关数据,继而启动彩色多普勒血流显像,观察各瓣口血流有无异常及心内有无血液分流。

2. 异常声像图　①二尖瓣狭窄:二维超声心动图显示左室长轴切面及心尖四腔图上可见二尖瓣瓣叶增厚,回声增强,开放受限,左房扩大。左室二尖瓣短轴切面图上可见舒张期二尖瓣前后叶开启受限,瓣口变小,呈"鱼口状"。M 型超声心动图显示二尖瓣前后叶开放幅度降低,前后叶呈同向运动,活动曲线回声增强增粗,失去双峰波的特征,呈平台状曲线,变成"城墙样"(图 12-4-1)。频谱多普勒呈现为宽频带、充满型湍流频谱。彩色多普勒血流显像,于舒张期在二尖瓣口见五彩镶嵌样血流信号,流束变细,流速增快,似喷泉状(图 12-4-2)。②心包积液:二维超声心动图可见两层心包膜分离,形成两条回声带,中间出现液性暗区(图 12-4-3)。M 型超声心动图显示左心室后壁心包出现液性暗区,或右心室前壁心包出现液性暗区,通常为心包积液的可靠征象。

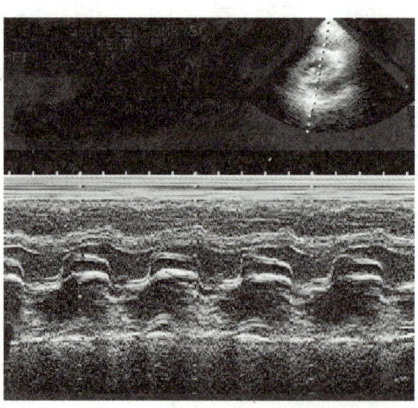

图 12-4-1　二尖瓣狭窄 M 型超声心动图

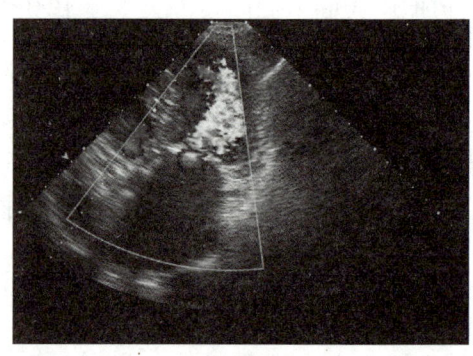

图 12-4-2　二尖瓣狭窄彩色多普勒超声

（二）消化系统疾病

超声检查为临床上肝、胆、胰、脾疾病的筛选检查方法。超声检查对显示占位性病变，尤其是囊性病变的检出有较高的应用价值。彩色多普勒可以进一步显示肿块内血流情况，有助于鉴别诊断。

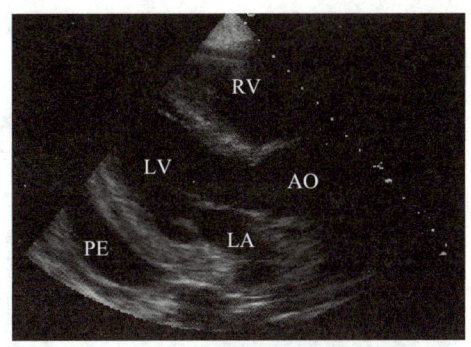

图 12-4-3　心包积液二维超声心动图

1. 正常声像图　肝：肝被膜规整平滑，呈均匀一致的线样高回声；肝实质呈均匀、细小的点状中等度回声；肝内管道结构清晰，呈树枝状分布；肝门区可以显示门静脉及其左右分支，门静脉壁较厚，回声增强；肝静脉壁薄，回声比较弱；肝内动脉一般难以显示。胆管系统：正常胆囊轮廓清晰，壁薄光滑整齐，胆囊内为无回声区，后方回声增强。肝内胆管一般不能显示，肝外胆管位于门静脉前方，管壁薄而光滑，纵切面呈无回声长管状影，与门静脉平行形成双管结构。

2. 异常声像图　① 肝病变：典型肝硬化时，肝体积缩小，肝被膜呈锯齿状，边缘变钝或不规则。肝实质回声增强、增粗，分布不均匀，表现为低回声或高回声结节。肝内血管粗细不均匀或纹理紊乱，肝静脉变细，走向不自然，门静脉主干扩张，分支变细迂曲，管壁回声增强。原发性肝癌的声像图（图 12-4-4）有如下特点：肝内出现局灶性实性回声肿块，可单发或多发，一般与正常肝实质分界欠清晰，其回声强度与正常肝实质比较，有低回声型、等回声型、强回声型、无回声型与混合回声型等；癌结节内部回声多不均匀，周围有完整或不完整的低回声包膜，伴侧后声影；部分肝癌具有周围暗环，有较高的诊断特异性；晚期病例可见门静脉或肝静脉内癌栓，表现为血管内团块状低、中等回声，以及肝门、胰腺等周围淋巴结肿大。② 胆管系统疾病：急性胆囊炎表现为胆囊增大，囊壁内膜面毛糙，胆囊壁弥漫性增厚，呈强回声，其间出现间断或连续的弱回声带，可呈现"双边影"表现。慢性胆囊炎病程较长者，表现为胆囊多缩小，胆囊壁增厚，边缘毛糙，回声增强；胆囊内透声差，囊腔内出现沉积状回声，随体位变化而移动和变形；胆囊收缩功能差或丧失。胆结石：超声检查是诊断胆结石最简便、最准确的方法。胆结石声像图（图 12-4-5）表现为胆囊或胆管内出现形态稳定的强回声光团，且随体位改变而移动，强回声光团后伴声影。

（三）泌尿系统疾病

超声检查是肾和膀胱较常应用的检查方法之一，可发现和确诊大多数肿瘤、结石、囊肿和先天性异常等病变。

1. 正常声像图　肾的被膜清晰、光滑，呈高回声线影，其为肾周脂肪与肾被膜界面的回声。肾实质呈均匀弱回声，肾锥体为三角形或圆形低回声，肾窦（包括肾盂、肾盏、血管和脂肪组织）呈不规则的强回声区。膀胱：膀胱形态随尿液充盈情况而变化。充盈时，膀胱壁呈一条光滑平整的细带状回声，膀胱内尿液为无回声；充盈不足时，膀胱黏膜回声不平。前列腺：横切面呈左右对称的栗子形，被膜完整光滑，呈整齐明亮的条带状增强回声，内部呈低回声，分布均匀。

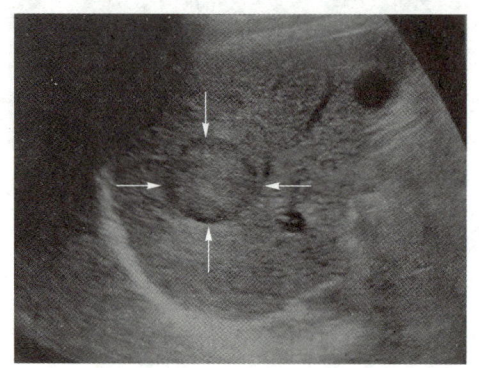
图 12-4-4　原发性肝癌

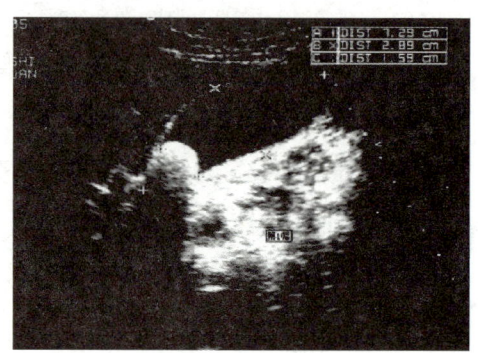
图 12-4-5　胆囊结石

2. **异常声像图**　① 肾结石：可见肾内出现点块状或团块状强回声，后方伴有声影。② 膀胱肿瘤：膀胱无回声区内可见一个或多个乳头状、菜花状中强回声向腔内凸出，肿物大小不一，表面不光滑，且不随体位改变而移动，膀胱壁局限性增厚（图 12-4-6）。③ 前列腺增生：可见前列腺对称性增大，形态饱满，呈圆形或接近球状，严重者可突入膀胱腔内；被膜回声可增厚，但是光滑连续；前列腺内回声不均，呈结节样改变，增生结节呈等回声或强回声。

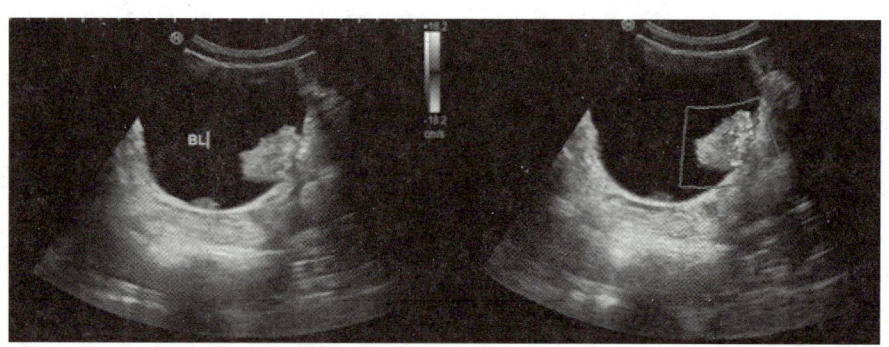
图 12-4-6　膀胱肿瘤

（四）妇产科疾病

超声检查是妇产科检查最常用的检查方法，适用于子宫发育异常、子宫和卵巢的肿块、盆腔积液和肿块、宫内节育器的位置、卵泡发育和排卵监测等，尤其在产科方面，可用来观察胎儿生长发育，检测胎儿器官结构及附属物有无异常。

1. **正常声像图**　纵切面子宫呈倒置的梨形，横切面子宫底部呈倒三角形，体部为扁椭圆形。子宫体为均质的中等回声,轮廓光滑;宫腔呈线状强回声;内膜为低回声或较强回声,声像随月经周期改变有不同表现;宫颈回声较宫体肌层稍高,内可见带状强回声的宫颈管。卵巢的断面声像图呈杏仁形,成年女性卵巢大小约4 cm×3 cm×1 cm,内部回声略高于子宫,卵泡呈圆形液性无回声区。双侧输卵管呈边缘强回声的管状结构。

2. **异常声像图** ① 子宫肌瘤:可见子宫体增大,形态不规则;肌瘤结节一般为圆形低回声或等回声团块,少数可为漩涡状或条纹状结构,其后无明显声衰减;子宫内膜有回声移位变形;肌瘤发生变性时,瘤体漩涡结构消失,无明显声衰减,内部回声多样化。若肿瘤发生玻璃样变或液化囊性变,病变区则出现相应的弱回声或无回声暗区,其后回声增强,若肿瘤发生钙化,则在病变区可出现强回声光环或弧形强光带,其后有声影。② 盆腔生殖器炎症:急性子宫内膜炎表现为内膜肿胀、增厚,呈中等回声;急性子宫肌炎早期表现为子宫轻度增大,回声减弱,重者子宫回声明显减弱,子宫轮廓模糊不清;输卵管卵巢炎的病变早期,仅表现为输卵管轻度增粗、肿大,回声减低,卵巢增大,回声不均,卵泡结构模糊,卵巢内血流丰富。如炎症加重,输卵管卵巢与子宫和盆壁之间界限不清,致使子宫轮廓模糊,难以识别。

(五) 浅表部位器官疾病

对于浅表部位器官疾病,超声检查主要用于发现甲状腺和乳腺的肿块性病变,并鉴别良、恶性。对于甲状腺弥漫性病变,例如甲状腺功能亢进、甲状腺功能减退等有辅助诊断作用。

1. **正常声像图** 甲状腺:甲状腺被膜为薄而规整的高回声带,实质为分布均匀的中等回声;彩色多普勒超声显示腺体内弥漫性分布的较为丰富的点状、条状血流信号。乳腺:正常乳腺皮肤为强的弧形光带,边界光滑整齐,下方的浅筋膜较薄,不能显示,皮下脂肪组织呈低回声区,乳房悬韧带表现为中等回声与皮肤相连的条索状结构,乳腺腺叶和导管呈低回声。

2. **异常声像图** ① 毒性弥漫性甲状腺肿:甲状腺弥漫性对称性肿大,被膜规整,双侧腺体弥漫性或散在性回声减低,彩色多普勒显示"火海征"。② 甲状腺癌:甲状腺内占位性病变,边界模糊,癌灶呈实性不均质的低回声,血流信号丰富(图12-4-7)。③ 乳腺癌:乳腺呈明显的低回声,肿块形态不规则,边缘呈毛刺状,或肿块周围形成薄厚不规则的强回声晕,彩色多普勒显示血流丰富,与肿块的大小和分化程度相关。

三、超声检查的护理配合

为了获得清晰的图像,避免各种影响因素,达到满意的诊断效果,超声检查前应根据不同部位不同组织器官的检查,做好相应的准备工作。

1. **腹部检查** 如脾、胆囊及胆道、胰腺和胃肠等器官,一般要求当天上午空腹检查。检查前一天晚餐避免进食油腻食物,晚餐后开始禁食,一般禁食8~12 h,次日晨起排便后进行检查。如便秘或肠胀气,检查前一天睡前服用缓泻剂,晨起排便或灌肠后进行检查。肾脏检查一般不需做特殊的准备。若同时检查输尿管和膀胱,应嘱被评估者在检查前饮水,保持膀胱适度充盈。

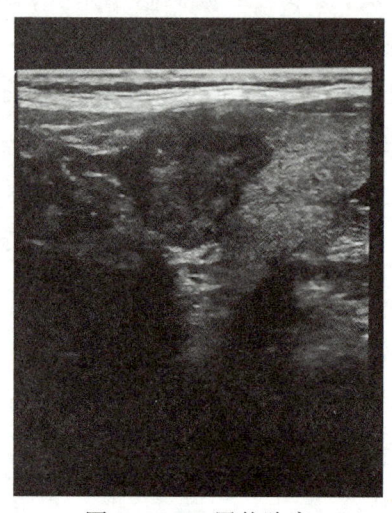

图12-4-7　甲状腺癌

2. **盆腔检查** 经腹检查前列腺、精囊腺或子宫、附件等,嘱被评估者检查前1~2 h饮水1 000~1 500 mL,饮水后不要排尿,直至膀胱充盈。妊娠早期(3个月以下)检查要求同妇科经腹部超声检查,妊娠3个月以上者,如胎儿检查无需特殊准备,但检查孕妇宫颈情况时仍需充盈膀胱。经腔内(阴道、直肠)超声检查前则要求排空膀胱。

3. **其他** 心血管、颅脑、浅表组织器官等检查,一般不需特殊准备。对于婴幼儿等不能合作者,可用水合氯醛灌肠,待其入睡后进行检查。

小结

超声检查是非创伤性检查,具有成像快、诊断及时、无痛苦、无损伤等优点,是现代医学影像诊断的重要检查方法之一。临床中广泛应用于内科、外科、妇产科、儿科等临床疾病的诊断,但由于超声的图像容易受到气体和皮下脂肪的干扰,并且有显示范围小等特点,所以超声诊断具有一定的局限性。因此,临床中应根据病变的特点选择合适的影像学诊断方法。

(李丽丽)

任务五　核医学检查

【思维导图】

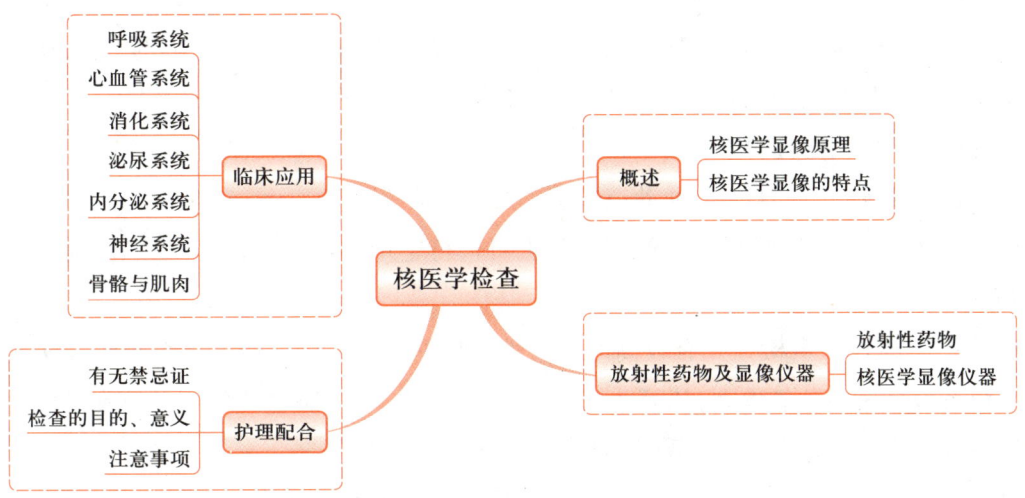

【典型案例】

> 患者,男性,55 岁。右股骨头置换术后 4 天,突然出现胸闷、气促,活动后更明显,左侧胸痛、咳嗽、少痰。同时诉右大腿根部胀痛,右小腿及足部浮肿。查体发现:呼吸急促,发绀,心率增快,右小腿周径较左小腿大 1.3 cm。血气分析:PaO$_2$ 65 mmHg,PaCO$_2$ 40 mmHg。
>
> 任务引领一:该患者最有可能是什么疾病?
>
> 任务引领二:为进一步确诊,该患者可以做什么核医学检查?
>
> 任务引领三:为保证检查顺利进行,护士应做好哪些护理配合?

　　核医学是利用放射性核素及其标记化合物在体内代谢分布的特殊规律,在体外获得脏器和组织功能结构影像,从而进行疾病诊断和治疗的一门学科。影像核医学主要用于脏器显像或功能测定,不仅能够反映组织器官的整体或局部的功能,而且能提供定量、准确的数据,具有简便、安全、灵敏度高和特异性强等优点。

一、概述

(一) 核医学显像原理

　　核医学显像的基本原理是放射性核素及其标记化合物的示踪作用:放射性药物进入体内后,能够参与机体的代谢过程,可选择性地聚集在特定的脏器、组织或病变部位,与周围组织的分布形成一定的浓度差。体外的放射性测量仪可根据放射性核素发射出的射线,记录到这种差别,从而了解组织、脏器或病变的位置、形态、大小、功能、代谢或血流灌注等情况。

放射性核素显像是一种应用放射性测量仪显示脏器组织内、外,或正常与病变组织之间显像剂吸收、分布差异的显像方法,而这种差异取决于脏器组织本身的功能、代谢状态或血流灌注。因此,正常与病变组织间对放射性核素的摄取差异是核医学显像的基础。

(二)核医学显像的特点

1. 放射性核素显像不仅能显示脏器和病变的位置、形态、大小等解剖结构,还能提供脏器、组织和病变的血流、功能、代谢和排泄等方面的信息,有助于疾病早期尚未出现形态结构改变时的诊断。

2. 放射性核素具有多种动态显像方式,使脏器、组织及病变部位的血流和功能以动态显示,根据系列影像的相关数据可进行定量分析,还有利于疾病的随访和观察。

3. 放射性核素检查具有较高的特异性。根据显像目的,选择器官、组织或病变部位特异性聚集的显像剂,从而达到显影要求。但是不同脏器或组织的核素显像及同一脏器不同功能或不同检查目的都需要选择不同的显像剂。

4. 放射性核素显像是一项安全的无创性检查。显像剂的化学量较少,不会干扰机体内环境,过敏和毒副作用较少见,被评估者的辐射吸收剂量也较小。

5. 放射性核素显像的分辨率不高,影像清晰度较差,影响对组织细微结构的精确显示,同时还受脏器或组织本身功能状态影响。

二、放射性药物及显像仪器

1. **放射性药物**　指含有放射性核素,能直接用于人体临床诊断、治疗和科学研究的放射性核素及其标记化合物。放射性药物主要具有以下四个特点:有放射性;不恒定性;引入量少;辐射自分解。

根据临床用途不同,将用于获得体内靶器官或病变组织的影像或功能参数,进行疾病诊断的一类体内放射性药物,称之为诊断用放射性药物;能够高度选择性浓集在病变组织产生局部电离辐射生物效应,从而抑制或破坏病变组织发挥治疗作用的一类体内放射性药物,称为治疗用放射性药物。

(1)诊断用放射性药物多采用发射 γ 光子的核素及其标记物,主要由于核射线中 γ 光子(能量以 100~300 keV 为宜)穿透力强,引入体内后容易被核医学探测仪器在体外探测到,从而适用于显像;同时 γ 光子在组织内电离密度较低,机体所受电离辐射损伤较小。如 ^{99m}Tc 标记放射性药物,是显像检查中最常用的放射性核素,广泛用于心、脑、肾、骨、肺、甲状腺等多种脏器疾患的检查;正电子放射性药物如 ^{11}C、^{13}N、^{15}O 和 ^{18}F 等,其中 $^{18}F-FDG$(^{18} 氟 – 脱氧葡萄糖)是目前临床应用最为广泛的正电子放射性药物。

（2）治疗用放射性药物的适宜的射线能量和在组织中的射程，是选择性集中照射病变组织而避免正常组织受损并获得预期治疗效果的基本保证。如 ^{131}I 目前仍是治疗甲状腺疾病最常用的放射性药物；$^{188}Re-HEDP$（^{188} 铼 – 羟基亚乙基二膦酸）已用于恶性肿瘤骨转移骨痛治疗。

2. **核医学显像仪器**　核医学仪器一般由辐射探测器及电子测量装置和 / 或计算机装置组成。γ 闪烁探测器的作用是将探测到的射线能量转换成可以记录的电脉冲信号；电子测量装置和 / 或计算机装置由分析和记录脉冲信号的一些仪器组合而成。根据使用目的的不同，核医学常用仪器可分为脏器显像仪器、功能测定仪、体外样本测量仪及辐射防护仪器等，其中以显像仪器最为复杂，发展也较为迅速。

核医学显像常用仪器如下。① γ 照相机：核医学影像设备中最基本、最重要的一种仪器，可对脏器中的放射性核素分布进行一次成像和连续动态观察。② 单光子发射型计算机断层仪（SPECT）：核医学应用最为广泛的显像仪器，可用于各种脏器动静态断层显像和全身显像。③ 正电子发射型计算机断层仪（PET）：目前较为先进的核医学显像仪器，可用于脏器动静态断层显像、定量分析，在肿瘤、神经和心血管疾病临床诊断中有无法替代的优势。④ SPECT/CT、PET/CT 及 PET/MR：利用 SPECT、PET、CT、MRI 成像方式的特点，为不同的影像提供互补信息，增加图像质量，达到功能显像和解剖结构的完美融合。

三、核医学检查的临床应用

核医学检查是常用的医学影像技术之一，本法安全、无创、辐射小，且有较高的特异性。

（一）呼吸系统

呼吸系统核素检查主要有肺灌注显像和肺通气显像，前者用于检查肺动脉血流灌注情况，后者用于检查气道的通畅性，二者联合应用可对肺部疾患进行诊断和鉴别诊断并评估肺功能。核素肺显像具有简便和无创等优点，可用于肺栓塞诊断、疗效评价和随访，尤其适用于临床怀疑肺栓塞急诊患者的筛选。如肺灌注显像出现 ≥ 2 个肺段放射性缺损区，肺通气显像或 X 线胸片的相应部位正常或病变范围小于灌注影像缺损区，即可诊断肺栓塞。

（二）心血管系统

心血管系统的核医学检查主要有心室显像、心功能测定、心肌灌注及代谢显像、心脏受体显像和血管显像等。心血管核医学不仅用于心血管疾病的诊断，更重要的是用于指导治疗、判断预后和评价疗效。如心肌灌注显像，能直观地观察心肌缺血的部位、范围及严重程度，也能提示冠状动脉病变的部位，判断心肌梗死区内是否有心肌存活。因此，心肌灌注显像可用于冠心病的诊断，疾病危险性分级与预后评估，冠状动脉血运重建手术适应证的筛选及疗效观察,急性心肌梗死溶栓或经皮腔内冠状动脉成形术(PTCA)疗效的判断。

(三) 消化系统

消化系统核医学检查主要针对肝、胆、食管、胃、小肠等消化器官进行显像和功能测定。肝核素显像包括肝胶体显像、肝血流和血池显像,主要用于肝内占位性病变的定性诊断。原发性肝癌肝实质显像可见肝内单发放射性减淡缺损区,肝动脉灌注显像阳性,肝血池显像示相应局部"一般填充",即其放射性浓度与周围正常肝基本相同或稍减低。胃肠壁出现活动性出血病灶时,由于放射性核素从血管破裂处外逸进入胃肠道,形成异常放射性浓聚影像,以此可对消化道出血做出诊断。

(四) 泌尿系统

泌尿系统放射性核素检查可以显示肾的位置、形态、大小,了解双肾的血供、功能和形态及尿路通畅情况。肾功能受损时肾动态显像显示患肾血流灌注及肾实质影像减淡,肾实质出现和消退延迟。上尿路梗阻典型影像表现为肾盏和/或肾盂显影明显、扩张,显像剂浓聚,消退延缓,有时可见梗阻上方输尿管显影、扩张。

(五) 血液系统

核医学检查应用于血液及淋巴系统已有较长时间,利用放射性核素示踪及功能显像技术可进行血容量、红细胞寿命、红细胞破坏部位测定,以及脾、骨髓和淋巴显像,从而有助于血液及淋巴系统疾病的诊断和病因探讨,是十分有价值的临床常规检查方法。骨髓显像(bone marrow imaging)可以了解全身造血骨髓活性、分布及功能变化,协助多种疾病诊断。如再生障碍性贫血骨髓显像见全身骨髓广泛抑制,其中骨髓活性减低伴不均匀及灶状显影是较特异的影像表现。淋巴显像能判断肿瘤的淋巴引流途径、局部及远处淋巴结受累情况。如肿瘤侵犯淋巴结的早期,淋巴结可以表现为肿大、放射性增高或放射性缺损。肿瘤转移后期淋巴结破坏,表现为淋巴结缺如,淋巴链中断放射性缺损,最后可发展为淋巴阻塞、出现侧支反流影像。

(六) 内分泌系统

内分泌系统的核医学检查包括甲状腺功能测定,如甲状腺摄 ^{131}I 试验、甲状腺激素抑制试验、促甲状腺激素兴奋试验;内分泌系统显像,如甲状腺显像、肾上腺皮质显像、肾上腺髓质显像、甲状旁腺显像;内分泌系统体外放射分析等。如甲状腺摄 ^{131}I 试验:将 ^{131}I 引入被评估者体内,放射性的 ^{131}I 被摄取并参与甲状腺激素的合成,了解其被摄取的量和速度,从而判断甲状腺功能。甲状腺功能亢进摄 ^{131}I 率增高,部分可伴峰时前移;部分单纯性甲状腺肿患者摄 ^{131}I 率增高,但不出现高峰前移;甲状腺功能减退摄 ^{131}I 率减低;亚急性甲状腺炎摄 ^{131}I 率明显减低。

(七) 神经系统

神经系统核医学检查主要包括脑血流灌注(rCBF)显像、脑代谢显像、中枢神经递质和受体显像、放射性核素脑血管显像及脑脊液显像。

1. 脑血流灌注显像有助于短暂性脑缺血发作(TIA)和可逆性缺血性脑病(PRIND)的诊断。短暂性脑缺血发作和可逆性缺血性脑病患者临床症状消失后脑血流可能处于慢性低灌注状态,这时神经系统检查、CT 和 MRI 检查结果多为阴性,而 rCBF 显像可发现近 50% 患者脑内存在缺血性改变,病变部位表现为不同程度的放射性减低或缺损区。

2. 脑代谢显像包括脑葡萄糖代谢显像、脑氧代谢显像、脑蛋白质代谢显像,可用于癫痫的定位诊断、早老性痴呆症的诊断和病情估测,脑瘤的良恶性鉴别、分期和分级、疗效和预后判断及复发或残存病灶的诊断等,也可用于人脑生理功能和智能研究。

3. 中枢神经递质和受体显像可以对某些神经递质或受体相关性疾病做出诊断、治疗决策、疗效评价和预后判断。目前研究的受体主要有多巴胺受体、乙酰胆碱受体、5-羟色胺受体、苯二氮卓受体和阿片受体等。

4. 放射性核素脑血管显像可观察到显像剂在脑血管内充盈、灌注和清除的全过程影像,并可见颈内动脉及大脑前、中、后动脉的走行和形态结构影像。因此,可用于脑死亡、动静脉畸形、颈动脉狭窄或阻塞等诊断。如动静脉畸形可见动脉相中畸形部位有明显的异常放射性浓聚,浓聚影消退快,静脉窦提早显影。

5. 脑脊液显像可用于交通性脑积水、脑脊液漏、梗阻性脑积水的诊断。如交通性脑积水时由于显像剂随脑脊液反流入侧脑室,使侧脑室持续显影。

(八) 骨骼与肌肉

骨显像具有很高的敏感性,且一次成像可显示全身骨骼情况,能更早、更多地发现 X 线检查、CT 扫描或 MR 成像范围以外的骨病损,对各种骨骼疾病的诊断,特别是早期诊断和疗效评价具有重要的临床价值。其中骨转移是骨显像的首选适应证,多发的非对称性无规律分布的放射性增浓灶为骨转移瘤的典型表现。骨显像可用于判断有无骨转移,以进行疾病分期、骨痛评价、预后判断、疗效观察和探测病理骨折的危险部位。因此,对骨转移倾向性高的前列腺癌、肺癌、乳腺癌等疾病,定期骨显像检查尤为重要。

四、核医学检查的护理配合

1. 检查前向被评估者及家属详细解释检查的目的、意义,消除紧张情绪,取得积极配合。

2. 认真核对被评估者的姓名,放射性药物的名称、化学形式和活性等。

3. 备好抢救药物及用物,如氧气袋、心电监护仪、除颤仪等,以应对在检查中被评估者可能发生的病情变化。

4. 脑平面显像检查前给被评估者口服过氯酸钾 400 mg，以封闭脉络丛、甲状腺、唾液腺等吸收显影剂的组织，减少对显像的干扰。

5. 肝胆显像检查前禁食 4~12 h，检查前 6~12 h 应停用对奥迪括约肌有影响的麻醉药物。如欲了解胆囊收缩功能，可在胆囊充分显影时，嘱被评估者进食脂餐，观察胆囊收缩情况。

6. 甲状腺摄 ^{131}I 功能试验检查前停服含碘食物（如海鱼、海虾、海带、海蜇、紫菜等）2 周；停服含碘药物（如碘含片、复方碘溶液、碘化物等）2~8 周；停服甲状腺片、抗甲状腺药物 4~6 周，当天早晨空腹抽血。

7. 肾动态显像检查时嘱被评估者检查前 30 min 饮水 300 mL，显像前排空膀胱。

8. 骨显像检查前嘱被评估者 2 h 内饮水 1 000 mL 以上，检查前排尿，以更好地显示骨盆。骨扫描前取下身上含金属或高比重的物品，如金属义齿、硬币、腰带金属环、首饰等。

9. 检查后嘱被评估者多饮水，多排尿，促进核素的排泄。

小结

核医学检查是在体外利用探测仪器检测放射性核素及标记的化合物在体内的分布与量，从而进行器官成像的检查方法。核医学显像为一种功能性显像，具有较高的特异性，且有无创、毒副作用小的特点。核医学检查不仅能显示有关脏器、组织和病变的形态结构，更重要的是能获得其功能甚至是分子水平的代谢和化学信息，以对疾病做出早期而又全面的诊断和定位。

（李丽丽）

任务测试

模块三 辅助检查

附录 1　护理文件书写示范

附录 1-1　入院病人护理评估单

科别:<u>内科</u>　　　病室:<u>呼吸科</u>　　　床号:<u>15</u>　　　住院号:<u>000001</u>

一般资料

姓名:<u>朱 ××</u>　　　　　　　　　性别:男□　女☑

年龄:<u>68 岁</u>　　　　　　　　　　民族:<u>汉族</u>

籍贯:<u>北京市顺义区</u>　　　　　　　职业:<u>退休</u>

婚姻状况:未婚□　　已婚☑　　离异□　　再婚□　　丧偶□

文化程度:文盲□　　小学☑　　初中□　　高中□　　中专□　　大学及以上□

家庭地址:<u>北京市顺义区顺平西路 ×× 号</u>　　邮政编码:<u>101300</u>　　　电话:<u>137……</u>

联系人:<u>顾 ××</u>　　　　　　　与病人的关系:<u>丈夫</u>　　　　　电话:<u>139……</u>

入院日期:<u>2023-01-16</u>

入院方式:步行□　　扶行☑　　背入□　　轮椅□　　平车□　　担架□　　其他(　　)

病历记录日期:<u>2023-01-16</u>　　　　　　病历陈述者:<u>顾 ××(病人丈夫)</u>

入院医疗诊断:<u>慢性阻塞性肺疾病伴急性加重</u>

主管医师:<u>张 ×</u>　　　　　　　　主管护士:<u>徐艳</u>

健康史

主诉:反复咳嗽气喘 30 余年,加重 1 周

现病史:患者咳嗽、气喘反复发作 30 余年,无明显季节性,常受凉后出现,每年发作在 3 个月以上,未重视、未治疗。1 年前患者受凉后出现咳嗽、咳痰、气喘、胸闷加重,无胸痛、咯血、双下肢水肿等不适,夜间可平卧,于我科住院治疗,予以抗感染、镇咳化痰平喘等治疗,好转后出院,出院后予以吸入剂治疗,自诉效果差,自行停药。1 周前患者受凉后咳嗽、咳痰、气喘,胸闷症状加重,来我院门诊抗感染、平喘治疗,症状无缓解,现为进一步诊治收治入院。

既往健康史

　　既往健康状况:良好□　　一般☑　　较差□

　　既往病史:　　　　无□　　有☑　　(　　　COPD　　　)

　　预防接种情况:　　无□　　有☑　　(卡介苗、乙肝疫苗)

　　住院史:　　　　　无□　　有☑　　(　　2022-01-05　　)

　　手术史:　　　　　无☑　　有□　　(　　　　　　　　　)

　　外伤史:　　　　　无☑　　有□　　(　　　　　　　　　)

　　过敏史:　　　　　无☑　　有□　　(过敏原:　　　　　临床表现:)

目前用药史

　　目前用药情况:无□　　有☑

药物名称	剂量与用法	末次用药时间	疗效	不良反应
阿莫西林克拉维酸钾	2.4 g/ 支,静滴	2023-01	好	无
多索茶碱	0.2 g/ 支	2023-01	好	皮疹

个人史

　　疫区接触史:　　　　　　　　无☑　　有□　　具体情况_____

生长发育史：

出身情况　　　　　　　　顺产☑　　难产□(描述：　　　　)

有无生长发育异常　　　　无☑　　有□(描述：　　　　)

月经史：

婚姻情况：　　未婚□　　　已婚☑　　　结婚年龄＿22＿

生育史：　　妊娠＿2＿次　　顺产＿1＿胎　　手术产＿0＿胎

流产＿1＿胎　　早产＿0＿胎　　死产＿0＿胎

家族健康史：

父：健在□　　患病□　　已故☑(死因：不明)

母：健在□　　患病□　　已故☑(死因：不明)

兄弟姐妹：无

系统回顾

1. 健康感知－健康管理型态

自觉健康状况：良好□　一般☑　较差□

吸烟：无☑　有□　约　年，平均　支/天。　戒烟：未□　已□　约　年

嗜酒：无☑　有□　约　年，平均　两/天。　戒酒：未□　已□　约　年

吸毒：无☑　有□　名称　，约　年，量/天。　戒毒：未□　已□　约　年

其他个人嗜好：　　无□　　　有☑(描述：听歌　　　　)

遵从医务人员健康指导：是☑　　否□(原因：　　　　)

对所患疾病原因：　知道☑　　不知道□

环境中危险因素：　　无□　　　有☑(描述：寒冷　　　　)

寻求促进健康的行为：　无□　　　有☑(描述：询问有关健康方面的知识)

其他：　　　　无☑　　　有□(描述：　　　　)

2. 营养与代谢型态

基本饮食：　普食☑(3餐/天)　　软食□(　餐/天)　半流质□(　餐/天)

流质□(　餐/天)　禁食□

忌食□(　)　治疗饮食□(　)

食欲：　　正常□　　食欲亢进□　　　食欲减退☑

近期体重变化：无☑　　有□(体重增加约　kg/月,原因：　;体重减轻约　kg/月

原因：　)

饮水：　　正常☑　　多饮□(　mL/天)　　限制饮水□(　mL/天)

咀嚼困难：　无☑　　有□(描述：　　　　)

吞咽困难：无困难☑　　有□(描述：　　　　)

3. 排泄型态

排便：　正常☑　便秘□　腹泻□(　次/天)　失禁：无□　有□(　次/天)

造瘘：　无☑　有□(类型　　，能否自理能□　否□)

应用泻药：无☑　有□(药物名称：　，用法和剂量：　)

排尿：　正常☑　增多□(　次/天)　减少□(　次/天)(颜色：淡黄色)

排尿异常：无☑　有□(描述：　　　　)

4. 活动与运动型态　　　总分：95

生活自理能力(在空格中填上相应数字,10＝完全自理;5＝部分自理;0＝完全不能自理)

转移(翻身、坐起、下床)：＿10＿　穿衣：＿10＿　洗漱：＿10＿

洗澡：＿10＿　进食：＿10＿　行走：＿10＿　如厕：＿10＿

做饭：＿10＿　购物：＿10＿　上下楼梯：＿5＿

辅助用具：无☑　有□(类型　　　　)

活动耐力：正常□　容易疲劳☑(描述：干重体力劳动时　　　　)

呼吸困难：　无□　　　有☑(描述：呼吸较费力　　　　)

5. 睡眠和休息型态

睡眠：　　正常☑　　入睡困难☐　　多梦☐　　　易醒☐　　　早醒☐　　　失眠☐（原因：　　　　　　）

睡眠/休息后精力充沛：　　是☑　否☐

辅助睡眠：无☑　　有☐（描述：　　　　　　　　　　　）

6. 认知与感知型态

疼痛：　　　无☑　　有☐　　（描述：　　　　　　　　　　）

眩晕：　　　无☑　　有☐　　（原因：　　　　　　　　　　）

视力：　　　正常☐　　近视☐　远视☑　失明　（左☐　右☐）

听力：　　　正常☑　　耳鸣☐　减退(左☐　右☐)　耳聋(左☐　右☐)　助听器(有☐　无☐)

味觉：　　　正常☑　　减退☐　缺失☐　味觉改变☐

定向力：　　正常☑　　障碍☐

记忆力：　　良好☑　　减退☐　（短时记忆☐　长时记忆☐）　丧失☐

注意力：　　正常☑　　　注意力分散☐

语言能力：　正常☑　　失语☐　构音困难☐

7. 自我感知与自我概念型态

自我感觉：　良好☑　　不良☐（描述：纳差、腹胀　　　　　　　）

情绪状态：　快乐☑　　焦虑☐　紧张☐　抑郁☐　恐惧☐　愤怒☐　悲哀☐　绝望☐

个性心理特征:理智型☑　情绪型☐　意志型☐　内向型☐　外向型☐　独立型☐　依赖型☐

8. 角色和关系型态

就职情况:胜任☐　短期不能胜任☑　长期不能胜任☐

家庭结构:(描述:核心家庭)　　　　家庭关系:(和谐☑　紧张☐)

社会交往:正常☑　较少☐　回避☐

角色适应:良好☑　不良☐(角色冲突☐　角色缺如☐　角色强化☐　角色消退☐)

家庭及个人经济情况:足够☐　勉强够☑　不够☐

9. 性与生殖型态

月经:正常☐　紊乱☐　绝经☑　(经量:正常☐　过少☐　过多☐)

性功能:正常☑　障碍☐

10. 压力与应对型态

对疾病和住院反应:否认☐　适应☐　依赖☐

过去一年内重要生活事件:无☑　有☐(描述　　　　　　　　　　)

适应能力:能独立解决问题☑　需要帮助☐　依赖他人解决☐

支持系统:照顾者：　胜任☑　　　勉强☐　　　　不胜任☐

　　　　　家庭应对：　忽视☐　　能满足☐　　　过于关心☐

11. 价值与信念型态

宗教信仰:无☑　有☐(描述　　　　　　　　　　　　　)

其他：　　无☑　有☐(描述　　　　　　　　　　　　　)

体格检查

体温 36.5℃　脉搏 110 次/分　呼吸 21 次/分　血压 142/67 mmHg　身高 158 cm　体重 58 kg

一般状况

营养：　　　良好☐　　中等☑　不良☐　肥胖☐　消瘦☐　恶病质☐

意识状态:清晰☑　　障碍☐(类型：　　　　　　　　)

面容：　　　正常☑　病容☐(类型：　　　　　　　　)

体位：　　　自动☑　被动☐　强迫☐(类型：　　　　　　　　)

步态：　　　正常☑　异常☐(类型：　　　　　　　　)

其他：　　　无☑　　有☐(描述：　　　　　　　　)

皮肤黏膜

色泽：　　　正常☑　潮红☐　苍白☐　　发绀☐　　黄染☐　　色素沉着☐

湿度： 正常☑ 潮湿□ 干燥□

温度： 正常☑ 热□ 冷□

弹性： 正常☑ 减退□

完整性： 完整☑ 皮疹□ 皮下出血□(部位及分布：) 破溃□(描述：)

水肿： 无□ 有☑(描述:双下肢中度水肿)

瘙痒： 无☑ 有□(描述：)

其他： 无☑ 有□(描述：)

淋巴结： 正常☑ 肿大□(描述：)

头部

眼睑： 正常☑ 水肿□

结膜： 正常☑ 水肿□ 出血□

巩膜： 正常☑ 黄染□

瞳孔： 正常☑ 异常(描述：) 对光反射:正常□ 迟钝□ 消失□

口唇： 红润☑ 发绀□ 苍白□ 疱疹□(描述：)

口腔黏膜： 正常☑ 异常□(描述：)

其他： 无☑ 有□(描述：)

颈部

气管： 居中☑ 偏移□(描述：)

颈项强直： 无☑ 有□

颈静脉： 正常☑ 充盈□ 怒张□

肝颈静脉回流征:阴性☑ 阳性□

其他： 无☑ 有□(描述：)

胸部

呼吸方式： 自主呼吸☑ 机械呼吸□ 人工气管□ 气管插管□ 气管切开□

呼吸节律： 规则☑ 不规则□(描述：)

呼吸困难： 无☑ 有□(描述：)

吸氧： 无□ 有☑(描述:低流量 2 L/min)

呼吸音： 正常☑ 异常□(描述：)

啰音： 无☑ 有□(描述：)

心率:110次 / 分 心律： 齐☑ 不齐□(描述：)

杂音： 无☑ 有□(描述：)

其他： 无☑ 有□(描述：)

腹部

外形： 平坦☑ 膨隆□ 凹陷□(腹围:<u>100 cm</u> 胃型□ 肠型□)

腹肌紧张： 无☑ 有□(描述：)

压痛： 无☑ 有□(描述：)

反跳痛： 无☑ 有□(描述：)

移动性浊音： 阴性☑ 阳性□

肠鸣音： 正常☑ 亢进□ 减弱□ 消失□

肝大： 无☑ 有□(描述：)

脾大： 无☑ 有□(描述：)

其他： 无☑ 有□(描述：)

肛门直肠： 未查☑ 正常□ 异常□(描述：)

生殖器 未查☑ 正常□ 异常□(描述：)

脊柱四肢

脊柱： 正常☑ 畸形□(描述：) 活动:正常☑ 受限□(描述：)

四肢： 正常☑ 畸形□(描述：) 活动:正常☑ 受限□(描述：)

神经系统
肌张力:	正常☑	增强☐	减弱☐
感觉异常:	无☑	有☐(描述:	)
肢体瘫痪:	无☑	有☐(描述:	)
巴宾斯基征:	阴性☑	阳性☐	
其他:	无☑	有☐(描述:	)

实验室检查

血常规:白细胞计数 $17.92 \times 10^9/L$

血液生化检查:空腹血糖 8.85 mmol/L,二氧化碳结合力(CO_2CP):29.5 mmol/L

血气分析:pH 7.47,$PaCO_2$ 43.7 mmHg,PaO_2 100 mmHg,HCO_3^- 1.8 mmHg

主要护理诊断

1. 气体交换受损　与气道阻塞、通气不足、呼吸肌疲劳、分泌物过多和肺泡呼吸面积减少有关。

2. 清理呼吸道无效　与分泌物增多而黏稠、气道湿度减低和无效咳嗽有关。

3. 活动无耐力　与疲劳、呼吸困难、氧供与氧耗失衡有关。

4. 营养失调:低于机体需要量　与食欲降低、摄入减少、腹胀、呼吸困难、痰液增多有关。

441

附录 1-2　出院病人护理评估单

科别:外科　　病室:普外科　　　床号:13　　　住院号:000005
姓名:王俊　　年龄:18 岁　　　性别:☑男　□女

健康教育

1. 病人对所患疾病的防治知识　　☑有　□无
2. 卫生习惯和科学的饮食起居知识　☑有　□无
3. 病人对现存或潜在的健康问题的认知　☑有　□无

指导护士:陈君君

病人出院小结

病人出院评估

　　出院日期:2023 年 01 月 15 日

　　出院诊断:急性阑尾炎

　　病愈:　　☑痊愈　　□好转　　　□未愈　　　□其他
　　心理问题:☑完全解决　□部分缓解　□未能解决
　　自理:　　☑自理　　□部分自理　□不能自理
　　出院方式:☑步行　　□轮椅　　　□平车

病人出院指导

　　1. 增强体质,改善身体防御功能,保持环境卫生。
　　2. 使用抗生素预防以减少发病。
　　3. 按医嘱服用抗生素。
　　4. 如出现呕吐、腹胀、腹痛、发热等不适情况,应随时来医院就诊。
　　5. 复查,出院一周后到外科门诊复查。

指导护士:陈君君

护理小结

　　根据该病人的实际情况,按照急性阑尾炎的标准护理计划和标准教育计划,对其进行整体护理,护理措施合理、落实及时,相关护理问题能得到及时的解决,患者能理解并掌握相关健康教育内容,护理效果良好。

总结护士:李梅

附录 1-3　护理记录单

病区：　　　姓名：　　　性别：　　　年龄：　　　床号：　　　住院号：　　　入院时间：　　　医疗诊断：

日期	生命体征						意识	瞳孔				吸氧 L/min	末梢血糖 mmol/L	入量		出量		巴塞尔(Barthel)评分	跌倒评分	压疮评分	疼痛评分	帕多瓦(Padua)评分	格拉斯哥昏迷(GCS)评分	早期预警(MEWS)评分	病情观察及措施	护士签字
	体温(℃)	脉搏(次/分)	心率(次/分)	呼吸(次/分)	血压(mmHg)	SPO$_2$(%)		左 mm	光反应	右 mm	光反应			名称	量 mL	名称	量 mL									

附录1-4 手术物品清点记录单

日期： 患者姓名： 性别： 年龄： 科别： 床号： 住院号：

护士姓名	洗手护士：		接班洗手护士：			接班时间：			
	巡回护士：		接班巡回护士：			接班时间：			

器械名称	术前清点	术中添加	术中清点	术后清点	器械名称	术前清点	术中添加	术中清点	术后清点
腹纱					拉钩				
纱布块					骨科器械				
缝针					腔镜器械				
刀柄					胆囊外加				
剪刀					开胸外加				
针持					盆扫外加				
镊子					棉片				
血管钳					脑瘤外加				
组织钳					头皮夹钳				
肠钳									
胃钳									
阑尾钳									
卵圆钳									
扣扣钳									
新尔钳									
直角钳									

灭菌物品,器械： 监测结果 （该指示卡颜色不作为今后灭菌合格的证据）	敷料

特殊植入物	□无 □有　　名称：　　　　数量：　　　　医生签名：	
	植入物标识粘贴	
备注		

附录 1-5　手术护理记录单

日期：　患者姓名：　　　性别：　年龄：　科别：　　床号：　　住院号：

<table>
<tr><td rowspan="8">入室情况</td><td colspan="2">诊断：</td><td colspan="2">手术名称：</td></tr>
<tr><td colspan="2">手术类别：□常规　□急诊</td><td colspan="2">传染病：□无　□有(病种　　　　　　)</td></tr>
<tr><td colspan="2">意识状态：□清醒　□嗜睡　□恍惚　□浅昏迷　□深昏迷　□烦躁</td><td colspan="2">呼吸困难：□无　□有</td></tr>
<tr><td rowspan="2">皮肤评估</td><td colspan="2">(切口部)：□完整　□破损(部位：　面积：　cm)
(非切口部)：□完整　□破损　□压伤
□液体外渗　□红肿　□水疱
□破溃部位</td><td>血型：(　)　RH(　)
过敏史：□无　□有</td></tr>
<tr><td></td><td></td><td></td></tr>
<tr><td rowspan="2">术前准备</td><td>个人卫生：□良　□差</td><td>备皮：□良　□差
□不需要</td><td>入室时间：</td></tr>
<tr><td>胃管：□无　□有</td><td>留置尿管：□无　□有</td><td>入室核对护士：</td></tr>
<tr><td></td><td></td><td></td><td></td></tr>
</table>

<table>
<tr><td rowspan="13">术中配合</td><td>手术部位：</td><td colspan="2">手术开始时间：</td><td>手术结束时间：</td></tr>
<tr><td>麻醉方法</td><td colspan="3">□全麻　□硬膜处　□腰硬联合　□腰麻　□神经阻滞　□局麻+强化</td></tr>
<tr><td>手术医生</td><td colspan="3">手术者：　一助　二助　三助　麻醉医生：</td></tr>
<tr><td>手术体位</td><td colspan="3">□仰卧位　□俯卧位　□左侧卧位　□右侧卧位　□端坐位　□膀胱截石位
□甲状腺体位　□其他(　　　　　　　　　　　　　　　　　　)</td></tr>
<tr><td rowspan="3">止血带</td><td colspan="3">□橡胶止血带　□气压止血仪　□无　部位：　　压力：　KPa</td></tr>
<tr><td>充气时间：_____</td><td>充气时间：_____</td><td>充气时间：_____</td></tr>
<tr><td>放松时间：_____</td><td>放松时间：_____</td><td>放松时间：_____</td></tr>
<tr><td rowspan="3">使用电刀
□是 □否</td><td colspan="3">负极板放置位置：　□大腿(左侧/右侧)　□小腿(左侧/右侧)　□上臂(左侧/右侧)　□前臂(左侧/右侧)　□臀部(左侧/右侧)　□背部(左侧/右侧)
其他：</td></tr>
<tr><td colspan="3">术前负极板部位皮肤：　□完好　□损伤</td></tr>
<tr><td colspan="3">术后负极板部位皮肤：　□完好　□损伤</td></tr>
<tr><td>置入物</td><td colspan="3">□有　□无　详细说明：</td></tr>
<tr><td>引流管</td><td colspan="3">□无　□有　名称：　　部位：</td></tr>
<tr><td>术中情况</td><td colspan="3">生命体征：□平稳　□变化(详见麻醉记录单)</td></tr>
</table>

<table>
<tr><td>术中配合</td><td>输入
血液
制品</td><td>□有　□无　输血反应：□有　□无
全血_____mL　红细胞悬液_____U　血浆_____mL
血小板_____U　其他_____　巡回护士：_____</td></tr>
</table>

<table>
<tr><td rowspan="6">术后情况</td><td>术中
出入液量</td><td>术中输入总液量_____mL　手术出血量_____mL　术中尿量_____mL
其他出量_____</td></tr>
<tr><td>标本送检</td><td>□有　□无　□常规病理检查　□冰冻切片　□细菌培养　□其他：</td></tr>
<tr><td>切口以外
皮肤状况</td><td>□同术前　□有变化　　部位：　　特征：　　面积：　cm²</td></tr>
<tr><td>患者出室</td><td>时间：　　去向：□麻醉恢复室　□重症医学科　□病房</td></tr>
<tr><td>物品交接</td><td>□病历　□患者服　□X线片　□血液　麻醉和护理文书(　)张　□其他：</td></tr>
<tr><td>签名</td><td>手术室护士：　　　　　　　　病房护士：</td></tr>
</table>

附录1-6 护理文件书写质量评定标准

项目	质量标准
基本要求	1、具有执业资格的护士方可书写护理文件病历
	2. 关键时间点、记录内容前后及与体温单、医嘱、病程记录保持一致
	3. 页面整洁，眉栏齐全，按规定修改，打印病历无漏页、无漏项
	4. 语句通顺，用词恰当，表述清楚
体温单	1. 保持清洁，点圆线直，绘制正确（房颤病人同时有心率、脉搏记录）
	2. 生命体征及其他客观数据单位、符号正确清楚（降温、导尿、灌肠等）
	3. 测量记录体温、脉搏频次正确
	4. 过敏试验、出入量记录正确
	5. 首次体重、血压数据完整，每周有体重记录
医嘱单	1. 医嘱执行正确、及时、规范，签名真实，与实际相符，不得有涂改和漏签名、代签名现象
	2. 执行医嘱无遗漏
	3. 非抢救病人口头医嘱不执行，有疑问医嘱待核实后再执行
	4. 电子病历，医嘱单上药敏试验结果标记正确
护理记录单	1. 眉栏齐全，书写正确
	2. 记录内容客观、真实，重点突出，体现个体化、专科化、动态化
	3. 护理措施得当，落实到位
	4. 健康教育及时有针对性，体现量化原则
	5. 上级护士按规定修改记录签全名，体现法律有效性
	6. 手术清点记录单填写完整，敷料、器械数量清点核对记录准确，签名清晰
	7. 电子病历及时打印，避免重复粘贴，内容雷同

表 1 布雷登（Bradon）压疮风险因素评估量表

项目	1分	2分	3分	4分
感觉	完全受限	非常受限	轻度受限	未受限
潮湿	持续潮湿	潮湿	有时潮湿	很少潮湿
活动力	限制卧床	可以坐椅子	偶尔步行	经常行走
移动力	完全不能移动	严重受限	轻度受限	未受限
营养	非常差	可能不足	充足	非常好
摩擦力和剪切力	有问题	有潜在问题	无明显问题	——

447

【填表说明】

1. 入院即评估　所有患者入院评估时必须检查皮肤，入院 2 h 内由责任护士使用布雷登评估表进行初次评分，如分值 ≤ 16 分即使用此表。

2. 测评频次

分值在 15~16 分者，每周评分 1 次。

分值在 13~14 分者，每 3 天评分 1 次。

分值 ≤ 12 分及已有压疮发生者，每日评分 1 次。

病情变化迅速的患者，及时调整评分频次。

【结果判断】

该表总分 23 分，分数越低，发生压疮的风险越高。总分 ≤ 12 分，为压疮发生高度危险；13~14 分为中度危险；15~16 分为轻度危险；年龄 ≥ 70 岁者分值提升为 15~17 分为轻度危险。

【适用人群】

1. 卧床患者、截瘫患者。

2. 大小便失禁患者、营养不良患者。

3. 坐轮椅患者、手术患者。

4. 病重、病危患者，意识不清患者。

5. 长期卧床的消瘦患者。

表 2　坠床风险因素评估量表

评估项目	评估内容	分值
A 年龄	☐ 70 岁以上，90 岁以下	2
B 既往史	☐ 发生过跌倒　☐ 失神、痉挛、昏迷　☐ 发生过坠床	2
C 身体功能障碍	☐ 视力障碍　☐ 听力障碍　☐ 麻痹　☐ 感觉障碍　☐ 肌力低下　☐ 骨、关节异常　☐ 特进步行　☐ 其他	3
D 精神功能障碍	☐ 意识混乱　☐ 判断意识障碍　☐ 痴呆　☐ 抑郁状态　☐ 梦游状态　☐ 行动不稳　☐ 判断力、理解力、注意力低下　☐ 其他	4
E 活动状态	☐ 使用轮椅、手杖、步行器　☐ 附属品：点滴类、胃管、心电导联线　☐ 移动时陪护　☐ 姿势异常　☐ 卧床不起　☐ 其他	3
F 药剂	☐ 麻醉药　☐ 镇静药　☐ 镇痛药　☐ 降血糖药　☐ 降压、利尿药　☐ 缓泻药　☐ 抗血小板凝聚药　☐ 抗癌药　☐ 含以上药物多剂并用　☐ 其他	各 1
G 排泄	☐ 尿频　☐ 便秘　☐ 起夜　☐ 大小便失禁　☐ 入卫生间障碍　☐ 入卫生间时间长　☐ 其他	各 1

【填表说明】

1. A~E 有一项符合一项，符合者即得分。

2. F~G 每符合一项得一分。

【结果判断】

0~7 分　有发生坠床的可能——每周 1 次。

8~16 分　容易发生跌倒坠床——每周 2 次。

17 分以上　经常会发生坠床——每日 1 次。

【注意事项】

1. 高危性坠床（评分 ≥ 17 分）入院或转入 24 h 内由责任护士评估记录一次；以后常规每周评估记录一次。

2. 病情改变（如意识、肢体活动改变）由责任护士即刻重新评估。

3. 评估 ≥ 17 分，列为护理问题——高危性伤害坠床，做好健康教育，交代防坠床注意事项并在护理记录单上体现，病床边挂标识牌，做好交接班。

4. 首次评分 ≥ 17 分，报告科室护士长，护士长进行复评并签名，指导护士加强患者管理，定期巡视患者，了解防范措施落实情况。

表3　导管滑脱危险因素评估量表

分值 项目	5	4	3	2	1
管道类别			Ⅰ类导管 气管插管/气管套管、脑室引流管、胸腔闭式引流管、T管、动脉置管	Ⅱ类导管 深静脉导管/PICC、腹腔双套管、造瘘管、伤口引流管、引流管接负压引流	Ⅲ类导管 尿管、胃管、氧气管
意识状态	重度烦躁	中度烦躁	轻度烦躁	清醒但不合作	
其他				呃逆/呛咳	

【填表说明】

1. 凡有导管者,清醒者总分≥12分或意识有改变的患者总分≥4分,即填此表。

2. 高危患者每日评估1次;7分≤总分<12分者每周评估2次。

3. 患者管道数量发生变化时,随时进行评估。

4. 当患者病情发生变化时随时进行评估。

【护理措施】

1. 导管固定。

2. 告知患者及家属导管的重要性及导管滑脱的后果。

3. 使用约束带。

4. 悬挂指示牌。

5. 使用镇静药。

表4　格拉斯哥昏迷量表(Glasgow coma scale,GCS)

睁眼反应	计分	言语反应	计分	运动反应	计分
自动睁眼	4	言语正确	5	遵嘱运动	6
呼唤睁眼	3	言语错误	4	刺痛定位	5
刺痛睁眼	2	言语不清	3	刺痛躲避	4
不睁眼	1	言语难辨	2	刺痛屈曲(去皮质)	3
		不语	1	刺痛过伸(去脑强直)	2
				肢体不动	1

【填表说明】

本表用于判断患者的意识状态;了解患者中枢神经受损程度。

格拉斯哥评分由三部分组成,即睁眼反应、语言反应、运动反应,通过所得分数总和判断意识障碍程度,评分越低病情越重。选评判时的最好反应计分(注意运动评分左侧右侧可能不同,用较高的分数进行评分)。

【结果判断】

最高分为 15 分,最低分为 3 分,总分越低表示昏迷程度越重。轻度昏迷:13~14 分。中度昏迷:9~12 分。重度昏迷:3~8 分,7 分以下预后较差,3~5 分并伴有脑干反射消失的患者有潜在死亡的危险。选择评判时的最好反应计分。注意运动评分左侧右侧可能不同,用较高的分数评分。

表 5　洼田饮水试验

分级	表现
1 级(优)	能顺利地 1 次将水咽下
2 级(良)	分 2 次以上,能不呛咳地咽下
3 级(中)	能 1 次咽下,但有呛咳
4 级(可)	分 2 次以上咽下,但有呛咳
5 级(差)	频繁呛咳,不能完全咽下

【填表说明】

患者端坐,饮 30 mL 温水,观察所需时间和呛咳情况。

本试验分级明确清楚,操作简单,有利于筛选应进行吞咽康复治疗的患者。

【结果判断】

正常:1 级,5 s 之内;可疑:1 级,5 s 以上或 2 级;异常:3,4,5 级。

疗效判断标准:

治愈:吞咽障碍消失,饮水试验评定 1 级;有效:吞咽障碍明显改善,饮水试验评定 2 级;无效:吞咽障碍改善不显著,饮水试验评定 3 级及以上。

表 6　肌 力 分 级

级别	肌力情况
0 级	完全瘫痪,肌肉无收缩
1 级	肌肉可轻微收缩,但不能产生动作
2 级	肢体能在床面移动,但不能抵抗自身重力,即无力抬起
3 级	肢体能抵抗重力离开床面,但不能抵抗阻力
4 级	肢体能做抗阻力动作,但未达到正常
5 级	正常肌力

【填表说明】

检查时令患者做肢体伸缩动作,检查者从相反方向给予阻力,测试患者对阻力的克服力量,并注意两侧比较。

表 7　住院患者营养风险筛查 NRS-2002 评估表

分为两部分:初步筛查 + 正式筛查

初筛:

以下 4 个问题任一回答"是",则直接进入正式筛查;如果所有问题回答"否",则筛查总分为 0,每周进行复查。

1. 体重指数(BMI)是否小于 18.5?

2. 最近 3 个月体重是否减轻?

3. 最近 1 周内进食量是否减少?

4. 患者是否有严重疾病? (指需 1 级护理及以上的患者,或危重症患者)

正式筛查:

项目	具体内容	分值
疾病状态	骨盆骨折或者慢性病患者合并有以下疾病:肝硬化、慢性阻塞性肺疾病、长期血液透析、糖尿病、肿瘤	1
	腹部重大手术、卒中、重症肺炎、血液系统肿瘤	2
	颅脑损伤、骨髓抑制、加护病患(APACHE>10 分)	3
小计		
营养状态	正常营养状态	0
	3 个月内体重减轻>5% 或最近 1 周进食量(与需要量相比)减少 20%~50%	1
	2 个月内体重减轻>5% 或 BMI18.5~20.5 或最近 1 周进食量(与需要量相比)减少 50%~75%	2
	1 个月内体重减轻>5%(或 3 个月内减轻>15%)或 BMI<18.5(或血清白蛋白<35 g/L)或最近 1 周进食量(与需要量相比)减少 70%~100%	3
小计		
年龄	年龄 ≥70 岁加算 1 分	1
总分		

【结果判断】

正式筛查时每个单项评分取最高分,总评分 = 疾病状态评分 + 营养状态评分 + 年龄评分。总分 ≥ 3.0 : 存在营养不良的风险,需营养支持治疗;总分<3.0 则每周复评。

表 8　患者自理能力评估量表(巴塞尔指数)

项目	评分	标准	实际得分	备注
进食	0	需极大帮助或完全依赖他人,或留置胃管		
	5	需部分帮助		
	10	可独立进食		
沐浴	0	在沐浴过程中需他人帮助		
	5	准备好洗澡水后,可自己独立完成沐浴过程		

项目	评分	标准	实际得分	备注
修饰	0	需他人帮助		
	5	可自己独立完成		
穿衣	0	需极大帮助或完全依赖他人		
	5	需部分帮助		
	10	可独立完成		
控制排便	0	完全失控		
	5	偶尔失控,或需要他人提示		
	10	可控制排便		
控制排尿	0	完全失控,或留置导尿管		
	5	偶尔失控,或需要他人提示		
	10	可控制排尿		
如厕	0	需极大帮助或完全依赖他人		
	5	需部分帮助		
	10	可独立完成		
床椅转移	0	完全依赖他人		
	5	需极大帮助		
	10	需部分帮助		
	15	可独立完成		
平地行走	0	完全依赖他人		
	5	需极大帮助		
	10	需部分帮助		
	15	可独立在平地上行走 45 m		
上下楼梯	0	需极大帮助或完全依赖他人		
	5	需部分帮助		
	10	可独立上下楼梯		
总得分				
自理能力等级				

【结果判断】

自理能力等级:重度依赖,总分 ≤ 40 分;中度依赖,总分 41~60 分;轻度依赖,总分 61~99 分;无需依赖,总分 100 分。

附录3 NANDA 护理诊断一览表(2018—2020)

领域 1：健康促进（Health promotion）

缺乏娱乐活动参与（Decreased diversional activity engagement）

有健康素养提高的趋势（Readiness for enhanced health literacy）

久坐的生活方式（Sedentary lifestyle）

老年衰弱综合征（Frail elderly syndrome）

有老年衰弱综合征的危险（Risk for frail elderly syndrome）

缺乏社区保健（Deficient community health）

危险倾向的健康行为（Risk-prone health behavior）

健康维持无效（Ineffective health maintenance）

健康管理无效（Ineffective health management）

有健康管理改善的趋势（Readiness for enhanced health management）

家庭健康管理无效（Ineffective family health management）

防护无效（Ineffective protection）

领域 2：营养（Nutrition）

营养失调：低于机体需要量（Imbalanced nutrition：less than body requirements）

有营养改善的趋势（Readiness for enhanced nutrition）

母乳不足（Insufficient breast milk production）

母乳喂养无效（Ineffective breastfeeding）

母乳喂养中断（Interrupted breastfeeding）

有母乳喂养改善的趋势（Readiness for enhanced breastfeeding）

青少年进食动力无效（Ineffective adolescent eating dynamics）

儿童进食动力无效（Ineffective child eating dynamics）

婴儿进食动力无效（Ineffective infant feeding dynamics）

无效性婴儿喂养型态（Ineffective infant feeding pattern）

肥胖（Obesity）

超重（Overweight）

有超重的危险（Risk for overweight）

吞咽障碍（Impaired swallowing）

有血糖不稳定的危险（Risk for unstable blood glucose level）

新生儿高胆红素血症（Neonatal hyperbilirubinemia）

有新生儿高胆红素血症的危险（Risk for neonatal hyperbilirubinemia）

有肝功能受损的危险（Risk for impaired liver function）

有代谢失调综合征的危险（Risk for metabolic imbalance syndrome）

有电解质失衡的危险（Risk for electrolyte imbalance）

有体液失衡的危险（Risk for imbalanced fluid volume）

体液不足（Deficient fluid volume）

有体液不足的危险（Risk for deficient fluid volume）

体液过多（Excess fluid volume）

领域3：排泄与交换（Elimination and exchange）

排尿障碍（Impaired urinary elimination）

功能性尿失禁（Functional urinary incontinence）

溢出性尿失禁（Overflow urinary incontinence）

反射性尿失禁（Reflex urinary incontinence）

压力性尿失禁（Stress urinary incontinence）

急迫性尿失禁（Urge urinary incontinence）

有急迫性尿失禁的危险（Risk for urge urinary incontinence）

尿潴留（Urinary retention）

便秘（Constipation）

有便秘的危险（Risk for constipation）

感知性便秘（Perceived constipation）

慢性功能性便秘（Chronic functional constipation）

有慢性功能性便秘的危险（Risk for chronic functional constipation）

腹泻（Diarrhea）

胃肠动力失调（Dysfunctional gastrointestinal motility）

有胃肠动力失调的危险（Risk for dysfunctional gastrointestinal motility）

排便失禁（Bowel incontinence）

气体交换障碍（Impaired gas exchange）

领域4：活动/休息（Activity/rest）

失眠（Insomnia）

睡眠剥夺（Sleep deprivation）

有睡眠改善的趋势（Readiness for enhanced sleep）

睡眠型态紊乱（Disturbed sleep pattern）

有废用综合征的危险（Risk for disuse syndrome）

床上活动障碍（Impaired bed mobility）

躯体活动障碍（Impaired physical mobility）

借助轮椅活动障碍（Impaired wheelchair mobility）

坐起障碍（Impaired sitting）

站立障碍（Impaired standing）

移动能力障碍（Impaired transfer ability）

行走障碍（Impaired walking）

能量场失衡（Imbalanced energy field）

疲乏（Fatigue）

漫游状态（Wandering）

活动无耐力（Activity intolerance）

有活动无耐力的危险（Risk for activity intolerance）

低效性呼吸型态（Ineffective breathing pattern）

心输出量减少（Decreased cardiac output）

有心输出量减少的危险（Risk for decreased cardiac output）

自主呼吸障碍（Impaired spontaneous ventilation）

有血压不稳定的危险（Risk for unstable blood pressure）

有心脏组织灌注不足的危险（Risk for decreased cardiac tissue perfusion）

有脑组织灌注无效的危险（Risk for ineffective cerebral tissue perfusion）

外周组织灌注无效（Ineffective peripheral tissue perfusion）

有外周组织灌注无效的危险（Risk for ineffective peripheral tissue perfusion）

呼吸机依赖（Dysfunctional ventilatory weaning response）

持家能力障碍（Impaired home maintenance）

沐浴自理缺陷（Bathing self-care deficit）

穿着自理缺陷（Dressing self-care deficit）

进食自理缺陷（Feeding self-care deficit）

如厕自理缺陷（Toileting self-care deficit）

有自理能力改善的趋势（Readiness for enhanced self-care）

自我忽视（Self-neglect）

领域 5：知觉 / 认知（Perception/cognition）

单侧身体忽视（Unilateral neglect）

急性意识障碍（Acute confusion）

有急性意识障碍的危险（Risk for acute confusion）

慢性意识障碍（Chronic confusion）

情绪控制失调（Labile emotional control）

冲动控制无效（Ineffective impulse control）

知识缺乏（Deficient knowledge）

有知识增进的趋势（Readiness for enhanced knowledge）

记忆功能障碍（Impaired memory）

有沟通增进的趋势（Readiness for enhanced communication）

语言沟通障碍（Impaired verbal communication）

领域 6：自我感知（Self-perception）

无望感（Hopelessness）

有希望增强的趋势（Readiness for enhanced hope）

有个人尊严受损的危险（Risk for compromised human dignity）

自我认同紊乱（Disturbed personal identity）

有自我认同紊乱的危险（Risk for disturbed personal identity）

有自我概念改善的趋势（Readiness for enhanced self-concept）

长期性低自尊（Chronic low self-esteem）

有长期性低自尊的危险（Risk for chronic low self-esteem）

情境性低自尊（Situational low self-esteem）

有情境性低自尊的危险（Risk for situational low self-esteem）

体像紊乱（Disturbed body image）

领域 7：角色关系（Role relationship）

照顾者角色紧张（Caregiver role strain）

有照顾者角色紧张的危险（Risk for caregiver role strain）

养育功能障碍（Impaired parenting）

有养育功能障碍的危险（Risk for impaired parenting）

有养育功能改善的趋势（Readiness for enhanced parenting）

有依附关系受损的危险（Risk for impaired attachment）

家庭运作过程失常（Dysfunctional family processes）

家庭运作过程改变（Interrupted family processes）

有家庭运作过程改善的趋势（Readiness for enhanced family processes）

关系无效（Ineffective relationship）

有关系无效的危险（Risk for ineffective relationship）

有关系改善的趋势（Readiness for enhanced relationship）

父母角色冲突（Parental role conflict）

无效性角色行为（Ineffective role performance）

社会交往障碍（Impaired social interaction）

领域 8：性（Sexuality）

性功能障碍（Sexual dysfunction）

性生活型态无效（Ineffective sexuality pattern）

生育进程无效（Ineffective childbearing process）

有生育进程无效的危险（Risk for ineffective childbearing process）

有生育进程改善的趋势（Readiness for enhanced childbearing process）

有母体与胎儿双方受干扰的危险（Risk for disturbed maternal-fetal dyad）

领域 9：应对 / 应激耐受性（Coping/Stress Tolerance）

有复杂移民过渡的危险（Risk for complicated immigration transition）

创伤后综合征（Post-trauma syndrome）

有创伤后综合征的危险（Risk for post-trauma syndrome）

强暴创伤综合征（Rape-trauma syndrome）

迁移应激综合征（Relocation stress syndrome）

有迁移应激综合征的危险（Risk for relocation stress syndrome）

活动计划无效（Ineffective activity planning）

有活动计划无效的危险（Risk for ineffective activity planning）

焦虑（Anxiety）

防卫性应对（Defensive coping）

应对无效（Ineffective coping）

有应对增强的趋势（Readiness for enhanced coping）

社区应对无效（Ineffective community coping）

有社区应对增强的趋势（Readiness for enhanced community coping）

妥协性家庭应对（Compromised family coping）

无能性家庭应对（Disabled family coping）

有家庭应对增强的趋势（Readiness for enhanced family coping）

对死亡的焦虑（Death anxiety）

无效性否认（Ineffective denial）

恐惧（Fear）

悲伤（Grieving）

复杂性悲伤（Complicated grieving）

有复杂性悲伤的危险（Risk for complicated grieving）

情绪调控受损（Impaired mood regulation）

无能为力感（Power lessness）

有无能为力感的危险（Risk for power lessness）

有能力增强的趋势（Readiness for enhanced power）

恢复能力障碍（Impaired resilience）

有恢复能力障碍的危险（Risk for impaired resilience）

有恢复能力增强的趋势（Readiness for enhanced resilience）

持续性悲伤（Chronic sorrow）

压力负荷过重（Stress overload）

急性物质戒断综合征（Acute substance withdrawal syndrome）

有急性物质戒断综合征的危险（Risk for acute substance withdrawal syndrome）

自主反射失调（Autonomic dysreflexia）

有自主反射失调的危险（Risk for autonomic dysreflexia）

颅内调适能力降低（Decreased intracranial adaptive capacity）

新生儿戒断综合征（Neonatal abstinence syndrome）

婴儿行为紊乱（Disorganized infant behavior）

有婴儿行为紊乱的危险（Risk for disorganized infant behavior）

有婴儿行为调节改善的趋势（Readiness for enhanced organized infant behavior）

领域 10：生活准则（Life Principles）

有精神安适增进的趋势（Readiness for enhanced spiritual well-being）

有决策能力增强的趋势（Readiness for enhanced decision-making）

抉择冲突（Decisional conflict）

独立决策能力减弱（Impaired emancipated decision-making）

有独立决策能力减弱的危险（Risk for impaired emancipated decision-making）

有独立决策能力增强的趋势（Readiness for enhanced emancipated decision-making）

道德困扰（Moral distress）

宗教信仰减弱（Impaired religiosity）

有宗教信仰减弱的危险（Risk for impaired religiosity）

有宗教信仰增强的趋势（Readiness for enhanced religiosity）

精神困扰（Spiritual distress）

有精神困扰的危险（Risk for spiritual distress）

领域 11：安全/保护（Safety/protection）

有感染的危险（Risk for infection）

有外科手术部位感染的危险（Risk for surgical site infection）

清理呼吸道无效（Ineffective airway clearance）

有误吸的危险（Risk for aspiration）

有出血的危险（Risk for bleeding）

牙齿受损（Impaired dentition）

有干眼症的危险（Risk for dry eye）

有口干症的危险（Risk for dry mouth）

有跌倒的危险（Risk for falls）

有角膜受伤的危险（Risk for corneal injury）

有受伤的危险（Risk for injury）

有尿道损伤的危险（Risk for urinary tract injury）

有围手术期体位性损伤的危险（Risk for perioperative positioning injury）

有热损伤的危险（Risk for thermal injury）

口腔黏膜完整性受损（Impaired oral mucous membrane integrity）

有口腔黏膜完整性受损的危险（Risk for impaired oral mucous membrane integrity）

有外周神经血管功能障碍的危险（Risk for peripheral neurovascular dysfunction）

有身体外伤的危险（Risk for physical trauma）

有血管损伤的危险（Risk for vascular trauma）

有压疮的危险（Risk for pressure ulcer）

有休克的危险（Risk for shock）

皮肤完整性受损（Impaired skin integrity）

有皮肤完整性受损的危险（Risk for impaired skin integrity）

有新生儿猝死的危险（Risk for sudden infant death）

有窒息的危险（Risk for suffocation）

术后康复迟缓（Delayed surgical recovery）

有术后康复迟缓的危险（Risk for delayed surgical recovery）

组织完整性受损（Impaired tissue integrity）

有组织完整性受损的危险（Risk for impaired tissue integrity）

有静脉血栓形成的危险（Risk for venous thromboembolism）

有女性生殖器切割的危险（Risk for female genital mutilation）

有对他人施行暴力的危险（Risk for other-directed violence）

有对自己施行暴力的危险（Risk for self-directed violence）

自残（Self-mutilation）

有自残的危险（Risk for self-mutilation）

有自杀的危险（Risk for suicide）

受污染（Contamination）

有受污染的危险（Risk for contamination）

有职业伤害的危险（Risk for occupational injury）

有中毒的危险（Risk for poisoning）

有碘对比剂不良反应的危险（Risk for adverse reaction to iodinated contrast media）

有过敏反应的危险（Risk for allergy reaction）

乳胶过敏反应（Latex allergy reaction）

有乳胶过敏反应的危险（Risk for latex allergy reaction）

体温过高（Hyperthermia）

体温过低（Hypothermia）

有体温过低的危险（Risk for hypothermia）

有围手术期体温过低的危险（Risk for perioperative hypothermia）

体温调节无效（Ineffective thermoregulation）

有体温调节无效的危险（Risk for ineffective thermoregulation）

领域 12：舒适（Comfort）

舒适度减弱（Impaired comfort）

有舒适增进的趋势（Readiness for enhanced comfort）

恶心（Nausea）

急性疼痛（Acute pain）

慢性疼痛（Chronic pain）

慢性疼痛综合征（Chronic pain syndrome）

分娩疼痛（Labor pain）

有孤独的危险（Risk for loneliness）

社交孤立（Social isolation）

领域 13：生长 / 发育（Growth/development）

有发育迟缓的危险（Risk for delayed development）

参 考 文 献

［1］ 刘惠莲,滕艺莲.健康评估［M］.3 版.北京:人民卫生出版社,2018.

［2］ 万学红,卢雪峰.诊断学［M］.9 版.北京:人民卫生出版社,2018.

［3］ 曹克将.临床诊断学［M］.2 版.北京:高等教育出版社,2016.

［4］ 侯治富.临床诊断学［M］.2 版.北京:高等教育出版社,2015.

［5］ 孙玉梅,张立力,张彩虹.健康评估［M］.5 版.北京:人民卫生出版社,2021.

［6］ 范保兴,孙菁.健康评估［M］.4 版.北京:高等教育出版社,2019.

［7］ 王文涛.眼耳鼻咽喉口腔科护理［M］.3 版.北京:高等教育出版社,2015.

［8］ 孙虹,张罗.耳鼻咽喉头颈外科学［M］.9 版.北京:人民卫生出版社,2018.

［9］ 赵红佳,邱洪流,周明芳.健康评估［M］.武汉:华中科技大学出版社,2016.

［10］ 汪芝碧,魏映红,佟玉荣.健康评估［M］.武汉:华中科技大学出版社,2018.

［11］ 吴光煜,孙玉梅,张立力.健康评估［M］.2 版.北京:北京大学医学出版社,2016.

［12］ 王秀华,丁萍.健康评估［M］.北京:中国医药科技出版社,2016.

［13］ 谢玉琳,王春桃.健康评估［M］.2 版.北京:高等教育出版社,2017.

［14］ 徐克,龚启勇,韩萍.医学影像学［M］.8 版.北京:人民卫生出版社,2018.

［15］ 姜玉新,冉海涛.医学超声影像学［M］.2 版.北京:人民卫生出版社,2016.

［16］ 王荣福,安锐.核医学［M］.9 版.北京:人民卫生出版社,2018.

［17］ 郝伟,陆林.精神病学［M］.8 版.北京:人民卫生出版社,2018.

［18］ 刘哲宁,杨芳宇.精神科护理学［M］.4 版.北京:人民卫生出版社,2017.

［19］ Herdman T H,Kamitsuru S.NANDA-Ⅰ护理诊断定义与分类 2018—2020［M］.11 版.李小妹,周凯娜,译.西安:世界图书出版公司,2020.

［20］ 中华人民共和国国家卫生和计划生育委员会.WS/T431–2013 护理分级［S］.北京:中国标准出版社,2013.

［21］ 尤黎明,吴瑛.内科护理学［M］.6 版.北京:人民卫生出版社,2017.

读者意见反馈

为收集对教材的意见建议,进一步完善教材编写并做好服务工作,读者可将对本教材的意见建议通过如下渠道反馈至我社。

咨询电话　400-810-0598
反馈邮箱　gjdzfwb@pub.hep.cn
通信地址　北京市朝阳区惠新东街 4 号富盛大厦 1 座
　　　　　高等教育出版社总编辑办公室
邮政编码　100029